史雪飞/ 著

XINSANBAN QIYE SHENBAO IPO
SHIWU JINGJIE

新三板企业申报IPO实务精解

法律规则、审核重点与案例解析

中国法制出版社
CHINA LEGAL PUBLISHING HOUSE

序

在中国的资本市场体系形成和发展进程中，新三板无疑是一个重要的组成部分，虽然它的问世到今天还仅仅七年光景。新三板的出现呼应了国家整个金融体制的改革，呼应了大众创业，万众创新这一国家发展的基调，它的生命力在于“四众”加“四新”，也就是新技术、新产业、新业态、新模式（简称“四新”），众创、众包、众扶、众筹（统称“四众”）。与主板相比，新三板的层次不同但基础更稳固，由此，许多人认为它是创新创业的孵化器和蓄水池。

纵观世界金融业的发展，成熟的资本市场总是多层次、分功能的。当初国家设立“新三板”和区域性股权交易中心的目的就在于为处于创业期和成长期的中小企业，特别是科创型中小企业解决直接融资和投资退出难的问题。由此，我们对新三板有重大的期待，但是也有合理的担忧。时至今日，“新三板”和区域性股权交易中心的功能发挥与当初设计相去甚远，市场交投冷清、融资与退出功能几近于无，这是需要认真思考，有勇气提出改进建议的。

根据官方公布的统计并结合全国中小企业股份转让系统披露的数据，2019年全年新三板成交金额825.69亿元，较2018年的888亿元有小幅回落。截至2019年末，全国新三板挂牌公司总数为8953家，较2018年末的1万家有较为明显的减少。其实挂牌公司总数在2019年5月就跌进了万家以内。尤其令人担忧的是，在反映新三板融资能力的股票发行金额方面，2019年新三板挂牌公司股票发行融资总额为264.63亿元，较2018年的604.43亿元呈现了断崖式的下降。

同样值得我们高度关注的是，目前挂牌企业中，有相当大比例的企业仍是零交易，这是非常需要深究的问题。新三板市场今年内将要面临估值中枢的进一步下移，如有造假行为的公司将开始出现“后遗症”。加之目前不同市场间直接转板的实现尚有难度，且流动性矛盾也较之前更为突显。因此，应尽快出台激活“新三板”和区域性股权交易中心的办法，重塑其直接融资和投资退出功能。

我们认为，新三板“孵化器、蓄水池”的功能也应该得到进一步激发。这就是新三板的初心和使命。改革开放以来，中国资本市场和上市公司的发展都是从无到有，从小到大，从弱到强的，其中我国资本市场快速发展的历史，就是中国上市公司茁壮成长的历史。今天，上市公司已经成长为我国经济的中流砥柱，为形成全球瞩目的综合国力做出了巨大贡献，并在全球的资本市场和上市公司群体中的影响力也越来越大。因此，我们有理由相信并期待，更多优秀的新三板企业成为优秀的上市公司，成为中国经济中流砥柱的组成部分。

当前，世界经济形势正在发生深刻变化，我国经济发展进入新常态，全面深化改革进入深水期、攻坚期。这一进程，迫切需要各种所有制经济发挥更大的作用，迫切需要更多优秀企业积极参与，共同创造更加丰硕的发展成果。在此大背景下，中小企业必须适应大趋势，把握大机遇，迎接大挑战，才能形成大格局。沧海横流，方显英雄本色。而申报 IPO，登陆 A 股，利用更广阔的平台做大做强，成为一家优秀的上市公司是许许多多中小企业梦寐以求的目标和方向。

近两年来，由于 IPO 审核加速、相关企业融资需求较强以及流动性方面的吸引力等因素，新三板挂牌企业登陆 A 股市场热情开始高涨。然而，由于新三板挂牌和 IPO 相比，在很多问题上的认定、判断标准以及审核尺度存在明显差异，因此在新三板改革并推出真正的公司转板上市制度之前，新三板挂牌企业以现有方式向证监会申请 IPO 审核时，应对这些问题予以充分关注，需要有更多的专业知识和专业人士的协力和辅佐。

史雪飞律师2000 年 –2003 年就读于上海对外贸易大学法学院，是我的研究生。他毕业后先在国家商务部工作，后一直在律师事务所从事资本市场业务，操作了多家企业的新三板挂牌和 IPO。在十余年来的业务工作中，他积累了不少经验和心得，也在工作之余进行了很多资料搜集和整理，撰写了这本《新三板企业申报 IPO 实务精解：法律规则、审核重点与案例解析》，以期对新三板企业申报 IPO 的过程有所裨益。全书分为三个部分，第一部分是新三板挂牌和 IPO 的条件及审核标准综述，概括地介绍了新三板的发展过程和 IPO 的条件、程序、特点和流程，比较了新三板挂牌和IPO的不同法律体系和不同的审核标准，并对转板问题进行了系统的介绍和展望；第二部分是IPO重点法律问题概述及历年审核情况分析，将公司改制和上市中可能涉及的法律问题结合审核动态及具体案例做了详尽的讨论；第三部分是新三板企业申报IPO的特殊法律问题，作者针对新三板企业的特点，对已转板成功案例的反馈问题进行了汇总分析，就审核机构对新三板挂牌企业集中关注的几个特殊问题进行了具体的讨论和研究。我认为，全书的布局合理、脉络清晰、归纳全面、实用性强，对准备申报IPO的新三板企业有很好的借鉴作用，是十分急需的专门论著。

党的十九届四中全会提出，加强资本市场基础制度建设，健全具有高度适应性、竞争力、普惠性的现代金融体系。本专著就是基于近三十年来，我国资本市场始终坚持植根于实体经济，服务于实体经济，为广大企业保驾护航的认知和肯定，随着改革的不断深入，中小企业特别是民营经济在国民经济体系中的贡献和地位日益突出，迫切需要进一步完善资本市场体系特别是推进和完善新三板市场提出了许多有理论依据又有实践价值的观念，希望对广大读者有所启迪和帮助。

是为序。

全国政协常委

民建中央副主席

上海市政协副主席

周汉民

2020年2月18日

自　序

从昨天第三次审校完整部书稿后，这本小书终于付梓可期了。她如若初入学堂的稚童，又仿佛即将出阁的新妇，而各位未来的读者，便犹如这学童之严师，新妇之公婆罢。

作者对于读者，难免有些惴惴不安的意味，尤其是学术方面的书籍，更有些深恐自误且误人的彷徨。然而，学童严教方成才，丑妇终须见家翁，只能期盼“未谙姑食性”的我，端出来的这道羹汤能有些许味道吧。

忐忑之后，便是感叹时光荏苒，岁月不居。自 2003 年从上海对外贸易大学法学院硕士毕业之后，已经十七载春秋随风而逝了。回想踏入资本市场，实在是有些“阴差阳错”。2008 年我离开国家商务部去美国波士顿大学法学院攻读 LL. M. 学位后，本想结合自身经历，在涉外法律领域谋得一席之地，但是当年恰逢全球金融危机，涉外领域业务处于低谷，反倒是资本市场十分红火，于是加入了北京国枫律师事务所做证券律师，后又转至上海市锦天城（北京）律师事务所，也算是命运的安排吧。

虽然自己一直是做资本市场法律业务，也做了不少企业上市、新三板挂牌、上市公司再融资以及私募基金投资等项目，但其实之前并未有过要写一本书的打算，一直觉得很多前辈和同行业务精深，经验丰富，还没著书立说，自己应该踏踏实实做二十年业务再说。

这时，又是机缘巧合，我有幸认识了中国法制出版社的赵宏女士。作为一名优秀的编辑，赵老师也是《资本的规则》《劳阿毛说并购》等多本投行圈畅销书的责编。她建议我写一套资本市场的实务书籍，作为系列出版。我认真考虑了赵老师的提议，觉得如果能给自己树立这么一个“小目标”，变压力为动力，让自己把多年积累的资料、碎片状的知识点、实务中的心得汇总整理起来，也算是一个不小的收获，于是便应承了下来。但是出于职业习惯的谨慎，尤其是第一本书，不知工作量如何，不敢把任务定地过大，去出一套丛书，只选了一个新三板企业申报 IPO 法律实务的题目，于是便有了这本书的开始。

我之所以敢于接下这个任务，除基于多年的实务经验外，还认为自己有一些“储备”。一是自己有一个习惯，做项目的时候，会把遇到的问题及时整理下来，做成一个个小文档保存下来，这也是当年师傅教地好经验。有时候加班回到酒店虽然已经很晚了，由于项目工作地就在小县城，左右无事可做，那时也没有微信朋友圈，常常熬夜到很晚把当天的问题细化整理，以免日后遗忘，天长日久，这样的文档也积累了一些；二是前两年受邀去各地“走穴”，做了一些上市方面的法律讲课，有一些整理出来的讲稿可用；三是自己收集整理的各种文章、资料、案例等也有几十个 G 了，应该还是比较全面的；四是这么多年下来结交了很多圈内的同道和朋友，大家相处十分融洽，到时候可以“一个好汉三个帮”“众人拾柴火焰高”……

既然要做，就认真做吧。开工之前，我第一件事就是跑到西单图书城，把书店里能买到的所有上市法律实务书籍，包括 IPO 和新三板，全部买了回来，把书柜装地满满的。我希望通过了解这些书籍的写作特点，博采众长，学习他人在体例安排、写作方式、布局谋篇方面的优点。

然而，真正开始动笔的时候，才发现自己还是太乐观了。看着新的领域出来后没两个月就能出来新书，曾觉得写书编书不算很难，但是真的静下心来真的要“写”一本书，而不是让小朋友“剪刀加浆糊”去“编”一本书，这个工作量巨大的用“望而生畏”来形容也毫不夸张。之前十年积累的碎片化知识点和总结很快被用完，讲稿也没入书稿的海洋中不知所踪，几十个 G 的资料逐一整理、归纳、消化起来更是艰难繁琐。同行们都很忙碌，基本也不可能因为自己的这个额外工作去劳烦他们。短短的三个月交稿期转瞬过去，自己“留了个心眼”说的六个月也是远远不够。一个还在苦兮兮做业务的律师，本来能够留出来爬格子的就只有半夜和节日、休假的时间，何况这些时间多数也是不能保证的。

不过，基于承诺了就一定要做到的为人原则，加上妻子的鞭策和鼓励，使我最终还是坚持了下来。此后，不管是在海景壮阔的青岛，还是云雾缭绕的庐山，或是家乡的古城，帝都的寒舍，案头码字成为了休息日的主旋律，皓首穷经成了假日里的老三篇。只是时间由最初的半年，变成了一年，又变成后来的两年，看来，拖延症确实也是一种难以治愈的疾病。

不过，写书的过程，也确实是达到了我最初预想的系统整理的目的。基于一开始就确定了这本书是一本实务书籍的主旨，我把全书分为了三个部分，第一部分“新三板挂牌和IPO的条件及审核标准综述”是提纲挈领的介绍，概括地介绍了新三板的发展过程、挂牌条件、审核标准以及IPO的条件、程序、特点和流程，对两个不同市场的法律体系和审核标准的差异作了对比，并介绍了监管机构对转板问题近年来的表态。作为实务书籍，这部分篇幅相对较少，而第二部分“新三板企业申报IPO的重点法律问题”是全书的主要内容。为了最大程度地贴合实际，我按照IPO项目律师事务所需要出具的法律意见书和律师工作报告的体例和顺序来撰写这部分。这样，初涉这个领域的读者朋友可以对照阅读，方便使用。

这部分将公司改制和上市中通常涉及的法律问题依次予以讲述，基本的顺序是先介绍有关概念和通常的审核要求，然后根据实务经验谈谈经常遇到的问题、审核动态和处理建议以及需要注意的事项，最后引用相关案例进行说明。在论述具体问题时，除参照《首次公开发行股票并上市管理办法》《首次公开发行股票并在创业板上市管理办法》这些基本法规外，基于证券法律业务内部政策多、窗口指导多、实践把控多的特点，较多地引用了证监会保荐代表人培训会培训纪要的有关内容，并融入了一些实务中自身及同行们的心得体会，还有券商、会计师同仁们平时进行业务讨论时的总结和交流等。可以说，书中的不少内容，虽然没有直接去麻烦同行和朋友们操刀，但却是“集体智慧的结晶”。另外，虽然三家中介机构的工作方式和程序有很多共同之处，但律师工作还是存在一些独有的特点，所以我在书中除介绍基本法规中对律所及律师的要求外，还根据《律师事务所从事证券法律业务管理办法》《律师事务所证券法律业务执业规则（试行）》等律师从事证券业务的专门规范，并结合自身的一些体会，对律师应重点完成的工作做了阐述。由于这部分和第一部分的内容合计占了全书75%的篇幅，因此即便不是新三板挂牌企业，在申请IPO时也可以参考使用。

第三部分是“新三板企业申报 IPO 的特殊法律问题”。其实新三板企业申报 IPO 时，虽然已经在新三板挂过牌了，但是从中介机构工作的角度来说，除省却了整体变更这部分工作量之外，其余诸如历史沿革、重大财产、业务、独立性、关联方与关联交易、规范运作、环保、社保等诸多问题，即使在挂三板时已经有“过堂”了，还是要按照 IPO 的标准重新再核查一遍，从这一点来看，新三板挂牌企业和其他企业一样，并没有什么特殊，反而是某些问题由于新三板审核标准较为宽松、基于成本或者原来中介机构团队的原因，没有按照 IPO 的标准从严处理，现在要重新改过来，甚至更加麻烦，要花费更大的气力。

之所以把这部分内容单独作为一部分，是因为我在做新三板企业申报 IPO 的时候，感到和之前做的没有挂牌新三板直接申报 IPO 的项目还是会有一些不一样的地方，如信息披露差异、三类股东、挂牌期间的规范性等，这些是其他非新三板挂牌企业不会遇到的。所以我汇总整理了几十家新三板挂牌企业 IPO 时证监会的反馈意见，经分析，证监会对新三板挂牌企业申请 IPO 的反馈问题集中在信息披露差异、股东人数是否超过 200 人、国有股转持、挂牌期间的交易情况及合法合规性、三类股东等几个方面，所以，把这部分单独拿出来分析还是有一定必要性的。当然，由于这部分的有些内容如同业竞争在第二部分已经作了系统的归纳，在这一部分相对来说在篇幅上就短的多了，主要是把特殊的问题归纳出来，并用具体的案例来说明哪些是新三板企业常遇到的特殊问题，证监会的关注点在什么地方，通常的处理和解释思路是什么，至于实践中具体的解决方式，由于个案的情况千差万别，也就无法尽述了。

就在本书即将付印之时，2020 年 3 月 6 日，证监会发布了通知，就《关于全国中小企业股份转让系统挂牌公司转板上市的指导意见》公开征求意见，标志着转板制度已经正式落地。对于新出台的转板制度，一句话概括重点就是：在新三板精选层挂牌满一年的企业可以申请转板到科创板或创业板，但需要符合转入板块的上市条件并聘请证券公司担任上市保荐人，转板申请将由上交所、深交所进行审核并作出决定，无需经中国证监会核准或注册，在上市后，股票限售期原则上可以扣除在精选层已经限售的时间。

转板上市与直接 IPO 的区别在于公开发行阶段的不同，上市标准基本一致。《转板指导意见》征求意见稿发布后，已在新三板挂牌的企业除直接申报

IPO外，还多了一条路径，就是进入精选层，且在精选层连续挂牌一年以上后申请直接转板到科创板或创业板。当然，相对于直接IPO，选择转板时间成本是相对比较高的。鉴于相关细则还没有出来，而且本书讨论的范围是新三板挂牌企业直接申报IPO，这条路径就不展开论述了。对于考虑转板的新三板企业，由于证监会已经明确转板上市条件应当与首次公开发行并上市的条件保持基本一致，只不过审核的机构由证监会变成了交易所，审核的内容、标准和审核尺度是基本一致的，所以本书仍然是可以参考使用的。

其实虽然是“著”书，但是作为一本实务性书籍，除个人的心得体会外，汇总整理前人的思考、理论和经验才是本书的基石。记得二十年前在贸院求学的时候，恩师周汉民教授曾经语重心长地告诉我，治学之道，倘若能在他人研究的基础上，能够再往前一步，便已是难得的收获了，如果能站在巨人的肩头向前拓展，那便更是幸运。这句话我铭记至今，因为自认愚钝，便需脚踏实地用些苦功，但求寸进，倘若勤能补拙，则已是不虚此生了。

虽然如此，但是最后的书稿，我还是觉得难称满意的。一方面，是囿于时间和水平；另一方面，“闭门造车”为主的写作方式也带来了很多弊端。首先，个人的经验、角度、思维水平毕竟有限。其次，很多问题看似简单，倘若口头讨论，说出个一二三不难，但若形成文字，且需全面、准确、翔实，则个中难度便数倍其上而不止，为了寻求一个问题或结论的全面或完整，常常要花上几个小时甚至一整天，翻阅十几篇文章或案例却遍寻而不得是常有的事，个中甘苦，非著书者不能体会。所以，更大的期待在于“抛砖引玉”，敬请各位读者、老师、同仁、朋友能够不吝赐教和批评，以期之后能够修订、补充、完善本书，则实为幸事。

我要感谢我的研究生导师，全国政协常委、民建中央副主席、上海市政协副主席周汉民教授，先生在繁忙的工作之余，拨冗为本书作序并提出宝贵建议，真正体现了“学高为师，身正为范”，无论何时何地，都像海上屹立伟岸的灯塔般指引我前行；我要感谢上海证券交易所资本市场研究所研究员孙亮博士，本书第二部分第一章“IPO重点法律问题概述及历年审核情况分析”中，除有关案例来源于证监会官网外，主要内容来源于孙博士和王佳博士撰写的《IPO历年审核通过情况、被否原因及趋势分析》一文；我还要感谢山东省供销社党组成员、理事会副主任、原山东天鹅棉业机械股份有限公司（天鹅股份，股票代码：603029）董事长魏华先生，深圳证券交易所法律部曾斌博士，红塔证券副总裁、“春晖投行在线”创始人沈春晖先生，大成律师事务所高级合伙人李寿双律师，蚂蚁金服研究院高级专家林海博士欣然命笔为本书题写推荐语；感谢我的团队成员戴琳、高媛、丁达兵等，他们在出版前协助我对全书进行了认真细致的校对。

最后，借此机会，向中国法制出版社的赵宏女士以及因赵老师工作变动而接任的责编谢雯女士表示我由衷的谢意，感谢她们的汗水、心血和付出的劳动，同时，也要感谢我的父母和妻子。没有他们的鼓励、支持和在我背后默默的付出和奉献，这本书是无法出版的。

文章千古事，得失寸心知。长路漫漫，学海无涯，我将一如既往，竭力前行。如果这本小书能够为企业申请 IPO 略尽绵薄之力，能够为资本市场的发展添砖加瓦，则所有的辛苦，便可化作烟云随风而逝。

史雪飞

2020 年 3 月 10 日

目 录
CONTENTS

第二章 PART TWO

股东出资

第三章 PART THREE

股份公司的设立

第六章 PART SIX

对赌协议

第七章 PART SEVEN

公司的业务

第八章　PART　EIGHT

关联方和关联交易

第九章 PART NIEN

同业竞争

第十章 PART TEN

公司的主要财产

第十一章 PART ELEVEN

公司的董事、监事与高级管理人员

第十二章 PART TWELVE

公司的税务与补贴

第三章 PART THREE

股东人数超过 200 人

第四章 PART FOUR

同业竞争

第五章 PART FIVE

挂牌期间的交易情况、合法合规性及股权纠纷

第六章 PART SEVEN

三类股东

第七章 PART EIGHT

挂牌期间规范运作

附　录

第一部分

新三板挂牌和 IPO 的条件及审核标准综述

第一章
新三板挂牌条件和审核标准

第一节　新三板的发展改革历程

一、场外交易概述

证券市场一般分为证券交易所市场与场外证券市场两类。二者不同之处在于前者为集中之中央“拍卖”市场，后者则为分散之“谈判”市场。证券交易所市场是采取公开、集中竞价交易方式买卖上市证券的有形证券市场，也被称为场内证券市场。场外证券市场在美国称为“Over-the-Counter Market”（简称“OTC 市场”），其原意是指柜台交易市场或店头市场，即证券商之间或证券商与客户之间在证券商柜台完成证券买卖，以区别于证券交易所从委托、公开集中竞价直至结算交割的系列过程。

今天的场外证券市场已经是一个涵盖范围极广的概念，它一般是指除证券交易所之外的一切证券交易场所，并不以在证券商营业处所柜台进行交易为限。在美国等西方国家成熟、发达的证券市场体系中，单纯的证券交易所满足不了证券多品种交易的要求，场外证券市场是一个十分重要的组成部分，与场内证券市场相辅相成，相互补充，适应了不同市场主体多层次的市场需求，发挥着越来越大的作用。

我国证券市场的发展路径、层次结构与境外市场相比存在较大差异，亦不能满足经济结构转型、服务实体经济的需要，场外市场已成为我国资本市场的短板，亟待发展。

二、国家对场外证券市场的扶持

《中共中央关于制定国民经济和社会发展第十二个五年计划的建议》中指出："加快多层次资本市场体系建设，显著提高直接融资比重。""稳步发展场外交易市场"。

《国务院关于加快培育和发展战略性新兴产业的决定》中指出："推进场外证券交易市场的建设，满足处于不同发展阶段创业企业的需求。完善不同层次市场之间的转板机制，逐步实现各层次市场间有机衔接。"《国民经济和社会发展第十二个五年规划纲要》要求"扩大代办股份转让系统试点，加快发展场外交易市场"。

中国人民银行、中国银行业监督管理委员会（已撤销）、中国证券监督管理委员会、中国保险监督管理委员会（已撤销）、国家外汇管理局联合发布的《金融业发展和改革"十二五"规划》中指出："加快建设覆盖全国的统一监管的场外交易市场。""完善不同层次市场间的转板机制和市场退出机制，逐步建立各层次市场间的有机联系，形成优胜劣汰的市场环境。"

三、新三板发展的主要改革历程

新三板市场起源于 2001 年"股权代办转让系统"，设立的直接原因是 NET 和 STAQ 系统的遗留问题，最早承接两网公司［原 STAQ 和 NET 系统（简称：两网）］和退市公司，称为"旧三板"。STAQ 和 NET 系统是分别于 1990 年 12 月和 1993 年 4 月开始运作的法人股交易系统，在运作过程中由于存在一些不尽如人意的地方，从保护投资者利益出发，管理层于 1999 年 9 月作出两系统停止交易的决定。为了解决两系统历史遗留的数家公司法人股流通问题，并为退市后的上市公司股份提供继续流通的场所，管理层于 2001 年 7 月 16 日正式开办代办股份转让业务。

2003 年 12 月，科技部、北京市政府联合向国务院上报了《关于中关村科技园区非上市股份有限公司进入证券公司代办股份转让系统进行股份转让试点的请示》。

2006 年 1 月 13 日，经国务院批准，首批两家新三板公司在中关村股份报价转让系统挂牌。

2006 年 1 月 16 日，中国证监会出台了《证券公司代办股份转让系统中关村科技园区非上市股份有限公司股份报价转让试点办法》①，至此中关村科技园区非上市股份有限公司进入代办转让系统进行股份报价转让，称为“新三板”。

2006 年 12 月，挂牌公司首单定向增资获得批准，新三板挂牌企业具有了融资功能。

2012 年 8 月，试点范围扩大至上海张江高新区、天津滨海高新区和武汉东湖高新区，新三板开始走向全国。

2012 年 9 月 20 日，全国中小企业股份转让系统有限责任公司（以下简称“全国股份转让系统公司”或“全国股转公司”）在国家工商总局注册成立，注册资本 30 亿元。上海证券交易所（以下简称“上交所”）、深圳证券交易所（以下简称“深交所”）、中国证券登记结算公司（以下简称“中国结算”）、上海期交所、中国金融期交所、郑州商品交易所、大连商品交易所为公司股东单位。公司的经营范围是：组织安排非上市股份公司股份的公开转让；为非上市股份公司融资、并购等相关业务提供服务；为市场参与人提供信息、技术和培训服务。全国中小企业股份转让系统（以下简称“全国股份转让系统”或“全国股转系统”）是经国务院批准设立的全国性证券交易场所，全国股转公司为其运营管理机构。设立全国股转系统是加快我国多层次资本市场建设发展的重要举措。

2012 年 9 月 28 日，中国证监会《非上市公众公司监督管理办法》②《关于规范证券公司参与区域性股权交易市场的指导意见（试行）》③ 发布。

2013 年 1 月 16 日，全国股转系统在京揭牌，标志着非上市公司股份转让

---

① 该行业规定已失效，失效依据为《中国证券业协会关于废止〈证券公司代办股份转让服务业务试点办法〉等 30 项自律规则及文件的公告》。

② 该部门规章已于 2013 年 12 月 26 日被修改，修改依据为《中国证券监督管理委员会关于修改〈非上市公众公司监督管理办法〉的决定（2013）》。

③ 该部门规章已失效，失效依据为《区域性股权市场监督管理试行办法》。

从小范围、区域性试点走向全国范围内规范运行。

2013 年 1 月 21 日，全国证券期货监管工作会议布置了 10 项重点工作，新三板扩容居首。

2013 年 2 月 8 日，中国证监会公布了《全国中小企业股份转让系统有限责任公司管理暂行办法》[①]，全国股转公司发布了《全国中小企业股份转让系统业务规则（试行）》，并自发布之日起实施。这标志着“新三板”市场已经有了基本的监管框架和新的操作细则，“新三板”将迎来革命性的发展。

2013 年 4 月 23 日，全国股转公司发布《全国中小企业股份转让系统挂牌公司股东可以超过 200 人的公告》，明确挂牌公司股东可以突破 200 人。

2013 年 4 月 25 日，《全国中小企业股份转让系统挂牌公司定向发行备案业务指南》[②] 出台，明确可以小额快速融资，明确可以用非现金资产认购发行股票。

2013 年 5 月，出台扩大试点方案列入国务院当年重点工作。5 月 6 日，国务院常务会议将“出台扩大中小企业股份转让系统试点范围方案”列入 2013 年我国深化经济体制改革的重点工作。

2013 年 6 月 19 日，国务院常务工作会议加快发展多层次资本市场。将中小企业股份转让系统试点扩大至全国，鼓励创新、创业型中小企业融资发展。

2013 年 12 月 14 日，《国务院关于全国中小企业股份转让系统有关问题的决定》发布，全国股份转让系统试点范围扩大至全国。

2013 年 12 月 30 日，全国股转公司发布《全国中小企业股份转让系统股票转让细则（试行）》。

2014 年 5 月 19 日，全国股转系统新交易结算系统切换上线，由深交所提供技术支持的原代办股份转让系统同步下线，中国结算深圳分公司运营的全国股份转让登记结算系统也切换至中国结算北京分公司。

2014 年 6 月 5 日，《全国中小企业股份转让系统做市商做市业务管理规定

---

① 该部门规章已被修改，对应 2017 年 12 月 7 日修正的《全国中小企业股份转让系统有限责任公司管理暂行办法》。

② 该行业规定已被修改，对应 2013 年 12 月 30 日修正的《全国中小企业股份转让系统挂牌公司定向发行备案业务指南》。

(试行)》发布实施，该管理规定与前期已发布实施的《全国中小企业股份转让系统股票转让细则（试行)》一起，构成了全国股转系统挂牌公司股票做市转让业务的基本制度框架。

2014 年 6 月 23 日，中国证监会发布了《非上市公众公司重组管理办法》。

2015 年 3 月 18 日，全国股转公司、中证指数有限公司发布了三板成指(899001)、三板做市（899002）指数样本股。

2015 年 9 月 21 日，全国股转公司发布了《全国中小企业股份转让系统优先股业务指引（试行)》，各市场主体开展优先股试点工作。

2015 年 11 月 16 日，中国证监会发布了《中国证监会关于进一步推进全国中小企业股份转让系统发展的若干意见》，提出探索放开挂牌同时向合格投资者发行股票新增股东人数 35 人的限制，加快推出储架发行制度和授权发行机制。要求大力发展多元化的机构投资者队伍，引入公募证券投资基金投资挂牌证券；优化完善现有交易制度安排，大力发展做市转让方式；强化主办券商交易组织者和流动性提供者的功能。提出实施全国股转系统内部分层，现阶段先分为基础层和创新层，逐步完善市场层次结构。

2016 年 5 月 27 日，全国股转公司发布了《全国中小企业股份转让系统挂牌公司分层管理办法（试行)》。实施对挂牌公司的分层管理，分为基础层和创新层，拉开了差异化监管和服务的序幕。

2016 年 12 月，挂牌公司破万家，新三板成为全球首个服务企业达一万家的证券市场。

2017 年 12 月 22 日，全国股转公司发布了《全国中小企业股份转让系统挂牌公司分层管理办法》及《全国中小企业股份转让系统挂牌公司信息披露细则》。新规内容包括优化分层、交易方式、交易制度、信息披露等方面的制度变化。

2017 年 12 月 28 日，全国股转公司发布了《全国中小企业股份转让系统股票转让细则》，原采取协议转让方式的股票改为采取集合竞价转让方式进行转让；原采取做市转让方式的股票仍采取做市转让方式进行转让；采取集合竞价和做市转让方式的股票符合《转让细则》规定条件的，均可以进行协议转让。

2018 年 12 月 7 日，财政部、国家税务总局、中国证监会发布了《关于个人转让全国中小企业股份转让系统挂牌公司股票有关个人所得税政策的通知》。明确自 2018 年 11 月 1 日起，对个人转让新三板挂牌公司非原始股取得的所得，暂免征收个人所得税。

2019 年 12 月 20 日，中国证监会发布了《关于修改〈非上市公众公司监督管理办法〉的决定》《非上市公众公司信息披露管理办法》，标志着全面深化新三板改革进入落地实施阶段。

2019 年 12 月 27 日，全国股转公司就新三板改革有关业务规则发布实施答记者问，全国股转公司按照全面深化新三板改革总体方案，制定、修订了 30 件业务规则。上述业务规则涵盖股票公开发行、股票定向发行、市场分层管理、股票交易、投资者适当性，以及公司监管 6 大方面，包括基本业务规则、业务细则、指引和指南 4 个层级，与证监会系列规章、规范性文件共同构成了新三板改革的制度体系。

2020 年 1 月 19 日，全国股转公司发布了《全国中小企业股份转让系统股票向不特定合格投资者公开发行并在精选层挂牌规则（试行）》，新三板在创新层的基础上划分出精选层，并在精选层中向不特定合格投资者公开发行，未进入创新层与精选层的新挂牌与已挂牌公司进入基础层。

2020 年 3 月 6 日，中国证监会发布了《关于全国中小企业股份转让系统挂牌公司转板上市的指导意见》（以下简称"《转板指导意见》"）征求意见稿，对新三板挂牌企业转板的诸多问题进行了规定，该文件的发布也预示着我国多层次资本市场互联互通的时代来临。

第二节　新三板挂牌条件及审核标准

一、挂牌条件

经中国证监会批准，《全国中小企业股份转让系统业务规则（试行）》已于 2013 年 2 月 8 日发布实施，全国股转公司同期发布 5 个通知、4 个细则、4 个暂行办法及 4 个指引等配套文件。自此，上述规则和中国证监会前期发布的

《非上市公众公司监督管理办法》《全国中小企业股份转让系统有限责任公司管理暂行办法》一起构成了全国场外市场运行管理的基本制度框架，搭建了全新的业务规则框架体系（新三板的法律体系参见本书附录一“新三板的法律体系表”）。

针对创新创业型中小企业的发展特点和风险特征，在挂牌审查中坚持市场化原则，充分发挥中介机构作用，引导中小企业规范发展，《业务规则》在原中关村试点规定的挂牌条件基础上，确定了全国股份转让系统的六项挂牌条件，力求增强市场的包容度。其主要特点是：

一是挂牌条件不设置财务指标。并将条件中的“主营业务突出”调整为“业务明确”，要求企业清晰描述公司的产品或服务、生产或服务方式、业务规模、关键资源要素和商业模式等情况，并如实披露过往经营业绩，便于市场和投资者自主判断，而不是由全国股转公司对其主营业务是否突出做出实质判断。二是与《管理办法》衔接，在挂牌条件中增加“股权明晰”要求，这是股权转让的基本前提。三是为强化市场主体自律责任，充分发挥中介机构的筛选和督导作用，将“主办券商推荐并持续督导”作为挂牌必备条件，也是与公司挂牌后如果没有主办券商持续督导将面临摘牌的要求做出制度呼应。同时，为体现市场化原则，不再将取得政府的确认函作为挂牌必要条件。

此外，在挂牌准入环节还进行了以下调整：一是为增强全国场外市场服务实体经济发展的深度和广度，提高覆盖面，保证各种所有制经济、各行业企业依法平等进入资本市场、公平参与市场竞争、同等受到法律保护，规定申请挂牌公司不受股东所有制性质的限制，也不限于高新技术企业，符合国家法律法规及公序良俗的传统行业、新兴业态企业均可前来申请挂牌。二是考虑股权激励是创新创业型中小企业吸引人才的重要手段，允许申请挂牌公司存在未行权完毕的股权激励计划，由企业在合法合规前提下自主决策，并充分如实披露。三是明确历史遗留的股东200人以上公司经证监会规范确认，且符合挂牌条件的，可以申请挂牌。

二、审核标准

于2017年11月1日生效实施的《全国中小企业股份转让系统股票挂牌条

件适用基本标准指引》对《业务规则》中规定的六项挂牌条件进行了进一步明确，要点如下：

（一）依法设立且存续满两年。依法设立，是指公司依据《公司法》等法律、法规及规章的规定向公司登记机关申请登记，并已取得“企业法人营业执照”。

1. 公司设立的主体、程序合法合规。

国有企业需提供相应的国有资产监督管理机构或国务院、地方政府授权的其他部门、机构关于国有股权设置的批复文件。外商投资企业须提供商务主管部门出具的设立批复或备案文件。2006 年《公司法》修订前设立的股份公司，须取得国务院授权部门或者省级人民政府的批准文件。

2. 公司股东的出资合法、合规，出资方式及比例应符合《公司法》相关规定。以实物、知识产权、土地使用权等非货币财产出资的，应当评估作价，核实财产，明确权属，财产权转移手续办理完毕。以国有资产出资的，应遵守有关国有资产评估的规定。公司注册资本缴足，不存在出资不实情形。

挂牌公司应当是依法设立且存续两个完整会计年度的股份有限公司。有限责任公司按原账面净资产值折股整体变更为股份有限公司的，存续时间可以从有限责任公司成立之日起计算；申报财务报表最近一期截止日不得早于改制基准日。

（二）业务明确，具有持续经营能力。

1. 业务明确，指公司能够明确、具体地阐述其经营的业务、产品或服务、用途及其商业模式等信息。

2. 公司可同时经营一种或多种业务，每种业务应具有相应的关键资源要素，该要素组成应具有投入、处理和产出能力，能够与商业合同、收入或成本费用等相匹配。

（1）公司应取得其从事相关业务的相应资质、许可或特许经营权等。

（2）公司业务在遵守法律、行政法规和规章的规定的同时，必须符合国家产业政策以及环保、质量、安全等要求。

3. 公司业务在报告期内应有持续的营运记录。营运记录包括现金流量、营业收入、交易客户、研发费用支出等。公司营运记录应满足下列条件：

（1）公司应在每一个会计期间内形成与同期业务相关的持续营运记录，不能仅存在偶发性交易或事项。

（2）最近两个完整会计年度的营业收入累计不低于1000万元；因研发周期较长导致营业收入少于1000万元，但最近一期末净资产不少于3000万元的除外。

（3）报告期末股本不少于500万元，报告期末每股净资产不低于1元/股。

公司不存在依据《公司法》第一百八十条规定解散的情形，或法院依法受理重整、和解或者破产申请。公司不存在《中国注册会计师审计准则第1324号——持续经营》应用指南中列举的影响其持续经营能力的相关事项或情况，且相关事项或情况导致公司持续经营能力存在重大不确定性。

（三）公司治理机制健全，合法规范经营。

（1）公司治理机制健全，是指公司按规定建立由股东大会、董事会、监事会和高级管理层组成的公司治理架构，制定相应的公司治理制度，并能证明有效运行，保护股东权益。

（2）合法合规经营，是指公司及其控股股东、实际控制人、下属子公司（下属子公司是指公司的全资、控股子公司或通过其他方式纳入合并报表的公司或其他法人，下同）须依法开展经营活动，经营行为合法、合规，不存在重大违法违规行为。

①公司及下属子公司的重大违法违规行为是指公司及下属子公司最近24个月内因违反国家法律、行政法规、规章的行为，受到刑事处罚或适用重大违法违规情形的行政处罚。

行政处罚是指经济管理部门对涉及公司经营活动的违法违规行为给予的行政处罚。

重大违法违规情形是指，凡被行政处罚的实施机关给予没收违法所得、没收非法财物以上行政处罚的行为，属于重大违法违规情形，但处罚机关依法认定不属于的除外；被行政处罚的实施机关给予罚款的行为，除主办券商和律师能依法合理说明或处罚机关认定该行为不属于重大违法违规行为的外，都视为重大违法违规情形。

公司及下属子公司最近24个月内不存在涉嫌犯罪被司法机关立案侦查，

尚未有明确结论意见的情形。

②控股股东、实际控制人合法合规，最近24个月内不存在涉及以下情形的重大违法违规行为：a. 控股股东、实际控制人受刑事处罚；b. 受到与公司规范经营相关的行政处罚，且情节严重；情节严重的界定参照前述规定；c. 涉嫌犯罪被司法机关立案侦查，尚未有明确结论意见。

③公司及下属子公司业务如需主管部门审批，应取得相应的资质、许可或特许经营权等。

④公司及其法定代表人、控股股东、实际控制人、董事、监事、高级管理人员、下属子公司，在申请挂牌时应不存在被列为失信联合惩戒对象的情形。

⑤公司及下属子公司业务须遵守法律、行政法规和规章的规定，符合国家产业政策以及环保、质量、安全等要求。

⑥公司财务机构设置及运行应独立且合法合规，会计核算规范。

（四）股权明晰，股票发行和转让行为合法合规。

1. 股权明晰，是指公司的股权结构清晰，权属分明，真实确定，合法合规，股东特别是控股股东、实际控制人及其关联股东或实际支配的股东持有公司的股份不存在权属争议或潜在纠纷。

公司的股东不存在国家法律、法规、规章及规范性文件规定的不适宜担任股东的情形。

申请挂牌前存在国有股权转让的情形，应遵守国资管理规定。

申请挂牌前外商投资企业的股权转让应遵守商务部门的规定。

2. 股票发行和转让合法合规，是指公司及下属子公司的股票发行和转让依法履行必要的内部决议、外部审批（如有）程序，股票转让须符合限售的规定。

（1）公司及下属子公司股票发行和转让行为合法合规，不存在下列情形：

最近36个月内未经法定机关核准，擅自公开或者变相公开发行过证券；

违法行为虽然发生在36个月前，目前仍处于持续状态，但《管理办法》实施前形成的股东超200人的股份有限公司经中国证监会确认的除外。

（2）公司股票限售安排应符合《公司法》和《业务规则》的有关规定。

3. 公司曾在区域股权市场及其他交易市场进行融资及股权转让的，股票发行和转让等行为应合法合规；在向全国股转系统申请挂牌前应在区域股权市场及其他交易市场停牌或摘牌，并在全国股转系统挂牌前完成在区域股权市场及其他交易市场的摘牌手续。

（五）主办券商推荐并持续督导。

1. 公司须经主办券商推荐，双方签署了《推荐挂牌并持续督导协议》。

2. 主办券商应完成尽职调查和内核程序，对公司是否符合挂牌条件发表独立意见，并出具推荐报告。

新三板要求主办券商推荐和终身持续督导。而主板、中小板要求的持续督导期为证券上市当年剩余时间及其后 2 个完整会计年度，创业板为证券上市当年剩余时间及其后 3 个完整会计年度。在全国股转系统，主办券商通过尽职调查、内核等程序决定申请挂牌公司是否符合条件并推荐挂牌。在挂牌后，主办券商对其履行持续督导义务，促进挂牌公司提高公司治理、规范运作水平，督促挂牌公司履行信息披露义务。全国股转公司对主办券商是否勤勉尽责进行自律监管。

（六）全国股转公司要求的其他条件。

全国股转公司在苏州、上海等地举办的培训会上明确阐释了判断挂牌标准的几个基本原则：

1. 可把控、可举证、可识别、制度公平、理念包容；

2. 目前以信息披露为核心（非上市公众公司的法定义务，公司展示自身形象的平台）；

3. 券商可在监管部门确定的底线之上自定内核标准。

第二章
IPO 的条件、程序、特点和流程

第一节 IPO 概述

一、基本概念和分类

IPO，即首次公开募股（Initial Public Offerings，简称 IPO），是指一家企业第一次将它的股份向不特定的社会公众发售的行为。根据我国目前的相关法律规定及实践，我国境内企业公开发行股票从发行地点来说，分为境内发行和境外发行。

境内公开发行股票即在中华人民共和国大陆境内的企业根据《公司法》《证券法》《首次公开发行股票并上市管理办法》（以下简称《首发管理办法》）等相关法律法规及规范性文件的规定向社会公众公开发行股票。在我国大陆境内发行股票又分为 A 股（又称为“人民币普通股”和“内资股普通股”）和 B 股（又称为“人民币特种股票”，即我国境内的企业在大陆境内向港、澳、台及外国投资者发行的并在我国境内流通的外资股）。

境外发行指我国境内企业到境外公开发行股票和上市，即我国国内的企业向国外或我国港、澳、台投资者发行的并在我国大陆境外证券交易所流通转让的外资股。外资股根据其所流通转让的市场的第一个英文字母简称为“H 股”（HONGKONG）、“N 股”（NEWYORK）、“S 股”（SINGAPORE）等。

本书中，如无特别注明，所指的 IPO 限于我国境内企业首次公开发行 A 股股票并上市①。

二、境内 IPO 的几种方式

我国《证券法》在 2019 年 12 月 28 日修订之前，一直规定股票发行实行核准制。发行人公开发行股票必须符合法律、行政法规规定的条件，并依法报中国证监会核准，未经依法核准不得公开发行。发行人应当聘请具有保荐资格的证券公司担任保荐机构。中国证监会设立发行审核委员会，依法审核股票发行申请。

《证券法》作为我国证券市场基本法，起着为证券发行、交易提供基础性规则的重要作用。自 2013 年 11 月中国共产党第十八届三中全会明确提出“推进股票发行注册制改革”，到 2019 年 1 月中国证监会发布《关于在上海证券交易所设立科创板并试点注册制的实施意见》，再到已于 2020 年 3 月 1 日施行的修订后的《证券法》，我国证券市场一直呼吁实施注册制。

修订后的《证券法》第九条规定：公开发行证券，必须符合法律、行政法规规定的条件，并依法报经国务院证券监督管理机构或者国务院授权的部门注册。未经依法注册，任何单位和个人不得公开发行证券。

考虑到全面推行注册制有一定的过渡期，修订后的《证券法》授权国务院对证券发行注册制的具体范围、实施步骤进行规定。根据全国人民代表大会常务委员会关于授权国务院在实施股票发行注册制改革中调整适用《中华人民共和国证券法》有关规定的决定，在注册制全面推开之前，部分板块、证券品种的公开发行，还将会依国务院安排，继续按照修改前的证券法规定实行核准制。

根据公开发行股票前的主体不同，境内公开发行股票存在以下几种方式：

1. 发起设立股份有限公司后公开发行股票，即发起设立股份有限公司并规

---

① 因篇幅所限，本书讨论的范围限于新三板挂牌企业向证监会申报 IPO 并在主板、中小板、创业板上市，科创板及全国股转公司 2020 年 1 月 19 日制定的《全国中小企业股份转让系统股票向不特定合格投资者公开发行并在精选层挂牌规则（试行）》中规定的挂牌公司向不特定合格投资者公开发行不属于本书讨论的 IPO 范畴，但本书讲述的有关规则、审核及案例可以参考使用。

范运作一段时间后经核准向社会公众公开发行股票。

2. 企业改组设立股份公司后公开发行股票，即非公司制企业改制设立为股份有限公司并规范运作一段时间后经核准向社会公众公开发行股票。例如，安徽凤形耐磨材料股份有限公司（002760）是从股份合作企业直接改制设立股份有限公司的。但这样改制业绩不能连续计算，需从股份有限公司成立之日起算。

3. 原定向募集公司增资公开发行股票，即在《公司法》实施前各地根据原《股份有限公司规范意见》等规定以定向募集方式设立的股份有限公司经规范运作后经核准向社会公众公开发行股票。

募集设立这种方式虽然新的《公司法》中仍然作了规定，但是在实务中具体操作的已经越来越少。1994 年 6 月 19 日国家体改委发布《关于立即停止审批定向募集股份有限公司并重申停止审批和发行内部职工股的通知》以后，停止审批定向募集股份有限公司。

4. 有限责任公司变更为股份有限公司后增资首次公开发行股票，即有限责任公司根据《公司法》的相关规定，以有限责任公司经审计后的账面值整体依法变更为股份有限公司后规范运作一段时间后经核准向社会公众公开发行股票。这种情况下，经营业绩是可以连续计算的。

第二节　IPO 的条件

一、主板、中小板 IPO 的条件

IPO 的法律体系参见本书附录二“IPO 的法律体系表”。根据《首发管理办法》（2018 修正）及《公司法》《证券法》等相关法律法规的规定，在我国境内 A 股市场主板和中小板公开发行股票并上市至少需要满足下列主要条件（如下表所列）：

要求事项	国内 A 股市场主板和中小板现行规定
营业记录	股份有限公司成立后，持续经营时间应当在 3 年以上，但经国务院批准的除外。
豁免营业记录或盈利要求	可于下列情况连续计算营业记录期： 1. 经国务院批准豁免； 2. 有限责任公司按原账面净资产值折股整体变更为股份有限公司。
出资	注册资本已足额缴纳，发起人或者股东用作出资的资产的财产权转移手续已办理完毕，主要资产不存在重大权属纠纷。股权清晰，控股股东和受控股股东、实际控制人支配的股东持有的发行人股份不存在重大权属纠纷。
主营业务、董事高管和实际控制人	最近 3 年①内主营业务和董事、高级管理人员没有发生重大变化，实际控制人没有发生变更。
最低公众持股量②	1. 向社会公开发行的股份达公司股份总额的 25% 以上； 2. 公司股本总额超过人民币 4 亿元的，其向社会公开发行股份的比例不低于 10%。
规范运行	1. 已经依法建立健全股东大会、董事会、监事会、独立董事、董事会秘书制度，相关机构和人员能够依法履行职责； 2. 董事、监事和高级管理人员符合法律、行政法规和规章规定的任职资格； 3. 内部控制制度健全且被有效执行，能够合理保证财务报告的可靠性、生产经营的合法性、营运的效率与效果； 4. 发行人及其控股股东、实际控制人最近三年不存在贪污、贿赂、侵占财产、挪用财产或者破坏社会主义市场经济秩序的刑事犯罪；发行人最近 36 个月无重大违法行为； 5. 公司章程中已明确对外担保的审批权限和审议程序，不存在为控股股东、实际控制人及其控制的其他企业进行违规担保的情形； 6. 有严格的资金管理制度，不得有资金被控股股东、实际控制人及其控制的其他企业以借款、代偿债务、代垫款项或者其他方式占用的情形。

---

① 根据《首发业务若干问题解答》,《首次公开发行股票并上市管理办法》和《首次公开发行股票并在创业板上市管理办法》中规定的“最近 1 年”以 12 个月计，“最近 2 年”以 24 个月计，“最近 3 年”以 36 个月计。

② 修订后的证券法删除了本处要求，但上市规则仍有，预计后续也会删除。

续表

要求事项	国内 A 股市场主板和中小板现行规定
财务与会计要求①	1. 最近 3 个会计年度净利润均为正数且累计超过人民币 3000 万元，净利润以扣除非经常性损益前后较低者为计算依据； 2. 最近 3 个会计年度经营活动产生的现金流量净额累计超过人民币 5000 万元；或者最近 3 个会计年度营业收入累计超过人民币 3 亿元； 3. 发行前股本总额不少于人民币 3000 万元； 4. 最近一期末无形资产（扣除土地使用权、水面养殖权和采矿权等后）占净资产的比例不高于 20%； 5. 最近一期末不存在未弥补亏损； 6. 依法纳税，各项税收优惠符合相关法律法规的规定。发行人的经营成果对税收优惠不存在严重依赖； 7. 不存在重大偿债风险，不存在影响持续经营的担保、诉讼以及仲裁等重大或有事项； 8. 最近三年财务会计报告被出具无保留意见审计报告； 9. 具有持续经营能力，不得有下列影响持续盈利能力的情形。

《首发管理办法》已经过两次修订，一次是根据 2015 年 12 月 30 日中国证券监督管理委员会《关于修改〈首次公开发行股票并上市管理办法〉的决定》修正，另一次是根据 2018 年 6 月 6 日中国证券监督管理委员会《关于修改〈首次公开发行股票并上市管理办法〉的决定》修正。由于 2018 年修订并未变更除试点创新企业外的发行和上市条件，因此本书仅就 2006 年及 2015 年版《首发管理办法》进行对比，请参见本书附录三。

二、创业板 IPO 的条件

根据《首次公开发行股票并在创业板上市管理办法》（2018 修正，以下简称《创业板上市管理办法》）及《公司法》《证券法》等相关法律法规的规定，在我国境内 A 股市场创业板公开发行股票并上市至少需要满足下列主要条件（如下表所列）：

---

① 2018 年《首次公开发行股票并上市管理办法》修订时，增加了中国证监会根据《关于开展创新企业境内发行股票或存托凭证试点的若干意见》等规定认定的试点企业，可不适用“最近 3 个会计年度净利润均为正数且累计超过人民币 3000 万元，净利润以扣除非经常性损益前后较低者为计算依据”、和“最近一期末不存在未弥补亏损”的规定。

要求事项	国内 A 股市场创业板现行规定
营业记录	股份有限公司成立后，持续经营时间应当在 3 年以上（创业板无国务院豁免条款）
豁免营业记录或盈利要求	有限责任公司按原账面净资产值折股整体变更为股份有限公司
出资	注册资本已足额缴纳，发起人或者股东用作出资的资产的财产权转移手续已办理完毕，主要资产不存在重大权属纠纷。股权清晰，控股股东和受控股股东、实际控制人支配的股东持有的发行人股份不存在重大权属纠纷。
主营业务、董事高管和实际控制人	发行人应当主要经营一种业务，其生产经营活动符合法律、行政法规和公司章程的规定，符合国家产业政策及环境保护政策。发行人最近两年内主营业务和董事、高级管理人员均没有发生重大变化，实际控制人没有发生变更。
最低公众持股量①	1. 向社会公开发行的股份达公司股份总额的 25% 以上； 2. 公司股本总额超过人民币 4 亿元的，其向社会公开发行股份的比例不低于 10%。
规范运行	1. 发行人具有完善的公司治理结构，依法建立健全股东大会、董事会、监事会以及独立董事、董事会秘书、审计委员会制度，相关机构和人员能够依法履行职责； 2. 董事、监事和高级管理人员符合法律、行政法规和规章规定的任职资格； 3. 发行人内部控制制度健全且被有效执行，能够合理保证公司运行效率、合法合规和财务报告的可靠性； 4. 发行人及其控股股东、实际控制人最近三年不存在贪污、贿赂、侵占财产、挪用财产或者破坏社会主义市场经济秩序的刑事犯罪；发行人及其控股股东、实际控制人最近三年内不存在损害投资者合法权益和社会公共利益的重大违法行为。

① 修订后的证券法删除了本处要求，但上市规则仍有，预计后续也会删除。

续表

要求事项	国内 A 股市场创业板现行规定
财务与会计要求①	1. 最近两年连续盈利，最近两年净利润累计不少于一千万元；或者最近一年盈利，最近一年营业收入不少于五千万元。净利润以扣除非经常性损益前后孰低者为计算依据； 2. 最近一期末净资产不少于二千万元，且不存在未弥补亏损； 3. 发行后股本总额不少于三千万元； 4. 最近一期末不存在未弥补亏损； 5. 依法纳税，各项税收优惠符合相关法律法规的规定。经营成果对税收优惠不存在严重依赖； 6. 不存在重大偿债风险，不存在影响持续经营的担保、诉讼以及仲裁等重大或有事项； 7. 最近三年财务会计报告被出具无保留意见审计报告； 8. 具有持续经营能力，不得有下列影响持续盈利能力的情形。

《创业板上市管理办法》已经过两次修订，一次是根据 2015 年 12 月 30 日“中国证券监督管理委员会令第 123 号”中国证券监督管理委员会《关于修改〈首次公开发行股票并在创业板上市管理办法〉的决定》修正，另一次是 2018 年 1 月 15 日中国证券监督管理委员会 2018 年第 1 次主席办公会议审议通过的修订。由于 2018 年修订并未变更除试点创新企业外的发行和上市条件，因此本书仅就 2014 年及 2015 年版《创业板上市管理办法》进行对比，请参见本书附录四。

第三节　IPO 审核的程序、特点和流程

一、IPO 的简要程序

根据《公司法》《证券法》《首发管理办法》等有关规定，企业公开发行

① 2018 年《首次公开发行股票并在创业板上市管理办法》修订时，增加了中国证监会根据《关于开展创新企业境内发行股票或存托凭证试点的若干意见》等规定认定的试点企业，可不适用“最近两年连续盈利，最近两年净利润累计不少于一千万元；或者最近一年盈利，最近一年营业收入不少于五千万元。净利润以扣除非经常性损益前后孰低者为计算依据”和“最近一期末不存在未弥补亏损”的规定。

股票一般按照以下程序进行：

（一）改制重组、股份公司设立及准备申请文件：拟定改制重组方案，聘请保荐机构、律师、会计师、资产评估师等中介机构对拟改制的资产进行审计、评估、签署发起人协议和起草公司章程等文件，设置公司内部组织机构，设立股份有限公司，并对公司中存在的相关问题进行规范。同时，企业和其董事、高级管理人员应学习上市公司必备知识，完善组织结构和内部管理，规范企业行为，明确业务发展目标和募集资金投向，对照发行上市条件对存在的问题进行整改，准备首次公开发行申请文件。

（二）申请文件的申报与审核：企业和所聘请的中介机构，按照中国证监会的要求制作申请文件，保荐机构要向证监会推荐并申报申请文件，证监会对申请文件进行初审，提交股票发行审核委员会审核。在相关资料经发审会审核前，企业应该将招股说明书在中国证监会网站上进行预先披露。

（三）发行与上市：发行申请经股票发行审核委员会审核通过后，证监会进行核准，企业在报刊上刊登招股说明书摘要及发行公告，公开发行股票，提交上市申请，办理股份的托管与登记，挂牌上市。

二、IPO 审核的特点

《证券法》第九条："公开发行证券，必须符合法律、行政法规规定的条件，并依法报经国务院证券监督管理机构或者国务院授权的部门注册。未经依法注册，任何单位和个人不得公开发行证券。证券发行注册制的具体范围、实施步骤，由国务院规定。

有下列情形之一的，为公开发行：1. 向不特定对象发行证券的；2. 向特定对象发行证券累计超过二百人，但依法实施员工持股计划的员工人数不计算在内；3. 法律、行政法规规定的其他发行行为。非公开发行证券，不得采用广告、公开劝诱和变相公开方式。"

中国证监会 IPO 审核系根据《证券法》《行政许可法》《中国证券监督管理委员会行政许可实施程序规定》规定的程序进行。中国证监会 IPO 审核特点，主要体现在程序性、透明性：

（一）严格的程序化。多个环节，多人参与，相互配合也相互制约。

（二）严格舆论监督、不断公开透明、支持公众及利益相关者参与，体现在：1. 审核程序逐步透明；2. 信息公开，申报材料预先披露；3. 强化内部监督与外部监督，加强公众参与和舆论监督。

三、IPO 审核的主要流程

按照依法行政、公开透明、集体决策、分工制衡的要求，IPO 的审核工作流程分为受理、反馈会、见面会、初审会、发审会、封卷、核准发行等主要环节，分别由不同处室负责，相互配合、相互制约。对每一个发行人的审核决定均通过会议以集体讨论的方式提出意见，避免个人决断。

（一）受理和预先披露

IPO 审核由证监会发行监管部（以下简称发行部）负责，受理部门根据《中国证券监督管理委员会行政许可实施程序规定》《首发管理办法》《创业板上市管理办法》等规则的要求，依法受理首发申请文件（主要包括招股说明书、法律意见书、审计报告、保荐工作报告、原始财务报表、重要协议证照等几十项文件），并按程序转发行部。发行部在正式受理后即按程序安排预先披露，并将申请文件分发至相关监管处室，相关监管处室根据发行人的行业、公务回避的有关要求以及审核人员的工作量等确定审核人员。

（二）反馈会

相关监管处室审核人员审阅发行人申请文件后，从非财务和财务两个角度撰写审核报告，提交反馈会讨论。反馈会主要讨论初步审核中关注的主要问题，确定需要发行人补充披露以及中介机构进一步核查说明的问题。反馈会后将形成书面意见，履行内部程序后反馈给保荐机构。保荐机构收到反馈意见后，组织发行人及相关中介机构按照要求进行回复。

（三）见面会

见面会的任务包括向发行人传达发行审核纪律、建立发行人与发行部的初步沟通机制等，参会人员包括发行人代表、发行部相关负责人、相关审核处室负责人等。实际操作中见面会已经基本取消。

（四）预先披露更新

反馈意见已按要求回复、财务资料未过有效期、且需征求意见的相关政府部门无异议的，将安排预先披露更新。发行部将根据反馈意见答复更新后的招股说明书再次在证监会官网予以公布。

（五）初审会

预先披露更新完成后，将按受理顺序安排初审会。初审会将讨论由预审员形成的初审报告，并由预审员汇报发行人的基本情况、初步审核中发现的主要问题及反馈意见回复情况。

（六）发审会

发审委制度是发行审核中的专家决策机制。2017 年 1 月之前的主板中小板发审委委员共 25 人，创业板发审委委员共 35 人，每届发审委成立时，均按委员所属专业划分为若干审核小组，按工作量安排各小组依次参加初审会和发审会。各组中委员个人存在需回避事项的，按程序安排其他委员替补。发审委通过召开发审会进行审核。发审会以投票方式对首发申请进行表决。参会发审委委员 7 名，5 票通过视为通过。

2017 年 7 月 7 日，证监会发布了《关于修改〈中国证券监督管理委员会发行审核委员会办法〉的决定》，将主板和创业板发审委合并，适当增加发审委委员人数，将委员数量由 60 名增至 66 名。中国证监会设立发行审核监察委员会，对发行审核工作进行监察。发审委委员存在违反《中国证券监督管理委员会发行审核委员会办法》（以下简称《发行审核委员会办法》）第十四条规定的行为或者存在对所参加发审委会议应当回避而未提出回避等其他违反发审委工作纪律的行为的，中国证监会应当根据情节轻重对有关发审委委员分别予以谈话提醒、批评、公开谴责、解聘等处理。

《发行审核委员会办法》第十四条规定，发审委委员应当遵守下列规定：

1. 按要求出席发审委会议，并在审核工作中勤勉尽职；
2. 保守国家秘密和发行人的商业秘密；
3. 不得泄露发审委会议讨论内容、表决情况以及其他有关情况；
4. 不得利用发审委委员身份或者在履行职责上所得到的非公开信息，为本人或者他人直接或者间接谋取利益；

5. 不得与发行人有利害关系，不得直接或间接接受发行人及相关单位或个人提供的资金、物品等馈赠和其他利益，本人及配偶、父母、子女及其配偶不得直接或者以化名、借他人名义持有所核准的发行申请的股票，不得私下与发行人及其他相关单位或个人进行接触；

6. 不得有与其他发审委委员串通表决或者诱导其他发审委委员表决的行为；

7. 中国证监会以外的专职委员受聘期间，执行中国证监会工作人员禁止买卖股票的规定，相关人员所持股票，原则上应当在具备依法转让条件时受聘一个月内清理完毕，中国证监会以外的兼职委员受聘期间，买卖股票的限制措施另行规定；

8. 中国证监会的其他有关规定。

中国证监会的上述举措，是鉴于主板（含中小板）、创业板在审核理念和审核标准方面已经趋同，将主板发审委与创业板发审委合并，有利于统一审核理念和审核标准，提高发行审核效率。本次修订《发行审核委员会办法》，除了将主板发审委与创业板发审委合并外，其他主要的变化有：(1) 为了让选聘过程更加公开透明，证监会决定设立发审委遴选委员会，候选人得参加面试，并被考察；(2) 在原有谈话提醒、批评、解聘等处理措施基础上，证监会增加公开谴责的处理措施，完善对违法违规委员的追责制度。发审委委员因违法违规被解聘的，取消其所在单位 5 年内再次推荐发审委委员的资格，发审委委员为国家机关、事业单位工作人员的，通报其所在单位，由其所在单位作出相应处分；(3) 证监会系统内的委员，严格按照中国证监会工作人员禁止买卖股票的规定执行。对于证监会以外的兼职委员，不管发审委委员是来自国家部委、中介机构，还是来自科研院校，在受聘期间买卖股票的限制措施另行规定；(4) 设立发行审核监察委员会，探索采取按一定比例对发行审核项目进行抽查等方式，对发行审核工作进行监察。发行审核过程中涉及的一些标准，将向社会公开，限制发审委员的自由裁量权；(5) 缩短了委员的任职期限，将委员连续任期最长不超过三届改为不超过两届，每年至少更换一半；(6) 之前发审过程中，发审委委员实行固定组别审核，此次改为采用电脑随机产生临时组别。

（七）封卷

通过发审会审核后，进行封卷工作，即将申请文件原件重新归类后存档备查。封卷工作在按要求回复发审委意见后进行。如没有发审委意见需要回复，则在通过发审会审核后即进行封卷。

（八）会后事项申报

会后事项是指发行人的首发申请通过发审会审核后，招股说明书刊登前发生的可能影响本次发行上市及对投资者作出投资决策有重大影响的应予披露的事项。保荐机构及发行人律师、会计师要对发行人在通过发审会审核后是否发生重大事项分别出具专业意见。审核人员按要求及时提出处理意见。需重新提交发审会审核的，按照会后事项相关规定履行内部工作程序。

（九）核准发行

核准发行前，发行人及保荐机构应及时报送发行承销方案。封卷并履行内部程序后，将进行核准批文的下发工作。

以上审核流程可以参考下图：

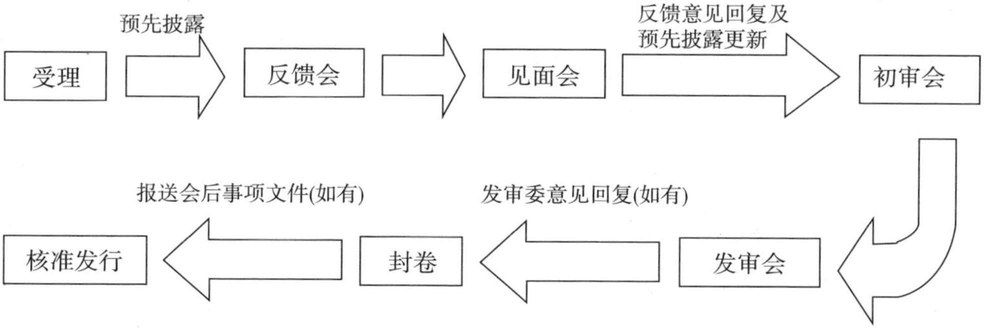

第三章
新三板挂牌与 IPO 条件比较及转板

第一节　新三板挂牌与 IPO 有关条件比较

关于新三板挂牌与主板（中小板）和创业板的上市条件比较请参见下表：

条件	新三板	创业板	主板（中小板）
主体资格	非上市公众公司	依法设立且合法存续的股份有限公司	依法设立且合法存续的股份有限公司
经营年限	持续经营时间在 2 年以上，有限责任公司按原账面净资产值折股整改的，存续期间可从有限责任公司成立之日起计算	持续经营时间在 3 年以上，有限责任公司按原账面净资产值折股整改的，存续期间可从有限责任公司成立之日起计算	持续经营时间在 3 年以上，有限责任公司按原账面净资产值折股整改的，存续期间可从有限责任公司成立之日起计算
盈利要求	具有稳定、持续经营能力 公司业务在报告期内应有持续的营运记录。营运记录包括现金流量、营业收入、交易客户、研发费用支出等 最近 2 个完整会计年度的营业收入累计不低于 1000 万元；因研发周期较长导致营业收入少于 1000 万元，但最近一期末净资产不少于 3000 万元的除外	最近 2 年连续盈利，最近 2 年净利润累计不少于 1000 万元；或者最近 1 年盈利，最近 1 年营业收入不少于 5000 万元。净利润以扣除非经常性损益前后孰低者为计算依据。	最近 3 个会计年度净利润均为正数且累计超过人民币 3000 万元，净利润以扣除非经常性损益前后较低者为计算依据；最近 3 个会计年度经营活动产生的现金流量净额累计超过人民币 5000 万元；或者最近 3 个会计年度营业收入累计超过人民币 3 亿元；最近一期末不存在未弥补亏损

续表

条件	新三板	创业板	主板（中小板）
资产要求	报告期末每股净资产不低于 1 元/股	最近一期末净资产不少于 2000 万元，且不存在未弥补亏损	最近一期末无形资产（扣除土地使用权、水面养殖权和采矿权等后）占净资产的比例不高于 20%
股本要求	报告期末股本不少于 500 万元	发行后股本总额不少于 3000 万元	发行前股本总额不少于人民币 3000 万元
主营业务	可同时经营一种或多种业务，每种业务应具有相应的关键资源要素，该要素组成应具有投入、处理和产出能力，能够与商业合同、收入或成本费用等相匹配	发行人应当主要经营一种业务，最近 2 年内没有发生重大变化	最近 3 年内没有发生重大变化
实际控制人	无限制	最近 2 年内未发生变更	最近 3 年内未发生变更
董事及管理层	应具备《公司法》规定的任职资格，不存在以下情形：（1）最近 24 个月内受到中国证监会行政处罚，或者被中国证监会采取证券市场禁入措施且期限尚未届满，或者被全国中小企业股份转让系统有限责任公司认定不适合担任挂牌公司董事、监事、高级管理人员；（2）因涉嫌犯罪被司法机关立案侦查或者涉嫌违法违规被中国证监会立案调查，尚未有明确结论意见	发行人最近 2 年内董事、高级管理人员均未发生重大变化。高管不能最近 3 年内受到中国证监会行政处罚，或者最近 1 年内受到证券交易所公开谴责	发行人最近 3 年内董事、高级管理人员没有发生重大变化。高管不能最近 36 个月内受到中国证监会行政处罚，或者最近 12 个月内受到证券交易所公开谴责

第二节　转板问题及未来展望

从海外市场的经验来看，一个完善的资本市场体系不仅包含多层次的市场板块，而且各个板块之间存在着紧密的对接通道，通过这些通道企业可以在不同的板块之间进行流转，满足企业不同阶段的融资需求，这就是通常所说的“转板机制”[①]。美国、英国、我国台湾等地均有成熟的转板制度。新三板自诞生以来，有关转板的话题就层出不穷，有关媒体的报道也总能吸引不少眼球。然而，截至目前，从新三板成功实现 IPO 的企业均是经历完整的 IPO 申报过程，获得证监会受理并通过审核，并从新三板摘牌后实现的“转板”，并不是真正意义上的直接转板。不少新三板公司选择 IPO 排队大致有四个方面原因：融资难的问题依然突出；流动性不足，交易量低迷；创新层公司暂时并没有实质性的区别对待，享受政策红利不明显；与主板上市比较，新三板挂牌在知名度、影响力等方面差距很大。

一、转板的有关规定和监管机构的表态

（一）国务院

2013 年 12 月国务院发布《国务院关于全国中小企业股份转让系统有关问题的决定》（国发〔2013〕49 号），提出在全国股份转让系统挂牌的公司，达到股票上市条件的，可以直接向证券交易所申请上市交易。该决定被认为是国务院对新三板转板制度做出的明确规定，是企业上市的新通道。

2015 年 6 月 11 日，国务院发布《关于大力推进大众创业万众创新若干政策措施的意见》（国发〔2015〕32 号）指出，“加快推进全国中小企业股份转让系统向创业板转板试点”。

2016 年 3 月 16 日，全国人大发布的《中华人民共和国国民经济和社会发展第十三个五年规划纲要》中指出，积极培育公开透明、健康发展的资本市场，提高直接融资比重，降低杠杆率。创造条件实施股票发行注册制，发展多层次股权融资市场，深化创业板、新三板改革，规范发展区域性股权市场，建立健全转板机制和退出机制。

2016 年 9 月 22 日，国务院公布《关于积极稳妥降低企业杠杆率的意见》，该意见指出，要通过积极发展股权融资的方式降低企业杠杆率，其中强调“加

① 杜惠芬、王伟、王小军主编：《新三板市场运作与创新》，人民日报出版社 2015 年版，第 217 页。

快健全和完善多层次股权市场。加快完善全国股转系统，健全小额、快速、灵活、多元的投融资体制。研究全国股转系统挂牌公司转板创业板相关制度。”

（二）证监会

2016 年 9 月 9 日，证监会发布了《关于发挥资本市场作用服务国家脱贫攻坚战略的意见》（证监会公告〔2016〕19 号），这是证监会党委落实《中共中央、国务院关于打赢脱贫攻坚战的决定》（中发〔2015〕34 号）和中央扶贫开发工作会议精神的重要举措。证监会对于贫困地区符合条件的 IPO 申请企业实行“即报即审、审过即发”，但是审核标准不降低、环节不减少、程序不压缩；同时，对贫困地区企业采取现场检查措施，对贫困地区企业财务信息披露质量进行检查，确保贫困地区上市企业的质量。目前，证监会对股东人数不超过 200 人的公司挂牌新三板豁免行政审批，新三板挂牌企业已逾万家，创新层挂牌企业已逾千家。因此，新三板挂牌企业直接转板或开通 IPO 绿色通道的制度设计，需要考虑市场公平与监管秩序，审慎研究推进。

2017 年 7 月 3 日，证监会在《中国证券监督管理委员会对十二届全国人大五次会议第 2432 号建议的答复》中，针对人大代表提出的关于尽快推出直接转板试点或 IPO 绿色通道的建议答复：“《国务院关于全国中小企业股份转让系统有关问题的决定》（国发〔2013〕49 号）规定：‘在全国股份转让系统挂牌的公司，达到股票上市条件的，可以直接向证券交易所申请上市交易。’新三板成立以来，已有安控科技、双杰电气、康斯特、合纵科技、拓斯达等公司通过 IPO，从新三板转到创业板上市。”

2020 年 3 月 6 日，证监会发布了通知，就《转板指导意见》公开征求意见，标志着转板制度已经正式落地。我们将在本节第二部分具体详述。

（三）交易所

1. 深交所官方网站报道，2015 年 12 月 30 日，深交所召开第三届理事会第四十六次会议，研究审议理事会 2016 年工作思路以及深交所《2015 年工作总结和 2016 年工作安排》《产品业务创新发展规划（2016—2020）》。理事会要求增强新动力，拓展新空间，培育新供给，全面落实深化创业板改革，推出创业板企业专门层次，进一步强化风险防控，大幅提升创业板包容性，为尚未盈利、特殊股权架构等企业顺利上市融资奠定基础，为新三板企业向创业板转板试点创造更好条件。

2. 2016年11月16日，深交所副总经理金立扬在深圳举行的第十八届高交会的“十三五规划及供给侧改革”主题论坛上透露，深交所近期将深化创业板改革，其中包括将着重推动新三板向创业板转板。①

3. 2017年2月13日，深交所党委召开专题会议，认真学习贯彻2017年全国证券期货监管工作会议精神，部署落实会议各项任务要求。要完善多层次市场体系建设，深化创业板改革，推动新三板向创业板转板试点，支持一批创新能力强、发展前景广、契合国家发展战略导向的优秀企业上市。②

4. 2017年12月16日，由中国商业报道领导者21世纪经济报道发起主办，深圳国际交流合作基金会联合主办的“2017亚洲产业与资本峰会”在深圳隆重召开，峰会主题为“新时代·新动能·新机遇”。深交所副总经理李鸣钟在主题演讲《打造创新资本形成中心推动资本市场和科技创新协同发展》中提到，为贯彻落实党和国家的政策要求，深交所将加快推进创业板改革，一是优化市场定位和制度安排，研究支持符合国家发展战略、行业地位高、研发能力强、发展潜力大的创新型企业上市，提高创业板的包容性。二是积极推进新三板向创业板转板试点，加强不同层次市场间的有机联系，健全多层次资本市场。

二、有关转板的制度探索

（一）介绍上市制度

2013年2月22日，全国股转系统公司总经理谢庚表示，新三板符合条件的挂牌企业可以通过介绍上市的方式登陆沪深股票市场。这是对于新三板企业如何进行“转板”的首次官方回应。2014年3月，深交所总经理宋丽萍在

---

① 孙非：《深交所金立扬：深港通令国际投资者认可中国新经济》，载“全景网”（http://www.p5w.net/kuaixun/201611/t20161116_1638793.htm）2016年11月16日，最后访问时间：2019年7月19日。

② 《稳中求进 奋发有为 扎实推进资本市场改革稳定发展各项工作》，载“深圳证券交易所”网站（http://www.szse.cn/aboutus/news/t50170213_518899.thml）2017年2月13日，最后访问时间：2019年7月29日。

“两会”媒体见面会上谈深交所当年的工作思路时指出，转板是非常重要的机制。新三板去年扩大到全国之后，发展的势头非常好。那么在这种发展过程当中，在制度设计、企业挂牌，推广方面还有更多的事情要做。在这个基础上，根据市场的发展需要，以及制度安排来实现转板。这就涉及一个介绍上市的问题，需要法律制度的支持。

介绍上市（Way of Introduction）是已发行证券申请上市的一种方式，不需要在上市时再发行新股，因为该类申请上市的证券已有相当数量，并为公众所持有，故可推断其在上市后会有足够的流通量。介绍形式上市在境外是常见的一种上市模式，目前在境内证券市场上尚未引入介绍上市规则。所谓“介绍上市”与IPO的区别是没有“公开招股”一环，不涉及发行新股或出售现有股东所持股份。因此，如果符合交易所上市要求且不公开发行的，不再需要证监会审核即可在沪深交易所上市。据证券时报报道（http：//kuaixun. stcn. com/2012/0920/10118853_ 3. shtml），据统计，从2009年至2012年5月，在87家香港交易所新上市公司中，总共有9家企业采取介绍方式挂牌，其中有5家为由创业板转为主板挂牌，3家为已在其他交易所上市后另赴香港上市，而1家属于分拆上市。

（二）绿色通道制度

绿色转板通道，就是指新三板的挂牌企业在自愿的前提下，可以通过一条专属于新三板挂牌企业而有别于普通企业的途径，进行IPO，最终达到在创业板、中小板、主板上市的目的。鉴于目前普通企业IPO通道中排队的企业非常多，因此，为新三板等场外市场挂牌企业开辟新的途径完成发审程序，无疑会大大提高新三板等场外市场挂牌企业IPO的效率，进而促进新三板等场外市场的繁荣，使新三板等场外市场真正成为高新企业“上市”的孵化器。这样，新三板等场外市场挂牌企业的“转板通道”与其他普通企业的首次公开发行通道并行，成为连接场外市场与场内市场“升板”和“退市”企业流通的重要渠道。转板通道的建立，既体现了新三板等场外市场区别于其他资本市场的独特之处，又为新三板等场外市场挂牌企业提供了在场内资本市场公开发行上市的便捷途径。

2014年5月30日，证监会召开新闻发布会，新闻发言人张晓军通报了

2014 年 1 月—4 月上市公司的监管情况，并回答了记者关心的问题。在回答有关转板推进的具体情况时，张晓军表示，我国资本市场仍然处于新兴加转轨阶段，考虑到尚未盈利的互联网和科技创新企业风险较大，拟要求企业在新三板挂牌一年，接受市场和社会监督，提高规范运作水平，之后再行申请到创业板单独层次发行上市。①

2019 年 10 月 25 日，证监会官网发布《启动全面深化新三板改革》的消息，提及建立挂牌公司转板上市机制，在精选层挂牌一定期限，且符合交易所上市条件和相关规定的企业，可以直接转板上市，充分发挥新三板市场承上启下的作用，实现多层次资本市场互联互通。虽然全国股份转让系统公司随后发布的《股票向不特定合格投资者公开发行并在精选层挂牌规则（试行）》《股票定向发行规则》《分层管理办法》《挂牌公司信息披露规则》《挂牌公司治理规则》和《股票交易规则》等征求意见稿并未涉及具体的转板规则，但可以看出，相关监管部门已组织多方力量，针对性地开展了研究论证工作。“转板”安排对于新三板的交易活跃度提出了更高的要求，亟待相关制度的落地支持。

（三）《转板指导意见》征求意见稿的主要内容

在 2020 年 3 月 6 日证监会就《转板指导意见》公开征求意见之前，笔者一直认为，证监会对转板规则的研究和出台是一个谨慎且长期的过程，从转板制度提出到新三板分层，新三板的分层制度在不断完善和修改中，转板规则很可能在分层制度成熟稳定后才会推出，考虑到等待带来的不确定性及时间成本，建议条件成熟的企业仍采用直接向证监会申报的方式 IPO。

2 月 6 日，全国股转公司总经理徐明发表题为《全力推动新三板改革平稳落地 更好服务创新型民营中小企业》的文章。徐明表示，全面深化新三板改革，要着力完善市场内部层次结构，强化多层次资本市场有机联系。一是通过增设精选层，打造“基础层—创新层—精选层”三个层次的市场结构，形成新三板内部不同层次间能进能出的局面。二是落实转板上市制度，畅通多层次资

---

① 《2014 年 5 月 30 日新闻发布会》，载“中国证券监督管理委员会”网站（http：//www.csrc.gov.cn/pub/newsite/zjhxwfb/xufbh/201405/t20140530_ 255288.htm/）2014 年 5 月 30 日，最后访问时间：2019 年 7 月 29 日。

本市场的有机联系，更好发挥新三板市场承上启下的作用。[①]

就在本书定稿时，2020年3月6日，证监会发布了通知，就《转板指导意见》公开征求意见，标志着转板制度已经正式落地。本次改革将允许在精选层挂牌满一年，符合《证券法》上市条件和交易所相关规定的企业，可以不再走传统的首次公开发行并上市（IPO）的路径，直接向交易所申请转板上市。转板上市制度的推出，为中小企业增加了一条上市可选路径。同时，由于转板上市是存量股份上市，不存在历史上一级市场受二级市场影响的情形，市场预期会更加明确；企业不必因上市工作而暂停资本运作，不必重复信息披露，可节约上市成本，有利于主业发展。

《转板指导意见》征求意见稿反馈意见截止时间为2020年4月5日，一般来说，最终稿相对征求意见稿不会有特别大的出入，因此，对转板有兴趣的企业和机构，可以先重点研究一下征求意见稿。

《转板指导意见》征求意见稿主要内容包括三个方面。一是基本原则。建立转板上市机制将坚持市场导向、统筹兼顾、试点先行、防控风险的原则。二是主要制度安排。对转入板块的范围、转板上市条件、程序、保荐要求、股份限售等事项作出原则性规定。三是监管安排。明确了证券交易所、全国股转公司、中介机构等有关各方的责任。对转板上市中的违法违规行为，证监会将依法依规严肃查处。下面介绍一下详细内容。

1. 基本原则

（1）市场导向。顺应市场需求，尊重企业意愿，允许符合条件的挂牌公司自主作出转板决定，自主选择转入的交易所及板块。提高转板上市透明度，审核过程、标准全部公开。

（2）统筹兼顾。上交所、深交所、全国股转公司、中国结算加强沟通协调，做好制度规则的衔接，促进各板块协调发展，保障企业合法权利。

（3）试点先行。坚持稳起步，初期在上交所、深交所各选择一个板块试

---

① 北京商报：《股转总经理徐明：全力推动新三板改革平稳落地 更好服务创新型民营中小企业》，载“北京商报网”（http：//www. bbtnews. com. cn/2020/0206/335176. shtml）2020年2月6日，最后访问时间2020年2月23日。

点。试点一段时间后，评估完善转板上市机制。

（4）防控风险。强化底线思维，切实防范转板上市过程中可能出现的各种风险，做好应对极端情况和突发事件的准备，确保平稳实施。

2. 主要制度安排

（1）转入板块范围。试点期间，符合条件的新三板挂牌公司可以申请转板至上交所科创板或深交所创业板上市。

（2）转板上市条件。申请转板上市的企业应当为新三板精选层挂牌公司，且在精选层连续挂牌一年以上。挂牌公司转板上市的，应当符合转入板块的上市条件。转板上市条件应当与首次公开发行并上市的条件保持基本一致，交易所可根据监管需要提出差异化要求。

（3）转板上市程序。转板上市属于股票交易场所的变更，不涉及股票公开发行，依法无需经中国证监会核准或注册，由上交所、深交所依据上市规则进行审核并作出决定。转板上市程序主要包括：企业履行内部决策程序后提出转板上市申请，交易所审核并作出是否同意上市的决定，企业在新三板终止挂牌并在上交所或深交所上市交易。

（4）转板上市保荐。提出转板上市申请的新三板挂牌公司，按照交易所有关规定聘请证券公司担任上市保荐人。鉴于新三板精选层挂牌公司在公开发行时已经保荐机构核查，并在进入精选层后有持续督导，对挂牌公司转板上市的保荐要求和程序可适当调整完善。

（5）股份限售安排。新三板挂牌公司转板上市的，股份限售应当遵守法律法规及交易所业务规则的规定。在计算挂牌公司转板上市后的股份限售期时，原则上可以扣除在精选层已经限售的时间。上交所、深交所对转板上市公司的控股股东、实际控制人、董监高等所持股份的限售期作出规定。

3. 监管安排

（1）严格转板上市审核。上交所、深交所建立高效透明的转板上市审核机制，依法依规开展审核。交易所在转板上市审核中，发现转板上市申请文件信息披露存在重大问题且未做出合理解释的，可以依据业务规则对拟转板上市公司采取现场检查等自律管理措施。转板上市的审核程序、申报受理情况、问询过程及审核结果及时向社会公开。

（2）明确转板上市衔接。全国股转公司应当强化精选层挂牌公司的日常监管，督促申请转板上市的挂牌公司做好信息披露，加强异常交易监管，防范内幕交易、操纵市场等违法违规行为。上交所、深交所建立转板上市审核沟通机制，确保审核尺度基本一致。上交所、深交所、全国股转公司建立转板上市监管衔接机制，就涉及的重要监管事项进行沟通协调，及时妥善解决转板过程中出现的各种新情况新问题。

（3）压实中介机构责任。保荐机构及会计师事务所、律师事务所等证券服务机构应当按照中国证监会及上交所、深交所相关规定，诚实守信，勤勉尽责，对申请文件和信息披露资料进行充分核查验证并发表明确意见。交易所在转板上市审核中，发现保荐机构、证券服务机构等未按照规定履职尽责的，可以依据业务规则对保荐机构、证券服务机构等采取现场检查等自律管理措施。

（4）加强交易所审核工作监督。中国证监会对上交所、深交所审核工作进行监督，定期或不定期对交易所审核工作进行现场检查或非现场检查。

（5）强化责任追究。申请转板上市的挂牌公司及相关中介机构应当严格遵守法律法规和中国证监会相关规定。对于转板上市中的违法违规行为，中国证监会将依法依规严肃查处，上交所、深交所、全国股转公司等应当及时采取相应的自律管理措施。

上述是《转板指导意见》征求意见稿的主要内容，下一步，上交所、深交所、全国股转公司、中国结算等单位在正式稿出来后，会制定或修订有关业务规则，明确上述有关安排。

转板上市与 IPO 的区别在于公开发行阶段的不同，上市标准基本一致，不会造成监管套利。转板上市的企业，其规范性、经营质量经过了市场检验，有助于提高上市公司整体质量，提振投资者信心，有利于整个资本市场的长期健康发展。转板上市是给企业的一个选择题，不是必选题，转板上市制度不会影响新三板独立市场地位。

关于在转板政策正式出台之前，新三板挂牌企业申报 IPO 时是否需要在新三板摘牌的问题，证监会没有明确规定，已在新三板挂牌的企业申报 IPO 审核可以在两种方式之间进行选择[①]：其一，以新三板挂牌企业身份申报；新三板挂牌企业申报 IPO 流程主要包括：（1）在公司内部决策决定 IPO，董事会和股东大会表决通过相关决议后要及时公告；（2）在向证监会提交申报材料并取得申请受理许可通知书后，公司申请在新三板暂停转让；（3）在获得证监会审核通过后，申请终止在新三板挂牌并公告。其二，在新三板摘牌后以非新三板挂牌企业身份申报。此种方式的好处在于 IPO 审核期间不再受新三板相关规范的监管和约束，但需要先行履行与摘牌相关的程序。摘牌后，新三板挂牌企业的身份丧失，将承担未能正常申报 IPO 或者审核不成功的风险。

《转板指导意见》征求意见稿发布后，已在新三板挂牌的企业除了直接申报 IPO 外，还多了一条路径，就是进入精选层，且在精选层连续挂牌一年以上后申请直接转板，当然，相对于直接 IPO，选择转板时间成本是相对比较高的。鉴于相关细则还没有出来，而且本书讨论的范围是新三板挂牌企业直接申报 IPO，这条路径就不再展开论述了。

① 沈春晖：《A 股 IPO 漫谈：新三板企业转板 IPO 的路径与关注事项》，载“搜狐网”（http://www.sohu.com/a/242056083_682692）2018 年 7 月 19 日，最后访问时间：2019 年 7 月 29 日。

第二部分

新三板企业申报 IPO 的重点法律问题

第一章
IPO 重点法律问题概述及历年审核情况分析

第一节　IPO 重点法律问题概述

根据近年来中国证监会发行监管部公布的反馈意见和发审委询问的主要问题，发行审核中监管部门主要关注财务、法律、信息披露等方面的问题。公司改制和上市中可能涉及诸如土地、房屋、资产及负债的转移、专利及商标、税收、财政补贴、关联交易、同业竞争、环保、社会保障等方方面面的法律问题，证监会对法律方面重点关注的问题主要有是否存在同业竞争和显失公允的关联交易、生产经营是否存在重大违法行为、股权是否清晰和是否存在权属纠纷、董事和高管有无重大变化、实际控制人是否发生变更、社会保险和住房公积金缴纳情况等。

现就部分重点问题列举如下，对于其中尤其重要的类似独立性、关联交易及同业竞争等法律问题，将在本部分结合审核动态及具体案例来做详尽的讨论。下列问题也是律师需要着重核查并发表法律意见的工作内容：

一、发行人发行上市的批准和授权；

二、发行人发行上市的主体资格；

三、发行人发行上市的条件；

四、发行人设立时的相关文件；

五、发行人的独立性；

六、发行人的股东（发起人）；

七、发行人的股本及其演变过程；

八、发行人的主营业务是否符合有关规定；

九、发行人的关联交易及同业竞争；

十、发行人的主要财产权利状况；

十一、发行人的重大债权债务；

十二、发行人的重大资产变化及收购兼并行为；

十三、发行人公司章程的制定与修改；

十四、发行人股东大会、董事会、监事会议事规则及规范运作；

十五、发行人董事、监事和高级管理人员及其变化；

十六、发行人的税务；

十七、发行人的环境保护、安全生产和发行人的产品质量、技术标准；

十八、发行人公开发行股票募集资金的运用。

第二节　IPO 历年审核通过情况、被否原因及趋势分析[①]

一、IPO 审核的通过情况和特点

（一）审核通过率趋于回升，沪市总体高于深市

近 10 年境内新股发行的审核通过率先降后升。2006 年至 2016 年，发审委审核新股共计 2145 家，审核通过 1834 家，审核未通过 311 家，市场整体通过率为 85.5%[②]。特别是十八届三中全会明确提出“推进股票发行注册制改革”以来，新股审核的通过率连续 3 年保持在 90% 以上。“持续推进简政放权”“使市场在资源配置中起决定性作用”“以信息披露为中心”的监管理念在新股审核的实践中充分显现。从沪深两市场看，2006 年至 2016 年沪市拟上市企业的审核通过率为 89.8%，高于深市的 84.3%。尤其是 2011 年至 2016 年沪市的审核通过率在绝大部分年份要高于深市（详见表 1）。

---

① 本部分《IPO 历年审核通过情况、被否原因及趋势分析》，除有关案例来源于证监会官网外，载上海证券交易所官微“上交所企业上市服务”，作者孙亮，经济学博士，上海证券交易所资本市场研究所研究员。王佳，经济学博士，上海证券交易所博士后。

② 本文的统计样本为发审委审核数（通过数和未通过数），未包括申报后撤材料等情况。

表 1. 历年 IPO 审核通过情况（2006—2016）

年份	审核通过数	审核未通过数	合计数	市场通过率	沪市通过率	深市通过率
2006	62	11	73	84.9%	100.0%	82.3%
2007	117	38	155	75.5%	95.5%	72.2%
2008	96	20	116	82.8%	69.2%	84.5%
2009	168	28	196	85.7%	81.3%	86.1%
2010	344	62	406	84.7%	80.0%	85.2%
2011	265	72	337	78.6%	73.6%	79.6%
2012	175	37	212	82.5%	89.3%	81.5%
2014	109	10	119	91.6%	91.9%	91.2%
2015	251	15	266	94.4%	93.5%	94.9%
2016	247	18	265	93.2%	96.7%	90.2%
合计	1834	311	2145	85.5%	89.8%	84.3%

注：10 年间新股共经历 5 次暂停，分别为 2005.5—2006.6、2008.9—2009.6、2012.10—2014.1、2014.1—2014.6、2015.6—2015.12。

资料来源：Wind 资讯（http://www.wind.com.cn）。

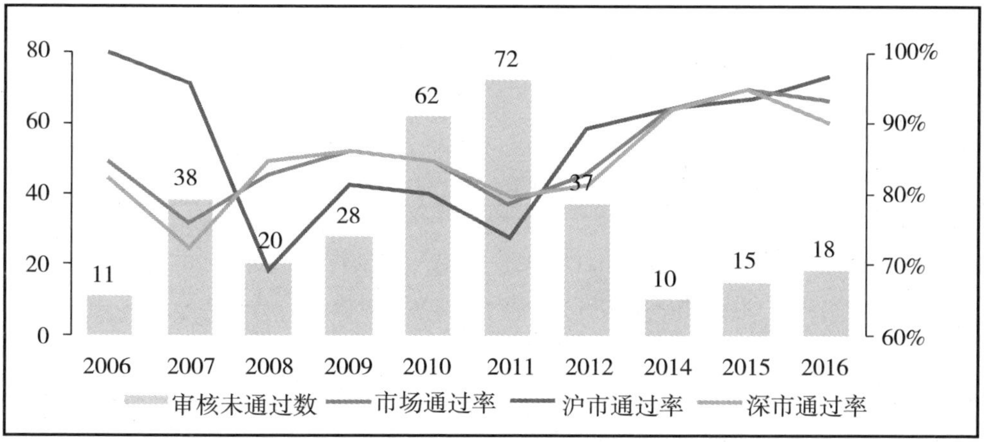

图 1. 历年 IPO 审核通过情况（2006—2016）

注：10 年间新股共经历 5 次暂停，分别为 2005.5—2006.6、2008.9—2009.6、2012.10—2014.1、2014.1—2014.6、2015.6—2015.12。

资料来源：Wind 资讯（http://www.wind.com.cn）。

（二）不同行业的审核通过率逐步分化

2010 年以来，不同行业的新股审核通过率呈现分化状态。一方面，技术型、新业态、市场景气的行业审核通过率较高①。金融业、教育、综合、文化、体育和娱乐业、建筑业、水利、环境和公共设施管理业、交通运输、仓储和邮政业、制造业、信息传输、软件和信息技术服务业的审核通过率均超过 85%。其中，仪器仪表制造业、资本市场服务、货币金融服务、家具制造业、文化艺术业等 20 个二级行业的审核通过率达 100%。另一方面，技术门槛低、业务模式不清晰、产能过剩的行业审核通过率较低。黑色金属冶炼和压延加工业，黑色金属矿采选业、农业、有色金属矿采选业等 9 个二级行业的审核通过率均低于 70%。

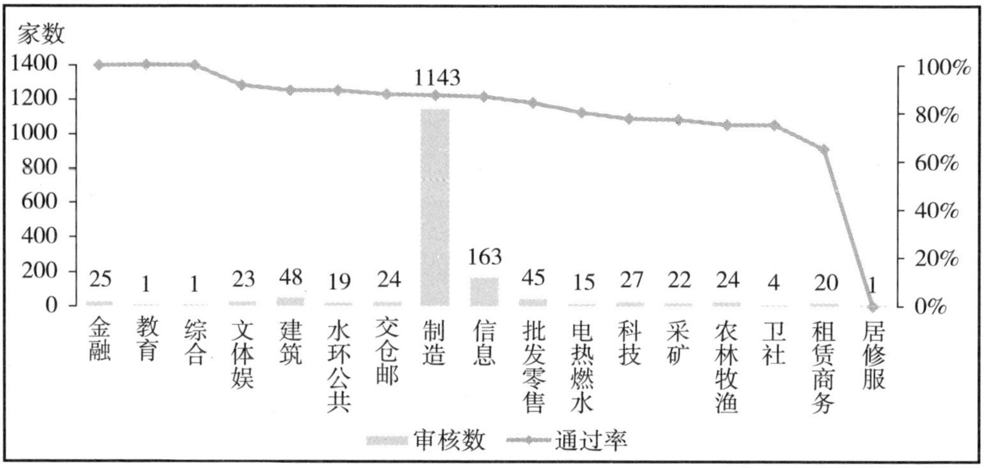

图 2. 不同行业企业的 IPO 审核通过情况（一级行业，2010—2016）

注：图中行业根据《上市公司行业分类指引》（2012 年修订）的门类行业（一级行业）标准划分，为缩略名称，行业全称为金融业、教育、综合、文化、体育和娱乐业、建筑业、水利、环境和公共设施管理业、交通运输、仓储和邮政业、制造业、信息传输、软件和信息技术服务业、科学研究和技术服务业、批发和零售业、采矿业、农、林、牧、渔业、电力、热力、燃气及水生产和供应业、卫生和社会工作、租赁和商务服务业、居民服务、修理和其他服务业。

资料来源：Wind 资讯（http：//www. wind. com. cn）。

---

① 为统一比较对象，主要数据始于 2009 年创业板推出后，故起始年份为 2010 年。

表 2. 不同行业企业的 IPO 审核通过情况（二级行业，2010—2016）

排名	行业类别	通过率	排名	行业类别	通过率	排名	行业类别	通过率
1	仪器仪表制造业	100.0%	25	土木工程建筑业	92.9%	49	建筑装饰和其他建筑业	84.2%
2	资本市场服务	100.0%	26	互联网和相关服务	92.3%	50	金属制品业	82.9%
3	货币金融服务	100.0%	27	酒、饮料和精制茶制造业	91.7%	51	石油加工、炼焦和核燃料加工业	80.0%
4	家具制造业	100.0%	28	其他制造业	91.7%	52	皮革、毛皮、羽毛及其制品和制鞋业	80.0%
5	仓储业	100.0%	29	开采辅助活动	90.9%	53	纺织服装、服饰业	79.3%
6	道路运输业	100.0%	30	汽车制造业	90.7%	54	零售业	78.6%
7	化学纤维制造业	100.0%	31	有色金属冶炼和压延加工业	90.5%	55	文教、工美、体育和娱乐用品制造业	77.8%
8	电力、热力生产和供应业	100.0%	32	广播、电视、电影和影视录音制作业	90.0%	56	专业技术服务业	76.9%
9	航空运输业	100.0%	33	新闻和出版业	90.0%	57	卫生	75.0%
10	文化艺术业	100.0%	34	专用设备制造业	89.6%	58	渔业	75.0%
11	煤炭开采和洗选业	100.0%	35	食品制造业	88.9%	59	公共设施管理业	75.0%
12	综合	100.0%	36	铁路、船舶、航空航天和其他运输设备制造业	88.9%	60	木材加工和木、竹、藤、棕、草制品业	75.0%
13	装卸搬运和运输代理业	100.0%	37	畜牧业	87.5%	61	水的生产和供应业	75.0%
14	研究和试验发展	100.0%	38	医药制造业	87.5%	62	水上运输业	71.4%
15	保险业	100.0%	39	纺织业	87.5%	63	燃气生产和供应业	71.4%

续表

排名	行业类别	通过率	排名	行业类别	通过率	排名	行业类别	通过率
16	林业	100.0%	40	造纸和纸制品业	87.5%	64	黑色金属冶炼和压延加工业	66.7%
17	租赁业	100.0%	41	电信、广播电视和卫星传输服务	87.5%	65	黑色金属矿采选业	66.7%
18	教育	100.0%	42	计算机、通信和其他电子设备制造业	87.1%	66	农业	63.6%
19	邮政业	100.0%	43	印刷和记录媒介复制业	85.7%	67	商务服务业	63.2%
20	建筑安装业	100.0%	44	非金属矿物制品业	85.4%	68	有色金属矿采选业	60.0%
21	农副食品加工业	94.7%	45	软件和信息技术服务业	85.3%	69	废弃资源综合利用业	50.0%
22	批发业	94.1%	46	电气机械和器材制造业	85.2%	70	其他服务业	0.0%
23	生态保护和环境治理业	93.3%	47	化学原料和化学制品制造业	84.5%	71	管道运输业	0.0%
24	橡胶和塑料制品业	93.0%	48	通用设备制造业	84.3%	72	石油和天然气开采辅助活动	0.0%

注：表中行业根据《上市公司行业分类指引》（2012 年修订）的大类行业（二级行业）标准划分。

资料来源：Wind 资讯（http：//www.wind.com.cn）。

（三）个别区域的审核通过率较低

2010 年至今，不同区域（省、自治区、直辖市）的新股审核通过率较稳定。从总体上看，山西、内蒙古、西藏、宁夏的审核通过率最高，达 100%；青海的审核通过率最低，为 66.7%。从审核数前 10 位的区域看，浙江、江苏、安徽、北京、福建、广东排在审核通过率的前 6 位，均高于 85%；上海的审核通过率排在上述区域的最后 1 位，仅为 80.9%（详见图 3）。

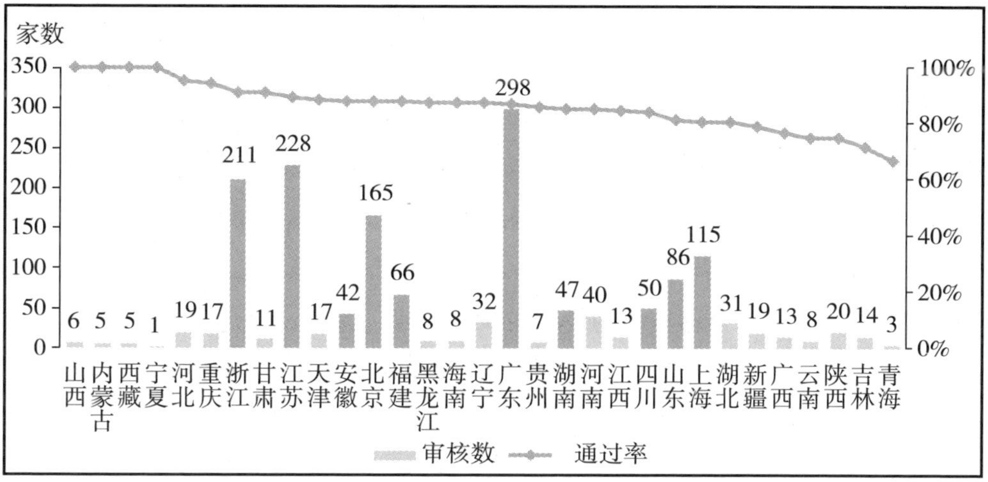

图3. 不同区域企业的IPO审核通过情况（2010—2016）

资料来源：Wind资讯（http：//www.wind.com.cn）。

二、IPO审核未通过的原因分布

（一）财务与会计方面的问题较突出

2010年以来，财务与会计方面问题是IPO审核未通过的主要原因。根据《首发管理办法》，新股的发行上市条件主要包括主体资格、独立性、规范运行、财务与会计、募集资金运用，以及信息披露六方面①。2010年至2016年，因财务与会计方面的问题而未通过IPO审核的意见数共计128次，占IPO审核未通过意见总数的48.3%。

据统计，持续盈利能力问题依然是企业IPO的最大障碍，占财务与会计方面审核未通过意见数的75.8%。按照《首发办法》，企业的持续盈利能力体现

① 创业板适用的《首次公开发行股票并在创业板上市管理办法》与主板/中小板适用的《首次公开发行股票并上市管理办法》略有不同，但其大部分发行条件可归类到后者的相关章节。证监会于2015年年底通过《关于修改〈首次公开发行股票并上市管理办法〉的决定》《关于修改〈首次公开发行股票并在创业板上市管理办法〉的决定》，并于2016年1月施行。该办法强调加强信息披露，同时删除了原办法独立性、募集资金运用部分的相关内容。于2018年1月通过了《关于修改〈首次公开发行股票并上市管理办法〉的决定》，于2018年6月发布了《关于修改〈首次公开发行股票并在创业板上市管理办法〉的决定》。

为六方面。其中，其他可能对持续盈利能力的重大不利影响，经营模式、产品或服务重大变化，营业收入、净利润对关联方、客户重大依赖三方面被否案例较多，分别占财务与会计方面审核未通过意见数的 35.2%、16.4%、12.5%。相较而言，因行业地位或行业经营环境的重大变化，商标、专利、专有技术以及特许经营权等的取得或使用存在重大不利变化而影响企业持续盈利能力的被否案例较少，分别占财务与会计方面审核未通过意见数的 8.6%、3.1%。此外，未通过 IPO 财务与会计方面审核的原因主要涉及会计基础、会计政策、财务报表、审计报告的合规性，相关问题占财务与会计方面审核未通过意见数的 15.6%。

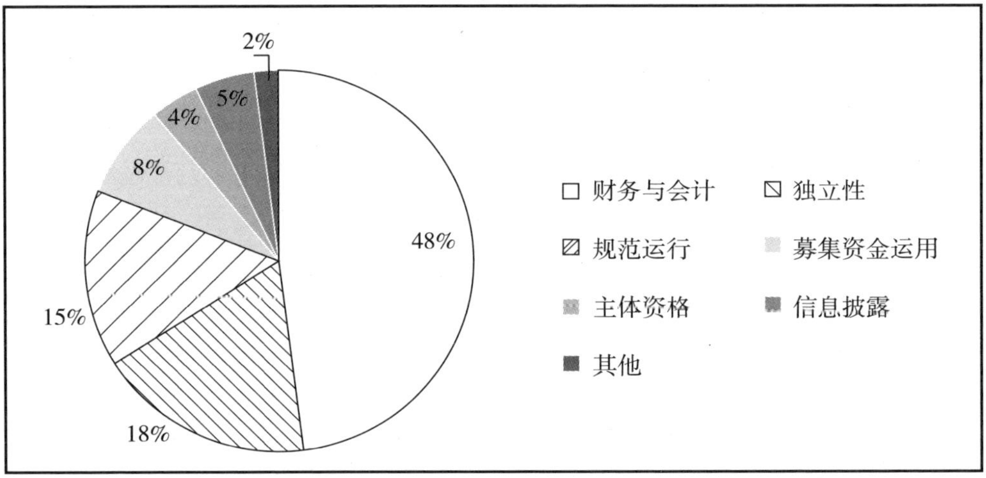

图 4. IPO 审核未通过的原因分布（2010—2016）

注：IPO 审核未通过的原因根据证监会相关行政许可及发审会公告整理，相关原因类别根据《首发管理办法》划分。

【证监会公布否决案例：濮阳蔚林化工股份有限公司】

“发审委在审核中关注到，你公司存在以下情形：

报告期内，你公司境外销售占比较大，且对前两大客户日本大内和明成商会销售较为集中，该两大客户是你公司控股子公司蔚林大内的日方股东。你公司向该两大客户销售的产品主要为噻唑类和次磺酰胺类促进剂，由蔚林大内生产并销售，而蔚林大内产品的生产技术由日方股东提供，向日系企业和日本市场的销售需通过日方股东并使用日方股东商标，蔚林大内合资期限至 2015 年 9

月届满，你公司存在对日本大内和明成商会的依赖。你公司前述产品的毛利率从2009年开始出现大幅下降且均低于股份公司同类别产品的毛利率。你公司申报材料和现场聆讯未就上述事项作出充分、合理解释，无法判断上述事项对你公司独立性及持续盈利能力的影响。

发审委认为，上述情形与《首发管理办法》（证监会令第32号）第十五条、第三十七条的规定不符。”

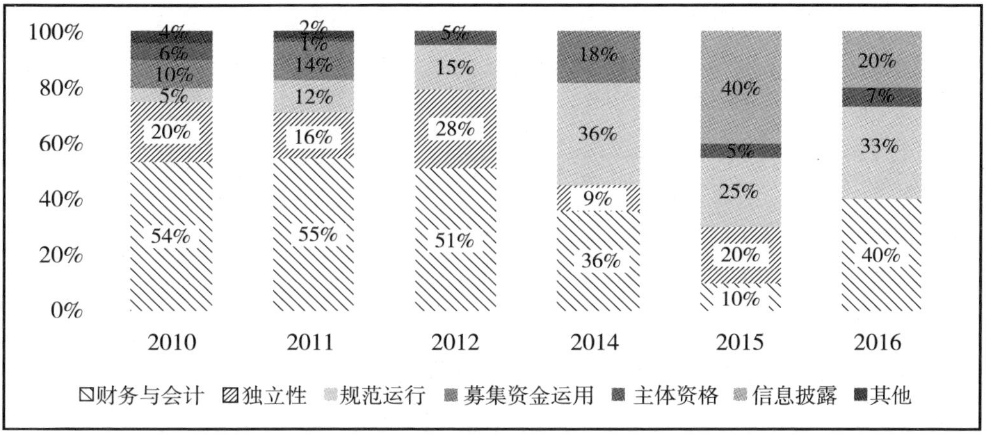

图5. 历年IPO审核未通过的原因分布（2010—2016）

注：IPO审核未通过的原因根据证监会相关行政许可及发审会公告整理，相关原因类别根据《首发管理办法》划分。

资料来源：证监会官方网站（http：//www. csrc. vov. cn/pub/newsite）、Wind资讯（http：//www. wind. com. cn）。

表3. 财务与会计方面未通过的具体原因统计（2010—2016.6）

	类别	占比
1	持续盈利能力	75.8%
	（1）经营模式、产品或服务重大变化的影响	16.4%
	（2）行业地位/行业经营环境重大变化的影响	8.6%
	（3）营业收入/净利润对关联方/客户重大依赖	12.5%
	（4）净利润主要来自合并报表以外的投资收益	0.0%

续表

	类别	占比
	（5）商标、专利、专有技术以及特许经营权等的取得/使用存在重大不利变化的风险	3.1%
	（6）其他可能对持续盈利能力的重大不利影响	35.2%
2	会计基础、会计政策、财务报表、审计报告的合规性	15.6%
3	关联交易价格的公允性，是否操纵利润	5.5%
4	其他：对税收优惠的依赖性、偿债风险等	3.1%

资料来源：证监会官方网站（http：//www.csrc.vov.cn/pub/newsite）、Wind 资讯（http：//www.wind.com.cn）。

（二）独立性、募集资金运用方面的问题仍需重视

2015 年前，独立性、募集资金运用方面的问题一直是除财务与会计问题外，企业 IPO 未通过的两大重要原因，两项合计占 IPO 审核未通过意见总数的比重超过 25%。虽然 2015 年修正的《首发管理办法》将独立性、募集资金运用由“发行条件”调整为“信息披露要求”，但相关问题依然是审核关注的重点①。以 2016 年 IPO 被否的 18 个项目为例，发审委的询问问题有 9 个涉及独立性、募集资金运用方面。

从独立性看，业务独立是首要的关注点，具体是指“发行人的业务应当独立于控股股东、实际控制人及其控制的其他企业，与控股股东、实际控制人及其控制的其他企业间不得有同业竞争与显失公平的关联交易”。2010 年至 2016 年，因业务独立问题被否的意见数占独立性方面审核未通过意见数的 47.8%。居于其后的是其他独立性缺陷、资产完整、业务体系完整及独立经营、机构独立四方面，相关被否的意见数分别占独立性方面审核未通过意见数的 26.1%、15.2%、8.7%、2.2%（详见表4）。从募集资金运用看，募投项目与发行人主营业务及现有能力的适应性，募投项目的可行性及前景是审核被否的主要原因，相关被否的意见数分别占募集资金运用方面审核未通过意见数的 40.9%、

① 2018 年修正的《首次公开发行股票并上市管理办法》《首次公开发行股票并在创业板上市管理办法》在“信息披露”章节均要求“发行人应当在招股说明书中披露已达到发行监管对公司独立性的基本要求”。

54.5%（详见表5）。

表4. 独立性方面未通过的具体原因统计（2010—2016）

	类别	占比
1	完整的业务体系、直接面向市场独立经营的能力	8.7%
2	资产完整	15.2%
3	人员独立	0.0%
4	财务独立	0.0%
5	机构独立	2.2%
6	业务独立	47.8%
7	其他独立性缺陷	26.1%

资料来源：证监会官方网站（http://www.csrc.vov.cn/pub/newsite）、Wind资讯（http://www.wind.com.cn）。

表5. 募集资金运用方面未通过的具体原因统计（2010—2016）

	类别	占比
1	募投项目的可行性及前景	54.5%
2	募投项目与发行人主营业务及现有能力的适应性	40.9%
3	募投项目是否符合国家政策、法规	4.5%

资料来源：证监会官方网站（http://www.csrc.vov.cn/pub/newsite）、Wind资讯（http://www.wind.com.cn）。

【证监会公布否决案例：河南蓝天燃气股份有限公司】

“发审委在审核中关注到，你公司存在以下情形：

你公司2008年至2011年上半年的关联销售分别为60387.72万元、26419.60万元、32326.18万元和25535.16万元，占各期营业收入比例分别为64.87%、30.37%、28.35%和33.35%，你公司业务独立性存在严重缺陷。

发审委认为，上述情形与《首次公开发行股票并上市管理办法》（证监会令第32号）第二十条的规定不符。”

【证监会公布否决案例：烟台招金励福贵金属股份有限公司】

“发审委在审核中关注到，你公司存在以下情形：

根据申报材料，你公司本次募集资金将用于异地搬迁扩建项目，新厂区的主要设备全部为新购，投产成功后，你公司（招远本部）现有生产厂房将全部拆除、主要设备将全部报废。你公司新建项目投产并产生经济效益存在一定的不确定性，无法判断上述事项对你公司持续盈利能力是否构成不利影响。

发审委认为，上述情形与《首次公开发行股票并上市管理办法》（证监会令第 32 号）第三十七条、第四十一条的规定不符。”

【证监会公布否决案例：福建龙马环卫装备股份有限公司】

“发审委在审核中关注到，你公司存在以下情形：

你公司与同行业上市公司相比，收入、净利润规模较小，主要产品为环卫专用车辆和垃圾中转设备，该类产品存在销售对象变化较大的特点，你公司报告期内的前五大客户基本没有重合。你公司 2011 年 1 月至 6 月新增客户收入占当期主营业务收入比重为 42. 15%，2010 年和 2009 年，该比重分别为 44. 69% 和 40. 28%。

在此情况下，你公司本次募投新增产能合计 2800 台/套，较目前产能 1630 台/套增加约 1. 72 倍。今后是否有足够新增客户用以消化该产能存在较大的不确定性。

发审委认为，上述情形与《首次公开发行股票并上市管理办法》（证监会令第 32 号）第四十一条的规定不符。”

（三）规范运行、信息披露方面的被否案例逐步增加

党的十八届三中全会后，监管部门启动股票发行注册制改革研究，简政放权、强化披露的理念在 IPO 实践中得到有效贯彻。规范运行、信息披露成为审核关注的新重点。2015 年、2016 年，上述两方面问题合计占 IPO 审核未通过意见总数的 65%、53. 3%。

从规范运行上看，主要的问题集中于内部控制方面。具体是指“发行人的内部控制制度健全且被有效执行，能够合理保证财务报告的可靠性、生产经营的合法性、营运的效率与效果”。2010 年至 2016 年，因内部控制问题被否的意见数占规范运行方面审核未通过意见数的 89. 7%。相较而言，公司治理结构、董监高合规性、发行人合规性三方面的问题较少，相关被否的意见数分别占规范运行方面审核未通过意见数的 5. 1%、2. 6%、2. 6%（详见表 6）。从信息披

露上看，招股说明书披露内容的齐备性是审核的重点。具体是指“招股说明书内容与格式准则是信息披露的最低要求。不论准则是否有明确规定，凡是对投资者作出投资决策有重大影响的信息，均应当予以披露”。2010年至2016年，因招股说明书披露内容的齐备性问题被否意见数占信息方面审核未通过意见数的78.6%。

【证监会公布否决案例：上海联明机械股份有限公司】

“发审委在审核中关注到，你公司存在以下情形：

你公司2008年、2009年、2010年的废料处置收益分别为265.98万元、1142.91万元和2263.84万元，占净利润的比重为19%、35%和45%，与投入车用板材数量变化存在较大不一致。你公司在2008年12月以前对于废料管理不规范，废料收入按实际收款金额入账，无法确定2008年度产生废料的具体数量。根据上述情况，无法确定你公司2008年度财务报告的可靠性。

发审委认为，上述情形与《首次公开发行股票并上市管理办法》（证监会令第32号）第二十四条的规定不符。”

表6. 规范运行方面未通过的具体原因统计（2010—2016.6）

	类别	占比
1	内部控制制度健全及有效执行	89.7%
2	公司治理结构是否完善	5.1%
3	董事、监事、高级管理人员的合规性	2.6%
4	发行人的合规性	2.6%

资料来源：证监会官方网站（http://www.csrc.vov.cn/pub/newsite）、Wind资讯（http://www.wind.com.cn）。

（四）同时存在多种原因而未通过审核的情况明显增多

2015年以来，因同时存在多种原因而被否的IPO案例增加至20%以上。尤其是财务与会计、规范运行、信息披露三方面的问题往往互相关联。例如内部控制问题出现疑点后，往往会在会计处理、财务分析等方面有所体现，进而影响到信息披露的一致性等。

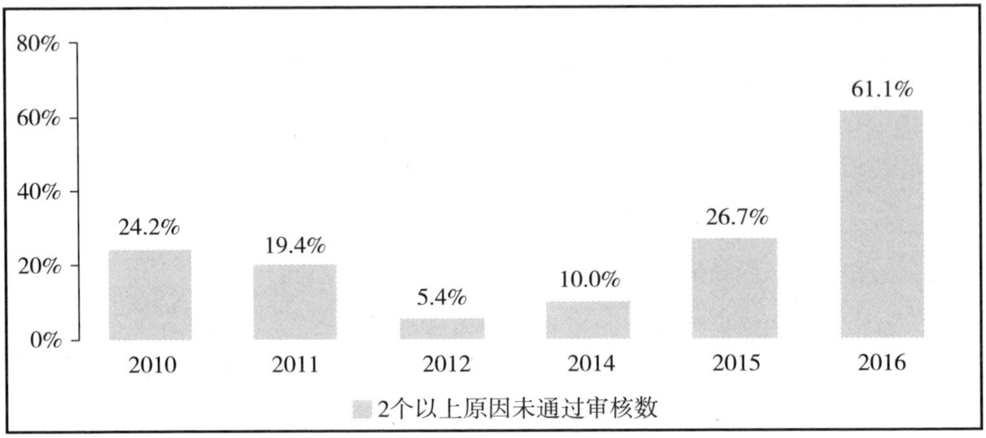

图 6. 存在多种原因未通过 IPO 审核的案例占比情况（2010—2016）

资料来源：证监会官方网站（http：//www. csrc. vov. cn/pub/newsite）、Wind 资讯（http：//www. wind. com. cn）。

三、IPO 审核的重点及趋势

（一）持续盈利能力：更重“实质”

IPO 持续盈利能力的要求更重“内在实质”。审核部门并不仅仅关注报告期内业绩指标是否在形式上连续增长，而是会结合行业周期等对企业的业务模式深入考察，以判定未来的盈利能力。以振华股份为例，该企业 2013 年至 2015 年的净利润增长率分别为 -20. 4%、27%、-32. 4%，未“连续增长”甚至出现负增长。审核部门问询的重点是要求发行人通过披露报告期净利润大幅度下滑的原因、是否可能继续亏损，以及所处行业、所经营产品是否发生重大不利变化等来说明未来的盈利能力。针对审核反馈问题，发行人从历史和未来两个角度作出回复。对于历史业绩下滑的解释，一是受行业需求下降影响，公司为提高市场占有率下调了产品价格，致使毛利率下降；二是受去年公司生产线检修影响，主要产品产量下降，致使净利润下滑。对于未来业绩的预测，如公司生产线恢复正常，原材料价格下降，公司净利润将恢复增长。其后，振华股份通过发审会并上市，其在 2016 年上半年实现净利润 4600. 5 万元，同比增长 206. 7%。相反，在南京恒燃的案例中，该公司近 1 年的净利润增长率达

29.9%，但因业务模式披露不充分、重要子公司的经营环境变化、重要子公司产品或者服务的品种结构变化等原因而被认定对持续盈利能力造成不利影响，未通过 IPO 审核。

【证监会公布否决案例：福建诺奇股份有限公司】

"发审委在审核中关注到，你公司存在以下情形：

你公司 2004 年创立诺奇服装品牌且产品销售主要集中在福建省，报告期内你公司品牌推广费和研发费用低于同行业上市公司。你公司销售模式由直营销售为主转变为加盟销售为主，销售模式转变期间较短且新开加盟店盈利情况低于原有加盟店，本次募投项目以建设加盟店为主，你公司未来向全国扩张终端门店存在销售效率降低的风险。你公司申报材料和现场聆讯未就上述事项作出充分、合理解释，无法判断上述事项对你公司持续盈利能力的影响和募投项目能否具有较好的市场前景及盈利能力。

发审委认为，上述情形与《首次公开发行股票并上市管理办法》（证监会令第 32 号）第三十七条、第四十一条的规定不符。"

表 7. 净利润下滑的 IPO 审核通过企业

公司简称	振华股份		万集科技		湘油泵	
上市板块	主板		创业板		主板	
指标	净利润		净利润		净利润	
	金额（万元）	增长率	金额（万元）	增长率	金额（万元）	增长率
2012	9137.5	-12.5	4725.3	11.5%	1555.6	-68.9%
2013	7276.1	-20.4%	5920.4	25.3%	4296.6	176.2%
2014	9237.7	27%	1432.7	-75.8%	4500.4	4.7%
2015	6248.8	-32.4%			3890.2	-13.5%

注：上表企业均在 2016 年通过发审会。

资料来源：证监会官方网站（http：//www.csrc.vov.cn/pub/newsite）、Wind 资讯（http：//www.wind.com.cn）。

（二）内部控制：强调制度健全并有效，涵盖运营各环节

2016 年以来，规范运行程度在 IPO 审核中的重要性日益提升，尤其是企业的内部控制制度。在发行上市要求上，企业的内部控制制度需健全且被有效执

行，包括财务报告的可靠性、生产经营的合法性、营运的效率与效果等方面，涵盖企业运营的全过程。在审核强度上，对财务、业务、行业等信息不再割裂考察，而是纳入统一的逻辑体系中做整体性分析。如果各部分不能相互印证，则很有可能成为问询的重点。

以汉光科技为例，内部控制方面的问题主要体现为两点：一是大额资金往来的规范性。披露材料显示，发行人与中船重工财务有限责任公司（以下简称“中船财务公司”）存在数亿元的往来资金，2015 年现金流量表“取得借款收到的现金”为 1.4 亿元。中介机构虽在申报材料中作出披露，“发行人未与中船财务公司就办理存款业务签署金融服务协议，在中船财务公司的存款、结算业务未能履行相关程序”，但对相关问题内部控制的核查结论未提供充分解释。二是税收缴纳的合规性。申报材料披露发行人因期初利润调整而多缴税款，但主管税务机关均未就是否将多缴税款退还给公司或抵减未来税款给予明确回复。基于此，审核部门要求发行人说明公司纳税申报表与财务报表附注是否存在差异且完整披露，并要求中介机构说明对发行人与税收缴纳相关的内部控制的核查过程及核查结论。此外，今年其他 IPO 被否案例中的内部控制问题主要集中于业务推广、商业模式、经销方式的合法合规性。

【证监会公布否决案例：青岛亨达股份有限公司】

“发审委在审核中关注到，你公司存在以下情形：

根据申报材料及你公司和保荐代表人的现场陈述，你公司的内部控制制度存在缺陷或者未能得到有效执行。例如，你公司在申报期存在未签署《房屋买卖合同》即向自然人预付购房款的情形。截至 2011 年 6 月底累计预付购房款 12175.56 万元，而你公司向自然人所购房产全部处于出租状态，你公司尚未取得房产租赁人放弃在同等条件下优先购买所租房产的书面声明。你公司能否取得该等房产的权属存在不确定性，该等情形将可能导致你公司的经营计划调整。

发审委认为，上述情形与《首次公开发行股票并上市管理办法》（证监会令第 32 号）第二十四条的规定不符。”

（三）关联交易：披露完整、价格公允，不对业绩造成重大影响

虽然 2015 年修正的《首发办法》已将“发行人的业务独立，与控股股东、

实际控制人及其控制的其他企业间不得有同业竞争或者显失公平的关联交易”从“发行条件”调整为“信息披露要求”，但并不意味IPO审核对关联交易要求的放松。尤其在《首发办法》财务与会计部分的第二十五条、第三十条均保留了对关联交易相关问题的条款。重要关联方是否披露完整，关联交易价格是否公允，是否通过关联交易操纵利润，经营业绩是否对关联方存在重大依赖等依然是审核的关注点。

以南航传媒为例，关联交易方面的问题体现为三点。一是关联交易的规模。披露资料显示，发行人报告期内向关联方销售商品及提供劳务的金额占营业收入的比重高于15%，向关联方采购的金额占营业成本的比重均高于25%。二是关联交易的定价。发行人与关联方南方航空（600029）就媒体资源签署过《无形资产特许使用协议》，并约定相关权利与义务。类似协议的其他签署方包括厦门航空、贵州航空等。但由于所涉金额高，且价格、分成率等与市场公允值差异较大，审核部门对该公司取得南方航空媒体资源的关联交易定价依据、公允性提出问询。三是关联交易的影响。审核部门要求发行人结合公司历史盈利情况，说明其经营是否对南方航空以及其他关联航空公司存在重大依赖。此外，汉光科技、西点药业、科龙节能等IPO被否案例的审核结果公告中均涉及关联交易问题。

表8. 关联交易问题的关注点

	类别	内容
1	披露	关联方、关联交易的披露是否完整
2	价格	关联价格的公允性
3	规模	关联交易的规模
4	影响	是否操纵利润，经营业绩是否对关联方存在重大依赖
5	措施	降低过高关联交易的措施

第二章
股东出资

第一节　出资的要求和形式

一、股东出资概述

资本制度是公司制度的核心。股东财产并非公司责任财产，股东原则上不对公司债权人负责。公司的信用基础与公司债权人的担保皆系公司财产。为奠定公司生存与腾飞的物质基础，也为公司潜在债权人保留最低限度的公司资产，以减轻股东有限责任原则对市场交易安全的冲击，保护善意第三人的利益，传统公司法创设了资本确定原则、资本维持原则和资本不变原则。我国《公司法》还规定了最低注册资本制度①。

资本制度是《公司法》的核心制度之一，出资制度是资本制度的组成部分，同时也是公司设立的必要条件之一。良好、完善的出资制度，从微观上而言，可以促进公司更好地进行资本运营，为企业内部激励提供更为广阔的空间；从宏观上讲，出资形式和出资额度的宽紧度对于促进投资，转化民间储蓄资本，以及中小企业的发展，保持经济的稳定和繁荣有着极为重要的作用②。

---

① 刘俊海：《现代公司法（第三版）》，法律出版社 2015 年版，第 132 页。

② 邓峰：《论公司的出资形式和出资监管》，载《安徽大学法律评论》2002 年第 1 期。

公司资本制度离不开股东的出资义务。《公司法》第二十八条明确规定，股东应当按期足额缴纳公司章程中规定的各自所认缴的出资额。因此，股东应当按照自己认缴的出资额履行自己的出资义务。

关于股东的出资形式，《公司法》第二十七条采用了部分列举的方法予以说明。根据该条，股东可以用货币出资，也可以用实物、知识产权、土地使用权等可以用货币估价并可以依法转让的非货币财产作价出资；但是，法律、行政法规规定不得作为出资的财产除外。《公司注册资本登记管理规定》第五条第二款相应规定了股东或者发起人不得以劳务、信用、自然人姓名、商誉、特许经营权或者设定担保的财产等作价出资。

需要注意的是，《公司法》于 2005 年 10 月修订之前，对出资形式的规定采用的是单纯列举方式，规定“股东可以用货币出资，也可以用实物、工业产权、非专利技术、土地使用权作价出资”，即股东不能以这五种出资形式之外的其他形式进行出资。因此，在公司 IPO 的过程中，律师需要根据股东出资时的法律规定，对股东的出资形式在出资时点是否符合当时有效的法律法规进行核查并发表法律意见。

二、IPO 对出资的要求

《首发管理办法》（2018 修正）在第二章“发行条件”的第一节“主体资格”中的第十条要求发行人的注册资本已足额缴纳，发起人或者股东用作出资的资产的财产权转移手续已办理完毕，发行人的主要资产不存在重大权属纠纷。

（一）发行人的注册资本已足额缴纳

发行人的注册资本已足额缴纳，在 2013 年 12 月 28 日《公司法》第三次修正之前很好理解，然而，在这之后，如何把握这一要求需要再做分析。我们先看一下《公司法》对注册资本制度的改革过程。

1. 关于注册资本有关改革的实施时间

这里面有几个时点，第一个时点是 2013 年 10 月 25 日，国务院总理李克强主持召开国务院常务会议，部署推进公司注册资本登记制度改革，吹响了改革的号角[①]；第二个时点是2013年12月28日，也是最重要的一个时点，第十二届全国人民代表大会常务委员会第六次会议通过了《关于修改〈中华人民共和国海洋环境保护法〉等七部法律的决定》，对《中华人民共和国公司法》作出修改，并由国家主席习近平签署中华人民共和国主席令（第8号）予以公布；第三个时点是2014年2月7日，国务院印发了《关于印发注册资本登记制度改革方案的通知》即国发〔2014〕7号文，国务院批准了《注册资本登记制度改革方案》（以下简称《方案》），并根据《全国人民代表大会常务委员会关于修改〈中华人民共和国公司法〉的决定》和《方案》，相应修改了有关行政法规和国务院决定；第四个时点是2014年3月1日，也就是《公司法》第三次修正后有关内容的实施日期，这个日期是在《全国人民代表大会常务委员会关于修改〈中华人民共和国公司法〉的决定》中作出的，是特别针对《公司法》的（其他6部法律所作的修改，都是在决定公布之日起施行的），主要是考虑到《公司法》配套的有关行政法规修订需要时间等因素。修订后的《公司注册资本登记管理规定》是2014年2月20日公布，也是2014年3月1日起施行。

2. 注册资本有关改革的主要内容

（1）实行注册资本认缴登记制。公司股东认缴的出资总额或者发起人认购的股本总额（即公司注册资本）应当在工商行政管理机关（现在是市场监督管理机关）登记。公司股东（发起人）应当对其认缴出资额、出资方式、出资期限等自主约定，并记载于公司章程。有限责任公司的股东以其认缴的出资额为限对公司承担责任，股份有限公司的股东以其认购的股份为限对公司承担责任。公司应当将股东认缴出资额或者发起人认购股份、出资方式、出资期限、缴纳情况通过市场主体信用信息公示系统向社会公示，公司股东（发起人）对缴纳出资情况的真实性、合法性负责。

（2）放宽注册资本登记条件。除法律、行政法规以及国务院决定对特定行

① 于卫亚：《李克强主持召开国务院常务会议　部署推进公司注册资本登记制度改革　降低创业成本　激发社会投资活力》，载“中华人民共和国中央人民政府”网站（http：//www.gov.cn/guowuyuan/2013-10/27/content_2591089.htm）2013年10月27日，最后访问时间：2019年7月30日。

业注册资本最低限额另有规定的外，取消有限责任公司最低注册资本3万元、一人有限责任公司最低注册资本10万元、股份有限公司最低注册资本500万元的限制，不再限制公司设立时全体股东（发起人）的首次出资比例，不再限制公司全体股东（发起人）的货币出资金额占注册资本的比例，不再规定公司股东（发起人）缴足出资的期限。

公司注册资本从实缴登记制改为认缴登记制后，股东的出资期限由公司章程自行约定，原则上不作限制。公司登记机关可以进行合理性审查，对超出公司经营期限的出资期限，可要求企业予以纠正或者相应延长公司经营期限。对超出自然人合理生命预期的出资期限，应对申请人做好认缴制的解释说明工作，进行必要的指导。考虑到自然人股东的股权可能发生转让、被继承等情况，经指导申请人仍坚持的，登记机关应予办理。

（3）公司实收资本不再作为工商登记事项。公司登记时，无需提交验资报告。

（4）例外事项。需要重点提示的是，根据《方案》，并非所有企业或行业都实行注册资本认缴登记制。《方案》列举了暂不实行注册资本认缴登记制的行业，共27类，集中体现在金融业。《方案》规定，现行法律、行政法规以及国务院决定明确规定实行注册资本实缴登记制的银行业金融机构、证券公司、期货公司、基金管理公司、保险公司、保险专业代理机构和保险经纪人、直销企业、对外劳务合作企业、融资性担保公司、募集设立的股份有限公司，以及劳务派遣企业、典当行、保险资产管理公司、小额贷款公司实行注册资本认缴登记制的问题，另行研究决定。在法律、行政法规以及国务院决定未修改前，暂按现行规定执行。已经实行申报（认缴）出资登记的个人独资企业、合伙企业、农民专业合作社仍按现行规定执行。鼓励、引导、支持国有企业、集体企业等非公司制企业法人实施规范的公司制改革，实行注册资本认缴登记制。

3．IPO对注册资本的缴纳要求

从上面的归纳和总结可以看出，修改后的《公司法》实行了注册资本认缴登记制。公司股东（发起人）应当对其认缴出资额、出资方式、出资期限等自主约定，并记载于公司章程。除对特定行业注册资本最低限额另有规定外，取消公司最低注册资本的限制，不再限制公司设立时全体股东（发起人）的首次出资比例，不再限制公司全体股东（发起人）的货币出资金额占注册资本的比例，不再规定公司股东（发起人）缴足出资的期限，这些都交给公司股东（发起人）自主约定。市场监督部门进行公司登记时，不再登记公司实收资本，营业执照也不再记载实收资本，公司登记时，无需提交验资报告。这里的“公司登记”，应当既包括设立登记，也包括变更登记，即变更注册资本时的登记。

然而，基于中国特定的法制环境，作为拟上市企业和证券律师，除了法律法规和市场监督部门的要求外，还要对证监会的审核要求密切关注。从上市的角度看，如股东应缴的注册资本尚未缴足，就对外募集资金显得有违常理，并且，鉴于资本是公司存续与发展的物质基础，也是公司在对外经营活动中的信用基础，如果公司的注册资本仍未缴足，对中小投资者而言，其可能并不了解“认缴”和“实缴”之间对公司偿债能力的区别，因此从防范风险的角度，证监会及全国股转公司均在审核中要求发行人及拟挂牌公司缴足全部注册资本。

此外，认缴制下公司股东的出资义务只是暂缓缴纳，而不是永久免除。在注册资本认缴制下，公司股东在登记时会承诺在一定时间内缴纳注册资本，这样的承诺可以认为是其对社会公众包括债权人所作的一种承诺。已有法院判例指出，在公司经营发生了重大变化且公司负有巨额到期债务的情况下，如公司现有财产不足以清偿债务，而公司股东承诺在将来认缴出资的，公司包括债权人可以要求公司股东缴纳出资，以用于清偿公司债务，即不仅仅要求公司以现在实际拥有的全部财产承担责任，还应该要求公司股东提前出资，以清偿公司债务。鉴于此，笔者建议在 IPO 项目中，作为中介机构，应注意核查发行人股东的认缴注册资本期限，如果已经到期或即将到期，应当促请有关股东尽快足额履行其出资义务。

此外，有必要提及一下验资报告的必要性。《公司法》修订之后，各地工商/市场监督机关根据工商总局的统一要求和部署，在办理公司设立和变更时，在要求提交的材料清单里删除了验资报告，不再要求公司提交验资报告，从而也为企业节约了一定的成本。在企业申报新三板的过程中，全国股转公司在有关审核指引中也不再硬性要求审核验资报告，而是要求中介机构结合企业入资凭证等进行核查。然而在申报 IPO 时，曾有不少案例遇到因缺失验资报告而无法得到及时受理的情况。鉴此，笔者建议是为防止到时耽误申报时间和进程，企业在有未来 IPO 的长远规划时，即在历次注册资本变动时进行验资（需要具备证券从业资格的会计师事务所出具），如当时确实未进行验资，或验资报告存在形式瑕疵的，在申报 IPO 前可以由原验资机构对原验资报告补充出具“更正说明”，并由申报 IPO 的会计师事务所出具验资复核报告予以弥补。

（二）财产权转移手续已办理完毕

在公司上市前进行的尽职调查过程中，中介机构包括券商、律师和会计师需要对公司成立时以及历次增资时的出资是否到位进行查验。对于财产权转移手续已经办理完毕的要求，下面根据不同的出资形式予以具体说明：

1. 货币

货币是最简单直接也是最常见的出资形式，为确保货币的出资手续办理完毕，股东应该将货币足额存入公司在银行开设的账户。对于货币出资，发行人及律师需要注意几点：

（1）必须用本人或本单位的户名出资，且尽可能采用银行转账方式并保留好有关出资凭证如银行对账单，转款收据等，这是为了保留出资过程的痕迹，以便证明该笔货币出资确实缴付到位且为该股东缴纳。在工商/市场监督机关不要求验资报告且公司未出具验资报告的情形下，该点尤为重要。

（2）存入的账户必须是公司的验资账户或基本账户。

一般来说，如果公司刚成立，公司的银行账户包括基本账户、验资账户和一般账户。验资账户主要是用来注册公司使用的，就是公司名称在工商/市场监督机关核准以后，凭市场监督机关开出的“预先核准通知书”以及所有投资人的身份证件到银行去开立临时账户，然后将注册资本存入此账户中。资金一旦进入银行验资账户，资金将被冻结，也就是说验资账户里的资金是不能转账或提现的，必须等验资账户转变为基本账户才可以。验资账户转变为基本账户需要公司的营业执照正本、组织机构代码证正本、税务登记证正本、法定代表人身份证、公章、财务章、法人章等资料。验资账户与基本账户不一定在同一银行开立，但是在同一银行开立会比较方便些。基本账户既可以提取现金也可以转账，每个公司只能有一个基本账户，基本账户可以购买现金支票或转账支票对账户里的资金进行操作，现金支票主要是用来提取现金使用，转账支票只能用来转账使用。一般账户必须建立在基本账户的基础上，只能用来转账使用，也就是说如果公司没有基本账户，那么就没有资格申请一般账户；一个公司可以有多个一般账户，一般账户主要是通过购买转账支票来实现资金的流通。

会计师进行验资时就是通过上述的验资账户进行，证明银行里面的确有股东的出资存入。会计师事务所会向银行发出询证函，银行在由会计师事务所出具的询证函上盖章，证明资金已经进入。会计师事务所收到询证函后，验资合格出具相关的验资报告。在《公司法》及注册资本制度修订后，不少地方工商/市场监督机关已经不再要求验资，因此股东的货币出资往往直接打入基本账户。但是由于 IPO 要考察公司的历史沿革，因此对公司历史上的出资，中介机构要查证股东的货币出资是否进入了公司的验资账户或基本账户，如果当时操作不规范，如打入了公司的其他账户，则要进行合理说明和补充验证，确保股东的货币出资真实足额完成。

2. 实物

这里的实物包括动产和不动产。常见用作出资的实物包括机器设备、汽车、房产等。《公司法》第二十七条规定，对作为出资的非货币财产应当评估作价，核实财产，不得高估或者低估作价。法律、行政法规对评估作价有规定的，从其规定。根据《物权法》等法律法规的规定，动产以交付作为所有权转移标志，对于汽车、房产等以登记作为所有权转移标志的，需过户到公司名下方才视为所有权转移，也就是《首发管理办法》中要求的财产权转移手续办理完毕。

2004 年 7 月 1 日起实施的《公司注册资本登记管理规定》第九条规定，公司设立登记，以实物、工业产权、非专利技术、土地使用权出资的，公司章程应当就上述出资的转移事宜作出规定，并于公司成立后六个月内依照有关规定办理转移过户手续，报公司登记机关备案。2005 年 12 月原国家工商总局[①]修订《公司注册资本登记管理规定》时，将该条内容修订为“以非货币财产出资的，应当依法办理其财产权的转移手续。公司设立登记时，股东或者发起人的首次出资是非货币财产的，应当提交已办理财产权转移手续的证明文件。公司成立后，股东或者发起人按照公司章程规定的出资时间缴纳出资，属于非货币财产的，应当在依法办理财产权转移手续后，申请办理公司实收资本的变更登记”。2014 年 2 月再次修订《公司注册资本登记管理规定》时，该部分再次修订为“法律、行政法规以及国务院决定规定公司注册资本实缴的，其股东或者发起人虚假出资，未交付作为出资的货币或者非货币财产的，由公司登记机关依照《公司登记管理条例》的相关规定予以处理。”从上述修订过程来看，立法机关的意图是逐步从前置审批过渡到股东自治，主管机关事后监管并予追责。因此，在公司 IPO 过程中，律师需要根据公司出资时的法律规定，对股东的实物出资在出资时点是否符合当时有效的法律法规进行核查并发表法律意见。

3. 知识产权

知识产权，也称其为“知识所属权”，指“权利人对其智力劳动所创作的成果享有的财产权利”，一般只在一定期限内有效。各种智力创造比如发明、文学和艺术作品，以及在商业中使用的标志、名称、图像以及外观设计，都可被认为是某一个人或组织所拥有的知识产权。知识产权是关于人类在社会实践中创造的智力劳动成果的专有权利，常见用于出资的知识产权有专利权、商标权、软件著作权和专有技术。

前已述及，《公司法》明确规定股东可以用货币出资，也可以用实物、知识产权、土地使用权等可以用货币估价并可以依法转让的非货币财产作价出资，但是，这里的知识产权究竟包括哪些种类，《公司法》没有明确规定。因此，从立法字面意思理解，只要该等知识产权可以用货币估价并可以依法转让，就可以用于出资。需要注意的是，根据《公司注册资本登记管理规定》，股东或者发起人不得以劳务、信用、自然人姓名、商誉、特许经营权或者设定

---

① 2018 年 3 月，根据第十三届全国人民代表大会第一次会议批准的国务院机构改革方案，将国家工商行政管理总局的职责整合，组建中华人民共和国国家市场监督管理总局。

担保的财产等作价出资。

对于知识产权出资，发行人及中介机构需关注如下主要问题：

（1）股东是否拥有所出资知识产权的完整权属。中介机构需要查验股东是否拥有相应合法有效的权属证书，如商标注册证、专利证书等。需要注意的是，这里的权属合法性核查，一是要重点核查出资时点是否具备权属证书；二是要查验是否将该等知识产权合法合规（按照时限等）转移到公司名下；三是要查验股东对所出资知识产权是否存在权属争议或潜在纠纷。一项知识产权的形成，往往牵涉到很多主体，包括公司、公司员工、外部专家、研究机构、合作单位等等，甚至有的还是新员工从原任职单位带来的，如果对该知识产权的权属存在争议或潜在纠纷，则会影响股东出资的合法性，对公司的正常持续经营产生重要影响，从而对公司上市构成实质性障碍。

根据证监会的审核要求，对于以知识产权出资的，不仅应关注该知识产权的现状，同时还应关注该知识产权历史形成的合法性、沿革过程中的规范性。例如，股东用于出资的知识产权，是否因利用了公司的技术、资金而构成职务发明？是否与承接该项目的相关科研机构就权利分配问题达成一致？是否与外部关联人存在涉及权属的潜在纠纷？总之，股东以知识产权出资，要求排除一切外部第三方对该出资权利提出诉求的情况，并且不存在侵占公司资金技术的情况，股东对于拟出资的知识产权应具有独立完整的所有权权属①。

对于职务发明的定义，《专利法》第六条有明确的规定。根据《专利法》，执行本单位的任务或者主要是利用本单位的物质技术条件所完成的发明创造为职务发明创造。职务发明创造申请专利的权利属于该单位；申请被批准后，该单位为专利权人。利用本单位的物质技术条件所完成的发明创造，单位与发明人或者设计人订有合同，对申请专利的权利和专利权的归属作出约定的，从其约定。此外，《专利法实施细则》对《专利法》第六条所称“执行本单位的任务所完成的职务发明创造”进行了进一步解释，是指：（1）在本职工作中作出的发明创造；（2）履行本单位交付的本职工作之外的任务所作出的发明创造；（3）退休、调离原单位后或者劳动、人事关系终止后1年内作出的，与其在原

① 温烨主编：《公司 IPO 及再融资法律实务操作精要》，中国法制出版社2013年版，第2页。

单位承担的本职工作或者原单位分配的任务有关的发明创造。《专利法实施细则》还规定，专利法第六条所称本单位，包括临时工作单位；专利法第六条所称本单位的物质技术条件，是指本单位的资金、设备、零部件、原材料或者不对外公开的技术资料等。

根据上述规定和审核政策，发行人及中介机构在核查股东是否拥有所出资知识产权的完整权属时，要注意是否涉及职务发明创造，以及股东是否与承接该项目的相关科研机构就权利分配问题达成一致。如存在股东发明创造涉嫌使用原工作单位物质技术条件的，需由原单位出具证明等确认文件，确认该等发明创造不属于职务发明创造，双方不存在任何权属纠纷或争议。

（2）非专利技术出资占比超限问题。《公司法》（2004 年修订）第二十四条规定，“以工业产权、非专利技术作价出资的金额不得超过有限责任公司注册资本的百分之二十，国家对采用高新技术成果有特别规定的除外。”《关于以高新技术成果出资入股若干问题的规定》（已于 2006 年 5 月 23 日废止）则明确“以高新技术成果出资入股，作价总金额可以超过公司注册资本的百分之二十，但不得超过百分之三十五”。现实中，某些地方的高新技术开发区或其他园区为更加充分地鼓励该地区的高新技术企业更快成长，对以此类出资所规定的 20% 限额有所松动，从过往 IPO 案例看，工商管理部门和证券监管部门也是认可的，如深圳市拓日新能源科技股份有限公司。《公司法》（2006 年修订）只是规定全体股东的货币出资金额不得低于注册资本的百分之三十，而没有单独对工业产权、非专利技术这类无形资产进行一个最高比例的限定。

（3）知识产权出资中的特殊状况除了权属纠纷和争议外，还会发生股东用以出资的知识产权大幅减值的情形，如丹邦科技。对该种情形，中介机构要重点论证股东是否在出资的时点合法完整地履行了出资义务，出资是否合法、合规、真实、有效，不存在虚假出资、出资不实的情形。

【案例：丹邦科技——发明专利作价增资】

根据丹邦科技招股书披露，2007 年 1 月，刘萍以“UV 固化可剥离压敏胶膜”“一种无肼刻蚀液”“一种潜伏性固化剂的制造方法”及“用于芯片搭载及封装的电绝缘树脂浆”四项发明专利作价 4800 万元向丹侬发展增资，2007 年 5 月，控股股东丹侬发展以该四项发明专利评估作价对丹邦有限出资 4623 万元，四项发明专利涉及的技术是公司产品的基础性和关键技术，普遍运用于公司产品的关键材料、重要工艺和主要生产环节，四项发明专利对于公司产业链协同优势、技术优势及成本优势等核心竞争力的形成起到了决定性的作用，直接促成了公司核心竞争力的形成。受2008年全球金融危机影响，公司所属行业受到巨大冲击，FPC下游产品需求疲软，出于谨慎性原则，公司主动对2008年末的上述无形资产计提了507.54万元的减值准备，但对2009年末的上述无形资产的减值测试表明四项发明专利不存在减值情形。

保荐机构和发行人律师对此进行了全面尽职调查和认真核查，一致认为：四项发明专利系刘萍个人研发成果，根据刘萍曾任职的公司及其实际控制人出具的《声明与承诺》，刘萍曾任职的公司不会就四项发明专利主张任何权利，与发行人、发行人股东及刘萍就四项发明专利的权属及使用不存在权属争议及法律纠纷。刘萍合法拥有上述专利权或专利申请权，有权按照相应的用途依法占有、使用、收益、转让或以其他方式处置该等专利权或专利申请权；刘萍以其拥有的四项发明专利对丹侬发展出资已履行必要的法律程序，丹侬发展以四项发明专利对丹邦有限出资亦已履行必要的法律程序；四项发明专利出资作价以资产评估机构的评估值为参考，并经具有证券业务资格的评估机构复核确认，且四项发明专利出资已经注册会计师验证，不存在虚假出资、出资不实的情形；四项发明专利出资符合《公司法》第二十七条“股东可以用货币出资，也可以用实物、知识产权、土地使用权等可以用货币估价并可以依法转让的非货币财产作价出资”“对作为出资的非货币财产应当评估作价，核实财产，不得高估或者低估作价”以及“全体股东的货币出资金额不得低于有限责任公司注册资本的百分之三十”等有关规定；四项发明专利出资合法、合规、真实、有效。

以下6家已经过会IPO项目存在以专利或非专利技术出资的情况，其关注要点和处理方法如下：

专利或非专利技术出资的案例

序号	公司名称	出资类型	出资时间	出资额（万元）	占当时出资比例	评估价值（万元）	评估方法	对此次出资的说明	后期处理
1	宝德股份	实用新型专利	2004年12月	941.70	62.78%	941.70	—	1. 对此次无形资产出资真实性进行了说明，主要包括：(1)对无形资产的研发过程及形成的说明；(2)对无形资产是否为职务发明的说明；(3)对无形资产评估情况的说明；(4)对无形资产移交情况的说明； 2. 对此次无形资产出资金额占注册资本比例合法性进行了说明； 3. 保荐机构及发行人律师发表专业意见； 4. 对此次无形资产出资是否符合《创业板首发办法》第十一条规定进行了说明，且保荐机构及律师发表意见。	—
2	冠昊生物	实用新型专利与发明专利申请权	2008年4月	200.00	6.45%	907.12	专利为收益法；申请权为成本法。	—	—

续表

序号	公司名称	出资类型	出资时间	出资额（万元）	占当时出资比例	评估价值（万元）	评估方法	对此次出资的说明	后期处理
3	数码视讯	非专利技术	2004年6月	470.00	36.15%	489.27	收益现值法	1. 对非专利技术为股东个人成果的说明，并得到当时全体股东的确认； 2. 公司经营需要该非专利技术的说明； 3. 该技术投入公司后使用效果良好的说明，将评估报告中的税后利润与实际税后利润进行对比； 4. 非专利技术出资比例符合相关规定的说明； 5. 此次增资得到当时股东一致确认的说明； 6. 保荐机构及发行人律师发表专业意见。	1. 由于此次增资没有按照当时国家科技部和工商局的相关规定对出资技术进行认定，公司向相关部门补充提出高新技术成果审查认定申请； 2. 公司现有股东按照股权比例于2009年6月30日以现金方式向公司增加股东投入470万元，计入资本公积。
4	维尔利	实用新型专利	2007年12月	826.00	48.59%	826.00	收益现值法	对该专利为非职务发明专利进行了说明： （1）专利由股东独立完成； （2）专利符合法律规定且经国家知识产权局授权； （3）专利不存在任何权属争议。	2009年12月，由具备从事证券、期货相关业务资格的资产评估机构对该专利进行了追溯性评估，评估价值为921万元，评估方法为收益现值法。

续表

序号	公司名称	出资类型	出资时间	出资额（万元）	占当时出资比例	评估价值（万元）	评估方法	对此次出资的说明	后期处理
5	新天科技	实用新型专利	2005年9月	230.00	22.33%	230.19	——	虽然专利复审委员会于2005年5月17日就该专利做出了《无效审查决定》，但考虑到股东已向法院提起行政诉讼，该文件并未生效，且即使该专利技术不享有专利权，但仍为专有技术。而且在出资前该专利已被公司使用在相关产品中，对于公司以往及后续的发展依然有使用价值。	1. 2005年12月，北京市一中院判决维持专利复审委员会做出的无效宣告请求审查决定； 2. 2009年11月，出资股东以货币资金230万元出资并支付资金占有费共计2,907,579.50元，其中230万元计入注册资本，其余作为资本公积； 3. 2011年9月，郑州市工商局出具证明，确认公司2009年之前未及时规范出资方式不构成重大违法行为，并同意不会就此对公司及相关股东进行处罚。
6	利君股份	实用新型专利	2004年6月	200.00	16.67%	953.00	——	——	考虑到该专利权与公司当时的主营业务相关，且出资股东在公司任职，存在职务发明可能。2008年11月经股东会决议，两位出资股东以现金200万元补足当时专利出资，并将原计入资本公积的753万元进行了冲减。

4. 土地使用权

土地使用权是指国家机关、企事业单位、农民集体和公民个人，以及三资企业，凡具备法定条件者，依照法定程序或依约定对国有土地或农民集体土地所享有的占有、利用、收益和有限处分的权利。

用于出资的土地使用权常见的是通过出让获得的土地使用权，而划拨土地使用权较少。划拨土地使用权，是指土地使用者通过除出让土地使用权以外的其他各种方式依法取得的国有土地使用权。根据《划拨土地使用权管理暂行办法》第五条的规定，未经市、县人民政府土地管理部门批准并办理土地使用权出让手续，交付土地使用权出让金的土地使用者，不得转让、出租、抵押土地使用权。以土地使用权作为条件，与他人进行联建房屋、举办联营企业的，视为土地使用权转让行为。因此，鉴于划拨地具有国家政策扶持的特性，使用权人获得划拨地系通过行政审批方式获得，且往往仅缴纳了成本价，因此划拨地往往用于“科教文卫”等类型的国有企事业单位，除特殊情形外，划拨土地不能用于公司的出资，否则，该股东要承担出资瑕疵的法律责任。根据《最高人民法院关于适用〈中华人民共和国公司法〉若干问题的规定（三）》（2010 年 12 月 6 日最高人民法院审判委员会第 1504 次会议通过，法释〔2011〕3 号，2014 年 2 月修订，以下简称《公司法司法解释三》），出资人以划拨土地使用权出资，或者以设定权利负担的土地使用权出资，公司、其他股东或者公司债权人主张认定出资人未履行出资义务的，人民法院应当责令当事人在指定的合理期间内办理土地变更手续或者解除权利负担；逾期未办理或者未解除的，人民法院应当认定出资人未依法全面履行出资义务。公司 IPO 过程中如发现股东使用划拨土地使用权作为出资的，应办理土地变更手续，将该瑕疵资产作价转让或由该股东以货币或其他出资对该出资予以置换。

以土地使用权作为出资的，根据前述《公司法》等有关法律法规的规定，需要依法进行评估作价。土地评估机构目前没有“证券期货业务资格”的门槛。土地使用权用作出资的，股东应及时将有关土地使用权过户到公司名下。

5. 专有技术

对专有技术的称呼、含义及解释不尽一致，较有影响且被许多国家采用的定义是 1969 年在布达佩斯召开的“保护工业产权会议”上由匈牙利代表团提出的定义："专有技术指享有一定价值的、可以利用的，为有限范围专家知道的，未在任何地方公开过其完整形式和不作为工业权取得任何形式保护的技术知识、经验、数据、方法或者上述对象的组合。"专有技术具有以下显著的特点：（1）无形性。专有技术作为知识产权的一种，具有无形性的特点。其表现形式广泛，包括以图纸、技术资料、技术规范等形式提供的工艺流程、配方、产品设计、质量控制以及管理等，也包括技术人员的经验和知识、经营诀窍等。此外，在新经济下各种新兴的商业模式也被视为专有技术。（2）可获利性。专有技术是对完成某种具有价值的技术、知识或者经验积累后形成的技术，其必须具有专有的实用价值，可获利性是专有技术与常识之间的最大区别。（3）保密性。专有技术在很多范围内被看作与专利技术相对的非专利技术。专利技术受专利法的保护，具有独占性且有明确的法律保护期限，其在《专利法》规定的范围内公开；而专有技术具有秘密性的特点，因此难以为公众所接受知悉。专有技术的权利人在主观上有保密的意识并对其采取了严格的保密措施。专利技术应是未公开的、仅特定人知悉的，一旦失密，它就可能失去其专有价值。保密性是专有技术最主要的特性①。

专有技术的特性在于其权属没有明确的法定文件证明，其权利保护往往依赖于权利人自己的保密手段，其法律地位的确认及评估有一定难度。实务中的专有技术出资同样需要明确其权利不存在争议及潜在纠纷，只是由于其不像专利和商标一样有行政机关的登记证书和权利公示，因此，在权利确认和查验中相对更加困难一些。实务中，除要求权利人出具有关声明与承诺外，如果有政府机关和第三方权威机构出具的证明文件对该科技成果进行鉴定，则有助于证明其出资的真实性及合理性。

① 伍得：《专有技术出资的特殊性及对策》，载《科技创业月刊》2009年第10期。

第二节　出资不实

一、出资不实的概念

“出资不实”是证券实务中经常被提及的有关出资中存在的问题。目前相关法律法规并没有“出资不实”的完整定义，简言之，股东出资不实是指公司股东在公司设立或增加注册资本时，违反法律法规及公司章程的规定，未出资或出资不足，以及在出资后抽逃出资的行为。《公司法》第二十八条规定，股东应当按期足额缴纳公司章程中规定的各自所认缴的出资额。股东以货币出资的，应当将货币出资足额存入有限责任公司在银行开设的账户；以非货币财产出资的，应当依法办理其财产权的转移手续。因此，出资不实有如下两种表现形式：（1）未按期足额缴纳公司章程中规定的各自所认缴的出资额，可以表现为完全未出资或出资不足，以及出资延迟；（2）以非货币财产出资的，未依法办理其财产权的转移手续，可以表现为未办理财产权转移手续或办理手续不符合法律法规的要求。《公司法》第二十八条同时规定，股东不按照前款规定缴纳出资的，除应当向公司足额缴纳外，还应当向已按期足额缴纳出资的股东承担违约责任。

二、出资不实与出资瑕疵、抽逃出资、虚假出资的比较

有关出资问题，除出资不实外，在实务中还常常出现“出资瑕疵”“抽逃出资”和“虚假出资”的概念。出资不实与虚假出资、抽逃出资之间存在联系，但不能直接画等号，虚假出资和抽逃出资存在主观恶意，如虚构资产等，而出资瑕疵往往是操作不规范所导致。

关于虚假出资和抽逃出资的认定，《最高人民法院关于适用〈中华人民共和国公司法〉若干问题的规定（三）》（以下简称《公司法司法解释（三）》）作出了明确规定。根据该司法解释，公司成立后，公司、股东或者公司债权人以相关股东的行为符合下列情形之一且损害公司权益为由，请求认定该股东抽逃出资的，人民法院应予支持：（1）制作虚假财务会计报表虚增利润进行分

配；（2）通过虚构债权债务关系将其出资转出；（3）利用关联交易将出资转出；（4）其他未经法定程序将出资抽回的行为。

虚假出资和抽逃出资有可能导致刑事责任。《刑法》第一百五十八条规定了虚报注册资本罪。申请公司登记使用虚假证明文件或者采取其他欺诈手段虚报注册资本，欺骗公司登记主管部门，取得公司登记，虚报注册资本数额巨大、后果严重或者有其他严重情节的，处三年以下有期徒刑或者拘役，并处或者单处虚报注册资本金额百分之一以上百分之五以下罚金。单位犯前款罪的，对单位判处罚金，并对其直接负责的主管人员和其他直接责任人员，处三年以下有期徒刑或者拘役。第一百五十九条规定了虚假出资、抽逃出资罪。公司发起人、股东违反《公司法》的规定未交付货币、实物或者未转移财产权，虚假出资，或者在公司成立后又抽逃其出资，数额巨大、后果严重或者有其他严重情节的，处五年以下有期徒刑或者拘役，并处或者单处虚假出资金额或者抽逃出资金额百分之二以上百分之十以下罚金。单位犯前款罪的，对单位判处罚金，并对其直接负责的主管人员和其他直接责任人员，处五年以下有期徒刑或者拘役。

《最高人民检察院、公安部关于公安机关管辖的刑事案件立案追诉标准的规定（二）》（公通字〔2010〕23 号）第三条对虚报注册资本罪的追诉标准作出了规定："申请公司登记使用虚假证明文件或者采取其他欺诈手段虚报注册资本，欺骗公司登记主管部门，取得公司登记，涉嫌下列情形之一的，应予立案追诉：（一）超过法定出资期限，实缴注册资本不足法定注册资本最低限额，有限责任公司虚报数额在三十万元以上并占其应缴出资数额百分之六十以上的，股份有限公司虚报数额在三百万元以上并占其应缴出资数额百分之三十以上的；（二）超过法定出资期限，实缴注册资本达到法定注册资本最低限额，但仍虚报注册资本，有限责任公司虚报数额在一百万元以上并占其应缴出资数额百分之六十以上的，股份有限公司虚报数额在一千万元以上并占其应缴出资数额百分之三十以上的；（三）造成投资者或者其他债权人直接经济损失累计数额在十万元以上的；（四）虽未达到上述数额标准，但具有下列情形之一的：1. 两年内因虚报注册资本受过行政处罚二次以上，又虚报注册资本的；2. 向公司登记主管人员行贿的；3. 为进行违法活动而注册的；（五）其他后果严重或者有其他严重情节的情形。"

股东借款是否属于抽逃出资？原国家工商总局[①]在《关于股东借款是否属于抽逃出资行为问题的答复》（工商企字［2002］第 180 号文，根据 2014 年 7 月 14 日《国家工商行政管理总局关于公布规范性文件清理结果的公告（工商办字〔2014〕138 号)》，该答复已失效）中表示，公司借款给股东，是公司依法享有其财产所有权的体现，股东与公司之间的这种关系属于借贷关系，合法的借贷关系受法律保护，公司对合法借出的资金依法享有相应的债权，借款的股东依法承担相应的债务。因此，在没有掌握充分证据的情况下，仅凭股东向公司借款就认定为股东抽逃出资缺乏法律依据。如果股东在借款活动中违反了有关金融管理、财务制度等规定，应由有关部门予以查处。

《国家工商行政管理总局关于山东省大同宏业投资有限公司是否构成抽逃出资行为问题的答复》（工商企字〔2003〕第 63 号，2003 年 5 月 21 日实施）（根据 2014 年 7 月 14 日《国家工商行政管理总局关于公布规范性文件清理结果的公告（工商办字〔2014〕138 号)》，该答复已失效）对上述工商企字〔2002〕第 180 号文有关内容作出了进一步的明确：（一）借、贷业务是金融行为，依法只有金融机构可以经营。工商企字〔2002〕第 180 号文所指股东与公司之间合法借贷关系，是以出借方必须是银行或非银行金融机构（如信托投资公司或财务公司）为前提的。非金融机构的一般企业借贷自有资金只能委托金融机构进行，否则，就是违法借贷行为。非金融机构的股东与公司之间如以借贷为名，抽逃出资，可依法查处。（二）投资公司是以自有资产进行投资，并以投资作为主要经营业务。接受委托并以委托人名义，以委托人资产进行的投资属于信托投资的范畴。从事信托业务应经人民银行或证监会批准，未经批准、未经登记注册，不得以各种形式从事信托活动。在其股东未取得信托投资经营范围的情况下，公司以委托其股东从事投资业务的名义，将股东的出资全额划入股东账户，此种行为可以认定为变相抽逃出资行为。

笔者认为，虽然上述原工商总局的两个答复文件已经失效，但是根据其中体现的监管精神和原则，结合最高人民法院的有关文件精神，股东与公司之间

---

① 2018 年 3 月，根据第十三届全国人民代表大会第一次会议批准的国务院机构改革方案，将国家工商行政管理总局的职责整合，组建中华人民共和国国家市场监督管理总局。

合法的借贷关系应受到法律保护。这里的合法应当是指借款程序、借款内容等合法有效，如经过了股东会的批准、签订了有效的借款协议等。如果当时未履行相应程序，可考虑由当时的股东进行书面确认。

此外，对于借款出资，目前没有明确禁止性规定。中介机构需要关注的是：1. 借款出资方持有的发行人股权是否权属清晰、稳定；2. 用于投资的借款资金来源是否真实、合法；3. 借款利率是否符合有关法律法规的规定。

【案例：通裕重工——在职职工（部分为股东）向发行人提供借款】

招股书第223页披露：报告期内公司为了缓解发展过程中资金紧张的压力，存在向在职职工（其中部分为股东）借款的情况，截至2009年10月底已全部清理完毕。在报告期内持续按期足额向借款职工支付利息，不存在拖欠或漏付的情形，借款利息税全部由借款职工自己负担，与职工之间未因借款关系而产生任何争议或纠纷，借款资金均用于公司项目建设及补充流动资金。借款行为发生以来总体情况如下：

年度	借款发生额（元）	年末余额（元）	利率区间
2003年	—	6792004.85	6%
2004年	27434992.72	34226997.57	6%
2005年	25209689.17	59436686.74	6%
2006年	-612644.98	58824041.76	8.68%
2007年	2357881.95	61181923.71	8.68%
2008年	-27316474.80	33865448.91	8.68%
2009年	-33865448.91	—	8.68%
2010年	—	—	—

报告期内，存在持股5%以上的自然人股东向发行人提供借款的情形，详细情况如下：

关联方名称	累计借款数额（元）	利率区间	累积利息	清结情况
司兴奎	41126728.62	6%—8.68%	3089590.52	2009年5月全部结清
朱金枝	11647130.76	6%—8.68%	849717.36	2009年5月全部结清

1. 清理过程及清理结果

职工向通裕有限提供借款资金支持均出于自愿，并以各自自有资金或该等资金的利息作为借款资金来源，该等资金均用于通裕有限的生产经营，投资于项目建设或补充流动资金。

通裕有限为获得该等借款向职工支付利息，年利率确定的标准为以银行同期贷款利率为基础略有上浮，不满一年或满一年不结算逾期期间执行银行同期活期存款利率，该利率水平取得了全体借款职工的认可；通裕有限在2003年至2009年期间持续按期足额向借款职工支付利息，不存在拖欠或漏付的情形，与职工之间未因借款关系而产生任何争议或纠纷。截至2009年10月，通裕有限已经基于与借款职工之间达成的一致意见清偿了全部职工借款。

职工借款的清理过程及清理结果合法合规，不存在纠纷或潜在纠纷。

2. 具体情况分析

（1）2010年6月21日，中国人民银行禹城市支行出具《关于通裕重工股份有限公司向内部职工借款筹集资金及不规范票据使用行为的函》，认为："针对通裕集团在2003年至2009年期间为了满足自身发展的资金需求，通过向员工借款方式筹集资金用于其日常经营的情形，我行认为，鉴于通裕集团借款对象仅限于内部职工或其家属，未通过公开宣传等方式向社会不特定对象集资，且所筹集资金均用于通裕集团的生产经营，投资于项目建设或补充流动资金，并且通裕集团已经基于与借款职工之间达成的一致意见清偿了全部职工借款。因此，上述通裕集团向内部职工集资的情况不属于应受处罚的非法吸收公众存款、非法集资或集资诈骗行为，亦不属于扰乱金融秩序、非法从事金融业务等违反金融法规的行为，而是不规范的企业内部融资行为，我行不会对通裕集团的上述行为予以处罚。

我行作为通裕重工辖区内的金融监管部门，未受理过任何与通裕重工前身通裕集团曾存在的上述向内部职工借款和不规范使用票据情形有关的投诉或其他权利请求，并且由于上述情况已经由通裕重工或通裕集团主动纠正，不再处于持续状态，因此通裕重工不会与银行或其他第三方之间产生纠纷或潜在纠纷。"

（2）经核查，与法人和自然人之间借贷关系相关的法律法规内容包括：

1989年6月9日中国人民银行《关于加强企业内部集资管理的通知》规定:“中国人民银行对企业内部集资实行统一管理,分级审批。每年控制额度由总行年初一次下达到人民银行各省、自治区、直辖市分行,各分行可根据具体情况,规定审批权限”,“企业进行内部集资,必须制订集资章程或办法,经企业的开户金融机构审查同意后,报人民银行审批。”

1999年1月26日最高人民法院《关于如何确认公民与企业之间借贷行为效力问题的批复》(法释〔1999〕3号)规定:“公民与非金融企业之间的借贷属于民间借贷。只要双方当事人意思表示真实即可认定有效。”

发行人律师认为,鉴于:(1)根据发行人陈述,上述通裕有限从内部职工获得借款的情形均是为了解决其在快速发展时期的资金瓶颈问题,获得该等借款资金后亦仅用于自身的日常生产经营,因此该等职工借款情形的发生是为了满足通裕有限的资金需要,从根本上符合通裕有限及其全体股东的利益;(2)通裕有限职工向通裕有限提供借款均为职工的自愿行为,通裕有限未通过任何方式公开向职工进行宣传或强制职工将资金有偿提供给其使用,因此通裕有限与其职工之间发生的上述民间借贷法律关系不违反《合同法》等相关法律法规的精神;(3)通裕有限为获得借款向内部职工支付利息,年利率以银行同期贷款利率为基准适当上浮,不满一年或满一年不结算逾期期间执行银行同期活期存款利率,该等利率标准获得了借款职工的认可,不违反公平合理的原则;(4)通裕有限在上述与职工之间的借款关系存续期间,按时支付利息和本金,不存在拖欠等情形,与借款职工之间不存在因借款关系而产生的争议或纠纷;(5)通裕有限存在的上述员工借款情形在发生时及存续期间为全体股东所知悉和认可;(6)截至2009年10月,通裕有限已经足额支付了全部职工借款,通裕有限与其职工之间不存在未清结的职工借款,各方之间亦不存在潜在争议或纠纷;(7)根据中国人民银行禹城市支行于2010年6月21日出具的《关于通裕重工股份有限公司向内部职工借款筹集资金及不规范票据使用行为的函》,确认上述向内部职工借款的情形不属于应受处罚的非法吸收公众存款、非法集资或集资诈骗行为,亦不属于扰乱金融秩序、非法从事金融业务等违反金融法规的行为,而是不规范的企业内部融资行为,其不会对发行人上述行为予以处罚;(8)根据发行人出具的书面说明,发行人已建立健全了严格的财务和资金管理制度，将主要通过资本市场及银行等渠道融资，无需依赖员工提供借款的方式满足资金需要，未来将杜绝此类情况的发生。据此，本所律师认为，上述通裕有限在报告期内曾存在的从内部职工处获得借款的情形不会对发行人本次发行上市构成法律障碍。

3. 相关规范措施及承诺

（1）截至 2009 年 10 月底，公司已退还所有本金，不存在纠纷或潜在纠纷。2010 年 4 月 30 日，公司召开了通裕重工股份有限公司 2010 年第二次临时股东大会，通过了《融资与对外担保管理制度》，严格规范公司的融资行为。

（2）发行人全体股东出具《承诺函》，并承诺："公司接受股东提供的借款不存在任何纠纷或潜在纠纷，也不存在被处罚或被追究相关责任的风险，若发生纠纷或因被处罚而产生经济损失，由公司全体股东共同承担责任"。

发行人律师认为，上述通裕有限在报告期内曾存在的从内部职工处获得借款的情形不会对发行人本次发行上市构成法律障碍。

根据 2011 年创业板保荐代表人培训会的有关政策，问题出资占当时注册资本 50% 以上的，规范后运行 36 个月；占比 20%—50% 的，规范后运行 12 个月；占比 20% 以下的如实披露，不构成障碍。抽逃出资的，数额较小，在报告期前解决的不构成发行障碍。数额较大，且在报告期内才解决的，需要工商/市场监督部门出具确认意见，同时提供出资归还的充分证据材料，需要规范后运行 36 个月才不构成发行障碍。因此，从证监会对抽逃出资和出资不实的政策把握来看，抽逃出资只要金额较大就需要直接规范运行 36 个月，性质也明显较出资不实严重。

第三节　出资问题的规范

一、出资问题规范的一般原则和方案

解决出资不实或出资瑕疵的核心在于使股东出资真实到位，维护资本的真实性，同时要注意对公司的损失予以弥补，并保证其他股东的权益不受损失。

根据2019年3月25日证监会发行监管部发布的《首发业务若干问题解答》，发行人的注册资本应依法足额缴纳。发起人或者股东用作出资的资产的财产权转移手续已办理完毕。保荐机构和发行人律师应关注发行人是否存在股东未全面履行出资义务、抽逃出资、出资方式等存在瑕疵或者发行人历史上涉及国有企业、集体企业改制存在瑕疵的情形。

历史上存在出资瑕疵的，应当在申报前依法采取补救措施。保荐机构和发行人律师应当对出资瑕疵事项的影响及发行人或相关股东是否因出资瑕疵受到过行政处罚、是否构成重大违法行为及本次发行的法律障碍，是否存在纠纷或潜在纠纷进行核查并发表明确意见。发行人应当充分披露存在的出资瑕疵事项、采取的补救措施以及中介机构的核查意见。

对于发行人是国有企业、集体企业改制而来的或历史上存在挂靠集体组织经营的企业，若改制过程中法律依据不明确、相关程序存在瑕疵或与有关法律法规存在明显冲突，原则上发行人应在招股说明书中披露有权部门关于改制程序的合法性、是否造成国有或集体资产流失的意见。国有企业、集体企业改制过程不存在上述情况的，保荐机构、发行人律师应结合当时有效的法律法规等，分析说明有关改制行为是否经有权机关批准、法律依据是否充分、履行的程序是否合法以及对发行人的影响等。发行人应在招股说明书中披露相关中介机构的核查意见。

实务中，解决出资问题主要有如下几种方案：

（一）补足出资。补足出资常见于股东未足额出资的情形，通常使用现金或其他股东认可的方式对其未足额出资的部分予以补足，如以应付该股东的应付股利（如未分配利润经过股东大会或股东会作出利润分配决议后产生应付该股东的股利）补足，以固定资产或无形资产等资产补足，但也有以债权补足的。实务中补足出资的部分通常由公司召开股东大会予以通过补足方案，会计处理上，首先应该追溯调减“实收资本（股本）”之不实部分，涉及所得税等税务问题的，还应考虑税务影响；然后借记相关资产，贷记“实收资本（股本）”“资本公积”。但实际案例也有直接将补足的资产视为资本（股本）溢价记入资本公积的，如浙江帝龙新材料股份有限公司。关于补足的金额，一般而言是缺多少补多少；但更谨慎的做法是按照近期末财务报表每股净资产折算出来的金额补足，剩余部分计入资本公积，如浙江银轮机械股份有限公司。

【案例：帝龙新材——补足的资产记入资本公积】

帝龙新材招股说明书第 121 页中披露：经对历次股东出资情况核查，公司发现，公司实际控制人姜飞雄及姜祖功持股的飞达装饰在 2001 年以房产和土地使用权对万利防雷出资时，其中部分土地使用权计 1543.50 平方米，因重复评估而重复计算。该等土地使用权当时评估作价 787185.00 元。

鉴于该等土地使用权已经被政府回购，飞达装饰已经注销。经万利实业全体股东协商同意，姜飞雄和姜祖功向本公司补缴现金 787185.00 元，由公司全体股东共享，公司已于2008 年 2 月 1 日收到该款项，并计入资本公积－股本溢价项下。

（二）置换出资。置换出资常见于股东出资部分存在瑕疵的情形。如划拨地、房产、车辆无法过户等。例如，股东所出资房产无法取得房产证，但又一直为公司所使用。对于该部分出资，由于无法过户给公司，因此，根据《公司法》第二十八条，属于出资不实，如果该房屋的产权证确实无法办理（如手续不全或土地性质所限或面临拆迁等），则可以由该出资股东根据房产的评估价值，以现金或其他方式将该等房屋出资置换出来，同时对因其出资瑕疵给公司及有关债权人和其他股东造成的损害予以补偿，至少应出具相关承诺。需要注意的是，如果该等房屋一直未由公司使用，且股东未以其他方式弥补公司该等损失，则相关股东涉嫌虚假出资，如为控股股东则有可能构成犯罪从而构成上市的实质性障碍。

关于未办理过户手续出资的问题，相关司法解释也表明了可以事后补救的态度。《公司法司法解释（三）》第十条规定，出资人以房屋、土地使用权或者需要办理权属登记的知识产权等财产出资，已经交付公司使用但未办理权属变更手续，公司、其他股东或者公司债权人主张认定出资人未履行出资义务的，人民法院应当责令当事人在指定的合理期间内办理权属变更手续；在前述期间内办理了权属变更手续的，人民法院应当认定其已经履行了出资义务；出资人主张自其实际交付财产给公司使用时享有相应股东权利的，人民法院应予支持。

瑕疵出资的股东，其股东权利有可能受到限制。《公司法司法解释（三）》第十条第二款规定，出资人以前款规定的财产出资，已经办理权属变更手续但未交付给公司使用，公司或者其他股东主张其向公司交付、并在实际交付之前不享有相应股东权利的，人民法院应予支持。

（三）转让出资。将该瑕疵资产作价转让（如合肥城建发展股份有限公司）。关于瑕疵资产的转让作价，不应低于原出资作价。如拟上市公司股东以房产作价出资，但该房产占用范围内的土地并未进入拟上市公司，还可以通过拟上市公司购买土地来解决，如浙江花园生物高科股份有限公司。

（四）补充复核。通常用于非货币资产出资时未进行评估的情况（如烟台双塔食品股份有限公司）。通常的做法是，公司聘请具备证券从业资格的评估机构对相关资产进行复核，同时寻找当时对所出资资产确定价值的参考依据，如购置合同、发票等。同时建议由其他股东出具对该等评估复核和价值依据资料进行确认的说明。《公司法司法解释（三）》第九条规定，出资人以非货币财产出资，未依法评估作价，公司、其他股东或者公司债权人请求认定出资人未履行出资义务的，人民法院应当委托具有合法资格的评估机构对该财产评估作价。评估确定的价额显著低于公司章程所定价额的，人民法院应当认定出资人未依法全面履行出资义务。

另外，关于无证券从业资格机构的评估、验资复核一事证监会已多次提及，证监会关注是否具有证券从业资质的评估、验资问题，出发点还是在于出资资本的真实性、充实性。

其实早期，证监会曾发文明确要求复核。2000 年 9 月 22 日，证监会发布《关于拟发行股票公司聘用审计机构等问题的通知》（证监发行字〔2000〕131 号），规定拟申请发行股票的公司，设立时应聘请有证券从业资格许可证的中介机构承担验资、资产评估、审计等业务。若设立时聘请没有证券从业资格许可证的中介机构承担上述业务的，应在股份公司运行满三年后才能提出发行申请，在申请发行股票前须另聘有证券从业资格许可证的中介机构复核并出具专业报告。2006 年 5 月 17 日，证监会发布《首发管理办法》并于 2006 年 5 月 18 日施行，《关于拟发行股票公司聘用审计机构等问题的通知》等规范文件同时废止。即 2006 年 5 月 18 日之后，拟申请发行股票的公司，设立时不再强制要求聘请有证券从业资格许可证的中介机构承担验资、资产评估、审计等业务。

不过，强制性、规范性文件的调整动向，不代表证监会降低了要求；相反是以口头、培训这种更灵活的形式进一步强化了要求。2010 年第二期保荐代表人培训中提及对于评估报告、验资报告的复核原则是：（1）三年内涉及资本项目变动（增资、股权转让等）的所有验资、评估都要复核；与日常业务相关的评估可以不复核，如仅购买某些生产设备；（2）三年外的，原则上可以不复核；（3）虽在三年外，但有重大影响的报告，也要复核，如涉及股份公司设立等资本变动。此外，中国证监会发行监管部编写的《保荐业务通讯》（第三期）也指出，出具相关报告的资产评估机构或验资机构不具备证券从业资格或证券从业资格被注销以及机构被解散的：（1）若相关资产评估在报告期内且与发行人增加注册资本相关的则需要具有证券从业资格的评估机构对上述资产评估报告进行复核，并提供复核报告。（2）若相关验资在报告期内则需要具有证券从业资格的验资机构对上述验资报告进行复核，并提供复核报告。

可以看出，证监会的关注不仅限于早期发行人设立时的验资、评估，对报告期内的涉及注册资本变动项的评估、验资均有复核要求，但从其关注出资资本的真实性、充实性这一出发点来理解，对于报告期内的与资本变动无关的评估可以不复核，报告期外的原则上不需复核，但涉及重大资本项目变动或不合法情况除外，尤其是资本变动的充实性、真实性不明朗的情况。

需要注意的是，股份公司整体变更设立时的审计、评估和验资机构如无证券从业资格，一般是需要复核的（即使不在报告期内）。曾看到反馈的案例，虽然律师发表了无规范文件要求复核的意见；但出于审慎考虑，还是请公司聘请有证券从业资格的机构进行了复核。当然，如果变更设立时间比较早，必要性就不大了（操作上也有难度）。

此外，在资本公积、盈余公积、未分配利润转增资本时，因涉及转增资本来源的账面值的真实可靠性问题，应由有证券从业资格的机构进行审计、验资，如无，应复核。2010 年第 3 期保荐代表人培训中要求申请受理前六个月内利润分配或资本金公积转增股本所形成的股份，需审计、验资，与原有股份锁定相同。当然，即使证监会没有要求，对于公司以资本公积、盈余公积、未分配利润转增资本，审计也是必须的，因为这是验资的基本要求。其依据是《中国注册会计师审计准则第1602号—验资》（财会〔2006〕4号）第十四条："以净资产折合实收资本的，或以资本公积、盈余公积、未分配利润转增注册资本及实收资本的，应当在审计的基础上按照国家有关规定审验其价值。"而且验资机构一般不会依照其他审计机构的审计数据来验资，一般要自己审了才验。实务中，办理转增时，除验资报告，工商/市场监督部门一般也要求提供审计报告。总之，发行人以资本公积、盈余公积、未分配利润转增资本时需聘请具有证券从业资格的审计、验资机构；否则，如发生在报告期内，应聘请有证券从业资格的机构进行复核。

除以上方案外，相关股东对出资瑕疵要进行义务承诺，承诺一旦被要求补缴或存在处罚，则承担一切后果和责任，同时，中介机构应充分披露法律责任。尤其是可能受到的处罚。

二、出资瑕疵补救时需考虑的其他因素

对于出资瑕疵，除根据具体情况选择以上补救方案外，还应该考虑如下因素：

（一）出资瑕疵发生日距申报期末的期间跨度是否小于36个月？如果小于36个月，则可能需要考虑调整申报期，使期间跨度大于或等于36个月。根据2011年创业板保荐代表人培训会的有关政策，问题出资占当时注册资本50%以上的，规范后运行36个月；占比20%—50%的，规范后运行12个月；占比20%以下的如实披露，不构成障碍。

（二）出资瑕疵的金额以及出资瑕疵是否仍处于继续状态。根据国务院法制办公室[①]《对国家工商总局关于公司登记管理条例适用有关问题的复函》（国法函〔2006〕273号），公司登记管理条例对虚报注册资本、提交虚假材料、虚假出资、抽逃出资等行为的处罚，应当按照行政处罚法的有关规定办理。虚报注册资本、提交虚假材料、虚假出资、抽逃出资等行为在工商行政管

① 2018年3月，根据第十三届全国人民代表大会第一次会议批准的国务院机构改革方案，将国务院法制办公室的职责整合，重新组建中华人民共和国司法部，不再保留国务院法制办公室。

理机关查处前未纠正的，视为违法行为的继续状态。如果违法的公司纠正其违法行为，并达到《公司法》规定的条件，且自该纠正行为之日起超过两年的，则不应再追究其违法行为。

（三）根据 2011 年创业板保荐代表人培训会有关政策，控股子公司的出资也必须缴足，出资未缴足视同出资不实。

（四）在存在出资瑕疵的情况下，应尽可能取得工商/市场监督部门确认问题已得到解决并免予处罚的明确意见。如该等出资瑕疵涉及税务问题的，需取得税务机关免予处罚的证明文件，涉及国有资产的，需取得国资管理部门免予处罚的证明文件等。

（五）有关股东承诺。根据《公司法》第二十八条规定，股东不按照规定缴纳出资的，除应当向公司足额缴纳外，还应当向已按期足额缴纳出资的股东承担违约责任。同时根据《公司法》第三十条，有限责任公司成立后，发现作为设立公司出资的非货币财产的实际价额显著低于公司章程所定价额的，应当由交付该出资的股东补足其差额；公司设立时的其他股东承担连带责任。因此，为了确保股东之间不存在纠纷以免影响上市条件，同时不使拟上市公司承担不必要的损失，通常在发行前由全体股东承诺对出资瑕疵可能导致的上市公司损失承担无条件、连带赔偿责任，至少应由问题股东出具该承诺，同时其他股东承诺不追究责任股东责任。

（六）对出资瑕疵及解决方案要如实披露。这也是证监会的明确要求。发行人应当充分披露存在的出资瑕疵事项、采取的补救措施，以及中介机构的核查意见。

【案例：信质电机（002664）——借款出资】

《北京德恒律师事务所关于信质电机股份有限公司首次公开发行普通股股票并上市的补充法律意见》第 51 页披露：“……（二）应本所律师及保荐人的要求，2011 年 6 月 6 日实际控制人家族出具《资金来源说明书》，主要内容如下：……2010 年 7 月信质电机决定进行股权融资，价格 6 元/股。其中引进创投增资 1300 万股，合计资金 7800 万元；叶小青、尹强增资 2000 万股，合计资金 12000 万元。叶小青、尹强增资的 12000 万元中，约 5000 万元系自有资金（大部分由信质电机支付的收购信质汽车股权收购款组成）；约 7000 万元向台州市枫叶船业有限公司拆借而来。台州市枫叶造船厂老板叶岳顺是尹兴满多年好友，该船厂注册资本20000万元，中国民营造船20强之一，企业实力雄厚。

在自有资金有限的情况下，我们家庭仍决定通过部分资金来自于借款的方式参与信质电机增资，主要原因：经过多年辛苦经营，到2010年信质电机处于爆发前的起点，6元/股的价格未充分反映公司未来发展潜力。但由于公司面临较大资金压力，同时我们家庭自身实力又有限，历年积累的大部分资金已陆续投资到公司，因此不得已引进外部股东增资扩股。从投资价值角度考虑，我们家庭觉得适当通过部分借款方式，参与投资，一方面既可以避免控股权被过快稀释，另一方面又可以获得较好回报……”

（三）走访相关银行和相关银行出具《个人资信证明》

本所律师核查了农业银行台州椒江支行（实际控制人家族成员的主要开户银行）及下属网点出具的实际控制人家族成员银行账户流水记录、资金往来凭证。椒江市农业银行根据实际控制人家族的银行账户实际情况，出具《个人资信证明》，主要内容如下：

尹兴满家庭成员长期以来一直是我行优质客户，一直拥有良好的信誉和信用记录。自1979年我行成立即成为我行客户。至2006年底，尹兴满家庭成员以货币资金和存单方式在我行累计存入的资金净额超过8500万元，其中：1990年之前累计净存入约100万元左右；1990年—1999年期间累计净存入超过1500万元；2000年—2006年累计净存入超过7000万元。

（四）核查实际控制人家族借款出资的相关情况

1. 关于2007年11月向浙江东泰集团有限公司借款1000万元增资信质汽车事项

为核查实际控制人家庭2007年11月借款增资信质汽车事项，保荐机构与律师共同走访了浙江东泰集团有限公司及其实际控制人金崇康先生，打印了浙东泰集团有限公司工商资料，查阅了该公司财务报表，金崇康先生就借款事项出具了专项说明。经核实，浙江东泰集团有限公司于2007年11月向尹兴满家庭拆借了1000万元资金，由于拆借时间较短，同时双方属于亲戚关系，尹兴满家庭与浙江东泰集团有限公司未就本次借款事项另行签署借款协议，也未要求尹兴满家庭支付利息。2008年10月尹兴满家庭已偿还该笔借款。

2. 关于2010年7月向台州市枫叶船业有限公司借款7000万元增资信质电机事项

为核查实际控制人家庭2010年7月借款增资信质电机事项，保荐机构与律师共同走访了台州市枫叶船业有限公司及其实际控制人叶岳顺先生，打印了台州市枫叶船业有限公司工商资料，查阅了该公司财务报表，查阅并复印了双方《借款协议》和资金往来凭证等文件。经核实，台州市枫叶船业有限公司于2010年7月向尹兴满家庭拆借了7000万元资金，双方签署的《借款协议》主要条款如下：

1. 借款期限：2010年7月至2015年7月；2. 借款利率及利息：按照15%的年利率计算确认利息；3. 台州市枫叶船业有限公司承诺：无论发生任何事项，借款期限内，不对叶小青持有的信质电机股份有限公司股权提出任何法律诉求，包括要求强制质押、转让、拍卖等。

（五）核查与实际控制人家族投资资金来源的其他相关文件

本所律师除核查了前述文件外，还和保荐人共同审核了实际控制人家族历次投资的验资报告及出资附件，取得台州市椒江富民罐头食品厂、无锡三洲冶金有限公司等企业工商登记资料、承包或合伙经营的证明文件、财务数据等其他资料。

（六）关于实际控制人家族历次投资的资金来源核查意见

本所律师认为：发行人实际控制人家族历次投资的资金来源真实、合法、清晰；2010年7月实际控制人家族成员叶小青通过借款方式出资，属于正常投资行为，其持有的发行人股权权属清晰。叶小青本人虽存在一定金额负债，但其持有的股权在较长时间内将保持稳定，对发行人本次发行上市不构成障碍。

叶小青借款的利率虽然高于同期银行贷款利率，但根据《最高人民法院关于人民法院审理借贷案件的若干意见》（法（民）〔1991〕21号）第六条的规定，其借款利率的约定合法合规。

【案例：梅花伞（002174，已更名为游族网络）——出资未评估】

梅花伞招股说明书第42页披露："在公司增资过程中，恒顺香港累计投入设备四台/套，均系向金连兴机械股份有限公司采购，具体情况如下表：（略）。

作为发行人的外资股东，恒顺香港投入的上述设备均系发行人生产所必需的机器设备。上述设备均系恒顺香港向金连兴机械股份有限公司采购后投入梅花伞业，在采购当时均为新设备。恒顺香港在购得上述设备后，即由晋江恒顺向中华人民共和国厦门、石狮海关办理了进口货物报关手续，作为增资的一部分投入发行人。由于上述设备价值不高，且采购时间与投入时间间隔较短（约一个月左右），其间有关设备价值未发生重大变化，因此恒顺香港将上述设备直接以购买价投入梅花伞业，未进行资产评估。

发行人股东在历次增资过程中向梅花伞业的实物出资作价虽然没有进行资产评估，但是以有关设备的购买价格作价并未对发行人生产经营和出资作价的合规性构成实质性的影响，具体理由如下：

1. 上述设备均系发行人生产中的必需设备，设备出厂时间分别为2002年和2004年。同时，金连兴机械股份有限公司向恒顺香港销售的上述设备均是按当时的市场同类产品价格定价的。因此，上述设备作价符合《外资企业法实施细则》的有关实物资产出资作价的相关规定。

2. 发行人股东在投入时未对有关设备进行资产评估，而直接以购买发票和进口报关单所载明的价值为作价依据，是因为其所投入的设备均为新购设备，实际投入时间与购买时间间隔较短（约一个月），有关资产价值未发生重大变化。因此，以购买价格直接作价出资并不存在高估或低估设备价值的情况，不存在出资不实的情形。

3. 上述实物出资均已依法经有关会计师事务所进行了验资，并据此办理了工商注册变更登记手续，符合《公司法》《公司登记管理条例》中有关变更注册资本的相关规定。

4. 2005年3月恒顺香港向厦门宝德利等四家单位转让持有的部分发行人股份后，其他股东均未对股权转让的作价和发行人资产和股本的真实性提出异议，并均已做出声明，对股权转让不存在任何纠纷或潜在纠纷。

5. 恒顺香港已于2007年9月3日出具承诺，若因为实物出资作价而产生任何法律纠纷，其愿意承担相应的法律责任。

综上，公司2002年至2004年实物出资的作价符合《外资企业法实施细则》等特别法的相关规定，不存在高估或低估设备价值的情形。虽然未进行资产评估，但是不会造成出资不实的情形，不会对公司的生产经营活动造成不利影响，亦不会损害其他股东的合法权益。

【案例：恒星科技（002132）——审计机构不具有证券从业资格】

恒星科技招股说明书第 34 页披露：2003 年 12 月 16 日，经前身恒星公司临时股东大会审议，其全体股东一致同意变更为股份有限公司。公司股本总额以前身恒星公司 2003 年 12 月 31 日经审计的净资产为依据折为 11000 万股。

由于股份公司整体变更设立时的审计和验资业务均由不具有证券从业资格的会计师事务所承担，在股份公司成立后恒星科技聘请深圳市鹏城会计师事务所有限公司对前身恒星公司整体变更设立股份公司时经审计（审计基准日为 2003 年 12 月 31 日）的会计报表进行了复核和审阅。深圳市鹏城会计师事务所有限公司出具了深鹏所特字（2004）628 号《审阅报告》，认为：“恒星金属 2003 年 12 月 31 日的已审会计报表未严格按《企业会计制度》计提各项资产减值准备等问题，导致有关数据存在不准确性”。基于该《审阅报告》，股份公司董事会、股东大会决定聘请深圳市鹏城会计师事务所有限公司以 2004 年 9 月 30 日为审计基准日出具审计报告，并依据该审计报告确定的净资产规范和调整注册资本。2004 年 11 月 25 日，经河南省人民政府豫股批字（2004）32 号文《关于河南恒星科技股份有限公司注册资本调整的批复》批准，股份公司股本总额调整为 12207.80 万股。

第三章
股份公司的设立

公司作为商事主体，虽然因各国分类不同而呈现出不同的形态，但有限公司和股份公司无疑是最为重要的两种形态。我国《公司法》规定的基本公司类型为有限公司和股份公司。鉴于这两种公司类型各自具有一定的优点，《公司法》还为有限公司和股份公司的类型转换预留了途径。《公司法》第九条规定，有限责任公司变更为股份有限公司，应当符合本法规定的股份有限公司的条件。股份有限公司变更为有限责任公司，应当符合本法规定的有限责任公司的条件。有限责任公司变更为股份有限公司的，或者股份有限公司变更为有限责任公司的，公司变更前的债权、债务由变更后的公司承继。

根据《首发管理办法》第八条的规定，发行人应当是依法设立且合法存续的股份有限公司。《创业板上市管理办法》第十一条也规定："发行人申请首次公开发行股票应当符合下列条件：（一）发行人是依法设立且持续经营三年以上的股份有限公司……"因此，公司 IPO 之前必须成为股份有限公司，才具备 IPO 的主体资格。根据《公司法》等有关法律法规的规定，股份公司的设立有发起方式、募集设立方式和整体变更方式。

第一节　发起设立

一、发起人的资格

股份公司的发起人为二人以上二百人以下，其中须有过半数的发起人在中国境内有住所。

二、设立股份有限公司的法律手续

1. 签署发起人协议；

2. 聘请审计机构审计确定纳入股份公司的资产范围；

3. 聘请评估机构进行资产评估并取得相关政府部门的资产评估确认；

4. 确定土地使用权的处置方案并取得相关国有土地管理部门的确认；

5. 涉及国有资产投入形成国有股权（包括国家股和国有法人股）事宜的，应办理国有股权管理方案的批复；

6. 召开创立大会决议设立股份公司，并选举公司董事会、监事会成员；

7. 召开股份公司第一届第一次董事会、监事会选举公司法定代表人（董事长或总经理）、监事会召集人并聘任公司的经营管理机构；

8. 根据《公司登记管理条例》到相应的公司登记机关办理登记。

三、发起人的责任

根据《公司法》的相关规定，股份有限公司的发起人承担公司筹办事务。

以发起设立方式设立股份有限公司的，发起人应当书面足额缴纳公司章程规定其认购的股份；一次缴纳的，应即缴纳全部出资；分期缴纳的，应即缴纳首期出资。以非货币财产出资的，应当依法办理其财产权的转移手续。

发起人不依照前款规定缴纳出资的，应当按照发起人协议承担违约责任。

发起人首次缴纳出资后，应当选举董事会和监事会，由董事会向公司登记机关报送公司章程、由依法设定的验资机构出具验资证明①以及法律、行政法规规定的其他文件，申请设立登记。

股份有限公司的发起人应当承担下列责任：

1. 公司不能成立时，对设立行为所产生的债务和费用负连带责任；

---

① 根据修改后的《公司登记管理条例》《公司注册资本登记管理规定》及国家工商总局《内资企业登记提交材料规范》（已失效），自 2014 年 3 月 1 日起，除募集设立的股份有限公司设立时需按照法律规定提交验资证明外，其他公司（包括实行实缴登记制的公司、外资公司）设立登记时，登记机关不再审验注册资本到位情况，不再收取验资证明。

2. 公司不能成立时，对认股人已缴纳的股款，负返还股款并加算银行同期存款利息的连带责任；

3. 在公司设立的过程中，由于发起人的过失致使公司利益受到损害的，应当对公司承担赔偿责任。

四、发起人的出资方式

股东可以用货币出资，也可以用实物、知识产权、土地使用权等可以用货币估价并可以依法转让的非货币财产作价出资；但是，法律、行政法规规定不得作为出资的财产除外。

对作为出资的非货币财产应当评估作价，核实财产，不得高估或者低估作价。法律、行政法规对评估作价有规定的，从其规定。土地使用权的评估作价，依照我国关于土地使用权的相关法律法规处理。

全体股东的货币出资金额不得低于股份有限公司注册资本的百分之三十。

在股份公司正式成立后发起人应将上述非现金资产的产权及时过户到股份公司。

五、投入股份公司的债权债务的处理

根据我国《民法通则》的相关规定，债务的转移应取得债权人的同意，因此如设立股份公司涉及原企业债务转移由股份公司承担，则该债务转移应取得债权人的同意，否则该债务转移不发生法律效力。

以发起方式设立股份有限公司，根据《公司法司法解释（三）》第七条、《物权法》第一百零六条等有关法律法规的规定，发起人应向股份公司投入相关资产，发起人投入股份公司中的资产应为该发起人合法拥有处分权的资产，如发起人投入股份公司的资产为发起人或其他人的债务提供质押或抵押担保等手续，则这种财产转移应取得质押权人或抵押权人的同意后方可进行转移。

发起人应办理的财产转移手续包括：

1. 房屋建筑物，发起人投入股份公司中的资产如包括房屋建筑物，则应到相应的房屋主管机关办理房屋建筑物的过户登记手续，将房屋所有权人由发起人变更为股份公司。

2. 土地使用权，发起人以其拥有出让权的土地使用权投入股份公司，办理土地使用权人的变更。

3. 车辆，到车辆管理机关将车辆的所有权人变更为股份公司。

4. 商标，如发起人将商标作为资产投入股份公司，则直接办理商标的转让手续，如发起人许可股份公司使用其商标，则应到商标主管机关办理许可使用的备案登记手续。

5. 专利，如发起人将其专利作为资产投入股份公司，则应将专利的所有权转移至股份公司，如发起人许可股份公司使用其专利，则应到专利主管机关办理专利许可使用的备案登记手续。

第二节　整体变更的概念、特征和流程

一、整体变更的概念与特征

整体变更的所谓变更是公司类型的转换，一般是指由有限公司转为股份公司。根据《公司法》第九条的规定，整体变更具有如下特征：1. 整体变更需要经过特定的程序并符合相应的公司设立条件，并由公司的股东共同决定；2. 两种公司类型之间可以相互转换，有限公司可以变更为股份公司，股份公司也可以变更为有限公司，对变更的次数法律并没有限制；3. 有限公司变更为股份公司是同一法人主体组织形式的转换，而不是旧的法人主体的消灭和新的法人主体的产生，而是一个法人主体不同的表现形态；4. 为了保护相关利益方尤其是债权人的利益，公司类型的变更不影响公司变更前的债权、债务，债权债务均由变更后的公司承继。

理论上说，股份公司转换为有限公司也属于“整体变更”，但由于本书讨论的是 IPO 的有关问题，因此除为解决历史沿革中存在的某些问题而进行的股份公司转换为有限公司的情形外，本书提到的“整体变更”均仅指有限公司转为股份公司。

《首发管理办法》第九条规定，发行人自股份有限公司成立后，持续经营时间应当在 3 年以上，但经国务院批准的除外。有限责任公司按原账面净资产

值折股整体变更为股份有限公司的，持续经营时间可以从有限责任公司成立之日起计算。《创业板上市管理办法》第十一条也规定："发行人申请首次公开发行股票应当符合下列条件：（一）发行人是依法设立且持续经营三年以上的股份有限公司。有限责任公司按原账面净资产值折股整体变更为股份有限公司的，持续经营时间可以从有限责任公司成立之日起计算……"上述两个首发管理办法对整体变更的业绩连续性计算进行了规定，也是 IPO 中整体变更的意义所在。因为如果没有上述规定，企业的经营业绩就不能从有限责任公司阶段开始计算，也就是公司必须变更为股份公司后至少等待三个完整的会计年度才能向中国证监会进行 IPO 申报，从而大大延缓了企业的上市进程。而有了上述规定，从理论上来说，只要符合其他申报条件，公司可以在整体变更为股份公司的当天即向中国证监会进行 IPO 申报。

二、整体变更与发起设立、改制的区别与联系

（一）整体变更不同于股份公司发起设立

《公司法》除在第九条原则性规定了有限责任公司变更为股份有限公司外，并未就如何进行整体变更作出进一步规定，对其法律性质、操作程序均无具体规定，从而在法律层面留有空白。在实务操作中，整体变更也即通常说的股改基本上被视为股份公司的发起设立，即有限公司的全体股东以股改前有限公司的净资产出资，发起设立股份公司。然而目前实务界的主流观点是整体变更不同于股份公司的发起设立，而只是公司组织形式的变更。

根据《公司法》，既然是发起设立，发起人就需要出资，而有限公司的股东显然不可能重新另行向股份公司出资，故创造了"有限公司全体股东以有限公司的净资产作为出资，发起设立股份公司"的说法。有律师认为："为迁就发起设立而创造出来的这一说法，在法理上说不通。根据《公司法》原理，股东以出资为对价，获得对公司的股权；而公司对其资产享有所有权。除非公司清算并分配，股东只享有对公司的股权，而不享有对公司资产的所有权。股东可以其享有的公司股权出资，却不可以越过公司而直接以公司的资产出资。因此，'股东以公司净资产出资'的说法不能成立。此外，出资意味着资产所有

权的转移。而在股改时，公司的资产没有发生权利转移，自始至终都在公司名下，只是在换发股份公司营业执照后需要办理权属证书的更名手续，但实际权利并未发生转移。资产权利未发生转移，怎么能说股东以这些资产对股份公司出资了呢？"①

有律师认为："《公司法》除在第九条原则性规定了有限责任公司变更为股份有限公司外，并未就如何进行整体变更进行进一步的规定。但在'第四章股份有限公司的设立和组织机构'之'第一节　设立'第九十五条中又规定：'有限责任公司变更为股份有限公司时，折合的实收股本总额不得高于公司净资产额。有限责任公司变更为股份有限公司，为增加资本公开发行股份时，应当依法办理。'这种立法体例容易被误认为《公司法》'第四章　股份有限公司的设立和组织机构'之'第一节　设立'是对《公司法》第九条的细化约定。但从《公司法》立法沿革和立法体例理解，《公司法》第九条与'第四章　股份有限公司的设立和组织机构'没有必然的适用关系。

《公司法》第九十五条出现在'第四章股份有限公司的设立和组织机构'有着立法的历史因素。根据 1993 年的《公司法》第九十八条规定'有限责任公司变更为股份有限公司，应当符合本法规定的股份有限公司的条件，并依照本法有关设立股份有限公司的程序办理。'第九十九条规定'有限责任公司依法经批准变更为股份有限公司时，折合的股份总额应当相等于公司净资产额。有限责任公司依法经批准变更为股份有限公司，为增加资本向社会公开募集股份时，应当依照本法有关向社会公开募集股份的规定办理。'因此，1993 年《公司法》明确要求整体变更参照股份公司设立的程序进行，并基于此原则，将整体变更的净资产折股要求与股份公司设立要求合并为一章处理。但 2005 年《公司法》及 2013 年《公司法》将整体变更需符合股份公司条件及设立程序调整为了仅需符合股份公司设立条件，对程序不再按照股份公司设立要求执行。因此，《公司法》第四章关于股份公司设立的程序性要求并不再适用于第九条规定的整体变更情形。

考虑到《公司法》修改后对整体变更的操作缺乏具体规定及证监会《公开

---

① 袁立志：《关于股改的再思考》，载微信公众号"梧桐树下"2016 年 5 月 25 日。

发行证券公司信息披露的编报规则第12号——公开发行证券的法律意见书和律师工作报告》中要求律师对发行人创立大会及各发起人股东所签署的发起人协议等事项发表意见，且申报文件目录中要求将发起人协议作为申报文件进行申报，出于谨慎性考虑和参照过往案例的习惯，目前A股市场披露的整体变更方案一般还是参照1993年《公司法》的要求按股份公司发起设立的方式执行，但事实上，部分地方的工商/市场监督机关工作人员明确要求变更人向工商行政管理机关提交的组织形式变更文件中不得出现‘创立大会’等内容，其认为变更前的‘有限公司’和变更后的‘股份有限公司’为同一法人主体，变更过程中不存在新设公司的情形，故亦无‘创立’的实质。”①

综上，有律师认为，根据我国《公司法》，股份公司的产生方式有三种：发起设立、募集设立（实际从未适用）以及股改（即整体变更）。股改不同于发起设立和募集设立，是一种独立的股份公司产生方式。股改的本质是同一法律主体组织形式的变更，股改不需要发起人协议，也不需要评估和验资，股份公司沿用有限公司的会计基础，所有者权益科目无需归并调整，股改时可以增资或转让股权。② 笔者同意上述观点。首先，《公司法》规定了整体变更方式，且这种方式与发起设立存在着本质的区别，股东对公司净资产不具备所有权，无法用于发起设立的出资；其次，净资产不是法律概念，而是一个会计学上的概念。从财务角度分析，根据科目的不同，作为权益类科目中的净资产，可以分为实收资本（或者股本）、资本公积、盈余公积和未分配利润等，其计算公式为：净资产 = 所有者权益（包括实收资本或者股本、资本公积、盈余公积和未分配利润等） = 资产总额 - 负债总额。作为财务概念的净资产只是代表作为所有者的股东在公司资产中享有的经济利益价值的大小，即只具有计量的意义，不对应具体形态的财产，因此不宜按非货币财产予以比照处理。因此，建议立法机关在今后修订《公司法》时，对整体变更的相关条文予以细化，对其法律性质、特征予以明确，并在修订《公司登记管理条例》时对整体变更的程

① 陈拙、殷长龙：《有限责任公司整体变更为股份有限公司的实务要点》，载微信公众号“梧桐树下”2016年6月13日。

② 袁立志：《关于股改的再思考》，载微信公众号“梧桐树下”2016年5月25日。

序和操作作出相应明确的规定。

（二）整体变更不同于整体改制

1. 整体变更是以审计后的净资产折股，而不以评估值验资后折股；但整体改制一般以评估值验资折股；

2. 整体变更的情况可以连续计算业绩，而以评估值验资调账的整体改制则不能连续计算原有业绩；

3. 整体变更前的企业形式是有限责任公司，而整体改制前的企业形式可以是有限责任公司，也可以是国有企业、事业单位或集体企业；

4. 整体变更的债权债务由变更后的股份公司自然继承，但整体改制债务转移需要获得债权人的同意；

5. 整体变更是将原有限责任公司的资产纳入股份公司的范围，而整体改制也可能剥离非经营性资产，只将经营性资产纳入股份公司的范围。如果要计算原有限责任公司的业绩，变更为股份公司时应采用整体变更方式，即只能以有证券从业资格的审计机构出具的审计报告作为验资的依据。如果没有连续计算业绩的需要，也可以评估结果进行验资。有的地方工商/市场监督部门要求评估，主要目的是确认出资资产的价值。如果工商/市场监督部门坚持要求评估报告，而评估后净资产数额高于经审计的净资产数额时，可以与工商/市场监督部门协商以审计验资、折股，评估报告作为参考。整体变更争取了时间（可连续计算业绩），牺牲了价值。如果以评估值调账，则是结束了旧账，建立了新账，因此会计主体持续经营中断，视为新设股份公司，需要再运行三年才能申请公开发行。

《首发业务若干问题解答》明确指出有限责任公司按原账面净资产折股整体变更为股份有限公司的，持续经营时间可以从有限责任公司成立之日起计算。如有限公司以经评估的净资产折股设立股份公司，视同新设股份公司，业绩不可连续计算。

三、整体变更的流程

根据第一节所述，一直以来，整体变更在多数地区及证监会已过会案例中，在程序上被当作股份公司发起设立来对待，形成了相对固定的流程。整体变更的流程可以参阅下表[①]：

序号	步骤	内容	法律依据
1	审计	对公司进行审计，确定净资产值，以确定是否符合股改条件以及股改后的股本	《公司法》（2013 修正）第 95 条
2	评估	对公司进行评估，确定评估价值，以满足非货币资产出资的法定要求	《公司法》（2013 修正）第 27 条、第 82 条
3	有限公司股东会	召开有限公司股东会，决定整体变更为股份公司，并由股份公司承继债权债务	《公司法》（2013 修正）第 9 条、第 37 条
4	发起人协议	有限公司全体股东签署发起人协议，决定发起设立股份公司，实质内容与有限公司股东会相同	《公司法》（2013 修正）第 79 条
5	验资	委托会计师对净资产出资情况进行验证	《公司法》（2005 修订）第 84 条，《公司法》（2013 修正）已取消该规定
6	职工代表监事	召开职工代表大会或职工大会，选举职工代表监事	《公司法》（2013 修正）第 118 条
7	股份公司创立大会	召开股份公司创立大会，决定整体变更为股份公司，通过公司章程，选举董事和监事	公司法对发起设立未规定创立大会程序，实务中参照第 89 条对募集设立下创立大会的规定
8	变更登记	向工商部门申请变更登记，取得股份公司营业执照	《公司法》（2013 修正）第 7 条

① 袁立志：《关于股改的再思考》，载微信公众号“梧桐树下”2016 年 5 月 25 日。

第三节 整体变更中需要注意的问题

一、整体变更的时机和股改基准日的选择

关于整体变更的时机，很多企业在中介机构进场时，实际控制人为了能尽早完成 IPO，常常要求立即开始股改。然而如果企业历史沿革上存在的一些影响股改的问题如出资瑕疵等，没有在整体变更之前解决，股份公司成立后解决起来往往更加费时费力，反而影响了 IPO 的进程。因此从稳妥的角度，建议在股改之前把存在的问题先集中解决掉，再干干净净地股改。

在整体变更设立股份有限公司的过程中，需要确定某一日作为股改、审计基准日，由会计师对截止基准日的企业资产、负债进行审计。股改基准日并非法定概念，是审计基准日的另一个通俗叫法。有限公司股改时，留存收益视同分配，个人股东就要按 20% 的税率缴纳个人所得税，有的地方资本公积部分个人也需要缴纳个人所得税。一般来说，在有限公司净资产略高于有限公司注册资本，留存收益、资本公积金额都很少的时候确定股改基准日并实行股改，个人税负相对较低。

二、整体变更时是否需要评估

根据《公司法》的规定，以非货币资产出资的需要进行评估。因此，有观点认为，整体变更以净资产折股属于非货币资产出资，需要进行评估。

也有律师认为净资产评估不是整体变更所必须。关键在于，《公司法》规定的是需要就非货币“出资”进行评估，整体变更时的折股是否必然构成“出资”行为尚有讨论的空间。整体变更作为“变更”行为，其在变更过程中，企业的债权债务自然继承，企业的资产也应自然继承，不会因为企业性质变动而发生权利转移。从法人财产与股东财产相独立的角度考量，公司净资产在未经分配的情况下不属于股东财产，股东无权使用公司资产出资。如理解为股东折股行为为有限公司股东以有限公司股权出资（审计、评估仅为确认股权价值），则在股份公司成立后，原有限责任公司主体在工商层面已经消失，最终形成股

份公司股东以股份公司股权出资设立股份公司的循环出资。从实务操作角度，企业在完成股改后，相关资产的权属证明也仅是进行名称变更，而不需要向主管部门提交资产转让证明办理过户手续。因此，整体变更的净资产折股并不是《公司法》所界定的非货币资产出资行为，其无需进行评估。并且，2014 年 3 月 1 日，国家工商行政管理总局[①]就《公司注册资本登记管理规定》进行了修订，将资产评估的要求调整为："有限责任公司变更为股份有限公司时，折合的实收股本总额不得高于公司净资产额。有限责任公司变更为股份有限公司，为增加资本公开发行股份时，应当依法办理"，删除了"原非公司企业、有限责任公司的净资产应当由具有评估资格的资产评估机构评估作价，并由验资机构进行验资"的规定。

此外，根据中国证监会《股票发行审核标准备忘录（2001）第 2 号——首次公开发行股票公司资产评估资料审核指引》［已被《中国证券监督管理委员会关于做好新老划断后证券发行工作相关问题的函》（发布日期：2006 年 5 月 29 日实施日期：2006 年 5 月 29 日）废止］的规定，有限公司在变更为股份公司时可以进行资产评估，但由于变更前后虽然企业性质不同但仍为一个持续经营的会计主体，适用《企业会计准则—基本准则》第十九条及《企业会计制度》第十一条的规定，不应改变历史成本计价原则，资产评估结果不应进行账务调整。如果有限公司变更为股份有限公司时，根据资产评估结果进行了账务调整的，则应将其视同为新设股份公司，按《公司法》规定应在股份有限公司开业三年以上方可申请发行新股上市。因此，从中国证监会审核角度考虑，《首次公开发行股票公司资产评估资料审核指引》并未要求有限公司在变更为股份公司时进行资产评估。

综上所述，相关律师认为，考虑到整体变更时净资产折股的特殊性，其在严格意义上不构成出资行为，不属于非货币资产评估的范围，且《公司注册资本登记管理规定》及《首次公开发行股票公司资产评估资料审核指引》也取消了关于评估的相关要求，目前项目实践中绝大多数项目均履行了评估程序，主要

① 2018 年 3 月，不再保留国家工商行政总局，组建国家市场监督管理总局。出现表述习惯，本书仍简称为"工商部门"。

也是因迁就中国证监会《公开发行证券公司信息披露的编报规则》要求中介机构对发行人“改制”所涉及的评估事项进行核查并将评估报告作为申报文件所致。①

另外，坚持整体变更不需要评估的人士的依据还有：《公司法》中关于非货币出资需要评估的，只适用于公司初始设立或者增资，有限公司改为股份公司是一种特殊情况，不能等同于初始设立或增资；《公司法》中关于非货币出资的几种类型没有提到净资产出资；股份公司的注册资本以经审计的净资产确定，而不是以评估值确定等等。

IPO 实务操作中，过去常常遇到工商/市场监督部门对整体变更要求提供评估报告的情形，而证监会的态度是，可以评估，但不能依据评估结果进行账务调整，否则视为新设立股份公司，需要运行三个完整的会计年度方可进行 IPO 申报。上述情形出现的原因，往往是工商/市场监督部门和证券监管部门对“整体变更”的性质有不同理解。工商/市场监督部门认为整体变更是一次设立行为，是股东拿净资产实物出资的设立行为，所以依法要进行评估作价，以评估值为基数折股，但折成的股份不高于原净资产。而证券监管部门认为，整体变更中包含两个过程：第一是有限公司先以留存收益分配和资本公积转增方式调增注册资本；拟进行整体变更的公司的净资产值往往大于公司的实收资本，因此整体变更中多数公司会将净资产额度中的绝大多数资本公积折为股本，致使变更后的股份公司股本大于有限公司阶段的实收资本。这一行为将使公司或其股东面临纳税义务，并使公司对财务作出相应处理。但这一行为的法律本质是一次增资行为、一次与整体变更同时完成的增资。第二是有限公司更名为股份公司，不存在设立，不存在出资。

笔者认为，证券监管部门认定“有限变股份是无实物出资无净资产出资无设立的纯变更，与股份公司送转股份后更名并无二致”更合立法本意。但工商/市场监督部门认为净资产折股属于股东出资行为，且净资产并非货币出资，因此需要评估，以评估值入账，否则可能造成出资不实。如果遵守工商/市场监督部门的要求，则无法办理工商变更登记；如果遵守工商部门的要求，则经

① 陈拙、殷长龙：《有限责任公司整体变更为股份有限公司的实务要点》，载微信公众号“梧桐树下”2016 年 6 月 13 日。

营年限无法计算。企业经常陷入两难之中，为了顺利办完整体变更，拿到股份公司营业执照，企业往往最终还是采用发起设立的方式来操作整体变更。对于评估常见的解决方法是，使评估值高于审计值，以审计值入账。这样既不会引起出资不实的担心，又可以保证财务的连续性。但是，如果企业的评估值确实低于审计值，则这个问题还是无法解决。因此，对此问题，建议再修订《公司注册管理规定》时予以明确。

【案例：华凯创意——整体变更未进行资产评估】

《湖南启元律师事务所关于湖南华凯文化创意股份有限公司首次公开发行股票并在创业板上市的律师工作报告》第3－3－2－24页披露如下：

（三）发行人设立过程中的有关财务审计、资产评估、验资

1. 华凯有限整体变更为发行人时，天健会计师对发行人进行了审计，并出具了《审计报告》。

2. 华凯有限于2014年4月整体变更为发行人之时，注册资本未发生变化，且各发起人未有新的资产投入，《公司法》也未强制要求有限公司整体变更为股份公司时履行评估程序，因此未进行资产评估。

3. 现行《公司法》已取消了公司设立过程中的验资程序，华凯有限整体变更为华凯创意时未进行验资。

三、整体变更期间能否增资或进行股权转让

目前的主流做法是，在审计和评估的基准日以后，取得股份公司营业执照以前，避免发生增资和股权转让。这样做的理由不难理解：股改期间保持股权结构不变，有利于保证净资产出资及相应股权的清晰、连续和一致，以减少实体上和程序上的麻烦。股改基准日确定，有限公司的该基准日的净资产是确定的，但是如果基准日后增资，公司的净资产会发生变化。有些地方（如上海）的工商/市场监督部门明确要求，股改期间股权结构应当维持不变，否则不能办理股份公司登记。

还有的观点认为，股改基准日后至设立股份有限公司之前的股权转让是可以的，但是股改基准日之后股份有限公司成立之前，有限公司增资是不可以

的。原因在于股改基准日确定，有限公司在该基准日的净资产是确定的，但是如果基准日后增资，公司的净资产会发生变化。因此，要么选择在股改基准日之前完成增资，要么将股改基准日推迟到增资完成后，这两种方式都会使增资方成为股份公司的发起人，发起人的股份在股份公司设立后一年内不得转让。若投资者不想成为发起人，则可选择在股份公司成立以后再增资。

问题是，并没有法律法规禁止股改期间的股权变动。如果仅仅为了避免麻烦而禁止增资或转让股权，难以令人信服。有的观点认为，股改基准日后的受让方于股改基准日之时并非公司股东，不拥有截至股改基准日的公司股东权益，从而不具备发起人的资格。笔者认为，根据上文的讨论，整体变更仅仅是公司组织形式的变更，并非发起设立，因此，不应该以是否具备发起人资格为基础讨论是否可以在整体变更期间进行股权转让的问题，专业机构应当关注核查的是在股份有限公司发起人协议签署之时的发起人资格，而非股改基准日。此外，如在本节之“一、整体变更的时机和股改基准日的选择”中所述，整体变更基准日并非法律概念，是审计基准日的另一个通俗叫法，原本的作用在于核定企业某一时点的权益与经营成果，并无以此时点为界确定受让方是否具备发起人资格的功能。审计报告所确认的于审计基准日之时的公司股东与股份公司设立时的公司股东会因基准日后的股权转让而有所不同，但并不构成工商登记的障碍。

当然，从实际出发，作为 IPO 企业的中介机构，有经验的律师往往会建议企业考虑在整体变更期间进行增资或股权转让时，提前与主管工商/市场监督机关进行沟通，以免影响整体变更的进程。

关于股改时注册资本是否需要缴足的问题，由于整体变更的被审计主体是拟上市公司本身，需要进行审计的是母公司财务报表，因此只要求拟 IPO 企业母公司缴足即可，子公司未缴足的不影响，只要章程规定的认缴时间未逾期即可。

【案例：亿纬锂能——股改期间股权转让】

《北京市金杜律师事务所为亿纬锂能在中国境内首次公开发行股票并上市出具法律意见书的律师工作报告》第 25 页披露如下：

2007 年 9 月 22 日，惠州亿纬股东会作出决议，同意：刘金成分别以 1 元的价格向刘建华、叶远箭、郭峰、袁中直、段成、李憬、吕正中、赵前进、李芬、杜艳柳等10位自然人（以下简称“刘建华等10位自然人”）转让其所持有惠州亿纬8.81%的股权；骆锦红分别以1元的价格向于东生、康建清、何伟、曾云、孙建超、曾详双、梁荣斌、黄国民、祝媛、施红兵、彭爱成、张福义、吴志峰、陈小敏、罗昀、陈平方、何志奇、吕建新、王京、徐瑛、林锦云、郑雪红、邹权福等23位自然人（以下简称“于东生等23位自然人”）转让其所持有惠州亿纬1.08%的股权，2007年9月，刘金成分别与刘建华等10位自然人签订《股权转让协议书》，骆锦红分别与于东生等23位自然人签订《股权转让协议书》。

2007年10月12日，惠州市工商行政管理局核准上述事项的变更登记。

上述股权转让完成后，惠州亿纬的股权结构为（略）：

2007年10月13日，惠州亿纬股东会作决议，同意以当时登记在公司股东名册的股东作为发起人，将惠州亿纬整体变更为“惠州亿纬锂能股份有限公司”，并以鹏城会计师事务所于2007年9月25日出具的深鹏所审字〔2007〕979号《审计报告》中所载明惠州亿纬截至2007年8月31日的净资产78915059.55元为基准，按1∶0.6336的比例拆为5000万股，作为公司发起人股份，其余28915059.55元净资产作为公司的资本公积金。

2007年10月30日，惠州市工商行政管理局核准前述事项的变更登记，并核发变更后的《企业法人营业执照》。

四、未经审计的整体变更如何处理

审计的意义在于，根据《公司法》，以确保“折合的股本总额不高于净资产额”。因此，如果公司在整体变更时未经审计，无法确认是否符合该条规定，则要考虑把股份公司改回有限公司，再在有限公司基础上规范改制为股份公司。以前股份公司设立需要省级人民政府批准，把关比较严格。2006年《公司法》取消了股份公司设立的审批程序，部分工商/市场监督机关因为没有经验，不规范的股改设立的股份公司得以登记，因上市或新三板挂牌需要，中介机构发现了首次股改不规范、不合法，就采取了二次股改的纠错方式，即先把股份公司改回有限公司，再在有限公司基础上规范改制为股份公司。

【案例：新华龙（603399）——股份公司改回有限公司】

《锦州新华龙钼业股份有限公司首次公开发行股票招股说明书》第41页披露如下：

（一）发行人股本形成及其变化情况

……

10. 公司名称变更

2008年2月20日，公司召开股东会，决议通过将公司名称变更为锦州新华龙钼业股份有限公司。2008年2月28日，公司取得锦州市工商行政管理局签发的《企业法人营业执照》（注册号：210724000018774）。本次变更未履行与改制相关的审计、评估、公司创立大会等手续。

保荐机构及发行人律师认为，2008年2月20日，华龙大有股东会决议中并未涉及将公司类型变更为股份有限公司的内容，未履行有限公司变更为股份有限公司的法定程序，未经审计、评估，未进行净资产折股，注册资本也未发生变更，公司性质仍应为有限责任公司，该等变更仅为名称变更，其名称中使用“股份有限公司”字样没有法律依据。此后，经华龙大有股东会决议更正，于2009年7月已将公司名称变更回锦州市华龙大有铁合金有限公司，此前存在的不规范行为已得到有效纠正，对公司的持续经营不构成重大影响，不构成此次发行上市的实质障碍。2012年1月，锦州市工商行政管理局已经出具了《证明》，“自2008年1月至今锦州新华龙钼业股份有限公司经营符合国家工商法律法规的有关规定，未有因违法经营而被我局处罚的情形。”

……

14. 公司整体变更为股份有限公司

2009年8月20日，公司召开股东会，决议将公司整体变更为股份有限公司，股份有限公司名称为“锦州新华龙钼业股份有限公司”。根据大信会计师事务所出具的大信审字（2009）1－1334号审计报告，以截至2009年7月31日经审计的净资产143996349.58元为基础，按照1∶0.83335的比例折合为股份公司的股本120000000.00元，剩余净资产23996349.58元转作资本公积。2009年8月27日，大信会计师事务所就整体变更事项出具大信验字（2009）第1－0023号《验资报告》。2009年8月27日，原有限公司股东作为发起人召开创立大会，审议通过公司章程，并选举董事会、监事会成员。同日，公司取得锦州市工商行政管理局签发的《企业法人营业执照》（注册号：210724000018774）。

五、整体变更时公司净资产低于注册资本如何处理

根据《公司法》第九十五条的规定，有限责任公司变更为股份有限公司时，折合的实收股本总额不得高于公司净资产额。因此，净资产低于注册资本时，不得整体变更。解决方法有四种：一是减资，将注册资本减到比净资产低一点，减资完成后再股改；二是股东赠送股权或其他资产；三是溢价增资，引进新股东，溢价部分所得价款高于注册资本与净资产的差额；四是改制基准日延后，适合于未来数月盈利能够弥补净资产差额的情况，不利之处就是付出时间成本，延后股改及IPO申报时间。

关于第一种方式，存在一种比较激进的操作方法，就是减资的同时进行股改，比如东土科技（300353），该公司2006年4月30日时注册资本为1020万元，净资产为760.3万元。公司2006年7月31日召开发起设立的创立大会，以2006年4月30日公司净资产折股，以760万元为变更后的股份公司的注册资本，3000余元转为资本公积金。8月8日发布减资公告，9月18日完成减资后的验资。但是，采取这种方法，建议中介机构和发行人预先与当地工商/市场监督机关进行沟通，以免工商/市场监督机关不予批准影响股改进程。

六、整体变更时未分配利润为负如何处理

根据《公司法》第一百六十八条，资本公积金不得用于弥补公司的亏损。因此，如果公司整体变更时未分配利润为负，只要净资产折合的实收股本总额不高于公司净资产额，就可以进行整体变更，但存在被认为使用资本公积弥补亏损的风险。

《公司法》第一百六十八条禁止用资本公积金弥补亏损，其立法本意在于：资本公积金的主要来源是资本溢价，是股东投资的一部分，具有资本的属性。用资本公积金弥补亏损，等于将资本公积金转为收益或利润，从而等于用股东投入的股本溢价部分进行利润分配。资本公积金弥补亏损的性质，与股东投入

资本弥补亏损的性质相同，因此其结果是将投资者的出资返还给投资者，等于变相抽逃资本或分配资本。用资本公积金弥补亏损既违反了《公司法》规定的资本保全原则，同时也弱化了公司资本对债权人的担保功能，从而侵犯债权人的利益。从程序上看，资本公积金弥补亏损仅需要通过股东大会审议通过后即可实施，不需通知债权人，会对债权人权益造成损害。

根据《企业所得税法》第十八条，企业纳税年度发生的亏损，准予向以后年度结转，用以后年度的所得弥补，但结转年限最长不得超过五年。也就是说，企业的亏损可以在连续五年内用以后年度的税前利润弥补。根据这一规定，盈利的公司可因其以前年度的未弥补亏损而少交甚至不交当年度的所得税。企业账面上未弥补的亏损，对一个成功实现当年盈利的企业而言，意味着可以获得一笔可以减少纳税的间接收益。而以资本公积金弥补亏损，将会使企业失去以税前利润弥补以前年度亏损的权利及实现相应的税收节省收益，损害了公司及其全体股东的共同利益。

未分配利润是指企业实现的净利润经过弥补亏损、提取盈余公积和向投资者分配利润后留存在企业的、历年结存的利润。从概念上讲，未分配利润是企业未作分配的利润，在以后年度可继续进行分配，在未进行分配之前，属于所有者权益的组成部分。从数量上来看，企业未分配利润是期初未分配利润加上本期实现的净利润，减去提取的各种盈余公积和分出的利润后的余额。企业当年实现的利润总额在交完所得税后，其净利润可按以下顺序进行分配：1. 弥补以前年度亏损；2. 提取法定盈余公积；3. 提取任意盈余公积；4. 分配优先股股利；5. 分配普通股股利。最后剩下的就是年终未分配利润。

由于整体变更之后，审计基准日的经审计净资产全部折为股本，或者一部分为股本，一部分进资本公积，不再有未分配利润、盈余公积等其他科目，因此，在整体变更时，如果未分配利润为负，且该负数的绝对值大于盈余公积和实收资本（股本）之和，且整体变更后注册资本不减少，又不存在其他溢价增资、捐赠等情况，则确实可能存在使用资本公积补亏，违反《公司法》的问题。建议中介机构在此种情形下予以谨慎处理，不要简单化采取直接折股的整体变更方案，而应该采用股东溢价增资或者减资等方式，确保不存在使用资本公积金弥补公司亏损的问题。实践中还有用资本公积转增注册资本后，再减资弥补亏损的做法，如飞彩股份（000887，现名中鼎股份）。这种“艺术”的变通方式虽然成功规避了《公司法》的明确规定，但是如果从实质上看是否仍然构成用资本公积金弥补亏损，恐怕还值得进一步讨论。

七、整体变更时存在未弥补亏损事项如何处理

《首发管理办法》中的上市条件中的财务要求包括“最近一期末不存在未弥补亏损，证监会的考虑是如果取消“不存在未弥补亏损”的发行条件，可能导致公司上市后若干年无法通过利润分配回报投资者。

证监会2019年1月11日晚间公告了一个发行监管问答，即《发行监管问答——关于首发企业整体变更设立股份有限公司时存在未弥补亏损事项的监管要求》。根据该问答，申请首次公开发行股票的非试点创新企业，在有限责任公司按原账面净资产值折股整体变更为股份有限公司时存在未弥补亏损，或者整体变更时不存在未弥补亏损，但因会计差错更正追溯调整报表而致使整体变更时存在未弥补亏损的，发行人应当自完成整体变更的工商登记后运行满36个月。同时，发行人及中介机构还应在招股说明书中对累计未弥补亏损的形成原因、该情形是否已消除及对未来盈利能力的影响以及整改措施（如有）等做出详尽的信息披露，并充分揭示相关风险。相关信息披露和核查要求包括以下两方面：

一是保荐机构、申报律师应对下述事项进行核查并发表意见：发行人由有限责任公司整体变更设立股份有限公司的相关事项是否经董事会、股东会表决通过，相关程序是否合法合规，改制中是否存在侵害债权人合法权益情形，是否与债权人存在纠纷，是否已完成工商登记注册和税务登记相关程序，有限责任公司整体变更设立股份有限公司相关事项是否符合《公司法》等法律法规规定。

二是发行人应在招股说明书中充分披露整体变更设立股份有限公司前未分配利润为负的形成原因及整体变更后的变化情况和发展趋势，与报告期盈利水平变动的匹配关系，对未来持续盈利能力的影响，并披露整改措施（如有）和充分揭示相关风险。同时，还应当披露净资产折股的具体方法、比例及相应会计处理。

证监会在上述的发行监管问答中同时提到了未弥补亏损和未分配利润为负，其实这是两个不同领域的概念。未分配利润是会计科目，而未弥补亏损则是一个税法上的概念，根据前已述及的税法规定，企业的亏损可以在连续五年内用以后年度的税前利润弥补。不过，如果企业在整体变更时存在未分配利润为负的情形，则其应当存在未弥补亏损，虽然二者的具体数字有可能不一样，但从证监会的角度认为这都是不符合发行条件的，都应该运行 36 个月。

关于整体变更时存在未弥补亏损事项是否同样涉嫌用资本公积补亏，违反《公司法》的问题，笔者以为同样要看在整体变更时的具体情况。如果整体变更时存在未弥补亏损事项，未分配利润为负，且该负数的绝对值大于盈余公积和实收资本（股本）之和，且整体变更后注册资本不减少，又不存在其他溢价增资、捐赠等情况，则确实可能存在使用资本公积补亏，违反《公司法》的问题。

第四章
独立性

第一节 独立性的概念和标准

关于独立性的概念和标准，2006 年 5 月 17 日中国证券监督管理委员会第 180 次主席办公会议审议通过的《首发管理办法》在“第二章 发行条件”中的“第二节 独立性”进行了完整阐述，并对每个独立的具体要求作出了逐一规定。根据上述规定，所谓独立性，是指发行人应当具有完整的业务体系和直接面向市场独立经营的能力。具体来说，包括“五独立”，即发行人的资产完整（虽然此处用的是“完整”，但内容仍然是强调资产的独立性）、人员独立、财务独立、机构独立、业务独立。《创业板上市管理办法》也是在“第二章 发行条件”中规定了独立性的要求，只是未设专节，具体到每个独立的有关要求没有像《首发管理办法》一样展开说明，对独立性仅有一条概括性内容，但“五独立”的要求是一样的，即第十六条：“发行人的董事、监事和高级管理人员符合法律、行政法规和规章规定的任职资格，且不得有下列情形：（一）被中国证监会采取证券市场禁入措施尚在禁入期的；（二）最近 36 个月内受到中国证监会行政处罚，或者最近 12 个月内受到证券交易所公开谴责；（三）因涉嫌犯罪被司法机关立案侦查或者涉嫌违法违规被中国证监会立案调查，尚未有明确结论意见。”实务中，中介机构在申报创业板项目时，有关对独立性的具体要求和标准均是参照《首发管理办法》来要求和执行。

此外，《首发管理办法》第二十条还规定了一个兜底条款，“发行人在独立性方面不得有其他严重缺陷。”因此，把握独立性原则，除前面的五个具体方面外，出现其他影响独立性的问题也是不符合 IPO 关于独立性的审核条件的。

根据 2015 年 12 月 30 日中国证监会《关于修改〈首次公开发行股票并上市管理办法〉的决定》修订后的《首发管理办法》删除了上述对独立性的具体内容，仅在第四十二条规定：“发行人应当在招股说明书中披露已达到发行监管对公司独立性的基本要求。”同日修订的《创业板上市管理办法》也是如此，规定在第三十四条，内容一模一样。2015 年新修订的两个办法一经公布就引发了各界关注，有的媒体语出惊人，宣称注册制已经到来，证监会不再对包括独立性在内的具体发行条件作出实质性审核。然而，在实际操作中，虽然两个办法删除了包括独立性在内的具体审核要求，但监管机构并未因此放松对发行人独立性等标准的要求，如果发行人在独立性方面存在重大问题，仍然会构成 IPO 的实质性障碍。所不同的是，两个办法修订后，发行监管部门将不再为发行人的独立性背书，发行人及相关中介机构需要对发行人符合独立性基本要求的信息披露承担责任，也就是说，中国证监会把包括独立性在内的部分审核条件交给了发行人和中介机构，要求其自行对照规范履行信息披露义务并承担相应法律责任，对发行人和中介机构来说，这种责任和要求不但没有减轻，反而更重了。2018 年 6 月 6 日中国证监会再次修订了《首发管理办法》和《创业板上市管理办法》，继续保留了上述 2015 年修订时对独立性的规定。

第二节　独立性的审核要求

一、资产完整

2015 年 12 月修订前的《首发管理办法》第十五条规定：“发行人的资产完整。生产型企业应当具备与生产经营有关的生产系统、辅助生产系统和配套设施，合法拥有与生产经营有关的土地、厂房、机器设备以及商标、专利、非专利技术的所有权或者使用权，具有独立的原料采购和产品销售系统；非生产型企业应当具备与经营有关的业务体系及相关资产。”

《深圳证券交易所上市公司规范运作指引》(2020 年修订) 4.2.1 条规定，控股股东、实际控制人应当采取切实措施保证上市公司资产完整、人员独立、财务独立、机构独立和业务独立，不得通过任何方式影响公司的独立性。4.2.12 条规定，控股股东、实际控制人及其关联人不得通过下列任何方式影响上市公司资产完整和机构独立：

（一）与公司共用主要机器设备、厂房、专利、非专利技术等；

（二）与公司共用原材料采购和产品销售系统；

（三）与公司共用机构和人员；

（四）通过行使提案权、表决权以外的方式对公司董事会、监事会和其他机构行使职权进行限制或者施加其他不正当影响；

（五）有关法律、行政法规、部门规章和规范性文件规定及本所认定的其他情形。

2010 年第三期保荐代表人培训会上，创业板发行监管部门表示，创业板与主板对独立性的要求与立法精神一致，在此方面关注的问题多，审核会更深入一些。资产完整重点关注的是与主管业务相关的资产。对于国有企业、集体企业等，资产和业务的形成要关注无纠纷和债务。2010 年第四期保荐代表人培训会上，证监会发行处再次强调了独立性的重要性。从审核角度来说，审核机构要求商标、专利、专有技术、供应和销售渠道等只要与主营业务有关的，必须进入上市公司，且资产在形式上和实质上都要独立。

根据证监会的上述审核要求，发行人与主营业务相关的资产如房产、商标、专利权、土地使用权等均应进入发行人主体，不能存在上述资产权属仍在控股股东、实际控制人或其他关联企业名下的情形，也不能存在与上述单位共有的情况。对于生产性企业，公司应该拥有独立的研发、生产、销售能力和相应的配套资产，如土地、厂房应该归属于发行人名下。如发行人无相应资产而采取租赁方式，则上述资产的来源不能是控股股东、实际控制人及其他关联企业，而只能从无关联的独立第三方租赁，且有关租赁期限和费用应明确、稳定，不影响发行人的持续经营。如果发行人尚未独立取得或不能完全自主地实施相关技术和知识产权，还有赖于满足与关联方之间达成的商业附加条件，或者相关产品技术的取得、使用及实施还可能存在限制或者重大不利变化的风险，这就会对公司 IPO 的独立性存在不利障碍。

【案例：星星科技——向关联方租赁经营性资产】

《浙江星星瑞金科技股份有限公司首次公开发行股票并在创业板上市招股说明书》第 1－1－140 页披露如下：

（一）经常性关联交易

一、厂房租赁与物业管理

（1）交易内容及金额

星星有限成立于2003 年9 月，公司成立时由于资金不足，无力购置生产经营所需土地房产，因此采用租赁的方式解决生产经营场所问题。2003 年 9 月，星星有限与星星置业签订《厂房租赁协议》，向其租赁位于星星电子产业基地的厂房，上述租赁行为一直延续至2010 年 1 月 31 日。

报告期内，发行人曾租用关联方星星置业所属的星星电子产业基地 A2、A3、A4 号楼作为生产经营场所，并向星星置业支付房租、物业管理费用。除 A3 号楼二层、A4 号楼二层的部分场所用于公司管理、财务、市场等部门办公外，发行人所租赁的其余场所均用于生产。

公司与星星置业就上述厂房租赁、物业管理事宜签订了《厂房租赁合同》，双方就厂房租赁的费用、租赁期限等作出了如下约定：

租赁厂房名称	厂房租赁面积（m^2）	租金、物业管理费标准	月合计金额（元）	租赁期限
星星电子产业基地 A2 号楼	972.00	厂房租金 5.8 元/月/m^2；物业管理费等 3 元/月/m^2	8553.60	2008.07.01—2010.06.30
星星电子产业基地 A3 号楼	7909.32	厂房租金 5.8 元/月/m^2；物业管理费等 3 元/月/m^2	69602.00	2008.01.01—2009.12.31
星星电子产业基地 A4 号楼	7909.32	厂房租金 5.8 元/月/m^2；物业管理费等 3 元/月/m^2	69603.00	2009.01.01—2010.12.31

2009 年 12 月 31 日，鉴于公司拟向星星置业购买星星电子产业基地 A2、A3、A4 号楼，公司与星星置业签订《协议书》约定：A3 号楼的租赁合同于 2009 年 12 月 31 日到期终止后不再续签租赁合同；A2、A4 号楼的租赁合同于 2010 年1 月31 日终止；上述终止日后，公司不再向星星置业支付租赁费用。

2010 年 4 月 21 日，公司与星星置业签订《物业管理服务合同》，按合同公司向星星置业每月缴纳物业管理服务费 36750.22 元，协议期限为 2010 年 2 月 1 日至 2012 年 1 月 31 日。

报告期内公司向星星置业支付的租金、物业管理费情况如下：

时间	2010 年	2009 年	2008 年
租金	5.15	116.86	116.86
物业管理费	43.09	60.45	60.45
合计	48.24	177.31	177.31

（2）交易定价确定

公司向星星置业支付的房租、物业管理费的标准由双方根据合同确定，与星星电子产业基地其他企业向星星置业支付的房租、物业管理费执行同一标准。

保荐机构及律师认为，发行人租赁上述厂房并支付租赁费、物业管理费的标准与星星电子产业基地内其他企业相同，定价公允。

（3）对财务状况和经营成果的影响

公司向星星置业支付的房租、物业管理费占 2008 年、2009 年、2010 年公司营业成本的比重分别为 1.43%、2.07%、0.25%，该关联交易对本公司财务状况和经营成果无重大影响。

（4）关联交易的持续情况

2009 年 12 月 31 日，公司与星星置业签订《协议书》，自《协议书》中所载终止日后，公司不再向星星置业支付租赁费用，公司与星星置业的关联租赁交易终止。2010 年 4 月 21 日，公司与星星置业签订《土地使用权及其附属建筑物产权转让协议书》，受让了上述相关土地使用权及附属建筑物。

公司自星星置业受让的 A2、A3、A4 号厂房位于星星电子产业基地，产业基地内实行统一物业管理，因此公司 A2、A3、A4 号厂房的物业管理仍由星星置业负责。2010 年 4 月 21 日，公司与星星置业签订《物业管理服务合同》，按合同公司向星星置业每月缴纳物业管理服务费 36750.22 元，协议期限为 2010 年 2 月 1 日至 2012 年 1 月 31 日。该笔物业管理费支出对公司财务状况和经营成果不构成重大影响。

报告期内发行人租赁星星置业厂房用于生产经营，主要是由于发行人成立时资金实力有限，无力购置生产经营所需土地和房产，因此采用租赁的方式解决生产经营场所问题，该租赁行为自发行人成立起一直延续至2010年1月。上述租赁价格与星星置业向园区内其他企业提供的租赁价格一致，具有公允性，因此不存在损害发行人利益的情形。截至2010年1月，上述关联交易已经全部终止。此外，为了完善发行人的资产独立性，降低经营风险，发行人已于2010年4月购入上述租赁的土地和房产。因此发行人向星星置业租赁厂房未对发行人报告期内的独立性产生较大影响。

发行人向星星置业购买房产后仍由星星置业提供物业管理服务，是由于公司经营场所位于星星电子产业基地，星星电子产业基地内所有企业由星星置业统一提供物业管理服务，并且根据相同的标准收取物业管理费。因此，上述关联交易具有必要性，且交易价格合理，不影响发行人报告期内的独立性。此外，发行人向星星置业缴纳的物业管理费金额较小，对发行人报告期内的经营成果无重大影响。发行人由星星置业提供物业管理服务未对发行人报告期内的独立性产生较大影响。

二、人员独立

2015年12月修订前的《首发管理办法》第十六条规定："发行人的人员独立。发行人的总经理、副总经理、财务负责人和董事会秘书等高级管理人员不得在控股股东、实际控制人及其控制的其他企业中担任除董事、监事以外的其他职务，不得在控股股东、实际控制人及其控制的其他企业领薪；发行人的财务人员不得在控股股东、实际控制人及其控制的其他企业中兼职。"注意，不能兼职的同时也要保证不能领薪。也就是发行人的总经理、副总经理、财务负责人和董事会秘书等高级管理人员不能和关联企业存在利益关系，确保其完全忠实于发行人。

《深圳证券交易所上市公司规范运作指引》（2020年修订）规定，上市公司的人员应当独立于控股股东。公司的高级管理人员在控股股东不得担任除董事、监事外的其他行政职务。控股股东高级管理人员兼任公司董事、监事的，应当保证有足够的时间和精力承担公司的工作。

人员独立从字面意思上比较容易理解，不再赘述，现列出几个实务中常常遇到的有关发行人的总经理、副总经理、财务负责人和董事会秘书等高级管理人员（以下简称“发行人高管”）在控股股东、实际控制人及其控制的其他企业（以下简称“关联企业”）中兼职的问题：

（一）发行人高管是否能兼任关联企业执行董事

《首发管理办法》规定了发行人高管不得在关联企业中担任除董事、监事外的其他职务，那么如果担任执行董事是否合规？如果仅仅从字面意义上来说，执行董事也是“董事”，似乎不违反规定，然而根据保荐代表人培训资料，证监会要求发行人的总经理、副总经理等高级管理人员不能在关联方担任“执行董事”职务，否则将不独立。由于《公司法》规定规模较小的有限公司可以不设董事会，只设立执行董事，因此执行董事是实职，履行总经理职权，所以不得兼任。证监会如此要求也算实质重于形式了。

（二）发行人高管是否能兼任关联企业法定代表人

根据《公司法》通说，法定代表人是公司的机关，不属于职务；但是《公司法》第十三条规定：“公司法定代表人依照公司章程的规定，由董事长、执行董事或者经理担任，并依法登记。”因此，笔者认为，如非特别必要，建议发行人高管不担任关联企业的法定代表人，如必须担任，需确认根据关联企业章程，其法定代表人不是由执行董事或者经理担任。

（三）发行人高管是否能兼任关联企业监事

根据《首发管理办法》，发行人高管是可以担任关联企业监事的，《深圳证券交易所上市公司规范运作指引》（2020 年修订）也允许担任监事。但是《上市公司治理准则》（中国证券监督管理委员会、国家经济贸易委员会联合发布）（证监发〔2002〕1 号）规定：“上市公司人员应独立于控股股东。上市公司的经理人员、财务负责人、营销负责人和董事会秘书在控股股东单位不得担任除董事以外的其他职务。”此外，《深圳证券交易所创业板上市公司规范运作指引》第 2.1.3 条也作出了和《上市公司治理准则》完全一致的规定。有业内人士也撰文论述过这个问题，并从法律法规的立法层级、新旧对比以及规定的合理性（监事职能主要是监督，不像董事一样要参与企业的经营管理决策，不会影响上市公司的独立性，没有必要规定上市公司高管不能兼任监事）等方面提出了适用原则，认为应该允许发行人高管在关联企业中担任监事①。

笔者认为，对该问题以严格要求为宜，即发行人高管不担任关联企业监事。原因在于：（1）虽然有观点认为《首发管理办法》颁布于《上市公司治理准则》之后，且属于同一级别的规章，从“新法优于旧法”的法律适用原则来说，应该以《首发管理办法》为准。但是，需知“新法优于旧法”的法律适用原则是有一定限定条件的，即要求是新法和旧法需为同一机关制定。根据《立法法》第九十二条，同一机关制定的法律、行政法规、地方性法规、自治条例和单行条例、规章，特别规定与一般规定不一致的，适用特别规定；新的规定与旧的规定不一致的，适用新的规定。因此，在《上市公司治理准则》的此条款被修订或废止前，其规定具有法律效力。（2）根据 IPO 实务操作的一般惯例，拟上市公司原则上需要遵守交易所上市规则、《上市公司治理准则》等对上市公司的一般规定。（3）证监会在 IPO 反馈时，往往问题是兜底性的，例如会问发行人兼职情形是否符合有关法律法规的规定，而不是仅仅局限于《首发管理办法》。（4）作为中介机构尤其是律师，对法律法规的效力发表意见具有一定的风险。（5）IPO 有时候会发生申报前夕更换上市交易所的情况，因此如果兼任监事后又改到深交所上市，还要重新辞任，较为麻烦。

三、财务独立

2015 年 12 月修订前的《首发管理办法》第十七条规定：“发行人的财务独立。发行人应当建立独立的财务核算体系，能够独立作出财务决策，具有规范的财务会计制度和对分公司、子公司的财务管理制度；发行人不得与控股股东、实际控制人及其控制的其他企业共用银行账户。”

《深圳证券交易所上市公司规范运作指引》（2020 年修订）2. 1. 5 条规定，上市公司应当建立健全独立的财务核算体系，能够独立作出财务决策，具有规

---

① 参见投行小兵博客 http：//blog. sina. com. cn/s/blog_ 4ae7d4ff0100ey15. html。

范的财务会计制度和对分公司、子公司的财务管理制度，同时 2.1.6 条规定，上市公司在与董事、监事、高级管理人员、控股股东、实际控制人及其关联人发生经营性资金往来时，应当严格履行相关审批程序和信息披露义务，明确经营性资金往来的结算期限，不得以经营性资金往来的形式变相为董事、监事、高级管理人员、控股股东、实际控制人及其关联人提供资金等财务资助。4.2.9 规定，控股股东、实际控制人及其关联人不得通过下列任何方式影响上市公司财务独立：

（一）与公司共用银行账户；

（二）将公司资金以任何方式存入控股股东、实际控制人及其关联人控制的账户；

（三）占用公司资金；

（四）要求公司违法违规提供担保；

（五）将公司财务核算体系纳入控股股东、实际控制人管理系统之内，如共用财务会计核算系统或者控股股东、实际控制人可以通过财务会计核算系统直接查询公司经营情况、财务状况等信息；

（六）有关法律、行政法规、部门规章和规范性文件规定及本所认定的其他情形。

4.2.10 条规定，控股股东、实际控制人及其关联人不得以下列任何方式占用上市公司资金：

（一）要求公司为其垫付、承担工资、福利、保险、广告等费用、成本和其他支出；

（二）要求公司代其偿还债务；

（三）要求公司有偿或者无偿、直接或者间接拆借资金给其使用；

（四）要求公司通过银行或者非银行金融机构向其提供委托贷款；

（五）要求公司委托其进行投资活动；

（六）要求公司为其开具没有真实交易背景的商业承兑汇票；

（七）要求公司在没有商品和劳务对价情况下以其他方式向其提供资金；

（八）不及时偿还公司承担对其的担保责任而形成的债务；

（九）中国证监会及本所认定的其他情形。

拟上市企业多为民营企业，往往在财务独立性方面十分薄弱，出于节约成本等因素考虑，发行人和控股股东以及其他关联企业往往在财务系统上是“一套人马、两块牌子”。然而在 IPO 上市时，这种情形是不符合上市标准的，必须予以规范。如果发行人的财务人员同时也是控股股东、其他关联企业的财务人员，那么这种情形其实是同时违反了《首发管理办法》对独立性要求的三个方面，即财务独立、人员独立和机构独立。

四、机构独立

2015 年 12 月修订前的《首发管理办法》第十八条规定：“发行人的机构独立。发行人应当建立健全内部经营管理机构，独立行使经营管理职权，与控股股东、实际控制人及其控制的其他企业间不得有机构混同的情形。”

《深圳证券交易所上市公司规范运作指引》（2020 年修订）2. 1. 7 和 2. 1. 8 条规定，上市公司董事会、监事会和其他内部机构应当独立运作，独立行使经营管理权，不得与控股股东、实际控制人及其关联人存在机构混同等影响公司独立经营的情形。上市公司业务应当独立于控股股东、实际控制人及其关联人。控股股东、实际控制人应当采取有效措施避免同业竞争。4. 2. 12 条规定，控股股东、实际控制人及其关联人不得通过下列任何方式影响上市公司资产完整和机构独立：

（一）与公司共用主要机器设备、厂房、专利、非专利技术等；

（二）与公司共用原材料采购和产品销售系统；

（三）与公司共用机构和人员；

（四）通过行使提案权、表决权以外的方式对公司董事会、监事会和其他机构行使职权进行限制或者施加其他不正当影响；

（五）有关法律、行政法规、部门规章和规范性文件规定及本所认定的其他情形。

机构独立是公司各部门独立行使经营管理职权的需要。发行人各个机构独立于控股股东、实际控制人及其控制的其他企业，有利于发行人各个部门各司其职，独立规范运作，减少来自控股股东、实际控制人及其控制的其他企业的干预。因此，证监会和交易所均要求并鼓励拟上市公司采取措施提高独立性。

发行人律师在 IPO 过程中，应注意查验发行人是否建立了独立的各个部门，且建立健全了各项内部管理制度，不存在混合经营、合署办公或交叉管理等情形。

五、业务独立

2015 年 12 月修订前的《首发管理办法》第十九条规定："发行人的业务独立。发行人的业务应当独立于控股股东、实际控制人及其控制的其他企业，与控股股东、实际控制人及其控制的其他企业间不得有同业竞争或者显失公平的关联交易。"

《深圳证券交易所上市公司规范运作指引》（2020 年修订）规定，上市公司的业务应当独立于控股股东、实际控制人及其关联人。4.2.11 规定，控股股东、实际控制人及其控制的其他企业不得通过下列任何方式影响上市公司业务独立：

（一）与公司进行同业竞争；

（二）要求公司与其进行显失公平的关联交易；

（三）无偿或者以明显不公平的条件要求公司为其提供商品、服务或者其他资产；

（四）有关法律、行政法规、部门规章和规范性文件规定及本所认定的其他情形。

业务独立是独立性的核心。实务中，可以结合公司的业务种类，重点查验公司的重大生产经营合同，并通过现场查验、访谈等方式综合判断。如发行人为生产经营型企业，则中介机构要重点关注发行人的研、产、供、销等是否体系完整、独立，是否与控股股东、实际控制人及其控制的其他企业存在经营同类或近似业务的情形（还涉及同业竞争的问题），供应、生产、销售中的任何一个环节出现了大的问题，企业的持续经营都会受到影响，甚至存在不能维系的风险。

第五章
股东和实际控制人

第一节　股东的适格要求

根据《公司法》第二十四条，有限责任公司由五十个以下股东出资设立。第七十八条则规定，设立股份有限公司，应当有二人以上二百人以下为发起人，其中须有半数以上的发起人在中国境内有住所。然而，关于担任股东和发起人的资格要求，《公司法》及《公司登记管理条例》等法律法规却没有明确规定，而在《公务员法》等法律法规中，则有一些不得担任公司股东的禁止性规定。换言之，对公司股东的适格要求，法律法规是以“排除法”对消极条件予以了明确，而并未对股东资格的积极条件作出明确规定。

下面对担任公司股东的禁止和限制情形予以汇总简述。

一、自然人

（一）公务员（禁止）

根据《公务员法》第五十九条第十六项规定，公务员应当遵纪守法，不得违反有关规定或者参与营利性活动，在企业或者其他营利性组织中兼任职务。因此，国家公务员是不可以投资公司成为股东的。虽然公务员不能因个人营利目的担任企业董事、监事、经理，但是可以根据上级的决定，到国有企业事业单位挂职锻炼（包括担任董事、监事、经理职务）。

新修订的《法官法》《检察官法》已于2019年10月1日正式生效，其中《法官法》第四十六条第九项规定“违反有关规定从事或者参与营利性活动，在企业或者其他营利性组织中兼任职务的”；《检察官法》第四十七条第九项规定“违反有关规定从事或者参与营利性活动，在企业或者其他营利性组织中兼任职务的”；同时，《人民警察法》第二十二条第十项规定“人民警察不得有下列行为……（十）从事营利性的经营活动或受雇于任何个人或者组织”，因此，法官、检察官、人民警察是不可以投资公司成为股东的。

在“陕西省神木县法院法官张继峰入股讨要红利案”① 中，2005年初，神木县法院法官张继峰变卖房产在其同学陈旺荣的煤矿入股180万元，占10%股份。2010年，法院判决认为，张继峰身为一名法官，在陈旺荣的煤矿入股，违反《公务员法》和《法官法》关于禁止公务员、法官从事营利性经营活动的明确规定。

（二）党政机关的干部和职工（有条件禁止）

根据《中共中央、国务院关于严禁党政机关和党政干部经商、办企业的决定》以及《中共中央、国务院关于进一步制止党政机关和党政干部经商、办企业的规定》，国家机关法人的干部和职工，除中央书记处、国务院特殊批准的以外，一律不准经商、办企业。因此，国家机关法人的干部和职工不得投资公司成为股东。《中共中央、国务院关于严禁党政机关和党政干部经商、办企业的决定》中规定：“选聘的乡镇干部，除了其中担任乡镇党委正副书记、正副乡镇长、正副乡经管会主任的以外，在做好本职工作的前提下，可以利用业余时间兴办企业和参与有关企业的经营活动，但不得经营与本人分管工作业务有直接联系的工商企业。他们所经营的个体或集体企业，应按照国家工商行政管理部门的规定，申报批准，依法经营。”

（三）处级以上领导干部配偶、子女（有条件禁止）

根据中共中央纪委《关于“不准在领导干部管辖的业务范围内个人从事可能与公共利益发生冲突的经商办企业活动”的解释》（中纪发〔2000〕4号）

① 《神木法官讨要煤矿入股红利案始末》，载“民主与法制网”（http：//www. mzyfz. com/news/may/b/20100827/134440_ 4. shtml）2010年8月27日，最后访问时间：2019年8月13日。

《关于省、地两级党委、政府主要领导干部配偶、子女个人经商办企业的具体规定（试行）》（中纪发〔2001〕2号），省（部）、地（厅）级领导干部的配偶、子女，不准在该领导干部管辖的业务范围内个人从事可能与公共利益发生冲突的经商办企业活动。处级以上领导干部配偶、子女也并不是不能做公司的股东，只是不能在领导干部管辖的业务范围内个人从事可能与公共利益发生冲突的经商办企业活动。如果能证明不会和公共利益发生冲突或者不是在领导干部管辖的业务范围内，就可以成为公司股东。

（四）县以上党和国家机关退（离）休干部（有条件禁止）

《中共中央办公厅、国务院办公厅关于县以上党和国家机关退（离）休干部经商办企业问题的若干规定》明确规定县级以上党和国家机关退（离）休干部不得兴办商业性企业。因此，县级以上党和国家机关的退（离）休干部是不可以投资公司成为股东的。

《中共中央办公厅、国务院办公厅关于县以上党和国家机关退（离）休干部经商办企业问题的若干规定》规定："四、党和国家机关的退休干部从事养殖业、种植业生产，进行技术开发、咨询、服务，讲学、写作、翻译，以及从事为改善机关后勤服务而开办小卖部、洗衣房、理发室等经营服务活动，继续按中发〔1984〕27号文件①的有关规定执行，取得合理报酬，严格照章纳税，其原享受的退休待遇不变。"因此，县以上党和国家机关退（离）休干部一般不得兴办商业企业，但是可以从事养殖业、种植业生产，进行技术开发、咨询、服务，讲学、写作、翻译，以及从事为改善机关后勤服务而开办小卖部、洗衣房、理发室等经营服务活动。主要还是强调不以营利为目的。

---

① 《中共中央、国务院关于严禁党政机关和党政干部经商、办企业的决定》（中发〔1984〕27号）规定，党政机关不得使用公款（包括行政经费、党团费、老干部特需经费等）、贷款以及在职干部自筹资金，自办企业或与群众合办企业，不得在经济利益上与群众兴办的企业挂在一起。党政机关为改善后勤服务工作，方便职工生活，可以开办主要为机关本身服务的不以牟利为目的的设施，如小卖部、洗衣房、理发室、招待所、印刷厂等。所得收入，机关可以按规定留一部分，用来兴办和补助机关内部的职工集体福利事业，但不得进行自费工资改革，不允许以各种形式直接分配给职工。已经向社会开放的机关礼堂、食堂、托儿所、幼儿园等，以及为解决机关职工子女就业而兴办的劳动服务公司，仍按原有规定办理。

（五）国有企业领导人（有条件禁止）

《国有企业领导人员廉洁从业若干规定》第五条规定，国有企业领导人员应当忠实履行职责。不得有利用职权谋取私利以及损害本企业利益的下列行为：“（一）个人从事营利性经营活动和有偿中介活动，或者在本企业的同类经营企业、关联企业和与本企业有业务关系的企业投资入股……”

“经营活动”是根据企业的资源状况和所处的市场竞争环境对企业长期发展进行战略性规划和部署制定企业的远景目标和方针的战略层次活动，解决的是企业的发展方向、发展战略问题，具有全局性和长远性。“经营活动”不等于“成为股东”，所以如果国有企业领导人员投资成为不存在同业竞争、关联关系和业务关系的企业的股东，并且不参与经营，是可以成为公司股东的。

（六）国企领导人配偶、子女（有条件禁止）

《国有企业领导人员廉洁从业若干规定》第六条规定，国有企业领导人员的配偶、子女及其他特定关系人，不得在本企业的关联企业、与本企业有业务关系的企业投资入股。

（七）现役军人（禁止）

《中国人民解放军内务条令（试行）》第一百零五条规定，军人不得经商，不得从事本职以外的其他职业和网络营销、传销、有偿中介活动，不得参与以营利为目的的文艺演出、商业广告、企业形象代言和教学活动，不得利用工作时间和办公设备从事证券期货交易、购买彩票，不得擅自提供军人肖像用于制作商品。《中国人民解放军纪律条令（试行）》第一百五十二条规定，参与经商或者逃税漏税，以及参加以营利为目的的商业广告活动、文艺演出、企业形象代言和教学科研活动，情节较轻的，给予警告、严重警告处分；情节较重的，给予记过、记大过处分；情节严重的，给予降职（级）、降衔（级）、撤职处分。

（八）驻外外交人员（禁止）

《中华人民共和国驻外外交人员法》第三十三条规定：“驻外外交人员有下列行为之一的，依法给予相应的处分；构成犯罪的，依法追究刑事责任：……（五）从事或者参与营利性活动，在企业或者其他营利性组织中兼任职务的……”

二、法人和其他组织

（一）机关法人（有条件禁止）

机关法人，是指依照法律和行政命令组建的，以从事国家管理活动为主的各级国家机关。机关法人是代表国家从事管理的组织。它们从事管理活动时，是受国家的委托以国家的名义进行，其行为直接体现着国家的意志。在这些活动中，它们往往不是以法人的名义而是以国家管理者的面目出现的。只有在它们从事商品交换时它们才以机关法人的资格出现。机关法人包括国家立法机关、行政机关、司法机关和军事机关。

根据《中共中央、国务院关于严禁党政机关和党政干部经商、办企业的决定》以及《关于进一步制止党政机关和党政干部经商、办企业的规定》，包括各级党委机关和国家权力机关、行政机关、审判机关、检察机关以及隶属于这些机关编制序列的事业单位，一律不准经商、办企业；根据《中共中央办公厅、国务院办公厅关于军队武警部队政法机关不再从事经商活动的通知》，军队武警部队政法机关不得从事经商活动。因此，机关法人原则上禁止投资公司成为股东。根据财政部《行政单位国有资产管理暂行办法》第二十三条的规定，行政单位不得以任何形式用占有、使用的国有资产举办经济实体。在本办法颁布前已经用占有、使用的国有资产举办经济实体的，应当按照国家关于党政机关与所办经济实体脱钩的规定进行脱钩。脱钩之前，行政单位应当按照国家有关规定对其经济实体的经济效益、收益分配及使用情况等进行严格监管。

但根据《公司法》的有关规定，国有独资公司是国家授权投资的机构或者国家授权的部门单独投资设立的有限责任公司。而根据我国国有资产“统一所有、分级管理”的管理体制，国务院代表国家对国有资产统一所有，但各部门及各地方分级对国有资产行使经营管理权。从这个角度理解，虽然国家本身及一般的机关法人不能作为投资的主体，但经国家授权的机构或部门也可以作为股权投资的适格主体，一般如国资委等。

关于机关法人出资的法律规定，大致的变化是：2003年《企业国有资产监督管理暂行条例》出台前，行政机关是可以出资的，这个条例出台后，国有资产监督管理机构成为唯一的被授权人。2005 年《公司法》修改后，这个条例的规定被写入新《公司法》内。2009 年，《国有资产法》实施后，出资人又不再局限于国有资产监督管理机构了，《企业国有资产法》第十一条规定："国务院国有资产监督管理机构和地方人民政府按照国务院的规定设立的国有资产监督管理机构，根据本级人民政府的授权，代表本级人民政府对国家出资企业履行出资人职责。国务院和地方人民政府根据需要，可以授权其他部门、机构代表本级人民政府对国家出资企业履行出资人职责。代表本级人民政府履行出资人职责的机构、部门，以下统称履行出资人职责的机构。"

（二）商业银行（有条件禁止）

商业银行原则上不能成为非金融机构的股东，但国家另有规定的除外，如司法判决或抵押质押等不属于主动投资行为。

（三）高校（有条件禁止）

教育部发布了《教育部关于积极发展、规范管理高校科技产业的指导意见》（教技发〔2005〕2 号文），该文对部属高校做出了如下规定："高校除对高校资产公司进行投资外，不得再以事业单位法人的身份对外进行投资。"

（四）分公司（禁止）

有限责任公司或股份有限公司可以对公司制企业、集团所有制企业投资，但其所设立的分公司不能对外投资。因此，分公司不是法人主体，不能做股东。

（五）社会团体（有条件禁止）

社会团体法人是具有民事权利能力和民事行为能力，依法独立享有民事权利和承担民事义务的社会组织。它是以谋求社团成员的共同利益为宗旨的，主要包括各种政治团体（如各民主党派）、人民群众团体（如工会、妇联、共青团）、社会公益团体（如残疾人基金会）、文学艺术团体（如作家协会）、学术研究团体（如数学学会）、宗教团体（如佛教协会）。

根据 1998 年颁布实施的《社会团体登记管理条例》，社会团体不得从事营利性经营活动。但根据《国家工商行政管理局关于企业登记管理若干问题的执行意见》（工商企字〔1999〕第 173 号）规定，社会团体自身不得从事经营活动，但社会团体具备法人资格的，可以作为公司股东或投资开办企业法人，但依照中共中央、国务院的规定不得经商办企业的除外。如根据北京市工商局官网发布的《投资办照通用指南及风险提示》，第四条第三款明确规定党政机关（含政法机关）主办的社会团体不能成为投资人。

但是，根据2006年6月23日起实施的《国家工商行政管理总局关于废止有关工商行政管理规章、规范性文件的决定》，《国家工商行政管理局关于企业登记管理若干问题的执行意见》（工商企字〔1999〕第173号）已被废止，而根据《国务院关于修改部分行政法规的决定（2016）》修订的《社会团体登记管理条例》，仍有社会团体不得从事营利性经营活动的规定。笔者认为，社会团体能否成为股东，关键在于"成为股东"是否属于"经营活动"。鉴于目前社会团体成为公司股东的现象十分普遍，如当地工商行政管理机关予以登记，且社会团体只担任公司股东，而不从事具体的公司经营活动，不宜一概否认社会团体的公司股东资格，只是对于社会团体作为股东所获的分红等收益如何处理，是否属于"营利"，该部分获益是否符合社会团体的《章程》等文件以及主管机关的要求，建议中介机构予以关注。

（六）职工持股会（禁止）

1994年《公司法》颁布实施以后，为解决广泛存在的职工和外部自然人持股问题，各地方纷纷出台变通措施将自然人持股纳入法人股东名下，一时间职工持股会、工会持股、劳动服务公司持股等自然人变相持股模式纷纷出现。由于本身存在的主体法律地位不清和产权模糊等缺陷，这些模式并不能真正解决自然人持股的遗留问题，反而造成了新的纠纷和混乱①。

2000年7月6日，民政部《关于暂停对企业内部职工持股会进行社会团体法人登记的函》（民办函〔2000〕110号）［已于2010年12月27日被《民政部关于清理本部门规章、规范性文件的公告》（民政部公告第193号）废止］中特别规定："由于职工持股会属于单位内部团体，不应再由民政部门登记管理，各地民政部门暂不对企业内部职工持股会进行社团法人登记；此前已登记

① 钟翔宇：《自然人持股及名义股东问题研究》，载《证券市场导报》2010年第8期。

的职工持股会在这次社团清理中暂不换发社团法人证书”。据此，职工持股会不具有社团法人的主体资格，其作为股份有限公司的发起人缺乏法律依据。2000年12月11日，中国证监会亦在其《中国证监会关于职工持股会及工会能否作为上市公司股东的复函》（法律部〔2000〕24号）（以下简称《复函》）中指出：“根据国务院《社会团体登记管理条例》和民政部办公厅2000年7月7日印发的《关于暂停对企业内部职工持股会进行社团法人登记的函》（民办函〔2000〕110号）的精神，职工持股会属于单位内部团体，不再由民政部门登记管理。对此前已登记的职工持股会在社团清理整顿中暂不换发社团法人证书。因此，职工持股会将不再具有法人资格。在此种情况改变之前，职工持股会不能成为公司的股东。另外，根据中华全国总工会的意见和《中华人民共和国工会法》的有关规定，工会作为上市公司的股东，其身份与工会的设立和活动宗旨不一致，可能会对工会正常活动产生不利影响。因此，我会也暂不受理工会作为股东或发起人的公司的公开发行股票的申请。”根据中国证监会的上述审核政策，职工持股会和工会持股在IPO申报前应当予以清理。

有研究者指出，《复函》虽然明确了职工持股会不能作为上市公司的股东或发起人，并表示证监会不受理工会作为股东或发起人的公司公开发行申请。然而，这一《复函》的效力仅限于公开发行审核，对已上市公司中存在的工会股东却不具备效力。目前，工会股东依然存在于很多上市公司[①]。

根据《首发业务若干问题解答》，历史沿革中曾存在工会、职工持股会持股或者自然人股东人数较多情形的，考虑到发行条件对发行人股权清晰、控制权稳定的要求，发行人控股股东或实际控制人存在职工持股会或工会持股情形的，应当予以清理。

对于间接股东存在职工持股会或工会持股情形的，如不涉及发行人实际控制人控制的各级主体，发行人不需要清理，但应予以充分披露。

对于工会或职工持股会持有发行人子公司股份，经保荐机构、发行人律师核查后认为不构成发行人重大违法违规的，发行人不需要清理，但应予以充分披露。

---

① 钟翔宇：《自然人持股及名义股东问题研究》，载《证券市场导报》2010年第8期。

对于历史沿革涉及较多自然人股东的发行人，保荐机构、发行人律师应当核查历史上自然人股东入股、退股（含工会、职工持股会清理等事项）是否按照当时有效的法律法规履行了相应程序，入股或股权转让协议、款项收付凭证、工商登记资料等法律文件是否齐备，并抽取一定比例的股东进行访谈，就相关自然人股东股权变动的真实性、所履行程序的合法性，是否存在委托持股或信托持股情形，是否存在争议或潜在纠纷发表明确意见。对于存在争议或潜在纠纷的，保荐机构、发行人律师应对相关纠纷对发行人股权清晰稳定的影响发表明确意见。发行人以定向募集方式设立股份公司的，中介机构应以有权部门就发行人历史沿革的合规性、是否存在争议或潜在纠纷等事项的意见作为其发表意见的依据。

【案例：翔鹭钨业——工会持股】

反馈意见：一、请发行人代表进一步说明：（1）发行人原股东厦门钨业股份有限公司工会（以下简称厦钨工会）相关股权转让是否为厦门钨业工会 286 名实际出资员工的真实意思表示；是否履行了相应的审议或审批程序；其中有 272 名针对转让股权行为签署《确认函》，是否为本人亲自签署，是否真实、合法，是否存在纠纷或潜在纠纷。（2）作为社团组织的厦门市总工会，是否有权对上述事项出具《确认函》。（3）厦门钨业出具《确认函》对相关事项进行确认，是否履行了必要的审议或审批程序。请保荐代表人说明对前述事项的核查情况，并对发行人的股权是否清晰，控股股东和受控股股东、实际控制人支配的股东持有的发行人股份是否存在重大权属纠纷发表核查意见。

翔鹭钨业招股书第 85 页披露如下：

“1. 翔鹭有限设立时厦门钨业员工出资情况

翔鹭有限设立时，厦钨工会出资 408 万元，持有翔鹭有限 34% 股权。根据厦钨工会、厦门钨业实际出资员工出具的确认函，以及厦门钨品厂职工出资证明书等文件，翔鹭有限设立时，厦钨工会所持翔鹭有限 408 万元出资实际系为 429 名厦门钨业员工代持。

根据厦钨工会及启龙有限出具的确认函、厦门钨业员工出资证明书以及公司记账凭证等文件，对于厦钨工会持有的翔鹭有限 408 万元出资，其中 1799500 元出资系由厦门钨业 429 名员工以自有资金出资，剩余 2280500 元出资实际系由公司实际控制人陈启丰通过开达加工厂垫付。

保荐机构、发行人律师核查了出资员工持有的《厦门钨品厂职工出资证明书》、出资员工填写的《出资登记表》以及厦钨工会编制的《出资员工名册》，确认了429名出资员工名单以及相应出资金额；核查了开达加工厂代出资员工垫付出资的银行转账凭证、现金缴款单等原始文件，确认了开达加工厂为出资员工的垫付情况；核查了厦钨工会经费收支决算表、厦钨工会经费收支审查报告，确认了厦钨工会不存在以工会经费代员工出资，也不存以工会资产出资的情况。

综上，翔鹭有限设立时厦钨工会持有的出资系出资员工自有资金出资以及开达加工厂代出资员工垫付的出资，不存在以全民所有制企业财产投资或工会经费投资的情形。厦门市总工会也于2015年12月出具确认函，厦钨工会出资不属于国有及集体资产。

2. 设立众达投资及受让翔鹭有限股权

2007年11月，厦钨工会向全体持股员工发出的《关于翔鹭公司投资进行变动的通知》，通知主要内容如下：为方便管理并符合工商登记要求，拟在潮州设立一家投资公司承接厦钨工会代为持有的翔鹭有限股权，暂指派胡钧培、周敬闽、林卫蓉为投资公司的名义股东。就该等通知的内容，厦钨工会未收到出资员工的不同意见。

2007年12月，厦门钨业员工胡钧培、林卫蓉、周敬闽设立众达投资，注册资本为500万元，其中，胡钧培持有出资200万元，林卫蓉持有出资150万元，周敬闽持有出资150万元。根据厦钨工会、胡钧培、林卫蓉、周敬闽、陈启丰出具的确认函及银行转账凭证等文件，众达投资设立时的500万元注册资本的出资来源实际系由陈启丰垫付。

2007年12月，众达投资受让厦钨工会所持翔鹭有限34%股权，股权转让对价为408万元。本次股权转让完成后，众达投资成为翔鹭有限股东，持有翔鹭有限408万元出资（持股比例34%）。就受让该等股权，众达投资并未支付前述股权转让款。

根据胡钧培、林卫蓉、周敬闽、厦钨工会及厦门钨业实际出资员工出具的确认函以及厦门钨品厂职工出资证明书、潮州翔鹭钨业股份转让协议书等文件，胡钧培等三人仅为众达投资名义股东，系为厦门钨业出资员工等实际股东代持。本次股权转让完成后，厦门钨业出资员工等实际股东通过众达投资实际持有翔鹭有限出资408万元（持股比例34%）。

3. 众达投资内部股权转让及对翔鹭有限增资

根据厦钨工会于2009年8月10日发出的《关于工会主席换届后潮州翔鹭公司事宜的通知》，确认因胡钧培退休，由新任厦钨工会主席沈元泽受让胡钧培代出资员工持有的股权。2009年8月6日，众达投资召开股东会，同意胡钧培将所持众达投资40%股权转让给沈元泽。2009年9月，胡钧培将其名义持有的众达投资40%股权转让予沈元泽，众达投资股东相应变更为沈元泽、林卫蓉、周敬闽，其中，沈元泽持有出资200万元，林卫蓉持有出资150万元，周敬闽持有出资150万元。

2010年5月，翔鹭有限注册资本增加至3000万元，其中众达投资认缴612万元新增注册资本。本次增资完成后，众达投资持有翔鹭有限出资1020万元，持股比例为34%。根据厦钨工会、启龙有限、沈元泽、林卫蓉、周敬闽出具的确认函及银行转账凭证等文件，众达投资本次对翔鹭有限增资612万元的出资来源系由启龙有限垫付。

根据沈元泽、林卫蓉、周敬闽、厦钨工会及厦门钨业实际出资员工出具的确认函以及厦门钨品厂职工出资证明书、潮州翔鹭钨业股份转让协议书等文件，上述股权转让及增资完成后，众达投资所持翔鹭有限1020万元出资实际系为厦门钨业出资员工等实际股东代持，厦门钨业出资员工等实际股东通过众达投资实际持有翔鹭有限出资1020万元，持股比例为34%。

4. 持股问题的清理

自1997年4月至2011年7月，厦钨工会一直作为出资员工持股翔鹭有限的管理机构，负责处理持有翔鹭有限股权的日常管理事务。厦钨工会于1999年3月1日发布《翔鹭公司退股事宜的通知》，通知中说明：（i）职工之间可以互相转让，转让价格由各自协商确定，转让后，需要至工会处进行登记。（ii）如果短时间内无法找到受让人，可以向职工所在分厂各工会反映，各分厂工会将会进行统一安排协调。因此，厦钨工会以及其下级工会虹鹭工会，在个别出资员工有意向转让出资而未找到合适受让员工的情况下由厦钨工会、虹鹭工会暂时受让该部分出资并代为管理该部分出资事宜。

2011年7月，沈元泽、周敬闽、林卫蓉与陈启丰、陈伟儿签署《股权转让合同》，将其合计持有的众达投资80%及20%的股权分别转让给陈启丰、陈伟儿，转让价款共计23490544.12元（含税）。

根据厦钨工会、厦门钨业实际出资员工出具的确认函，以及厦门钨品厂职工出资证明书、潮州翔鹭钨业股份转让协议书、声明等文件，因厦门钨业员工离职及内部自有资金出资转让等原因，截至2011年众达投资转让股权时，通过众达投资实际持有翔鹭有限出资的为286名厦门钨业员工、厦钨工会及虹鹭工会，共持有翔鹭有限出资1020万元，其中1799500元出资系以自有现金出资，8400500元出资系由陈启丰控制的企业垫付；就上述1799500元自有资金出资，286名厦门钨业员工共持有出资额141.8万元，厦钨工会持有出资额30.15万元，虹鹭工会持有出资额8万元。

根据潮州翔鹭钨业有限公司股东退股名单、相关付款证明、厦钨工会、虹鹭工会以及厦门钨业出资员工出具的确认文件等，通过支付股权转让款10471935.29元及与相关垫付款、未偿款项进行抵销，截至本招股说明书出具日，陈启丰及陈伟儿就受让众达投资股权已付清了股权转让款。就陈启丰及陈伟儿实际支付的10471935.29元股权转让款，厦门钨业286名实际出资员工按持有一元自有资金出资额对价为六元的比例共分得了股权转让款8508000元，剩余款项以发放福利的形式发放予全体员工。

5. 相关各方确认

（1）厦门钨业实际出资员工确认

截至本招股说明书出具日，共有272名厦门钨业实际出资员工就实际持有翔鹭有限股权事宜签署了《确认函》，作出确认如下：（1）2011年7月1日，厦钨工会主持召开了持股员工会议，审议并同意众达投资名义股东沈元泽、林卫蓉、周敬闽将为实际出资人所代持的众达投资全部出资转让给陈启丰及陈伟儿，并已如实收到了转让价款；（2）自2011年7月众达投资股权转让完成后，其已不存在通过任何形式直接或间接持有众达投资及发行人任何股权、股份及出资，该次股权转让系其真实自愿的意思表示，其与陈启丰、陈伟儿及发行人从未亦将不会存在任何的争议或纠纷。

（2）厦钨工会确认

2013年12月10日，厦钨工会出具《确认函》，作出确认如下：就2011年7月众达投资股权转让，当时已取得了实际出资员工及该工会的同意，并于2011年7月1日召开了持股员工代表会议，履行了相关内部决策程序。股权转让对价在与相关垫付款及未偿款项进行抵销后，股权受让方陈启丰、陈伟儿已付清了转让价款10471935.29元。就该等转让价款，286名厦钨出资员工及虹鹭工会已按持有一元自有资金出资额对价为六元的比例分得了转让款8508000元及480000元，剩余股权转让款1483935.29元已支付给了该工会。就2011年7月众达投资股权转让，受让方陈启丰、陈伟儿已付清了全部股权转让款，各方从未亦将不会存在任何的争议或纠纷。截至确认函出具日，该工会不存在通过信托、委托持股或者类似安排直接或间接持有任何众达投资及发行人股权/股份的情形。

（3）虹鹭工会确认

2013年12月10日，虹鹭工会出具《确认函》，作出确认如下：就2011年7月众达投资股权转让，当时已取得了该工会的同意，且该工会已取得了48万元股权转让款。就2011年7月众达投资股权转让，受让方陈启丰、陈伟儿已付清了全部股权转让款，各方从未亦将不会存在任何的争议或纠纷。截至确认函出具日，该工会不存在通过信托、委托持股或者类似安排直接或间接持有任何众达投资及发行人股权/股份的情形。

（4）厦门市总工会确认

2015年12月10日，厦门市总工会出具《确认函》，作出确认如下：翔鹭有限设立时，厦钨工会代持翔鹭有限职工股，实际厦门钨业并未出资；厦钨工会及下属虹钨工会出资通过员工本人出资，不属于国有及集体资产，之后员工股权的转让也不涉及国有及集体资产。

（5）众达投资原名义股东确认

2013年12月3日，沈元泽等众达投资原名义股东出具《确认函》，作出确认如下：2011年7月，其将所持众达投资股权转让给了陈启丰、陈伟儿。就本次股权转让，当时已取得了实际出资员工的同意和认可，并履行了相关内部决策程序。在与相关未偿还款项及垫付款进行抵销后，股权受让方陈启丰、陈伟儿已付清了股权转让价款。就2011年7月众达投资股权转让，各方从未亦将不会存在任何的争议或纠纷。截至确认函出具日，其不存在通过信托、委托持股或者类似安排直接或间接持有任何众达投资及发行人股权、股份或出资的情形。

（6）厦门钨业确认

2013年12月16日，厦门钨业出具《确认函》，作出确认如下：厦钨工会曾名义持有翔鹭有限408万元出资（持股比例34%），众达投资曾名义持有翔鹭有限408万元出资（持股比例34%）及1020万元出资（持股比例34%），厦钨工会及虹鹭工会曾通过受让厦门钨业的有关员工出资而实际持有翔鹭有限部分出资，该等出资的来源为厦门钨业的有关员工出资和对外借款，并未以厦门钨业的任何资金及资产进行出资，因此，厦钨工会、虹鹭工会以及众达投资所名义及实际持有的翔鹭有限出资及股权不属于国有资产，无需进行国有资产登记。

（7）发行人实际控制人确认

发行人实际控制人之一陈启丰出具《确认函》，作出确认如下：就2011年7月众达投资股权转让事宜，包括实际履行出资义务的厦门钨业员工在内的各方从未存在任何的争议或纠纷，若各方将来对该等股权转让事宜产生争议或纠纷的，其将全权负责处理，若确实需要因此承担任何责任的，其将以所直接及间接持有的发行人股份以外的其他资产及时承担赔偿责任，保证不会因等股权转让对发行人造成任何损失，也不会因此对发行人的股份结构产生任何不利影响。

发行人律师认为，厦门钨业实际出资员工等通过厦钨工会及众达投资持有翔鹭有限股权的问题已清理完毕，相关清理行为已履行了相关法律程序，合法有效，不会对发行人本次发行上市构成重大法律障碍。

除上述几类禁止或有条件禁止成为公司股东的法人和其他组织外，还有必要提及一下合伙企业。时至今日，仍有一些地方的工商/市场监督机关认为合伙企业不是法人，不能成为公司股东，因此不予以办理工商登记。实际上，随着2006年《合伙企业法》的修订以及2009年《证券登记结算管理办法》的修订，合伙企业作为拟上市公司股东已经不存在任何障碍。其实即使是在2009

年之前，合伙企业作为未上市公司的股东在法律上也并没有任何障碍，只是在交易所规定的投资者结构范围中并没有合伙企业，这就产生了合伙企业在其所投资的公司上市之后无法开户也无法流转退出。2009 年 11 月 20 日中国证监会修订《证券登记结算管理办法》时，在第十九条增加了一款，作为第二款："前款所称投资者包括中国公民、中国法人、中国合伙企业及法律、行政法规、中国证监会规章规定的其他投资者"，解决了合伙企业的开户问题。

第二节　股权代持

一、代持的原因及背景

（一）常见的代持原因

代持是 IPO 和新三板项目中常见的现象，代持主要有如下一些原因：

1. 本书在第一节中提到的部分自然人和法人、其他组织由于法律法规的限制无法成为公司股东，因此采取代持的方式，由不存在股东资格限制的自然人或法人等成为名义股东［如扬杰科技（300373）：因为梁勤等自然人无法注册中外合资企业，因此委托广禾洋行（香港公司）代为出资，光环新网（300383）则属中国自然人以其自身的名义不能与外国公司、企业和其他经济组织或个人共同出资组建中外合资经营企业导致的代持］；

2. 由于持股数量限制导致的代持［如正新农贷（833843），《关于进一步加强农村小额贷款公司监管工作的通知》（苏金融办发〔2011〕50 号）规定，"最大股东及关联方的持股比例不得超过 40%"］；

3. 由于持股人数限制导致的代持，如有限责任公司的股东不能超过五十人［如葵花药业（002737），入股职工为 518 人，因此，设立时的部分职工作为股东代表代其他职工持有股权；苏州设计（300500），苏州有限工会代表张林华等 120 名职工股东持有苏州有限 210.40 万元出资额］；

4. 有的地区的工商行政管理部门对涉及公司股东和资本变更登记事宜要求股东本人亲自到场进行确认，实际出资人在公司住所地以外的省份居住，不便于现场出席股东会议、行使表决权，亦不便于协助办理工商变更登记事宜［如施勒智能（833556），施勒有限所属的工商行政管理部门上海市普陀区工商局对涉及公司股东和资本变更登记事宜要求股东本人亲自到场进行确认，但实际出资人韩中华、孙巍、牛赫楠、王琦楠、孙芷茵、张海珠、朱星奇、王旭峰在施勒有限住所地以外的省份居住，不便于现场出席股东会议、行使表决权，亦不便于协助办理工商变更登记事宜，由他人代为持有施勒有限的股权］；

5. 股东人数过多，为提高股东会效率形成的代持［如中电环保（300172）代持原因：为保持公司股权架构的稳定性，稳定入股对象，提升共同创业的积极性，提高公司管理决策的效率，避免因实际持股状况变动而频繁地办理工商变更登记手续］；

6. 公司实际控制人为进行股权激励，如实施核心员工持股，又为了防止被激励对象离职或员工之间对持股分配有不同意见，因此采取由自己或其他人代被激励对象持有公司股份［如施勒智能（833556），2012 年 2 月增资时，原股东同意部分核心员工魏路、贾慧霞、杨晓杰、时述楠对公司出资持股，为避免削弱其他员工工作的积极性，保障公司正常的经营管理，该等核心员工出资人的股权由控股股东张国义代为持有］；

7. 股东自有资金无法支付全部股权转让款导致的代持［拂尘龙（831426），由于孙亚新个人资金有限无法向孙宏伟支付全部股权转让价款，孙亚新经与王晋、曹玉兰、苏严协商，由王晋、曹玉兰、苏严与孙亚新共同出资以孙亚新名义受让孙宏伟持有的有限公司全部股权］；

8. 因同业竞争采用的代持［中驰股份（834444），袁地保欲成立另外一家同行业公司故委托宋丰四代持中驰装饰股权，后该公司并未成立］；

9. 不欲其他人知晓公司真实股权结构的代持；等等。

（二）出现代持的背景

有研究者指出，自然人持股及名义股东问题的出现，与有关规范股份公司设立的法规的产生和修订有着密切的联系，可以划分为三个主要阶段：1. 1992 年 5 月 15 日至 1994 年 7 月 1 日在 1994 年 7 月 1 日《公司法》实施前，股份有限公司的设立和股权转让事项，主要由原国家体制改革委员会进行审批和规范。在这一阶段，定向募集本公司职工成为自然人股东是相关规定明确认可的设立方式，职工持股成为当时广泛的现象。虽然相关规定分别对职工股占股份总额设定了 20% 和 2.5% 的比例上限，且不允许向社会公众公开发行和转让股份，但由于执行不严，事实存在很多超范围、超比例发行内部职工股的现象，不少职工股通过“一级半”市场流入社会公众手中；同时，虽然法人机构无意投资，但限制投资的普通民众却有投资热情，造成大量自然人实际持股的法人股个人化问题。2. 1994 年 6 月 19 日至 2006 年 1 月 1 日《关于立即停止审批定向募集股份有限公司并重申停止审批和发行内部职工股的通知》和《公司法》的颁布实施，明确了募集设立是指除发起人认购外其余部分向社会公开募集的公司设立方式，从根本上消除了定向募集的法律依据。然而，旧《公司法》却没有抓住发起人人数这一影响公开发行秩序的最重要因素，未对其设定上限，使得公司在发起设立时通过增加发起人人数甚至“万人发起”实现变相公开发行成为可能。特别是 2000 年前后，一些企业以在“创业板”上市为名，通过各种中介吸收投资，投资者认购登记在中介机构法人名下的股份，形成大量法人股个人化问题。3. 2006 年 1 月 1 日以后新《公司法》明确了股份公司发起人数量的上限，对维护公开发行的正常秩序具有重要意义，也与《证券法》第九条有关向特定对象公开发行的 200 人下限实现了衔接，但对如何解决其颁布前形成的股东人数超过 200 人的问题没有给出答案[①]。

二、代持的法律特征、法律关系及法律效力

（一）代持的法律特征

关于代持的法律特征，虽然《公司法》未作相应规定，但最高院在《公司法司法解释（三）》中对股权代持所涉及的权利义务做出了规定。《公司法司法解释（三）》第二十四条第一款规定：“有限责任公司的实际出资人与名义出资人订立合同，约定由实际出资人出资并享有投资权益，以名义出资人为名义股东，实际出资人与名义股东对该合同效力发生争议的，如无合同法第五十

① 钟翔宇：《自然人持股及名义股东问题研究》，载《证券市场导报》2010 年第 8 期。

二条规定的情形，人民法院应当认定该合同有效。”由此可见，股权代持的法律特征如下：1. 实际出资人为实际履行出资义务的一方，其出资以名义股东的名义投入公司，名义股东为公司的股东，享有股东身份；2. 股权代持的安排由双方以合同方式进行明确约定；3. 代持合同原则上有效。

（二）代持的法律关系及法律效力

股权代持涉及三方面的法律关系，一是实际出资人与名义股东之间的法律关系，二是实际出资人与名义股东分别与公司之间的法律关系，三是实际出资人与名义股东分别与公司外部第三人之间的关系。因此相关问题的法律效力也应当分别分析。

1. 实际出资人与名义股东之间的关系。《公司法司法解释（三）》第二十四条第一款、第二款规定：“有限责任公司的实际出资人与名义出资人订立合同，约定由实际出资人出资并享有投资权益，以名义出资人为名义股东，实际出资人与名义股东对该合同效力发生争议的，如无合同法第五十二条规定的情形，人民法院应当认定该合同有效。前款规定的实际出资人与名义股东因投资权益的归属发生争议，实际出资人以其实际履行了出资义务为由向名义股东主张权利的，人民法院应予支持。名义股东以公司股东名册记载、公司登记机关登记为由否认实际出资人权利的，人民法院不予支持。”

《合同法》第五十二条规定了合同无效的法定情形。有下列情形之一的，合同无效：（1）一方以欺诈、胁迫的手段订立合同，损害国家利益；（2）恶意串通，损害国家、集体或者第三人利益；（3）以合法形式掩盖非法目的；（4）损害社会公共利益；（5）违反法律、行政法规的强制性规定。因此，代持协议作为名义股东和实际出资人之间的民事合同，只要不存在上述情形，代持协议即为有效。对于投资权益归属，实际股东与名义股东因投资权益的归属发生争议，保护实际出资人享有的实际收益权。此外，实际出资人显名化程序需经公司其他股东半数以上同意。

2. 实际出资人与名义股东分别与公司之间的法律关系。《公司法司法解释（三）》第二十四条第三款规定：“实际出资人未经公司其他股东半数以上同意，请求公司变更股东、签发出资证明书、记载于股东名册、记载于公司章程并办理公司登记机关登记的，人民法院不予支持。”这与《公司法》第七十一条规定的精神是一致的，实际出资人“显名化”相当于名义股东将股权转给实际出资人，司法尊重有限责任公司其他股东的人合性，因此对此持谨慎态度。而《公司法》第三十二条第二款规定，记载于股东名册的股东可以依据股东名册主张行使股东权利，因此名义股东一般直接推定为公司股东，取得股东身份地位。

3. 实际出资人与名义股东分别与公司外部第三人之间的关系。实际出资人不直接与公司外部第三人发生关系。关于名义股东与公司外部第三人之间的关系，《公司法司法解释（三）》第二十五条第一款规定：“名义股东将登记于其名下的股权转让、质押或者以其他方式处分，实际出资人以其对于股权享有实际权利为由，请求认定处分股权行为无效的，人民法院可以参照物权法第一百零六条的规定处理。”《公司法司法解释（三）》第二十六条第一款规定：“公司债权人以登记于公司登记机关的股东未履行出资义务为由，请求其对公司债务不能清偿的部分在未出资本息范围内承担补充赔偿责任，股东以其仅为名义股东而非实际出资人为由进行抗辩的，人民法院不予支持。”类似的规定还有《最高人民法院关于审理外商投资企业纠纷案件若干问题的规定（一）》第十五条：“合同约定一方实际投资、另一方作为外商投资企业名义股东，不具有法律、行政法规规定的无效情形的，人民法院应认定该合同有效。一方当事人仅以未经外商投资企业审批机关批准为由主张该合同无效或者未生效的，人民法院不予支持。实际投资者请求外商投资企业名义股东依据双方约定履行相应义务的，人民法院应予支持。双方未约定利益分配，实际投资者请求外商投资企业名义股东向其交付从外商投资企业获得的收益的，人民法院应予支持。外商投资企业名义股东向实际投资者请求支付必要报酬的，人民法院应酌情予以支持。”

《物权法》第一百零六条规定的是善意取得制度，无处分权人将不动产或者动产转让给受让人的，所有权人有权追回；除法律另有规定外，符合下列情形的，受让人取得该不动产或者动产的所有权：（一）受让人受让该不动产或者动产时是善意的；（二）以合理的价格转让；（三）转让的不动产或者动产依照法律规定应当登记的已经登记，不需要登记的已经交付给受让人。受让人依照前款规定取得不动产或者动产的所有权的，原所有权人有权向无处分权人请求赔偿损失。由此可见，名义股东与公司外部第三人之间的关系应尊重商事外观主义原则，以维护交易的安全。

三、证监会对代持的态度和代持的解决

虽然司法机关对代持行为并不予以禁止，但是证监会的态度是不允许出现股份代持的情况。不管是新三板挂牌还是 IPO，股权代持都是不可触碰的红线，也是监管层严格要求必须予以清理的问题。在本书第一部分新三板和 IPO 的法律规则体系及审核标准中曾经提到，股权明晰是新三板挂牌及公开转让的条件，而股权明晰是指公司的股权结构清晰，权属分明，真实确定，合法合规，股东特别是控股股东、实际控制人及其关联股东或实际支配的股东持有的公司的股份不存在权属争议或潜在纠纷。《首发管理办法》则在“第二章 发行条件”中的第十三条要求发行人的股权清晰，控股股东和受控股股东、实际控制人支配的股东持有的发行人股份不存在重大权属纠纷。由于很多代持行为出于当事人希望保密等特殊原因，往往未签署书面的代持协议，代持往往会在代持人和被代持人中发生对股份权属、是否支付代持费用等问题的争议乃至纠纷，即便签署了股权代持协议，仍然给被代持股份的权属以及被代持股份对应的股东权利的行使带来不确定性。此外，股权代持还对公司治理结构的有效性、实际控制人的认定等带来相当程度的障碍。因此，从审核机构的审核角度，要求发行人在股东层面不存在任何代持情形，并要求中介机构予以认真核查。

实际上，名义股东问题造成的主要危害，就是自然人实际股东难以实现其股份流通权。《公开发行证券的公司信息披露内容与格式准则第 1 号——招股说明书》（2015 年修订）第三十八条规定：“发行人曾存在工会持股、职工持股会持股、信托持股、委托持股或股东数量超过二百人的，应详细披露有关股份的形成原因及演变情况；进行过清理的，应当说明是否存在潜在问题和风险隐患，以及有关责任的承担主体等。”

对于代持的解决，一般方法是将代持行为还原，即将被代持的股权从代持人名下转回到实际出资人名下。鉴于代持过程中名义出资人的出资通常都是由

实际出资人缴付，因此解除代持过程中股权转让的价格通常设定为0元，该等定价能否被视为合理原因而无需缴纳股权转让所得个人所得税需由当地税务主管机关确定。

证监会要求中介机构对清理代持的情况要详细核查，保证没有纠纷，要披露股份代持的基本情况，包括时间、人数、代持原因等，甚至要核查解除代持时是否通过欺诈手段。对于委托持股的原因，应当如实并详细披露，委托持股的原因应当具有合理性。

对代持涉及的委托人、受托人与确权持股人，要提供相应的协议、支付凭证，说明履行相应的工商变更登记或股份过户登记情况。由于委托持股是基于“委托”而形成的实际出资人和名义出资人之间的权利义务关系，因此除核查合同原件外，还应对全部委托方和受托方进行访谈并取得当事人的书面确认，并收集实际出资人的缴款凭证；若当时没有书面委托合同，则除访谈外，建议由委托方和受托方出具书面说明予以确认并结合缴款凭证等其他外部资料相互印证。

最后，建议由控股股东及/或实际控制人出具书面承诺，如果因历史上的代持行为导致发行人股权出现纠纷，给发行人带来的损失由控股股东及/或实际控制人承担。

【案例：新联电子——由于持股人数限制导致的代持】

《关于南京新联电子股份有限公司首次公开发行股票并上市的律师工作报告》第5－2－18页披露如下：

4. 关于郭路代持股的问题

在仪器公司存续期间，为了实施员工持股，同时满足《公司法》关于有限公司股东不超过50人的规定，郭路作为名义股东代仪器公司及关联公司员工持有仪器公司股权。

（1）郭路代持股过程

2005年10月，郭路受让孙金良、设备公司所持仪器公司7.5万元出资，其中5万元为代10名仪器公司及关联公司员工持有。

2005年11月，仪器公司增资，注册资本由50万元增加至525万元，郭路持有出资增至133.34万元，其中128.34万元为代77名仪器公司及关联公司员工持有。

2005年11月，郭路受让刘兴豪所持仪器公司2.5万元出资，本次转让实际为刘兴豪所持出资改由郭路代其持有。郭路持有出资增至135.84万元，其中130.84万元为代78名仪器公司及关联公司员工持有。

2006年8月，陈容华离开公司，将所持仪器公司15.75万元出资转让给公司其他员工（该部分员工均通过郭路持有仪器公司股权），该部分员工本次受让的出资仍由郭路代持。郭路持有出资增至151.59万元，其中146.59万元为代78名仪器公司及关联公司员工持有。

2006年11月，郭路受让杨瑞鸣、褚云、何晓波、李明元所持仪器公司110.91万元出资，本次转让实际为上述4人所持出资改由郭路代其持有。郭路持有出资增至262.50万元，其中257.5万元为代82名仪器公司及关联公司员工持有。

2006年12月，郭路代持出资的3名实际股东离开仪器公司，将委托持有的2.4万元出资转让给郭路本人实际持有。转让后，郭路实际持有出资增至7.4万元，代持出资减至255.1万元，代持的实际股东人数减至79人。

2007年1月，仪器公司增资，注册资本由525万元，增加至1050万元，其中郭路持有出资增至525万元，其中27.24万元为郭路实际持有，497.76万元为代85名仪器公司及关联公司员工持有。

2007年10月，郭路将其实际持有的17.24万元出资转让给6名自然人，其中5人为原代持股东，1人为新增股东，该部分出资仍由郭路代持。本次转让后，郭路实际持有出资减至10万元，代持出资增至515万元，代持的实际股东人数增至86人。

截至2007年10月，郭路名义持有出资为525万元，实际股东（包括其本人）为87人，全部为仪器公司及关联企业员工，具体名单及出资额如下：

序号	姓名	出资额（元）	序号	姓名	出资额（元）	序号	姓名	出资额（元）
1	杨瑞鸣	200000	31	朴军海	60000	61	汪勤	5800
2	褚云	630000	32	姚肖禹	60000	62	吴健	5700

续表

序号	姓名	出资额（元）	序号	姓名	出资额（元）	序号	姓名	出资额（元）
3	何晓波	630000	33	孙景锟	60000	63	卓荣福	5700
4	李明元	257500	34	陆祥荣	60000	64	熊学兵	5700
5	张健	100000	35	陈万泉	60000	65	张军	2200
6	韩光彪	100000	36	李旭晟	60000	66	李凤玲	5700
7	陆红	200000	37	赵钢	60000	67	何钦龙	2200
8	王霞	200000	38	曾岱兰	4400	68	张冬	8000
9	路国军	100000	39	宋之华	6600	69	张永晶	5700
10	朱忠明	100000	40	王倩	12000	70	应旭华	17000
11	杨友军	100000	41	侯俊	6600	71	杨艳	20000
12	陆健友	60000	42	徐彬	6600	72	张玫	4400
13	颜庭乔	160000	43	杨凯庆	6600	73	张成华	4400
14	万运来	72000	44	陈爱娟	6600	74	张立武	4400
15	郭路	100000	45	戴蓉梅	8800	75	许年凤	11000
16	彭辉	100000	46	黄爱龙	8800	76	陈亚军	11000
17	李晓艳	120000	47	杨捷明	8800	77	刘华强	11000
18	徐正龙	100000	48	兰照权	8800	78	夏卫民	11000
19	钱昱	200000	49	邓学梅	11000	79	叶兵	11000
20	李照球	200000	50	秦广志	11000	80	高修兰	2200
21	董立军	100000	51	陶欣	11000	81	魏天京	11000
22	刘文娟	60000	52	周倩	11000	82	金如梅	11000
23	李庚清	60000	53	张道刚	11000	83	陈小梅	11000
24	陈俐	60000	54	沈海松	11000	84	陈洪保	11000
25	沈跃进	60000	55	崔建良	11000	85	李琦	4400
26	孙建平	60000	56	陈佩生	11000	86	叶晓凤	25000
27	刘筱	60000	57	曾继军	6000	87	马振兴	50000
28	王新平	60000	58	闫巧玲	1100			
29	杜念椿	60000	59	吴桂荣	1100			
30	朱仁权	60000	60	吕宁莉	2200			

所有通过郭路代为持有仪器公司出资的实际股东都与郭路签署了《资产托管协议书》，协议书中约定实际股东委托郭路行使仪器公司股东的法定权利和义务，收益归实际股东所有。

（2）代持股行为的规范

2007年10月，为了规范公司股东持股行为，同时为仪器公司整体变更为股份公司作准备，仪器公司进行了第五次股权转让，郭路将其名下代为持有的出资分别转让给创业园公司、泰荣科技和部分高管人员，创业园公司和泰荣科技分别是仪器公司管理层和员工持股的投资性公司。

此次股权转让后，郭路的代持股行为终止，即原由郭路代持的仪器公司股权变更为实际股东直接持有或通过创业园公司和泰荣科技间接持有。此次股权转让后，每名实际股东直接持有和间接持有的仪器公司出资额与郭路代持时没有发生变化。

2009年1月18日，股份公司全体股东、创业园公司全体股东和泰荣科技全体股东签署了《关于公司股权及相关问题的确认书》，确认：

1. 目前我们持有的股份公司股权、南京创业园管理有限公司股权或南京泰荣科技有限责任公司股权，为我们实际持有，不存在代持股行为、不存在任何权属争议或潜在纠纷。

2. 仪器公司存续期间，我们通过郭路持有的仪器公司股权为合法取得。我们对该股权的数额及占仪器公司股权比例不存在异议，对在此期间仪器公司其他股东的股权变动不存在异议，对2007年10月郭路将所代持股权转让给褚云、何晓波、董立军、朱忠明及南京创业园管理有限公司和南京泰荣科技有限责任公司行为不存在异议，我们目前以及今后也不会对上述情况提出异议或主张任何权利。

3. 我们对郭路在代持股期间以股东名义行使的各项权利（包括但不限于在历次股东会上的投票、历次股东会决议的签署、代领历次分红款等）不存在异议，并愿意承担相应的股东责任。

本所律师和保荐机构有关人员共同对部分公司股东、创业园公司股东、泰荣科技股东就郭路代持股期间的情况进行了调查访谈。

本所律师认为，我国相关法律法规没有明确禁止代持股行为，郭路的代持股实质上是信托持股，仪器公司的实际股东已经对郭路代持股期间作出的股东行为进行了确认，而且在仪器公司变更为股份公司前，对郭路代持股行为已经进行了规范，将郭路代持的股权分别转给了实际股东以及实际股东组成的持股公司（创业园公司和泰荣科技），目前股份公司已经不存在代持股情形。本所律师认为，上述郭路代持股权及转让行为不存在潜在纠纷，对本次发行上市不构成法律障碍。

本所律师经核查认为，仪器公司的设立及其后的增资、股权变动，符合当时的法律法规和规范性文件及仪器公司章程等相关规定，合法有效。

第三节　控股股东和实际控制人的认定

一、控股股东的概念和特征

关于控股股东的概念，《公司法》第二百一十六条的定义是：“控股股东，是指其出资额占有限责任公司资本总额百分之五十以上或者其持有的股份占股份有限公司股本总额百分之五十以上的股东；出资额或者持有股份的比例虽然不足百分之五十，但依其出资额或者持有的股份所享有的表决权已足以对股东会、股东大会的决议产生重大影响的股东。”

《深圳证券交易所股票上市规则（2018 年修订）》18.1 条和《上市公司章程指引》第一百九十二条对控股股东也作出了近似于《公司法》的规定，因为上市公司均是股份有限公司，而《公司法》给出的定义同时适用于有限公司，所以《上市公司章程指引》在表述上略有不同，是指其持有的普通股（含表决权恢复的优先股）占公司股本总额 50% 以上的股东；持有股份的比例虽然不足 50%，但依其持有的股份所享有的表决权已足以对股东大会的决议产生重大影响的股东。

根据上述定义，控股股东具有如下特征：1. 出资额占有限责任公司资本总额百分之五十以上或者其持有的股份占股份有限公司股本总额百分之五十以上，这里的“以上”，根据《民法通则》第一百五十五条规定，民法所称的

“以上”“以下”“以内”“届满”，包括本数；2. 出资额或者持有股份的比例虽然不足百分之五十，但依其出资额或者持有的股份所享有的表决权已足以对股东会、股东大会的决议产生重大影响。何为重大影响，《公司法》没有明确说明。

从审核机构的态度来说，由于控股股东的地位十分重要，控股股东和实际控制人的认定直接影响到上市条件（《首发管理办法》规定的上市条件包括控股股东和受控股股东、实际控制人支配的股东持有的发行人股份不存在重大权属纠纷；发行人有严格的资金管理制度，不得有资金被控股股东、实际控制人及其控制的其他企业以借款、代偿债务、代垫款项或者其他方式占用的情形，此外控股股东的重大变化还可能对公司持续经营产生重大不确定性等），因此，从有效控制审核风险的角度来说，证监会对控股股东的认定相对于《公司法》明显更加细致、务实、严格和灵活。这一点可以从《公开发行证券的公司信息披露内容与格式准则第 2 号——年度报告的内容与格式（2017 年修订）》中对控股股东的披露要求中得到印证。

格式准则第 2 号第四十八条规定：“如不存在控股股东，公司应当予以特别说明……如公司最终控制层面存在多位自然人或自然人控制的法人共同持股的情形，且其中没有一人的持股比例（直接或间接持有下一级控制层面公司的股份比例）超过 50%，各自的持股比例比较接近，公司无法确定实际控制人的，应当披露最终控制层面持股比例在 10% 以上的股东情况；如公司没有持股 10% 以上的股东，则应当披露持股比例 5% 以上的股东情况。”

证监会 2005 年修订格式准则第 2 号时对控股股东还作出了一些补充性认定，第二十五条规定：“（二）公司控股股东（包括公司第一大股东，或者按照股权比例、公司章程或经营协议或其他法律安排能够控制公司董事会组成、左右公司重大决策的股东）情况，若控股股东为法人的，应介绍名称、单位负责人或法定代表人、成立日期、注册资本、主要经营业务或管理活动等；若控股股东为自然人的，应介绍其姓名、国籍、是否取得其他国家或地区居留权、最近 5 年内的职业及职务。如报告期内控股股东发生变更，应列明披露相关信息的指定报纸及日期。”只是证监会在 2017 年修订格式准则第 2 号时删除了上述规定，改为：本准则所称“控股股东”“实际控制人”“关联方”“关联交易”“高级管理人员”“重大”“累计”等的界定，按照《公司法》《证券法》等法律法规以及《上市公司信息披露管理办法》《优先股试点管理办法》等相关规定执行。然而，现行有效的《上市公司信息披露管理办法》《优先股试点管理办法》均并未对“控股股东”“实际控制人”的界定作出规定，也是一个立法上的疏忽。

二、实际控制人的概念与辨析

实际控制人的概念同样见于《公司法》第二百一十六条，即：“实际控制人，是指虽不是公司的股东，但通过投资关系、协议或者其他安排，能够实际支配公司行为的人。”

比较《公司法》对实际控制人和控股股东的定义，控股股东与实际控制人的根本区别在于是否直接持有公司股份，控股股东直接持有公司股份，而实际控制人不直接持有公司股份。控股股东是因为其直接持股数量而对公司股东大会的决议有重大影响，而实际控制人则不是因为其直接持股数量而是因为其他安排从而能实际支配公司行为。

证监会在实践中扩大了实际控制人的内涵，将实际控制人界定为拥有公司控制权的人，不再受《公司法》条文中对实际控制人定义的“不是公司的股东”的限制。2007 年 11 月 25 日，证监会发布了《〈首次公开发行股票并上市管理办法〉第十二条“实际控制人没有发生变更”的理解和适用——证券期货法律适用意见第 1 号》的通知（证监法律字〔2007〕15 号，以下简称“《证券期货法律适用意见第 1 号》”），将公司控制权界定为“是能够对股东大会的决议产生重大影响或者能够实际支配公司行为的权力，其渊源是对公司的直接或者间接的股权投资关系”。根据上述规定，直接或间接持有股权，均可被界定为实际控制人。IPO 审核实践中的“实际控制人”概念是与“控股股东”的概念相比较而存在的，依据《公司法》，实际控制人和控股股东不是同一人，但证券实务中则往往出现实际控制人和控股股东为同一人，甚至是没有实际控制人的情形。有时候，中介机构之间就发行人实际控制人的认定还会产生分歧，证监会在反馈意见中也常常要求发行人和中介机构对实际控制人的认定理由是否充分发表明确意见。

之所以实际控制人的认定十分重要，证监会在有关文件中已经很清晰地予以了解释和说明。《证券期货法律适用意见第1号》指出："从立法意图看，《首发管理办法》第十二条规定要求发行人最近3年内实际控制人没有发生变更，旨在以公司控制权的稳定为标准，判断公司是否具有持续发展、持续盈利的能力，以便投资者在对公司的持续发展和盈利能力拥有较为明确预期的情况下做出投资决策。由于公司控制权往往能够决定和实质影响公司的经营方针、决策和经营管理层的任免，一旦公司控制权发生变化，公司的经营方针和决策、组织机构运作及业务运营等都可能发生重大变化，给发行人的持续发展和持续盈利能力带来重大不确定性。公司控制权是能够对股东大会的决议产生重大影响或者能够实际支配公司行为的权力，其渊源是对公司的直接或者间接的股权投资关系。因此，认定公司控制权的归属，既需要审查相应的股权投资关系，也需要根据个案的实际情况，综合对发行人股东大会、董事会决议的实质影响、对董事和高级管理人员的提名及任免所起的作用等因素进行分析判断。"根据上述说明，直接或间接持有股权不是实际控制人的区别界限，直接或间接持有股权均可被界定为实际控制人。

在实际控制人的定义上，两大交易所的规定也不一致。《深圳证券交易所股票上市规则（2019年修订）》对实际控制人的定义是："指通过投资关系、协议或者其他安排，能够支配、实际支配公司行为的自然人、法人或者其他组织。"而《上海证券交易所股票上市规则（2019年修订）》的定义则是："指虽不是公司的股东，但通过投资关系、协议或者其他安排，能够实际支配公司行为的人。"《上海证券交易所上市公司控股股东、实际控制人行为指引》中的定义是："本指引所称实际控制人是指虽不是公司股东，但通过投资关系、协议或者其他安排，能够实际控制、影响公司行为的人。"显然，上交所对实际控制人的定义是采用了《公司法》的标准定义。更有趣的是，很多人可能没有注意到，深交所两个上市规则居然对实际控制人定义不一致，主板和中小板上市规则采用了不同于《公司法》的定义，而创业板上市规则却与上交所上市规则一样采用了《公司法》的标准定义，不知道当时草拟规则时是不是疏忽了，还是有意为之。

实际控制人的问题和控股股东一样十分重要，这个重要性来自《首发管理办法》的第十二条："发行人最近3年内主营业务和董事、高级管理人员没有发生重大变化，实际控制人没有发生变更。"这一条也被理解为实际控制人是否发生变更将成为是否符合首发条件的重要标准，甚至成为"一票否决"的决定性因素。

由于《公司法》和证监会有关规定在实际控制人认定上存在不一致，实务界曾经对实际控制人是否不能是公司的股东产生了争论。确实，如果严格从《公司法》定义来认定实际控制人，那么实际控制人不能是公司的股东，也就是说，公司法对实际控制人的界定，排除了股东作为实际控制人的情形。有研究者认为，我国既有的成文法规定对于实际控制人的界定倾向于将"公司股东"和"公司实际控制人"这两个概念并列，而不承认二者之间的包含关系。

立法对实际控制人的界定之所以排除控股股东，应当从立法的制度背景和法律语言逻辑两个方面进行判断。首先，实际控制人是在公司发展已经有了相当历史之后，为了适应原来较为简单的公司治理模式下不曾有过的、并非控股股东地位的实际控制人支配影响公司行为，对正常的公司控制方式的异化所作出的对应措施；其次，《公司法》和《证券法》等相关法律在设计公司治理权力结构时已经就大股东与中小股东利益平衡、证券市场上的大股东与其他不特定的社会投资者的利益保护作出了较为完善的规定，并按照《公司法》和《证券法》的一般原理将上述规定纳入股东权利保护和股东会表决机制的相关规定当中。若在有关实际控制人的规定中再将控股股东纳入，无疑将会造成立法上的重复；再次，将控股股东纳入实际控制人范畴也有定义不准确之虞，公司的实际控制人并非都是控股股东。但是，《公司法》及有关规定在实际控制人的定义中强调"不是公司的股东"大可商榷，因为实际控制人在实践中完全可能同时也是公司的股东，建议的定义为：通过投资关系、协议或者其他安排，能够实际支配公司行为的除控股股东以外的人。①

---

① 徐来等：《实际控制人法律制度研究——以上市公司为中心》，知识产权出版社2016年版，第2-24页。

三、实际控制人的认定

（一）实际控制人认定的一般原则

《首发业务若干问题解答》规定，实际控制人是拥有公司控制权的主体。在确定公司控制权归属时，应当本着实事求是的原则，尊重企业的实际情况，以发行人自身的认定为主，由发行人股东予以确认。保荐机构、发行人律师应通过对公司章程、协议或其他安排以及发行人股东大会（股东出席会议情况、表决过程、审议结果、董事提名和任命等）、董事会（重大决策的提议和表决过程等）、监事会及发行人经营管理的实际运作情况的核查对实际控制人认定发表明确意见。

对于实际控制人的认定，与《公司法》的规定不同，中介机构往往首先要根据持股比例来认定实际控制人，因为认定实际控制人的核心在于找出能够实际支配公司行为的人，即认定公司控制权的归属，而控股权往往是对公司拥有控制权最直接的证据，如果某自然人单独直接持有拟上市公司51%以上股权，则很有可能被认定为公司的实际控制人。当然，这种方法也并非绝对，IPO审核实践中，实际控制人的认定往往并非由于直接持股地位而是由于实际控制权能够实际支配公司行为，实务中会遇到公司的实际控制人并不是工商登记的控股股东的情形。除代持等情形外，此时认定公司实际控制人往往存在更大困难，因为要找到其他依据可以证明其不持有公司控股权，却对公司拥有实际控制权。

IPO实际案例中常见的情况是实际控制人持有股权并不过半数，仍被认定为单独控制的实际控制人，在这些情形下，判断是否拥有公司的控制权（即其是否能够对公司决策产生重大影响或者是否能够实际支配公司行为），除根据其对公司的股权投资关系外，还应根据具体情况，综合以下因素进行分析判断：①其对股东大会的影响情况；②其对董事会的影响情况；③其对董事和高级管理人员的提名及任免情况；④公司股东持股及其变动情况；⑤公司董事、高级管理人员的变动情况；⑥发行审核部门认定的其他有关情况。此外，还要考察其他股东的持股情况，如拟认定的实际控制人持股比例低于财务投资者合计持股比例，相关财务投资者需出具包含并非以获得控制权为目的、与其他财务投资者不存在一致行动、不会致使发行人实际控制权发生变更等内容的声明；或由实际控制人与其他股东签署一致行动协议或其他股东将相应表决权委托予实际控制人，扩大实际控制人的影响等。

《首发业务若干问题解答》规定，发行人股权较为分散但存在单一股东控制比例达到 30% 情形的，若无相反的证据，原则上应将该股东认定为控股股东或实际控制人。存在下列情形之一的，保荐机构应进一步说明是否通过实际控制人认定而规避发行条件或监管并发表专项意见：（1）公司认定存在实际控制人，但其他股东持股比例较高，与实际控制人持股比例接近，且该股东控制的企业与发行人之间存在竞争或潜在竞争的；（2）第一大股东持股接近 30%，其他股东比例不高且较为分散，公司认定无实际控制人的。

法定或约定形成的一致行动关系并不必然导致多人共同拥有公司控制权的情况，发行人及中介机构不应为扩大履行实际控制人义务的主体范围或满足发行条件而作出违背事实的认定。通过一致行动协议主张共同控制的，无合理理由的（如第一大股东为纯财务投资人），一般不能排除第一大股东为共同控制人。实际控制人的配偶、直系亲属，如其持有公司股份达到 5% 以上或者虽未超过 5% 但担任公司董事、高级管理人员并在公司经营决策中发挥重要作用，除非有相反证据，原则上应认定为共同实际控制人。

共同控制人签署一致行动协议的，应当在协议中明确发生意见分歧或纠纷时的解决机制。对于作为实际控制人亲属的股东所持的股份，应当比照实际控制人自发行人上市之日起锁定 36 个月。保荐机构及发行人律师应重点关注最近三年内公司控制权是否发生变化，存在为满足发行条件而调整实际控制人认定范围嫌疑的，应从严把握，审慎进行核查及信息披露。

实际控制人为单名自然人或有亲属关系多名自然人，实际控制人去世导致股权变动，股份受让人为继承人的，通常不视为公司控制权发生变更。其他多名自然人为实际控制人，实际控制人之一去世的，保荐机构及发行人律师应结合股权结构、去世自然人在股东大会或董事会决策中的作用、对发行人持续经营的影响等因素综合判断。

实际控制人认定中涉及股权代持情况的，发行人、相关股东应说明存在代持的原因，并提供支持性证据。对于存在代持关系但不影响发行条件的，发行人应在招股说明书中如实披露，保荐机构、发行人律师应出具明确的核查意见。如经查实，股东之间知晓代持关系的存在，且对代持关系没有异议、代持的股东之间没有纠纷和争议，则应将代持股份还原至实际持有人。

发行人及中介机构通常不应以股东间存在代持关系、表决权让与协议、一致行动协议等为由，认定公司控制权未发生变动。

【案例：和而泰——持股比例较低被认定为实际控制人】

《深圳和而泰智能控制股份有限公司首次公开发行股票招股说明书》第1－1－4页披露如下：

5. 实际控制人持股比例较低风险。截至目前，公司总股本为5000万股，其中第一大股东、实际控制人刘建伟持股1142万股，持股比例为22.84%。按本次发行1670万股计算，发行后总股本为6670万股，刘建伟持股比例下降为17.12%。公司实际控制人持股比例较低，将使得公司有可能成为被收购对象，存在公司上市后实际控制人发生变更风险，可能会对业务或经营管理带来一定风险。

2009年1月18日，深圳市和谐安泰投资咨询有限公司与刘建伟签订了《一致行动协议书》，刘建伟实际控制公司股份上升为30.84%。

（一）公司股东深圳力合创业投资有限公司（持股比例16.8%）已出具承诺，自公司股票上市之日起36个月内，不转让或者委托他人管理其所持有的发行人股份，也不由发行人回购该部分股份；

（二）公司股东深圳市达晨创业投资有限公司（持股比例16.8%）已出具承诺，自公司股票上市之日起36个月内，不转让或者委托他人管理其所持有的发行人股份，也不由发行人回购该部分股份；

（三）公司股东深圳市和谐安泰投资咨询有限公司（持股比例8%）已出具承诺，自公司股票上市之日起36个月内，不转让或者委托他人管理其所持有的发行人股份，也不由发行人回购该部分股份。

2009年1月18日，深圳市和谐安泰投资咨询有限公司与刘建伟签订的《一致行动协议书》约定：深圳市和谐安泰投资咨询有限公司在《一致行动协议书》中的所有承诺均为不可撤销的承诺，根据《合同法》关于约定优先适用的基本原则，该等约定在法律上保证了刘建伟受托权行使的持续性和稳定性。

如果发行人不通过增发股份等形式进一步稀释原有股东的持股比例，在公司上市后的三年内，刘建伟对公司的控制权具有持续性和稳定性。

《北京市金杜律师事务所关于深圳和而泰智能控制股份有限公司首次公开发行股票并上市之补充法律意见书（二）》披露：

一、请保荐人、律师对下列问题进行核查并发表意见：(1) 公司第一大股东暨实际控制人刘建伟持股比例较低是否可能导致公司发行前后实际控制人发生变化，或实际控制人在公司发行前后是否能够实现对公司的实际控制权；(2) 发行人是否已经建立了保持公司实际控制权稳定的制度或措施。——重点问题 1

（一）关于刘建伟对发行人的实际控制

截至本补充法律意见书出具之日，发行人第一大股东暨实际控制人刘建伟持有发行人 11420000 股股份，占发行人股本总额的 22.84%。根据本所律师核查，刘建伟在本次发行并上市前，以及本次发行并上市完成之后的可预期期限内（三十六个月）能够实现对发行人的实际控制权，理由如下：

1. 自发行人（包括其前身）设立至今，刘建伟始终保持对股东（大）会决议的重大影响

发行人之前身——深圳市和而泰科技有限公司（以下简称“和而泰科技”）于 2000 年 1 月设立，刘建伟为主要发起人，当时其股权比例为 50%；自 2004 年 5 月起，刘建伟股权比例下降至 50% 以下，但截至本补充法律意见书出具之日，其始终保持公司第一大股东地位。

根据本所律师对发行人设立至今股东（大）会会议资料的核查，以及对发行人除刘建伟之外其他股东的询证，自发行人设立至本补充法律意见书出具之日，刘建伟作为发行人第一大股东，其始终保持对股东（大）会决议的重大影响。

2. 除刘建伟之外持股比例最高的两大股东均不谋求对发行人的控制

截至本补充法律意见书出具之日，发行人并列第二大股东——深圳力合创业投资有限公司（以下简称“力合创业”）、深圳市达晨创业投资有限公司（以下简称“达晨创业”）分别持有发行人 8400000 股股份，分别占发行人股本

总额的16.8%，合计占发行人股本总额的33.6%。

根据本所律师核查，上述两家股东均为创业投资企业，其主营业务均为对从事风险、高新技术产业的企业进行股权投资而并非从事实业经营。根据上述两家股东的说明，其对发行人的投资主要以实现投资增值之后转让发行人股权为目的，而不谋求对发行人的控制。

3. 刘建伟对发行人的经营管理具有重大影响

根据本所律师核查，自发行人之前身——和而泰科技设立至本补充法律意见书出具之日，刘建伟一直担任公司总经理；其中，2004年6月起同时兼任公司董事长。

根据本所律师核查，上述期间，发行人的其他高级管理人员，包括副总经理、财务负责人、董事会秘书均由刘建伟提名，董事会聘任或解聘；发行人高级管理人员之外的其他负责管理人员，均由刘建伟直接聘任或解聘。

据此，刘建伟对发行人高级管理人员和其他负责管理人员的聘任、解聘具有重大影响，并由此对发行人的日常经营管理产生重大影响。

4. 发行人第六大股东已与刘建伟签署《一致行动协议》并作出股份锁定承诺

截至本补充法律意见书出具之日，发行人第六大股东暨其员工持股公司——深圳市和谐安泰投资咨询有限公司（以下简称“和谐安泰”）持有发行人4000000股股份，占发行人股本总额的8%。

2009年1月18日，和谐安泰与刘建伟签署《一致行动协议书》，约定：和谐安泰作为发行人股东期间，其在行使对股东大会决议事项的表决权时与刘建伟保持一致。上述《一致行动协议书》的签署，使刘建伟在本次发行并上市前可实际支配的发行人股份的表决权达到30.84%；在本次发行并上市后可实际支配的发行人股份的表决权达到23.12%（以发行人股东大会所确定的本次发行规模16700000股计算）。

和谐安泰已承诺：自发行人股票上市之日起三十六个月内，不转让或者委托他人管理其直接或间接持有的发行人公开发行股票前已发行的股份，也不由发行人回购其直接或间接持有的发行人公开发行股票前已发行的股份。

据此，和谐安泰与刘建伟签署的《一致行动协议书》以及其股份的锁定承诺，有利于在本次发行并上市前及其后的可预期期限内（三十六个月），增加刘建伟可实际支配的发行人股份的表决权，有利于保持刘建伟对发行人的实际控制权。

5. 发行人前三大股东均已作出股份锁定承诺

发行人前三大股东刘建伟、力合创业、达晨创业已共同承诺：自发行人股票上市之日起三十六个月内，不转让或者委托他人管理其直接或间接持有的发行人公开发行股票前已发行的股份，也不由发行人回购其直接或间接持有的发行人公开发行股票前已发行的股份。

据此，上述承诺有利于在本次发行并上市后的可预期期限内（三十六个月），发行人前三大股东的持股比例保持稳定，在力合创业、达晨创业均不谋求对发行人控制的情形下，上述承诺有利于保持刘建伟对发行人的实际控制权。

（二）关于发行人保持实际控制权稳定的措施

根据本所律师核查，发行人已经采取了有利于保持公司实际控制权稳定的措施，该等措施详见本补充法律意见书"一/（一）关于刘建伟对发行人的实际控制/4、5"。

【案例：多氟多——通过委托持股方式加强实际控制人控制权】

《多氟多化工股份有限公司首次公开发行股票招股说明书》第 1－1－83 页披露如下：

李世江先生为发行人第一大股东，是公司的实际控制人。

李世江先生，60 岁，中国国籍，无永久境外居留权，身份证号码为410825195012××××××，住址位于河南省焦作市解放区。李世江先生目前持有本公司 1666.48 万股股份，占本公司总股本的 20.83%；同时，公司股东李凌云、侯红军、李祎、韩世军均将投票权委托给李世江，李世江先生合计持有多氟多公司发行前股权表决权 35.04%。

报告期内，李世江先生一直是公司实际控制人，为进一步维持公司未来控制权的稳定性，经各股东方协商，已采取如下措施：

1. 李凌云、侯红军、李祎、韩世军均将股份投票权委托给李世江，李世江先生合计持有多氟多公司发行前股份表决权 35.04%，本次发行后股份表决权

26.20%，足以保证控制权不发生变动。

公司董事李祎、董事兼副总经理韩世军先生、公司实际控制人李世江的大女儿李凌云、二女婿侯红军（以下简称“委托人”）分别持有公司7.5%、1.65%、2.91%、2.15%的股份，委托人与李世江于2008年7月22日签订委托协议，约定：委托人委托李世江出席多氟多的年度股东大会和临时股东大会，并在多氟多的股东大会上，就股东大会审议事项，代表委托人决策并行使投票权；当委托人亲自出席多氟多股份的股东大会时，经李世江同意，可由委托人行使投票权，但是需与李世江保持一致，否则，委托人的投票无效；委托人同意由李世江行使多氟多董事的提名或推荐权；若委托人出任多氟多的董事，则在多氟多的董事会上，就董事会所审议事项与李世江保持一致。

2. 李世江及李凌云、侯红军、李祎、韩世军均承诺自股票上市之日起三十六个月内，不转让或委托他人管理其持有的发行人股份，也不由发行人收购该部分股份，以保持股权的稳定性。

3. 持有发行人股份5%以上的全部其他股东周团章、中国环境保护公司、浙大创投、深圳创投、高强于2008年7月作出不可撤销承诺：在持有发行人股份期间不单独或者与发行人实际控制人李世江以外的其他股东通过协议或者其他安排实际控制发行人。

（二）关于“控制”的概念和实际控制人的种类

实际控制人的认定，关键在于是否构成“控制”的判断。根据中国证监会《上市公司收购管理办法》，关于“上市公司控制权”的解释如下：

“第八十四条　有下列情形之一的，为拥有上市公司控制权：

1. 投资者为上市公司持股50%以上的控股股东；

2. 投资者可以实际支配上市公司股份表决权超过30%；

3. 投资者通过实际支配上市公司股份表决权能够决定公司董事会半数以上成员选任；

4. 投资者依其可实际支配的上市公司股份表决权足以对公司股东大会的决议产生重大影响；

5. 中国证监会认定的其他情形。”

从实际控制人的数量来分类，实际控制人可以分为单一控制、共同控制和无实际控制人。

（一）单一控制

所谓单一控制，是指实际控制人只有一个主体的情形。这里所说的单一主体包括自然人和法人，也包括其他组织。根据《公开发行证券的公司信息披露内容与格式准则第 1 号——招股说明书（2006 年修订）》的要求，实际控制人应披露到最终的国有控股主体或自然人为止。简单来说即追溯至最终拥有发行人控制权的人。实务中，下列主体可以被认定为发行人的实际控制人：

1. 自然人

原则上，所有民营企业实际控制人均应追溯至最终持有权益的自然人。

2. 中央或地方主管大型国有企业——适用于国有、国有控股、国有参股的发行人，如：华锐铸钢（002204），实际控制人为大连重工起重集团有限公司，大连重工起重集团有限公司是大连市国资委下属的国有独资公司；中国建筑（601668），实际控制人为中建总公司，中建总公司系国家授权投资的机构；南车股份（000920），实际控制人为中国南方机车车辆工业集团公司，中国南方机车车辆工业集团公司为国务院国资委直接管理。

3. 国有资产监督管理部门、财政部门——适用于国有、国有控股、国有参股的发行人，国资委监管的中央企业旗下上市公司普遍将国资委或集团公司作为实际控制人，一些地方国企也将本级政府国有资产监管机关列为实际控制人。例如：通产丽星（002243），实际控制人为深圳市国资委；星网锐捷（002396），实际控制人为福建省国资委；新野纺织（002087），实际控制人为新野县财政局。

4. 社团法人。案例如横店东磁（002056），实际控制人认定为“横店三会”，分别为“横店社团经济企业联合会”“横店经济发展促进会”及“东阳市影视旅游促进会”三个在当地民政局注册的社团法人。

5. 集体经济组织。比如村委会，案例如三房巷（600370），实际控制人为江阴市周庄镇三房巷村村民委员会。江泉实业的实际控制人为临沂市罗庄区罗庄街道沈泉庄村民委员会。南山铝业的实际控制人为南山村村民委员会。还有供销社，例如天鹅股份（603029）。

6. 事业法人。如大学、研究院所。方正科技的实际控制人是北京大学。交大昂立的实际控制人为上海交通大学。机器人的实际控制人是中科院沈阳自动化研究所。

7. 职工持股会。大众交通和大众公用的实际控制人为职工持股会。但职工持股会作为实际控制人是历史遗留的产物。根据《关于职工持股会及工会持股有关问题的法律意见》(法协字〔2002〕第115号),证监会要求拟IPO公司的实际控制人不属于职工持股会或工会持股。

8. 集体所有制企业。青岛海尔的实际控制人海尔集团公司为集体所有制企业。法拉电子的实际控制人厦门市法拉发展总公司也是集体所有制企业。

9. 外资企业。根据不完全统计,外资作为上市公司实际控制人的案例有东睦股份、成霖股份、海鸥卫浴、信隆实业、晋亿实业、汉钟精机、斯米克、罗普斯金、浩宁达、长信科技、丰林集团等。

(二)共同控制

共同实际控制人的存在情形主要集中在股东股权比例较为分散,且没有一方持股到50%以上的。

1. 由家庭成员关系认定为共同实际控制人。这其中最常见的是夫妻关系。由于夫妻在法律上本来就存在着共同财产的概念,因此更容易产生共同实际控制人的现象。实务中对待这种“夫妻”公司,将双方都列为共同实际控制人更为妥当(除非一方为完全挂名股东,不参与公司任何经营不担任任何职务,且另一方单独持股达到50%以上)。在中国父业子承的观念下,许多子女并未参与公司的创立发展,但是却受让了其父母大量乃至全部的股份,但在公司的日常运营决策中,仍然由父母进行掌控,仅因为其未持股或持股比例低而不把父母列为实际控制人则是不恰当的,此种情况下宜将各方都列为共同实际控制人。

2. 基于一致行动协议而产生的共同实际控制人。在实务中,这种催生共同控制公司的动机和目的可以是各种各样的,并不局限于某一种情况,有基于人身信任关系的,有利益交换的,也有为维持团队稳定的,不胜枚举,强调共同参与发行人生产经营的多人间保持一致行动的关系。

根据《证券期货法律适用意见第1号》,发行人及其保荐人和律师主张多人共同拥有公司控制权的，应当符合以下条件：

“（一）每人都必须直接持有公司股份和/或者间接支配公司股份的表决权；

（二）发行人公司治理结构健全、运行良好，多人共同拥有公司控制权的情况不影响发行人的规范运作；

（三）多人共同拥有公司控制权的情况，一般应当通过公司章程、协议或者其他安排予以明确，有关章程、协议及安排必须合法有效、权利义务清晰、责任明确，该情况在最近3年内且在首发后的可预期期限内是稳定、有效存在的，共同拥有公司控制权的多人没有出现重大变更；

（四）发行审核部门根据发行人的具体情况认为发行人应该符合的其他条件。

发行人及其保荐人和律师应当提供充分的事实和证据证明多人共同拥有公司控制权的真实性、合理性和稳定性，没有充分、有说服力的事实和证据证明的，其主张不予认可。相关股东采取股份锁定等有利于公司控制权稳定措施的，发行审核部门可将该等情形作为判断构成多人共同拥有公司控制权的重要因素。

如果发行人最近3年内持有、实际支配公司股份表决权比例最高的人发生变化，且变化前后的股东不属于同一实际控制人，视为公司控制权发生变更。

发行人最近3年内持有、实际支配公司股份表决权比例最高的人存在重大不确定性的，比照前款规定执行。”

根据《证券期货法律适用意见第1号》的上述规定，实践中主张多人共同控制的，如果是管理层共同控制，需要着重论证：1. 管理层历史上或至少在报告期内曾签署过一致行动协议或有类似的安排，保证管理层在发行人股东（大）会、董事会上决策一致，或即使无书面文件，亦能通过相关方的事后确认，或查验历届股东会、董事会记录证明各方事实上为一致行动；2. 通过发行人章程或其他决策文件证明管理层合计持股数量可对发行人股东（大）会、董事会作出决议产生重大影响；3. 除管理层外的其他股东之间不存在委托持股、一致行动等足以影响管理层合计对发行人控制的情形。

【案例：银河电子——多人控制、包括家庭成员和管理层】

《江苏银河电子股份有限公司首次公开发行股票招股说明书》第88页披露如下：

（一）发行人的实际控制人

1. 发行人控股股东之第一大股东庞绍熙及其亲属对公司的控制关系

姓名	国籍	永久境外居留权	身份证号码	住所	持有发行人股份情况		持有控股股东股权情况		亲属关系
					持股数量（万股）	比例	持股金额（万元）	比例	
庞绍熙	中国	无	32058219520125××××	张家港塘桥镇虹桥一村	280.03	5.30%	919.00	18.38%	
庞可伟	中国	无	32058219600708××××	张家港塘桥镇和平街	105.06	1.99%	249.51	4.99%	庞绍熙的侄子、庞鹰的哥哥
庞鹰	中国	无	32052119630119××××	张家港塘桥镇南桥新街	88.00	1.67%	206.35	4.13%	庞绍熙的侄女
钟献宗	中国	无	32052119621015××××	张家港塘桥镇周巷村	37.01	0.70%	87.90	1.76%	庞鹰的丈夫
钟礼花	中国	无	32052119641206××××	张家港塘桥镇美食街	27.29	0.52%	64.82	1.30%	钟献宗的妹妹
李平波	中国	无	32052119740107××××	张家港塘桥镇镇中南路	13.37	0.25%	31.75	0.64%	庞绍熙的外甥、庞鹰的表弟
徐正峰	中国	无	32052119650201××××	张家港塘桥镇美食街	58.40	1.11%	138.70	2.77%	钟礼花的丈夫
合计	–	–	–	–	609.16	11.54%	1698.03	33.97%	

近三年一期末，庞绍熙及其亲属持有发行人控股股东银河电子集团股权比例均为33.97%，持有发行人的股权比例均为11.54%。

2. 发行人及其控股股东董事、主要管理人员对公司的控制关系

姓名	国籍	永久境外居留权	身份证号码	住所	持有发行人股份情况		持有控股股东股权情况		亲属关系	担任控股股东职务
					持股数量（万股）	比例	持股金额（万元）	比例		
庞绍熙	中国	无	32058219520125××××	张家港塘桥镇虹桥一村	280.03	5.30%	919.00	18.38%	董事	董事
吴建明	中国	无	32060219600226××××	张家港塘桥镇杨园一村	130.00	2.46%	301.59	6.03%	董事长	董事
庞可伟	中国	无	32058219600708××××	张家港塘桥镇和平街	105.06	1.99%	249.51	4.99%	–	董事

续表

姓名	国籍	永久境外居留权	身份证号码	住所	持有发行人股份情况		持有控股股东股权情况		亲属关系	担任控股股东职务
					持股数量（万股）	比例	持股金额（万元）	比例		
周黎霞	中国	无	32052119591229××××	张家港塘桥镇金桥新街	97.52	1.85%	231.60	4.63%	监事会主席	董事、财务负责人
庞鹰	中国	无	32052119630119××××	张家港塘桥镇南桥新街	88.00	1.67%	206.35	4.13%	董事、董事会秘书	–
曹飞	中国	无	32052119650629××××	张家港塘桥镇周巷村	79.07	1.50%	196.41	3.93%	董事	董事会主席
顾革新	中国	无	32052119681223××××	张家港杨舍镇城北新村	70.00	1.33%	164.73	3.29%	董事	董事长、总经理
薛利军	中国	无	32052819701128××××	张家港塘桥镇杨园二村	50.14	0.95%	113.36	2.27%	董事、总经理	–
李欣	中国	无	32010619590304××××	南京市玄武区青石街	43.82	0.83%	104.06	2.08%	副总经理（主要核心技术人员）	–
徐敏	中国	无	32052119680602××××	张家港塘桥镇银桥新村	39.95	0.76%	94.89	1.90%	财务负责人	监事
合计	–	–	–	–	983.59	18.64%	2581.50	51.63%		

[注]：庞绍熙、庞鹰、庞可伟系亲属关系。

近三年一期末，上述发行人及其控股股东的董事、主要管理人员持有银河电子集团的股权比例均为51.63%，持有发行人的股权比例均为18.64%。

近三年一期末，庞绍熙及其亲属庞鹰、庞可伟、钟献宗、钟礼花、李平波、徐正峰和除庞绍熙、庞鹰、庞可伟外的发行人、控股股东的董事、主要管理人员吴建明、周黎霞、曹飞、顾革新、薛利军、李欣、徐敏共计14名自然人合计持有银河电子集团的股权比例均为58.10%，合计持有发行人的股权比例均为21.22%，且未发生变化，共同控制发行人，为发行人的实际控制人。

（三）无实际控制人

《证券期货法律适用意见第1号》等相关规则允许发行人存在无实际控制人的情况。根据《证券期货法律适用意见第1号》，发行人不存在拥有公司控制权的人或者公司控制权的归属难以判断的，如果符合以下情形，可视为公司控制权没有发生变更，即：1. 发行人的股权及控制结构、经营管理层和主营业务在首发前3年内没有发生重大变化；2. 发行人的股权及控制结构不影响公司治理有效性；3. 发行人及其保荐人和律师能够提供证据充分证明。相关股东采取股份锁定等有利于公司股权及控制结构稳定措施的，发行审核部门可将该等情形作为判断公司控制权没有发生变更的重要因素。

根据《证监会保荐代表人培训纪要》，若股权较分散，不一定要认定实际控制人，股权结构相对稳定的条件下可以界定为无实际控制人。没有或难认定控股股东或实际控制人的，股东按持股比例从高到低依次自上市之日起锁三年，直到不低于发行前股份总数的51%。实例角度讲，由于中国证监会对进行无实际控制人认定的发行人审核非常严格，绝大多数发行人均认定有实际控制人，无实际控制人认定的案例数量较少。

【案例：三聚环保——无实际控制人】

《凯文律师事务所关于北京三聚环保新材料股份有限公司首次公开发行股票并在创业板上市的补充法律意见书（一）》第3－1－35页披露如下：

8、反馈问题八

发行人称其无实际控制人，控股股东北京海淀科技发展有限公司（以下简称“海淀科技”）的股东分别为海淀区国有资产投资经营公司（持股40%，以下简称“海淀国投”）、北京大行基业科技发展有限公司（持股38%，以下简称“北京大行”）、北京二维投资管理有限公司（持股22%，以下简称“北京二维”）。海淀国投为海淀区国资委全资控股公司。北京大行股东为刘雷（持股70%）、张翼（持股20%）和张旭（持股10%）。北京二维股东为石涛（持股45%）、冯涛（持股35%）、薛黎曦（持股20%）。此外，发行人的另一家法人股东中恒天达的股东为叶向阳（持股68%）、张旭（持股16%）、张翼（持股16%）。请发行人明确说明前述自然人之间，以及与发行人的其他自然人股东之间是否存在关联关系，是否存在委托持股、信托持股等代持情形。请保荐机构及律师对发行人是否存在实际控制人进行审慎核查并发表意见。

（一）前述自然人之间，以及与发行人的其他自然人股东之间是否存在关联关系，是否存在委托持股、信托持股等代持情形

凯文律师就北京大行基业科技发展有限公司、北京二维投资管理有限公司、中恒天达的股东之间，以及该等股东与发行人的其他自然人股东之间是否

存在关联关系，是否存在委托持股、信托持股等代持情形的事宜，对刘雷、张翼、张旭、石涛、冯涛、薛黎曦、叶向阳进行了访谈，并要求上述自然人就上述事宜作出书面声明。

根据对刘雷、张翼、张旭、石涛、冯涛、薛黎曦、叶向阳的访谈及其作出的书面声明并经凯文律师审慎核查后认为，刘雷、张翼、张旭、石涛、冯涛、薛黎曦、叶向阳之间，以及与发行人的其他自然人股东之间不存在关联关系，也不存在委托持股、信托持股等代持的情形。

（二）发行人是否存在实际控制人的问题

根据《公司法》第二百一十六条第三项规定："实际控制人，是指虽不是公司的股东，但通过投资关系、协议或者其他安排，能够实际支配公司行为的人"以及《〈首次公开发行股票并上市管理办法〉第十二条"实际控制人没有发生变更"的理解和适用——证券期货法律适用意见第1号》"公司控制权是能够对股东大会的决议产生重大影响或者能够实际支配公司行为的权力，其渊源是对公司的直接或者间接的股权投资关系。因此，认定公司控制权的归属，既需要审查相应的股权投资关系，也需要根据个案的实际情况，综合对发行人股东大会、董事会决议的实质影响、对董事和高级管理人员的提名及任免所起的作用等因素进行分析判断"。

根据上述规定并经凯文律师审慎核查后认为，报告期内，发行人无实际控制人，理由和依据如下：

1. 报告期内，发行人控股股东未发生变化，均为海淀科技。

2. 报告期内，发行人控股股东海淀科技自身股权结构相对分散，没有任何股东通过直接或者间接方式持有海淀科技股权比例或控制其表决权超过50%。

根据海淀国投、北京大行、北京二维和伟舜投资及其各自然人股东书面确认，海淀国投、北京大行、北京二维及伟舜投资之间，其各自然人股东之间，北京大行、北京二维、伟舜投资各自然人股东与海淀区国资委之间不存在任何关联关系，不存在委托持股、信托持股等代持情形，亦不存在通过协议、章程或其他任何安排产生一致行动的情形。

因此，报告期内，任何股东或第三方均未间接控制海淀科技50%以上表决权。

3. 报告期内，海淀科技股东会、董事会采用三分之二特殊表决机制。

报告期内，海淀科技章程中对于股东会、董事会表决机制均明确约定采用三分之二表决机制，即董事会对所议事项作出的表决，应由三分之二以上的董事表决通过；股东按照出资比例行使表决权，股东会会议对所议事项作出决议，应由三分之二以上表决权股东表决通过。经凯文核查，2008年6月23日海淀科技对章程中的股东会和董事会表决机制所进行的修订，系由于海淀科技工作人员工作失误所致，海淀科技发现上述错误后，立即于2008年7月8日召开股东会并作出决议，将上述章程中董事会和股东会表决机制恢复为三分之二表决机制，且在2008年6月23日至2008年7月8日期间，海淀科技未曾召开董事会、股东会会议，亦未形成任何决议，未对股东会、董事会三分之二表决机制造成实质影响。

因此，在报告期内，由于海淀科技董事会和股东会均采用三分之二表决机制，海淀科技任何一家股东均不能通过其单独持有的表决权对股东会、董事会决议的形成和公司重大经营事项实施实际控制。

4. 报告期内，海淀科技的任一股东推荐的董事人选未超过董事会成员的三分之二。

报告期内，海淀科技董事会成员构成及变化情况如下：

2006年，海淀科技股东会选举董事5名，包括刘广明、李再生（海淀国投推荐人选）、刘雷（北京大行推荐人选）、张旭（伟舜投资推荐人选）、石涛（二维投资推荐人选）。

2009年3月，海淀科技股东会免去张旭董事职位，选举刘艳伟为董事，本次更换后董事会成员构成为：刘广明、李再生、刘艳伟（海淀国投推荐人选）、刘雷（北京大行推荐人选）、石涛（二维投资推荐人选）。

根据公司章程对于董事会表决机制的规定，并经凯文对海淀科技报告期内董事会成员构成情况及董事会决议形成情况的查验，凯文律师经核查后认为，海淀科技任一股东均不能通过其所委派的董事实际控制公司董事会并作出各项决策。

5. 经凯文律师核查，报告期内，发行人不存在由于股东相对分散、表决机制特殊而造成无法召开董事会、股东（大）会，或虽召开董事会、股东（大）

会但无法形成决议的情形。

6. 根据北京市人民政府国有资产监督管理委员会《关于北京海淀科技发展有限公司所持北京三聚环保新材料股份有限公司股权性质的复函》（京国资函〔2009〕54 号），海淀科技持有发行人的股份不属于国有股权管理的范围。

凯文律师经审慎核查后认为，报告期内，发行人控股股东为海淀科技，但由于海淀科技股权相对分散，海淀科技任何股东均未通过直接或者间接方式持有海淀科技股权比例或控制其表决权超过 50%，且海淀国投、北京大行、北京二维及伟舜投资之间，其各自然人股东之间，北京大行、北京二维、伟舜投资各自然人股东与海淀区国资委之间不存在任何关联关系，不存在委托持股、信托持股等代持情形，亦不存在通过任何投资、协议、章程或其他任何安排产生一致行动的情形，按照海淀科技章程中规定董事会和股东会三分之二表决机制，海淀科技任何一家股东均不能通过其单独持有的表决权对股东会、董事会决议的形成和公司重大经营事项实施实际控制，因此，发行人无实际控制人，且不会影响发行人的持续经营。

综上所述，凯文律师经审慎核查后认为：

1. 刘雷、张翼、张旭、石涛、冯涛、薛黎曦、叶向阳之间，以及与发行人的其他自然人股东之间不存在关联关系，也不存在委托持股、信托持股等代持的情形。

2. 报告期内，发行人控股股东为海淀科技，但由于海淀科技股权相对分散，海淀科技任何股东均未通过直接或者间接方式持有海淀科技股权比例或控制其表决权超过 50%，且海淀国投、北京大行、北京二维及伟舜投资之间，其各自然人股东之间，北京大行、北京二维、伟舜投资各自然人股东与海淀区国资委之间不存在任何关联关系，不存在委托持股、信托持股等代持情形，亦不存在通过任何投资、协议、章程或其他任何安排产生一致行动的情形，按照海淀科技章程中规定董事会和股东会三分之二表决机制，海淀科技任何一家股东均不能通过其单独持有的表决权对股东会、董事会的决议的形成和公司重大经营事项实施实际控制，因此，发行人无实际控制人，且不会影响发行人的持续经营。

【案例：天源迪科——无实际控制人】

《北京竞天公诚律师事务所关于深圳天源迪科信息技术股份有限公司首次公开发行股票并在创业板上市的补充律师工作报告（二）》第三页披露如下：

一、发行人在2008年2月向我会提交的主板首发申请文件中披露，公司股东陈友、陈鲁康、谢晓宾、李谦益为发行人的共同控制人。2008年5月17日，发行人认定公司的实际控制人为陈友。2008年6月12日，发行人重新认定其实际控制人为陈友、陈鲁康、谢晓宾、李谦益。2009年7月31日，发行人向我会提交的首发申请文件披露，公司不存在实际控制人。

请保荐机构、律师就2007年以来发行人实际控制人是否发生变更，是否构成发行上市障碍出具专项说明。（《反馈意见》重点问题第1项）

（一）在发行人申报创业板申请文件前，对发行人实际控制人的认定前后不一致的原因

1. 2008年2月，认定发行人股东陈友、陈鲁康、谢晓宾、李谦益为发行人的共同控制人的背景

在2008年2月发行人向证监会提交主板首发申请文件时，对实际控制人的认定尚没有确定的标准，而发行人股权比较分散，由于陈友、陈鲁康、谢晓宾、李谦益四人均为公司的创始人，从2001年起上述四人均为公司的董事和高级管理人员，四人所持的股份合计超过了发行人股份总额的50%，且四人在公司历次股东大会、董事会中的表决均保持一致，因此，我们在当时的主板首发申请文件中认定陈友、陈鲁康、谢晓宾、李谦益为发行人的共同控制人。

发行人在2008年2月向证监会提交主板首发申请文件后，证监会于2008年3月5日颁布《证券期货法律适用意见第1号》，该文明确规定"发行人及其保荐人和律师主张多人共同拥有公司控制权的，应当符合以下条件……（三）多人共同拥有公司控制权的情况，一般应当通过公司章程、协议或者其他安排予以明确，有关章程、协议及安排必须合法有效、权利义务清晰、责任明确，该情况在最近3年内且在首发后的可预期期限内是稳定、有效存在的，共同拥有公司控制权的多人没有出现重大变更"。

由于发行人并未在公司章程、协议或者其他安排中约定或明确共同控制，因此，将陈友、陈鲁康、谢晓宾、李谦益认定为公司共同控制人的理由并不充

分，不符合证监法律字〔2007〕15 号文的规定，该认定并未得到证监会发行部的认可。

2. 2008 年 5 月 17 日，认定陈友为公司实际控制人的背景

由于共同控制的认定未能得到证监会发行部的认可，结合公司本身的情况，考虑到陈友一直为公司的主要股东，且自 2001 年以来一直担任公司的董事长兼总经理，并在公司具有较大的影响力，发行人向证监会发行部提出希望认定陈友为公司的实际控制人。

虽然陈友为公司第一大股东，但是其持股比例仅为 19.82%，且各股东之间的持股比例相差不大，根据《公司法》及公司章程的规定，陈友所持有的股份难以实际控制股东大会和董事会。因此，发行人认定陈友为公司实际控制人的理由也并不充分，该认定亦未得到证监会发行部的认可。

3. 2008 年 6 月 12 日，重新认定陈友、陈鲁康、谢晓宾、李谦益为发行人共同控制人的背景

此次认定陈友、陈鲁康、谢晓宾、李谦益为发行人的共同控制人，除 2008 年 2 月申报时的原因外，还补充了以下内容：

（1）吴志东、杨文庆自 2001 年成为发行人股东以来，一直未参与发行人的日常经营管理，在发行人股东会/股东大会及董事会的决议中均与陈友、陈鲁康、谢晓宾、李谦益四人的意见一致，也不存在谋求发行人控制权的目的和安排，故并未对发行人形成实际控制或共同实际控制。

（2）陈友、陈鲁康、谢晓宾、李谦益曾通过金迪科计算机间接持有发行人股权，且自 2001 年 4 月 30 日至今，陈友、陈鲁康、谢晓宾、李谦益四人通过金迪科计算机或者直接持股比例合计一直超过 50%。

（3）2008 年 3 月份，中国证监会发布了证监法律字〔2007〕15 号文，发行人报送首次公开发行股票申请材料的日期为 2008 年 2 月，使得对发行人实际控制人的理解有所差异，请中国证监会给予充分的理解和支持。

此次报送的材料中，还另附了对吴志东、杨文庆的访谈笔录，吴志东、杨文庆在访谈笔录中对其当初购买发行人股权的背景，参与股东会/股东大会、董事会的具体情况，是否实际参与公司经营管理等进行了详细的说明。

考虑到对发行人共同控制的认定仍然缺乏充分的事实和证据，特别是四人

并未在公司章程、协议或者其他安排中约定或明确共同控制，导致与证监法律字〔2007〕15号文的规定不相符，因此，最终证监会发行部仍然没有认可对发行人共同控制的认定。

综上，发行人在主板首发申请审核期间，对实际控制人的认定出现了多次变更，其主要原因是：发行人股权结构分散，实际控制人界定困难，在最初申报主板首发申请时，证监法律字〔2007〕15号文尚未公布，因而没有实际控制人认定的明确标准；证监会颁布证监法律字〔2007〕15号文后，出于能够继续进行审核的考虑，加之我们对该规定的理解不够深刻，导致对实际控制人的认定不够准确，出现了对实际控制人认定发生变更的情形。

（二）2009年7月26日，发行人向证监会提交的首次公开发行股票并在创业板上市申请文件中认定公司不存在实际控制人

在创业板推出后，发行人决定向证监会申请首次公开发行并在创业板上市。在本次首次公开发行并在创业板上市的申请中，本所律师会同发行人、保荐机构认真研究学习了证监法律字〔2007〕15号文的有关规定和立法精神，对发行人最近两年内的控制权情况进行了认真核查，纠正了之前在实际控制人的认定中存在的错误。对照证监法律字〔2007〕15号文第四条的有关规定，本所律师确认发行人最近两年内不存在实际控制人，亦未发生控制权变更的情形。

1. 发行人最近两年内不存在拥有公司控制权的人

（1）发行人股权结构分散

最近两年内，发行人股权结构未发生任何变化，股权结构一直维持比较分散的状态。自2007年5月21日发行人完成最后一次增资以来，发行人股权至今未发生任何变化，具体情况如下：

股东	股权比例（%）	股权性质
陈友	19.82	自然人股
吴志东	15.68	自然人股
陈鲁康	13.50	自然人股
天泽投资	12.86	企业法人股

续表

股东	股权比例（%）	股权性质
谢晓宾	10.45	自然人股
李谦益	10.45	自然人股
李堃	6.44	自然人股
王怀东	6.44	自然人股
杨文庆	4.36	自然人股

（2）发行人单一股东无法控制股东大会

根据《公司法》及公司章程的规定，股东大会作出普通决议，应当由出席股东大会的股东所持表决权的1/2以上通过；股东大会作出特别决议，应当由出席股东大会的股东所持表决权的2/3以上通过。发行人任何单一股东所持有的公司股份均未超过公司总股本的20%，因此，发行人任何单一股东均无法控制股东大会或对股东大会决议产生决定性影响。

（3）发行人单一股东无法控制董事会

发行人自然人股东陈友、吴志东、陈鲁康、谢晓宾、李谦益、杨文庆均在公司董事会中担任董事，上述股东在董事会席位上的分配比较均衡。

根据公司章程的规定，董事会成员和监事会成员的任免由股东大会以普通决议通过。发行人董事均由其股东大会选举产生，且各股东均按照各自的表决权参与了董事选举的投票表决。因此，发行人任何单一股东均没有能力决定半数以上董事会成员的选任。

根据《公司法》及公司章程的规定，董事会会议应有过半数的董事出席方可举行。董事会作出决议，必须经全体董事的过半数通过。董事会决议的表决，实行一人一票。发行人任何担任董事的自然人股东均无法控制董事会或对董事会决议产生决定性影响。

经核查，发行人全体董事均参加了历次董事会并进行了相应的表决，且该等董事均依据自己的意愿对会议议案进行表决。不存在任何单一股东单独控制董事会的情形。

（4）发行人的股东间无一致行动

经核查发行人历次股东大会的决议及相关文件，发行人股东在历次股东大会进行表决前均没有一致行动的协议或意向，或其表决权受到其他股东控制或影响的情形。

经核查发行人历次董事会的决议及相关文件，发行人董事在历次董事会进行表决前均没有一致行动的协议或意向，或其表决权受到其他方控制或影响的情形。

发行人的股东陈友、吴志东、陈鲁康、天泽投资、谢晓宾、李谦益、李堃、王怀东、杨文庆于2009年7月20日出具《声明》：各股东之间未签订任何一致行动协议或实施其他任何可能约束数名股东共同行使股东权利而实际控制发行人的行为。

从公司的实际情况看，虽然陈友、陈鲁康、谢晓宾、李谦益四人均为公司的创始人及公司的董事和高级管理人员，在公司经营决策、经营管理中发挥着重大作用，且四人在公司历次股东大会、董事会中的表决均保持一致，但是由于四人并未在公司章程、协议或者其他安排中约定或明确共同控制，界定为共同控制的证据是不充分的。四人实际在股东大会、董事会中的表决是独立进行的，四人在公司历次股东大会、董事会中的表决均保持一致是由于相互之间长期合作的默契以及经营理念的一致，所以，界定为没有实际控制人是符合公司实际情况的。

综上，本所律师认为：发行人最近两年内，股权结构未发生任何变化，股权结构一直较为分散，不存在实际控制人，亦不存在多人共同拥有公司控制权的情形。

2. 发行人最近两年内的控制权没有发生变更

（1）发行人股权结构最近两年内未发生变化

自2007年5月21日发行人完成最后一次增资以来，发行人股权至今未发生任何变化，具体情况如下：

股东	股权比例（%）	股权性质
陈友	19.82	自然人股
吴志东	15.68	自然人股
陈鲁康	13.50	自然人股
天泽投资	12.86	企业法人股
谢晓宾	10.45	自然人股
李谦益	10.45	自然人股
李堃	6.44	自然人股
王怀东	6.44	自然人股
杨文庆	4.36	自然人股

发行人于2009年7月26日向证监会提出在创业板上市的申请，在发行人提交申请前两年内，发行人股权结构未发生任何变化。

（2）发行人最近两年内董事没有发生重大变化

陈友、吴志东、陈鲁康、谢晓宾、李谦益、杨文庆、魏丽自2001年5月29日至今一直担任发行人及前身天源迪科有限公司的董事。2007年8月12日，发行人召开2007年第二次临时股东大会增选戴昌久、邓爱国、李毅、周俊祥四人为公司独立董事。自2007年8月12日至今，公司董事会未发生任何变更。

（3）发行人最近两年内高级管理人员没有发生重大变化

最近两年内，除2009年3月15日发行人第一届董事会第七次会议决议增聘梁林志为副总经理外，发行人的高级管理人员没有发生变化。

（4）发行人最近两年内主营业务没有发生变化。最近两年内，发行人主要经营电信、公安及其他行业应用软件产品的开发、生产和销售，计算机软、硬件系统集成，技术支持与服务，主营业务没有发生变化。

（5）发行人最近两年来经营业绩稳定。2007年至今，发行人持续盈利，发行人2007年度、2008年度归属于母公司所有者的净利润分别为40520761.89元、41955958.82元，保持持续增长；发行人2007年、2008年连续被评定为国家规划布局内重点软件企业。可见，公司在股权较为分散、没有实际控制人的情形下，仍能保持发行人经营决策的有效性和经营业绩的稳定。

（6）发行人股东承诺锁定股份

发行人股东陈友、吴志东、陈鲁康、天泽投资、谢晓宾、李谦益、李堃、王怀东、杨文庆于2009年7月20日均签署了《关于本次发行前股东所持股份的流通限制和自愿锁定股份的承诺函》，其中，陈友、吴志东、陈鲁康、谢晓宾、李谦益、天泽投资、杨文庆承诺其所持有的股份自公司本次发行的股票上市之日起锁定期为36个月；李堃、王怀东承诺其所持有的股份自公司本次发行的股票上市之日起锁定期为12个月。发行人股东均作出了自愿锁定股份的承诺，该等承诺有利于发行人本次发行上市后的股权结构稳定。

结合证监法律字〔2007〕15号文第四条及《管理暂行办法》的规定，本所律师认为，发行人最近两年内，股权结构未发生任何变化，股权结构一直较为分散，不存在实际控制人，亦未发生控制权变更的情形，符合《管理暂行办法》规定的发行人最近两年内实际控制人未发生变更的条件。

发行人无实际控制人，最近两年内控制权未发生变化的情形不会构成本次发行和上市的障碍。

四、实际控制人的变更

《首发管理办法》及《创业板上市管理办法》均规定实际控制人未发生变更，前者要求最近三年没有发生变更，后者要求最近两年没有发生变更。关于实际控制人是否变更的标准，《证券期货法律适用意见第1号》进行了明确，主要内容如下：

（一）《首发管理办法》要求发行人最近2或3年内实际控制人没有发生变更的立法意图旨在以公司控制权的稳定为标准，判断公司是否具有持续发展、持续盈利的能力，以便投资者在对公司的持续发展和盈利能力拥有较为明确预期的情况下作出投资决策，因此，公司的控制权是否发生了变化是判断公司实际控制人是否发生变化的核心标准。

（二）认定公司控制权的归属，既需要审查相应的股权投资关系，也需要根据个案的实际情况，综合对发行人股东大会、董事会决议的实质影响、对董事和高级管理人员的提名及任免所起的作用等因素进行分析判断。

（三）关于共同控制权的认定，应当符合以下条件：1. 每人都必须直接持有公司股份和/或者间接支配公司股份的表决权；2. 发行人公司治理结构健全、运行良好，多人共同拥有公司控制权的情况不影响发行人的规范运作；3. 多人共同拥有公司控制权的情况，一般应当通过公司章程、协议或者其他安排予以明确，有关章程、协议及安排必须合法有效、权利义务清晰、责任明确，该情况在最近3 年内且在首发后的可预期期限内是稳定的、有效存在的，共同拥有公司控制权的多人没有出现重大变更。

发行人及其保荐人和律师应当提供充分的事实和证据证明多人共同拥有公司控制权的真实性、合理性和稳定性，没有充分、有说服力的事实和证据证明的，其主张不予认可。相关股东采取股份锁定等有利于公司控制权稳定措施的，发行审核部门可将该等情形作为判断构成多人共同拥有公司控制权的重要因素。

如果发行人最近3 年内持有、实际支配公司股份表决权比例最高的人发生变化，且变化前后的股东不属于同一实际控制人，视为公司控制权发生变更。

发行人最近3 年内持有、实际支配公司股份表决权比例最高的人存在重大不确定性的，比照前款规定执行。

（四）对于无实际控制人或难以判断的，如果符合以下情形，可视为公司控制权没有发生变更：1. 发行人的股权及控制结构、经营管理层和主营业务在首发前3 年内没有发生重大变化；2. 发行人的股权及控制结构不影响公司治理的有效性；3. 发行人及其保荐人和律师能够提供证据充分证明。相关股东采取股份锁定等有利于公司股权及控制结构稳定措施的，发行审核部门可将该等情形作为判断公司控制权没有发生变更的重要因素。

（五）国有实际控制人不发生变化的特殊认定。因国有资产监督管理需要，国务院或者省级人民政府国有资产监督管理机构无偿划转直属国有控股企业的国有股权或者对该等企业进行重组等导致发行人控股股东发生变更的，如果符合以下情形，可视为公司控制权没有发生变更：1. 有关国有股权无偿划转或者重组等属于国有资产监督管理的整体性调整，经国务院国有资产监督管理机构或者省级人民政府按照相关程序决策通过，且发行人能够提供有关决策或者批复文件；2. 发行人与原控股股东不存在同业竞争或者大量的关联交易，不存在故意规避《首发管理办法》规定的其他发行条件的情形；3. 有关国有股权无偿划转或者重组等对发行人的经营管理层、主营业务和独立性没有重大不利影响。

按照国有资产监督管理的整体性调整，国务院国有资产监督管理机构直属国有企业与地方国有企业之间无偿划转国有股权或者重组等导致发行人控股股东发生变更的，比照前款规定执行，但是应当经国务院国有资产监督管理机构批准并提交相关批复文件。

不属于前两款规定情形的国有股权无偿划转或者重组等导致发行人控股股东发生变更的，视为公司控制权发生变更。

（六）认定实际控制人是否发生变化时对发行人和中介机构的披露要求及法律责任：1. 发行人应当在招股说明书中披露公司控制权的归属、公司的股权及控制结构，并真实、准确、完整地披露公司控制权或者股权及控制结构可能存在的不稳定性及其对公司的生产、经营及盈利能力的潜在影响和风险。2. 律师和律师事务所就公司控制权的归属及其变动情况出具的法律意见书是发行审核部门判断发行人最近3年内“实际控制人没有发生变更”的重要依据。律师和律师事务所应当确保法律意见书的结论明确，依据适当、充分，法律分析清晰、合理，违反相关规定的，除依法采取相应的监管措施外，监管部门还将对法律意见书的签字律师和签字的律师事务所负责人此后出具的法律意见书给予重点关注。律师和律师事务所存在违法违规行为的，将依法追究其法律责任。

除了《适用意见第1号》的上述规定外，根据中国证监会的审核政策以及笔者的实务经验，在判断实际控制人变化时还要注意以下几点：

1. 对最近三年、最近两年的理解：根据保荐代表人培训等中国证监会通报的审核政策，指发行审核前36个月及24个月，并非“报告期”“申报期”或“最近三个会计年度”“最近两个会计年度”。在这个意义上，与《首发管理办法》《创业板上市管理办法》同等提及的主营业务未发生重大变更（指报告期内或会计年度）有重大区别。保代培训及实践操作中甚至存在申报时实际控制人曾在过去三年、两年中存在变化，待审核时相应期间内无变化不影响审核的案例。

2. 根据《适用意见第1号》，判断实际控制人是否发生变化，首先要看股权投资关系，但是由于“股权代持”等因素的存在，股权投资关系并非是判断实际控制人及其是否发生变化的唯一标准，需要中介机构“透过现象看本质”，穿透工商登记资料、投资协议、股东协议等文件，如结合公司董事、高管的提名及任免、核查财务底档、访谈公司管理层甚至一般员工等方式去探究公司的实际控制权归属。

3. 实际控制人不能变不意味着控股股东也不可以发生变化。控股股东的变化在规则上并无要求，只要保证其变化不导致实际控制人变更即可。如 2007 年 9 月上市的红宝丽（002165）案例中，第一大股东新疆柏青 2002 年进入，2006 年 1 月退出，但实际持有最大权益的主体一直为实际控制人芮敬功（直接持股 + 间接持股）；2006 年 12 月上市的金智科技（002090）案例中，发行前两年发行人第一大股东曾发生过变化，但实际控制人管理层团队一直未发生变化。

4. 原则上不接受用代持解释实际控制人未发生变化。证监会在保荐代表人培训时指出，部分发行人通过代持解决实际控制人三年未发生变更的问题，证监会原则上不认可这种做法，除非有特别充分、客观、有说服力的证据（例如：执行法院判决、继承等）。证监会对用代持解释实际控制人未发生变化的核心态度是不认可。曾经有极端的案例，报告期内发行人实际控制人的股权发生代持仅一周，但仍要从代持清理后起算看实际控制人有否发生变更。证监会对控股股东和实际控制人认定中存在的代持，基本态度是按持有的股权认定，如果有代持协议，还要看客观真实依据才能接受，仅有代持协议不能接受，原因在于代持协议容易签署，造假容易。但是我们这里之所以说“原则上不接受”，是因为除存在有力的客观证据外，国有企业的代持安排则相对略为宽松，被认可条件主要有：（1）国资主管部门对代持予以了批准，且工商局做了代持登记；（2）代持确有合理原因，如股东身份限制。

5. 共同拥有公司控制权的多人没有出现重大变更（并非没有出现任何变更），即若共同控制的多人中少数人曾在发行审核前三年、两年中虽存在变化，但未发生“重大变更”，不影响审核。

【案例：科泰电源（300153）——共同控制的多人中少数人发生变化】

反馈意见：9.4 马恩曦、戚韶群是否存在股份代持情形，将马恩曦、戚韶群夫妇均认定为共同实际控制人的依据和理由，是否符合《〈首次公开发行股票并上市管理办法〉第十二条“实际控制人没有发生变更”的理解和适用——证券期货法律适用意见〔2007〕第1号》的规定，发行人实际控制人是否发生变化。

《国浩律师事务所关于上海科泰电源股份有限公司首次公开发行股票并在创业板上市的补充法律意见书（一）》第49页披露如下：

自报告期初至今，马恩曦、戚韶群夫妇通过发行人控股股东（科泰BVI或科泰香港）持有发行人股权情况如下：

（1）2007年1月1日至2007年12月27日，马恩曦通过持有科泰BVI（发行人原控股股东）20%的股权，从而间接持有科泰电源的股权；

（2）2007年12月28日，马恩曦将其持有的科泰BVI20%的股权全部转给其妻戚韶群；同日，科泰BVI另外两位股东蔡行荣和许乃强分别将其持有的10000股科泰BVI股票中的2453股和3595股转给戚韶群，至此，自2007年12月28日至2009年10月21日，戚韶群通过持有科泰BVI32.096%的股权，从而间接持有科泰电源的股权；

（3）2009年10月22日，为了进一步提高公司股权结构的透明性和稳定性，科泰BVI股东严伟立、谢松峰和戚韶群按照各自在科泰BVI持有的相同股权比例在香港设立了科泰香港，改由科泰香港作为发行人的控股股东，至此，自2009年10月22日至今，戚韶群通过持有科泰香港（发行人现控股股东）32.10%的股权，从而间接持有科泰电源的股权。

由上可知，自2007年12月28日起，严伟立、谢松峰及戚韶群三名自然人合计持有发行人控股股东的股权比例一直保持在50%以上，并且严伟立、谢松峰及戚韶群均可间接支配发行人股份的表决权。因此，将严伟立、谢松峰及戚韶群三人认定为发行人的实际控制人既符合《首次公开发行股票并在创业板上市管理暂行办法》第十三条“发行人最近两年内实际控制人没有发生变更”的要求，亦符合《〈首次公开发行股票并上市管理办法〉第十二条“实际控制人没有发生变更”的理解和适用——证券期货法律适用意见〔2007〕第1号》“主张多人共同拥有公司控制权的，每人都必须直接持有公司股份和/或者间接支配公司股份的表决权”之规定。

但鉴于以下考虑并结合发行人的实际情况，我们认为还应将马恩曦纳入发行人实际控制人的范畴予以考虑：

（1）自报告期初至今，戚韶群在发行人未担任任何职务，马恩曦则一直担任科泰电源董事，且在发行人召开的历次董事会中，马恩曦和科泰香港其他两名股东严伟立、谢松峰作为发行人董事，均一致通过了上述董事会审议之事项，对发行人的经营方针和决策及经营管理层的任免起到重大的作用；

（2）2007 年 12 月 28 日，马恩曦将持有的科泰 BVI 股权转给其妻戚韶群后，虽未直接持有发行人控股股东股份，但鉴于马恩曦与戚韶群系夫妻关系，根据《中华人民共和国婚姻法》第十七条“夫妻对共同所有的财产，有平等的处理权”之规定，应将马恩曦、戚韶群夫妇二人视为一个利益整体予以对待，故亦不存在股份代持的情形；

（3）将马恩曦纳入到发行人实际控制人的范畴，增加了公司关联方的核查范围，增强了发行人股权结构演变的连续性，进一步确保了发行人控制权的稳定性；

（4）2009 年 10 月 30 日，严伟立、谢松峰及马恩曦、戚韶群夫妇四名自然人共同签署了《一致行动协议》，进一步明确了各方未来的一致行动关系。

综上所述，本所律师认为，将马恩曦、戚韶群夫妇均认定为共同实际控制人符合《首次公开发行股票并在创业板上市管理暂行办法》及《〈首次公开发行股票并上市管理办法〉第十二条“实际控制人没有发生变更”的理解和适用——证券期货法律适用意见〔2007〕第 1 号》的相关规定。马恩曦、戚韶群夫妇之间不存在股份代持的情形，自报告期初至今，发行人实际控制人未发生变化。

在科泰电源案例中，马恩曦将其持有的科泰 BVI 20% 的股权全部转给其妻戚韶群后，其已经不再直接持有或间接支配发行人股份，不再符合《〈首次公开发行股票并上市管理办法〉第十二条“实际控制人没有发生变更”的理解和适用——证券期货法律适用意见第 1 号》中“主张多人共同拥有公司控制权的，每人都必须直接持有公司股份和/或者间接支配公司股份的表决权”之规定。但是发行人律师从“实质重于形式”的角度，认为从夫妻共同财产等角度，仍应将马恩曦认定为实际控制人。同时，共同控制的多人中少数人曾在发行审核前三年、两年中存在变化，但未发生“重大变更”，本案例中的思路值得借鉴。

第六章
对赌协议

第一节　对赌协议的概念和特征

一、对赌协议的基本概念

对赌协议中的所谓“对赌”，是一个形象的叫法，其英文原名是“Valuation Adjustment Mechanism”，字面翻译为估值调整机制。因这种机制主要涉及对未来目标公司不确定发生或出现的事件进行事前安排和调整，重点是目标公司未来的经营业绩，而对于投资者和目标企业来说，未来的经营业绩是具有高度不确定性的，故这一不确定性使得协议好像是在“赌博”，“对赌”这样一个刺激的叫法应运而生。因此，对赌协议就是指投资者与融资方之间签订的带有估值调整机制的投资协议。伴随国外股权投资基金在我国的运作和本土股权投资市场的兴起，对赌协议越来越多地被运用到了股权投资领域。

有一种观点认为，对赌协议是资本方对实业家的掠夺工具，是“霸王条款”。近年来，市场上也确实出现了所谓资本方使用对赌协议等法律条款驱逐民营企业创始人的案例，如俏江南、太子奶等。然而，对赌协议的存在仍有其合理基础。其知名的双方共赢的成功案例也很多，如摩根斯坦利投资蒙牛等。对赌协议存在的根本原因在于：1. 根据买卖双方信息不对称原理，在投资方和融资方之间，天然存在着信息不对称的问题。由于融资方处于对其自身信息的优势地位和引进投资的利益驱动，投资者的尽职调查即使再全面深入，相对于融资方来说也始终处于信息弱势地位；2. 任何投资者与融资方的谈判都会遇到企业估值这个核心问题，而投融资双方对企业的估值常存在较大分歧，尤其是拟 IPO 企业都是在飞速发展当中，其未来的经营存在较大不确定性，未来几年企业的财务指标变动可能较人，当投资人的判断和企业家对企业未来财务指标预测有较大差距时，投资者就会要求与融资方签署对赌协议，以确保投资的安全和收益，控制其投资风险。同时，签订对赌协议还有利于双方搁置对未来企业价值的争议，从而促进投资的顺利进行。

签订对赌协议时，一般的做法是“根据现在，预估未来”。即根据企业的现有经营状况初步作价和确定投资条件之后，在对赌协议中预估企业的未来财务指标，如预期未来 2—3 个年度的净利润，根据企业的这个未来业绩预设条款来调整作价和投资条件。如果预期的价值没有实现，即被投资企业价值被高估时，投资者得以行使重新估值的权利，以弥补之前高估企业价值导致的损失，与此相对，如被投资企业未来的盈利能力和价值超过了之前的估值，则融资方也享有要求补偿的权利，用以弥补企业价值被低估带来的损失。由此可见，对赌协议是为了解决投资者和融资方之间对被投资企业商业信息不对称和难以估值的问题而产生的，其本身仅仅是一个中性的调整机制，并非倾向于投资者的霸王条款，而实际上是一套对被投资企业实际价值进行再发现、再确认的商业机制，是一种带有明确条件判断的价值评估模式，是一项双方之间达成的在市场的作用下按照被投资企业真实价值进行动态评估的安排，是双方为实现投融资交易的诚实信用、公平合理所共同做出的承诺，对赌协议既是投资者利益的保护伞，又对融资方起着积极的激励作用。实践表明，引入对赌协议实际上是把投资中基于信息不对称性以及未来不确定性的风险转换成了对赌博弈和能否成功行权的风险。在引入之前是非对称性风险，之后是对称性风险，即这种风险对参与投资的当事人来讲是对等的。这也是对赌协议设计成功之所在，也是投资者一直乐此不疲地运用对赌协议的原因之所在。

在中小企业融资难这个问题未解决的情况下，私募股权投资对中小企业来说是重要的融资渠道，而私募投资人对风险的防范必将导致对赌协议的盛行。

对赌协议是一把双刃剑，用好了，投资者和融资方各得其所，相互促进，用不好，两败俱伤。

二、对赌协议的特征

对赌协议具有如下特征：

（一）签订的主体为投资者和融资方，从实践来看，融资方的原始股东和实际控制人也会成为签约主体；

（二）从对赌协议约定的事项来说，主要以上市或财务绩效（如某一时段的盈利、销售额、净利润、利润区间或者复合增长率）为指标，确定对赌双方的权利和责任。常见的主要约定指标为：1. 约定明确的上市（如实现IPO或新三板挂牌）条款。投资者要求融资方明确保证目标企业在规定的时间内能够完成上市，以便投资者实现投资回报，如到期未能成功上市，则融资方需要以约定的方式如补偿现金、低价或无偿转让股权、回购股权对投资者等予以补偿。2. 约定明确的业绩增长条款。作为目前国内最常使用的条款，主要是投资者要求目标企业在未来确定的时期内，业绩增幅达到给定的指标，或约定公司需要在未来一段时间达到一定的净资产收益率、达到一定的净利润或增长率等。如到期未能实现目标，则融资方需要同样以上述约定的方式对投资者予以补偿。

第二节 对赌协议的合法性

一、不同观点

关于对赌协议的合法性，监管机构、司法机关和投行从业人员有几种不同的观点。

一种观点认为，对有关对赌条款的效力评判，应按照证监会《首发管理办法》的有关规定执行，《首发管理办法》要求“发行人的股权清晰，控股股东和受控股股东、实际控制人支配的股东所持发行人的股份不存在重大权属纠纷。”对赌协议容易在投资者和发行人之间产生股权纠纷和争议，导致发行人股权不稳定，因此对赌协议无效。

另一种观点认为，对赌协议中的股权回购等约定系保底条款，违反了《公司法》中股东共负盈亏的原则，系名为投资实为借贷，属以合法形式掩盖非法目的，应确认无效。

还有观点认为，基于契约自由的原则，对赌协议之约定系基于各方当事人真实意思表示，属于意思自治范畴，应予充分尊重，合法有效。

笔者认为，对赌协议属于民事主体之间缔结的合同，应属合同法调整范畴，其效力认定当以《合同法》第五十二条效力性规定为审查的基本依据，根据民商法“法不禁止即可行”的原则，投融资双方签订的对赌协议只要不违反该效力性规定即为有效。

《合同法》第五十二条规定了合同无效的法定情形。有下列情形之一的，合同无效：

（一）一方以欺诈、胁迫的手段订立合同，损害国家利益；

（二）恶意串通，损害国家、集体或者第三人利益；

（三）以合法形式掩盖非法目的；

（四）损害社会公共利益；

（五）违反法律、行政法规的强制性规定。

根据《合同法》的上述规定，排除投资者欺诈、胁迫国有企业或与国有企业有关人员恶意串通签订对赌协议的极端情形，对赌协议只有在违反法律、行政法规的强制性规定的情况下才会无效，而证监会的《首发管理办法》属于部门规章，不属于法律和行政法规，因此不能成为对赌协议无效的法律依据。

关于名为联营实为借贷的问题，1990 年 11 月 12 日最高人民法院发布的《关于审理联营合同纠纷案件若干问题的解答》中规定：“法人、事业法人作为联营一方向联营体投资，但不参加共同经营，也不承担联营的风险责任，不论盈亏均按期收回本息，或者按期收取固定利润的，是明为联营，实为借贷，违反了有关金融法规，应当确认合同无效。”但是对赌协议中，投资者的投资行为并不符合上述特征。首先，投资者虽然一般不委派经营层管理人员，但往往会委派董事或者监事，对企业的经营进行一定程度的监督；其次，对赌协议中一般也没有不论盈亏均按期收回本息，或者按期收取固定利润的约定；最后，

《合同法》颁布后，司法解释和有关企业间不得相互拆借的规定均不能成为认定合同无效的依据。

最高人民法院曾在2010年全国商事审判工作会议上首次明确了树立商事审判理念的要求，“要谨慎介入当事人自治领域，充分尊重当事人合同自由权利和对公司自治权利”，继而最高人民法院领导又在2013年全国商事审判工作座谈会上进一步深入阐述了商事审判理念的内涵和实质，鲜明地提出“要注重保护当事人的缔约机会公平、形式公平，强调意思自治、风险自担”的要求。以意思自治为基础的约定上市目标的估值调整协议，作为一种新型商事交易类型，交易双方有自主安排风险调控和经营激励的契约自由，承认估值调整协议的效力契合了上述保护商业自治的商事审判理念。

最高人民法院在2014年下发的《最高人民法院关于人民法院为企业兼并重组提供司法保障的指导意见》（法发〔2014〕7号）中指出，要审慎认定企业估值调整协议、股份转换协议等新类型合同的效力，避免简单以法律没有规定为由认定合同无效；同时最高人民法院在2014年12月17日下发的《关于依法平等保护非公有制经济促进非公有制经济健康发展的意见》（法发〔2014〕27号）中也提出：“正确认定民商事合同效力，保障非公有制经济的合法交易。要处理好意思自治与行政审批的关系，对法律、行政法规规定应当办理批准、登记等手续生效的合同，应当允许当事人在判决前补办批准、登记手续，尽量促使合同合法有效。要正确理解和适用合同法第五十二条关于无效合同的规定，严格限制认定合同无效的范围”，要求司法实践应充分尊重商事主体自主的商业安排，最大限度保护交易方的合理预期，避免不当裁判对市场及行业的消极影响。①

二、甘肃海富投资案

讨论对赌协议的合法性，就不能不提及2012年经最高人民法院审结的海富公司与世恒公司、迪亚公司及其实际控制人陆波之间的投资纠纷案。该案在

① 俞秋玮、夏青：《以上市为条件的“对赌”协议的效力评价》，载《人民法院报》2015年3月25日第7版。

PE 投资界产生了深远影响，堪称里程碑式的案例。此案历时长达三年，经兰州市中院一审、甘肃省高院二审和最高人民法院提审，终于在 2012 年 11 月 7 日由最高人民法院作出终审判决。

本案中，一审法院根据《公司法》第二十条股东不得滥用权利损害公司或者其他股东的利益以及《中外合资经营企业法》第八条企业利润根据合营各方注册资本的比例进行分配的规定，从而根据《合同法》第五十二条，即违反法律、行政法规的强制性规定的合同无效，判定世恒公司对海富公司承担补偿责任的约定无效，驳回了海富公司的全部诉讼请求。而二审法院参照《最高人民法院〈关于审理联营合同纠纷案件若干问题的解答〉》认定该约定明为联营，实为借贷，判决世恒公司和迪亚公司共同返还海富公司投资款及利息。最高人民法院最终支持了一、二审法院对《增资协议书》中约定世恒公司对海富公司承担补偿责任有关条款无效的判决，纠正了二审法院认定海富公司的投资名为联营实为借贷的判决，认定迪亚公司对于海富公司的补偿承诺并不损害公司及债权人的利益，不违反法律法规的禁止性规定，真实有效。

笔者认为，一审法院以《中外合资经营企业法》第八条的规定来判断合同效力系认定事实不清。《增资协议书》中要求世恒公司对海富投资进行补偿并不涉及对公司利润的具体分配，二审法院亦认定其并不违反法律规定。而二审法院适用司法解释来判断合同效力亦为不妥。根据《合同法》，判断合同无效的依据只能是法律和行政法规；即便是适用该司法解释，其规范的是“明为联营，实为借贷”的情形，而海富投资的目的是 IPO 退出，而并非借贷，条款中也无不论盈亏均按期收回本息，或者按期收取固定利润的约定。因此二审法院判决不当。

最高人民法院判决具有里程碑意义的是根据《公司法》第二十条否决了海富投资要求世恒公司承担补偿义务之约定的效力，但从鼓励投资的角度和支持契约自由的立法精神出发，支持了海富投资要求迪亚公司承担补偿义务的约定。相对于一、二审法院的判决，最高院的判决对于 PE 人来说可谓是“凤凰涅槃”。然而，投资者不能要求公司承担补偿责任的判决，也对整个股权投资行业造成了一定影响。

该案对 PE 投资人的启示一是 PE 投资者不能与被投资公司签订具有“对

赌”性质的协议，如约定在被投资公司利润不达标的情形下，由被投资公司对PE投资者进行补偿。根据《公司法》第三条和第四条，公司以其全部财产对公司的债务承担责任，股东以其认缴的出资额或认购的股份为限对公司承担责任；公司股东依法享有资产收益、参与重大决策和选择管理者三大权利。如果公司对股东进行补偿，则会使公司的资产非正常减少，损害公司和公司债权人的利益，此时股东涉嫌滥用权利。二是《增资协议书》虽由陆波签署，但并无由陆波对海富公司进行补偿的约定，造成海富公司在请求陆波进行补偿时因缺乏合同及法律依据而被法院驳回。因此，PE投资者在签订有关投资协议时，需注意有关条款的完整性和严谨性。

三、相关仲裁案件

但是，与法院判决不同的是，中国国际经济贸易仲裁委员会认可了与公司进行现金补偿对赌的效力。

在中国国际经济贸易仲裁委员会2014年年初的一个仲裁案中，仲裁庭针对投资方与公司之间以投资当年实际税后净利润为基础对公司进行估值调整的约定，做出了与“甘肃世恒案”相反的裁决，仲裁庭认为该条款在投资方与公司之间有效①。

2011年年初，A公司对外私募融资，投资方与A公司协商签订了《增资扩股协议》，投资方以现金形式向A公司增资人民币2亿元，占其4.4%股权。其中1000万元计入注册资本，其余1.9亿元计入资本公积。

按照该《增资扩股协议》第5.4条价格调整条款约定，A公司承诺：如果A公司2011年经审计的税后净利润低于3亿元，A公司愿以实际的税后净利润为基础，按“投资估值”中约定的投资市盈率15倍进行计算，给予投资方现金补偿，补偿金额=15×（2011年经审计后净利润低于3亿的部分）×投资方持有的A公司股份比例。同时投资方承诺：若A公司2011年度经审计后净利润高于3亿元，投资方愿以实际税后净利润为基础，按“投资估值”中约定的投资市盈率15倍进行计算，给予A公司现金补偿。补偿金额=15×（2011年

① 徐睿：《以目标公司作为对赌义务人的合同效力研究》，载《证券市场导报》2015年第5期。

经审计后净利润高于 3 亿的部分）×投资方持有的 A 公司股份比例。包括股东 B（该公司实际控制人）在内的 A 公司全体股东对此协议均书面认可。

《增资扩股协议》签订后，投资方按照约定注入资金完成增资。2012 年 8 月，投资方获知 A 公司 2011 年度经审计后净利润为 1.5 亿元（仅为承诺业绩的 50%），故依据对赌条款要求 A 公司对其现金补偿 0.99 亿元（0.99 = 15 ×（3 - 1.5）×4.4%）。

由于 A 公司拒绝履行对赌条款约定，投资方向中国国际经济贸易仲裁委员会提出仲裁申请，请求 A 公司、股东 B 依据《增资扩股协议》中的股权价格调整条款（对赌条款）支付补偿款 9900 万元。

仲裁庭认为，本案中的价格调整条款系各签署方的真实意思表示，估值调整的方式是现金补偿，估值调整安排是双向适用的，其内容与法律、行政法规强制性规定不相抵触，协议合法有效。

仲裁庭认为，投资补偿款与溢价投资款财产属性不同，产生的合同依据也不同。溢价投资款在账务上的具体处理列为公司负债还是计入公司资本公积金并不影响投资补偿款的产生、计算和法律上的成立。"申请人取得支付投资补偿款并不构成侵犯公司法人独立财产权，或违反《公司法》有关资本维持、资本减少限制的原则。"

"本案协议的全部相关当事方、利益关联方都是平等利益主体，不涉及国家或公众利益，没有需要法律特殊保护的利益方。申请人依据本案协议的正当约定，要求被申请人支付投资补偿款，是其依据本案协议享有的正当合法权利。投资补偿是出资后对投资进行估值调整的结果，是补偿行为，是一项或有合同债务，且根据被投资公司的利润实现情况，其支付义务人并不当然是被投资公司，也可能是投资方。"由此，仲裁庭认为，"申请人依据本案协议约定，要求被申请人支付投资补偿款是正当合理的，不存在也不构成其滥用股东地位。"

仲裁庭最终认为，"协议第 5.4 条之约定是投资市场常见的估值调整安排，不但具有经济上的正当、公平和合理性，而且该条款约定本身及其履行均不违反我国法律和行政法规的强制性规定，因此该条款是合法有效的。"

对照最高人民法院海富投资案和中国国际经济贸易仲裁委员会有关案例，

笔者更倾向于支持中国国际经济贸易仲裁委员会有关案例的有关裁决。原因在于：1. 最高人民法院在海富投资案中判决认为，如果公司对股东进行补偿，则会使公司的资产非正常减少，损害公司和公司债权人的利益，此时股东涉嫌滥用权利。但是，这里所说的公司的资产非正常减少是发生在公司业绩严重低于签约时对未来经营业绩指标承诺，从而触发对赌条款导致公司对投资者予以补偿的情形下的，所谓的“非正常”并没有一个明确的标准，如果公司在进行业绩承诺时基于信息优势，对投资者作出了不符合其真实经营预期的承诺甚至是虚假保证，那么基于这种承诺对企业的估值和投资价格是不是就是公司资产的“非正常”增加呢？是否符合公平原则呢？是否也是公司乃至大股东或实际控制人的滥用权利呢？

2. 基于前述最高人民法院在全国商事审判工作会议上提出的“要谨慎介入当事人自治领域，充分尊重当事人合同自由权利和对公司自治权利”“要注重保护当事人的缔约机会公平、形式公平，强调意思自治、风险自担”的商事审判理念，企业和投资者作为市场经济的主体，其对投融资存在的风险理应具有相当程度的认识，其签订的协议以意思自治为基础，交易双方有自主安排风险调控和经营激励的契约自由，立法不宜予以干预。企业签订对赌协议存在业绩达不到需要补偿投资者的高风险，然而投资者以高溢价投资，同时限于财务投资者的性质，不能深入参与目标公司的经营，同样承担了投资失败的高风险。也就是说，在签订对赌协议时，双方均承担了较高风险，这也是“赌”的含义所在，不存在显失公平的情形。对赌协议可以有效激励被投资公司的控股股东，投资者也可以有效规避投资风险，具有相当的合理性。美国公司法有商事自主判断原则（the business judgment rule），即美国法院和法官认为，商事风险应由当事人自主判断并承担，商业判断“既不属法院的管辖范围，也超出了法官的能力”。

3. 对赌协议一般均由融资方全体股东包括实际控制人签署，融资方全体股东对承担该等投资风险并获得股权溢价已经认可，因此再认定有关投资人股东“滥用股东权利”难以令人信服（海富案中从判决看原股东未签署，属于投资者的一个失误，如签订该协议经过公司股东会批准尚可弥补该失误）。

4. 虽然投资机构具有资金上的优势，但股权投资行业已高度市场化，企业及其股东可选择的范围非常广泛，因此对于此种双方的自由选择和交易，司法机关不宜轻易以违反公平原则予以干预。

5. 由于投资者投资价格是基于对公司现有价值的认可和对未来公司业绩和股权价值的预估，往往具有较高的溢价，因此公司在引进投资时获得了相当的利益，为支付该利益的对价，公司对未来的经营状况作出了承诺，双方约定如公司未达到未来经营状况时调整入股时的价格，此为附条件生效的合同条款，不违反法律法规的强制性规定。

因此，综上所述，公司在未能实现承诺的业绩时进行赔偿符合公平原则，不能单方面认定对赌损害公司利益。至于损害公司债权人的利益，需要公司提出证据证明，也需要公司债权人提出主张再行认定。另外，此时投资者也属于公司的债权人，如债权人之间对债权实现存在冲突，应依法提起诉讼解决，而不能以侵害债权人利益为理由来否定对赌条款，这样反而侵害了债权人的利益。笔者相信未来类似海富案的判决会基于商事审判的理念变化而有所改变。

四、对赌协议的有限性及“九民纪要”

其实，对赌协议并非万能，无论是监管部门、司法部门对对赌协议是否认可，作为投资者和融资方都应当对对赌条款持一个理性的态度。如果投资方在投资之前对融资方进行细致的考察，融资方有核心竞争力，也有很好的盈利模式，只是缺少资金支持，那么只要资金支持到位，就可能给融资方业绩增长的较大动力，那么即使企业没有上市，也可以给予股东可观的回报，或者通过并购、股权转让方式实现投资方的投资收益。反之，如果投资者投资失误，也不能完全指望对赌条款“兜底”，由融资方或是大股东对投资者的投资失误予以买单。实践中，有些业绩很好的投资方尽调非常充分，对市场、行业和融资方非常了解，在同融资方签订投资协议时，只在协议中约定一个简单的回购承诺。即如果因为客观原因（如不可抗力、国家政策变化等），或者管理层出现了问题导致业绩下滑，或者不能上市，原股东只需以一定价格加上利息回购投资者股份即可，这种情况下，双方一般都能接受。

2019 年 11 月 8 日，最高人民法院发布了《关于印发〈全国法院民商事审判工作会议纪要〉的通知》（以下简称“九民纪要”），针对民商事审判中的诸多前沿疑难争议问题的裁判给出了指导性意见，其中，针对“目标公司签订的‘对赌协议’的效力及能否履行”问题的阐述尤为引人注目。

此次九民纪要不仅统一了对赌协议及股权回购问题的司法裁判标准，并且，在裁判技术上也取得了实质性地进步，其具体表现包括但不限于①：

1. 旗帜鲜明地肯定了投资方与公司对赌（包括金钱补偿型对赌及股权回购型对赌）的“合同有效性”；

2. 在对赌协议纠纷的裁判上，采用“两分法”，区分合同效力问题和合同可履行性问题，要求法院从“合同有效性”及“可实际履行性”两个维度来进行分析和裁判；

3. 提出以“公司是否已经履行了减资程序”作为公司回购型对赌可履行性的判断标准，以“公司是否有足够利润支付补偿款”作为金钱补偿型对赌可履行性的判断标准；

4. 丰富了投资方与公司对赌案件中投资方的救济途径，明确金钱补偿型对赌中公司对投资方的补偿义务为持续性的义务，而非一次性的义务。

由于篇幅有限，法院诉讼与公司 IPO 角度毕竟不同，且类似研究文章很多，本书在此不对《九民纪要》的上述内容展开论述。

第三节　对赌协议对 IPO 的影响及规范

一、证监会的有关政策

IPO 过程中，中国证监会对拟上市企业与投资者之间签订的投资协议，审核关注的主要是相关协议是否违反现行法律法规的规定，有关约定是否会影响拟上市企业的股权稳定，是否会导致股权纠纷或存在潜在纠纷。原则上，IPO 审核中是不允许对赌协议存在的。证监会在 2010 年第三期（创业板）保荐代表人培训会上指出，对赌协议可能造成公司控制权不稳定、经营不稳定，上会前需清理，除了业绩对赌外，董事会一票否决安排、清算优先受偿等条款，证

① 戴凌云、王亮：《九民纪要评论—以对赌及回购为视角》，载通商律师事务所官方公众号。

监会认为这些条款违反公平原则，也必须清理。

证监会并不绝对否认对赌协议的合法性，但与法院不同，证监会对拟上市公司的审查不仅限于合法性问题，还对拟上市公司控制权的稳定性、持续盈利能力等进行审查。而对赌协议可能影响拟上市公司控制权的稳定性，进而影响持续盈利能力，这是证监会要求拟上市公司清理对赌协议的主要原因。另外，由于对赌协议基本都是投资方草拟，部分对赌协议的安排脱离了企业的经营实际，给企业经营者带来了过大且不恰当的经营压力（实践中常常有企业主确实由于不懂对赌协议的厉害而基于朋友信任等原因随意签署的情形），证监会认为这样的对赌协议实际上对企业利益造成了损害，出于保护实体经济等考虑也认为需要禁止。

二、上市前对赌协议的处理

实践中，根据笔者的实务经验，针对对赌协议，一般可以采取如下做法：

一、终止对赌协议，至少在 IPO 上会前必须终止执行。可由相关协议方签署补充协议，终止原对赌协议的效力；

二、不全部终止对赌协议，但终止有关与公司对赌的条款，确保与最高院海富案判决精神一致。对于投资者与大股东或实际控制人的对赌条款签订补充协议，终止该等条款的效力（同样至少在 IPO 上会前终止执行）；

三、如确实各方意见不一致无法达成终止协议的结果，实践中有的项目采取的做法是，在申报材料前签订补充协议，中止对赌协议或对赌条款的效力，如项目撤回材料或被证监会否决，则效力自动恢复。但即使有过往成功案例，此种做法是否一定能为审核机关所接受仍然存在不确定性，笔者认为，上述方案一和二为上策和中策，而中止的做法是下策，尽量不要采用。

此外，作为中介机构，应通过核查有关投资协议、访谈公司、投资者、原股东和实际控制人的方式核查是否有对赌协议的存在，如有，应详细披露清理过程并对是否存在纠纷或潜在纠纷发表明确意见。

根据《首发业务若干问题解答》，投资机构在投资发行人时约定对赌协议等类似安排的，原则上要求发行人在申报前清理，但同时满足以下要求的可以不清理：一是发行人不作为对赌协议当事人；二是对赌协议不存在可能导致公司控制权变化的约定；三是对赌协议不与市值挂钩；四是对赌协议不存在严重影响发行人持续经营能力或者其他严重影响投资者权益的情形。保荐人及发行人律师应当就对赌协议是否符合上述要求发表明确核查意见。发行人应当在招股说明书中披露对赌协议的具体内容、对发行人可能存在的影响等，并进行风险提示。

第七章
公司的业务

第一节　IPO 对业务的要求和公司的经营范围

一、IPO 对公司业务的要求

《首发管理办法》对公司业务的要求主要体现在以下几个方面：（1）发行人的生产经营符合法律、行政法规和公司章程的规定，符合国家产业政策；（2）发行人最近三年内主营业务没有发生重大变化；（3）发行人应当具有完整的业务体系和直接面向市场独立经营的能力。其中最后一点在独立性部分中我们已经谈到，在此不再赘述。在证监会的审核过程中，对前述两个方面的关注重点主要是公司的经营行为包括其业务范围和经营模式是否合法合规，现有业务是否符合产业政策，是否存在被有权国家机关予以处罚或者取缔，从而影响公司持续经营的风险。作为中介机构尤其是发行人律师需要重点关注的是，根据证监会的审核政策，还要考察发行人已经剥离的业务最近三年是否存在违法违规，因此，对于 IPO 之前已经完成的业务重组，也要关注该等剥离业务是否存在违法违规。

除了对业务合法性的关注，部分行业企业的上市也会存在一定的上市障碍。如房地产企业。《国务院关于坚决遏制部分城市房价过快上涨的通知》（国发〔2010〕10 号）规定：“……（八）加强对房地产开发企业购地和融资的监管。国土资源部门要加大专项整治和清理力度，严格依法查处土地闲置及炒地行为，并限制有违法违规行为的企业新购置土地。房地产开发企业在参与土地竞拍和开发建设过程中，其股东不得违规对其提供借款、转贷、担保或其他相关融资便利。严禁非房地产主业的国有及国有控股企业参与商业性土地开发和房地产经营业务。国有资产和金融监管部门要加大查处力度。商业银行要加强对房地产企业开发贷款的贷前审查和贷后管理。对存在土地闲置及炒地行为的房地产开发企业，商业银行不得发放新开发项目贷款，证监部门暂停批准其上市、再融资和重大资产重组。”根据国务院的上述规定，证监会对房地产企业的土地问题非常关注，即使发行人只有部分业务涉及房地产，例如，发行人在某家房地产公司有20%的股权投资，也要按照房地产行业处理，征求国土资源部的意见。为了避免影响审核，建议如果存在部分业务涉及房地产的，发行人可考虑在申报前处置掉相关房地产业务。

除了房地产业外，证监会对某些特殊监管行业如殡葬业也不支持其上市，对这些特殊行业，证监会要关注行业监管是否成熟，市场是否能够接受该类行业，投资者是否能够理解该类行业。

二、公司的经营范围

公司的经营范围是指国家允许企业生产和经营的商品类别、品种及服务项目，反映企业业务活动的内容和生产经营方向，是企业业务活动范围的法律界限，是公司在经营活动中所涉及的领域，具体表现为公司具有什么样的生产项目、经营种类、服务事项等。公司的经营范围体现企业民事权利能力和行为能力的核心内容。

确定公司的经营范围对公司的意义在于：

1. 方便投资者了解公司资金的投入方向；

2. 为公司开展经营活动确定大体的范围，有利于公司经营活动的专业化发展；

3. 有利于公司员工认清公司发展的前景以及努力的方向；

4. 有利于建立和维护一定的管理秩序、经营秩序，防止市场竞争的无序状态。

《民法通则》规定，“企业法人应当在核准登记的经营范围内从事经营”。这就从法律上规定了企业法人经营活动的范围。经营范围一经核准登记，企业就具有了在这个范围内的权利能力，企业同时承担不得超越范围经营的义务，一旦超越，不仅不受法律保护，而且要受到处罚。核定的企业经营范围是区分企业合法经营与非法经营的法律界限。自 2017 年 10 月 1 日起施行的《民法总则》对经营范围则没有作出相应规定。

根据《公司法》第七条和第十二条的规定，对企业的经营范围有以下要求：

1. 公司营业执照应当载明公司的名称、住所、注册资本、经营范围、法定代表人姓名等事项。

2. 公司的经营范围由公司章程规定，并依法登记。公司可以修改公司章程，改变经营范围，但是应当办理变更登记。

3. 公司的经营范围中属于法律、行政法规规定须经批准的项目，应当依法经过批准。

2016 年 2 月 6 日发布的《中华人民共和国公司登记管理条例（2016 修订）》第十五条规定：“公司的经营范围由公司章程规定，并依法登记。公司的经营范围用语应当参照国民经济行业分类标准。”第十七条规定：“设立公司应当申请名称预先核准。法律、行政法规或者国务院决定规定设立公司必须报经批准，或者公司经营范围中属于法律、行政法规或者国务院决定规定在登记前须经批准的项目的，应当在报送批准前办理公司名称预先核准，并以公司登记机关核准的公司名称报送批准。”

2015 年 8 月 27 日国家工商行政管理总局令第 76 号公布了《企业经营范围登记管理规定》，该规定的主要内容有：

1. 经营范围是企业从事经营活动的业务范围，应当依法经企业登记机关登记。

申请人应当参照《国民经济行业分类》选择一种或多种小类、中类或者大类自主提出经营范围登记申请。对《国民经济行业分类》中没有规范的新兴行业或者具体经营项目，可以参照政策文件、行业习惯或者专业文献等提出申请。

企业的经营范围应当与章程或者合伙协议规定相一致。经营范围发生变化的，企业应对章程或者合伙协议进行修订，并向企业登记机关申请变更登记。

2. 企业申请登记的经营范围中属于法律、行政法规或者国务院决定规定在登记前须经批准的经营项目（以下称前置许可经营项目）的，应当在申请登记前报经有关部门批准后，凭审批机关的批准文件、证件向企业登记机关申请登记。

企业申请登记的经营范围中属于法律、行政法规或者国务院决定等规定在登记后须经批准的经营项目（以下称后置许可经营项目）的，依法经企业登记机关核准登记后，应当报经有关部门批准方可开展后置许可经营项目的经营活动。

3. 企业经营范围中包含许可经营项目的，企业应当自取得审批机关的批准文件、证件之日起 20 个工作日内，将批准文件、证件的名称、审批机关、批准内容、有效期限等事项通过企业信用信息公示系统向社会公示。其中，企业设立时申请的经营范围中包含前置许可经营项目的，企业应当自成立之日起 20 个工作日内向社会公示。

审批机关的批准文件、证件发生变更的，企业应当自批准变更之日起 20 个工作日内，将有关变更事项通过企业信用信息公示系统向社会公示。

4. 企业变更经营范围应当自企业作出变更决议或者决定之日起 30 日内向企业登记机关申请变更登记。其中，合伙企业、个人独资企业变更经营范围应当自作出变更决定之日起 15 日内向企业登记机关申请变更登记。

企业变更经营范围涉及前置许可经营项目，或者其批准文件、证件发生变更的，应当自审批机关批准之日起 30 日内凭批准文件、证件向企业登记机关申请变更登记。

企业变更经营范围涉及后置许可经营项目，其批准文件、证件记载的经营项目用语与原登记表述不一致或者发生变更的，可以凭批准文件、证件向企业登记机关申请变更登记。

5. 企业未经批准、登记从事经营活动的，依照有关法律、法规的规定予以查处。

根据《公司法》和《企业经营范围登记管理规定》的规定，公司经营范围由公司章程规定。公司作为企业法人，依法享有经营自主权，所以应当有权自主决定在什么领域中从事经营活动。公司章程作为公司组织和行为的基本规则，对公司的类型、宗旨、组织机构设置等涉及公司根本性、方向性的重大问题做出规定，为公司的设立和设立以后的运行提供一个基本准则。因此，公司经营范围应当由公司章程规定，这也是各国的通行做法。关于公司超越经营范围经营的问题，过去我国的立法是比较严格的，司法实践中对超越经营范围的行为往往一律按照无效处理。1987 年 7 月 21 日发布的《最高人民法院关于在审理经济合同纠纷案件中具体适用〈经济合同法〉的若干问题的解答》（现已失效）中第四条规定，“工商企业、个体工商户及其他经济组织应当在工商行政管理部门依法核准登记或主管机关批准的经营范围内从事正当的经营活动。超越经营范围或违反经营方式所签订的合同应认定为无效合同，例如：非法经营重要生产资料和紧俏耐用消费品的；零售商经营批发业务的；代销商搞经销的；只准在特定地区内销售的进口商品，未经批准私自流入其他地区的等，均应按无效合同处理。全部为超营项目的，全部无效；部分为超营项目的，超营部分无效。”《最高人民法院经济审判庭关于如何认定企业是否超越经营范围问题的复函》（1990 年 9 月 10 日法经〔1990〕第 101 号）中就指出“企业的经营范围，必须是以工商行政管理机关核准登记的经营范围为准。企业超越经营范围所从事的经营活动，其行为应当认定无效”。

然而，随着改革开放的不断深入发展，公司在实际经营中往往出于市场经营需要，难以完全严格遵守经营范围经营，实践中存在着很多公司超越经营范围的情形。《公司法》《公司登记管理条例》也根据市场经济的发展不断修订，目前已经放宽法律上对经营范围的限制。司法实践中，只要不违反法律的强制性、限制性规定，公司超越经营范围签订的合同一般都会被视为有效合同。《最高人民法院关于适用〈中华人民共和国合同法〉若干问题的解释（一）》第十条即规定，当事人超越经营范围订立合同，人民法院不因此认定合同无效。但违反国家限制经营、特许经营以及法律、行政法规禁止经营规定的除外。

当然，合同有效不能免除企业超越经营范围经营以及未及时办理经营范围变更的法律责任。《公司登记管理条例》第六十八条规定，公司登记事项发生变更时，未依照规定办理有关变更登记的，由公司登记机关责令限期登记；逾期不登记的，处以 1 万元以上 10 万元以下的罚款。其中，变更经营范围涉及法律、行政法规或者国务院决定规定须经批准的项目而未取得批准，擅自从事相关经营活动，情节严重的，吊销营业执照。

实践中，为降低市场准入门槛、减少政府对市场主体经营行为的干预，很多地区的市场监督管理机关已经从实际出发，推出营业执照“经营范围”登记方式改革新举措，放开经营范围的审核登记，加强事中事后监管，实现“放管结合”。例如，银川市放开企业“经营范围”审核登记，营业执照中的经营范围以前是固定的，如果需要变更或增加需要企业工作人员跑好几趟来做变更，现在只要是法律没有规定要审批的项目，企业都可以自主选择经营项目，不受限制，大大增加了市场的活力，为企业提供了便利。[①] 具体有四个特点：一是法律法规明确和国务院决定保留的工商登记前置审批事项，凭相关部门审批批准文件或许可证件办理工商登记并核准经营范围。二是工商登记后置审批事项和无须审批的经营项目，营业执照“经营范围”统一核定为：“法律法规明确或国务院决定须经审批的项目，经相关部门批准后方可开展经营活动，无须审批的，企业自主选择经营项目开展经营活动”。即法律法规禁止的，不得经营；应经审批的，未获批准前不得经营；法律、法规未规定审批的，自主选择经营项目，开展经营活动。三是营业执照“经营范围”由登记机关核准登记性公示转变为企业或个体工商户自主公示，即企业或个体工商户取得营业执照后，自行在《全国企业信用信息公示系统（宁夏）》公示经营范围及变化情况。四是相关单位和个人可登录《全国企业信用信息公示系统（宁夏）》查询企业、个体工商户经营范围。

营业执照“经营范围”登记方式的改革，既能大幅减少企业的办事成本，又有效节约了政府机关的行政成本。企业根据自己意愿，自行经营，不用本着有备无患而盲目办理，更不用再因经营范围变化反复到登记机关办理变更手续和准备繁琐的变更登记资料，节约了企业的时间和人力、财力。登记机关也再不需要逐字逐句审查、核定经营范围，群众到登记窗口的办件量相应减少，窗口工作量随之减少，提高办事效率。

---

① 环球网：《银川市放开企业“经营范围”审核登记》，载“环球网”（https：//china.huanqiu.com/article/9CaKrnJVD7N）。

第二节 主营业务

一、IPO对公司主营业务的要求

IPO对公司主营业务的要求，主板、中小板和创业板有所不同。对于主板和中小板，要求发行人最近三年内主营业务没有发生重大变化，而对于创业板，则要求发行人应当主营业务突出，同时，要求募集资金只能用于发展主营业务。证监会对主板、中小板和创业板作出区别要求主要是因为创业板上市企业往往是规模较小的高科技企业，为了更好地保护中小投资者利益，要求创业板的IPO企业主要经营一种业务。因此，创业板没有规定非同一控制业务不相关企业合并的情形。

根据证监会在保荐代表人培训讲座中的精神，发行人主要经营一种业务关键看该业务是否是一个公司在发展过程中自然生长的，有合理的商业逻辑的业务，主要经营一种业务指的是一个类别的业务，不以最终的产品来判断，源自同一核心技术、同一原材料、同一客户的业务等比较宽泛。证监会的认定标准为：（1）同一类别业务或相关联、相近的集成业务；（2）一种业务以外经营其他不相关业务的，最近两个会计年度以合并报表计算要同时符合其他业务收入与利润分别占营业收入总额与利润总额不超过30%的要求。

发行人律师在IPO过程中需要核查发行人主营业务的变更情况并就其主营业务是否突出发表明确意见。一般来说，律师应查验发行人历次变更的企业法人营业执照、公司章程、审计报告并对发行人实际控制人和高级管理人员进行访谈，并进行实地查验，判断发行人最近三年的主营业务为何以及主营业务最近三年内是否曾发生变更。同时，发行人律师应根据审计报告，披露发行人最近三年的营业收入和主营业务收入，根据其主营业务收入所占营业总收入的比例，就发行人主营业务是否突出发表明确意见。

二、关于主营业务变化

由于发行人在IPO过程中往往会根据证监会有关同业竞争等审核要求，对其业务进行重组，因此，要关注其重组过程中是否会导致主营业务发生变化。证监会认为，发行人对同一公司控制权人下相同、类似或相关业务进行重组，多是企业集团为实现主营业务整体发行上市、降低管理成本、发挥业务协同优势、提高企业规模经济效应而实施的市场行为。从资本市场角度看，发行人在发行上市前，对同一公司控制权人下与发行人相同、类似或者相关的业务进行重组整合，有利于避免同业竞争、减少关联交易、优化公司治理、确保规范运作，对于提高上市公司质量，发挥资本市场优化资源配置功能，保护投资者特别是中小投资者的合法权益，促进资本市场健康稳定发展，具有积极作用。因此，为支持发行人在首次公开发行股票并上市前进行业务重组整合以实现整体发行上市，规范该等业务重组行为，证监会制定了《〈首次公开发行股票并上市管理办法〉第十二条发行人最近3年内主营业务没有发生重大变化的适用意见——证券期货法律适用意见第3号》，该规定的主要内容如下：

……

二、发行人报告期内存在对同一公司控制权人下相同、类似或相关业务进行重组情况的，如同时符合下列条件，视为主营业务没有发生重大变化：

1. 被重组方应当自报告期期初起即与发行人受同一公司控制权人控制，如果被重组方是在报告期内新设立的，应当自成立之日即与发行人受同一公司控制权人控制；

2. 被重组进入发行人的业务与发行人重组前的业务具有相关性（相同、类似行业或同一产业链的上下游）。

重组方式遵循市场化原则，包括但不限于以下方式：

1. 发行人收购被重组方股权；

2. 发行人收购被重组方的经营性资产；

3. 公司控制权人以被重组方股权或经营性资产对发行人进行增资；

4. 发行人吸收合并被重组方。

三、发行人报告期内存在对同一公司控制权人下相同、类似或相关业务进行重组的，应关注重组对发行人资产总额、营业收入或利润总额的影响情况。发行人应根据影响情况按照以下要求执行：

1. 被重组方重组前一个会计年度末的资产总额或前一个会计年度的营业收

入或利润总额达到或超过重组前发行人相应项目 100% 的，为便于投资者了解重组后的整体运营情况，发行人重组后运行一个会计年度后方可申请发行。

2. 被重组方重组前一个会计年度末的资产总额或前一个会计年度的营业收入或利润总额达到或超过重组前发行人相应项目 50%，但不超过 100% 的，保荐机构和发行人律师应按照相关法律法规对首次公开发行主体的要求，将被重组方纳入尽职调查范围并发表相关意见。发行申请文件还应按照《公开发行证券的公司信息披露内容与格式准则第 9 号——首次公开发行股票并上市申请文件》（证监发行字〔2006〕6 号）附录第四章和第八章的要求，提交会计师关于被重组方的有关文件以及与财务会计资料相关的其他文件。

3. 被重组方重组前一个会计年度末的资产总额或前一个会计年度的营业收入或利润总额达到或超过重组前发行人相应项目 20% 的，申报财务报表至少须包含重组完成后的最近一期资产负债表。

四、被重组方重组前一会计年度与重组前发行人存在关联交易的，资产总额、营业收入或利润总额按照扣除该等交易后的口径计算。

五、发行人提交首发申请文件前一个会计年度或一期内发生多次重组行为的，重组对发行人资产总额、营业收入或利润总额的影响应累计计算。

六、重组属于《企业会计准则第 20 号——企业合并》中同一控制下的企业合并事项的，被重组方合并前的净损益应计入非经常性损益，并在申报财务报表中单独列示。

重组属于同一公司控制权人下的非企业合并事项，但被重组方重组前一个会计年度末的资产总额或前一个会计年度的营业收入或利润总额达到或超过重组前发行人相应项目 20% 的，在编制发行人最近 3 年及一期备考利润表时，应假定重组后的公司架构在申报报表期初即已存在，并由申报会计师出具意见。

第三节　业务资质以及特殊行业的规制

对发行人业务的核查，中介机构尤其是发行人律师，需要重点关注部分行业的资质及许可。IPO 中常见的需要特殊资质与许可的行业如下：

一、金融

根据《金融许可证管理办法》，金融许可证是指中国银行保险监督管理委员会（原中国银行业监督管理委员会）依法颁发的特许金融机构经营金融业务的法律文件。金融许可证适用于银保监会监管的、经批准经营金融业务的金融机构。金融机构包括政策性银行、商业银行、农村合作银行、城市信用社、农村信用社、村镇银行、贷款公司、农村资金互助社、金融资产管理公司、信托公司、企业集团财务公司、金融租赁公司、汽车金融公司、货币经纪公司等。

二、保险

根据《保险许可证管理办法》，经营保险业务的保险控股公司和保险集团公司、保险公司及其分支机构、保险资产管理公司及其分支机构、保险代理机构、保险经纪机构、保险公估机构及其分支机构、保险兼业代理机构需要取得保险许可证。

三、药品

根据《药品生产监督管理办法》，药品生产企业应办理《药品生产许可证》。根据《药品经营许可证管理办法》，药品批发及零售企业应取得《药品经营许可证》。

四、医疗

根据《医疗机构管理条例》，医疗机构应取得《医疗机构执业许可证》。根据《医疗美容服务管理办法》，美容医疗机构必须经卫生行政部门登记注册并获得《医疗机构执业许可证》后方可开展执业活动。根据《医疗器械经营监督管理办法》，从事医疗器械经营要取得《医疗器械经营许可证》等。

五、影视

根据发行人具体从事的不同业务，需要分别取得《广播电视节目制作经营许可证》《营业性演出许可证》《广播电视节目制作经营许可证》等。

第八章
关联方和关联交易

第一节　关联方和关联交易的基本概念

一、关联交易

《深圳证券交易所股票上市规则（2019年修订）》10.1.1条对关联交易的定义是："上市公司的关联交易，是指上市公司或者其控股子公司与上市公司关联人之间发生的转移资源或者义务的事项，包括：（一）本规则9.1条规定的交易事项；（二）购买原材料、燃料、动力；（三）销售产品、商品；（四）提供或者接受劳务；（五）委托或者受托销售；（六）关联双方共同投资；（七）其他通过约定可能造成资源或者义务转移的事项。"

而根据9.1条，"交易"包括下列事项：（一）购买或者出售资产；（二）对外投资（含委托理财、委托贷款、对子公司投资等）；（三）提供财务资助；（四）提供担保；（五）租入或者租出资产；（六）签订管理方面的合同（含委托经营、受托经营等）；（七）赠与或者受赠资产；（八）债权或者债务重组；（九）研究与开发项目的转移；（十）签订许可协议；（十一）本所认定的其他交易。上述购买、出售的资产不含购买原材料、燃料和动力，以及出售产品、商品等与日常经营相关的资产，但资产置换中涉及购买、出售此类资产的，仍包含在内。

《企业会计准则第36号——关联方披露》第七条规定："关联方交易，是指关联方之间转移资源、劳务或义务的行为，而不论是否收取价款。"第八条规定："关联方交易的类型通常包括下列各项：

（一）购买或销售商品。

（二）购买或销售商品以外的其他资产。

（三）提供或接受劳务。

（四）担保。

（五）提供资金（贷款或股权投资）。

（六）租赁。

（七）代理。

（八）研究与开发项目的转移。

（九）许可协议。

（十）代表企业或由企业代表另一方进行债务结算。

（十一）关键管理人员薪酬。"

根据上述规定，概况地来说，关联交易是指发行人或其控股子公司与公司关联人之间发生的转移资源或义务的事项。简单地说，关联交易就是公司或其控股子公司与关联人之间的交易，交易的类型如上所述。

对关联交易的界定及规制，主要基于两点：其一为关联方关系；其二为利益输送的控制、影响的非正当性，即交易可能存在利益操控或输送且对其他人、市场规则等有损害的才受监管，典型的如公司与其控股子公司的交易，虽然符合第一个要点，但由于合并财务报表导致其无法发送利益输送，因此通常不在关联交易的监管范围。

二、关联方

（一）交易所规则

关于关联方的定义，《深圳证券交易所股票上市规则（2019年修订）》使用了"关联人"的概念。公司的关联人包括关联法人和关联自然人。

（1）根据《深圳证券交易所股票上市规则（2019年修订）》，具有以下情形之一的法人或者其他组织，为公司的关联法人：

①直接或间接地控制公司的法人；

②由前项所述法人直接或间接控制的除公司及其控股子公司以外的法人；

③由公司的关联自然人直接或间接控制的或担任董事、高级管理人员的，除公司及其控股子公司以外的法人；

④持有公司 5% 以上股份的法人；

⑤中国证监会、证券交易所或公司根据实质重于形式的原则认定的其他与公司有特殊关系，可能造成公司对其利益倾斜的法人。

公司与前述法人受同一国有资产管理机构控制的，不因此构成关联关系，但该法人的董事长、总经理或者半数以上的董事属于第（2）条第②项（请见下文）所列情形者除外。

深交所在定义关联法人时，表述为“具有以下情形之一的法人或者其他组织，为公司的关联法人……”，其中提到了“其他组织”，而其他组织，如有限合伙等，根据我国法律又不是法人。因此，“具有以下情形之一的法人或者其他组织，为公司的关联法人”的“关联法人”，似应改为“关联法人或其他关联组织”更为严谨，其后具体列举的五项关联法人，也改为“关联法人或其他关联组织”为宜。

（2）具有以下情形之一的自然人，为公司的关联自然人：

①直接或间接持有公司 5% 以上股份的自然人；

②公司董事、监事及高级管理人员；

③直接或间接控制公司的法人的董事、监事及高级管理人员；

④本条第①、②项所述人士的关系密切的家庭成员，包括配偶、父母及配偶的父母、兄弟姐妹及其配偶、年满 18 周岁的子女及其配偶、配偶的兄弟姐妹和子女配偶的父母；

⑤中国证监会、证券交易所或公司根据实质重于形式的原则认定的其他与公司有特殊关系，可能造成公司对其利益倾斜的自然人。

（3）具有下列情形之一的法人或自然人，视同为公司的关联人：

①与公司或其关联人签署协议或作出安排，在协议或安排生效后，或在未来十二个月内，具有前述（1）或（2）种规定情形之一的；

②过去十二个月内，曾经具有前述（1）或（2）种规定情形之一的。

（二）上市公司信息披露管理办法

中国证监会2006年12月审议通过的《上市公司信息披露管理办法》第七十一条规定，关联人包括关联法人和关联自然人。

具有以下情形之一的法人，为上市公司的关联法人：

1. 直接或者间接地控制上市公司的法人；

2. 由前项所述法人直接或者间接控制的除上市公司及其控股子公司以外的法人；

3. 关联自然人直接或者间接控制的或者担任董事、高级管理人员的，除上市公司及其控股子公司以外的法人；

4. 持有上市公司5%以上股份的法人或者一致行动人；

5. 在过去12个月内或者根据相关协议安排在未来12月内，存在上述情形之一的；

6. 中国证监会、证券交易所或者上市公司根据实质重于形式的原则认定的其他与上市公司有特殊关系，可能或者已经造成上市公司对其利益倾斜的法人。

具有以下情形之一的自然人，为上市公司的关联自然人：

1. 直接或者间接持有上市公司5%以上股份的自然人；

2. 上市公司董事、监事及高级管理人员；

3. 直接或者间接地控制上市公司的法人的董事、监事及高级管理人员；

4. 上述第1、2项所述人士的关系密切的家庭成员，包括配偶、父母、年满18周岁的子女及其配偶、兄弟姐妹及其配偶，配偶的父母、兄弟姐妹，子女配偶的父母；

5. 在过去12个月内或者根据相关协议安排在未来12个月内，存在上述情形之一的；

6. 中国证监会、证券交易所或者上市公司根据实质重于形式的原则认定的其他与上市公司有特殊关系，可能或者已经造成上市公司对其利益倾斜的自然人。

（三）会计准则

对关联方的判定，还要结合会计准则。《企业会计准则第36号——关联方披露》（财会〔2006〕3 号）第三条规定：“一方控制、共同控制另一方或对另一方施加重大影响，以及两方或两方以上同受一方控制、共同控制或重大影响的，构成关联方。控制，是指有权决定一个企业的财务和经营政策，并能据以从该企业的经营活动中获取利益。共同控制，是指按照合同约定对某项经济活动所共有的控制，仅在与该项经济活动相关的重要财务和经营决策需要分享控制权的投资方一致同意时存在。重大影响，是指对一个企业的财务和经营政策有参与决策的权力，但并不能够控制或者与其他方一起共同控制这些政策的制定。”

《企业会计准则第 36 号——关联方披露》第四条确认关联方具体指：“（一）该企业的母公司。（二）该企业的子公司。（三）与该企业受同一母公司控制的其他企业。（四）对该企业实施共同控制的投资方。（五）对该企业施加重大影响的投资方。（六）该企业的合营企业。（七）该企业的联营企业。（八）该企业的主要投资者个人及与其关系密切的家庭成员。主要投资者个人，是指能够控制、共同控制一个企业或者对一个企业施加重大影响的个人投资者。（九）该企业或其母公司的关键管理人员及与其关系密切的家庭成员。关键管理人员，是指有权力并负责计划、指挥和控制企业活动的人员。与主要投资者个人或关键管理人员关系密切的家庭成员，是指在处理与企业的交易时可能影响该个人或受该个人影响的家庭成员。（十）该企业主要投资者个人、关键管理人员或与其关系密切的家庭成员控制、共同控制或施加重大影响的其他企业。”

《企业会计准则第 36 号——关联方披露》第五条规定，仅与企业存在下列关系的各方，不构成企业的关联方：

1. 与该企业发生日常往来的资金提供者、公用事业部门、政府部门和机构。

2. 与该企业发生大量交易而存在经济依存关系的单个客户、供应商、特许商、经销商或代理商。

3. 与该企业共同控制合营企业的合营者。

《企业会计准则第 36 号—关联方披露》第六条规定，仅仅同受国家控制而不存在其他关联方关系的企业，不构成关联方。

第二节　关联方认定及核查

一、关联方认定

《首发业务若干问题解答》规定，发行人应当按照《公司法》《企业会计准则》和中国证监会的相关规定认定并披露关联方。

根据深交所和上交所发布的《股票上市规则》、《企业会计准则》、《关于进一步提高首次公开发行股票公司财务信息披露质量有关问题的意见》（证监会公告〔2012〕14号）及《上市公司信息披露管理办法》等文件的规定，关联人至少应该包括如下11类关联方，具体参见下表：

序号	《企业会计准则》	《股票上市规则》	《上市公司信息披露管理办法》
关联法人			
1	（一）该企业的母公司	10.1.3（一）直接或者间接地控制上市公司的法人或者其他组织	1. 直接或者间接地控制上市公司的法人
2	（二）该企业的子公司		
3	（三）与该企业受同一母公司控制的其他企业	10.1.3（二）由前项所述法人直接或者间接控制的除上市公司及其控股子公司以外的法人或者其他组织	2. 由前项所述法人直接或者间接控制的除上市公司及其控股子公司以外的法人
4	（十）该企业主要投资者个人、关键管理人员或与其关系密切的家庭成员控制、共同控制或施加重大影响的其他企业	10.1.3（三）由本规则10.1.5条所列上市公司的关联自然人直接或者间接控制的或者担任董事、高级管理人员的，除上市公司及其控股子公司以外的法人或者其他组织	3. 关联自然人直接或者间接控制的或者担任董事、高级管理人员的，除上市公司及其控股子公司以外的法人
5	（四）对该企业实施共同控制的投资方 （五）对该企业施加重大影响的投资方	10.1.3（四）持有上市公司5%以上股份的法人或者其他组织及其一致行动人	4. 持有上市公司5%以上股份的法人或者一致行动人

续表

序号	《企业会计准则》	《股票上市规则》	《上市公司信息披露办法》
6	（六）该企业的合营企业		
7	（七）该企业的联营企业		
关联自然人			
8	（八）该企业的主要投资者个人	10.1.5（一）直接或者间接持有上市公司 5% 以上股份的自然人	1. 直接或者间接持有上市公司 5% 以上股份的自然人
9	（九）该企业的关键管理人员	10.1.5（二）上市公司董事、监事及高级管理人员	2. 上市公司董事、监事及高级管理人员
10	第（九）条中母公司的关键管理人员	10.1.5（三）本规则10.1.3 条第（一）项所列法人的董事、监事及高级管理人员	3. 直接或者间接地控制上市公司的法人的董事、监事及高级管理人员
11	第（八）条中主要投资者个人其关系密切的家庭成员；第（九）条中该企业关键管理人员、母公司关键管理人员其关系密切的家庭成员	10.1.5（四）本条第（一）项、第（二）项所述人士的关系密切的家庭成员	4. 上述第 1、2 项所述人士的关系密切的家庭成员

企业会计准则 36 号与上市规则对关联方界定的比较

序号	比较项	企业会计准则 36 号	上市规则
1	单位主体描述	对于单位主体，一般采用「企业」进行表述。	采用「法人或其他组织」进行表述。
2	关联方是否包含子公司	包含。	不包含。
3	关联单位的确定	采用控制、共同控制或重大影响的概念进行描述。	一般有 5% 以上股份的明确界定，也采用「直接或间接控制」等概念进行描述。
4	关联自然人的确定	采用「关键管理人员」的概念。	相关单位的董事、监事和高级管理人员。
5	关系密切家庭成员的界定	未明确界定范围，指在处理与企业的交易时可能影响该个人或受该个人影响的家庭成员。	明确界定范围，包括配偶、年满 18 周岁的子女及其配偶、父母及配偶的父母、兄弟姐妹及其配偶、配偶的兄弟姐妹、子女配偶的父母。

续表

序号	比较项	企业会计准则36号	上市规则
6	潜在关联方和历史关联方	未规定。	明确规定：过去12个月内或通过协议、安排在未来12个月内，存在示意图中所列关联自然人情形的，仍被认定为关联方。
7	是否有兜底条款	未规定。	明确规定：根据「实质重于形式」原则还可以确定其他关联方。

注：上列两个表中的《上市规则》系指《深圳证券交易所股票上市规则》。《深圳证券交易所股票上市规则》与上交所《上市规则》相比，明确将持有上市公司5%以上股份的法人或其他组织的一致行动人列入关联方，但未予具体界定一致行动人的概念，其他与上交所《上市规则》相同。

该11类关联方如下图所示：

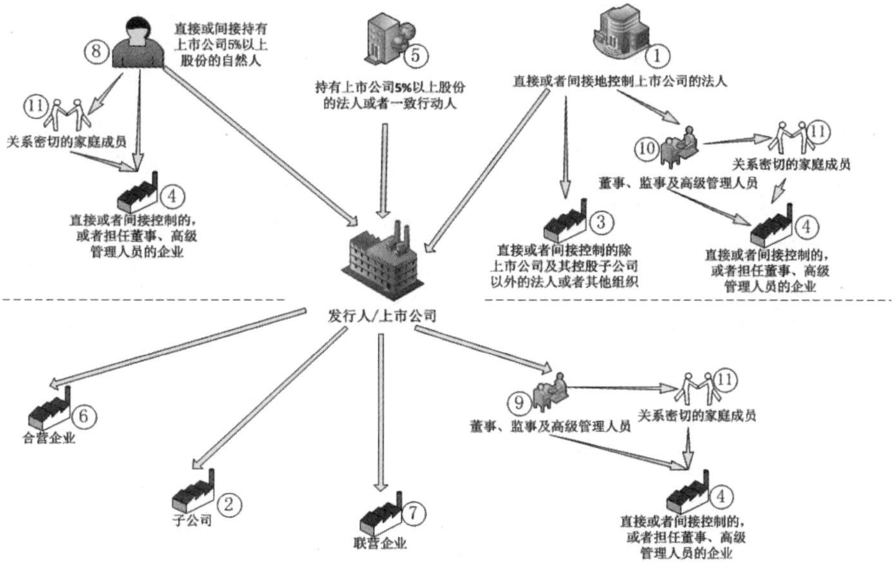

同时还应注意，《会计准则》《上市规则》《信息披露办法》等文件规定：

1. 具有以下情形之一的法人或者自然人，视同为上市公司的关联人：

①因与上市公司或者其关联人签署协议或者作出安排，在协议或者安排生效后，或者在未来十二个月内，具有本规则10.1.3条或者10.1.5条规定情形之一的；

②过去十二个月内，曾经具有本规则10.1.3条或者10.1.5条规定情形之

一的。

2. 关联方还应包括中国证监会、证券交易所或者上市公司根据实质重于形式的原则认定的其他与上市公司有特殊关系，可能或者已经造成上市公司对其利益倾斜的自然人。

3. 控制，是指有权决定一个企业的财务和经营政策，并能据以从该企业的经营活动中获取利益。

4. 共同控制，是指按照合同约定对某项经济活动所共有的控制，仅在与该项经济活动相关的重要财务和经营决策需要分享控制权的投资方一致同意时存在。

5. 重大影响，是指对一个企业的财务和经营政策有参与决策的权力，但并不能够控制或者与其他方一起共同控制这些政策的制定。

6. 关系密切的家庭成员，包括配偶、父母及配偶的父母、兄弟姐妹及其配偶、年满十八周岁的子女及其配偶、配偶的兄弟姐妹和子女配偶的父母。

7. 主要投资者个人，是指能够控制、共同控制一个企业或者对一个企业施加重大影响的个人投资者。

8. 关键管理人员，是指有权力并负责计划，指挥和控制企业活动的人员。与主要投资者个人或关键管理人员关系密切的家庭成员，是指在处理与企业的交易时可能影响该个人或受该个人影响的家庭成员。

关系密切的家庭成员如下图所示：

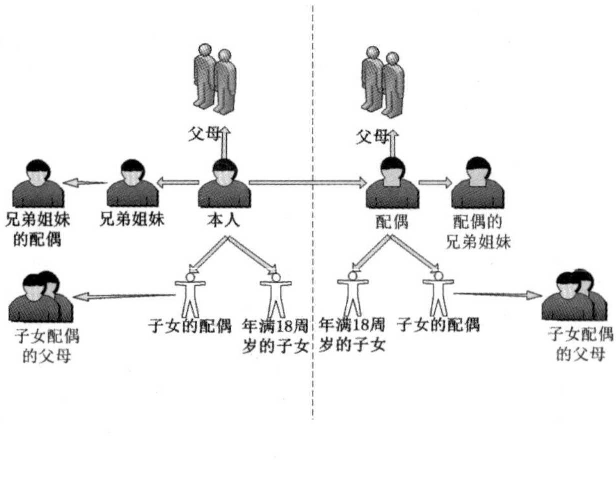

二、关联方核查

关联方的核查总体原则是：（1）全面、谨慎界定关联方；（2）实质重于形式。在 IPO 过程中，中介机构面临的发行人股权及对外投资关系、客户与供应商关系往往比较复杂，其关联关系非常隐蔽，对于有造假行为或动机的发行人而言，其往往通过代持等各种手段隐藏关联关系，从而对中介机构执业造成较大风险，对中介机构进行关联方与关联交易的尽职调查和披露造成障碍。在实际工作中中介机构必须使用专门的尽职调查程序，以识别有关自然人或法人及其他组织是否应被纳入关联方范围、其与发行人的交易是否为关联方交易、关联方交易的账务处理及披露是否正确，从而最终避免在申报披露时遗漏关联方和关联交易。

保荐机构及发行人律师应对发行人的关联方认定，发行人关联交易信息披露的完整性，关联交易的必要性、合理性和公允性，关联交易是否影响发行人的独立性、是否可能对发行产生重大不利影响，以及是否已履行关联交易决策程序等进行充分核查并发表意见。

根据《公司法》、证监会有关规定和交易所上市规则，关联方往往基于血缘关系、股权关系和任职关系而产生。此外，中国证监会、证券交易所或者上市公司根据实质重于形式的原则认定的其他与发行人有特殊关系，可能或者已经造成发行人对其利益倾斜的自然人、法人和其他组织作为上述规定的兜底条款，也属于关联方的范围。由于这条规则主观性比较强，实践中一般都有赖于中介机构根据自身经验从风险防范的角度予以认定。一个基本的原则是，如果某项交易有非同寻常的利益转移如不正常的交易价格，往往就很可能隐藏关联方或是交易对方应该被认定为关联方。

在进行关联方及关联交易查验时，需要注意以下几点：

1. 查阅公司股权结构图和组织结构图、查阅股东大会、董事会、总经理办公会及其他重要会议记录，询问有关重大交易的授权情况。

2. 对公司高管及相关人员进行访谈，了解公司与其主要客户、供应商和债权人、债务人的交易性质与范围。

3. 了解是否存在已经发生但未进行会计处理的交易。

4. 查阅会计记录中数额较大的、异常的及不经常发生的交易或金额，尤其是资产负债表日前后确认的交易。

5. 审阅有关存款、借款的询证函和贷款文件，检查是否存在担保关系。

6. 中介机构在尽职调查过程中除了关注资产交易、资金占用、购销、担保等重大关联方交易，对准则要求披露的如关键管理人员报酬、费用分割等关联方交易也应予以充分关注，并且往往通过对这些看似非关键事项的调查能够延伸出更多的其他关联事项线索。

第三节 IPO对关联交易的要求

一、关联交易的审核要求

中国证监会对申请IPO公司的关联交易情况非常重视，审查非常严格。然而，关联交易与同业竞争不同，关联交易可以存在，但其存在的必然性、合理性以及金额、数额等均需充分披露解释，并且不得危及发行人的独立性。通俗地说，同业竞争是红线，必须消除；关联交易是黄线，必须规范。

关于中国证监会对关联交易的审核要求，《首发管理办法》明确规定了两点：

第一点，发行人与控股股东、实际控制人及其控制的其他企业间不得有显失公平的关联交易。

第二点，发行人应完整披露关联方关系并按重要性原则恰当披露关联交易。关联交易价格公允，不存在通过关联交易操纵利润的情形。

发行人可以存在关联交易，但必须具备以下几个条件：

1. 关联交易存在是必要的；

2. 关联交易定价是公允的；

3. 关联交易是逐年减少而不是增加；

4. 关联交易的批准程序是合法的、符合公司章程的相应规定；

5. 关联交易的存在不致损害发行人的独立性；

6. 关联交易均被恰当地披露，相关信息披露真实、准确、完整。

二、关联交易的核查要点和注意事项

根据《首发业务若干问题解答》，鉴于首发企业报告期内普遍存在一定比例的关联交易，中介机构在尽职调查过程中，应当尊重企业合法合理、正常公允且确实有必要的经营行为，如存在关联交易的，应就交易的合法性、必要性、合理性及公允性，以及关联方认定，关联交易履行的程序等事项，基于谨慎原则进行核查，同时请发行人予以充分信息披露。

关于关联交易的必要性、合理性和公允性，发行人应披露关联交易的交易内容、交易金额、交易背景以及相关交易与发行人主营业务之间的关系；还应结合可比市场公允价格、第三方市场价格、关联方与其他交易方的价格等，说明并摘要披露关联交易的公允性，是否存在对发行人或关联方的利益输送。《深圳证券交易所上市公司规范运作指引》（2020 年修订）4. 2. 3 规定，控股股东、实际控制人及其关联人不得利用关联交易、资产重组、垫付费用、对外投资、担保、利润分配和其他方式直接或者间接侵占上市公司资金、资产，损害公司及其他股东的合法权益。

对于控股股东、实际控制人与发行人之间关联交易对应的收入、成本费用或利润总额占发行人相应指标的比例较高（如达到 30%）的，发行人应结合相关关联方的财务状况和经营情况、关联交易产生的收入、利润总额合理性等，充分说明并摘要披露关联交易是否影响发行人的经营独立性、是否构成对控股股东或实际控制人的依赖，是否存在通过关联交易调节发行人收入利润或成本费用、对发行人利益输送的情形；此外，发行人还应披露未来减少与控股股东、实际控制人发生关联交易的具体措施。

如发行人存在从控股股东、实际控制人租赁或授权使用资产的情形，保荐机构和发行人律师通常应关注并核查以下方面：相关资产的具体用途、对发行人的重要程度、未投入发行人的原因、租赁或授权使用费用的公允性、是否能确保发行人长期使用、今后的处置方案等，并就该等情况是否对发行人资产完整和独立性构成重大不利影响发表明确意见。

如发行人存在以下情形之一的，保荐机构及发行人律师应当充分核查论证，并就是否符合发行条件审慎发表意见：一是生产型企业的发行人，其生产经营所必需的主要厂房、机器设备等固定资产系向控股股东、实际控制人租赁使用；二是发行人的核心商标、专利、主要技术等无形资产是由控股股东、实际控制人授权使用。

第四节　关联交易的规范

一、关联交易的批准程序

《深圳证券交易所股票上市规则（2018 年修订）》规定：

（1）上市公司与关联自然人发生的交易金额在三十万元以上（单笔或累计）的关联交易，应当及时披露。公司不得直接或者通过子公司向董事、监事、高级管理人员提供借款。

（2）与关联法人发生的交易金额在三百万元以上（单笔或累计），且占上市公司最近一期经审计净资产绝对值 0.5% 以上的关联交易，应当及时披露。

（3）上市公司与关联人发生的交易（上市公司获赠现金资产和提供担保除外）金额在三千万元以上，且占上市公司最近一期经审计净资产绝对值 5% 以上的关联交易，除应当及时披露外，还应当按照证券交易所的规定聘请具有执行证券、期货相关业务资格的中介机构，对交易标的进行评估或审计，并将该交易提交股东大会审议。

（4）上市公司为关联人提供担保的，不论数额大小，均应当在董事会审议通过后提交股东大会审议。

（5）同时，根据《关于在上市公司建立独立董事制度的指导意见》和《关于加强社会公众股股东权益保护的若干规定》的规定，重大关联交易（指公司拟与关联自然人发生的交易总额高于 30 万元，以及与关联法人发生的交易总额高于 300 万元且占公司最近经审计净资产绝对值的 5% 的关联交易）应由 1/2 以上的独立董事认可后，提交董事会讨论；独立董事作出判断前，经全体独立董事同意后可以聘请中介机构出具独立财务顾问报告，作为其判断的依据。

根据《首发业务若干问题解答》，关于关联交易的决策程序，发行人应当披露章程对关联交易决策程序的规定，已发生关联交易的决策过程是否与章程相符，关联股东或董事在审议相关交易时是否回避，以及独立董事和监事会成员是否发表不同意见等。

二、关联交易的回避制度

《公司法》第一百二十四条规定，上市公司董事与董事会会议决议事项所涉及的企业有关联关系的，不得对该项决议行使表决权，也不得代理其他董事行使表决权。该董事会会议由过半数的无关联关系董事出席即可举行，董事会会议所作决议须经无关联关系董事过半数通过。出席董事会的无关联关系董事人数不足三人的，应将该事项提交上市公司股东大会审议。

《公司法》本条所称的关联关系，是指上市公司的董事与董事会会议决议事项所涉及的企业之间存在直接或者间接的利益关系。由于上市公司董事对上市公司负有忠实义务，因此，当上市公司董事与董事会会议决议事项所涉及的企业存在关联关系时，公司董事将与公司存在利益冲突。从维护公司整体利益的角度出发，有必要对与董事会会议决议事项所涉及的企业及有关联关系的公司董事的表决权进行限制，即董事不得对该项决议行使表决权，也不得代理其他董事行使表决权。

中国证监会2019年4月17日公布的《上市公司章程指引（2019修订）》第一百一十九条规定，董事与董事会会议决议事项所涉及的企业有关联关系的，不得对该项决议行使表决权，也不得代理其他董事行使表决权。该董事会会议由过半数的无关联关系董事出席即可举行，董事会会议所作决议须经无关联关系董事过半数通过。出席董事会的无关联董事人数不足3人的，应将该事项提交股东大会审议。

（1）根据《深圳证券交易所股票上市规则（2018修订）》，关联董事包括下列董事或者具有下列情形之一的董事：

①交易对方；

②在交易对方任职，或在能直接或间接控制该交易对方的法人单位或者该交易对方直接或间接控制的法人单位任职的；

③拥有交易对方的直接或间接控制权的；

④交易对方或者其直接或间接控制人的关系密切的家庭成员（包括配偶、父母及配偶的父母、兄弟姐妹及其配偶、年满 18 周岁的子女及其配偶、配偶的兄弟姐妹和子女配偶的父母）；

⑤交易对方或者其直接或间接控制人的董事、监事和高级管理人员的关系密切的家庭成员（包括配偶、父母及配偶的父母、兄弟姐妹及其配偶、年满 18 周岁的子女及其配偶、配偶的兄弟姐妹和子女配偶的父母）；

⑥中国证监会、证券交易所或公司认定的因其他原因使其独立的商业判断可能受到影响的人士。

（2）股东大会审议关联交易事项时，下列股东应当回避表决：

①交易对方；

②拥有交易对方直接或间接控制权的；

③被交易对方直接或间接控制的；

④与交易对方受同一法人或自然人直接或间接控制的；

⑤在交易对方任职，或者在能直接或者间接控制该交易对方的法人单位或者该交易对方直接或者间接控制的法人单位任职的（适用于股东为自然人的）；

⑥因与交易对方或者其关联人存在尚未履行完毕的股权转让协议或者其他协议而使其表决权受到限制或影响的；

⑦中国证监会或深圳证券交易所认定的可能造成公司对其利益倾斜的法人或自然人。

（3）关联股东的回避和表决程序为：

①关联股东应主动提出回避申请，否则其他股东有权向股东大会提出关联股东回避申请；

②当出现是否为关联股东的争议时，由会议主持人进行审查，并由出席会议的律师依据有关规定对相关股东是否为关联股东做出判断；

③股东大会对有关关联交易事项表决时，在扣除关联股东所代表的有表决权的股份数后，由出席股东大会的非关联股东按公司章程和股东大会议事规则的规定表决。

三、关联交易的审核关注要点

目前，中国证监会针对关联交易，发行审核中重点关注以下方面①：

1. 关联方的认定是否合规，披露是否完整，是否存在隐瞒关联方的情况。关注是否根据《公司法》《企业会计准则》《上市公司信息披露管理办法》以及证券交易所颁布的相关业务规则的规定准确、完整披露关联方及关联关系；关联关系的界定主要关注是否可能导致发行人利益转移，而不仅限于是否存在股权关系、人事关系、管理关系、商业利益关系等。

2. 关联交易的必要性、定价的公允性、决策程序的合规性。对于经常性关联交易，关注关联交易的内容、性质和价格公允性，对于涉及产供销、商标和专利等知识产权、生产经营场所等与发行人生产经营密切相关的关联交易，重点考察其资产的完整性及发行人独立面向市场经营的能力；对于偶发性关联交易，应关注其发生的原因、价格是否公允、对当期经营成果的影响。关注关联交易的决策过程是否与公司章程相符，关联股东或董事在审议相关交易时是否回避，独立董事和监事会成员是否发表不同意见等。

3. 是否存在关联关系非关联化情况。关注发行人申报期内关联方注销及非关联化的情况；在非关联化后发行人与上述原关联方的后续交易情况、非关联化后相关资产、人员的去向等。

4. 发行人拟采取的减少关联交易的措施是否有效、可行。

因此，对拟上市公司提前规范关联交易提出以下建议：

1. 尽量避免或减少关联交易，尤其是与控股股东、实际控制人及其下属企业的关联交易；

2. 以前存在数量较大的关联交易的，应制定有针对性地减少关联交易的实施方案，如通过业务重组、调整关联企业等方式以避免或减少关联交易；

3. 无法避免的关联交易，应遵循“三公原则”（公开、公平、公正），按照市场独立第三方的公允标准对关联交易进行定价和交易，并签署书面协议；

---

① 上海证券交易所编：《企业改制上市常见三十问》，第30页。

4. 参照对上市公司的管理规定，建立健全公司关联交易的批准程序、关联董事、关联股东表决回避等制度。

四、关联交易协议和定价

（一）关联交易协议

《上市公司治理准则》（2018 修订）第七十五条规定："上市公司应当与关联方就关联交易签订书面协议。协议的签订应当遵循平等、自愿、等价、有偿的原则，协议内容应当明确、具体、可执行。"公司应将该协议的订立、变更、终止及履行情况等事项按照有关规定予以披露。

（二）关联交易的定价

1.《上市公司治理准则》（2018 修订）第七十六条规定："上市公司应当采取有效措施防止关联方以垄断采购或者销售渠道等方式干预公司的经营，损害公司利益。关联交易应当具有商业实质，价格应当公允，原则上不偏离市场独立第三方的价格或者收费标准等交易条件。"公司应对关联交易的定价依据予以充分披露。

2. 关联交易一般应遵循下列定价原则和定价方法：

（1）关联交易的定价顺序适用国家定价、市场价格和协商定价的原则；如果没有国家定价和市场价格，按照成本加合理利润的方法确定。如果无法以上述价格确定，则由双方协商确定价格予以明确。

（2）市场价：以市场价为准确定资产、商品或劳务的价格及费率。

（3）成本加成价：在交易的资产、商品或劳务的成本基础上加合理的利润确定交易价格及费率。

（4）协议价：根据公平公正的原则协商确定价格及费率。

3. 关联交易价格的管理

（1）交易双方应依据关联交易协议中约定的价格和实际交易数量计算交易价款，逐月结算，每季度结算，按关联交易协议当中约定的支付方式和时间支付。

（2）公司财务结算中心应对公司关联交易的市场价格及成本变动情况进行

跟踪，并将变动情况报董事会备案。

对关联方交易定价的核查，其核心问题是审查发行人提供的信息能否使其判断关联方交易价格的公允性，而关联方交易价格是否公允是判断关联方交易是否公允的重要基础。公允价格的实质就是不伤害交易各方的利益。

在披露关联方交易的定价政策时，上市公司至少应当提供上述关联方交易的价格与国家定价、市场价格、评估价格、账面价值或成本加成价中任一种价格的比较信息；如无法提供比较信息的或交易没有金额以及只有象征性金额的，发行人也至少应披露交易的过程。

一般而言，只要交易价格超过商品账面价值的120%，或交易时某一方的交易价格超过了市场公平交易价格的加权平均价格，中介机构应合理怀疑可能存在显失公允的关联方交易，应结合对其他资料的审核加以识别，如检查有关发票、协议、合同及其他有关文件与定价策略。

第五节　关联交易非关联化

一、关联交易非关联化的概念

关联交易非关联化，目前尚没有官方的统一定义。有的专家认为，关联交易非关联化，是指为了从源头减少或消除关联交易，通过剥离、转让、收购、合并、清算注销等方式［将关联方或其业务转让给独立的第三方，或将关联方纳入上市范围，使之成为（拟）上市公司的下属公司，或将关联方吸收合并或新设合并，抑或将关联方清算注销］，将原属于关联方之间的交易变更为非关联方之间的交易。[①] 如果按照这个定义，那么关联交易非关联化是一个“正面”的概念，是泛指消除关联交易的一系列操作方式的总称。当然，如果目的不是从源头减少或消除关联交易，而是通过将关联交易的关联性隐藏，达到掩盖实质性的关联交易的目的，则不是上述概念中的关联交易非关联化了。

---

① 靳庆军主编：《中国企业境内首次公开发行及上市业务教程》，中国人民大学出版社2014年版，第186页。

然而，在证监会、交易所的有关规定里面，关联交易非关联化似乎仅指后一种“负面”的操作方式，即通过将关联交易的关联性隐藏达到掩盖实质性的关联交易的目的。例如《深圳证券交易所创业板上市公司规范运作指引（2015年修订)》3.3.6 条规定：“董事审议重大交易事项时，应当详细了解发生交易的原因，审慎评估交易对上市公司财务状况和长远发展的影响，特别关注是否存在通过关联交易非关联化的方式掩盖关联交易的实质以及损害公司和中小股东合法权益的行为。”8.2.1 条规定：“上市公司应当建立健全关联交易内部控制制度，遵循诚实信用、平等、自愿、公平、公开、公允的原则，不得损害公司和股东的利益，不得隐瞒关联关系或者将关联交易非关联化。”

因此，笔者认为，关联交易非关联化是指公司通过各种手段将关联交易的关联性隐藏，将实质上的关联交易转换为形式上的非关联交易，以规避相关法规约束的行为。

二、常见的关联交易非关联化手法

1. 刻意隐瞒或藏匿关联关系。

常见的是将关联企业转让给表面上无关联的第三方，但实际上第三方仍与发行人具有形式上或实质上的关联关系。

2. 寻找“跳板”公司，拆分交易，将实质性关联交易非关联化。

公司将资产高价卖给非关联方，再由关联方协议用同样的高价向非关联方赎回或给予非关联方补偿，而公司与直接购货企业间不存在实质或形式上的关联关系，这两笔交易就成了非关联交易。在实际的操作中，企业常常设置多个“跳板”公司，使得关联交易更为复杂①。

3. 利用关联方确定的模糊性将关联方非关联化②。

会计准则虽然对关联方的界定有着明确规定，但由于存在一些实质和形式不一致的情形，使得关联和非关联的界限难以界定。如双向持有少数股权的上

---

① 谭军、张洁：《上市公司关联交易非关联化的表现形式及其治理》，载《商业时代》2012 年第 29 期。

② 同上。

市公司间。就双向持有公司而言，两方利益紧密，其中的一方尽管仅持有另一方少数股权，但实质上也能对另一方产生重大影响。而双向持有少数股权且不再具有其他关系的公司不属于关联方，两者所发生的交易也自然不属于关联交易。

4. 将交易时间选择在成为关联方之前①。

即上市公司寻找未来的关联方，将交易时间选择在该关联方正式成为关联方之前，按非公允价值交易，交易事项完成后才正式成为关联方。由于在交易时点上，双方还不是法律意义上的关联方，所以可以相应避开关联方之间交易的相关会计确认和计量的规定。事实上，此种操作，如发生在过去 12 个月内或在未来 12 个月内，根据交易所的上市规则，仍应当按照关联交易对待和处理。

三、关联交易非关联化的核查要点和注意事项

关联交易非关联化问题的核查重点在关联方及关联交易的减少和消除的真实性和合法性、处理理由是否合理、处理前后的交易情况、受让主体的身份、对发行人独立性和完整性等的影响，以及是否存在关联交易非关联化的情形。一般来说，采用注销关联方的方式处理关联交易比较彻底。证监会在审核关联交易非关联化问题时，如系注销关联方，通常会关注相应的资产人员是否已清理完毕。如果是将关联企业转让给独立第三方，证监会关注转让是否真实、价格是否公允合理、中介机构要说明股权转让后发行人是否与之持续发生交易，并说明交易金额及公允性，是否掩盖关联方历史曾经存在的违法违规行为等。

例如，上海晶华胶粘新材料股份有限公司反馈意见第 20 项："根据招股书披露，报告期内，发行人多家关联企业被注销，其中部分关联企业从成立到注销不足一年；关联交易较少且总体占比较低，主要为向关联方腾富包装采购纸板、纸管以及纸箱等。请发行人补充披露上述采购交易占报告期各期包装材料采购金额的比重。请保荐机构、发行人律师进一步核查并披露：（1）上述关联企业注销的原因，注销后资产、业务、人员的去向，存续期间是否存在重大违法违规，注销过程中是否存在逃废债务的情况……"

---

① 同上。

【案例：巨龙管业——转让关联方股权】

《浙江巨龙管业股份有限公司首次公开发行股票招股说明书》第1－1－180页披露如下：

2008年1月8日，公司受让吕仁高先生（注：实际控制人）持有的红旗巨龙建材45%股权，2009年4月将持有的红旗巨龙建材45%股权转让给金惠明先生（注：独立第三方），本公司不再持有红旗巨龙建材股权，红旗巨龙建材自2009年4月起不再为本公司关联方。

【案例：初灵信息——将零部件供应商转让给独立第三方】

《杭州初灵信息技术股份有限公司首次公开发行股票并在创业板上市招股说明书》第1－1－150页披露如下：

（4）关联方基本情况简介

1. 科尔惠的基本情况

A. 科尔惠自设立以来的股本演变情况

a. 2005年9月设立

科尔惠系由洪爱金和罗权于2005年9月7日共同以货币方式出资设立，科尔惠成立时的股权结构如下：

股东姓名	出资额（万元）	出资比例（%）
洪爱金	32.50	65.00
罗权	17.50	35.00
合计	50.00	100.00

b. 2009年6月第一次股权转让

2009年6月，洪爱金将其持有的科尔惠65%的股权转让给其舅舅管长周。

本次股权转让完成后，科尔惠的股权结构如下：

股东姓名	出资额（万元）	出资比例（%）
管长周	32.50	65.00
罗权	17.50	35.00
合计	50.00	100.00

c. 2010 年 3 月第二次股权转让

2010 年 3 月，管长周将其持有的科尔惠 65% 的股权以每股 1.05 元的价格全部转让给罗权。本次股权转让以科尔惠截至 2009 年年底经审计的净资产为定价依据。本次股权转让完成后，科尔惠的股权结构如下：

股东姓名	出资额（万元）	出资比例（%）
罗权	50.00	100.00
合计	50.00	100.00

截至本招股说明书签署日，科尔惠的股权结构未发生变化。

B. 科尔惠主要财务状况

单位：万元

项目	2010 年 12 月 31 日	2009 年 12 月 31 日	2008 年 12 月 31 日
资产总计	440.83	332.48	228.74
负债合计	394.02	279.73	173.19
净资产	46.81	52.75	55.55
营业收入	409.92	295.96	433.42
利润总额	-5.94	-2.76	0.59
净利润	-5.94	-2.76	0.47

C. 科尔惠合法合规情况

根据高新区（滨江）工商分局、杭州市地方税务局高新（滨江）税务分局、杭州市滨江区国家税务局、杭州市环境保护局滨江区分局出具的证明文件，2007 年至 2010 年 4 月期间科尔惠在工商、税务和环保方面不存在因发生违法违规行为而受到行政处罚的情形。

2. 世宸机械的基本情况

A. 世宸机械自设立以来的股本演变情况

a. 2006 年 12 月设立

世宸机械系由洪爱金和曾尧于 2006 年 12 月 28 日共同以货币方式出资设立，世宸机械成立时的股权结构如下：

股东姓名	出资额（万元）	出资比例（%）
洪爱金	24.00	60.00
曾尧	16.00	40.00
合计	40.00	100.00

b. 2009年6月第一次股权转让

2009年6月，洪爱金将其持有的世宸机械50%的股权转让给其舅舅管长周、10%的股权转让给其堂兄洪爱荣。本次股权转让完成后，世宸机械的股权结构如下：

股东姓名	出资额（万元）	出资比例（%）
管长周	20.00	50.00
曾尧	16.00	40.00
洪爱荣	4.00	10.00
合计	40.00	100.00

c. 2010年3月第二次股权转让

2010年3月，洪爱荣、管长周将其持有的世宸机械合计60%的股权以每股1.59元的价格全部转让给曾尧，本次股权转让以世宸机械截至2009年年底经审计的净资产作为定价依据。本次股权转让完成后，世宸机械的股权结构如下：

股东姓名	出资额（万元）	出资比例（%）
曾尧	40.00	100.00
合计	40.00	100.00

截至本招股说明书签署日，世宸机械的股权结构未发生变化。

B. 世宸机械主要财务状况

项目	2010 年 12 月 31 日	2009 年 12 月 31 日	2008 年 12 月 31 日
资产总计	240.90	258.14	108.03
负债合计	175.95	194.50	58.21
净资产	64.95	63.63	49.82
营业收入	326.03	431.19	270.75
利润总额	1.47	17.27	12.21
净利润	1.32	13.81	9.40

C. 世宸机械合法合规情况

根据杭州市工商行政管理局余杭分局、杭州市余杭区地方税务局瓶窑税务分局、杭州市余杭区国家税务局瓶窑税务分局、杭州市余杭区环境保护局出具的证明文件，2007 年至 2010 年 4 月期间，世宸机械在工商、税务和环保方面不存在因发生违法违规行为而受到行政处罚的情形。

3. 海德网络的基本情况

详见本招股说明书“第七节　同业竞争与关联交易”之“三、关联交易”之“（一）经常性关联交易”之“2. 关联方销售”之“（4）关联方基本情况简介”之“①海德网络”。

（5）报告期内，发行人与科尔惠、世宸机械发生关联交易的核查

①科尔惠、世宸机械从事的主业及与发行人主要业务的关系、关联交易占两公司报告期内营业收入的比例

自成立以来，科尔惠一直从事电源模块的生产，世宸机械一直从事机械面板的生产。科尔惠与世宸机械一直为发行人提供相应的产品，其产品为发行人生产信息接入产品的配件。

报告期内，科尔惠和世宸机械与发行人的交易占其营业收入的比例如下：

公司	项目	2010 年度	2009 年度	2008 年度
科尔惠	交易金额（万元）	105.30	241.03	248.67
	当年营业收入（万元）	409.92	295.96	433.42
	交易占营业收入比例（%）	25.69	81.44	57.37

续表

公司	项目	2010 年度	2009 年度	2008 年度
世宸机械	交易金额（万元）	109.27	255.51	239.70
	当年营业收入（万元）	326.03	431.19	270.75
	关联交易占营业收入比例（%）	33.51	59.26	88.53

②科尔惠、世宸机械在发行人主要产品和业务中的地位及影响程度

报告期内，科尔惠向发行人提供电源模块；世宸机械向发行人提供机械面板。上述两类配件均为发行人生产的某些产品中的配件，电源模块和机械面板均非发行人的核心技术，也非发行人产品的核心配件。

首先，电源模块和机械面板所处的行业与通信行业差异极大。电源模块是可以直接贴装在印刷电路板上的电源供应器，可为专用集成电路（ASIC）等提供供电，属于电子行业；机械面板则属于机械加工领域。这两类产品与发行人主营的通信行业下的信息接入产品差异极大，这两类配件从来都不构成发行人的核心技术。

其次，信息接入产品的核心元器件为软件、芯片、激光器等，电源模块和机械面板虽是必需配件，但不属于核心部件，对信息接入产品的功用、性能不产生直接的决定作用。同时，随着发行人产品的技术附加值不断地提高，软件、芯片、激光器等在产品中的比重越来越高，而电源模块和机械面板的比重则在逐年下降，从2008年占总采购的19.14%下降到2010年的13.34%。

③发生关联交易的原因及后续处理

发行人在业务开展初期，对单一型号的配件采购量小且多需要反复修改、试制，而多数企业不愿意承接此类业务，其交货期及产品质量等无法满足发行人的要求，并由此影响发行人的研发速度和对客户的服务响应速度。因此，发行人为生产、研发、经营所需，与科尔惠、世宸机械进行关联采购。上述两家公司的日常生产经营全部由罗权、曾尧掌握，洪爱金基本不干预企业运作。罗权、曾尧二人对两家企业的运作有着至关重要的作用，除日常管理工作外，两家企业几乎所有产品的设计、研发、生产、销售也都是由他们主持完成。

随着公司相应产品的技术、经验不断成熟，与信息接入系统的配套市场逐

渐完善，再加上公司产品已经定型及采购总量的增加，发行人依据采购原则开发更优供应商，公司该类电源模块和机械面板的采购业务开始向其他供应商转移。报告期内，公司向上述两家关联企业的采购金额占同期采购总额的比例分别为16.44%、11.35%和1.54%，呈逐年下降趋势。2010年4月起，科尔惠、世宸机械不再成为公司的关联方。2010年7月起，公司已不再向上述两家公司采购电源模块和机械面板。

(6) 实际控制人将科尔惠、世宸机械股权转让的原因

科尔惠、世宸机械属于传统制造型企业，其业务类型、人员素质、管理风格等与发行人高科技企业的基调不符。实际控制人洪爱金从未实际参与过这两家企业的管理，如将其纳入体内，增加了管理难度，也不利于调动实际参与管理的合作方的积极性。公司对其人员、业务的整合管理必然会耗费很大的人力、物力、财力，且整合后其是否可以发挥预期效用具有较大不确定性；同时，公司向这两家公司采购，主要系在业务开展初期，配件采购量小且多需要反复修改、试制，对外采购不能保证交货期和产品质量。随着公司相应产品的技术、经验不断成熟，产品配套市场逐渐完善，公司对科尔惠、世宸机械产品依赖性降低，公司该类电源模块和机械面板的采购业务逐步向其他更优供应商转移。集中力量发展主营业务，符合发行人长期的利益。

为了保证股权转让的顺利进行，不因大股东的变化而引起对发行人供应方面的不良影响，发行人实际控制人洪爱金采取了逐步退出的方式，即先将其持有的科尔惠和世宸机械的股权转让关联方，待运作一段时间后再由关联方将股权转让给科尔惠和世宸机械的合作方。

第九章
同业竞争

第一节 同业竞争的基本概念及审核要求

一、同业竞争的基本概念

同业竞争一般指发行人与控股股东、实际控制人及其控制的其他企业从事相同、相似业务的情况，双方构成或可能构成直接或间接的竞争关系，例如，生产相同或类似的产品或提供相同或类似的服务给同样的客户，如存在这种情况，则发行人上市后，控股股东、实际控制人或其所控制的企业有可能通过排挤发行人的市场等方式方法损害发行人及其他中小股东利益。很多拟 IPO 企业存在同业竞争的问题。因为生意做得越大，在国内外设立的企业越多，各企业之间存在同业竞争的概率就越大。电视连续剧《大宅门》中，斯琴高娃饰演的白家二奶奶为了夺回祖传的产业百草堂白家老号，先是用白家老号的牌匾入了百草堂50%的股份，然后为了实现收回另外的50%股份，另外开设了南记白家老号，并将祖传秘方只用于南记，而不用于百草堂，且通过贿赂宫里的常公公，使宫里的“皇家采购”只给南记，而不给百草堂，虽然这个电视剧中的情节看起来让大家大呼过瘾，但是实际上这就是一个典型的“同业竞争”，因为二奶奶是百草堂的大股东，是不能在百草堂之外经营同业也就是药房的，南记白家老号争夺市场和宫廷供奉无疑也排挤了百草堂的市场和商业机会。

二、同业竞争的审核要求

2015 年修订前的《首发管理办法》第十九条规定："发行人的业务应当独立于控股股东、实际控制人及其控制的其他企业，与控股股东、实际控制人及其控制的其他企业间不得有同业竞争或者显失公平的关联交易"。《首发管理办法》把发行人不得有同业竞争作为发行条件放入了"第二章　发行条件"中的"第二节　独立性"。也就是说，如果发行人存在同业竞争，则发行人的独立性存在问题。并且，我们要注意到证监会在表述这个条件的时候，没有用任何定语，比如"不合理的""无法消除的""实质性的"等。也就是说，只要有同业竞争就不行，没商量。这也是中介机构常说的同业竞争是 IPO 审核中的"红线""十万伏高压线"的由来。而根据某咨询机构对 2011 年 IPO 公司被否原因的统计，因独立性问题被否决的企业占总数的 15.49%，仅次于持续盈利能力问题，同业竞争的重要性可见一斑。

证监会在 2015 年修订《首发管理办法》时删除了上述规定，但是在实际审核中，同业竞争仍然是证监会重点关注的问题，如 2015 年 12 月修订的《公开发行证券的公司信息披露内容与格式准则第 1 号——招股说明书（2015 年修订）》仍然保留了有关同业竞争的规定，具体内容为："第五十一条　发行人应披露已达到发行监管对公司独立性的下列基本要求……（五）业务独立方面。发行人的业务独立于控股股东、实际控制人及其控制的其他企业，与控股股东、实际控制人及其控制的其他企业间不存在同业竞争或者显失公平的关联交易。""第五十二条　发行人应披露是否存在与控股股东、实际控制人及其控制的其他企业从事相同、相似业务的情况。对存在相同、相似业务的，发行人应对是否存在同业竞争作出合理解释。""第五十三条　发行人应披露控股股东、实际控制人作出的避免同业竞争的承诺。"同时修订的《公开发行证券的公司信息披露内容与格式准则第 28 号——创业板公司招股说明书》第四十九条至第五十一条也有相同内容。

因此，发行人应尽量避免同业竞争，在进行资产重组设立股份公司时应尽量将与股份公司生产经营有关的所有资产重组进入股份公司，保证发行人的生产经营在发行人范围内具有唯一性。

第二节　存在同业竞争的实质性判断标准

一、同业竞争的判断标准和考察范围

依笔者的经验，是否存在实质性同业竞争主要依据发行人与控股股东、实际控制人及其所属企业（以下简称“竞争方”）的产品及业务是否具有可替代性来判断二者之间是否存在同业竞争。如果发行人与竞争方产品及业务在功能用途上具有不可替代性，显然就不存在同业竞争。这是最直接的、也是最主要的判断标准。在认定是否构成同业竞争时需要一定的专业性和技术性。

我们需要特别注意同业竞争对象的考察范围。过往中国证监会审查是否存在同业竞争的对象不仅限于发行人的控股股东、实际控制人及其控制的其他企业之间。证监会对同业竞争对象的考察范围可以分为几个层次，第一层次包括公司的实际控制人、控股股东以及与其他股东联合可以共同控制公司的股东；第二层次包括上述实际控制人、股东直接或间接控制的企业；第三层次包括实际控制人的直系亲属；第四层次包括发行人的主要股东（视持股比例而定，不一定以 5% 的持股比例一刀切）；第五层次为发行人的董监高，特别是对于销售、生产、研发等影响比较重大的董监高和主要股东，更需要关注。2019 年 3 月 25 日，证监会发行监管部发布《首发业务若干问题解答》后，同业竞争的核查范围被明确为发行人控股股东（或实际控制人）及其近亲属全资或控股的企业。

同业竞争的“同业”是指竞争方从事与发行人主营业务相同或相似业务。核查认定“竞争”时，应结合相关企业历史沿革、资产、人员、主营业务（包括但不限于产品服务的具体特点、技术、商标商号、客户、供应商等）等方面与发行人的关系，以及业务是否有替代性、竞争性、是否有利益冲突等，判断是否对发行人构成竞争。

二、证监会对产品、服务及行业的考察

根据我们的经验，中国证监会在判断发行人与竞争方之间是否存在同业竞

争时，通常还会关注以下几点：

（一）考察产品或者服务的销售区域或销售对象

1. 若存在销售区域地理距离远、销售对象不同等因素，即使同一种产品或者服务，也可能不发生业务竞争及利益冲突。比如，发行人的主营业务是在山东境内开大型超市，其竞争方在上海、江苏等山东境外地区开超市，是可以合理解释两者之间在这个超市业务上不存在同业竞争的，毕竟山东的顾客不太可能经常到上海来逛超市。此外，房地产业也有类似的案例。如中粮地产（000031）配股的案例。

《中粮地产（集团）股份有限公司配股说明书》第1-1-106页披露如下："①住宅地产具有大宗商品、不可移动等特性，主要针对的是当地的消费者，购买者进行跨地区（不同城市）选择的可能性极小，因此住宅地产项目具有明显的地域性，不同城市的住宅地产项目一般不存在竞争；②不同类别的住宅产品如别墅、普通住宅、高层商住楼、公寓等面向的消费者群体往往差异较大，一般不存在竞争；③住宅地产项目一般很难做到零库存，经过一段时间销售高峰后都会有部分剩余物业，主要包括少量朝向、户型不太理想的商品房及车库等其他公建设施，这部分剩余物业在此后相当长的时间内都会存在，但在产品素质、设计理念等方面很难与新开发的楼盘构成竞争。"从行业特征的第三点，我们可以得到一个推论，即不同销售阶段的住宅地产项目之间一般也不存在竞争。

经对中粮地产及中粮集团有限公司（简称"中粮集团"）的住宅地产业务进行具体分析，中粮集团旗下的广州侨鹏房地产开发有限公司所开发项目仅余尾盘，与中粮地产在广州所开发的项目在开发进度上存在显著差异，彼此间不存在实质性同业竞争。

然而，上述例子也仅针对特殊行业。毕竟目前交通运输发达，对于某些自身附加值较高的产品而言，运输成本占比很低，具有世界范围内的可流动性，比如PC产品。那么以销售区域不同为理由说明不具有同业竞争，则不具有说服力。

在早期的IPO或并购重组审核时，有一些通过经营地域、市场区域划分论证不构成同业竞争的案例，如八一钢铁（600581）：

2007 年 6 月 18 日，八一钢铁（600581）发布公告，宝钢集团有限公司（简称“宝钢集团”）于 6 月 15 日收到证监会《关于同意宝钢集团有限公司公告新疆八一钢铁股份有限公司收购报告书并豁免其要约收购义务的批复》，同意豁免宝钢集团因国有股行政划拨而控制的八一钢铁 53.12% 的股权而应履行的要约收购义务，宝钢集团收购八一钢铁彻底完成。本次收购前，八一钢铁产品主要销往西北市场，占其总销量的 91.54%，产品主要为建筑类钢材；宝钢股份（600019）的产品主要销往华东、中南等地区，主要生产高品质、高附加值的高端产品，西北市场销量仅占 0.65%，并且其中大部分产品销往陕西省，品种主要为冷轧宽带钢和无缝钢管等。海外市场，八一钢铁主要出口到中亚国家和地区，宝钢股份主要出口到东亚、东南亚、美洲和欧洲等地区。宝钢集团和宝钢股份承诺不在八一钢铁有钢铁项目的同一地区直接或间接从事新的与八一钢铁构成竞争的钢铁业务。收购完成之后，宝钢股份和八一钢铁通过市场区域划分等方式避免和消除形成同业竞争的可能性。

《新疆八一钢铁股份有限公司收购报告书》第 20 页披露如下：

八一钢铁的产品主要销往西北市场，占其总销量的 91.54%；宝钢股份的产品主要销往华东、中南等地区，在西北市场的销量仅占其总销量的 0.65%，并且其中大部分产品销往陕西省，产品品种主要为冷轧薄宽钢带板和无缝钢管等，而八一钢铁目前没有生产上述品种。可见，在国内市场，双方没有形成同业竞争。

在海外市场，八一钢铁的产品出口主要销往中亚国家和地区；宝钢股份的产品出口主要销往东亚、东南亚、美洲、欧洲、非洲等地区。双方的产品销售区域也不存在重叠，双方也没有形成同业竞争。

因此，收购人认为，目前收购人与八一钢铁之间没有形成同业竞争。

……

2. 对本次收购完成后双方同业竞争的分析

2005 年，国家《钢铁工业产业发展政策》的出台，以及相关政策的调整、市场供求关系的变化，对钢铁企业生产经营和发展产生了重大影响。国内固定资产投资增长速度减缓，而新增钢铁产能的集中释放，使得钢铁产品供需失衡开始显露，结构性矛盾逐步凸现。同时，铁矿石、煤炭、能源等资源价格持续上涨，钢铁企业生产成本居高不下。国内钢材市场受产能持续高速增长，而需求由高速增长转为平稳增长的趋势影响，钢材价格总体继续呈下降趋势，市场竞争更加激烈。

目前，国家宏观调控政策取向的变化对国内钢材市场发展产生了极大的影响，促使了我国钢铁产业的发展进入一个重要的调整期和转折期，钢铁产业将形成以结构调整、强化资源控制、结成战略联盟、大规模战略重组、强化自主创新和发展循环经济为特征，逐步进入平稳的发展阶段。国家宏观调控政策取向的变化，推动了钢铁业步入调整期和转折期，随着国内产能的不断释放，八一钢铁未来将面临严峻市场形势。同时，随着全球经济一体化、国外世界级钢铁企业直接投资和并购国内钢铁企业的步伐加快，国内市场将逐步开放，八一钢铁在规模、产品结构、技术创新、供应链、成本控制、资本经营以及市场反应等方面将面临与国内外竞争对手激烈的全方位竞争，八一钢铁产品在国内市场的占有率面临挑战。资源、能源供应的不确定性也将在一定程度上影响八一钢铁未来的发展。

在进一步发展过程中，八一钢铁遇到了资金、技术、管理等各种条件制约。因此，八一钢铁通过被宝钢集团并购来建立战略联盟，主动纳入实力雄厚的行业龙头企业的体系之中，将实现协同效应，并得到发展，保护了八一钢铁及其全体股东的利益。

从八一钢铁长远发展来看，收购人控股八一钢铁，两者由潜在的竞争对手成为战略伙伴，收购人能够利用自身的优势，向八一钢铁输出管理、资金及技术援助，从根本上解决了八一钢铁进一步发展时遇到的种种制约条件，使八一钢铁实现了可持续的健康发展，有力地保护了八一钢铁及其全体股东的利益。

同时，由于收购人的控股子公司宝钢股份与八一钢铁双方各自发展战略定位不同，产品品种、产品规格、市场差别、产品竞争对象、销售渠道等不同，存在明显市场细分差别。在本次收购完成后，双方将通过市场区域划分等方式避免和消除形成同业竞争的可能性。

因此，收购人认为，在本次收购完成后，收购人与八一钢铁不会形成同业竞争。

3. 避免同业竞争的承诺

在本次收购完成后，为了从根本上避免和消除收购人及其关联企业和八一钢铁形成同业竞争的可能性，收购人做出如下承诺：

（1）收购人及其所控制的企业将不在八一钢铁有钢铁项目的同一地区直接或间接从事新的与八一钢铁构成竞争的钢铁业务，但其目前正在建设的钢铁项目和按下述第（2）条所述实施的钢铁业务除外。

（2）在八一钢铁有钢铁项目的地区，收购人及其所控制的企业有任何商业机会从事、参与或入股任何可能与八一钢铁所从事的钢铁业务构成竞争的业务，收购人应将上述商业机会通知八一钢铁，在通知中所指定的合理期间内，八一钢铁做出愿意利用该商业机会的肯定答复，则收购人放弃该商业机会；如果八一钢铁不予答复或者给予否定的答复，则被视为放弃该业务机会。

（3）收购人不会利用作为八一钢铁实际控制人的地位，通过控股股东达成任何不利于八一钢铁利益或八一钢铁非关联股东利益的交易或安排。

然而，随着 IPO 审核的逐步趋严，上述通过地域、市场划分认定为不构成同业竞争已经不被证监会所接受。证监会在多次的保荐代表人培训中强调了这一点。《首发业务若干问题解答》中即明确规定，发行人不能简单以产品销售地域不同、产品的档次不同等认定不构成“同业竞争”。

（二）考察发行人所在行业的行业特点和业务运作方式

也就是要结合具体的情况来判断，不是一概而论。类似的案例如银座股份。

银座股份《配股说明书》第 1－1－57 页披露如下：

一、同业竞争情况

（一）发行人与控股股东不存在同业竞争的情况

发行人经营范围为：对外投资及管理；纺织、服装及日用品、文化体育用品及器材、五金交电、家用电器及电子产品、常温保存、冷冻、冷藏保存食品的销售（有效期至 2008 年 7 月 4 日），卷烟、雪茄烟零售（有效期至 2008 年 12 月 31 日）；首饰加工及销售；国内广告业务；备案范围进出口业务；会议、展览服务；房屋租赁；仓储（不含易燃易爆化学危险品）服务；物业管理（凭资质证书经营）。

发行人控股股东商业集团的经营范围为：国内商业及工业生产资料（不含国家法律、法规规定的专营专控商品）；房地产开发；许可范围内的设备安装工程施工及建筑设计（以上经营仅限分支机构）；商业人才培训及技术咨询；许可范围内的商品进出口业务；中外合资、合作生产经营。

商业集团实质上并未从事商业零售业务，与发行人不构成同业竞争。

（二）发行人与关联方不存在同业竞争的情况

1. 不存在同业竞争的概况说明

经核查，目前与发行人同属商业零售业经营领域的发行人关联方与发行人存在经营业态和客户对象地域性差异，均不存在实质上的同业竞争情况，具体情况如下：

关联方企业	主要经营业态	客户对象	同业竞争情况
山东银座商城股份有限公司	百货	济南市区	由于经营业态的不同，不存在实质性的同业竞争
济南银座商城有限责任公司	百货	济南市区	
山东统一银座商业有限公司	便利店	济南地区	
济南长清银座购物广场有限公司	大型超市	济南周边	与泉城广场距离30~40公里，处于济南市主城区外，由于客户对象位于不同地区，不存在同业竞争
淄博银座商城有限责任公司	百货+超市	淄博地区	由于客户对象位于不同地区，不存在同业竞争
滨州银座购物广场有限公司	百货+超市	滨州地区	
日照银座购物广场有限公司	百货+超市	日照地区	
日照银座商城有限公司	百货+超市	日照地区	
滕州银座商城有限公司	百货+超市	滕州地区	
安丘银座商城有限公司	百货+超市	安丘地区	
平邑银座购物广场有限公司	百货+超市	平邑地区	
济宁银座商城有限公司	百货+超市	济宁地区	
临清银座购物广场有限公司	百货+超市	临清地区	
高唐银座购物广场有限公司	百货+超市	高唐地区	

续表

关联方企业	主要经营业态	客户对象	同业竞争情况
济南银座北园购物广场有限公司	大型超市	济南地区	由发行人托管经营，不存在同业竞争
银座股份及其控制的分、子公司			
泉城广场地下商品零售业务	大型超市	济南地区	不存在同业竞争
银座集团股份有限公司菏泽银座商城	百货+超市	菏泽地区	不存在同业竞争
银座集团股份有限公司潍坊银座商城	百货+超市	潍坊地区	不存在同业竞争
东营银座购物广场有限公司	百货+超市	东营地区	不存在同业竞争
泰安银座商城有限公司	百货+超市	泰安地区	不存在同业竞争
新泰银座商城有限公司	百货+超市	新泰地区	不存在同业竞争
临沂银座商城有限公司	百货+超市	临沂地区	不存在同业竞争
青州银座商城有限公司	百货+超市	青州地区	不存在同业竞争

2. 银座股份与银座商城、济南银座商城有限责任公司、山东统一银座商业有限公司不存在同业竞争

银座股份所经营的泉城广场地下商品零售业务属于大型综合超市业态，银座商城、济南银座商城有限责任公司属于百货店业态，山东统一银座商业有限公司在济南市内拥有多家社区便利店，属于便利店业态，三种不同业态之间在经营商品种类、商品价格、目标客户群体等方面具有明显差异，不会产生实质性的同业竞争。

(1) 经营商品种类的差异

银座股份所经营的泉城广场地下商品零售业务属于大型综合超市业态，以家庭日常消费必需的食品、日用品、针织服装等的销售为主；银座股份和济南银座商城有限责任公司属于百货商店业态，经营商品的范围以服装为主，注重品牌、环境和服务；山东统一银座商业有限公司以满足顾客便利性需求为主要目的，门店选址主要在社区、居住区、交通要道以及车站、医院、学校、娱乐场所、办公楼等公共活动区，营业时间16~24小时，提供即时性食品、居家用品等销售。前述三种业态之间不存在实质性的同业竞争。大型综合超市辅以部分品牌专柜是大型综合超市这一业态的共同特征，与国外的沃尔玛、家乐福

等一样，银座股份所经营的泉城广场拥有部分品牌专柜，但专柜产品与银座商城、济南银座商城有限责任公司定位不同，不会产生实质性的同业竞争。

（2）价格定位的差异

泉城广场地下商品零售业务与银座商城、济南银座商城有限责任公司销售商品的客单价（客单价即平均每位顾客购物金额，是商品零售行业定位的重要指标）存在着明显的差异。购物广场最近两年客单价约为77元，而银座商城、济南银座商城有限责任公司在济南地区的店面客单价则分别高达758元和255元，山东统一银座商业有限公司客单价约为36元。

（3）目标客户群的差异

由于泉城广场地下商品零售业务经营的商品以日常生活必需品为主，商品价格低廉，以中低收入家庭为主要客户群体。而银座商城、济南银座商城有限责任公司以高档服装、化妆品为主，注重品牌、环境和服务，商品价格较高，以高收入阶层为主要消费对象。山东统一银座商业有限公司目标顾客以社区居民为主，销售食品、小百货，有即时消费性、小容量、应急性等特点。

（4）行业意见

针对商业零售业与一般传统行业在同业竞争定位上的特殊性，中国商业联合会于2004年2月25日出具了《关于对银座零售店业态和不存在实质性同业竞争情况的专项说明》的函，表明山东银座商城股份有限公司、济南银座商城有限责任公司和银座集团股份有限公司泉城广场的地下商品零售业务、济南银座北园购物广场有限公司以及山东银座超市有限公司（山东统一银座商业有限公司前身）是三种不同的业态，不存在实质性同业竞争的情况。

（三）有时候在细分产品时，还可能考察产品生产环节是否存在重大差异

比如，两者之间生产产品的主要设备是通用设备或专用设备，以及技术是否存在重大差异。过往还有通过产品品种或等级的划分消除同业竞争的案例。

晋亿实业（601002）在产品等级细分上披露得更为详细。晋亿实业的实际控制人先后在中国台湾、马来西亚和中国大陆分别设立了晋禾企业股份有限公司、晋纬控股股份有限公司和晋亿实业三家紧固件生产企业，均在全球市场进行紧固件销售，且在部分市场的销售存在交叉。为避免三家公司的同业竞争，

基于各自的实际销售市场，三方共同签订了《避免同业竞争市场分割协议》及《避免同业竞争市场分割补充协议》，对三家企业的紧固件产品的国际销售市场进行了划分。同时对于存在交叉市场的产品，通过产品等级的细分，有效解决了在同一市场上的产品竞争问题。晋亿实业在招股说明书中详细地写道："在美洲市场，对于螺栓产品，则通过产品等级进行细分。即晋禾实业只销售中碳及合金钢材质，强度等级8.8级（公制）和Gr.5（美标）以上（含8.8级和Gr.5）的螺栓产品。而公司销售低碳钢材质，即强度等级8.8级（公制）和Gr.5（美标）以下的螺栓产品"，并在招股说明书中对晋亿实业产品和关联方的产品在国际市场销售做了详细的安排。

《招股说明书》第1-1-115页：

2. 三家企业产品国际市场划分的依据

（1）遵循历史、基于现状

从实际控制人设立3家企业的历程看，美洲高强度紧固件市场是晋禾企业的固有市场，而欧洲市场则是晋纬控股的固有市场，晋禾企业、晋纬控股均先于本公司分别进入美洲、欧洲市场，本公司于1998年正式投产之后，在美洲、欧洲市场与晋禾企业、晋纬控股有所交叉。为使三家企业健康发展，避免在交叉市场产生利益冲突，在遵循历史，基于现状的基础上，根据三家企业的区域位置、产品特点进行市场划分，是符合市场规律的选择。

（2）符合各企业的未来市场规划

根据三家企业未来市场的战略定位，本公司未来主要市场是中国大陆、美国、日本、韩国市场，晋禾企业未来主要市场是中国台湾、美国、欧洲市场，晋纬控股未来主要市场是东南亚及欧洲市场。

（3）在交叉市场对产品及等级进行细分

在与晋禾企业有交叉的美洲及中国台湾市场，由于晋禾企业只销售以中碳钢、合金钢生产的高强度螺栓产品，因此除螺栓以外的紧固件产品市场均为公司所有，公司与晋禾企业在除螺栓以外的紧固件产品市场没有竞争；在美洲市场，对于螺栓产品，则通过产品等级进行细分，即晋禾企业只销售中碳及合金钢材质，强度等级8.8级（公制）和Gr.5（美标）以上（含8.8级和Gr.5）

的螺栓产品，而公司销售低碳钢材质，即强度等级8.8级（公制）和Gr.5（美标）以下的螺栓产品，通过产品等级进行细分，有效解决了公司与晋禾企业在美洲市场的产品竞争问题。

3. 在国际市场的销售按产品种类、等级、区域等进行划分的详细安排

国家/地区		晋亿股份	晋禾企业	晋纬控股
中国大陆		独占市场	–	–
日本		独占市场	–	–
韩国		独占市场	–	–
马来西亚		–	–	独占市场
美国、加拿大、墨西哥、中南美洲	螺栓	仅限低碳材质，即强度等级8.8级（公制）和Gr.5（美标）以下（不含8.8级和Gr.5）	仅限中碳及合金钢材质，即强度等级8.8级（公制）和Gr.5（美标）以上（含8.8级和Gr.5）	–
	螺母	无销售限制	–	–
	螺钉	无销售限制	–	–
	螺柱垫圈	无销售限制	–	–
欧洲、澳洲、非洲、亚洲（除本表所列亚洲国家和地区以外）	螺栓	在征得晋纬或晋禾同意的前提下，可以将产品销往该区域	仅限中碳及合金钢材质，即强度等级8.8级（公制）和Gr.5（美标）以上（含8.8级和Gr.5）	仅限低碳材质，即强度等级8.8级（公制）和Gr.5（美标）以下（不含8.8级和Gr.5）
	螺母	在征得晋纬同意的前提下，可以将产品销往该区域	–	无销售限制
	螺钉	除夹板钉以外的螺钉	–	只销售夹板钉
	螺柱垫圈	无销售限制	–	–
中国台湾		销售螺栓以外的产品	只销售螺栓	–

注：在欧洲、澳洲、非洲、亚洲（上表所列亚洲国家和地区以外的）市场，本公司销售螺栓、螺母须征得晋纬控股或晋禾企业的同意，是指在符合下列条件之一时方可以给予：

①客户需要的品种规格晋纬控股、晋禾企业不生产，只有晋亿股份能提供时；

②客户与晋纬控股、晋禾企业的现有客户并不相同；

③晋纬控股或晋禾企业决定放弃的业务。

4. 关于募集资金投资项目所涉及产品的市场安排

公司本次募集资金投资项目主要生产高强度异型紧固件和汽车专用紧固件，该项目达产后，产品将在中国大陆和国际市场进行销售。因募集资金项目中的高强度紧固件与晋禾企业的产品在美洲市场重叠，因此2004年12月，本公司与晋纬控股和晋禾企业三方共同签订了《避免同业竞争市场分割补充协议》，对本公司本次募集资金投资项目生产的高强度异型紧固件、汽车专用紧固件在美国、加拿大、墨西哥、中南美洲市场进行了明确的划分。市场具体分割情况如下：

国家/地区	产品品种	晋亿股份	晋禾企业	晋纬控股
美国、加拿大、墨西哥、中南美洲	汽车专用紧固件	无销售限制	–	–
	高强度异型紧固件	除晋禾企业现有产品之外的高强度异型紧固件	仅限现有产品：钢结构大六角螺栓、TC扭剪螺栓和内六角螺栓	–

本公司募集资金投资项目所生产的高强度异型紧固件、汽车专用紧固件产品在其他市场的销售仍按《避免同业竞争市场分割协议》的约定执行。

2007年8月17日上市的汉钟精机（002158）也是通过划分产品销售市场和产品系列来解决发行人与实际控制人之间的同业竞争问题的。但是在做市场分割和产品划分时，需要对市场分割和产品划分的依据、产品的替代性等做充分的披露，同时发行人的实际控制人需要严格遵守所做的承诺。

汉钟精机《招股说明书》第1－1－109页披露如下：

（一）本公司与实际控制人及其控股公司不存在同业竞争

目前与本公司存在相同、相似业务的关联竞争方为台湾汉钟。本公司与台湾汉钟虽然在经营范围和产品种类上存在部分重合，但由于销售地域的差异，两者在实质上并不存在同业竞争。

上海汉钟自设立以来仅从事R系列制冷压缩机和A系列空气压缩机体和机组和LA系列冷冻冷藏压缩机在中国大陆的生产及销售，台湾汉钟在此期间从事R系列制冷压缩机与A系列空气压缩机体和机组和LA系列冷冻冷藏压缩机在中国大陆以外地区的生产及销售以及其他产品的生产及销售，由于销售地域的差异，两者在实质上并不存在同业竞争。

未来上海汉钟拟开展外销的产品有A系列空气压缩机和LH系列冷冻冷藏压缩机组，这两类产品将全部在上海汉钟生产，台湾汉钟承诺将不从事上述两种产品的生产，两者之间亦不构成同业竞争。

上海汉钟和台湾汉钟全球市场划分情况表（目前）		
系列/市场区域	大陆市场	大陆以外地区市场
R系列产品	上海汉钟	台湾汉钟
LA系列产品	上海汉钟	台湾汉钟
A系列产品	上海汉钟	台湾汉钟

上海汉钟和台湾汉钟全球市场划分情况表（上市后）		
系列/市场区域	大陆市场	大陆以外地区市场
R系列产品	上海汉钟	台湾汉钟
LA系列产品	上海汉钟	台湾汉钟
A系列产品	上海汉钟	上海汉钟
LH系列产品	上海汉钟	上海汉钟

上海汉钟未来的发展是以流体压缩机械为主轴，配合工程技术开发中心的研发及运作，确保全球领先的技术能力，拥有高效率的生产及管理系统，生产具有全球竞争力的产品，达成全世界第一的目标。台湾汉钟拟维持目前生产规模不再扩大，在《避免同业竞争协议》约定的产品类别和市场上进行生产和销售，并及时调整产品研发方向，不与上海汉钟在产品研发上有所重复。

对是否存在同业竞争，发行审核主要是从同一业务或者相似业务的实质出发，遵循“实质重于形式”的原则，从业务性质、业务的客户对象、产品或劳务的可替代性、市场差别等方面判断，并充分考虑对公司及其发起人股东的客观影响，不局限于简单从经营范围上作出判断。总的来讲，中国证监会审查同业竞争问题，重在保护发行人的利益，是为发行人的未来发展留出合理空间，从而保护广大投资者的权益。

过往很多企业如上述几个案例为了解释和说明不存在同业竞争问题，往往从行业细分、技术细分、客户细分等角度进行解释，认为销售区域、产品、客户等存在差异，因此不构成同业竞争，但近年来，证监会在保荐代表人培训会上多次强调行业划分不能过细，关注是否存在直接竞争、替代关系，是否存在利益冲突、争夺商业机会，是否用了同样的商号、商标、原料、销售渠道、经销商、供应商等，认为设备、工艺流程、技术通用性等相似的应该纳入到拟上市主体范围内，除非有非常合适的理由比如业务整合的政策限制等客观原因，才可以不进入拟上市主体。因此，原则上，以区域划分、产品结构、销售对象不同来认定不构成同业竞争的理由已经不被证监会所接受①。

第三节　解决同业竞争的主要方法

若发行人与控股股东、实际控制人及其控制的企业之间存在同业竞争，则必须在申请公开发行股票并上市之前把问题解决，而且解决时间距向中国证监会上报申请文件日期越长越好。另外，审核实践中要求发行人不得使用募集资金解决同业竞争问题。

如构成同业竞争的，除了控股股东及实际控制人做出今后不再进行同业竞争的书面承诺之外，发行人应在提出发行上市申请前采取（包括但不限于）以下措施加以解决：

一、收购业务

即发行人收购竞争方的竞争性业务，竞争方放弃原有的竞争性业务。具体的操作一般是由发行人从竞争方把竞争性业务的生产设备及存货都买过来，客户资源也拿过来，竞争方把对应的业务停了。采用这种方式易于增强发行人的竞争力。

采用这种方式，竞争方能够继续存在，继续开展非竞争性业务，特别适合

① 比如，2007年1月沪士电子股份有限公司采用划分市场的方式处理同业竞争问题，即被证监会否决。

那些需要继续保留竞争方独立地位的情形。很多公司在从有限责任公司改制为股份公司前就通过此种方式整合业务。中山大洋电机股份有限公司就采用了这个方法。

类似的具体做法还有竞争方将竞争性业务作为出资直接投入发行人，获得发行人的股份。

如果由发行人停止业务，则要充分说明合理性及对发行人业务发展机会不构成影响。

二、收购股权

即发行人直接收购与其存在竞争性业务的关联公司的股权，将关联公司变成自身的控股子公司或者全资子公司，甚至直接吸收合并竞争方。

采用这种方式，就是由发行人与关联公司的股东签订股权转让协议，办理股权转让手续，将关联公司直接纳入发行人的合并报表，使其成为上市主体的一个组成部分，甚至吸收合并后注销该关联公司，也就不存在同业竞争问题了。至于到底收购多少股权，以在会计上能够纳入合并报表为最低限。根据中国证监会目前的审核口径，控股股东、实际控制人及董事、高管持有的竞争方股份均应转让给发行人，以保证发行人利益最大化。

采用这种方式需要特别考虑这个竞争方的业务类型及其规模，如果该竞争方还存在大量与发行人业务不相关的业务，则可考虑仅收购相竞争的业务。若竞争方的资产总额、业务收入及利润较大，且超过发行人原有业务相应指标的100%，则为便于公众投资者了解重组后的整体运营情况，发行人在重组后需运行一个会计年度后方可申请发行。

【案例：爱康科技——收购销售公司】

爱康科技《招股说明书》第1－1－160页披露如下：

1. 收购张家港爱康股权

张家港爱康是由本公司控股股东爱康商贸和实际控制人邹承慧于2008年8月12日合资成立的公司，注册资本500万元，其中，爱康商贸出资400万元，占80%的股权；邹承慧出资100万元，占20%的股权，主要向客户提供非公司生产范围内的太阳能配件的销售业务。

为了规范公司治理，避免同业竞争和减少关联交易，2009 年 2 月，爱康商贸和邹承慧决定将所持有的张家港爱康股权转让给本公司。

2009 年 2 月 10 日，爱康商贸、邹承慧分别与本公司签署《股权转让协议》，邹承慧、爱康商贸以原始出资额作价向本公司出让张家港爱康股权。同日，张家港爱康股东会通过决议，同意上述股权转让，股东各自放弃优先受让权。股权转让完成后，本公司成为张家港爱康唯一股东。

【案例：百润股份——发行人吸收合并关联企业】

《上海百润香精香料股份有限公司首次公开发行股票招股说明书》第 1 - 1 - 33 页披露如下：

2007 年 10 月 30 日，经有限公司股东会决议及百润福德股东会决议同意，有限公司以换股方式吸收合并百润福德，换股比例为 1∶1 即百润福德原股东以其持有的百润福德 1000 万元出资额换取有限公司新增的 1000 万元出资额。合并后有限公司存续，百润福德依法予以注销，合并日为 2008 年 3 月 31 日。

百润福德原名上海麦克斯百润香精香料有限公司，成立于 2000 年 1 月 5 日，主要生产乳化香精及其他香精，注册资本 1000 万元。吸收合并时百润福德的股东及出资比例与有限公司完全一致。

该次吸收合并的详细情况及百润福德的历史沿革，请参见本招股说明书本节“重要资产重组情况”相关内容。

此次吸收合并前后，有限公司的股东结构及持股情况如下表所示：

单位：万元

股东名称	原出资额	合并后增加额	变更后出资额	出资比例（%）
刘晓东	2040	680	2720	68
柳海彬	960	320	1280	32
合计	3000	1000	4000	100

2008 年 4 月 3 日，上海申洲大通会计师事务所有限公司就上述吸收合并及增加注册资本情况进行了审验，并出具了沪申洲大通（2008）验字第 209 号验资报告。

2008 年 4 月 30 日，有限公司完成了上述增资事宜的工商变更登记手续，并领取了变更后的《企业法人营业执照》。

《上海百润香精香料股份有限公司首次公开发行股票招股说明书》第1－1－43页披露如下：

本次吸收合并前，有限公司与百润福德的控股股东及实际控制人相同，且两者的经营范围及业务也相近。为消除同业竞争、减少关联交易，有限公司决定吸收合并百润福德。

由于本次合并前，百润福德实际从事的业务与有限公司基本相同，本次合并扩大了有限公司的主营业务规模，提升了公司的整体竞争力。本次合并前后有限公司的实际控制人及股东结构未发生变化，管理层亦未发生变化。

由于本次合并属于同一控制下的企业合并，本次公开发行申报财务报告期初，即2008年1月1日，公司已将百润福德纳入申报合并报表范围。

百润福德2007年末总资产、2007年实现的营业收入和利润总额与有限公司相应指标的占比情况如下表所示：

单位：元

项目	资产总额	营业收入	利润总额
百润福德	34552547.65	34378972.21	13194502.77
有限公司（母公司）	141809771.98	48029575.40	23704854.42
占比	24.37%	71.58%	55.66%

上述百润福德财务指标引自立信会计师事务所有限公司出具的信会师报字（2010）第25291号《关于对上海百润香精香料股份有限公司申报财务报表与原始财务报表差异的鉴证意见》中的申报报表数据。

上表中数据显示，百润福德2007年末资产总额与有限公司同期末相应指标相比，不超过50%；百润福德2007年实现的营业收入、利润总额与有限公司相应指标相比超过50%，但不超过100%。发行人吸收合并百润福德后已运行超过一个完整会计年度。

三、业务转让

即由竞争方将存在的竞争性业务转让给无关联关系的第三方。采用这种方式，受让方必须是与发行人没有关联关系的第三方，以避免同业竞争解决得不彻底。

审核方一般会本着风险导向审核理念，对“卖”的真实性（即收购方作为非关联第三方的真实性、是否会有后续回购、仍然掌控控制权等“抽屉协议”等）提出进一步的核查与披露要求。

当然，我们一般建议把存在同业竞争的业务采用前述第一种方式直接转让给发行人，以增强发行人的实力。否则，把好东西不给自己人，反而卖给外人，是需要有个合理解释的。

四、直接注销

就是按照《公司法》规定的解散清算程序，把与发行人存在竞争性业务的关联公司直接关闭注销。这种方式一般适用于这个竞争方业务量不大、直接注销不会造成过多损失的情形。

【案例：星星科技——清算注销经营不善的关联企业】

《浙江星星瑞金科技股份有限公司首次公开发行股票并在创业板上市招股说明书》第 1－1－138 页披露如下：

（1）浙江星星再生资源利用有限公司的基本情况及其注销

浙江星星再生资源利用有限公司（发行人关联企业）成立于 2008 年 5 月 16 日，注册资本为 500 万元，其中星星集团出资 255 万元，占注册资本的 51%，张友顺（实际控制人）出资 245 万元，占注册资本的 49%，于 2010 年 11 月 15 日办理完毕工商注销登记手续。浙江星星再生资源利用有限公司注销前的经营范围为：废旧塑料加工、回收、利用、销售，塑料原料、塑料辅料（危险化学品除外）、建筑材料批发、货物进出口、技术进出口业务（法律、行政法规禁止和限制的项目除外），货运代理、仓储理货。

浙江星星再生资源利用有限公司注销的原因是星星集团前期对该项目考察不足，项目筹备过程中遇到一些问题，一直未开展主营业务。浙江星星再生资源利用有限公司于 2010 年 3 月 1 日召开股东会作出决议，同意注销星星再生资源利用有限公司，并由陈华明、张友顺、孙敏、沈蕾莹组成清算组，其中陈华明为组长，对星星再生资源利用有限公司进行清算，并在台州市工商行政管理局椒江分局办理了注销备案手续。2010 年 3 月 2 日，浙江星星再生资源利用有限公司在《台州日报》上发布了注销公告。

2010 年 11 月 8 日，浙江星星再生资源利用有限公司资源清算组作出了《浙江星星再生资源利用有限公司清算报告》；同日，浙江星星再生资源利用有限公司股东会作出决议，全体股东一致同意确认星星再生资源清算组所提交的《浙江星星再生资源利用有限公司清算报告》并同意根据该清算报告内容办理后续事宜。该公司注销前资产情况：清算资产共有 453.89 万元，净资产 398.43 万元，负债总额 55.46 万元，无拖欠职工工资、社会保险费用和法定补偿金的情况。资产清理情况：固定资产已作价变卖，清算过程中收回债权 453.88 万元，其他资产已清理完毕。债务偿还情况：债权人申报 55.46 万元已全额偿付，债务已经全部清偿完毕，所欠税款已按规定缴付，清算期发生的清算费用已支付。剩余财产的分配情况：至 2010 年 11 月 8 日，浙江星星再生资源利用有限公司已清算完毕，亏损 101.57 万元，剩余财产 398.43 万元经股东协商，将按各自实际出资比例分配。浙江星星再生资源利用有限公司注销时共有 8 名员工，其中 7 名员工在结清工资后离开公司，1 名兼职员工返回台州联合钢材有限公司工作。

2010 年 5 月 17 日，台州市国家税务局椒江税务分局出具了《税务事项通知书》（台椒国通〔2010〕54436 号），核准星星再生资源办理税务注销登记手续。

根据台州市工商行政管理局椒江分局 2010 年 11 月 17 日出具的《企业（机构）核准注销登记通知书》，浙江星星再生资源利用有限公司于 2010 年 11 月 15 日经该局核准注销登记。

（2）浙江星星电控科技有限公司的基本情况及其注销程序

浙江星星电控科技有限公司成立于 2003 年 9 月 4 日，注册资本 1000 万元，其中星星集团出资 300 万元，占注册资本的 30%，星星置业（注：关联企业）出资 700 万元，占注册资本的 70%，于 2010 年 1 月 21 日办理完毕工商注销登记手续；浙江星星电控科技有限公司注销前的经营范围为：电声喇叭、家用智能控制器、教学教具、学具、电子产品制造、研发、批发、零售、维修，集成电路软件设计。

浙江星星电控科技有限公司注销的原因是公司经营业绩较差，未来几年不存在转好迹象。浙江星星电控科技有限公司于2009年10月10日召开股东会作出决议，同意注销，并由叶仙玉、孙敏、於云珍组成清算组，其中叶仙玉为组长，对浙江星星电控科技有限公司进行清算，并在台州市工商行政管理局椒江分局办理了注销备案手续。2009年11月1日，浙江星星电控科技有限公司在《台州日报》上发布了注销公告。

2009年12月25日，浙江星星电控科技有限公司清算组作出了《浙江星星电控科技有限公司清算结果报告》；同日，股东会作出决议，全体股东一致同意确认星星电控清算组所提交的《浙江星星电控科技有限公司清算结果报告》并同意根据该清算报告内容办理后续事宜。浙江星星电控科技有限公司清算资产共有6911581.17元，净资产6910137.61元，负债总额1443.56元，实际亏损3089862.39元，按投资比例分摊：星星集团承担926958.71元，星星置业承担2162903.68元。浙江星星电控科技有限公司注销时已无员工，不存在人员安置情形。

2009年12月22日，台州市国家税务局椒江税务分局出具了《税务事项通知书》（台椒国通〔2009〕143588号），核准浙江星星电控科技有限公司办理税务注销登记手续。

根据台州市工商行政管理局椒江分局2010年1月26日出具的《企业（机构）核准注销登记通知书》，浙江星星电控科技有限公司于2010年1月21日经该局核准注销。

上述两家公司注销前，均未与发行人存在交易情况。

五、承诺避免

即竞争方单方面书面承诺或与发行人签订书面协议，做出避免同业竞争和利益冲突的具体可行措施。此种方式，本质上是在采用前述措施解决了原来存在的同业竞争情形后，或者是在客观上不存在同业竞争时，面向未来的避免潜在同业竞争的承诺。实务中，都会要求发行人的实际控制人单方面做出避免潜在同业竞争的书面承诺。

另外，实务中存在这样一种普遍现象，关联公司的营业执照上记载了与发行人业务相同或类似的经营范围，但这个关联公司实际上并未从事与发行人相同或类似的业务。我们通常建议发行人尽快协调该关联公司，变更该关联公司在其营业执照上登记的相关经营事项，同时在向中国证监会上报的材料中，充分说明二者所从事的业务不具有可替代性，双方不存在实质上的同业竞争情形。需要注意的是，营业执照上登记的营业范围只是参考，证监会关注的重点还是是否存在实际的业务竞争，在证监会的反馈中，多次问及中介机构是否履行了勤勉尽责的调查，而不是仅仅凭着营业范围作出判断。

第四节　有关同业竞争的几个特殊问题

关于同业竞争的界定及处理，由于我国特有的国情（家族式民营企业比较多，实际控制人出于节税、防范风险等原因往往设立多个公司且多从事近似的业务）以及目前法律法规中尚未有同业竞争的完整定义和判断标准，导致实务中出现了许多有关同业竞争的特殊问题，笔者在此简要归纳如下：

一、持有发行人5%以上股权股东的同业竞争

实务中最常遇到的问题就是除控股股东外，持有发行人5%以上股权的股东如与发行人从事相同或近似业务，是否构成同业竞争的问题。证券实务中，中介机构一般会对持有发行人5%以上股权的股东是否与发行人存在同业竞争进行核查，然而有时候也会遇到发行人询问此核查依据的情况，部分中介机构人士一时也说不出依据，只能以“过往经验、一般做法”答复。其实，对持有发行人5%以上股权的股东是否与发行人存在同业竞争进行核查的要求见于《公开发行证券公司信息披露的编报规则第12号——公开发行证券的法律意见书和律师工作报告》第三十八条：“关联交易及同业竞争（一）发行人是否存在持有发行人股份5%以上的关联方，如存在，说明发行人与关联方之间存在何种关联关系……（六）发行人与关联方之间是否存在同业竞争。如存在，说明同业竞争的性质。（七）有关方面是否已采取有效措施或承诺采取有效措施避免同业竞争。（八）发行人是否对有关关联交易和解决同业竞争的承诺或措施进行了充分披露，以及有无重大遗漏或重大隐瞒，如存在，说明对本次发行

上市的影响。”

此外，西南证券投行事业部项目质量管理部汇总整理的《发行审核问答手册》中也提及了该问题。主要内容如下：“15. 对于同业竞争和关联交易的审核关注点有哪些……（5）虽然实际控制人承诺不进行同业竞争，但仍然构成发行障碍。解决不了实质问题，仅仅承诺是不足够的，承诺只是在实质问题得到解决以后的‘锦上添花’。与第二大股东从事相同业务也构成同业竞争。16. 如何规范同业竞争和关联交易？（1）原则上，再融资应当减少关联交易、避免同业竞争；重大关联交易是否履行的法定决策程序，是否已经依法披露，定价是否公允，是否损害上市公司股东利益或向上市公司输送利润……（6）发行人与大股东是否存在同业竞争，其关于不存在同业竞争的解释是否全面、合理、是否制定明确的解决计划。”需要注意的是，此处用的是“大股东”而非“控股股东”。

在过往案例中，如天津膜天膜科技股份公司、杭州炬华科技股份有限公司，中介机构都基于审慎角度出发判定持股 5% 以上非控股股东与发行人之间构成了同业竞争。根据 2012 年 2 月预披露的天津膜天膜科技股份公司招股书第 1－1－56 页，广州华益持有发行人 2400 万股，占股本的 27.586%，为公司第二大股东；广州华益的实际控制人为发行人董事林晋廉，其对外控股了多家公司，参股泰国水务 49%，设定了私人信托基金，其亲属控制了华益建筑。为此，林晋廉对外转让了泰国水务 49% 的股权。此外，广州华益变更了经营范围，不再从事发行人在广州地区的经销业务，将与发行人业务有关的业务关系整体移交给了发行人，解决了与发行人之间潜在的同业竞争。

杭州炬华科技股份有限公司 IPO 项目中（《炬华科技招股说明书》第 1－2－116 页），余钦为发行人持股 5.7% 的股东，其控制的上海振浩电子科技有限公司从事与发行人相同的业务。为此，2011 年 12 月，余钦将其持有的上海振浩电子科技有限公司全部股权（51%）出让给该公司原有的其他二位股东，且承诺不再从事与发行人及其子公司相同或相似的业务。发行人同时披露，上述股权转让真实，不存在委托持股情形。另据招股说明书披露，余钦在电力系统有多年的工作经验，后为发行人引入。余钦成为发行人股东后，在制定以智能电能表及用电信息采集系统产品为核心业务的发展规划、产品规划及产业发展实施计划等方面起到了一定的作用。

从上述两个案例的披露分析，两家企业都判断认定了持股5%以上的非控股股东与发行人之间构成了同业竞争。但是，也有例外案例，如万科。

《万科企业股份有限公司增发招股意向书》第1-1-95页披露如下：

本次发行前，公司的股权结构较为分散。华润股份作为本公司的第一大股东，其直接和间接持有本公司的股份仅为16.30%，华润股份不构成对本公司的控制。本公司无控股股东和实际控制人，不存在与控股股东和实际控制人之间的同业竞争。

公司独立董事认为，根据《公司法》和中国证监会颁布的相关法规文件，万科的第一大股东华润股份不构成对公司的控制，万科无控股股东和实际控制人。虽然华润股份与万科经营相同或相似业务，但这种竞争是市场化的公平竞争，不构成法律、法规界定的上市公司与控股股东和实际控制人之间的同业竞争。

当然，万科这个案例是上市公司，和拟上市公司相比较为宽松。不过，笔者认为，对持有发行人5%以上股权的股东如与发行人从事相同或近似业务，是否构成同业竞争的问题，应与发行人控股股东、实际控制人或控股股东及实际控制人控制的企业与发行人从事相同或近似业务相区别开来，一般不宜界定为同业竞争，原因在于：（1）对同业竞争进行规制的立法原意，在于如果关联方从事与上市公司相同或相似业务，一方面，造成利益冲突不利于上市公司的独立性；另一方面，容易出现控股股东或实际控制人利用关联方转移上市公司利益，损害上市公司股东利益。而发行人控股股东和实际控制人之外的其他股东，由于不具备控股或实际控制地位，难以对发行人实施有效控制，也就很难转移上市公司利益到自己的关联企业，从而损害上市公司股东利益；（2）发行人在IPO过程中往往会引进一些战略或财务投资者（以下简称“PE”），而PE通常着眼于某一行业或某一领域的投资，因此很难避免其投资其他与发行人有近似甚至同样业务的企业，如果该战略或财务投资者在发行人中持股达到了5%就认定发行人存在同业竞争问题，或采取人为调整其持股比例以通过审核，既无必要，也不客观。且战略或财务投资者往往并不谋求被投资企业的控制和经营管理权，其投资的目的是借助资本市场取得投资回报。但是，如果PE的持股比例在5%以上，或者PE向企业派出董事或高管，或者通过各种方式对企业日常经营产生影响，甚至拟上市企业与 PE 投资的其他企业之间存在金额较大的交易等，则可能会引发对同业竞争问题的关注；（3）上市公司出于产业整合等需要常常进行产业并购或投资，围绕主业投资于同行业公司，引进上市公司作为股东往往有利于发行人改善公司治理结构并扩大市场，有利于拟上市公司股东利益；（4）2019 年 3 月 25 日，证监会发行监管部发布《首发业务若干问题解答》，其中同业竞争的核查范围已经被明确为发行人控股股东（或实际控制人）及其近亲属全资或控股的企业。

【案例：珠海亿邦制药股份有限公司——PE 同业投资被否】

《珠海亿邦制药股份有限公司首次公开发行股票招股说明书（申报稿）》第 1－1－147 页披露如下：

在公司确定银杏达莫注射液及奥硝唑注射液为代理销售的主营品种后，两种药品经销商的分散和公司从各经销商处间接采购的方式严重阻碍了药品的市场推广，增大了市场竞争的无序性和代理业务的风险，也无法保障代理业务的稳定性。鉴于以上情况，公司开始就代理销售上述两种药品与山西普德进行了沟通。经协商，由于：（1）公司对上述两个产品的市场前景非常看好，且经过多年持续努力，已建立起非常成熟的营销网络，公司现有的经销商队伍对上述两个产品的认知度、认可度都比较高，营销投入小，营销效率高；（2）目前银杏达莫注射液和奥硝唑注射液产品对山西普德而言均为比较重要的产品，山西普德希望其成为稳定的盈利来源；（3）相较分散代理而言，独家代理更有利于产品在全国范围内统一、有序的市场开发、销售和服务。因此，亿邦医药与山西普德于 2009 年 12 月 30 日分别就银杏达莫注射液和奥硝唑注射液产品签订了《代理协议书》，约定自 2009 年 12 月 30 日起，亿邦医药在全国范围内独家代理销售山西普德生产的上述两种产品。

上述《代理协议书》约定的重要事项如下：

事项	约定内容	
代理产品	银杏达莫注射液（5ml、10ml 两规格）	奥硝唑注射液（5ml、10ml 两规格）
代理方式	独家代理	独家代理
代理区域	全国范围	全国范围

续表

事项	约定内容	
代理期限	2009年12月30日至2014年12月29日，协议到期后有优先签约权	2009年12月30日至2014年12月29日，协议到期后有优先签约权
采购价格	5ml：1.5元/支；10ml：2.8元/支	5ml：1.18元/支；10ml：1.47元/支
最低销量	两规格合计3600万支/年	两规格合计1000万支/年

注：上述协议采购价格为含税价格。

《珠海亿邦制药股份有限公司首次公开发行股票招股说明书（申报稿）》第1-1-152页披露如下：

经核查，昆吾九鼎及其实际管理的夏启九鼎、商契九鼎合计持有公司10%的股权，昆吾九鼎实际管理的立德九鼎、宝嘉九鼎及宇鑫九鼎合计持有山西普德14.99%的股权。

《珠海亿邦制药股份有限公司首次公开发行股票招股说明书（申报稿）》第1-1-293页披露如下：

公司报告期内的营业收入全部为主营业务收入，来源均为自产及代理产品的销售。公司主要自产产品为注射用克林霉素磷酸酯、注射用左卡尼汀和注射用伏立康唑，主要代理产品为银杏达莫注射液和奥硝唑注射液。公司报告期各期营业收入来源结构简示如下：

单位：万元

项目	2011年度		2010年度		2009年度	
	金额	占比	金额	占比	金额	占比
注射用克林霉素磷酸酯	11867.38	27.22%	11529.22	27.86%	8825.74	30.59%
注射用左卡尼汀	694.72	1.59%	500.41	1.21%	482.68	1.67%
注射用伏立康唑	1458.76	3.35%	242.05	0.58%	303.58	1.05%
其他	162.71	0.37%	295.12	0.71%	584.08	2.02%
自产产品合计	14183.57	32.54%	12566.80	30.37%	10196.08	35.34%
银杏达莫注射液	23513.46	53.94%	21157.57	51.12%	12681.03	43.96%
奥硝唑注射液	5821.58	13.36%	6675.85	16.13%	4934.99	17.11%
其他	71.44	0.16%	985.35	2.38%	1036.98	3.59%
代理产品合计	29406.48	67.46%	28818.80	69.63%	18653.00	64.66%
合计	43590.05	100.00%	41385.60	100.00%	28849.08	100.00%

公司各主要产品的销售收入总体均呈上升趋势。主要产品中，注射用克林霉素磷酸酯、银杏达莫注射液、奥硝唑注射液2011年的销售收入较2009年有较大幅度的提高，主要是由于公司在2010年年初完成了小规模技改，提高了自产产品的产能，部分缓解了产品供不应求的情况，并于2009年12月取得了银杏达莫注射液、奥硝唑注射液的全国独家代理权，使公司得以全面统筹、规划此两种产品的营销，且取得了良好的效果。

报告期内公司注射用左卡尼汀的销售收入增幅较小，主要是由于公司根据以抗感染药物为产品主线的发展战略，优先保障最主要自产产品注射用克林霉素磷酸酯和高端产品注射用伏立康唑的生产，因此注射用左卡尼汀获配的产能相对有限。

注射用伏立康唑的销售收入在2009年至2010年呈小幅下降的趋势，主要原因是公司在其被纳入医保药品目录前，并未对其进行大规模扩产和重点推广。注射用伏立康唑被纳入医保药品目录（2009年版）后，公司已完成了技术、生产和营销的准备工作，2010年11月开始，公司开始重点推广该产品，并在11、12月两个月完成了10万支的销售，并在2011年实现60万支的销量，销售收入达1458.76万元，增长迅速。

总体来看，2010年公司代理业务收入占营业收入的比重较2009年略有上升，主要是由于公司取得了主要代理产品银杏达莫注射液、奥硝唑注射液的全国独家代理权后，加大了此两种产品的市场推广力度，销售规模总体呈上升趋势，而公司目前的主要自产产品受产能限制，生产销售规模的扩张速度有限。2011年，公司加大了对现有产能的挖潜，使得自产产品销售收入的比重较2010年有所上升。报告期内，公司主要自产产品各期的产销率分别为115.45%、93.38%、98.61%，均保持在较高的水平，再考虑到备货的因素，在各期产能利用率分别为103.08%、116.43%、123.94%的情况下，表明公司产能已经滞后于现有产品的销售需求，更无法满足新产品投产的需要。在高产能利用率和产销率的情况下，自产产品销售收入占营业收入比重仍然偏低的现状也从另一方面论证了实施募集资金项目扩充产能的必要性。

珠海亿邦制药股份有限公司IPO申请2012年5月被否决，之后的公开信息即出现了“PE同业投资，有利益输送嫌疑”的疑惑。

关于不予核准珠海亿邦制药股份有限公司首次公开发行股票申请的决定

证监许可〔2012〕716号

珠海亿邦制药股份有限公司：

中国证券监督管理委员会（以下简称中国证监会）依法受理了你公司提交的首次公开发行股票申请文件。

中国证监会发行审核委员会（以下简称发审委）于2012年5月7日举行2012年第80次发审委会议，依法对你公司的首次公开发行股票申请进行了审核。

发审委在审核中关注到，你公司存在以下情形：

公司业务为自产药品销售和代理药品销售，其中代理业务为你公司代理销售山西普德的银杏达莫注射液和奥硝唑注射液，2010年之前你公司为山西普德的代理商之一，2009年年底转变为全国独家代理商，你公司代理药品由主要向山西普德经销商采购变为全部向山西普德直接采购。2009年—2011年你公司代理产品销售收入占比分别为64.66%、69.63%和67.46%，毛利分别为3503.64万元、16475.11万元和17437.34万元，毛利占比由2009年的39.68%增长到2011年的67.39%，代理产品业务成为公司主要利润来源，你公司盈利来源发生变化。本次募投项目为新药品的生产，随着募投项目逐步达产，自产药品的收入占比将逐步增加，预计2017年自产药品销售收入占比将达到74.42%，你公司业务将以自产药品销售为主。你公司在申报材料和现场聆讯中未就上述经营模式、产品结构变化对持续盈利能力的影响作出充分合理的解释。

发审委认为，上述情形与《首发管理办法》（证监会令第32号）第三十七条的规定不符。

发审委会议以投票方式对你公司的首次公开发行股票申请进行了表决，同意票数未达到5票，申请未获通过。根据《证券法》《中国证券监督管理委员会发行审核委员会办法》（证监会令第62号）及《首次公开发行股票并上市管理办法》等有关规定，现依法对你公司的首次公开发行股票申请作出不予核准的决定。

你公司如再次申请发行证券，可在本决定作出之日起6个月后，向中国证监会提交申请文件。

你公司如不服本决定，可在收到本决定之日起60日内，向中国证监会申请行政复议，也可在收到本决定之日起3个月内，向有管辖权的人民法院提起行政诉讼。

【案例：中原证券——直投业务的同业不竞争】

《补充法律意见书（三）》位于《中原证券股份有限公司招股意向书附录》，第5-1-8页披露如下：

2. 据招股说明书披露，河南投资集团直接控制的河南投资集团担保有限公司、中富支付服务有限公司、河南投资集团资产管理有限公司、中原信托有限公司从事的业务与本公司不构成同业竞争；河南投资集团控制部分直接投资企业与发行人全资子公司中鼎开源创投以及间接控制的企业中证开元创投存在一定程度的同业竞争。请进一步分析说明认定发行人与河南投资集团担保有限公司等企业不构成同业竞争的依据；请补充披露上河南投资集团控制部分直接投资企业的业务范围，与发行人及控股子公司在业务范围、产品和服务、运营模式等方面的异同；请保荐机构、发行人律师核查说明未将竞争业务纳入上市范围的原因，拟采取的解决同业竞争的具体措施，河南投资集团出具的关于避免同业竞争的承诺是否具有可行性。请保荐机构、发行人律师对上述情况进行核查，并发表明确意见。

回复：

（一）发行人与河南投资集团担保有限公司等企业不构成同业竞争的依据。

1. 根据发行人提供的资料及本所律师核查，发行人与河南投资集团担保有限公司不构成同业竞争的依据如下：

河南投资集团担保有限公司是融资性担保公司，现持有河南省工业和信息化厅颁发的融资性担保机构经营许可证，系依照《担保法》《融资性担保公司管理暂行办法》等法律法规开展经营活动，其监管部门为河南省工业和信息化厅，其更高层级的监督管理机构为国务院建立的融资性担保业务监管部际联席会议。

河南投资集团担保有限公司的经营范围为：贷款担保，票据承兑担保，贸易融资担保，项目融资担保，信用证担保，诉讼保全担保，履约担保，符合规定的自有资金投资，融资咨询等中介服务。（以上范围凡需审批的，未获批准前不得经营）

由于河南投资集团担保有限公司主要从事融资性担保业务，未取得从事证券业务所需的任何资质，发行人也未取得从事融资性担保业务的任何资质，因此，发行人从事的主营业务与河南投资集团担保有限公司从事的主营业务不存在同业竞争。

2. 根据发行人提供的资料及本所律师核查，发行人与中富支付服务有限公司不构成同业竞争的依据如下：

中富支付服务有限公司是从事支付业务的非金融机构，系依照《中华人民共和国中国人民银行法》《非金融机构支付服务管理办法》等法律法规开展经营活动，其监管部门为中国人民银行。

中富支付服务有限公司的经营范围为：开展经中国人民银行确定的非金融机构支付服务；为各类企事业单位提供有关后勤服务。（以上范围凡需审批的，未获批准前不得经营）

由于中富支付服务有限公司主要从事支付业务，未取得从事证券业务所需的任何资质，发行人也未取得从事支付业务的任何资质，因此，发行人从事的主营业务与中富支付服务有限公司从事的主营业务不存在同业竞争。

3. 根据发行人提供的资料及本所律师核查，发行人与河南投资集团资产管理有限公司不构成同业竞争的依据如下：

河南投资集团资产管理有限公司于2012年成立，其成立的初衷是接收并处理一些企业及其不良资产，由于其中包含了土地资产的处理工作，因此公司名称中使用了“资产管理”字样。河南投资集团资产管理有限公司的经营范围为：土地收购、土地资产管理与处置；非金融类资产重组、接受委托管理和处置非金融类资产的服务；地产和房产及配套设施的管理、房地产信息咨询和投资咨询；企业投资与企业管理咨询、房地产投资策划、受托或委托资产管理业务。（以上范围凡需审批或许可的，凭审批或许可经营）

发行人的资产管理业务系依据《证券法》《证券公司客户资产管理业务管

理办法》等法律法规，由中国证监会批准的从事资产管理业务的资格。

根据《证券公司客户资产管理业务管理办法》，证券公司从事客户资产管理业务，对客户资产进行经营运作，为客户提供证券及其他金融产品的投资管理服务。其中证券公司办理集合资产管理业务，只能接受货币资金形式的资产。

根据《证券公司定向资产管理业务实施细则》，证券公司从事定向资产管理业务的客户委托资产应当是客户合法持有的现金、股票、债券、证券投资基金份额、集合资产管理计划份额、央行票据、短期融资券、资产支持证券、金融衍生品或者中国证监会允许的其他金融资产。

由于河南投资集团资产管理有限公司未取得从事证券资产管理业务所需的业务许可证，且其经营或处理的资产形式与发行人存在明显区别，因此，发行人从事的主营业务与河南投资集团资产管理有限公司从事的主营业务不存在同业竞争。

4. 根据发行人提供的资料及本所律师核查，发行人与中原信托有限公司不构成同业竞争的依据如下：

中原信托有限公司是主要经营信托业务的金融机构，持有中国银行业监督管理委员会河南监管局颁发的金融许可证，系依照《信托法》《信托公司管理办法》等法律法规开展经营活动，其监管部门为中国银行业监督管理委员会。

中原信托有限公司的经营范围为：资金信托；动产信托；不动产信托；有价证券信托；其他财产或财产权信托；作为投资基金或者基金管理公司的发起人从事投资基金业务；经营企业资产的重组、并购及项目融资、公司理财、财务顾问等业务；受托经营国务院有关部门批准的证券承销业务；办理居间、咨询、资信调查等业务；代保管及保管箱业务；以存放同业、拆放同业、贷款、租赁、投资方式运用固有财产；以固有财产为他人提供担保；从事同业拆借；法律法规规定或中国银行保险监督管理委员会（原中国银行业监督管理委员会）批准的其他业务。

根据《证券法》，证券业和银行业、信托业、保险业实行分业经营、分业管理，发行人与中原信托有限公司各自受不同监管机构监管，各自独立运行。由于中原信托有限公司未取得从事证券业务所需的任何资质，发行人也未取得从事信托业务的任何资质，因此，发行人从事的主营业务与中原信托有限公司从事的主营业务不存在同业竞争。

综上，本所律师认为，发行人从事的证券业务与上述企业不存在同业竞争，发行人与上述企业的主营业务范围、主要监管部门、资质的颁发单位均有明显差异，发行人与河南投资集团担保有限公司等企业不构成同业竞争的认定依据充分。

（二）河南投资集团控制部分直接投资企业的业务范围，与发行人及控股子公司在业务范围、产品和服务、运营模式等方面的异同。

根据发行人提供的资料及本所律师核查，河南投资集团控制的直接投资企业（指以自有及/或募集资金进行或可能进行股权投资并以获取股权收益为目的的企业）包括北京新安财富创业投资有限责任公司（以下简称“新安财富”）、河南创业投资股份有限公司（以下简称“河南创投”）和河南中原海云股权投资基金管理有限公司（以下简称“中原海云”）。

发行人控股子公司中鼎开源创投及其控制的企业中证开元创投、中州基石资本、中州紫海投资和中州禾富投资现主要从事对非上市企业股权和债权的投资业务。中鼎开源创投及其控股子公司进行直接股权投资，并通过股份转让或首次公开发行退出该投资以赚取资本收益。如果中鼎开源创投及其控股子公司与河南投资集团控制的直接投资企业同时拟投资同一家目标企业，则可能构成竞争。

河南投资集团控制的直接投资企业中，新安财富和河南创投主要从事高新技术和技术创新企业的股权投资，其中新安财富以初创期、快速成长期的创业投资为主，兼顾投资拟上市项目。中原海云与中证开元创投、中州基石资本、中州紫海投资和中州禾富投资类似，均为私募基金管理人，主要从事管理或受托管理非证券类股权投资服务，同时少量从事直接股权投资业务。中原海云主要管理创业投资基金，中证开元创投、中州基石资本、中州紫海投资和中州禾富投资主要管理创业投资基金、产业型基金、股权投资基金等。

由此可见，虽然河南投资集团控制的直接投资企业在业务范围、产品和服务、运营模式等方面与中鼎开源创投及其控股子公司存在相同点，即都是以直接股权投资或投资基金管理的模式从事直接投资业务，大的业务类别是相同的，但发行人股权投资与债权投资均衡发展、投资领域更为广泛、以IPO为主要退出方式等，均显示出发行人在直接投资业务的执行方面与河南投资集团存在差异。由于直接投资领域很广，标的众多，且河南投资集团已与发行人签订了《避免同业竞争协议》的承诺函。截至本补充法律意见书出具之日，中鼎开源创投及其控股子公司从未与河南投资集团控制的直接投资企业就任何项目产生竞争，发行人未与河南投资集团发生同业竞争情况。

综上，本所律师认为，虽然发行人控股子公司的直接投资业务范围与河南投资集团控股子公司的投资业务范围存在一定的重叠，但投资市场巨大，双方产生实质上的竞争可能性较小。

（三）未将竞争业务纳入上市范围的原因，拟采取的解决同业竞争的具体措施，河南投资集团出具的关于避免同业竞争的承诺是否具有可行性。

根据发行人提供的资料及本所律师核查，河南投资集团未将直接投资业务纳入发行人主要系其直接投资业务开展时间较早，以及法律法规限制的原因：

2007年12月河南投资集团组建时，其下属直投子公司新安财富和河南创投已经在开展直接投资业务，其中新安财富成立于2000年8月2日，河南创投成立于2002年9月9日。

2007年9月起，中国证监会启动证券公司直接投资业务试点，允许少数证券公司以设立子公司的形式开展直接投资业务。2009年4月30日，中国证监会机构监管部制定了《证券公司直接投资业务试点指引》，规定证券公司开展直接投资业务试点，应当设立直投子公司，由子公司进行直接投资，并规定了新设立直投子公司的相关事宜。2011年7月8日，中国证监会机构监管部发布了《证券公司直接投资业务监管指引》，同样规定证券公司开展直接投资业务，应当设立直投子公司，由直投子公司开展业务。

根据以上规定，2011年9月26日，中国证监会河南监管局出具了《关于中原证券股份有限公司设立直投子公司的无异议函》，2012年2月8日，中鼎开源成立。

从上述证券公司及发行人开展直接投资业务的历史过程来看，由于中国证监会要求证券公司必须以新设立子公司的形式开展直接投资业务，河南投资集团无法将其控股的新安财富和河南创投以股权转让的形式注入发行人。对于成立于2014年2月的中原海云，由于其成立初衷系管理由中央财政资金通过新兴产业创投计划参股的创业投资基金，其对外投资承担了一定的新兴产业引导功能，因此未纳入发行人的直投业务体系。同时，由于河南投资集团对新安财富、河南创投和中原海云所持有的股权为国有股权，根据《企业国有资产法》的规定，河南投资集团如转让其持有的新安财富、河南创投和中原海云的部分或全部股权，为保证转让的公开、公平，须通过产权交易所进行挂牌转让，其结果很难保证上述公司可注入发行人，另外，如发行人购买新安财富、中原海云和河南创投的股权，新安财富、中原海云和河南创投的对外投资也要自然承继过来，发行人有严格的直投流程和制度，新安财富、中原海云和河南创投的对外投资也未必符合发行人的投资方向和要求。因此，河南投资集团未将其直接投资业务纳入上市范围。

为避免同业竞争，发行人与河南投资集团于2014年3月10日签订了《避免同业竞争协议》。主要内容包括：承诺今后不会从事或参与任何与发行人主营业务构成或可能构成竞争的业务（河南投资集团已通知发行人，发行人决定不从事新业务机会的除外）、发现竞争性新业务机会后给予发行人优先交易及选择权、向第三方转让竞争性新业务时给予发行人优先受让权、提供资料给发行人独立非执行董事以便其审阅本协议的执行情况等。

经本所律师核查，自2014年3月10日发行人与河南投资集团签订《避免同业竞争协议》至本补充法律意见书出具之日，河南投资集团共6次就其投资业务机会向中原证券发出函件，中原证券均及时给予了回函，决定均不参与相关投资机会。

2015年3月4日，发行人与河南投资集团签署《有关〈避免同业竞争协议〉确认函》，确认自2014年3月10日至2014年12月31日期间，河南投资集团和发行人一直严格遵守《避免同业竞争协议》，未有违反其中任何条款。

发行人独立非执行董事也于2015年出具确认函，确认自2014年3月10日至2014年12月31日期间，《避免同业竞争协议》一直有效执行，协议双方一直遵守《避免同业竞争协议》，未有违反其中条款，发行人对于河南投资集团所作出通知的最终决定属公平合理，合乎发行人及发行人股东之整体利益。

综上，本所律师认为，发行人未将与河南投资集团存在潜在竞争的业务纳入上市范围的原因具有合理性，采取的解决同业竞争措施切实可行，河南投资集团出具的关于避免同业竞争的承诺具有可行性，自出具以来得到了有效执行。

2017年9月保荐代表人培训会上，证监会表示，同业竞争的竞争方为控股股东、实际控制人。二、三股东不作为合规性的要求，关注对业务的影响，作为信息披露。因此，在实务中，建议按信息披露的原则处理5%以上股东存在的与发行人从事相同或相似业务的问题，即如实披露并论述该情形对发行人业务的影响，作出是否构成同业竞争的结论。基于实质重于形式的原则，关键在于要确保5%以上股东并未对发行人独立性构成损害，或是利用关联方转移上市公司利益，损害上市公司股东利益。

二、近亲属同业竞争

（一）过往的审核政策

2010年11月，证监会发行监管部作出了关于发行人控股股东、实际控制人的亲属拥有与发行人相竞争或相关联业务的《审核研究会纪要》，该纪要明确了下述内容：

1. 原则上，发行人与控股股东、实际控制人夫妻双方的直系亲属拥有的相竞争业务应认定为构成同业竞争；

2. 对于发行人控股股东、实际控制人夫妻双方的其他亲属拥有的相竞争业务是否构成同业竞争，应从相关企业的历史沿革、资产、人员、业务和技术等方面的关系、客户和供应商、采购和销售渠道等方面进行个案分析判断，如相互独立，则可认为不构成同业竞争；

3. 审核中应要求保荐机构对发行人控股股东、实际控制人夫妻双方的近亲属（具体范围按《民法通则》相关规定执行，即配偶、父母、子女、兄弟姐妹、祖父母、外祖父母、孙子女、外孙子女）的对外投资情况进行核查，以判断是否存在拥有相竞争业务的情形；

4. 对于利用其他亲属关系，或者以解除婚姻关系为由来规避同业竞争的，应从严把握，要求在报告期内均不存在同业竞争，且相关企业之间完全独立规范运作，不存在混同的情形；

5. 对于发行人的控股股东、实际控制人夫妻双方的亲属拥有与拟上市公司密切相关联的业务是否影响发行人的独立性及符合整理上市的要求，参照上述原则执行，即发行人的控股股东、实际控制人夫妻双方直系亲属拥有与发行人密切相关联的业务，原则上认定为独立性存在缺陷，其他亲属拥有则按照第二条的规定进行个案分析判断。

（二）直系亲属的范围

从证监会的上述政策来看，对发行人控股股东、实际控制人的亲属拥有与发行人相竞争或相关联业务是否构成同业竞争的问题，监管机构根据亲属关系远近的不同，进行了区别对待。原则上，拟上市公司控股股东、实际控制人夫妻双方的直系亲属拥有的相竞争业务应认定为构成同业竞争，而对于其他亲属拥有的相竞争业务是否构成同业竞争，应从相关企业的历史沿革、资产、人员、业务和技术等方面的关系、客户和供应商、采购和销售渠道等方面进行个案分析判断，如相互独立，则可认为不构成同业竞争。根据《民法通则》的相关规定，近亲属包括配偶、父母、子女、兄弟姐妹、祖父母、外祖父母、孙子女、外孙子女，而直系亲属的定义，有关法律法规并不一致，请见下表：

效力层级	名称	发文机关	有关规定
部委规章	中国人民银行办公厅关于印发《中国人民银行直属企业高层人员管理暂行办法》等办法的通知	中国人民银行	第二十三条　独立董事与企业之间不应存在雇佣关系、交易关系。企业或其附属企业的人员及其配偶、直系亲属、主要社会关系（直系亲属是指父母、子女等；主要社会关系是指兄弟姐妹、岳父母、儿媳女婿、兄弟姐妹的配偶、配偶的兄弟姐妹等），以及为企业或其附属企业提供财务、法律、咨询等服务的人员，不得担任独立董事。
部委规章	关于在上市公司建立独立董事制度的指导意见	中国证券监督管理委员会	三、独立董事必须具有独立性 下列人员不得担任独立董事： （一）在上市公司或者其附属企业任职的人员及其直系亲属、主要社会关系（直系亲属是指配偶、父母、子女等；主要社会关系是指兄弟姐妹、岳父母、儿媳女婿、兄弟姐妹的配偶、配偶的兄弟姐妹等）。
部委规章	公安部关于执行中国公民往来港澳地区暂行管理办法若干问题的说明	公安部	九、几个用语的含义 “直系亲属”是指父、母、子、女、祖父母、孙子女。
部委规章	民政部、总政治部《关于国务院、中央军委关于军队干部退休的暂行规定》的实施细则	民政部、中国人民解放军总政治部①	第十四条《暂行规定》第十二条所称“供养直系亲属”，是指必须依靠退休干部供养的下列人员： （一）父（含抚养退休干部长大的抚养人）、夫年满六十周岁或基本丧失劳动能力的； （二）母（含抚养退休干部长大的抚养人）、妻年满五十周岁或基本丧失劳动能力的； （三）子女（含遗腹子女、养子女、前妻或其前夫所生子女）、弟妹（含同父异母或同母异父的弟妹）、年未满十六周岁或满十六周岁尚在普通中学学习，或者基本丧失劳动能力的； （四）其他必须依靠退休干部供养的无生活来源或基本丧失劳动能力的亲属。

① 已变更，2016 年 1 月，中国人民解放军总政治部剥离职能，一部分职能名称改为：中国共产党中央军事委员会政治工作部，另一部分职能变为军委纪律检查委员会、军委政法委员会。

续表

效力层级	名称	发文机关	有关规定
部委规章	文化部驻外干部选派任用工作暂行办法	文化部	第三十五条　驻外干部有直系亲属（包括夫妻关系、直系血亲关系）在国外从事私人经营活动的，不予派驻该国任职。
规范性文件	深圳证券交易所独立董事备案办法	深圳证券交易所	第二十六条　本办法中下列用语的含义： （一）直系亲属，是指配偶、父母、子女。
规范性文件	上海证券交易所上市公司独立董事备案及培训工作指引	上海证券交易所	第二十四条　本指引所指“直系亲属”，系指配偶、父母、子女；“主要社会关系”系指兄弟姐妹、岳父母、儿媳女婿、兄弟姐妹的配偶、配偶的兄弟姐妹。

根据证监会、交易所的上述文件规定，直系亲属是指配偶、父母、子女。证监会认为直系亲属由于与控股股东、实际控制人夫妻双方因血缘或姻亲导致的关系更为紧密，更容易发生利用关联方转移上市公司利益，损害上市公司股东利益的情形，因此将直系亲属拥有相竞争业务认定为构成同业竞争作为一般原则，特殊情况作为例外，而直系亲属之外的其他亲属，则本着客观对待的态度根据具体情况予以判断。

从客观实际来说，民营企业家族式经营的很多，很多创业者老了后都会把事业“交棒”给兄弟、子女或其他亲属，因此兄弟姐妹以及其他亲属从事相同或相近业务的情形在我国非常普遍。如果按照“一刀切”的方式一概认定为同业竞争，既不符合实际情况，又过于武断和主观。毕竟很多亲属之间多年都是各自做各自的业务，甚至不在一个城市，还有的因为历史原因导致彼此间亲情淡漠甚至不相往来，并不存在相互串通损害拟上市公司利益的动机和能力。

（三）最新的审核标准

《首发业务若干问题解答》对亲属控制的企业应如何核查认定作出了规定。如果发行人控股股东或实际控制人是自然人，其夫妻双方直系亲属（包括配偶、父母、子女）控制的企业与发行人存在竞争关系的，应认定为构成同业竞争。发行人控股股东、实际控制人的其他近亲属（即兄弟姐妹、祖父母、外祖父母、孙子女、外孙子女）及其控制的企业与发行人存在竞争关系的，原则上认定为构成同业竞争，但发行人能够充分证明与前述相关企业在历史沿革、资产、人员、业务、技术、财务等方面基本独立且报告期内较少交易或资金往来，销售渠道、主要客户及供应商较少重叠的除外。

发行人控股股东、实际控制人的其他亲属及其控制的企业与发行人存在竞争关系的，一般不认定为构成同业竞争。但对于利用其他亲属关系，或通过解除婚姻关系规避同业竞争认定的，以及在资产、人员、业务、技术、财务等方面有较强的关联，且报告期内有较多交易或资金往来，或者销售渠道、主要客户及供应商有较多重叠的，中介机构在核查时应审慎判断。

实践案例中，如果从实质上判断亲属之间不构成同业竞争，建议考虑如下几点：①亲属企业的创立和历史运营发展是否与发行人存在关联关系，比如，共同利用资金、客户或者技术等；②亲属企业历史上尤其是报告期内是否与发行人、发行人下属企业、发行人控股股东或者实际控制人有关联交易，如业务往来、业务合作等；③亲属企业和发行人之间是否存在股权代持等股权不清晰的情形，或存在其他纠纷；④亲属企业与发行人是否存在供应商、客户、市场等领域的重合；⑤亲属企业和发行人之间的业务是否历史上尤其是报告期内相互独立运营，是否存在不合理的经营依赖；⑥亲属企业与发行人业务的紧密度，如为辅助性业务，不是主要业务可以不纳入发行人主体范围内，但该业务不能是生产经营的必备环节。

中介机构应对亲属企业的股权结构、历史沿革和经营情况作详细披露，并进行实地查验、访谈，并由亲属企业出具相互之间不存在同业竞争的承诺，当然，发行人控股股东、实际控制人也要出具承诺，要承诺不存在同业竞争，同时对如果发生竞争情形导致发行人的损失予以补偿作出承诺。

【案例：锐奇股份——直系亲属拥有相竞争业务】

根据《上海市邦信阳律师事务所关于上海锐奇工具股份有限公司首次公开发行股票并上市补充法律意见书（二）》第3－3－5－19页之披露：

反馈意见重点问题2：发行人实际控制人的直系亲属（兄弟姐妹）控制或施加重大影响数家从事电动工具生产和经营的企业。请发行人说明并披露上述公司的股权沿革、实际从事的业务、核心技术、主要产品、报告期主要财务数据及其对发行人的影响。请保荐机构和律师核查并发表意见。

经本所律师核查，发行人实际控制人直系亲属（兄姊）控制或施加重大影响的企业中，其营业执照经营范围中包含电动工具生产和经营的企业有以下七家：

序号	公司名称	实际从事业务	业务模式
1	永康市精深工具制造有限公司	DIY 通用级铝材切割机的生产销售	为外资品牌 OEM，产品外销
2	浙江金磐机电实业有限公司	DIY 通用级往复锯、电圆锯的生产销售	为外资品牌 OEM，产品外销
3	浙江金华金磐电动工具有限公司	2007 年以前从事 DIY 通用级电动工具生产销售；2008 年起，经过业务重组，其业务整合至浙江金磐机电实业有限公司，该公司不再从事实际业务	——

续表

序号	公司名称	实际从事业务	业务模式
4	中坚机电集团有限公司	控股集团	控股平台
5	永康市中坚工具制造有限公司	汽油割草机的制造	为外资品牌 OEM，产品外销
6	永康市大道工贸有限公司	汽油割草机的经销	经销
7	永康市中超科技有限公司	汽油割草机的研发	研发

上述七家公司中，目前实际从事电动工具业务的有两家，即浙江金磐机电实业有限公司和永康市精深工具制造有限公司；曾从事电动工具业务的有一家，即浙江金华金磐电动工具有限公司。

（一）浙江金华金磐电动工具有限公司

1. 股权沿革

（1）设立

1995 年 12 月 5 日，浙江金华金磐电动工具有限公司成立时，出资方及出资情况为：

出资方姓名	出资额（万元）	占注册资本比例
吴明芳	288	60%
吴明根	192	40%
合计	480	100%

（2）2001 年增资

2001 年 3 月 29 日，浙江金华金磐电动工具有限公司进行增资，其出资方及出资情况变更为：

出资方姓名	出资额（万元）	占注册资本比例
吴明芳	720	60%
吴明根	480	40%
合计	1200	100%

（3）2004 年股权转让

2004 年 8 月 27 日，浙江金华金磐电动工具有限公司发生股权转让，其出资方及出资情况变更为：

出资方姓名	出资额（万元）	占注册资本比例
吴明芳	720	60%
吴宁	480	40%
合计	1200	100%

经本所律师核查，吴明芳系发行人控股股东吴明厅的哥哥，吴宁系吴明芳之子。

2. 实际从事的业务、核心技术、主要产品

（1）浙江金华金磐电动工具有限公司现经营范围为：电机、电动工具制造；机电产品（不含汽车），金属材料、化工（不含化学危险品）、五金、交电、建筑材料销售、出口公司自产的机电产品。上述经营范围不含国家法律法规规定禁止、限制和经营的项目。

（2）实际从事业务：浙江金华金磐电动工具有限公司 2007 年以前从事 DIY 通用级电动工具生产销售；2008 年起，经过业务重组，其业务整合至浙江金磐机电实业有限公司，该公司不再从事电动工具业务。

（3）主要产品：DIY 通用级电圆锯。

（4）核心技术：DIY 通用级电圆锯生产制造工艺，涂刷机等 5 项外观设计和实用新型专利。

3. 报告期主要财务数据

根据工商登记的年检备案资料，报告期内浙江金华金磐电动工具有限公司主要财务数据如下：

单位：万元

项目	2007 年	2008 年
营业收入	1019.46	0
营业利润	55.73	0
净利润	20.29	0.80

续表

项目	2007年12月31日	2008年12月31日
总资产	17965.86	4781.32
净资产	4139.59	4134.14

（二）浙江金磐机电实业有限公司

1. 股权沿革

（1）设立

2003年11月13日，浙江金磐机电实业有限公司成立时，出资方及出资情况为：

出资方名称	出资额（万美元）	占注册资本比例
中方：金华兴业投资有限公司	520	50.98%
外方：RICHPOWER INDUSTRIES INC.	500	49.02%
合计	1020	100%

（2）2004年增资

2004年8月11日，浙江金磐机电实业有限公司进行增资，其出资方及出资情况变更为：

出资方名称	出资额（万美元）	占注册资本比例
中方：金华兴业投资有限公司	1040	50.98%
外方：RICHPOWER INDUSTRIES INC.	1000	49.02%
合计	2040	100%

经本所律师核查，金华兴业投资有限公司的股东为：吴宁出资2550万元，占注册资本的51%；吴群英出资2450万元，占注册资本的49%。其中，吴宁系发行人控股股东吴明厅的哥哥吴明芳之子，吴群英系吴明芳之妻。因此，浙江金磐机电实业有限公司系由吴明厅的哥哥吴明芳之妻子、儿子通过金华兴业投资有限公司间接控制。

2. 实际从事的业务、核心技术、主要产品

（1）浙江金磐机电实业有限公司现经营范围为：电机、电动工具、机电产

品（不含汽车）、金属材料（除贵金属）、化工产品（除易制毒品和化学危险品）、五金、新型建筑材料制造（凡涉及许可证或专项审批的凭有效证件经营）。

（2）实际从事业务：浙江金磐机电实业有限公司为外国品牌贴牌生产 DIY 通用级电动工具，产品外销。

（3）主要产品：DIY 通用级往复锯、电圆锯。

（4）核心技术：冲击电钻等外观设计专利 3 项。

3. 报告期主要财务数据

报告期内浙江金磐机电实业有限公司主要财务数据如下：

单位：万元

项目	2007 年	2008 年
营业收入	25861.52	25128.38
营业利润	2996.32	2699.80
净利润	3043.07	3121.45
项目	2007 年 12 月 31 日	2008 年 12 月 31 日
总资产	67992.08	99528.73
净资产	19899.87	23023.13

（三）永康市精深工具制造有限公司

1. 股权沿革

（1）设立

1997 年 12 月 10 日，永康市精深工具制造有限公司成立时，出资方及出资情况为：

出资方姓名/名称	出资额（万元）	占注册资本比例
叶云新	91	32.5%
永康市博大电器有限公司	142.8	51%
吴苏窕	46.2	16.5%
合计	280	100%

（2）2002 年股权转让

2002 年 9 月 9 日，永康市精深工具制造有限公司发生股权转让，出资方及出资情况变更为：

出资方姓名	出资额（万元）	占注册资本比例
叶云新	162.6	58.07%
吴苏窕	117.4	41.93%
合计	280	100%

（3）2004 年增资

2004 年 6 月 29 日，永康市精深工具制造有限公司进行增资，其出资方及出资情况变更为：

出资方姓名	出资额（万元）	占注册资本比例
叶云新	1882.6	86.36%
吴苏窕	297.4	13.64%
合计	2180	100%

经本所律师核查，吴苏窕系发行人控股股东吴明厅的姐姐，叶云新与吴苏窕系夫妻关系。

2. 实际从事的业务、核心技术、主要产品

（1）永康市精深工具制造有限公司现经营范围为，一般经营项目：电动工具，五金产品，铝合金锭，铝制品，运动休闲车、电动车（不含汽车、摩托车）制造、加工、销售；防盗门、有色金属销售；经营进出口业务详见进出口企业资格证书（凡涉及前置许可或专项审批的凭有效证件经营）。上述经营范围不含国家法律法规规定禁止、限制和经营项目的项目。

（2）实际从事业务：永康市精深工具制造有限公司为外国品牌 OEM 贴牌生产铝材切割机，产品外销。

（3）主要产品：DIY 通用级铝材切割机。

（4）核心技术：DIY 通用级铝材切割机的生产制造工艺。

3. 报告期主要财务数据

报告期内永康市精深工具制造有限公司主要财务数据如下：

单位：万元

项目	2007年	2008年
营业收入	10233.84	8661.29
营业利润	151.52	84.71
净利润	249.07	56.58
项目	2007年12月31日	2008年12月31日
总资产	13063.50	20592.17
净资产	3108.08	3161.60

（四）发行人实际控制人吴明厅的兄姊控制或实施重大影响的公司从事电动工具相关业务对发行人的影响

1. 对发行人独立性的影响。

（1）吴明厅及其兄姊，都已建立各自的家庭和事业，在经济利益上均是独立的主体，个人及其各自所控制的企业之间不存在控制、被控制或共同为其他方所控制的情形。

（2）吴明厅的兄姊主要在浙江金华地区（主要在永康市，永康市为金华地区下辖的县级市）从事电动工具相关业务。浙江金华地区五金工具相关产业非常发达，是我国最大的电动工具产业集群地之一，因此相关从业人员数量庞大，其中部分家族在创业早期出于资金和资源互助的目的，家族大部分成员从事同一产业的情形较为常见。吴明厅及其兄姊早已经历创业初期互帮互助阶段，目前已建立各自的事业，其中涉及电动工具业务的企业经营状态良好且各自产业特点均基本稳定。

（3）吴明厅与其兄姊均独立经营各自事业，报告期内，发行人没有与吴明厅的兄姊及其控制的企业有任何业务往来、资金往来、业务合作以及相互担保，在各自企业经营和管理上相互独立，互不干预。

（4）吴明厅与其兄姊在人事管理上互不干预，报告期内，发行人与吴明厅的兄姊所控制的企业在人员方面不存在交叉任职、人员混用或合署办公的情形。

（5）报告期内发行人与吴明厅的兄姊及其控制的企业不存在共用资产、互相占用资产以及利用资产相互担保的情形。

本所律师核查后认为，发行人与实际控制人吴明厅的兄姊控制或实施重大影响的关联公司在资产、人员、财务、机构、业务方面均保持独立性，报告期内未曾发生任何形式的关联交易。

（五）对发行人业务经营的影响

发行人的产品主要定位于自主品牌的高等级专业级电动工具，与上述关联公司的产品则存在较大差异，具体情况如下：

1. 中坚机电集团有限公司及其下属控股公司的主要产品为以汽油为动力的园林工具，浙江金磐机电实业有限公司主要产品之一是往复锯，发行人目前均不生产、销售上述产品。

2. 永康市精深工具制造有限公司主要生产销售DIY通用级铝材切割机，浙江金磐机电实业有限公司主要产品之一是DIY通用级电圆锯，发行人虽少量生产销售高等级专业级铝材切割机和电圆锯，但该等产品在发行人总体业务所占比例较小，非发行人的主要产品；且基于专业级和DIY通用级电动工具的不同，发行人生产销售的专业级铝材切割机、电圆锯与DIY通用级铝材切割机、电圆锯在产品质量、性能、单位售价、用途等方面均存在较大差异。

本所律师核查后认为，虽然发行人实际控制人吴明厅的兄姊控制或实施重大影响的公司从事与发行人相似或相近的业务，但发行人与该等关联公司在资产、人员、财务、机构、业务方面均保持独立性，报告期内未曾发生任何形式的关联交易。由于发行人主要产品定位于自主品牌的高等级专业级电动工具，与该等关联公司的产品均存在较大的差异性，发行人和该等关联公司在业务经营方面亦不存在实质的直接的竞争关系。

【案例：欣天科技——公司与实际控制人关系密切的家庭成员控制的企业不存在同业竞争】

发行人实际控制人石伟平之配偶的妹妹陈慕蓉控制或投资2家企业——盛华汽配商行、盛华汽配有限，两关联方主要为汽车零部件厂商代理销售汽车配件；发行人控股子公司苏州正北和上述关联方的经营范围中均包括汽车配件销售业务，但其销售的产品品种、客户、供应商均存在显著差异。欣天科技招股书 P135—141 披露：

……

二、同业竞争情况

（一）公司与控股股东、实际控制人及其控制的其他企业不存在同业竞争

公司控股股东为石伟平，持有公司 44.44% 的股份；公司实际控制人为石伟平、薛枫，两人合计持有公司 74.16% 的股份。除持有本公司股权外，报告期内实际控制人石伟平、薛枫曾控制的其他企业还包括香港新天，该公司具体情况如下表：

股东名称	持股比例（%）	已发行股本（万港元）	主营业务
石伟平	50.50	201.00	2012 年 12 月前，除持有欣天有限股权、代欣天有限出口产品及融资租赁设备等业务外，未在境外开展其他实质性生产经营活动，此后未再从事任何具体业务
薛枫	31.50		
刘辉	18.00		

注：香港新天已于 2014 年 5 月 23 日注销。

2013 年 1 月至香港新天注销期间，香港新天未从事任何具体业务，从而与公司不存在同业竞争情况。

（二）公司与实际控制人关系密切的家庭成员控制的企业不存在同业竞争

公司实际控制人薛枫之配偶李小筱控制、担任董事长兼总经理的企业为西安和诚新材料科技有限公司（以下简称“和诚新材料”），实际控制人石伟平配偶的妹妹陈慕蓉作为个体工商户独资经营长沙县星沙镇盛华汽配商行（以下简称“盛华汽配商行”）以及其持股 20% 并担任执行董事兼总经理的长沙盛华汽车配件有限公司（以下简称“盛华汽配有限”），上述企业具体情况如下表：

企业名称	股东情况	持股比例（%）	注册资本（万元）	经营范围	主营业务
和诚新材料	李小筱	70	50	化工原料及产品（除专控及易燃易爆危险品）的研发、销售及技术服务；喷漆及表面处理；电器产品的销售（一般经营项目除国家规定的专控及前置许可项目）	从事喷漆及表面处理业务
	井新利	30			

续表

企业名称	股东情况	持股比例（%）	注册资本（万元）	经营范围	主营业务
盛华汽配商行	陈慕蓉	100	–	零售汽车配件（上述项目涉及行政许可的凭许可证经营）	从事汽车配件零售业务
盛华汽配有限	陈慕蓉	20	50	汽车配件、建筑装饰材料、机械、水暖器材、金属材料、化工产品（不含危险品监控品）、五金交电的销售（涉及行政许可的凭许可证经营）	汽车配件销售

上述企业均未从事与公司及其子公司相同或相似的业务，与公司及其子公司不存在同业竞争情况，具体分析如下：

1. 和诚新材料与公司不存在同业竞争情况

公司及其子公司苏州欣天主要从事移动通信产业中射频金属元器件及射频结构件的研发、生产和销售；苏州正北主要从事汽车配件、机电设备的相关技术开发、生产、销售；欣天贸易主要从事精密机械产品销售、进出口贸易。和诚新材料从事喷漆及表面处理业务，不存在从事与公司及其子公司相同或相似的业务，因此与公司及其子公司不存在同业竞争情况。

2. 盛华汽配商行、盛华汽配有限与公司不存在同业竞争情况

（1）两关联方的基本情况

1）盛华汽配商行

a. 基本情况

名称	长沙县星沙镇盛华汽配商行
企业类型	个体工商户
成立时间	2007年7月23日
经营场所	长沙县星沙镇汽配城24栋116号
经营者	陈慕蓉
经营范围	零售汽车配件（上述项目涉及行政许可的凭许可证经营）
实际控制人	陈慕蓉

续表

名称	长沙县星沙镇盛华汽配商行		
主要财务数据	2015 年度	2014 年度	2013 年度
营业收入（万元）	5.50	5.20	7.50

注：以上财务数据未经审计。

b. 历史沿革及实际控制人情况

长沙县星沙镇盛华汽配商行由陈慕蓉于2007年7月23日出资设立，组成形式为个人经营。盛华汽配商行自设立至今，其投资人未发生过变更，其实际控制人为陈慕蓉，陈慕蓉系公司实际控制人石伟平配偶的妹妹。陈慕蓉基本情况：身份证号码为430104197410××××××，住址为长沙市天心区福临街。

c. 业务经营的合法合规性

盛华汽配商行于2016年1月19日出具说明：盛华汽配商行业务经营合法合规，自2012年1月1日至今，未受到过任何行政处罚。经查询全国企业信用信息公示系统并进行网络检索，不存在盛华汽配商行受到行政处罚的情形，盛华汽配商行最近三年业务经营合法合规。

2）盛华汽车配件有限公司

a. 基本情况

名称	长沙盛华汽车配件有限公司		
成立日期	2003 年 5 月 14 日		
住所	湖南省长沙市芙蓉区三湘汽配城 2 区 151 号		
注册资本	50.00 万元		
经营范围	汽车配件、建筑装饰材料、机械、水暖器材、金属材料、化工产品（不含危险品监控品）、五金交电的销售（涉及行政许可的凭许可证经营）		
股东构成	谢翔出资 35 万元，出资比例为 70%		
	陈慕蓉出资 10 万元，出资比例为 20%		
	谢晓红出资 5 万元，出资比例为 10%		
实际控制人	谢翔、陈慕蓉夫妇		
主要财务数据	2015 年 12 月 31 日/2015 年度	2014 年 12 月 31 日/2014 年度	2013 年 12 月 31 日/2013 年度

续表

名称	长沙盛华汽车配件有限公司		
总资产（万元）	959.20	917.82	737.88
净资产（万元）	84.42	69.04	60.75
营业收入（万元）	1507.10	2008.17	2138.18
净利润（万元）	17.25	10.29	9.44

注：以上财务数据未经审计。

b. 历史沿革及实际控制人情况

盛华汽配有限由李金秀、谢翔、陈慕蓉、谢晓红于2003年5月14日出资设立，设立时的股权结构如下：

股东名称	出资额（万元）	股权比例
李金秀	20.00	40.00%
谢翔	15.00	30.00%
陈慕蓉	10.00	20.00%
谢晓红	5.00	10.00%
合计	50.00	100.00%

2014年10月8日，盛华汽配有限召开股东会，决议同意李金秀将其持有的盛华汽配有限40%股权转让给谢翔。同日，李金秀与谢翔签署了《股份转让协议》。本次股权转让完成后，盛华汽配有限的股权结构如下：

股东名称	出资额（万元）	股权比例
谢翔	35.00	70.00%
陈慕蓉	10.00	20.00%
谢晓红	5.00	10.00%
合计	50.00	100.00%

盛华汽配有限的实际控制人为谢翔、陈慕蓉夫妇。谢翔的基本情况：身份证号码为430104197203××××××，住址为长沙市开福区东风二村；陈慕蓉的基本情况详见上文。

c. 业务经营的合法合规性

长沙市芙蓉区国家税务局于2015年9月23日、2016年1月19日出具证明：长沙盛华汽车配件有限公司自2012年1月1日到2016年1月19日，暂没有因为违反税收相关法律、法规而受到行政处罚的情形，其享受的税收优惠政策均合法、合规、真实、有效。

长沙市芙蓉区地方税务局于2015年10月16日、2016年1月19日出具证明：长沙盛华汽车配件有限公司自2012年1月1日到2016年1月19日，没有因为违反税收相关法律法规而受到行政处罚的情形，其享受的税收优惠政策均合法、合规、真实、有效。

长沙市工商行政管理局芙蓉分局于2015年10月16日、2016年1月18日出具证明：长沙盛华汽车配件有限公司自2012年1月1日至2016年1月18日没有因违反工商行政管理法律法规受到我局查处的记录。

经查询全国企业信用信息公示系统并进行网络检索，不存在盛华汽配有限受到行政处罚的情形。盛华汽配有限最近三年业务经营合法合规。

（2）报告期内公司及其子公司与两关联方在业务、资产、技术、场地、人员等方面的具体关系及往来情况以及两关联方是否为公司承担成本费用、输送利益或其他利益安排的说明

1）两关联方均从事汽车零配件的代理销售业务，无生产制造方面的技术投入，其经营的业务和销售的产品与公司及其子公司完全不同，且不存在供应商、客户重叠的情况，两关联方与公司及其子公司未发生业务往来或资金往来。因此，公司及其子公司与两关联方业务、技术保持独立。

2）公司及其子公司独立拥有与生产经营有关土地、厂房、机器设备、商标、专利等财产的所有权或使用权，公司及其子公司与两关联方之间不存在互相占用资产或资金的情况，公司及其子公司与两关联方的资产保持独立。

3）两关联方的经营场所均在长沙。公司及其子公司的经营场所在深圳、苏州或香港，与两关联方不存在共用场地的情形。

4）公司的董事、监事及高级管理人员均严格按照《公司法》及《公司章程》等有关规定产生，公司的总经理、副总经理、财务负责人、董事会秘书等高级管理人员均专职在公司工作并领取薪酬，未在两关联方担任职务；公司及

其子公司与两关联方均独立招聘员工，不存在相互影响人事任免及管理的情形。因此，公司及其子公司与两关联方人员保持独立。

陈慕蓉于 2016 年 1 月 20 日出具如下声明：

“自 2011 年 1 月 1 日以来，本人不存在以下情形：

1）通过本人或他人的银行账户以及本人能够控制或实施重大影响的公司（包括但不限于长沙县星沙镇盛华汽配商行、长沙盛华汽车配件有限公司等），直接或者间接为深圳市欣天科技股份有限公司及其子公司进行原材料采购或支付原材料采购款的情形。

2）通过本人或他人的银行账户以及本人能够控制或实施重大影响的公司（包括但不限于长沙县星沙镇盛华汽配商行、长沙盛华汽车配件有限公司等），直接或者间接向深圳市欣天科技股份有限公司及其子公司的客户提供资金支持以便于其购买深圳市欣天科技股份有限公司及其子公司产品的情形。

3）通过本人或他人的银行账户以及本人能够控制或实施重大影响的公司（包括但不限于长沙县星沙镇盛华汽配商行、长沙盛华汽车配件有限公司等），直接或者间接向深圳市欣天科技股份有限公司及其子公司进行其他利益输送的情形。”

综上，报告期内两关联方不存在为公司承担成本费用、输送利益或其他利益安排。

（3）盛华汽配商行、盛华汽配有限与公司及其子公司不存在同业竞争情况的说明

1）盛华汽配商行、盛华汽配有限从事汽车配件零售业务，不存在从事与公司、苏州欣天、欣天贸易相同或相似业务，因此与公司、苏州欣天、欣天贸易不存在同业竞争。

2）两关联方与苏州正北不从事相同或相似业务、不存在同业竞争的论证过程及具体依据。

经核查，尽管苏州正北和盛华汽配商行、盛华汽配有限经营范围中均包括汽车配件销售业务，但其销售的产品品种、客户、供应商均存在显著差异。

a. 产品差异的说明

根据盛华汽配有限的说明，盛华汽配有限为国内知名汽车零部件厂商在湖

南地区的电机零配件特约经销商或销售代理，无生产制造方面的技术投入，主要经营产品为玉柴发动机配件、潍柴动力发动机配件、起动机、发电机及零配件、低压小电器、锡柴发动机配件、客车配件等。根据盛华汽配商行出具的说明，其经营的产品与盛华汽配有限相同。两关联方销售的汽车配件不存在后续加工环节，可直接供终端消费者使用。

苏州正北销售的汽车配件主要为生产发动机压力传感器用零部件，系汽车发动机零部件制造企业生产发动机所需的精密小零件之一，其单独使用不具有任何功能，需要与其他零部件组装加工后才具有功能。因此，两关联方销售的产品与苏州正北销售的产品存在明显的差异。

b. 关于市场定位、客户和供应商差异的说明

根据长沙盛华汽配有限公司、长沙县星沙镇盛华汽配商行提供的客户、供应商名单，长沙盛华汽配有限公司的客户分布在公交车、巴士等汽车售后市场，主要为城市公交公司，供应商为国内知名汽车零部件厂商或其代理商。长沙县星沙镇盛华汽配商行的客户主要为汽配厂、巴士公司等，供应商主要为机电设备厂、汽车配件公司。

目前苏州正北的客户仅一家，为联合汽车电子有限公司。根据联合汽车电子有限公司的官方网站，联合汽车电子有限公司成立于1995年，是中联汽车电子有限公司和德国罗伯特·博世有限公司在中国的合资企业，主要从事汽油发动机管理系统、变速箱控制系统、车身电子、混合动力和电力驱动控制系统的开发、生产和销售，主要为乘用汽车厂商提供汽车动力总成和车身控制系统解决方案，其客户主要为上汽集团、大众、一汽大众、福特、比亚迪等国内外知名汽车企业。苏州正北的供应商为铜材供应商或其他辅料供应商。

长沙县星沙镇盛华汽配商行、长沙盛华汽配有限公司主要面向公交车、巴士等售后市场，而苏州正北主要为特定客户研发、生产发动机压力传感器用零部件，完全不涉及售后市场。苏州正北的客户、供应商与长沙县星沙镇盛华汽配商行、长沙盛华汽配有限公司的客户、供应商类型完全不同。从产业链角度来看，苏州正北所处的行业为两关联方的供应商所处行业的上游行业。

c. 业务模式和技术要求的差异说明

苏州正北主要是以客户为导向，根据客户的个性化需求进行配套的汽车电

子零部件产品的研发、生产，属于“以销定产”的业务模式。长沙盛华汽配有限公司、长沙县星沙镇盛华汽配商行则是采取代理销售汽车零部件厂商定型产品的业务模式，需要主动寻求终端消费者。

苏州正北从事的业务具有较高的技术要求，需要遵照汽车行业相关产品质量标准、符合客户关于汽车电子产品的要求；而长沙盛华汽配有限公司、长沙县星沙镇盛华汽配商行的业务对销售能力要求较高，其对技术能力要求较低。

d. 陈慕蓉、谢翔夫妇出具《避免同业竞争与利益冲突的承诺函》

陈慕蓉、谢翔夫妇于2016年8月1日出具《避免同业竞争与利益冲突的承诺函》，其作为长沙盛华汽车配件有限公司及/或长沙县星沙镇盛华汽配商行的实际控制人，就避免与公司及其所控制的企业之间产生同业竞争及利益冲突，特此作出如下不可撤销的承诺：

“（1）本人目前未拥有任何与欣天科技及其所控制的企业可能产生同业竞争的企业的股权，未在任何与欣天科技及其所控制的企业可能产生同业竞争的企业拥有任何权益。长沙县星沙镇盛华汽配商行及/或长沙盛华汽车配件有限公司与欣天科技及其控制的企业不存在同业竞争或利益冲突的情形。

（2）本人承诺不在中国境内或境外，以任何方式直接或间接从事与欣天科技及其所控制的企业相同、相似并构成竞争的业务，亦不会直接或间接对与欣天科技及其所控制的企业从事相同、相似并构成竞争业务的其他企业进行收购或进行有重大影响（或共同控制）的投资。

（3）本人承诺不从事、直接或间接参与与欣天科技及其所控制的企业相竞争或可能构成竞争的活动，并承诺不进行任何损害或可能损害欣天科技及其所控制的企业利益的其他竞争行为。

（4）若本人可控制的其他企业今后从事与欣天科技及其所控制的企业的业务有竞争或可能构成竞争的业务或活动，本人将尽快采取适当方式解决，以防止可能存在的对欣天科技利益的侵害。

（5）本人将利用对所控制的其他企业的控制权，促使该等企业按照同样的标准遵守上述承诺。

（6）若违反上述承诺，本人将承担相应的法律责任，包括但不限于由此给欣天科技及其他第三方造成的全部损失承担赔偿责任。”

综上，盛华汽配商行、盛华汽配有限与苏州正北从事的业务不存在相同或相似之处，且不存在同业竞争情况。

【案例：江山欧派门业——旁系亲属不认定同业竞争】

反馈意见：据招股书披露，公司实际控制人吴水根配偶的兄弟何利明持有王牌门业75%的股权，为该公司的实际控制人。王牌门业成立于2008年1月，该公司实际从事木门的生产和销售，与发行人的主营业务相同……（3）请补充说明不将王牌门业并入发行人主体的原因，在市场、客户、供应商上是否存在其他协议安排，认定发行人与王牌门业不构成同业竞争的依据是否充分，请保荐机构及发行人律师说明详细的核查过程并发表意见。（反馈意见一、规范性问题2之（3））

《补充法律意见书（四）》位于《江山欧派门业股份有限公司招股意向书》附录第263页，其第5－6－2页披露如下：

1. 王牌门业未并入发行人主体的原因

本所律师与发行人实际控制人吴水根、王牌门业控股股东何利明分别进行访谈，走访了王牌门业，并取得了发行人、王牌门业分别出具的说明文件。经本所律师核查，王牌门业的设立背景是因何利明出于独立创业、独立发展的目的，王牌门业自设立开始至今始终受何利明控制，何利明致力于在王牌门业的发展中贯彻其个人经营战略；发行人此前曾多次尝试就并购王牌门业事宜进行商务谈判但未果。

2. 在市场、客户、供应商上是否存在其他协议安排

2.1 本所律师核查比对了发行人、王牌门业各自客户名册，并取得了发行人、王牌门业分别出具的说明文件。

本所律师核查并认为，2012年至2015年的期间内，发行人、王牌门业并无重叠客户情况，且双方间各自独立开发客户、各自组建其经销商网络，并不存在通过协议安排等方式对市场或客户进行刻意划分的情形。

2.2 本所律师核查比对了发行人、王牌门业各自供应商名册，并取得了发行人、王牌门业分别出具的说明文件及其各自部分采购交易的统计数据及发票，此外，本所律师走访了发行人与王牌门业的部分重叠供应商。经本所律师

核查，以年度内均与发行人、王牌门业存在交易为标准，发行人、王牌门业的供应商重叠数量分别为 2012 年 16 家、2013 年 22 家、2014 年 20 家和 2015 年 19 家。

鉴于发行人采购规模明显大于王牌门业，本所律师将发行人采购金额超过 100 万元的重叠供应商或者王牌门业各年度前五大的重叠供应商纳入比对范围。经比较，两者对重叠供应商的具体可比（同种规格与品质等级）原材料的采购单价不存在不合理的重大差异，发行人该采购单价与其向非重叠供应商的具体可比原材料的采购单价相比也不存在不合理的重大差异；对于非具体可比但属同一大类的原材料采购单价方面，则确因品种规格差别较大而存在一定的差异。

经本所律师核查并认为，发行人、王牌门业在供应商方面并不存在可能导致相互利益输送的其他协议安排，也不存在通过协议安排等方式对供应商进行刻意划分的情形。

3. 发行人与王牌门业不构成须予消除的同业竞争的依据及有关核查工作

本所律师认为，虽然发行人、王牌门业各自实际控制人（即分别指吴水根、何利明）之间存在姻亲亲属关系，但两者是否构成须予消除的同业竞争应以两者各自的设立背景、发展历史、各自的独立性以及是否存在特殊安排等因素综合判断。

本所律师查阅了发行人、王牌门业的登记注册档案，检索查询了发行人、王牌门业的注册商标与专利权登记情况，走访了发行人、王牌门业的经营场所并与其各自实际控制人进行了访谈，取得了该等人士以及发行人、王牌门业提供的各自客户、经销商和供应商名册、部分采购交易的统计数据与发票及其各自出具的相应书面说明和承诺，并就发行人部分重叠供应商实施了访谈查证。本所律师指出以下重要因素：

3.1 何利明设立王牌门业主要是因其不适应发行人前身欧派有限的经营理念、发展战略从而退出对欧派有限的持股转为从事个人创业，且何利明致力于独立发展的经营战略，发行人此前曾多次尝试就并购王牌门业事宜进行商务谈判但未果；

3.2 王牌门业存续期间，发行人与王牌门业各自均独立经营、自行发展；报告期内两者并无关联交易，且相互间在业务、人员、资产（包括其注册商标

与技术)、财务和机构方面均保持独立;

3.3 2012 年至 2015 年间，发行人与王牌门业在客户方面并无重叠，仅因区域原因和行业固有特点而在客观上形成部分重叠供应商，但发行人、王牌门业不存在通过协议等方式刻意划分市场、客户或供应商的情形，在供应商方面并不存在可能导致相互利益输送的其他协议安排;

3.4 发行人及其实际控制人不存在以投资关系、协议或其他安排对王牌门业实施控制或施加重大影响的情形，同样，王牌门业及其实际控制人也不存在以投资关系、协议或其他安排对发行人实施控制或施加重大影响的情形；此外，吴水根、何利明相互间也不存在就发行人或王牌门业经营活动、经营利益实施交换、输送的特殊安排;

3.5 发行人、王牌门业实际控制人已分别出具承诺：各自及各自控制的企业（相应指发行人或王牌门业，下同）不曾、不会也无必要就市场、客户、供应商达成任何协议安排，各自及各自控制的企业不曾、不会也无必要发生任何形式交易，各自及各自控制的企业不会通过任何方式直接或间接进行利益的交换、输出或输入行为，各自控制的企业将继续保持在各方面的独立性。

综上所述，本所律师认为，发行人与王牌门业虽属同行业且两者实际控制人互为姻亲，但结合各自的设立背景、发展历史、独立性以及是否存在特殊安排等因素综合判断，发行人与王牌门业系各自独立经营发展的两个市场主体，相互之间以及各自实际控制人对于对方企业均无控制或重大影响情形，发行人与王牌门业于报告期内不存在关联交易或透过第三方进行利益交换、输送的特殊安排，因而，王牌门业及其业务的存在，并不属于发行人本次公开发行股票并上市须予消除的同业竞争情形。

三、同受国资委控制的企业同业竞争

根据上市规则，发行人与某企业受同一国有资产管理机构控制的，不构成关联方。因此，实务中有“同受国资控制——无关联关系——不认定为同业竞争”的推导。按照国资监管的理解，国资委不是企业法人，不从事生产经营活动，进而国资直管企业之间不存在同业竞争问题。

【案例：郑煤机——省国资委控制的其他企业不属于同业竞争】

《郑州煤矿机械集团股份有限公司首次公开发行 A 股股票招股说明书》第 1－1－188 页披露如下：

"本公司的控股股东及实际控制人是河南省国资委，河南省国资委的主要职能为代表国家履行出资人职责，其本身并无任何生产经营行为，与本公司不存在同业竞争。根据《企业会计准则第 36 号—关联方披露》第六条，仅仅同受国家控制而不存在其他关联方关系的企业，不构成关联方。所以本公司与河南省国资委控制的其他企业不构成关联方，本公司与河南省国资委控制的其他企业如果存在从事相同产品的生产经营的情况，亦不属于同业竞争。"

另外，天桥起重案例也可供参考：

《株洲天桥起重机股份有限公司首次公开发行股票招股说明书》第 1－1－176 页披露如下：

"公司控股股东株洲市国有资产投资控股集团有限公司及其直接或间接控制的其他企业与公司之间均不存在同业竞争。公司实际控制人为株洲市国资委，不具体从事生产经营活动，与公司不存在同业竞争。"

四、一致行动人的同业竞争

目前有关法律法规尚没有对一致行动人的同业竞争问题作出规定。笔者认为，基于法理，在同业竞争问题上，作为一致行动人的任何一个个体，理应承担与其他一致行动人同等的法律责任。如果各个一致行动人基于其身份等原因在同业竞争方面的规定有所区别，则应按照较为严格的一致行动人的标准予以要求，如其中某位一致行动人与发行人实际控制人互为一致行动人的，则该一致行动人应当承担与实际控制人相同的同业竞争责任。

【案例：深圳市财富趋势科技股份有限公司——控股股东及实际控制人之一致行动人】

根据《深圳市财富趋势科技股份有限公司招股说明书（申报稿）》第 1－1－126 页》披露如下：

（一）发行人控股股东、实际控制人与发行人不存在同业竞争。截至本招股说明书签署日，黄山持有本公司86.25%的股份，为本公司控股股东和实际控制人。黄山除控制本公司外，不存在控制其他企业的情况。

公司控股股东、实际控制人黄山的一致行动人丁济珍除持有本公司4.68%的股权外，还持有上海鹤祥99.00%的股权。

上海鹤祥的经营范围为投资管理、投资咨询，计算机数据处理（除计算机信息系统安全专用产品），自动化设备、环保设备的销售及维修。上海鹤祥主要进行理财产品的短期投资，无其他经营性业务运营和对外投资。目前不经营且未来亦不经营与本公司相同或相近的业务。

除上述情况外，黄山及其一致行动人未以任何形式直接或间接控制其他企业。截至本招股说明书签署日，本公司与控股股东、实际控制人及其一致行动人、直系亲属控制的其他企业之间不存在同业竞争情况。

（二）发行人主要股东避免同业竞争的承诺

1. 关于避免同业竞争的承诺

本公司控股股东、实际控制人黄山及其一致行动人丁济珍、黄青出具了《关于避免同业竞争的承诺函》，承诺如下：

（1）黄山、丁济珍、黄青所控制的除发行人以外的公司、分公司、合营或联营公司及其他任何类型的企业现时不存在从事与发行人有相同或类似业务的情形，未来也不开展与发行人相同或类似的业务，与发行人之间现时不存在且未来不产生同业竞争情况。

（2）在黄山作为发行人实际控制人期间，黄山、丁济珍、黄青将不设立从事与发行人有相同或类似业务的公司。

（3）承诺不利用发行人实际控制人地位，损害发行人及发行人其他股东的利益。

如违反上述承诺，黄山、丁济珍、黄青愿意承担由此产生的全部责任，充分赔偿或补偿由此给发行人造成的所有直接或间接损失。

上述承诺一经签署立即生效，且上述承诺在黄山对发行人拥有直接或间接的控制权或对发行人存在重大影响期间持续有效，且不可变更或撤销。

2. 持股5%以上的其他股东关于避免同业竞争的承诺截至本招股说明书签署日，除控股股东和实际控制人黄山外，公司不存在持股5%以上的其他股东。

该案例表明，发行人就是将丁济珍作为实际控制人一样来判断其与发行人之间的同业竞争问题的。

对于上述同业竞争疑难问题的归纳和研究，由于同业竞争定义缺失、国内市场环境和社会关系复杂、审核机关在不同阶段的审核理念和要求有所侧重或发生变化等原因，同业竞争目前相对于其他 IPO 法律问题来说，显得尤为复杂而较难判别，不同的中介机构甚至是审核人员基于自身的经验和理解可能有截然不同的判断，在相关案例上也往往出现近似情形却导致截然不同的审核结果。因此，建议在 IPO 中首先贯彻“实质重于形式”原则，同时在成本可容忍前提下从严把握，尽量采用更为彻底的方案，以避免不必要的审核风险。

第十章
公司的主要财产

2015 年 12 月修订前的《首发管理办法》对企业资产的要求是“发行人的资产完整。生产型企业应当具备与生产经营有关的生产系统、辅助生产系统和配套设施，合法拥有与生产经营有关的土地、厂房、机器设备以及商标、专利、非专利技术的所有权或者使用权，具有独立的原料采购和产品销售系统；非生产型企业应当具备与经营有关的业务体系及相关资产”。上述原则在《首发管理办法》修订后仍然适用。

第一节　房屋建筑物

一般来说，公司的固定资产主要包括房屋建筑物、在建工程、机动车、机器设备和其他生产经营设施等。拟上市企业使用房屋建筑物主要有自有和租赁两种方式。

一、自有房产

根据 2015 年 12 月修订前的《首发管理办法》，拟上市企业应确保资产完整，即应合法拥有与生产经营相关的厂房，此外，对于公司拥有的其他房产，亦应保证其所有权是完整无瑕疵的。

认定是否合法拥有房屋建筑物主要从以下方面来判断：

1. 发行人拥有已办理完毕房屋建筑物产权证书；

2. 如发行人所有之房屋建筑物系购买取得，则应有合法有效的房屋转让协议，相关房产已办理完毕产权过户手续并取得所有权人为发行人的房屋产权证书；如发行人所有之房屋建筑物系自建取得，则应有相关报建文件（国有土地使用权证、建设用地规划许可证、建设工程规划许可证、建筑工程施工许可证）及消防验收、竣工验收文件；

3. 根据房地合一的原则，发行人应合法拥有房屋建筑物之所有权及该等房屋建筑物下之国有土地使用权，即房屋建筑物所有权人及其下的国有土地使用权人应为同一主体；

4. 需要说明的是，建于集体土地上的房屋无法办理合法有效的产权证书，且不符合我国关于集体土地使用的相关规定，无法认定为合法拥有，故此应注意拟上市企业房屋建筑物下的土地使用权均应为国有土地，不得存在集体性质的土地使用权。

二、租赁房产

证监会对租赁房产的关注点集中在出租方是否有权出租房产（包括是否具备房屋所有权或是经房屋所有权人同意转租）、是否就租赁事宜进行登记备案、在租赁关系变动时如何将对拟上市企业的影响降低到最低程度等。如租赁行为存在法律瑕疵或风险，实际控制人应承诺如因房屋租赁出现问题导致上市公司遭受经济损失将承担风险并补偿损失。因此，租赁房产应保证租赁行为合法有效，需特别注意以下方面的问题：

1. 所租赁之房产应为出租人合法拥有之房产（房屋产权证书所载权利人为出租方）或有权出租之房产（房产所有权人同意出租人将该等房产出租给拟上市企业）；

2. 签署合法有效之房屋租赁协议；

3. 办理房屋租赁登记手续，取得《房屋租赁登记证》（有的城市在实践中实行房屋租赁备案制度，对房屋租赁协议予以备案）；

根据《房地产管理法》第五十四条和第五十五条，房屋租赁，出租人和承租人应当签订书面租赁合同，约定租赁期限、租赁用途、租赁价格、修缮责任等条款，以及双方的其他权利和义务，并向房产管理部门登记备案。住宅用房的租赁，应当执行国家和房屋所在城市人民政府规定的租赁政策。租用房屋从事生产、经营活动的，由租赁双方协商议定租金和其他租赁条款。根据《商品房屋租赁管理办法》第十五条、第十七条，办理房屋租赁登记备案，房屋租赁当事人应当提交下列材料：（一）房屋租赁合同；（二）房屋租赁当事人身份证明；（三）房屋所有权证书或者其他合法权属证明；（四）直辖市、市、县人民政府建设（房地产）主管部门规定的其他材料。房屋租赁登记备案证明应当载明出租人的姓名或者名称，承租人的姓名或者名称、有效身份证件种类和号码，出租房屋的坐落、租赁用途、租金数额、租赁期限等。

笔者认为，房屋租赁登记备案是一项行政法上的强制性规定，但不是效力性规定。这一规定的目的在于便利国家行政机关履行行政管理职权。即便当事人双方签订租赁合同后没有进行登记备案也不会影响双方签订的合同的效力。但是，当事人可能会因为违反了行政法上的规定而承担相应的行政责任。

4. 根据《物权法》及《担保法》等法律之规定，如房屋在租赁前已存在抵押权，则租赁行为不得对抗抵押权，亦即在抵押权人实现抵押权时，租赁关系有可能由于房屋所有权人之变更无法受到保护；如房屋在租赁后设定抵押权，则抵押权不得对抗租赁行为，亦即租赁关系不受由于抵押权人实现抵押权而可能导致的房屋所有人变化之影响。故此，租赁房屋时应确保所租赁之房产不存在抵押等他项权利瑕疵；

5. 根据《房地产管理法》第五十六条，以营利为目的，房屋所有权人将以划拨方式取得使用权的国有土地上建成的房屋出租的，应当将租金中所含土地收益上缴国家；

6. 需要注意的是，如拟上市企业租赁不合法之房产（建于集体土地上之房产或由于其他原因无法取得房屋产权证书之房产，如“小产权房”），则可能会面临租赁不合法房产之风险，如该等租赁的房产用于日常生产经营，更可能会致使公司的正常经营存在潜在风险；

7. 关于厂房的租赁，还需要关注有关厂房租赁的管理规定。

三、建筑于集体土地之上的房产

在实践中，为规避直接受让、租赁集体土地使用权的法律障碍，相当一部分拟上市企业采用受让或租赁建于集体土地之上的房产的方式来实现对集体土地的使用，由于我国实行房地合一的政策，故此在受让或租赁该等房产时，其房产之下的土地使用权一并转移由房产使用人实际使用。

我国现行法律并未禁止建于集体土地之上的房产之买卖或租赁行为，故此拟上市企业受让或租赁建于集体土地之上的房产并不违反我国现有法律体系下的各强制性规定。但这并不意味着使用建于集体土地之上的房产不存在任何问题，至少有两个方面的问题值得关注：

（一）关于受让房产

根据 2007 年 10 月 1 日起施行的《物权法》之规定，尽管当事人之间签署关于不动产买卖的合同效力不受是否登记的影响，但房产作为不动产，其所有权人的变更应予登记，否则不得对抗善意第三人。而建于集体土地的房产由于其下土地使用权之原因无法办理符合规定的房产证件，亦即无法办理有效的物权登记，故其所有权转移存在风险。

（二）关于租赁房产

由于建于集体土地之上的房产之产权瑕疵，无法办理合法有效的产权证书，故此拟上市企业如通过租赁方式使用该等房产，将构成租赁不合法的房产从而面临相关风险。

【证监会公布否决案例：江苏高科石化股份有限公司】

“发审委在审核中关注到，你公司存在以下情形：

你公司产品润滑油的主要原料基础油约占公司生产成本的 95%，原料基础油及产成品润滑油的价格均随着国际原油价格变化不断波动。根据申报材料披露的敏感性分析，2010 年基础油采购价格每增加 1%，毛利下降 6.58%，利润总额下降 14.08%。与同行业其他企业相比，你公司抗风险能力不强，申报材料中未能充分披露其应对原材料价格波动风险的有效措施，无法判断你公司持续盈利能力的稳定性。

根据申报材料，你公司租用集体土地40019.3平方米，占其全部土地使用面积的25%，租用期限为20年。你公司租用集体土地不符合国家有关土地管理法律及相关政策，存在潜在风险，资产完整性存在瑕疵。

发审委认为，上述情形与《首次公开发行股票并上市管理办法》（证监会令第32号）第十五条、第三十七条的规定不符。”

第二节　无形资产

无形资产包括工业产权、非专利技术和土地使用权，工业产权包括商标、专利、版权等。根据《首发管理办法》，在计算股份公司公开发行前一年末，股份公司无形资产所占净资产比例时应剔除土地使用权、水面养殖权和采矿权的价值，仅计算工业产权和非专利技术在净资产中的比例。以下分别重点介绍土地使用权和知识产权。

一、土地使用权

土地使用权是企业拥有的重要的无形资产。我国实行土地的社会主义公有制，即全民所有制和劳动群众集体所有制。因此，土地使用权从所有制划分，主要有国有土地和集体土地两种，城市市区的土地属于全民所有，即国家所有土地的所有权由国务院代表国家行使。农村和城市郊区的土地，除由法律规定属于国家所有的以外，属于农民集体所有；宅基地和自留地、自留山，属于农民集体所有。

国家实行土地用途管制制度。国家编制土地利用总体规划，规定土地用途，根据《土地管理法》的规定，将土地分为农用地、建设用地和未利用地。农用地是指直接用于农业生产的土地，包括耕地、林地、草地、农田水利用地、养殖水面等。国家严格限制农用地转为建设用地，控制建设用地总量，对耕地实行特殊保护。农用地包括耕地和基本农田。《土地管理法》指出：“十分珍惜、合理利用土地和切实保护耕地是我国的基本国策。”《土地管理法》第三十一条规定：“国家保护耕地，严格控制耕地转为非耕地。国家实行占用耕地补偿制度。非农业建设经批准占用耕地的，按照‘占多少，垦多少’的原则，由占用耕地的单位负责开垦与所占用耕地的数量和质量相当的耕地；没有条件开垦或者开垦的耕地不符合要求的，应当按照省、自治区、直辖市的规定缴纳耕地开垦费，专款用于开垦新的耕地。”第三十四条规定：“国家实行基本农田保护制度。下列耕地应当根据土地利用总体规划划入基本农田保护区，严格管理：（一）经国务院有关主管部门或者县级以上地方人民政府批准确定的粮、棉、油生产基地内的耕地；（二）有良好的水利与水土保持设施的耕地，正在实施改造计划以及可以改造的中、低产田；（三）蔬菜生产基地；（四）农业科研、教学试验田；（五）国务院规定应当划入基本农田保护区的其他耕地。”

严格限制农用地转为建设用地的理由，是为了“保护、开发土地资源，合理利用土地，切实保护耕地”，坚守 18 亿亩耕地红线。但是，建设用地和农用地之间的巨大价差利润，激励着一些土地利益相关方要变农用地为建设用地，有时甚至甘冒违法犯罪的风险。

建设用地是指建造建筑物、构筑物的土地，包括城乡住宅和公共设施用地、工矿用地、交通水利设施用地、旅游用地、军事设施用地等；国有建设用地包括：（1）现有的属于国家所有的建设用地，包括城市市区内土地、城市规划区外现有铁路、公路、机场、水利设施、军事设施、工矿企业使用的国有土地；国营农场内的建设用地等。（2）依法征用的原属于农民集体所有的建设用地和办理了农用地转用和征用的农民集体所有的农用地。（3）依法办理农用地转用的国有农用地。国家对国有建设用地管理实行的是所有权和使用权分离的办法，即国有土地的所有权永久属于国家，不可流动，而土地使用权可以依法流动，即可以出让（或划拨）、转让、抵押等。

未利用地是指农用地和建设用地以外的土地，主要包括戈壁、荒山、荒地、盐碱地、滩涂、沙地、沼泽地、裸岩等。鉴于未利用地的生态环境因素，对于人类的公用和公益性，法律一般禁止其流转。但《国务院关于加强土地调控有关问题的通知》规定，国土资源部将在原有的“建设占用农用地和耕地”计划指标基础上，再加上“建设占用未利用地”指标，二者合起来组成新增建设用地计划指标。因此，国家对未利用地的开发，正在从限制向鼓励合理开发的态度转变。

使用土地的单位和个人必须严格按照土地利用总体规划确定的用途使用土地。

（一）关于国有土地使用权

关于国有土地使用权的提供方式，在计划经济下，是采用单一的划拨用地方式。《宪法》和原《土地管理法》进行修改后，国务院于1990年颁布了《城镇国有土地使用权出让和转让暂行条例》和《外商投资开发经营成片土地暂行管理办法》，对国有土地使用权实行有偿出让。经过近十年的改革和探索，土地有偿使用的方式也从单一的出让发展到出让、租赁和作价入股等多种形式。1994年全国人大常委会通过的《城市房地产管理法》基本确定了国有土地使用权的供应采用有偿使用和划拨两种方式的基本架构。修改《土地管理法》时又对国有土地使用制度改革的经验进行了总结，针对国有土地使用权管理中出现的新情况、新问题进行了研究，借鉴了国外市场经济条件下管理土地的经验，确定国有土地的供应方式以有偿使用方式为主，有偿使用和划拨方式并存的基本思路。

国有土地有偿使用是指国家将一定时期内的土地使用权提供给单位和个人使用，而土地使用者一次或分年度向国家缴纳土地有偿使用费的行为。土地有偿使用方式是供地的主要方式，除一些经批准可以采用划拨方式供地外，都应当采用有偿使用的方式。

根据《土地管理法》《中华人民共和国城镇国有土地使用权出让和转让暂行条例》及其他与土地有关的法律、法规及政策的有关规定，国有土地使用权的取得主要有以下几种方式：出让、转让、折价入股、租赁、划拨。

1. 以出让或转让方式取得土地使用权

出让，即国家以土地所有者的身份，将土地使用权在一定年限内让与土地使用者，并由土地使用者向国家支付土地使用权出让金的行为；转让，即土地使用者将土地使用权再转移的行为，包括出售、交换和赠与。

公司设立后，可采用出让方式从国家手中取得土地使用权，也可通过转让方式从其他土地使用者手中取得土地使用权。

以出让方式取得土地使用权的，其使用权在规定年限内可以转让、出租、抵押、折价入股或者用于生产经营活动。土地使用权出让的最高年限按土地的用途来确定：居住用地70年；工业用地50年；教育、科技、文化、卫生、体育用地 50 年；商业、旅游、娱乐用地 40 年；综合或者其他用地 50 年。合同约定的年限不得超过国务院规定的最高年限，超过最高年限的无效。以出让方式取得国有土地使用权的，应审核公司是否有合法的土地使用权证。在土地使用期限内，土地使用者可以按国家规定和合同约定的用途使用土地，也可以依法转让、出租和抵押。土地使用期届满，如果仍需继续使用可以依法重新申请，批准后重新签订土地使用合同，否则土地无偿收回。在土地使用期限内国家一般不得收回，如因公共目的确需收回，应当按使用的年限及土地使用者开发投资情况予以补偿。土地使用者在土地使用期内需要改变土地用途的应当经原批准机关批准，并与土地行政主管部门重新签订土地使用权出让合同或土地使用权出让的补充合同。否则，将不得改变合同约定的用途。

国有土地出让的方式一般有招标、拍卖和协议出让三种形式：（1）招标出让土地使用权，是指在规定的期限内，由符合规定的单位或个人（受让方），以书面投标形式，竞投某块土地的使用权，土地使用权出让方评标决标、择优而取。招标的文件包括：招标通知书、投标指引（或招标须知）、投标书、中标证明通知书、土地使用权出让合同（含土地使用条件）等。这里要说的是招标出让中能否中标不完全决定于地价，还应考虑对土地的综合利用规划方案等因素。（2）拍卖出让土地使用权，是指在指定的时间、地点，利用公开场合由政府的代表者——土地行政主管部门主持拍卖指定地块的土地使用权（也可以委托拍卖行拍卖），由拍卖主持人首先叫出底价，诸多的竞买者轮番报价，最后出最高价者取得土地使用权。拍卖方式充分引进了竞争机制，政府也可以获得最高地价。但不是所有土地都可以采用拍卖方式的，只有一些竞争性很强的行业用地可以采用。拍卖前，要对土地先作好规划，确定土地的位置、面积、用途、使用年限、付款方式和使用条件等。（3）协议出让土地使用权，是指出让方与受让方（土地使用者）通过协商方式有偿出让土地使用权。具体说，应先由用地者向政府提出用地申请，经批准后由出让方和受让方协商地价、出让年限、付款方式、付款期限以及土地使用条件，经双方协商达到一致后，签订土地使用权出让合同。协议出让基本没有引入竞争机制，缺乏公开性和公平竞争。但对一些缺乏竞争的行业和大型设施用地还是必要的，仍然是土地使用权的出让方式之一。

以转让方式取得土地使用权的，应符合以下条件：（1）土地使用者通过转让方式取得的土地使用权，其使用年限为土地使用权出让合同规定的使用年限减去原土地使用者已使用年限后的剩余年限；（2）土地使用权人必须在对土地进行一定开发之后才可以转让其权利，未按土地使用权出让合同规定的期限和条件投资开发、利用土地的，土地使用权不得转让；（3）土地使用权转让时，其地上建筑物、其他附着物所有权随之转让；（4）改变土地用途的转让，必须取得土地管理部门的同意并按新的土地使用方式缴纳（或补缴）土地使用权出让金；（5）土地使用权和地上建筑物、其他附着物所有权转让，应当依照规定办理过户登记。

对以出让或转让方式取得的土地使用权，中介机构应查验是否有相应的合同及土地证，同时应查验相关合同是否已经得到履行，特别是出让金和转让金应如数支付，以确保所获得土地使用权的有效性。

IPO 审核中对以土地出让方式取得土地使用权的募投项目，一般要求公司应已与相关土地管理部门签署土地使用权出让合同，足额缴纳土地出让金，并向有关土地管理部门办理土地使用权登记手续。

2. 国有土地使用权作价入股

即将一定时期的国有土地使用权出让金作价，作为国家的投资计作国家的股份。具体分为两种情况，一是股份有限公司的发起人将自己通过出让或转让方式取得的土地使用权折价入股；二是国家直接将一定年限的土地使用权折价入股。实际上这一种方式也可以作为国有土地使用权出让的一种特殊形式。这种方式在目前的国有企业改制改组中采用较多，既解决了国有土地资产的流失问题，又为国有困难企业的改制改组创造了条件。

股份有限公司以折价入股方式取得土地使用权的，该等土地使用权上应不存在限制折价入股的担保物权，尤其是大股东用土地使用权出资，已经取得土地使用权证，但尚未缴纳土地出让金的情况。同时，土地使用权证应保证及时过户到股份有限公司。

以划拨土地使用权出资的，使用人应当向市、县人民政府土地管理部门申请办理土地使用权出让手续后方能作为出资；城市规划区内的集体所有的土地应当先依法征为国有土地后方能作为出资；农村和城市郊区的集体所有的土地

（除法律规定属于国家所有的以外）应当经县级人民政府登记注册，核发证书，确认所有权后方能作为出资。

3. 以租赁方式取得土地

即土地使用者作为出租人将土地使用权随同地上建筑物、其他附着物租赁给承租人使用，由承租人向出租人支付租金的行为。具体分为三种情况，一是向国家（土地管理部门）租赁，二是向公司的发起人租赁，三是向国家和发起人以外的第三人租赁。以租赁方式取得的土地使用权不能转让、转租、抵押。

以租赁方式取得土地，需注意以下几点：（1）未按土地使用权出让合同规定的期限和条件投资开发、利用土地的，土地使用权不得出租；（2）出租人与承租人应当签订租赁合同，租赁合同不得违背国家法律、法规和土地使用权出让合同的规定；（3）土地使用权出租后，出租人必须继续履行土地使用权出让合同；（4）土地使用权和地上建筑物、其他附着物出租，出租人应当依照规定办理登记。

4. 划拨土地使用权

即土地使用者通过各种方式依法无偿取得的土地使用权。根据《中华人民共和国城镇国有土地使用权出让和转让暂行条例》《中华人民共和国城市房地产管理法》（以下简称《房地产管理法》）等规定，划拨土地使用权是指土地使用者经县级以上人民政府依法批准，通过除出让土地使用权以外的各种方式，除缴纳补偿、安置等费用外取得或完全无偿取得的国有土地使用权。划拨土地使用权具有以下特点：（1）划拨土地使用权没有期限的规定。（2）划拨土地使用权不得转让、出租、抵押，即不得流转。如果需要转让、出租、抵押等，应当办理土地出让手续或经政府批准。土地使用者不需要使用时，由政府无偿收回土地使用权。（3）对划拨土地用途不得改变，要改变用途要经批准，并重新签订合同。不属于划拨范围的，要实行有偿使用。根据《土地管理法》第五十六条规定，建设单位使用国有土地，确需改变土地建设用途的，应当经有关人民政府土地行政主管部门同意，报原批准用地的人民政府批准。其中，在城市规划区内改变土地用途的，在报批前，应当先经有关城市规划行政主管部门同意。（4）取得划拨土地使用权只需缴纳国家取得土地的成本和国家规定的税费，不需缴土地有偿使用费。因划拨土地使用权是国家给予的一种特殊政策。

划拨土地使用权是我国特有之概念。在改革开放之前，我国城市土地的利用均是通过划拨方式进行的，即都是无偿划拨供应的，只存在单一的划拨土地供应制度。改革开放之后，我国开始实行土地有偿使用，收取土地使用费。根据《中华人民共和国土地管理法》第五十四条，建设单位使用国有土地，应当以出让等有偿使用方式取得；但是，下列建设用地，经县级以上人民政府依法批准，可以以划拨方式取得：（1）国家机关用地和军事用地；（2）城市基础设施用地和公益事业用地；（3）国家重点扶持的能源、交通、水利等基础设施用地；（4）法律、行政法规规定的其他用地。

国家机关用地包括国家权力机关，指全国人大及其常委会，地方人大及其常委会；国家行政机关，指各级人民政府及其所属工作或职能部门；国家审判机关，指各级人民法院；国家检察机关，指各级人民检察院；国家军事机关，指国家军队的机关。军事用地，是指军事设施用地，包括：指挥机关、地面和地下的指挥工程，作战工程；军用机场、港口、码头、营区、训练场、试验场；军用洞库、仓库；军用通信、侦察、观测台站和测量、导航标志；军用公路、铁路专用线、军用通信线路等输电、输油、输气管线；其他军事设施。城市基础设施用地，是指城市给水、排水、污水处理、供电、通信、煤气、热力、道路、桥涵、市内公共交通、园林绿化、环境卫生、消防、路标、路灯等设施用地。公益事业用地是指各类学校、医院、体育场馆、图书馆、文化馆、幼儿园、托儿所、敬老院、防疫站等文体、卫生、教育、福利事业用地。国家重点扶持的能源、交通、水利等项目用地是指中央投资、中央和地方共同投资，以及国家采取各种优惠政策重点扶持的煤炭、石油、天然气、电力等能源项目，铁路、公路、港口、机场等交通项目、水库、防洪、江河治理等水利项目用地。其他项目用地是指法律和法规明确规定可以采用划拨方式供地的其他项目用地。需要说明的是，不是所有上述项目都一律采用划拨方式供地，而只是这些项目中政府认为应当予以扶持，并给予政策上优惠的，经过批准后可以采用划拨方式提供土地使用权。

根据《划拨用地目录》，国家重点扶持的能源、交通、水利等基础设施用地包含以下方面：（1）石油天然气设施用地；（2）煤炭设施用地；（3）电力设施用地；（4）水利设施用地；（5）铁路交通设施用地；（6）公路交通设施用地；（7）水路交通设施用地；（8）民用机场设施用地。

土地是一种特殊的国有资产，土地上一般附着一定的建筑物，因此可以同建筑物一起作为国有资产由资产评估机构评估；评估结果报国有资产管理部门确认。如果公司的土地需要单独进行评估，则需要聘请专门的土地评估机构进行评估，评估结果需要省级或国家土地管理部门予以确认。

根据《协议出让国有土地使用权规范（试行）》规定，原划拨土地使用权人申请协议出让的，经规划管理部门同意可以改变土地用途等土地使用条件的，报经市、县人民政府批准，可以办理协议出让手续，但《国有土地划拨决定书》、法律、法规、行政规定等明确应当收回划拨土地使用权公开出让的除外。也就是说，如果划拨地块的《国有土地划拨决定书》和地方法规或行政规定明确划拨土地改变用途应当收回土地使用权的，应当由市、县人民政府收回划拨土地使用权，依法有偿供应，属于工业、商业、旅游、娱乐、商品住宅等经营性用地的，应当依法以招标拍卖挂牌方式供应。如果没有明确规定的，可以采取协议出让方式。

由于股份有限公司为公众公司，其所有者包括社会公众，国家一般不会也不应将土地无偿划拨给股份有限公司使用。但根据《划拨用地目录》，对于股份有限公司中存在国家重点扶持的能源、交通、水利等基本设施项目的，经有权的土地管理部门批准，可以划拨方式取得土地使用权；对以营利为目的，非国家重点扶持的能源、交通、水利等基础设施用地项目，则应当以有偿方式使用土地。

IPO审核中证监会对拟上市公司使用划拨地的问题非常关注。根据上述分析，拟上市公司使用《划拨用地目录》范围内的划拨用地不符合划拨用地的有关政策和规定，中介机构应要求拟上市公司按照出让地价缴纳土地出让金，将划拨用地变更为出让地。

根据《首发业务若干问题解答》，发行人存在使用或租赁使用集体建设用地、划拨地、农用地、耕地、基本农田及其上建造的房产等情形的，保荐机构和发行人律师应对其取得和使用是否符合《土地管理法》等法律法规的规定、是否依法办理了必要的审批或租赁备案手续、有关房产是否为合法建筑、是否可能被行政处罚、是否构成重大违法行为出具明确意见，说明具体理由和依据。

发行人主要生产经营场所相关土地使用权的取得和使用原则上需符合法律法规规定。上述土地为发行人自有或虽为租赁但房产为自建的，如存在不规范情形且短期内无法整改，保荐机构和发行人应结合该土地或房产的面积占发行人全部土地或房产面积的比例、使用上述土地或房产产生的收入、毛利、利润情况，评估其对于发行人的重要性。如面积占比较低、对生产经营影响不大，应披露将来如因土地问题被处罚的责任承担主体、搬迁的费用及承担主体、有无下一步解决措施等，并对该等事项作重大风险提示。

发行人生产经营用的主要房产系租赁上述土地上所建房产的，如存在不规范情形，原则上不构成发行上市障碍。保荐机构和发行人律师应就其是否对发行人持续经营构成重大影响发表明确意见。发行人应披露如因土地问题被处罚的责任承担主体、搬迁的费用及承担主体、有无下一步解决措施等，并对该等事项做重大风险提示。

发行人募投用地尚未取得的，需披露募投用地的计划、取得土地的具体安排、进度等。保荐机构、发行人律师需对募投用地是否符合土地政策、城市规划、募投用地落实的风险等进行核查并发表明确意见。

【参考案例：永贵电器——划拨转出让补缴出让金】

《国浩律师事务所关于浙江永贵电器股份有限公司首次公开发行股票并在创业板上市的补充法律意见书（一）》第18页披露如下：

……

七、《反馈意见函》重点问题7：2010年11月，永贵有限将用于收取租金的投资性厂房和土地资产，以及持有的浙江天台农村合作银行股权资产分别出售给了实际控制人控制的企业恒盈公司和华明电器营业部。发行人现拥有两处土地，且已与天台县国土资源局就募投项目用地签订了土地使用权出让合同，并已支付了土地出让金。请发行人说明并补充披露：(1) 发行人曾拥有的投资性土地的取得时间及取得过程的合法合规性，是否拥有该土地、房产的处置权，转让该宗土地是否履行了必要的法律程序，是否存在纠纷及潜在纠纷……

回复如下：

（一）发行人曾拥有的投资性土地的取得时间及取得过程的合法合规性，

是否拥有该土地、房产的处置权，转让该宗土地是否履行了必要的法律程序，是否存在纠纷及潜在纠纷

1. 发行人拥有的两处投资性土地的取得时间及取得过程

（1）位于天台县白鹤镇大路下 104 国道东北侧，33866 平方米国有土地使用权取得过程

根据台政发〔2004〕64 号《台州市人民政府关于鼓励建设和使用工业标准厂房的若干意见》和天政发〔2005〕35 号《天台县人民政府关于鼓励建设和使用工业标准厂房的意见》的规定，台州市及天台县人民政府为进一步提高土地集约利用水平，鼓励企业建造工业标准厂房用于出租，为广大中小企业提供发展空间。

2005 年 10 月 18 日，天台县发展和改革局出具天发改〔2005〕91 号《关于浙江天台永贵电器有限公司出租工业标准厂房建设项目的批复》，根据《天台县人民政府关于鼓励建设和使用工业标准厂房的意见》（天政发〔2005〕35 号）文件精神，同意永贵有限投资出租工业标准厂房建设项目，总建筑面积为 40008 平方米。

2005 年 10 月 24 日，天台县国土资源局出具天土资预审 200510220039 号《关于浙江天台永贵电器有限公司标准厂房建设项目用地预审意见》，确认永贵有限投资出租工业标准厂房建设项目符合国家产业政策及有关供地政策，拟以协议出让方式向永贵有限供地 40008 平方米。

2005 年 12 月 5 日，永贵有限与天台县国土资源局签订合同号为天台县国让（合）字〔2005〕第 105 号的《国有土地使用权出让合同》，永贵有限以 305.4406 万元的价格，受让取得位于天台县白鹤镇大路下 104 国道东北侧，面积为 33866 平方米的国有土地使用权，用地性质为工业用地，出让年限为 50 年。

根据永贵有限提供的支付凭证和票据，永贵有限于 2005 年 10 月全额支付了上述土地出让金。

永贵有限向恒盈公司转让该宗土地前，持有由天台县人民政府核发的天台国用〔2009〕第 06474 号《国有土地使用权证》，使用权面积为 31339 平方米，土地用途为工业用途，使用期限至 2055 年 12 月 4 日。

根据发行人提供的房屋权证并经本所律师核查，发行人在天台国用〔2009〕第06474号国有土地使用权上共有七宗房产，具体房产权属证书信息如下：

序号	房屋所有权证号	所有权人	坐落位置	面积（平方米）	房屋用途
1	天房权证天台字第059106号	永贵有限	天台县白鹤镇大路下村	2644.67	非住宅
2	天房权证天台字第059107号	永贵有限	天台县白鹤镇大路下村	4241.76	非住宅
3	天房权证天台字第059108号	永贵有限	天台县白鹤镇大路下村	9482.03	非住宅
4	天房权证天台字第059109号	永贵有限	天台县白鹤镇大路下村	4485.21	非住宅
5	天房权证天台字第059110号	永贵有限	天台县白鹤镇大路下村	4485.21	非住宅
6	天房权证天台字第059111号	永贵有限	天台县白鹤镇大路下村	4564.71	非住宅
7	天房权证天台字第059112号	永贵有限	天台县白鹤镇大路下村	2320.07	非住宅

综上所述，本所律师认为，永贵有限过往持有的天台国用〔2009〕第06474号《国有土地使用权证》及上述七处房产均系永贵有限合法受让，自建取得，取得过程合法有效，永贵有限拥有对该等土地、房产的处置权。

（2）位于天台县白鹤镇大路下村，面积为5092.57平方米的划拨转让国有土地使用权取得过程

经本所律师核查，永贵有限前身为天台县车辆电器厂。1998年改制前天台县车辆电器厂以划拨方式取得位于天台县白鹤镇大路下村面积为5092.57平方米国有土地使用权，国有土地使用证号为天国用〔98〕字第0057号。

经本所律师核查，上述5092.57平方米划拨土地使用权及土地上属约214.81平方米房产，根据天土价〔1998〕044号《评估报告书》和天审事〔1998〕126号《资产评估报告书》评估结果，确定土地出让价值为40.74万元、房产价值为579814.33元，并均已计入天台县车辆电器厂改制转让集体所

有净资产中，据此上述5092.57平方米划拨土地使用权和相关房产权属由改制后的天台县车辆电器厂承继。（具体详见律师工作报告正文第七部分第（一）条第1款第（3）项）

根据天台县企事业产权制度改革领导小组出具的天企改办〔2010〕3号《关于房地产转户的函》和天台县人民政府出具的〔2010〕48号《关于原车辆电器厂土地使用权转让有关问题的会议纪要》，2010年8月，经天台县人民政府同意，将上述5092.57平方米划拨土地使用权转为出让土地使用权，并根据相关政策整体转户给永贵有限，原永贵有限已缴纳的40.74万元土地出让金据实抵扣出让金。

2010年8月20日，台州市平正土地评估咨询有限公司根据天台县国土资源局的委托对原天台县车辆电器厂位于天台县白鹤镇大路下村5092.57平方米划拨土地使用权价值进行评估，并出具台平正土评〔2010〕第314号《土地评估报告》，确认该宗土地评估价值为1588882元。

2010年9月8日，永贵有限与天台县国土资源局签署3310232010A22376号《国有建设用地使用权出让合同》。根据该协议约定，将位于天台县白鹤镇大路下村5092.57平方米划拨土地出让给永贵有限，土地出让金总价1588882元；同时根据《划拨土地使用权转让管理若干规定》（天政发〔2005〕33号）第十一条第（一）款的规定，永贵有限就该宗划拨转出让实际需补缴的出让金应根据上述土地出让金总价的60%补缴，即土地出让金按953329.00元计缴。

根据发行人提供的转账凭证和票据，发行人于2010年9月全额缴纳了上述953329.00元土地出让金；同时于2010年10月8日收到天台县白鹤镇人民政府退还的于1998年改制时缴纳的土地出让金40.74万元。

经本所律师核查，3310232010A22376号《国有建设用地使用权出让合同》对永贵有限划拨转出让土地出让金价格的约定符合《划拨土地使用权管理暂行办法》（国家土地管理局令〔92〕第1号）第二十六条和《划拨土地使用权转让管理若干规定》（天政发〔2005〕33号）第十一条第（一）款的规定。

2010年9月20日，永贵有限取得权证号为天台国用〔2010〕第04422号的《国有土地使用权证》，使用权类型为出让，用途为工业用地，面积为5092.57平方米，期限至2060年9月7日。

根据发行人提供的房屋权属证书并经本所律师核查，发行人在天台国用〔2010〕第04422号国有土地使用权上共有六宗房产，具体房产权属证书信息如下：

序号	房屋所有权证号	所有权人	坐落位置	面积（平方米）	房屋用途
1	天房权证天台字第069446号	永贵有限	天台县白鹤镇大路下村	32.20	非住宅
2	天房权证天台字第069447号	永贵有限	天台县白鹤镇大路下村	422.00	非住宅
3	天房权证天台字第069448号	永贵有限	天台县白鹤镇大路下村	645.20	非住宅
4	天房权证天台字第069449号	永贵有限	天台县白鹤镇大路下村	704.10	非住宅
5	天房权证天台字第069450号	永贵有限	天台县白鹤镇大路下村	431.00	非住宅
6	天房权证天台字第069451号	永贵有限	天台县白鹤镇大路下村	34.70	非住宅

综上所述，本所律师认为，永贵有限过往持有的天台国用〔2010〕第04422号的《国有土地使用权证》及上述六宗房产均系永贵有限合法受让、自建取得，取得过程合法有效，永贵有限拥有对该等土地、房产的处置权。

（二）集体土地使用权

根据《土地管理法》的规定，农村和城市郊区的土地，除由法律规定属于国家所有的以外，属于农民集体所有；宅基地和自留地、自留山，属于农民集体所有。农民集体所有的土地，由县级人民政府登记造册，核发证书，确认所有权。农民集体所有的土地依法用于非农业建设的，由县级人民政府登记造册，核发证书，确认建设用地使用权。

1. 关于集体土地使用权之相关规定

（1）根据《土地管理法》的规定，任何单位和个人进行建设，需要使用土地的，必须依法申请使用国有土地；但是兴办乡镇企业和村民建设住宅经依法批准使用本集体经济组织农民集体所有土地的，或乡（镇）村公共设施和公益事业建设经依法批准使用农民集体所有土地的除外。农民集体所有的土地的使用权不得出让、转让或者出租用于非农业建设；但是，符合土地利用总体规划并依法取得建设用地的企业，因破产、兼并等情形致使土地使用权依法发生转移的除外。

所谓乡镇企业，根据《乡镇企业法》第二条的规定，是指农村集体经济组织或者农民投资为主，在乡镇（包括所辖村）举办的承担支援农业义务的各类企业。所称投资为主，是指农村集体经济组织或者农民投资超过百分之五十，或者虽不足百分之五十，但能起到控股或者实际支配作用。

（2）根据《国务院办公厅关于严格执行有关农村集体建设用地法律和政策的通知》（国办发〔2007〕71 号），严禁以兴办“乡镇企业”“乡（镇）村公共设施和公益事业建设”为名，非法占用（租用）农民集体所有土地进行非农业建设。任何建设需要将农用地和未利用地转为建设用地的，都必须依法经过批准。兴办乡镇企业、乡（镇）村公共设施和公益事业建设、村民建住宅需要使用本集体经济组织农民集体所有土地的，必须符合乡（镇）土地利用总体规划和镇规划、乡规划、村庄规划［以下简称“乡（镇）、村规划”］，纳入土地利用年度计划，并依法办理规划建设许可及农用地转用和建设项目用地审批手续。农村集体经济组织使用乡（镇）土地利用总体规划确定的建设用地，兴办企业或与其他单位、个人以土地使用权入股、联营等形式共同兴办企业的，必须符合土地利用总体规划和乡（镇）、村规划，并纳入建设用地年度计划管理；涉及占用农用地的，必须先依法办理农用地转用审批手续，用地规模必须符合有关企业用地标准。

其他任何单位和个人进行非农业建设，需要使用土地的，必须依法申请使用国有土地。不符合土地利用总体规划和乡（镇）、村规划，没有土地利用年度计划指标的，不得批准用地。任何单位和个人不得自行与农村集体经济组织或个人签订协议将农用地和未利用地转为建设用地。非法占用耕地改作他用，数量较大，造成耕地大量毁坏的，要依法追究刑事责任。

（3）根据国家土地管理局《关于认真贯彻国务院严格制止乱占滥用耕地和发展房地产业有关文件的通知》（〔1992〕国土法字第 182 号）的规定，凡以集体土地资产作价入股，兴办外商投资企业和内联乡镇企业的，须依照建设用地审批权限，由县级以上人民政府审批。不得占用耕地作价入股。集体土地作价入股，必须经土地管理部门或委托的评估机构评估，并要增收土地资源调节费。集体土地股份不得转让，如要转让，集体土地须征为国有，办理出让手续。集体土地作价入股涉及土地使用权转移和用途改变，须办理土地登记手续。

从以上规定可以看出，现行《土地管理法》限制了使用集体土地进行非农业建设的范围，只允许农村集体经济组织使用集体土地，即集体经济组织成员可以使用本集体经济组织的土地办企业或者建住房，但是不得出让、转让或者出租集体土地使用权用于非农业建设。亦即《土地管理法》禁止农村集体经济组织以外的企业和个人使用集体土地用于非农业建设。此外，为了保护农民集体的土地所有权益，只有国家可以主动将农民集体的土地征收为国有土地，并制定了相应的程序。农村集体经济组织不能主动要求将集体土地“被征收”为国有土地，所以没有这方面的法律规定。根据《土地管理法》第二条规定，国家为公共利益的需要，可以依法对土地实行征收或者征用并给予补偿，从而将农民集体所有的土地转化为国家所有。国家需要征收农民集体土地的，应当按照《土地管理法》第五章的规定办理相关的手续。

尽管存在着上述《土地管理法》对集体土地用于非农业建设的限制，但在实践中，集体土地使用权被转让或出租用于非农业建设的情形普遍存在，在我国沿海经济发达地区许多农村都存在着转让、出租集体土地使用权用于非农业建设的现象。2004 年，国务院颁布《关于深化改革严格土地管理的决定》，规定“禁止农村集体经济组织非法出让、出租集体土地用于非农业建设”“在符合规划的前提下，村庄、集镇、建制镇中的农民集体所有建设用地使用权可以依法流转”，为集体建设用地使用权的流转试点提供了行政法规层面上的支持。

2005 年 6 月 23 日，广东省人民政府发布《广东省集体建设用地使用权流转管理办法》（广东省人民政府 100 号令），自 2005 年 10 月 1 日起施行，这是我国第一个规范集体建设用地使用权流转的地方政府规章。根据该管理办法的规定，集体建设用地使用权可以出让、出租、转让、转租、抵押、作价入股。取得农民集体土地进行非农业建设，应当符合国家有关产业政策及当地土地利用总体规划、城市规划或村庄、集镇规划。集体建设用地使用权在转让过程中，无论是采取出让、出租还是作价入股等形式均应由三分之二以上的本集体经济组织成员或者村民代表同意后方可实施。可以使用集体建设用地的建设项目包括：（1）兴办各类工商企业，包括国有、集体、私营企业，个体工商户，外资投资企业（包括中外合资、中外合作、外商独资企业、“三来一补”企业），股份制企业，联营企业等；（2）兴办公共设施和公益事业；（3）兴建农村村民住宅。

2015 年 2 月 27 日第十二届全国人大常委会第十三次会议通过了《关于授权国务院在北京大兴区等三十三个试点县（市、区）行政区域暂时调整实施有关法律规定的决定》。在试点地区暂时调整实施《土地管理法》《城市房地产管理法》关于集体经营性建设用地入市的有关规定。因此，该决定实施后在试点地区进行的流转可按照试点地区集体经营性建设用地入市的相关规定进行认定。

2. 实践中存在的问题及对策建议

IPO 项目常遇到集体土地使用权被违规转让、出租用于非农业建设的情形，如拟上市企业与经村民三分之二以上多数同意后与有权处置集体建设土地的组织（如村民集体小组、村民经济合作社等）① 或无权处置集体土地的其他组织或个人签署土地使用权转让或租赁合同，受让或租赁并实际占有集体土地使用权，且在该等集体土地之上建筑房产用于非农业用途，或是违规租赁、购买农用地用于非农业建设。前者不符合我国目前集体土地管理中除乡镇企业外的其他企业不得使用集体所有的土地（包括以租赁方式使用）之规定，后者由于涉及农用地转为建设用地，应当办理农用地转用审批手续，如果未经批准，则属于非农业建设违规占用农用地。对于已经使用农用地用于非农业建设的拟上市企业，需向土地管理部门申请办理相关农用地转用手续，将农用地转为国有土地再以出让或租赁等方式合法使用。

如拟上市企业租赁集体土地经过了有权处置集体建设土地的组织批准且用于农业用途，原则上不构成首发上市的法律障碍。

---

① 我国《土地管理法》第十一条规定：“农民集体所有的土地依法属于村农民集体所有的，由村集体经济组织或者村民委员会经营、管理；已经分别属于村内两个以上农村集体经济组织的农民集体所有的，由村内各该农村集体经济组织或者村民小组经营、管理；已经属于乡（镇）农民集体所有的，由乡（镇）农村集体经济组织经营、管理。”

二、知识产权

知识产权主要包括商标、专利、专有技术等，对“商誉”等不易辨认的资产，可以评估但目前不应折价入股。

公司取得知识产权主要有以下几种方式：自行开发申请取得、受让取得、折价入股和许可使用。

注册资本中以工业产权、非专利技术出资的，公司章程应当就工业产权、非专利技术转让登记事宜做出规定。其中以专利权出资，其专利权人为国有企业的，专利权转让须经上级主管部门批准。公司应当于成立后半年内依法办理工业产权转让登记手续，于成立后一个月内非专利技术所有人与受让人（公司）应当签订技术转让合同，并报公司登记机关备案。

发起人以专利权作为出资的，需符合下列条件：（1）必须是已由国家专利局颁发专利证书的专利权，正在申请过程中、实质审查期或公告期内的，不得作为出资；（2）未被他人向专利局提出撤销请求或宣告无效请求（已驳回的除外）；（3）距离专利权届满期限尚有足够长的时间且无被提前终止的情形存在；（4）专利证书记载的专利权人应变更为发行人。

发起人以商标权作为出资的，需符合下列条件：（1）必须是已由国家知识产权局管理局商标局、颁发商标注册证的商标，正在申请过程中或公告期内的，不得作为出资；（2）未被他人向商标局提出异议或撤销请求（已驳回的除外）；（3）注册商标在有效期内且无被撤销的情形存在；（4）商标注册证记载的商标注册人应变更为发行人；（5）未注册的商标、商号、商誉不得作价折股。

对于商标权的处置方式，应遵循以下原则：（1）改制设立的股份公司，其主要产品或经营业务重组进入股份公司的，其主要产品或经营业务使用的商标权须进入股份公司。（2）拟上市公司应在获准发行前将商标权处置的相关手续办理完毕，并在招股说明书中充分披露商标权的处置方式。对商标权以外的其他工业产权、非专利技术处置方式应比照商标权的上述要求进行处理。

工业产权、非专利技术中属于国家规定的高新技术成果的，应当经国家、省（部、委）科技主管部门鉴定或者认定。

股东以非专利技术出资的，应以法定方式向公司交付该技术，确保公司在使用该技术上不存在障碍。

对于公司拥有的商标权、专利权和计算机软件著作权等，应关注其剩余保护年限。

对于以许可方式取得商标、专利和计算机软件使用权的，应注意许可合同的有关情况（排他许可、独占许可还是一般许可），尤其要注意其许可年限和许可类型（排他许可、独占许可还是一般许可）对公司经营的影响。

第十一章
公司的董事、监事与高级管理人员

第一节　董事、监事与高级管理人员任职资格

一、非独立董事、监事、高级管理人员（除董秘外）任职资格①

（一）《公司法（2018年修正）》

第一百四十六条："有下列情形之一的，不得担任公司的董事、监事、高级管理人员：

（一）无民事行为能力或者限制民事行为能力；

（二）因贪污、贿赂、侵占财产、挪用财产或者破坏社会主义市场经济秩序，被判处刑罚，执行期满未逾五年，或者因犯罪被剥夺政治权利，执行期满未逾五年；

（三）担任破产清算的公司、企业的董事或者厂长、经理，对该公司、企业的破产负有个人责任的，自该公司、企业破产清算完结之日起未逾三年；

（四）担任因违法被吊销营业执照、责令关闭的公司、企业的法定代表人，并负有个人责任的，自该公司、企业被吊销营业执照之日起未逾三年；

（五）个人所负数额较大的债务到期未清偿。

---

①　独立董事、董事会秘书在本节第二、三部分另行叙述。

公司违反前款规定选举、委派董事、监事或者聘任高级管理人员的，该选举、委派或者聘任无效。

董事、监事、高级管理人员在任职期间出现本条第一款所列情形的，公司应当解除其职务。”

第七十条：“国有独资公司监事会成员不得少于五人，其中职工代表的比例不得低于三分之一，具体比例由公司章程规定。

监事会成员由国有资产监督管理机构委派；但是，监事会成员中的职工代表由公司职工代表大会选举产生。监事会主席由国有资产监督管理机构从监事会成员中指定。

监事会行使本法第五十三条第（一）项至第（三）项规定的职权和国务院规定的其他职权。”

此外，《公司法》第五十一条规定，董事、高级管理人员不得兼任监事。值得注意的是，现行的法律、法规未明确规定财务人员不得兼任监事。但从监事的职责来看，基于职务不兼容这个原则，公司的财务人员也不应当兼任监事。

（二）《公务员法》（2018 修订）

1. 第二条：“本法所称公务员，是指依法履行公职、纳入国家行政编制、由国家财政负担工资福利的工作人员。”［关于公务员的范围，根据 2006 年 4 月 9 日中共中央、国务院印发《〈中华人民共和国公务员法〉实施方案》的通知中附件一《公务员范围规定》第三条规定，主要是指以下七类机关中除工勤人员以外的工作人员：“（一）中国共产党各级机关；（二）各级人民代表大会及其常务委员会机关；（三）各级行政机关；（四）中国人民政治协商会议各级委员会机关；（五）各级审判机关；（六）各级检察机关；（七）各民主党派和工商联的各级机关。”］

2. 第四十四条：“公务员因工作需要在机关外兼职，应当经有关机关批准，并不得领取兼职报酬。”

【案例：湘邮科技（SH600476）】章干泉，湖南长沙人，中共党员，硕士研究生，教授级高级工程师。曾任长沙市电信局副局长、党委副书记，湖南省邮电管理局局长助理，长沙市电信局局长、党委书记，湖南省邮电管理局副局长，湖南省邮政局副局长（主持工作），本公司董事长，现任湖南省邮政局党组书记、局长。

3. 第五十九条："……（六）对批评、申诉、控告、检举进行压制或者打击报复……"；

4. 第一百零七条："公务员辞去公职或者退休的，原系领导成员、县处级以上领导职务的公务员在离职三年内，其他公务员在离职两年内，不得到与原工作业务直接相关的企业或者其他营利性组织任职，不得从事与原工作业务直接相关的营利性活动。

公务员辞去公职或者退休后有违反前款规定行为的，由其原所在机关的同级公务员主管部门责令限期改正；逾期不改正的，由县级以上市场监管部门没收该人员从业期间的违法所得，责令接收单位将该人员予以清退，并根据情节轻重，对接收单位处以被处罚人员违法所得一倍以上五倍以下的罚款。"

（三）中共中央组织部印发《关于进一步规范党政领导干部在企业兼职（任职）问题的意见》的通知（中组发〔2013〕18号）

1. 现职和不担任现职但未办理退（离）休手续的党政领导干部不得在企业兼职（任职）。

2. 对辞去公职或者退（离）休的党政领导干部到企业兼职（任职）必须从严掌握、从严把关，确因工作需要到企业兼职（任职）的，应当按照干部管理权限严格审批。

辞去公职或者退（离）休后三年内，不得到本人原任职务管辖的地区和业务范围内的企业兼职（任职），也不得从事与原任职务管辖业务相关的营利性活动。

辞去公职或者退（离）休后三年内，拟到本人原任职务管辖的地区和业务范围外的企业兼职（任职）的，必须由本人事先向其原所在单位党委（党组）报告，由拟兼职（任职）企业出具兼职（任职）理由说明材料，所在单位党委（党组）按规定审核并按照干部管理权限征得相应的组织（人事）部门同意后，方可兼职（任职）。

辞去公职或者退（离）休后三年后到企业兼职（任职）的，应由本人向其原所在单位党委（党组）报告，由拟兼职（任职）企业出具兼职（任职）

理由说明材料，所在单位党委（党组）按规定审批并按照干部管理权限向相应的组织（人事）部门备案。

3. 按规定经批准在企业兼职的党政领导干部，不得在企业领取薪酬、奖金、津贴等报酬，不得获取股权和其他额外利益；兼职不得超过1个；所兼任职务实行任期制的，任期届满拟连任必须重新审批或备案，连任不超过两届；兼职的任职年龄界限为70周岁。

（四）《中共中央纪律检查委员会关于退出现职、接近或者达到退休年龄的党政领导干部在企业兼职、任职有关问题的意见》（中组发〔2008〕11号）

1. 退出现职、接近或者达到退休年龄和在地方换届时不再提名尚未办理退休手续的党政领导干部原则上不得在企业兼职，一般也不得安排到企业任职。

2. 个别确因工作需要到企业兼职、任职的，应当按照干部管理权限严格审批。不得违反规定，擅自审批党政领导干部到企业兼职、任职。

3. 经批准到企业兼职的，不得在企业领取薪酬、奖金等报酬，不得获取股权。

本意见所指企业包括国有企业和国有控股等企业。在其他营利性组织兼职、任职的，参照本意见执行。对担任上市公司、基金管理公司和中央企业独立董事、独立监事另有规定的，按照有关规定执行。

（五）中共中央纪委、教育部、监察部《关于加强高等学校反腐倡廉建设的意见》（教监〔2008〕15号）

学校党政领导班子成员应集中精力做好本职工作，除因工作需要、经批准在学校设立的高校资产管理公司兼职外，一律不得在校内外其他经济实体中兼职。确需在高校资产管理公司兼职的，须经党委（常委）会集体研究决定，并报学校上级主管部门批准和上级纪检监察部门备案，兼职不得领取报酬。学校党政领导班子成员不得在院系等所属单位违规领取奖金、津贴等；除作为技术完成人，不得通过奖励性渠道持有高校企业的股份。

（六）《中共教育部党组关于进一步加强直属高校党员领导干部兼职管理的通知》（教党〔2011〕22号）

直属高校校级党员领导干部原则上不得在经济实体中兼职，确因工作需要在本校设立的资产管理公司兼职的，须经学校党委（常委）会研究决定，并按干部管理权限报教育部审批和驻教育部纪检组监察局备案。

直属高校处级（中层）党员领导干部原则上不得在经济实体和社会团体等单位中兼职，确因工作需要兼职的，须经学校党委审批。

经批准在经济实体、社会团体等单位中兼职的直属高校党员领导干部，不得在兼职单位领取任何报酬。

需要指出的是，中共中央纪委、教育部、监察部《关于加强高等学校反腐倡廉建设的意见》（教监〔2008〕15 号）和《中共教育部党组关于进一步加强直属高校党员领导干部兼职管理的通知》（教党〔2011〕22 号）规定的都是高校党政领导班子成员不得在其他校外经济实体兼职，不是党政领导班子成员的普通教师、教授，在做好学校本职工作的前提下可以兼职。

【案例 1：以岭药业（002603）中小板——高校教授任上市公司董事长、法人、实际控制人】

以岭药业控股股东为以岭医药集团，持有以岭药业 40% 股权。以岭医药集团法定代表人为吴以岭，吴以岭持股以岭医药集团 100% 的股权。以岭药业的实际控制人、董事长、法人均为吴以岭。

吴以岭，教授，河北省中西医结合医药研究院院长、河北医科大学教授、博士生导师、中国工程院院士、中医络病学学科创立者和学科带头人、中医心血管病专家，担任中国中西医结合学会副会长、中华中医药学会副会长、中华中医药学会络病分会主任委员、全国政协委员、河北以岭医药集团董事长兼总经理及以岭药业董事长。

【案例 2：现代投资（000900）——高校党政领导班子成员在上市公司兼职，涉嫌违规】

北京工业大学党委书记王守法在现代投资股份有限公司担任独立董事，涉嫌违规的报道引起了公众的关注。

依据 2008 年教育部等三部委联合发布的《关于加强高等学校反腐倡廉建设的意见》，学校党政领导班子一律不得在校外其他经济实体中兼职，王守法此举涉嫌违规。经媒体报道后，王守法随即向现代投资提出辞职。

【案例3：南纺股份（600250）——高校党政领导班子成员在上市公司兼职，涉嫌违规】

南纺股份2010年3月23日发布公告称公司董事会近日收到独立董事杨忠先生的书面《请辞函》。按照中纪委、教育部和监察部《关于加强高等学校反腐倡廉建设的意见》中“高校党政领导班子成员不得在校外经济实体中兼职”的规定，杨忠先生请求辞去公司独立董事职务。

（七）《深圳证券交易所股票上市规则（2018年修订）》

17.3 上市公司董事、监事、高级管理人员违反本规则、本所其他相关规定或者其所作出的承诺的，本所视情节轻重给予以下处分：

（一）通报批评；

（二）公开谴责；

（三）公开认定其不适合担任上市公司董事、监事、高级管理人员。

需要注意的是，该条虽然是针对上市公司董事、监事、高级管理人员的监管措施和违规处分，但被交易所公开认定其不适合担任上市公司董事、监事、高级管理人员的，根据《深圳证券交易所上市公司规范运作指引》（2020年修订）等规定，不再符合担任上市公司董事、监事、高级管理人员的条件。

（八）《深圳证券交易所上市公司规范运作指引》（2020年修订）

3.2.3 董事、监事和高级管理人员候选人存在下列情形之一的，不得被提名担任上市公司董事、监事和高级管理人员：

1. 《公司法》第一百四十六条规定的情形之一；

2. 被中国证监会采取证券市场禁入措施，期限尚未届满；

3. 被证券交易所公开认定为不适合担任上市公司董事、监事和高级管理人员，期限尚未届满；

4. 本所规定的其他情形。

3.2.4 上市公司董事会中兼任公司高级管理人员以及由职工代表担任的董事人数总计不得超过公司董事总数的二分之一。公司董事、高级管理人员及其配偶和直系亲属在公司董事、高级管理人员任职期间不得担任公司监事。

（九）《深圳证券交易所创业板上市公司规范运作指引（2015 年修订）》

3.2.3 董事、监事和高级管理人员候选人存在下列情形之一的，不得被提名担任上市公司董事、监事和高级管理人员：

1. 《公司法》第一百四十六条规定的情形之一；

2. 被中国证监会采取证券市场禁入措施，期限尚未届满；

3. 被证券交易所公开认定为不适合担任公司董事、监事和高级管理人员，期限尚未届满；

4. 本所规定的其他情形。

董事、监事和高级管理人员候选人存在下列情形之一的，公司应当披露该候选人具体情形、拟聘请该候选人的原因以及是否影响公司规范运作，并提示相关风险：

（一）最近三年内受到中国证监会行政处罚；

（二）最近三年内受到证券交易所公开谴责或者三次以上通报批评；

（三）因涉嫌犯罪被司法机关立案侦查或者涉嫌违法违规被中国证监会立案调查，尚未有明确结论意见。

上述期间，应当以公司董事会、股东大会等有权机构审议董事、监事和高级管理人员候选人聘任议案的日期为截止日。

3.2.4 上市公司董事会中兼任公司高级管理人员以及由职工代表担任的董事人数总计不得超过公司董事总数的二分之一。

最近二年内曾担任过公司董事或者高级管理人员的监事人数不得超过公司监事总数的二分之一。

公司董事、高级管理人员及其配偶和直系亲属在公司董事、高级管理人员任职期间不得担任公司监事。

（十）《上海证券交易所股票上市规则（2019 年修订）》

17.3 上市公司董事、监事、高级管理人员违反本规则或者向本所作出的承诺，本所可以视情节轻重给予以下惩戒：

1. 通报批评；

2. 公开谴责；

3. 公开认定其三年以上不适合担任上市公司董事、监事、高级管理人员。

此外，高级管理人员还需要遵守证监会关于人员独立性的要求，即拟上市公司的高管不得在控股股东、实际控制人及其控制的其他企业担任董事以外的职务，详见本部分第四章。

二、独立董事任职资格

（一）中国证监会《关于在上市公司建立独立董事制度的指导意见》（证监发〔2001〕102 号）（以下简称《指导意见》）规定，担任独立董事应当符合下列基本条件：

1. 根据法律、行政法规及其他有关规定，具备担任上市公司董事的资格；

2. 具有本《指导意见》所要求的独立性；

3. 具备上市公司运作的基本知识，熟悉相关法律、行政法规、规章及规则；

4. 具有五年以上法律、经济或者其他履行独立董事职责所必需的工作经验；

5. 公司章程规定的其他条件。

独立董事必须具有独立性，下列人员不得担任独立董事：

1. 在上市公司或者其附属企业任职的人员及其直系亲属、主要社会关系（直系亲属是指配偶、父母、子女等；主要社会关系是指兄弟姐妹、岳父母、儿媳女婿、兄弟姐妹的配偶、配偶的兄弟姐妹等）；

2. 直接或间接持有上市公司已发行股份 1% 以上或者是上市公司前十名股东中的自然人股东及其直系亲属；

3. 在直接或间接持有上市公司已发行股份 5% 以上的股东单位或者在上市公司前五名股东单位任职的人员及其直系亲属；

4. 最近一年内曾经具有前三项所列举情形的人员；

5. 为上市公司或者其附属企业提供财务、法律、咨询等服务的人员；

6. 公司章程规定的其他人员；

7. 中国证监会认定的其他人员。

独立董事原则上最多在 5 家上市公司兼任独立董事，并确保有足够的时间和精力有效地履行独立董事的职责。聘任适当人员担任独立董事，其中至少包括一名会计专业人士（会计专业人士是指具有高级职称或注册会计师资格的人士）。

中国证监会在15个工作日内对独立董事的任职资格和独立性进行审核。对中国证监会持有异议的被提名人，可作为公司董事候选人，但不作为独立董事候选人。

需要说明的是，在IPO实务中，由于证监会对会计专业人士作出了特别要求，并特别对何谓会计专业人士作出了说明，是指具有高级职称或注册会计师资格的人士，因此，实务中中介机构应该对相关独立董事是否属于证监会要求的会计专业人士作出核查和说明。然而，由于证监会对“注册会计师资格”并未明确是否必须为境内取得（高级职称应属中国特色，但对于职称的评定国内也是五花八门），因此在实务中对某人士是否属于会计专业人士，往往中介机构也是大费脑筋，如下面的案例：

【案例：高能科技——未取得中国注册会计师资格是否属于会计专业人士】

反馈意见：杨楠为澳大利亚注册会计师，目前担任独立董事。请保荐机构、律师核查是否符合《关于在上市公司建立独立董事制度的指导意见》关于独立董事“至少包括一名会计专业人士（会计专业人士是指具有高级职称或注册会计师资格的人士）”的规定。

《招股意向书附录二》第5－3－1－29页披露如下：

“根据中国证监会于2001年8月16日发布的《关于在上市公司建立独立董事制度的指导意见》（以下简称《指导意见》），“各境内上市公司应当按照本指导意见的要求修改公司章程，聘任适当人员担任独立董事，其中至少包括一名会计专业人士（会计专业人士是指具有高级职称或注册会计师资格的人士）”。

本所律师认为，《指导意见》出台的目的是进一步完善上市公司治理结构，促进上市公司规范运作，通过设置独立董事使上市公司在经营管理水平上得到进一步提高的同时，实施有效的外部监督，维护中小股东的合法权益；其中，要求至少一名独立董事由会计专业人士担任，亦是希望该等独立董事利用其财务会计专业优势为上市公司财务管理和经营决策提供专业意见并实施有效的外部监督。而通常认为，具有会计高级职称或注册会计师资格的人士具有较高的专业背景和丰富的执业经验，选聘具有该等资格的人士作为独立董事能够保障独立董事具有较高的专业能力并提高上市公司治理水平。为此，《指导意见》通过设置“至少包括一名会计专业人士（会计专业人士是指具有高级职称或注册会计师资格的人士）”的条件，为上市公司选聘独立董事提供指导。

本所律师认为，“注册会计师”是一个普遍性概念，是指取得注册会计师证书并从事相关会计服务的执业人员，很多国家和地区对取得相应注册会计师证书、从事会计服务的执业人员均使用该称谓（英文全称 Certified Public Accountant，简称为 CPA）。虽然由于各国家和地区的会计准则、会计制度和相关法律体系等存在差异，导致注册会计师的考核和管理具有地域性，但取得注册会计师资格仍然代表了该人士在会计学科或会计服务业领域经考核已达到专业水准。

《指导意见》不仅未明确限定担任独立董事的会计专业人士必须为取得中国注册会计师资格的人士，还将“根据法律、行政法规及其他有关规定，具备担任上市公司董事的资格；具有本《指导意见》所要求的独立性；具备上市公司运作的基本知识，熟悉相关法律、行政法规、规章及规则；具有五年以上法律、经济或者其他履行独立董事职责所必需的工作经验；公司章程规定的其他条件”作为担任独立董事应具备的基本条件。由此可见，独立董事的任职除应具有合法性、独立性等基本属性外，《指导意见》更关注其是否具有相关法律知识、专业背景和工作经验，并赋予了公司章程对独立董事任职资格作出自主规定的权利。

发行人现任独立董事杨楠，毕业于澳大利亚新南威尔士大学，硕士学位，澳大利亚注册会计师，美国特许金融分析师 CFA 一级，澳大利亚永久居留权；历任普华永道中天会计师事务所北京分所审计师、Bryan Rush 会计师事务所高级审计师，税务师；2008 年至 2011 年 4 月就职于美国摩根大通银行，2011 年 4 月至今任职于北京高华证券有限责任公司。根据以上工作经历，本所律师认为，杨楠虽未取得中国注册会计师资格，但其具有境内审计工作经验，且其具有国际水平的专业背景和长期的财务会计工作经验能够对发行人公司治理的完善和经营决策质量的提高提供有效帮助，并可以利用其专业背景对发行人公司治理实施有效监督，符合《指导意见》关于独立董事任职需具备的基本条件的规定。

综上所述，本所律师认为，发行人现任独立董事杨楠具有澳大利亚注册会计师资格，符合《指导意见》关于会计师专业人士的基本要求。

（二）《深圳证券交易所独立董事备案办法（2017 年修订）》（深证上〔2017〕307 号）

第四条，独立董事候选人应当符合下列法律、行政法规、部门规章、规范性文件和本所业务规则有关独立董事任职资格、条件和要求的相关规定：

1.《公司法》有关董事任职资格的规定；

2.《中华人民共和国公务员法》的相关规定（如适用）；

3.《指导意见》的相关规定；

4. 中共中央纪委《关于规范中管干部辞去公职或者退（离）休后担任上市公司、基金管理公司独立董事、独立监事的通知》的相关规定（如适用）；

5. 中共中央组织部《关于进一步规范党政领导干部在企业兼职（任职）问题的意见》的相关规定（如适用）；

6. 中共中央纪委、教育部、监察部《关于加强高等学校反腐倡廉建设的意见》的相关规定（如适用）；

7. 中国人民银行《股份制商业银行独立董事和外部监事制度指引》等的相关规定（如适用）；

8. 中国证监会《证券公司董事、监事和高级管理人员任职资格监管办法》等的相关规定（如适用）；

9. 中国银监会《银行业金融机构董事（理事）和高级管理人员任职资格管理办法》《融资性担保公司董事、监事、高级管理人员任职资格管理暂行办法》等的相关规定（如适用）；

10. 中国保监会《保险公司董事、监事和高级管理人员任职资格管理规定》、《保险公司独立董事管理暂行办法》等的相关规定（如适用）；

11. 本所主板、中小企业板及创业板《上市公司规范运作指引》等业务规则的相关规定；

12. 其他法律、行政法规、部门规章和规范性文件等有关独立董事任职资格、条件和要求的规定。

第五条，独立董事候选人应当具备上市公司运作相关的基本知识，熟悉相关法律、行政法规、部门规章、规范性文件及本所业务规则，具有五年以上法律、经济、管理、会计、财务或者其他履行独立董事职责所必需的工作经验。

第六条，独立董事及拟担任独立董事的人士应当按照《指导意见》的要求，参加相关培训并根据《培训工作指引》及相关规定取得本所认可的独立董事资格证书。

独立董事候选人在上市公司发布召开关于选举独立董事的股东大会通知公告时尚未取得独立董事资格证书的，应当书面承诺参加最近一次独立董事培训并取得本所认可的独立董事资格证书，并予以公告。

第七条，独立董事候选人应当具有独立性，下列人员不得担任独立董事：

1. 在上市公司或者其附属企业任职的人员及其直系亲属和主要社会关系；

2. 直接或间接持有上市公司已发行股份。1% 以上或者是上市公司前十名股东中的自然人股东及其直系亲属；

3. 在直接或间接持有上市公司已发行股份 5% 以上的股东单位或者在上市公司前五名股东单位任职的人员及其直系亲属；

4. 在上市公司控股股东、实际控制人及其附属企业任职的人员及其直系亲属；

5. 为上市公司及其控股股东、实际控制人或者其各自附属企业提供财务、法律、咨询等服务的人员，包括但不限于提供服务的中介机构的项目组全体人员、各级复核人员、在报告上签字的人员、合伙人及主要负责人；

6. 在与上市公司及其控股股东、实际控制人或者其各自的附属企业有重大业务往来的单位任职的人员，或者在有重大业务往来单位的控股股东单位任职的人员；

7. 最近十二个月内曾经具有前六项所列情形之一的人员；

8. 最近十二个月内，独立董事候选人、其任职及曾任职的单位存在其他影响其独立性情形的人员；

9. 本所认定不具有独立性的其他人员。

前款第（四）项、第（五）项及第（六）项中的上市公司控股股东、实际控制人的附属企业，不包括根据《股票上市规则》《创业板股票上市规则》第10.1.4条规定，与上市公司不构成关联关系的附属企业。

第八条，独立董事候选人应无下列不良记录：

（一）被中国证监会采取证券市场禁入措施，期限尚未届满的；

（二）被证券交易所公开认定不适合担任上市公司董事、监事和高级管理人员，期限尚未届满的；

（三）最近三十六个月内因证券期货违法犯罪，受到中国证监会行政处罚或者司法机关刑事处罚的；

（四）因涉嫌证券期货违法犯罪，被中国证监会立案调查或者被司法机关立案侦查，尚未有明确结论意见的；

（五）最近三十六个月内受到证券交易所公开谴责或三次以上通报批评的；

（六）作为失信惩戒对象等被国家发改委等部委认定限制担任上市公司董事职务的；

（七）在过往任职独立董事期间因连续三次未亲自出席董事会会议或者因连续两次未能亲自出席也不委托其他董事出席董事会会议被董事会提请股东大会予以撤换，未满十二个月的；

（八）本所认定的其他情形。

第十五条，上市公司最迟应当在发布召开关于选举独立董事的股东大会通知公告时，通过上市公司业务专区（中小企业板业务专区或创业板业务专区）将独立董事备案的有关材料（包括但不限于《独立董事提名人声明》、《独立董事候选人声明》、《独立董事候选人履历表》、独立董事资格证书）报送本所，并披露相关公告。《独立董事提名人声明》、《独立董事候选人声明》等的格式由本所另行发布。

第十六条，上市公司董事会应当对监事会或公司股东提名的独立董事候选人的任职资格和独立性进行核查，发现候选人不符合相关要求的，应当要求提名人撤销对该独立董事候选人的提名。

（三）中共中央纪委、中共中央组织部《关于规范中管干部辞去公职或者退（离）休后担任上市公司、基金管理公司独立董事、独立监事的通知》（中纪发〔2008〕22 号）

1. 中管干部辞去公职或者退（离）休后三年内，不得到与本人原工作业务直接相关的上市公司、基金管理公司担任独立董事、独立监事，不得从事与本人原工作业务直接相关的营利性活动。中管干部辞去公职或者退（离）休后可以到与本人原工作业务不直接相关的上市公司、基金管理公司担任独立董事、独立监事。

2. 中管干部辞去公职或者退（离）休后三年内按照规定担任上市公司、基金管理公司独立董事、独立监事的，必须由拟聘任独立董事、独立监事的公司征得该干部原所在单位党组（党委）同意，并由该干部原所在单位党组（党委）征求中央纪委、中央组织部意见后，再由拟聘任独立董事、独立监事的公司正式任命。

中管干部辞去公职或者退（离）休三年后担任上市公司、基金管理公司独立董事、独立监事的，应由本人向其所在单位党组（党委）报告，并由其所在单位党组（党委）向中央组织部备案，同时抄报中央纪委。

3. 中管干部辞去公职后担任上市公司、基金管理公司独立董事、独立监事的，可以领取相应报酬，具体数额应当由其所在的上市公司、基金管理公司董事会制订预案，股东大会审议通过，并在公司年报中进行披露。

4. 中管干部退（离）休后担任上市公司、基金管理公司独立董事、独立监事的，不得领取报酬、津贴和获取其他额外利益。所在的上市公司、基金管理公司可按照有关规定，报销其工作费用。

5. 中管干部辞去公职或者退（离）休后三年内，已担任与本人原工作业务直接相关的上市公司、基金管理公司独立董事、独立监事的，应辞去所担任的独立董事、独立监事。中管干部辞去公职或者退（离）休后三年内现已担任与本人原工作业务不直接相关的上市公司、基金管理公司独立董事、独立监事，但未履行本通知规定程序的，要抓紧履行相应程序。

关于独立董事，IPO 项目中还应注意以下要点：

1. 董事会和监事会均可提名独立董事，根据《关于在上市公司建立独立董事制度的指导意见》，持股1%以上的股东也可以提名独立董事。独立董事的选任必须由股东大会选举决定。而根据《公司法》，一般情况下，股东享有提案权的最低持股比例是3%。

2. 独立董事行使提议召开董事会或临时股东大会和审议重大关联交易等特别职权时需以过半独立董事同意为前提。

3. 根据《关于在上市公司建立独立董事制度的指导意见》的规定，独立董事连续三次未亲自出席董事会会议的，由董事会提请股东大会予以撤换。根据2019年版上市公司章程指引的规定，董事连续两次未能亲自出席，也不委托其他董事出席董事会会议，视为不能履行职责，董事会应当建议股东大会予以撤换。

4. 独立董事每届任期与该上市公司其他董事任期相同，任期届满，连选可以连任，但是连任时间不得超过6年。

三、董事会秘书任职资格

（一）《公司法》（略）

（二）《深圳证券交易所股票上市规则（2018年修订）》

3.2.4 董事会秘书应当具备履行职责所必需的财务、管理、法律专业知识，具有良好的职业道德和个人品德，并取得本所颁发的董事会秘书资格证书。有下列情形之一的人士不得担任上市公司董事会秘书：

1. 有《公司法》第一百四十六条规定情形之一的；

2. 自受到中国证监会最近一次行政处罚未满三年的；

3. 最近三年受到证券交易所公开谴责或者三次以上通报批评的；

4. 本公司现任监事；

5. 本所认定不适合担任董事会秘书的其他情形。

（三）《深圳证券交易所创业板上市公司规范运作指引（2015年修订）》

3.2.6 董事会秘书应当由上市公司董事、副总经理、财务负责人或者公司章程规定的其他高级管理人员担任。

3.2.7 独立董事任职资格应当符合有关法律、行政法规、部门规章、规范性文件、《创业板上市规则》、本指引和本所其他相关规定等。

3. 2. 8 本所鼓励上市公司在独立董事中配备公司业务所在行业方面的专家。

（四）《深圳证券交易所上市公司董事会秘书及证券事务代表资格管理办法》

第五条："董事会秘书及证券事务代表应具备《上市规则》所要求的任职条件。"

第六条："董事会秘书和证券事务代表应当通过本所组织的董事会秘书资格考试，并取得本所颁发的董事会秘书资格证书。"

第七条："拟参加董事会秘书资格考试的相关人员应由上市公司（含拟上市公司）董事会进行推荐。"

（五）《上海证券交易所股票上市规则（2019 年修订）》

3. 2. 4 董事会秘书应当具备履行职责所必需的财务、管理、法律等专业知识，具有良好的职业道德和个人品质，并取得本所颁发的董事会秘书培训合格证书。具有下列情形之一的人士不得担任董事会秘书：

1. 《公司法》第一百四十六条规定的任何一种情形；

2. 最近三年受到过中国证监会的行政处罚；

3. 最近三年受到过证券交易所公开谴责或者三次以上通报批评；

4. 本公司现任监事；

5. 本所认定不适合担任董事会秘书的其他情形。

第二节　竞业禁止和竞业限制

一、竞业限制与竞业禁止的定义

竞业限制，是用人单位对负有保守用人单位商业秘密义务的劳动者，在劳动合同、知识产权权利归属协议或技术保密协议中约定的竞业限制条款，即劳动者在终止或解除劳动合同后的一定期限内不得在生产同类产品、经营同类业务或有其他竞争关系的用人单位任职，也不得自己生产与原单位有竞争关系的同类产品或经营同类业务。限制时间由当事人事先约定，但不得超过二年。竞业限制条款在劳动合同中为延迟生效条款，也就是劳动合同的其他条款法律约束力终结后，该条款开始生效。

竞业限制规定于《劳动合同法》。《劳动合同法》第二十三条规定，用人单位与劳动者可以在劳动合同中约定保守用人单位的商业秘密和与知识产权相关的保密事项。对负有保密义务的劳动者，用人单位可以在劳动合同或者保密协议中与劳动者约定竞业限制条款，并约定在解除或者终止劳动合同后，在竞业限制期限内按月给予劳动者经济补偿。劳动者违反竞业限制约定的，应当按照约定向用人单位支付违约金。第二十四条规定，竞业限制的人员限于用人单位的高级管理人员、高级技术人员和其他负有保密义务的人员。竞业限制的范围、地域、期限由用人单位与劳动者约定，竞业限制的约定不得违反法律、法规的规定。在解除或者终止劳动合同后，前款规定的人员到与本单位生产或者经营同类产品、从事同类业务的有竞争关系的其他用人单位，或者自己开业生产或者经营同类产品、从事同类业务的竞业限制期限，不得超过二年。

竞业禁止见于《公司法》。《公司法》第一百四十八条规定："……（五）未经股东会或者股东大会同意，利用职务便利为自己或者他人谋取属于公司的商业机会，自营或者为他人经营与所任职公司同类的业务；……"《公司法》第六十九条规定，"国有独资公司的董事长、副董事长、董事、高级管理人员，未经国有资产监督管理机构同意，不得在其他有限责任公司、股份有限公司或者其他经济组织兼职"。

其实，除了《公司法》以外，其他法律也有关于竞业禁止的规定。《合伙企业法》第三十二条规定："合伙人不得自营或者同他人合作经营与本合伙企业相竞争的业务。"《中外合资经营企业法实施条例》第三十七条第四款规定："总经理或者副总经理不得兼任其他经济组织的总经理或者副总经理，不得参与其他经济组织对本企业的商业竞争"。

二、竞业限制与竞业禁止的区别

竞业限制与竞业禁止从定义上看起来很相似，但实质上有不少区别。

（一）义务种类不同。竞业禁止是法定义务，不能约定解除；而竞业限制是约定义务，《最高人民法院关于审理劳动争议案件适用法律若干问题的解释

(四)》第八条规定，当事人在劳动合同或者保密协议中约定了竞业限制和经济补偿，劳动合同解除或者终止后，因用人单位的原因导致三个月未支付经济补偿，劳动者请求解除竞业限制约定的，人民法院应予支持。第九条规定，在竞业限制期限内，用人单位请求解除竞业限制协议时，人民法院应予支持。

（二）限制或禁止的对象不同。竞业禁止针对的是公司董事、高级管理人员；而竞业限制针对的是负有保密义务的劳动者，人员限于用人单位的高级管理人员、高级技术人员和其他负有保密义务的人员。

（三）期限不同。竞业禁止针对的在职人员只要未离职，就一直适用；而竞业限制针对员工的限制期限由双方约定，不得超过两年，即限制期限为离职后两年以内。

（四）法律后果不同。违反竞业禁止，公司将行使归入权，根据《公司法》第一百四十八条的规定，董事、高级管理人员违反前款规定所得的收入应当归公司所有。劳动者违反竞业限制约定的，应当按照约定向用人单位支付违约金。违约金的数额由双方约定，约定的违约金数额畸高的，当事人可以要求适当减少。

（五）是否支付补偿不同。竞业禁止为法定义务，用人单位对竞业禁止人员不需要支付补偿；而单位对竞业限制人员在离职后必须支付补偿，而不是在职期间支付保密费。《最高人民法院关于审理劳动争议案件适用法律若干问题的解释（四)》第六条规定，当事人在劳动合同或者保密协议中约定了竞业限制，但未约定解除或者终止劳动合同后给予劳动者经济补偿，劳动者履行了竞业限制义务，要求用人单位按照劳动者在劳动合同解除或者终止前十二个月平均工资的30%按月支付经济补偿的，人民法院应予支持。

【案例：麦捷科技——竞业限制未支付经济补偿】

广东华商律师事务所在《关于深圳市麦捷微电子科技股份有限公司首次公开发行A股并在创业板上市的补充法律意见书（四)》中披露：

（一）关于发行人董事、高管中的张美蓉、张海恩、胡根昌、张照前是否存在竞业禁止的情形

1. 有关竞业禁止的法律规定

《中华人民共和国劳动合同法》第二十三条规定，对负有保密义务的劳动

者，用人单位可以在劳动合同或者保密协议中与劳动者约定竞业限制条款，并约定在解除或者终止劳动合同后，在竞业限制期限内按月给予劳动者经济补偿。同时，第二十四条规定，在解除或者终止劳动合同后，竞业限制期限不得超过二年。

当时适用的《深圳经济特区企业技术秘密保护条例》第十四条规定，企业可与知悉或可能知悉企业技术秘密的员工签订竞业限制协议，企业则向该员工支付一定数额的补偿费。第十九条规定，如企业不支付竞业限制补偿费，则竞业限制协议自行终止。

2. 发行人董事、高管中的张美蓉、张海恩、胡根昌、张照前是否存在竞业禁止情形

经本所律师核查、访谈并经相关人员的确认，发行人董事、高管中的张美蓉、张海恩、胡根昌、张照前的简历及其最近三年的劳动合同签订单位、社保缴纳单位情况如下：

姓名	简历	劳动合同签订单位	社保缴纳单位
张美蓉	1991年11月至2001年2月，历任中国南方玻璃股份有限公司研究发展部工程师和项目经理，深圳南虹电子陶瓷有限公司总经理，中国南方玻璃股份有限公司微电子事业部总经理，南玻结构陶瓷有限公司总经理； 2001年3月至2002年6月，任麦捷有限董事兼总经理； 2003年9月至2005年12月，任浙江正原电气股份有限公司副总裁； 2006年1月至今，任麦捷有限及发行人董事兼总经理； 现任慧智泰投资执行董事，香港南联电子贸易有限公司执行董事，香港麦捷执行董事，并担任发行人董事兼总经理。	麦捷科技	麦捷科技
张海恩	1987年7月至1995年12月任西安交通大学讲师； 1996年1月至2001年2月任深圳南虹电子陶瓷有限公司技术工程师、技术部经理； 2001年3月至今任麦捷有限及发行人副总经理，主管采购部、技术部和质量管理部。	麦捷科技	麦捷科技

续表

姓名	简历	劳动合同签订单位	社保缴纳单位
胡根昌	1986 年 7 月至 1992 年 7 月，任深圳市南海酒店工程部工程师； 1992 年 7 月至 2001 年 2 月，任深圳市南虹电子陶瓷有限公司设备部经理； 2001 年 3 月至今，任发行人及其前身生产副总经理； 现任发行人副总经理。	麦捷科技	麦捷科技
张照前	1998 年 7 月至 1998 年 11 月，任珠海蓉胜电工有限公司技术部工程师； 1998 年 12 月至 2001 年 2 月，任深圳南虹电子陶瓷有限公司技术部工程师、品管部经理； 2001 年 3 月至今，历任发行人及其前身技术品管部经理、市场部经理、副总经理； 现任发行人副总经理。	麦捷科技	麦捷科技

（1）关于张美蓉、张海恩、胡根昌、张照前与深圳南虹电子陶瓷有限公司之间是否存在竞业禁止情形的问题

经本所律师对上述人员进行访谈，并经上述人员确认，及核查相关诉讼文件，上述人员原为深圳南虹电子陶瓷有限公司（以下简称“南虹电子”）员工，先后于 2001 年 2 月从该公司离职，并于 2001 年 3 月共同投资设立麦捷有限。虽然其均与南虹电子签订有《保密及竞业禁止协议》，但南虹电子并未向上述人员支付经济补偿，根据相关规定，其竞业禁止的约定不具有法律效力。麦捷有限设立后，南虹电子以麦捷有限及上述人员侵犯其商业秘密为由，于 2002 年 7 月向法院提起诉讼，要求麦捷有限及上述人员向其支付相应赔偿，后经各方协商，最终以调解协议并由麦捷有限支付相关费用和解，上述费用已支付完毕。

据此，本所律师认为，虽然上述人员与南虹电子签订有保密及竞业限制协议，但由于南虹电子并未支付经济补偿，上述人员无需根据上述协议承担竞业禁止义务；同时，根据上述文件的规定及协议的约定，竞业限制期限为二年，自上述人员离职之日至今，已过上述期限，因此，上述人员亦不存在竞业限制

义务。同时，当事人已就相关争议达成和解，发行人及上述人员已按调解协议及调解书约定履行全部义务，不存在任何纠纷及潜在纠纷。

（2）关于张美蓉与浙江正原电气股份有限公司是否存在竞业禁止情形

经对相关人员进行访谈，并经其确认，2003年9月至2005年12月，张美蓉担任浙江正原电气股份有限公司（以下简称“正原电气”）副总裁。正原电气主要从事介质谐振器和税控机的研发、生产和销售，与麦捷有限当时主要生产的片式电感属于不同细分行业，差异较大，而且，张美蓉未与正原电气签署竞业禁止协议，因此，张美蓉从正原电气离职后不存在竞业禁止情形。

（3）关于张美蓉、张海恩、胡根昌、张照前是否存在其他竞业禁止情形

此外，张海恩曾在西安交通大学任职、胡根昌曾在深圳市南海酒店任职、张照前曾在珠海蓉胜电工有限公司任职，上述任职单位与发行人所处行业完全不同，且上述人员未与任职单位签订竞业禁止协议，不存在竞业禁止的情形。

综上所述，张美蓉、张海恩、胡根昌、张照前与南虹电子签订有《保密及竞业禁止协议》，存在竞业禁止的约定，但因南虹电子并未向上述人员支付经济补偿，根据相关规定，竞业禁止的约定不具有法律约束力，且上述人员离职时间远超过法定的最长两年的竞业限制期限；南虹电子与麦捷有限及上述人员有关商业秘密的纠纷已经调解结案，当事人已按调解协议及调解书约定履行全部义务，现不存在任何纠纷及潜在纠纷。除上述情形外，张美蓉、张海恩、胡根昌、张照前不存在与其他曾任职单位签订竞业禁止协议或类似约定的情形。

关于张美蓉、张海恩、胡根昌、张照前与深圳南虹电子陶瓷有限公司之间是否存在竞业禁止情形的问题，麦捷科技的发行人律师认为“虽然其均与南虹电子签订有《保密及竞业禁止协议》，但南虹电子并未向上述人员支付经济补偿，根据相关规定，其竞业禁止的约定不具有法律效力”。根据前文所述，笔者认为，竞业禁止为法定义务，用人单位对竞业禁止人员不需要支付补偿，因此以并未向上述人员支付经济补偿认定《保密及竞业禁止协议》无效似可商榷。其实，上述人员先后于2001年2月从南虹电子离职，并于2001年3月共同投资设立麦捷有限，从时间上解释其在南虹电子任职期间并未违反竞业禁止义务即可。

三、竞业限制、竞业禁止与保密协议的区别

竞业禁止、竞业限制和保密协议也不能混为一谈。

首先，保密协议保护的对象是公司的商业机密，要求负有保密义务的人员不得泄露公司的商业机密，而竞业禁止和竞业限制虽然针对的对象也掌握公司的商业秘密，但是其主要目的是限制其到与本单位生产或者经营同类产品、从事同类业务的有竞争关系的其他用人单位，或者自己开业生产或者经营同类产品、从事同类业务，以免其利用其掌握的商业机密或知识产权侵占公司的商业机会损害公司的商业利益。而保密协议在员工不违反保密义务的前提下，并不限制其到有竞争关系的单位工作。

其次，高级管理人员作为公司的经营者，在职期间负有竞业禁止的法定义务，而针对竞业限制，由于这种限制在一定程度上影响了员工的就业，因此，为体现公平原则，公司支付一定补偿金作为相应的补偿，而保密协议中，通常不会为保密义务人保守公司商业秘密支付补偿。当然，有不少保密协议会把竞业禁止的有关条款一并纳入。

再次，不同于竞业限制，保密协议一般没有期限和地域限制。

最后，适用的法律不同，竞业限制和竞业禁止的规定见于《公司法》《劳动合同法》，而保密协议适用的是《合同法》、《反不正当竞争法》以及国家市场监督管理总局《关于禁止侵犯商业秘密行为的若干规定》等。

四、竞业限制、竞业禁止与同业竞争的区别

同业竞争和竞业禁止是两个不同的法律概念。根据《公司法》的规定，董事、高级管理人员具有法定竞业禁止的义务。但《公司法》并没有股东竞业禁止的相关规定。同业竞争，是指企业与其关联方从事的业务相同或者相近似，其相互之间的业务构成或可能构成各种情形的直接或间接的竞争关系，规制的重点是股东（及其关联人）滥用控制权损害公司独立性的行为，避免由于同业竞争而给上市公司造成或有损害，保护各方利益主体的权益。而竞业禁止规制的重点是高管违反对公司的忠实义务从而给公司造成损失的行为，两者之间有根本性区别。

五、竞业禁止和竞业限制的审核关注要点

证监会关注竞业禁止问题，要求发行人的董事、高管履行忠实、诚信义务，在 IPO 反馈中经常会问及发行人董监高与发行人是否存在利益冲突，并且要求董监高不能与发行人共同设立企业。发行人不能把相关联的业务转让给董监高，对纯民营企业创业者，历史上在国企集体企业任职，且民营企业从事业务与原单位相关，要核查与原单位的竞业禁止，在原单位担任职务等。

根据证监会的上述审核关注要点，中介机构在核查有关竞业禁止和竞业限制时，建议注意以下几点：

（一）需核查是否有董监高与发行人共同设立企业或是发行人把相关联的业务转让给董监高的情形，如有，要予以清理并披露详细过程以及是否对发行人的利益造成损害。

（二）发行人如存在实际控制人从原企业离职后创业，董事或高级管理人员从其他企业离职从事业务与原企业相关，要核查上述人员在原单位担任职务，如在原企业担任高级管理人员，是否有违反竞业禁止义务的情形，或是否曾签订竞业限制协议，如有，是否已经解除，是否有潜在纠纷等，必要时由原企业出具有关确认文件。

（三）查验发行人董事、监事、高级管理人员、核心技术人员是否存在有关法律、法规、规范性文件和公司章程及有关监管部门所禁止的兼职情形，是否有违反有关竞业禁止的法律规定；该等人员与其他单位之间是否存在有关竞业禁止和/或侵犯原任职单位知识产权、商业秘密的纠纷或潜在纠纷，建议由上述人员出具承诺或进行访谈，同时如果有条件，建议由原单位出具说明，认可上述人员的说法并且不存在纠纷或潜在纠纷，也不会追究上述人员的责任。

（四）关于监事是否负有竞业禁止义务。《公司法》规定董事、监事、高管均对公司负有忠实义务，但第一百四十八条仅规定董事和高级管理人员不得从事所列举的七项禁止行为。那么，监事如果从事第一百四十八条所列举的禁止行为是否构成竞业禁止进而违反忠实义务？

根据目前可以查询到的案例，法院均以《公司法》第一百四十八条规定的

适用对象是明确的，仅限于董事和高管，而否定了监事负有竞业禁止义务。然而，基于《公司法》对监事忠实义务的规定，监事如果未经股东会或者股东大会同意，利用职务便利为自己或者他人谋取属于公司的商业机会，自营或者为他人经营与所任职公司同类的业务，显而易见是违反忠实义务的，这涉及立法解释以及司法裁量权的问题，不在本书的讨论范围之内。

笔者认为，《公司法》作出上述将监事排除在外的规定，应该是基于监事本身的职责在于监督公司的行为如检查公司财务、对董事、高级管理人员执行公司职务的行为进行监督等，而并非参与公司的实际经营决策，因而认为其利用职务便利在其他公司从事同类业务对公司造成损害的可能性较小。然而，由于我国公司治理结构尚不完善，这种“理想”式的设想往往并不符合客观情况，民营企业中的监事往往也实际参与公司的经营管理，与其公开的任职角色并不完全一致。因此，将监事也纳入竞业禁止的范畴之内有其必要性和合理性。在证券实务中，虽然《公司法》对监事并未严格规定其竞业禁止义务，但是笔者认为，从监管角度和保护上市公司利益出发，中介机构应该对监事的竞业禁止情形也参照董事和高级管理人员进行核查并予以规范。

（五）关于“自营”的解释。《公司法》规定，董事、高管不得未经股东会或股东大会批准，“自营或者为他人经营与所任职公司同类的业务”。在多起案件中，何为“自营同类业务”，被告的投资行为是否属于“自营同类业务”，成为争议焦点。法院对“自营”的解释是多样的。

例如，北京市一中院2005年审理的一个案件：被告在担任原告的常务副总经理期间，与他人合资设立了与原告经营同类业务的A公司，并出任监事。原告以被告违反竞业禁止义务为由提起诉讼。一审判决认为，尽管A公司与原告属于同一行业，但被告仅是A公司的股东，不担任董事或经理，未参与A公司的经营管理，故不违反竞业禁止规定。显然，一审法院将“自营”理解为实际的经营和管理行为，而在同业竞争的公司中担任董事或经理等管理职务，则是参与经营管理的直接证据。但二审法院却不认同这种看法。二审认为，被告投资入股A公司并担任监事，本身就意味着其享有A公司的经营管理权。因为A公司章程规定，股东享有公司经营决策等重大事项的表决权，监事享有检查公司财务和对董事、经理执行公司职务进行监督的权利。股东的表决权和监事的监督权表明，被告对A公司享有经营管理权，因此构成“自营与所任职公司同类营业”。

但更多的判决以经理人是否从与任职公司同业的其他公司获得投资收益为判断标准。有的法院将“自营……与所任职公司同类营业”理解为既包括“以自己的名义从事与公司业务相同的经营活动”，也包括“非以自己名义但从事竞业的经济效果归属于自己”的投资行为。这一立场在上海的三个判决中分别以相同的语言表述为：“董事、高级管理人员以他人名义所为、但受益主体实际是董事、高级管理人员自己的隐蔽的竞业行为也在禁止范围之内。”

而在江苏省句容市法院2001年的一个判决中，董事的配偶投资于同行业公司，董事也被认定为与所任职公司发生同业竞争。法院的理由是，“被告与其妻在婚姻关系存续期间的所得属于被告家庭财产所得”，投资收益归属于被告。

【案例：美亚光电——依据身份认定是否违反竞业禁止规定】

天禾律师事务所在其出具的《合肥美亚光电技术股份有限公司首次公开发行股票并上市之补充法律意见书（五）》中披露：

一、关于“田明在2000年3月3日至2004年12月25日期间是否存在违反竞业禁止规定的行为，是否会承担相应的民事和刑事责任”的核查意见。

1. 田明承包经营安科机械的情况

合肥安科光电机械有限公司（以下简称“安科机械”）成立于1993年12月，为中外合资经营企业，注册资本54万美元，中方股东合肥轻工业机械厂（以下简称“轻机厂”）出资20.52万美元，占38%，外方阿根廷南美贸易公司（阿根廷FINSAT公司，以下简称“阿方”）出资33.48万美元，占62%。

1999年4月23日，安科机械董事会通过决议，安科机械自1999年1月1日起委托中方全面负责经营管理，期限5年，中方每年应确保阿方收益33.08万元人民币，5年共收益165.4万元人民币，5年内中方对人、财、物自主支配，行使经营者的全部权利，阿方不再干预。5年期满后，阿方自愿放弃全部股权。1999年5月5日，轻机厂与田明签订《承包经营合同》，轻机厂同意安科机械自1999年—2003年实行承包经营。2003年承包经营期限届满后，安科机械仍由田明实际承包经营。

经核查，阿方已陆续取得了上述 5 年的收益 165.4 万元人民币，根据约定阿方不再享有安科机械的股权。2004 年 12 月 25 日，安科机械经营期限届满。2005 年 3 月 20 日，安科机械董事会作出决议，决定安科机械进入清算程序，由中、阿双方共同组织清算组对安科机械进行清算。2006 年 2 月 24 日，安科机械办理完毕工商注销登记。

2. 根据相关规定，在两种情形下员工对公司承担竞业禁止义务：一是根据劳动法律的相关规定，公司已依法与员工签署了关于竞业禁止的劳动协议；二是根据当时适用的 1994 年《公司法》第六十一条“董事、经理不得自营或者为他人经营与其所任职公司同类的营业或者从事损害本公司利益的活动。从事上述营业或者活动的，所得收入应当归公司所有”的规定，公司董事、经理具有依据《公司法》的直接规定承担竞业禁止的义务。

（1）经核查，田明并未与安科机械签署任何关于竞业禁止的劳动协议，田明不存在承担依据劳动协议约定的竞业禁止义务的情形。

（2）经核查，1996 年 4 月田明被任命为安科机械董事、副总经理，任期 4 年。1999 年 5 月，安科机械董事会决定由田明承包经营安科机械，明确上缴基数，剩余归田明所有，并且签署了《承包经营合同》。2000 年 4 月，田明在安科机械名义上的董事、副总经理任期已经届满，安科机械也未再续聘田明担任安科机械的董事或副总经理。另 2000 年 4 月，美亚有限刚成立 1 个月，没有实际开展经营。

据此，本所律师认为，田明于 1999 年 5 月起以“承包经营者”的身份经营安科机械，事实上已经不再以董事、副总经理身份行使职权，且自 2000 年 4 月以后，事实和名义上田明也已经不是安科机械董事、副总经理。另 2000 年 4 月美亚有限刚成立 1 个月，并没有实际开展经营。因此，田明在 2000 年 3 月 3 日至 2004 年 12 月 25 日期间不存在违反竞业禁止规定的行为。

3. 2005 年 5 月 18 日，轻机厂曾向安徽省高级人民法院提起诉讼，请求判令田明和美亚有限将田明违反竞业禁止义务的所得返还安科机械。该案业经安徽省高级人民法院调解，并经 2005 年 12 月 30 日安徽省高级人民法院出具的《民事调解书》（〔2005〕皖民二初字第 11 号）予以确认。经核查，该《民事调解书》已经履行完毕，该案已经了结，已不存在纠纷或潜在纠纷。根据该

《民事调解书》，轻机厂不再以任何理由向田明、美亚有限及美亚有限其他股东主张任何权利或追究任何责任，轻机厂与田明、美亚有限、安科机械清算委员会之间再无其他任何争议。经核查，美亚有限当时的全体股东一致同意并书面确认《民事调解书》内容，确认公司与股东之间、公司股东之间不存在任何纠纷。据此，本所律师认为，田明不存在因违反竞业禁止义务而导致承担民事责任的情形。

4. 根据《刑法》关于“非法经营同类营业罪”罪名，即第165条：“国有公司、企业的董事、经理利用职务便利，自己经营或者为他人经营与其所任职公司、企业同类的营业，获取非法利益，数额巨大的，处三年以下有期徒刑或者拘役，并处或者单处罚金；数额特别巨大的，处三年以上七年以下有期徒刑，并处罚金”的相关规定，该罪名的主体要件是指国有公司、企业的董事、经理，而安科机械是中外合资企业（外资占比62%），非国有公司、企业，且田明于1999年5月起以“承包经营者”的身份经营安科机械，事实上已经不再以董事、副总经理身份行使职权，自2000年4月以后，事实和名义上田明也已经不是安科机械董事、副总经理，因此，田明不符合该罪名规定的主体构成要件。据此，本所律师认为，田明不存在因违反竞业禁止义务而导致承担刑事责任的情形。

综上，本所律师认为，田明在2000年3月3日至2004年12月25日期间不存在违反竞业禁止规定的行为，不会承担与此相关的民事和刑事责任。

本案例中，对田明是否违反竞业禁止义务，发行人律师是从其于1999年5月起以“承包经营者”的身份经营安科机械，事实上已经不再以董事、副总经理身份行使职权，且自2000年4月以后，事实和名义上田明也已经不是安科机械董事、副总经理。另2000年4月美亚有限刚成立1个月，并没有实际开展经营来进行解释，也得到了审核机关的认可。

【案例：利亚德——有竞业禁止协议但未支付补偿】

北京德恒律师事务所出具的《关于利亚德光电股份有限公司首次公开发行股票并在创业板上市的补充法律意见（一）》中披露：

……

“（五）发行人董事、监事、高级管理人员和其他员工与巴可利亚德同业竞争与竞业禁止情况

1. 发行人董事、监事、高级管理人员和其他员工在巴可利亚德的任职情况

根据发行人提供的资料，发行人董事、监事、高级管理人员和其他员工中共有17名人员曾在巴可利亚德任职，具体情况如下：……

根据发行人2011年7月18日出具的《承诺函》，除上述17人外，发行人现有员工中无任何员工曾在巴可利亚德任职。

2. 竞业禁止协议的签订、解除情况、是否违反竞业禁止条款的认定及对发行人的影响

根据上述曾在巴可利亚德任职的17人出具的承诺函，除李军、谭连起、卢长军、张龙虎等4人曾与巴可利亚德签署有竞业禁止约定的协议之外，其他13人均未与巴可利亚德以及其他与发行人构成竞争关系的公司、企业、单位、个人或其他机构、组织签署过竞业禁止协议、承诺函或类似文件。

（1）李军竞业禁止协议的签订、解除及是否违反竞业禁止条款

①竞业禁止协议的签订

根据理想世纪与比利时巴可公司于2003年3月17日签订的《注册资本转让协议》以及李军于当日签署的《不竞争承诺书》，在《不竞争承诺书》中，李军向比利时巴可公司和巴可利亚德做出如下不竞争承诺：在理想世纪持有巴可利亚德的权益期间以及停止持有该等权益后三年内，不直接或间接地在任何国家（包括但不限于中国），从事与巴可利亚德或巴可利亚德的任何关联公司竞争的或有损巴可利亚德或巴可利亚德的任何关联公司权益的大型全彩显示屏（包括所有种类的全彩LED和任何大型全彩显示屏）的生产、销售、分销或销售活动。

2003年3月，李军与巴可利亚德签署《高级经理雇佣合同》，其中第3（a）条约定："合同执行期间，应付给高级经理（指李军）的月薪为人民币34000元"；第4（c）条约定，雇用期内，高级经理保证如下：不担任其他组织的首席执行官、总经理或副总经理，但双方达成谅解，高级经理可继续担任利亚德有限股东及其董事会代理董事长；第7.1条约定，不管因何原因终止合同或期满之日后三年期间内，高级经理不得从事在中国境内外受聘于或直接或间接地组建或参与组建正在或将要从事任何与公司业务相竞争业务的任何商号、合伙、公司、合营企业、个人独资企业或其他经济实体，或直接或间接地以个人身份或以任何人、商号、合伙等企业或其他经济实体的顾问、高级经

理、合伙人、所有人、高级职员或任何其他身份，从事或协助、帮助或怂恿他人从事任何与公司业务相竞争的业务、行动或活动。

第7.2条约定，如高级经理继续全面履行第7.1条所述的义务，巴可利亚德就应按月向高级经理作出补偿：相当于合同解除或期满时支付给高级经理的月工资百分之五十（50%）的补偿额。

②竞业禁止协议的解除

李军与巴可利亚德签署的《高级经理雇佣合同》约定，李军对巴可利亚德的竞业禁止义务期限为合同终止或期满之日后三年期间内，李军2006年9月自巴可利亚德离职，其对巴可利亚德承担的竞业禁止义务于2009年9月届满。

③李军是否违反竞业禁止条款

根据2003年3月李军与巴可利亚德签署《高级经理雇佣合同》第3（a）条和第7.2条的约定，若李军履行竞业禁止义务，巴可利亚德应按月工资百分之五十的补偿额对李军作出补偿。根据对李军的访谈和李军签署的《访谈记录》，2006年9月李军自巴可利亚德离职之后，巴可利亚德未向其支付过任何补偿金。

根据2008年1月1日起执行的《中华人民共和国劳动合同法》第二十三条[①]规定，用人单位与劳动者可以在劳动合同中约定保守用人单位的商业秘密和与知识产权相关的保密事项。对负有保密义务的劳动者，用人单位可以在劳动合同或者保密协议中与劳动者约定竞业限制条款，并约定在解除或者终止劳动合同后，在竞业限制期限内按月给予劳动者经济补偿。因巴可利亚德并未向李军支付相应赔偿金，李军亦无履行竞业禁止协议的义务，其未违反与巴可利亚德签署的竞业禁止条款的约定。

④李军关于竞业禁止的诉讼情况

2007年12月，比利时巴可公司、巴可伟视以李军违反了《不竞争承诺书》的约定，侵害原告权益为由向北京市第一中级人民法院提起诉讼，要求被告人李军立即停止与原告的竞争，在规定的时间内继续履行不竞争义务，并赔偿经济损失396万元及律师费5万元。2008年6月2日，北京市第一中级人民法院下达（2008）一中民初字第604号《民事裁定书》，鉴于《注册资本转让协

① 对应《中华人民共和国劳动合同法》（2012修正）第二十三条。

议》中对仲裁机构、仲裁规则及仲裁地均进行了明确约定，仲裁地为香港国际仲裁中心（HKIAC），故对于原被告之间因《不竞争承诺书》而产生的纠纷应通过仲裁程序解决，人民法院对上述案件不享有管辖权，不应予以受理，裁定驳回起诉。2008年8月，比利时巴可公司和巴可伟视向北京市高级人民法院提起上诉，请求撤销上述裁定。2008年9月5日，北京高级人民法院下达（2008）高民终字第1070号《民事裁定书》裁定驳回原告上诉，维持原裁定。

根据发行人与巴可伟视于2011年7月12日签署的《和解协议》，协议的效力扩及于双方的任何雇员、股东、附属企业、关联企业和关联自然人，2011年7月22日，香港国际仲裁中心仲裁员根据和解协议签署了关于撤销仲裁的裁决书。因此，本所律师认为上述诉讼已经达成和解，不存在法律纠纷或潜在法律纠纷，不会造成本次发行并上市的法律障碍。

（2）谭连起竞业禁止协议的签订、解除及是否违反竞业禁止条款

①竞业禁止协议的签订

2003年3月，谭连起与巴可利亚德签署《高级经理雇佣合同》，其中第4（c）条约定，雇用期内，高级经理保证不担任其他组织的首席执行官、总经理或副总经理，但双方达成谅解，高级经理可继续担任利亚德有限股东及其董事会代理董事长；第7.1条约定，不管因何原因合同终止或期满之日后三年期间内，高级经理不得从事在中国境内外受聘于或直接或间接地组建或参与组建正在或将要从事任何与公司业务相竞争业务的任何商号、合伙、公司、合营企业、个人独资企业或其他经济实体，或直接或间接地以个人身份或以任何人、商号、合伙等企业或其他经济实体的顾问、高级经理、合伙人、所有人、高级职员或任何其他身份，从事或协助、帮助或怂恿他人从事任何与公司业务相竞争的业务、行动或活动。

②竞业禁止协议的解除

谭连起与巴可利亚德签署的《高级经理雇佣合同》约定，谭连起对巴可利亚德的竞业禁止义务期限为合同终止或期满之日后三年期间内，谭连起自2007年8月自巴可利亚德离职，其对巴可利亚德承担的竞业禁止义务于2010年8月届满。

③谭连起是否违反竞业禁止条款

根据《高级经理雇佣合同》第4（c）条约定，雇用期内，双方达成谅解，

谭连起可继续担任利亚德有限股东及其董事会代理董事长；根据对谭连起的访谈及其签署的《访谈记录》，2003 年 3 月至 2010 年 8 月谭连起在利亚德有限未担任除董事以外的其他职务，在利亚德有限工作期间未曾使用或对外披露竞业禁止协议约定禁止使用或对外披露的发明、专利、技术、生产工艺、生产方法、客户信息等商业秘密，未违反与巴可利亚德签署的竞业禁止条款的约定。

（3）卢长军竞业禁止协议的签订、解除及是否违反竞业禁止条款

①竞业禁止协议的签订

2004 年 7 月，卢长军与巴可利亚德签署《雇员专有情报和发明协议》，其中第 7 条约定："雇员同意在解除与巴可利亚德雇佣关系后的壹年之内不得争夺公司的雇员或雇佣他们，也不得参与任何与巴可利亚德业务直接竞争的业务或雇佣。雇员同意其受雇于巴可利亚德期间获得的报酬包括了为履行本协议约定的竞业禁止责任的充分对价。作为雇员作出上述承诺的对价，巴可利亚德将在其离开公司时向其支付相当于 3 个月工资作为补偿。"

②竞业禁止协议的解除

卢长军于 2007 年 1 月自巴可利亚德离职，根据其与巴可利亚德签署的《雇员专有情报和发明协议》，卢长军对巴可利亚德承担的竞业禁止义务已于 2008 年 1 月届满。

③是否违反竞业禁止条款

根据发行人的说明、对卢长军的访谈及其签署的《访谈记录》，卢长军在 2007 年 1 月至 2008 年 2 月竞业禁止期间未在利亚德有限任职，未参与任何与巴可利亚德业务直接竞争的业务，未违反与巴可利亚德签署的竞业禁止条款的约定。

（4）张龙虎竞业禁止协议的签订、解除及是否违反竞业禁止条款

①竞业禁止协议的签订

2004 年 7 月，张龙虎与巴可利亚德签署《雇员专有情报和发明协议》，其中第 7 条约定："雇员同意在解除与巴可利亚德雇佣关系后的壹年之内不得争夺公司的雇员或雇佣他们，也不得参与任何与巴可利亚德业务直接竞争的业务或雇佣。雇员同意其受雇于巴可利亚德期间获得的报酬包括了为履行本协议约

定的竞业禁止责任的充分对价。作为雇员作出上述承诺的对价，巴可利亚德将在其离开公司时向其支付相当于3个月工资作为补偿。”

②竞业禁止协议的解除

张龙虎于2007年6月自巴可利亚德离职，根据其与巴可利亚德签署的《雇员专有情报和发明协议》，其对巴可利亚德承担的竞业禁止义务已于2008年6月届满。

③张龙虎是否违反竞业禁止条款

根据发行人的说明、对张龙虎的访谈及其签署的《访谈记录》，张龙虎在2007年6月至2008年6月竞业禁止期间未在利亚德有限任职，未参与任何与巴可利亚德业务直接竞争的业务，未违反与巴可利亚德签署的竞业禁止条款的约定。

（5）李军、谭连起、卢长军、张龙虎竞业禁止约定对发行人持续经营的影响

根据发行人与巴可伟视2011年7月12日签署的《和解协议》，双方均不再主张就合作期间的任何事项及双方协议中的任何条款向对方提出权利请求，此后巴可伟视与发行人亦不得就仲裁的争议事项通过法院、仲裁机构或其他第三方机构向对方提出任何请求；该《和解协议》的效力，扩及于巴可伟视与发行人的任何雇员、股东、附属企业、关联企业和关联自然人。根据上述《和解协议》的约定，李军、谭连起、卢长军、张龙虎不存在因与巴可利亚德约定的竞业禁止义务而被提起诉讼或仲裁的潜在风险，对发行人的持续经营不存在重大不利影响。

第三节　董事、监事与高级管理人员重大变化

一、董监高重大变化的审核要求

IPO审核时，保荐机构、发行人律师需核查披露报告期内发行人董事、监事、高级管理人员变动的具体原因，并就是否符合《首发管理办法》相关规定发表意见。

《首发管理办法》“第二章　发行条件”中“第一节　主体资格”在第十二条明确规定要求，发行人最近3年内主营业务和董事、高级管理人员没有发生重大变化，实际控制人没有发生变更。

二、如何判断董事是否发生重大变化

由于公司董事会在公司决策及管理中发挥着很大作用，中国证监会要求发行人董事在报告期内不得发生重大变化。不像“重大违法”还有相对明确的标准，在实务中一直对如何才能构成董事“重大”变化存在着见仁见智的理解。

根据《首发业务若干问题解答》，发行人应当按照要求披露董事、高级管理人员的变动情况。中介机构对上述人员是否发生重大变化的认定，应当本着实质重于形式的原则，综合两方面因素分析：一是最近3年内的变动人数及比例，在计算人数比例时，以董事和高级管理人员合计总数作为基数；二是上述人员因离职或无法正常参与发行人的生产经营是否导致对发行人生产经营产生重大不利影响。

如果最近3年内发行人的董事、高级管理人员变动人数比例较大，或董事、高级管理人员中的核心人员发生变化，对发行人的生产经营产生重大不利影响的，应视为发生重大变化。

变动后新增的董事、高级管理人员来自原股东委派或发行人内部培养产生的，原则上不构成人员的重大变化。发行人管理层因退休、调任等原因发生岗位变化的，不轻易认定为重大变化，但发行人应当披露相关人员变动对公司生产经营的影响。

建议发行人注意以下方面：

1. 有限公司阶段，董事人选尽量少变化，如必须发生变化的，则尽量将该变化的幅度控制在董事会人数的三分之一以下；

2. 有限公司整体变更为股份有限公司时，建议原有董事留任，如需调整，则调整人数亦最好控制在原有限责任公司董事人数的三分之一以下；

3. 股份公司成立后自辅导开始至上报材料期间，最好不要变更董事人选；

4. 如非公司实际控制人变化或其他必要原因，公司最好不要变更董事长人选；

5. 公司通过增加董事会成员人数从而致使的董事人数增加，在原有董事继续任职的前提下，一般不会构成董事的重大变化，但并非绝对。

由于“重大”的标准始终难以统一，故此以上方面是结合既有的业务经验和对相关规定的理解所得出的判断，需要说明的是，这种判断并不一定与主管部门的审核标准相同，以上所述的一些数据例如“不超过三分之一”等亦无权威出处。因此，为了谨慎起见，还是建议公司如无特别必要，尽量不要变更董事人员，以免引起董事发生重大变化的嫌疑。

三、如何判断高级管理人员是否发生重大变化

发行人的高级管理人员，一般来说包括总经理、副总经理、董事会秘书和财务总监，即公司的经营层人员。由于公司经营层主要负责公司的日常经营及管理，对公司的业务技术等方面存在很重要的影响力，因此，如经营层在报告期内发生了重大变化，则由于新人选的接替需要一个过程和时间来熟悉，很可能会对公司日后的经营发展造成不利影响。基于此，中国证监会要求公司高级管理人员在报告期内不得发生重大变化。

与上面谈到的董事不得发生重大变化的情形一样，中国证监会同样没有对何谓高级管理人员的“重大变化”作出权威性解释，因此，还是从实务和个人理解的角度，来谈一谈避免高级管理人员发生重大变化的措施。

由于公司总经理全面负责公司的日常经营管理，财务总监对公司的财务状况负责，所以这两个职位如果发生了变化或者同时发生了变化则可能会较之副总经理、董事会秘书的变化更容易引起审核部门的关注及对公司日后经营管理前景的合理担忧。因此，公司如无必要，一般不应变更总经理及财务总监人员，当然但这并不意味着副总经理和董事会秘书职位就可以随便变化。

中国证监会作出高级管理人员不得发生重大变化的立法本意在于保持公司经营管理层的稳定性，从而保证公司的业务、财务和经营具有稳定的连续性，且不会对相关方面造成不利影响，从本质上来说是为了保证公司更好地经营和发展。所以上述“最好不要变更相关人员”的建议也不是一定绝对的，如果可以在满足上述前提下适当根据公司需要调整高级管理人员，只要是符合公司的利益且所涉职位或人数较少，还是可以认定为高级管理人员没有发生重大变化的。

第十二章
公司的税务与补贴

关于公司的税收和补贴，发行人律师需查验发行人是否已在税务机关办理国税和地税登记；发行人目前执行的税种、税率是否真实且符合相关税收法律、法规和规范性文件的规定；发行人及其子公司目前享受的税收优惠是否合法、合规、真实、有效；发行人近三年来所享受的财政补贴是否已获得有关政府部门的批准或确认，是否合法、合规、真实、有效；发行人及其控股子公司近三年是否依法纳税，是否存在被税务部门处罚的情形。

第一节　公司的税收

一、公司执行的税种、税率

发行人律师应查验发行人及其合并报表范围内的子公司的税务登记与纳税基本情况，包括查阅发行人及其子公司最近三年及一期审计报告、年度财务报告、最近三年的纳税申报表和汇算清缴证明等文件资料，必要时可以采取走访当地税务机关等方式，核查发行人及其子公司执行的税种、税率及是否享受税收优惠政策、财政补贴政策，核查发行人及其子公司适用的税种、税率是否符合法律法规的规定。

二、公司的税收优惠

发行人律师需查验发行人及其合并报表范围内的子公司享受的税收优惠情

况。主要的方式和步骤如下：

1. 查阅发行人对税收优惠情况出具的书面说明文件、发行人及其子公司三年一期的财务报告，纳税申报表和汇算清缴证明等文件资料，核查发行人及其子公司是否享受税收优惠政策，如发行人或其子公司享受税收优惠政策的，查阅享受税收优惠政策的相关法律依据、政府主管部门的批准文件，了解最近三年发行人及其子公司享受税收优惠的种类和金额，核查该等税收优惠政策是否符合现行法律法规及财政管理部门和税收管理部门的有关规定；

2. 查阅税务部门依法出具的《减免税通知书》或其他确认该项税收优惠合法有效的证明文件，必要时向相关税务部门发出函证或走访相关人员，并制作访谈笔录；

3. 核查享受该等税收优惠政策是否有条件限制，是否已经取得必要的相关批准或资格，若发行人具有高新技术企业资质等享受法定税收优惠政策资格，应当查阅有关申报文件并进行对照核查，以判断其获得资格的合法性和保有资格的合法性；

4. 核查发行人的经营成果对税收优惠及财政补贴是否存在严重依赖。关于发行人经营成果对税收优惠是否存在依赖的问题，证监会的政策是，发行人的经营成果不得严重依赖税收优惠，扣除财务报表中反映的税收优惠后，发行人仍应符合发行条件中对净利润绝对额的要求。若依法纳税且所享受的税收优惠均符合法律法规（有明文支持），则审核中不管金额、比例大小均不判定为税收优惠依赖，比如软件企业的相关税收优惠，但是，要关注税收优惠的稳定性、持续性。

在审核中一般区分两种情况予以对待：1. 如果企业享受国家层面规定的税收优惠，一般无障碍；2. 对企业享受的与国家政策相冲突的地方税收优惠，处理方法为：（1）扣除非经常性损益看是否还符合发行条件；（2）看是否可持续，趋势上占比是否越来越少；（3）作风险提示。实务中，证监会对地方政府给予的，但是与现行国家税收管理相悖的税收优惠一般不强制要求发行人追缴（考虑到中国国情，这种情况普遍存在，如果追缴，对于发行人是不公平的）。对于这种情形，笔者建议中介机构取得同级税收征管部门对发行人税收合法的确认文件，由实际控制人及控股股东出具如被追缴则全额承担的承诺文件，保荐人和发行人律师在申报文件中披露“存在税收优惠被追缴的风险”，披露被追缴税款的责任承担主体，并作“重大事项提示”。

公司享受的所得税优惠，应当由法定的税收征管机关依据法律、法规授予的审批权限进行批复。

1. 审批权限

中央级企业的减免税，属于纳税人遇有风、火、水、震等严重自然灾害及国家确定的“老、少、边、穷”地区新办的企业，年度减免所得税额达到或超过100万元的，由国家税务总局审批；其余企业的减免税，由各省、自治区、直辖市和计划单列市国家税务局审批或确定。

2. 关于企业所得税税收优惠的审核标准

税收征管机关没有税收征管权，或者超越审批权限，批复的企业所得税优惠，可以由省级国税或地税部门在其征管权限之内进行确认，但是明确由国家税务总局审批的所得税优惠除外。

若公司享受的企业所得税优惠与现行税收法律、行政法规和部门规章的规定不一致，可以由省级国税或地税部门依据其征管权限进行确认。

若公司享受的所得税优惠与现行税收法律、行政法规和部门规章的规定不一致，亦未能取得省级税务部门书面确认，已经执行的企业所得税优惠没有法律效力，公司应对“存在补缴所得税的可能”作特别风险提示，并对“承担补缴税款的相应责任”做出承诺。

若公司在报告期内存在缓缴所得税、拖欠缴纳所得税等问题，公司应依法补足应缴税款及相关滞纳金，并在招股书中充分披露；律师应对公司在报告期内存在前述税收问题的原因进行说明，并对公司是否依法补足应缴税款进行核查并发表明确意见；税收主管部门应对公司是否依法补足应缴税款进行书面确认。

三、公司依法纳税的情况

发行人律师需通过如下方式查验发行人依法纳税的情况：

1. 查阅发行人及其子公司近三年纳税申报资料，通过网络、政府公告、媒体报刊等公开渠道，查阅核实发行人受到的税务处罚的信息，查阅相关纳税资料、发行人最近三年的营业外支出明细，查阅发行人及其子公司关于三年内是否存在被税务部门处罚的说明，通过与发行人的高级管理人员、财务部门负责人及其子公司的财务负责人谈话，取得当地国税与地税主管机关就发行人及其子公司最近三年纳税情况出具的证明文件，必要时可以采取走访当地税务机关等方式核查发行人及其子公司最近三年是否依法纳税，是否存在欠税情况，是否存在被税务部门处罚且情节严重的情况。

2. 若存在税务相关行政处罚的，则须核查与验证以下事项或文件：

（1）查阅相关行政处罚文件（包括但不限于查阅政府主管部门的政府办公会议纪要、行政处罚决定书、行政处罚通知书、罚款缴纳通知书、没收违法所得通知书、责令改正或限期整改通知书、听证告知书等）实际执行情况（包括主管部门及发行人对行政处罚执行情况的书面说明、违法行为是否仍在持续、罚款缴纳通知单、实际缴纳罚款情况说明、发行人后续纠正、弥补或赔偿等情况）的说明，必要时走访相关政府主管部门及相关负责人员，尤其对发行人及发行人相关人员受到的行政处罚是否属于重大违法违规行为进行书面说明。

（2）查阅以上行政处罚过程中是否存在申辩、陈述、申请听证、行政复议、行政诉讼等情况，如存在，需查阅申辩、陈述、听证、复议、诉讼的相关文件，必要时走访相关人员，并制作访谈笔录。

（3）必要时走访税务主管部门，判断该等处罚是否对发行人本次发行上市产生实质性障碍。

需要注意的是，根据证监会的有关审核政策，关于税收违法问题，报告期内发行人因纳税问题受到处罚的，或存在欠缴较大金额的所得税、增值税或者补缴较大金额的滞纳金的，应由税务部门出具发行人上述违法行为是否构成重大违法行为的确认文件，并由保荐机构及律师发表意见。如涉及金额重大，则仍可能构成上市障碍。笔者认为，这里说的出具确认文件的税务部门应该是处罚机关或其上级机关。如实施处罚的是某级税务机关的稽查部门，出具确认文件的至少应是该稽查部门，为避免该稽查部门不具备独立法人资格导致出具的证明存在效力不确定性，由该级处罚机关出具确认文件更好。不管由哪一级机关出具确认文件，证监会要求保荐人和发行人律师不能仅凭税务部门的确认文件就认为没有问题，还需要充分核查发行人税收违法的具体情形并根据有关法律法规进行论证。

【案例：海普瑞——地方政府给予的与国家税收管理不一致的税收优惠】

《海普瑞首次公开发行股票招股意向书》中披露：

根据《广东省经济特区条例》第十四条的规定和《深圳市人民政府关于深圳经济特区企业税收政策若干问题的规定》（“深府〔1988〕232号”）第六条的规定，特区企业从事生产、经营所得和其他所得，均按15%的税率征收企业所得税。

根据深府〔1988〕232号文第八条的规定，对从事工业、农业、交通运输等生产性行业的特区企业，经营期在10年以上的，从开始获利的年度起，第一年和第二年免征所得税，第三年至第五年减半征收所得税。2001年3月，深圳市地方税务局第三检查分局根据上述规定，以《关于深圳市海普瑞生物技术有限公司申请减免企业所得税的复函》（深地税三发〔2001〕79号）同意公司从开始获利的年度起，第一年和第二年免征企业所得税，第三年至第五年减半征收企业所得税。2006年4月，深圳市地方税务局第三稽查局以《关于确认深圳市海普瑞药业有限公司获利年度的函》（深地税三函〔2006〕225号）确认公司第一个获利年度为2000年，同意公司自获利年度2000年起，享受“两免三减半”的企业所得税税收优惠政策。

公司于2001年12月31日被深圳市科学技术局认定为高新技术企业（证书编号：S2001095）。根据深府〔1988〕232号文第八条的规定，属于基础工业和经深圳市人民政府确认为先进技术企业的，第六年至第八年减半征收所得税。2006年4月，深圳市地方税务局第三稽查局以《关于深圳市海普瑞药业有限公司延长3年减半征收企业所得税问题的复函》（深地税三函〔2006〕206号），同意公司享受企业所得税“两免三减半”优惠政策期满后，从2005年度起，给予延长3年减半征收企业所得税的优惠。

根据上述文件，公司2000年、2001年免征企业所得税，2002年起至2007年减半按7.5%税率征收企业所得税。

公司享受的各项税收优惠和财政补贴的影响额占当期净利润的比例如下：

单位：元

期间	税收优惠	财政补助	合计	净利润	所占比例
2007 年	5515612.29	360897.50	5876509.79	68161034.49	8.62%
2008 年	–	358615.76	358615.76	161392965.88	0.22%
2009 年	–	2639726.57	2639726.57	809057038.61	0.33%
合计	5515612.29	3359239.83	8874852.12	1038611038.98	0.85%

公司 2000 年至 2007 年及子公司多普生生物技术 2003 年至 2006 年依据深府〔1988〕232 号文享受企业所得税优惠政策，但该优惠政策没有国家法律、行政法规或国务院的有关规定作为依据，公司存在因前述税收优惠被税务机关撤销而产生额外税项和费用的可能。公司控股股东乐仁科技和金田土科技已出具《承诺函》作出承诺：如今后公司或深圳市多普生生物技术有限公司因前述税收优惠被税务机关撤销而产生额外税项和费用时，将及时、无条件、全额返还公司或深圳市多普生生物技术有限公司补缴的税款以及因此所产生的所有相关费用。

根据《中华人民共和国城市维护建设税暂行条例》（国发〔1985〕19 号）①《征收教育费附加的暂行规定》（国发〔1986〕50 号）②《财政部、国家税务总局关于生产企业出口货物实行免抵退税办法后有关城市维护建设税、教育费附加政策的通知》（财税〔2005〕25 号）以及深圳市地方税务局的相关规定，公司以实际缴纳的增值税和营业税为计税依据，分别按照适用税率 1% 和 3% 来计算并缴纳城市维护建设税和教育费附加，报告期内，公司应交城市维护建设税和教育费附加金额共计 170.52 万元。以实际缴纳的增值税和营业税为计税依据，未包括增值税免抵税额，与财税〔2005〕25 号文的规定有差异，存在被税务主管部门追缴的风险，为此公司股东深圳市乐仁科技有限公司和深圳市金田土科技有限公司出具了《承诺函》作出承诺：如今后海普瑞因前述税务事宜被税务机关追缴而产生额外税项和费用时，乐仁科技和金田土科技将及

① 对应《中华人民共和国城市维护建设税暂行条例（2011 修订）》（中华人民共和国国务院令第 588 号）。

② 对应《征收教育费附加的暂行规定（2011 修订）》（中华人民共和国国务院令第 588 号）。

时、无条件、全额返还海普瑞补缴的税款以及因此所产生的所有相关费用。

发行人律师意见：

发行人律师认为，公司以实际缴纳的增值税和营业税税额为计税依据缴纳城市维护建设税和教育费附加的做法尽管不违反行政法规，但不符合国家税务总局规范性文件的规定，公司存在被追缴城市维护建设税和教育费附加的风险；鉴于上述处理方法系深圳市税务主管机关认可的通行做法，且公司的主要股东已就公司可能存在的风险向公司作出了相应的承诺，因此，上述情况不构成公司本次发行上市的实质性法律障碍。

保荐机构核查意见：

本次发行的保荐机构认为：以实际缴纳的增值税和营业税为计税依据，分别按照适用税率计算城市维护建设税和教育费附加，是深圳市税务局的税收执行惯例，适用于深圳市的所有企业，但是与《财政部国家税务总局关于生产企业出口货物实行免抵退税办法后有关城市维护建设税、教育费附加政策的通知》（财税〔2005〕25 号）存在差异，即计税依据不含增值税免抵税额，存在被税务主管部门按照财税〔2005〕25 号文的要求追缴的风险，为此公司股东深圳市乐仁科技有限公司和深圳市金田土科技有限公司出具了《承诺函》，作出了“如被追缴，全额返还”的承诺，因此，对本次发行不构成实质性障碍。

深圳市南山区国家税务局、深圳市南山区地方税务局于 2009 年 5 月 21 日和 2009 年 5 月 28 日分别出具了无税收违法证明。

第二节　公司的政府补贴和财政拨款

对于公司享受的政府补贴、财政拨款，其批准文件中应当明确该项政府补贴、财政拨款的资金渠道及其依据、补贴或拨款的权属、补贴或拨款的用途和今后的处置方法及会计处理。

公司报告期内以及新股发行上市后所享受的政府补贴、财政拨款等政策应有相应的法律依据，应履行相关的批准程序，确保所享受的政策合法有效。

发行人律师应查阅发行人出具的关于收到政府补贴的时间、名称、数额及依据的说明文件、发行人及其子公司三年一期的财务报告等文件资料，核查发行人及其子公司是否享受财政补贴，如发行人或其子公司享受财政补贴的，查阅发行人报告期内政府补贴和财政补助文件以及有关入账凭证，查阅享受财政补贴的相关法律依据、政府主管部门的批准文件，了解最近三年发行人及其子公司享受财政补贴的来源、归属、用途等情况，核查该等财政补贴政策是否符合收到补贴时法律法规及财政管理部门和税收管理部门的有关规定，必要时向有关政府部门进行函证或走访，并制作访谈笔录；核查享受该等财政补贴政策是否有条件限制，是否已经取得了必要的相关批准或资格；核查实际所享有的财政补贴与相关批文是否一致及其使用是否符合批准的方式和用途；核查发行人的经营成果对财政补贴是否存在严重依赖。

第十三章
环境保护和产品质量

第一节 环境保护的审核要求

一、基本审核要求

拟上市公司的环保问题是证监会关注的重点问题之一。《首发管理办法》第十八条规定："发行人不得有下列情形……（二）最近36个月内违反工商、税收、土地、环保、海关以及其他法律、行政法规，受到行政处罚，且情节严重……"《公开发行证券公司信息披露的编报规则第12号——公开发行证券的法律意见书和律师工作报告》第四十条要求发行人律师查验发行人是否有因环境保护、知识产权、产品质量、劳动安全、人身权等原因产生的侵权之债，如有，应说明对本次发行上市的影响。第四十六条要求发行人律师查验"（一）发行人的生产经营活动和拟投资项目是否符合有关环境保护的要求，有权部门是否出具意见。（二）近三年是否因违反环境保护方面的法律、法规和规范性文件而被处罚……"

《公开发行证券的公司信息披露内容与格式准则第1号——招股说明书（2015年修订）》第四十四条规定，"发行人应根据重要性原则披露主营业务的具体情况，包括：……（七）存在高危险、重污染情况的，应披露安全生产①及污染治理情况、因安全生产及环境保护原因受到处罚的情况、近三年相关费用成本支出及未来支出情况，说明是否符合国家关于安全生产和环境保护的要求。”

证监会在历次保荐代表人培训会上也多次强调了环保问题的重要性。概括起来并结合《首发业务若干问题解答》，证监会在环保问题的关注点及有关审核政策要点如下：

（一）发行人若不是重污染企业要提供无违规证明，重污染企业要进行环保核查。

（二）环保部门的意见不能代替中介机构的尽职调查。保荐人和发行人律师应对发行人的环保情况进行核查，包括：是否符合国家和地方环保要求，已建项目和已经开工的在建项目是否履行环评手续，公司排污达标检测情况和环保部门现场检查情况，公司是否发生环保事故或重大群体性的环保事件，有关公司环保的媒体报道等。调查不能仅仅以政府文件为依据，如有必要可以请专业环保机构协助。

（三）关注环保部门的整改要求及落实情况。环保部门出具的文件中若有不明确事项（如“基本符合”等），或强调说明段的，则要求发行人和保荐人详细说明，并在招股书中披露。

（四）发行人即使不在重污染的目录里，但是过往有案例认为该行业是重污染企业的，则也倾向于认定为重污染企业。发行人如涉及跨省经营的，一个地方认定发行人是重污染企业而另一个地方认定不是的，则会从严把握。

（五）中介机构除了关注发行人是否通过环保核查外，还要关注核查发现问题的落实情况。

（六）信息披露方面，发行人应当在招股说明书中充分做好相关信息披露，包括：生产经营中涉及环境污染的具体环节、主要污染物名称及排放量、主要

---

① 《安全生产许可证条例（2014 修订）》第二条规定，国家对矿山企业、建筑施工企业和危险化学品、烟花爆竹、民用爆破器材生产企业（以下统称企业）实行安全生产许可制度。企业未取得安全生产许可证的，不得从事生产活动。

处理设施及处理能力；报告期内，发行人环保投资和相关费用成本支出情况，环保设施实际运行情况，报告期内环保投入、环保相关成本费用是否与处理公司生产经营所产生的污染相匹配；募投项目所采取的环保措施及相应的资金来源和金额等；公司生产经营与募集资金投资项目是否符合国家和地方环保要求，发行人若发生环保事故或受到行政处罚的，应披露原因、经过等具体情况，发行人是否构成重大违法行为，整改措施及整改后是否符合环保法律法规的有关规定。

在对发行人全面系统核查基础上，保荐机构和发行人律师应对发行人生产经营总体是否符合国家和地方环保法规和要求发表明确意见。

二、《环境保护法》2015年修订后的变化

另外，需要提及的是，新修订的《中华人民共和国环境保护法》于2015年1月1日起正式施行。新环保法进行了大量修订，严格了企业防治环境污染的责任，扩大了环保主管机构的权力范围并加大了对企业环保违法的惩治力度。修改后的法律共七章七十条，与现行法的六章四十七条相比，有了较大变化。有环保法专家指出，《环境保护法》修订历时三年多，4月24日终于得以通过，《环境保护法》自1989年颁布实施，到二十五年后的首次修订，从最初的一小步走到如今的大步跑，立法试水与改革的力度越来越大，体现了民主立法、科学立法、开门立法在环境保护领域的有效实践。此次《环境保护法》的通过稿具有理念先进、科学民主、手段硬实、模式创新、责任严厉等特点。在某种程度上说，此次修订的《环境保护法》是新中国历史上最严厉的部门基础法之一。①

此次《环境保护法》修订，授予了环境保护和其他负有环境保护监督管理职责的部门对违法排污设备的查封、扣押权，这对及时解决环境污染和生态破坏的违法问题意义重大。另外，为了保证监管的实效性，在此次《环境保护法》修订中提出了一些协同监管的具体措施，例如，对于环境污染企业，供水

---

① 常纪文：《〈解读环境保护法〉修订的亮点、难点和遗憾》，载《中国环境报》2014年4月29日。

部门可停止供水，土地管理部门可禁止向其提供土地，银行则不得给予其授信，进出口管理部门不得给予其出口配额，证券监管部门可限制其上市或已经上市的不得继续融资等。这一系列的措施将不仅有利于促进企业实行绿色生产、清洁生产，也有利于地区经济结构大调整，更有利于我国生态文明建设。

此次修订的《环境保护法》中专门设立了“信息公开和公众参与”一章，体现了环境保护的民主性。基于公众参与必须坚持科学参与的要求，此次《环境保护法》的通过稿还专门规定了信息公开的要求、程序及条件，并对公众参与环境保护的渠道、方式和程序做了原则性规定。

此次《环境保护法》的修订，在以下几个方面加强了法律责任的严厉性，让《环境保护法》长出了能够制裁违法行为的“爪”与“牙”：其一，对四种情况规定了行政拘留措施。例如，未进行环境影响评价就擅自开工建设的污染项目，对其负责人予以行政拘留；对于偷排、暗排的企业，对其负责人及相关责任人予以行政拘留；对于隐报、瞒报或篡改排污数据的企业责任人予以行政拘留；对于造成重大环境污染事故尚不构成犯罪的相关人员亦可予以行政拘留。行政拘留措施的采用具有极大的威慑力，将对推卸责任的企业起到有效的威慑作用。其二，针对发生重大环境违法事件的地方政府分管领导及环境监管机关的主要负责人，设立了引咎辞职制度。即对于那些因监管缺位、越位、不到位，以及其他一些环境行政违法行为而造成重大影响，或者发生重大环境污染事故的地方政府或环境监管机关的相关领导，责令其引咎辞职，从而通过与其政治前途挂钩的做法促使其忠实地履行法律规定的职责。其三，对企业规定了按日计罚的措施，即对于那些责令其限期整改却屡教不改的企业，从责令之日起按日计算罚款，并且鼓励各地方按照地方实际设定罚款的数额，可见罚款上不封顶。这种严厉的制裁措施有利于遏制那些存在侥幸心理的企业，并解决违法成本低而守法成本高的问题，做到原则性与灵活性的有效结合。[①]

在新环保法发布之后，又有多部配套规定陆续出台，如《建设项目主要污染物排放总量指标审核及管理暂行办法》《关于加强环境监管执法的通知》

---

① 常纪文：《〈解读环境保护法〉修订的亮点、难点和遗憾》，载《中国环境报》2014 年 4 月 29 日。

《环境保护主管部门实施查封、扣押办法》《突发环境事件调查处理办法》《环境保护主管部门实施按日连续处罚办法》《环境保护主管部门实施限制生产、停产整治办法》等，对于新环保法规定的相关具体制度和处罚措施进行了细化和落实。2014 年 12 月 29 日，国务院办公厅印发《精简审批事项规范中介服务实行企业投资项目网上并联核准制度工作方案的通知》，拟将除规划选址、用地预审（用海预审）以及重特大项目外的环评前置审批制度改为并联办理制度，相对弱化了环保主管部门的前置审批的权力。

综合近期相关法律法规的变动趋势，环境保护主管部门对于企业环保义务和责任的管理工作重点不断向事后监督和处罚转移。毋庸讳言的是，环保主管部门正在实施的是名退实进的监管策略，简化前期的审批程序，降低由于环保主管部门自身人力物力有限导致的核查不足的风险，对监管职能的履行向事中和事后监管转移，同时行政处罚的措施不断增多、处罚力度也在不断加大，使得企业违反环保义务和责任的成本将数倍放大，这将导致企业不得不调整之前对于环保义务的认知，必须不断地提升环保意识，依法履行环保义务①。

第二节　过往环保核查的内容和程序

一、核查内容

根据 2003 年 6 月 17 日国家环保总局《关于对申请上市的企业和申请再融资的上市企业进行环境保护核查的通知》（环发〔2003〕101 号）的规定，重污染行业暂定为：冶金、化工、石化、煤炭、火电、建材、造纸、酿造、制药、发酵、纺织、制革和采矿业。属于上述重污染行业的企业申请上市，或申请再融资的上市企业，再融资募集资金投资于重污染行业的，都必须先通过环保核查。核查内容和要求如下：

（一）申请上市的企业

1. 排放的主要污染物达到国家或地方规定的排放标准；

---

① 弘仁投资微信公众号：《2015 新环保法下 IPO 环保部分核查方式方法》。

2. 依法领取排污许可证，并达到排污许可证的要求；

3. 企业单位主要产品、主要污染物排放量达到国内同行业先进水平；

4. 工业固体废物和危险废物安全处置率均达到 100%；

5. 新、改、扩建项目“环境影响评价”和“三同时”制度执行率达到 100%，并经环保部门验收合格；

6. 环保设施稳定运转率达到 95% 以上；

7. 按规定缴纳排污费；

8. 产品及其生产过程中不含有或使用国家法律、法规、标准中禁用的物质以及我国签署的国际公约中禁用的物质。

（二）申请再融资的上市企业

除符合上述对申请上市企业的要求外，还应核查以下内容：

1. 募集资金投向不造成现实的和潜在的环境影响；

2. 募集资金投向有利于改善环境质量；

3. 募集资金投向不属于国家明令淘汰落后生产能力、工艺和产品，有利于促进产业结构调整。

二、核查程序

根据《关于对申请上市的企业和申请再融资的上市企业进行环境保护核查的通知》（环发〔2003〕101 号），核查程序为：

（一）申请上市的企业和申请再融资的上市企业应向登记所在地省级环保行政主管部门提出核查申请，并申报以下基本材料：

1. 企业（含本企业紧密型成员单位）基本情况；

2. 报中国证券监督管理委员会待批准的上市方案或再融资方案；

3. 证明符合本规定第三条的相关文件；

4. 企业登记所在地省级环保行政主管部门要求的其他有关材料。

（二）省级环境保护行政主管部门自受理企业核查申请之日起，于 30 个工作日内组织有关专家或委托有关机构对申请上市的企业和申请再融资的上市企业所提供的材料进行审查和现场核查，将核查结果在有关新闻媒体上公示 10 天，结合公示情况提出核查意见及建议，以局函的形式报送中国证券监督管理委员会，并抄报国家环保总局①。

火力发电企业申请上市和申请再融资应由省级环保部门提出初步核查意见上报国家环保总局。国家环保总局组织核定后，将核定结果在总局政府网站上公示10天，结合公示情况提出核查意见及建议，以局函的形式报送中国证券监督管理委员会。

对于跨省从事重污染行业生产经营活动的申请上市企业和申请再融资的上市企业，其登记所在地省级环境保护行政主管部门应与有关省级环境保护行政主管部门进行协调，将核查意见及建议报国家环保总局，由国家环保总局报送中国证券监督管理委员会。

为进一步细化环保核查重污染行业分类，2008年6月24日，环保部发布了《环境保护部办公厅关于印发〈上市公司环保核查行业分类管理名录〉的通知》（环办函〔2008〕373号，已于2016年7月13日被《环境保护部关于废止部分环保部门规章和规范性文件的决定》废止），该管理名录中未包含的类型暂不列入核查范围。根据该管理名录，重污染行业共十四类，包括：火电、钢铁、水泥、电解铝、煤炭、冶金、建材、采矿、化工、石化、制药、轻工、纺织、制革行业。

2014年10月，环保部发布了《关于改革调整上市环保核查工作制度的通知》（149号文，已于2016年7月13日被《环境保护部关于废止部分环保部门规章和规范性文件的决定》废止），指出“根据减少行政干预、市场主体负责原则，各级环保部门不应再对各类企业开展任何形式的环保核查，不得再为各类企业出具环保守法证明等任何形式的类似文件”。并且指出“自本通知发布之日起，我部停止受理及开展上市环保核查，我部已印发的关于上市环保核查的相关文件予以废止，其他文件中关于上市环保核查的要求不再执行”。并进一步指出“保荐机构和投资人可以依据政府、企业公开的环境信息以及第三方评估等信息，对上市企业环境表现进行评估”。

---

① 2008年7月国家环境保护总局升格为环境保护部，成为国务院组成部门。2018年3月13日，根据第十三届全国人民代表大会第一次会议批准的国务院机构改革方案设立中华人民共和国生态环境部。

2015 年 2 月 10 日，对北京市环境保护局《关于申请对环保核查工作制度有关问题予以解释的函》（京环函〔2014〕729 号），环保部办公厅以《环境保护部办公厅关于对环保核查工作制度有关问题解释的复函》（环办函〔2015〕207 号）进行了函复，对环保核查事项作出了一些补充说明。根据该复函，地方政府对开展重点行业环保核查另有规定的，地方环保部门可根据地方政府的要求开展核查，但须严格遵循“自愿、透明、公平、公开”的原则，并不得收取任何费用。复函同时要求，地方各级环保部门要按照环保部关于污染源环境监管和企业事业单位环境信息公开要求，及时、完整、真实、准确地公开企业环境违法行为行政处罚、排污许可证发放、监督性监测、突发环境事件等环境信息，以便于相关政府部门以及社会机构查询。地方各级环保部门应加快推进建立企业事业单位环境行为信用评价制度，协助相关部门做好企业征信系统建设工作。

【参考案例：博敏电子——发行人的生产安全和环境保护情况】

《博敏电子补充法律意见书五》第 11－4－23 页披露如下：

七、《反馈意见》19：关于安全生产、环保。请补充披露：（1）公司是否存在安全隐患或发生重大安全生产事故，是否会影响发行人的生产经营，是否发生重大安全生产事故；（2）发行人的安全生产制度是否完善，安全设施运行情况。请保荐机构、发行人律师结合公司报告期内所发生的安全事故，补充说明该等事故是否属于重大安全生产事故、所受处罚是否构成重大违法行为，公司的内控制度是否完善。请补充披露公司生产经营中主要排放污染物及排放量、环保设施其处理能力及实际运行情况、报告期各年环保投入和相关费用支出情况、募投项目所采取的环保措施及相应的资金来源和金额、环保投入与排污量的匹配情况等，并请保荐机构、发行人律师结合以上情况对公司的生产经营和拟投资项目是否符合国家环境保护的有关规定、在建和拟建项目是否已通过环境影响评价发表核查意见；曾发生环保事故或因环保问题受到处罚的，除详细披露相关情况外，请保荐机构、发行人律师对处罚事项是否构成重大违法行为出具意见。

答复：

（一）发行人的生产安全情况

1. 发行人的安全隐患及重大生产安全事故经信达律师查看发行人及其子公

司生产车间，并根据发行人提供的生产安全制度文件及其声明与承诺，发行人各项安全生产制度已建立到位，不存在安全隐患。根据广东梅州、深圳、江苏大丰安全生产监督管理部门出具的证明，报告期内发行人及其子公司未发生重大安全生产事故。

2. 发行人的生产安全制度

经信达律师核查发行人的安全生产资料，发行人及其子公司已建立了《安全生产管理制度》《施工安全管理制度》《安全生产检查制度》《伤亡事故管理制度》《职业安全健康教育制度》《建设项目安全管理制度》《特种设备安全管理制度》《危险作业审批制度》《电气临时线审批制度》《危险化学品管理制度》《安全防护设备设施管理制度》等40余项生产安全制度，并根据要求建立了消防、环保、防盗、防爆等安全设施，并为员工配置了安全防护用具，且于2014年10月31日获得广东省安全生产协会认证的安全生产标准化二级企业（机械）证书，有效期至2017年11月。

经信达律师核查，发行人已建立《剧毒品安全操作作业指导书》等内部管控制度，并已按照剧毒化学品的相关管理规定，在梅州市安全监督管理局进行备案，对剧毒化学品从业人数、核定库存量、年消耗量等信息进行登记。此外，发行人经营所在地公安部门分月度或季度对发行人剧毒化学品的使用操作情况进行不定期现场检查，并出具检验报告。公司在产品的生产过程中需要使用到氰化金钾，该材料属于高价值的剧毒化学品。公司建立了严格的管控体制，对氰化金钾的来料入库、领用、保存等建立完善的作业指导书，操作时严格执行双人收发、双人记账、双人双锁、双人运输和双人使用的“五双原则”；建立了严格的进出库记账登记制度，出入库后，仓库人员、行政保安人员、生产部人员及工艺部人员每天检查并作详细记录。

经信达律师进一步走访、查看发行人安全生产设施、访谈安全设施负责人员，并根据发行人的声明与承诺，发行人及其子公司各项安全生产设施运行良好，不存在安全隐患。

3. 发行人报告期内的安全事故及内控制度

（1）发行人报告期内的安全事故

2012年9月7日，发行人当天电镀车间设备发生故障，设备部带班人李晓琳经巡检设备发现该故障并安排维修工进行修理，但在此期间公司员工吴小贤未按照公司安全生产管理要求，并经设备部带班人员李晓琳劝阻未果，擅自对故障设备进行维修，在维修过程中受到电击，经抢救无效死亡。根据发行人的承诺与声明，并经信达律师查询当地安全生产监督管理部门网站，除上述安全事故外，报告期内，发行人及其子公司未发生其他安全生产事故。

根据梅州高新技术产业园区管委会调查报告的处理及意见，以及梅州市人民政府办公室出具梅市府办函〔2012〕404 号《梅州市人民政府办公室关于对梅州高新区“9·7”安全生产事故调查报告批复的函》，主管部门建议发行人按公司有关规定对相关责任人员进行处理，并规范和完善生产安全责任制、管理机构和各项生产安全制度，以及开展生产安全培训和检查。

经信达律师核查发行人各项生产安全制度、安全生产检查、培训记录，访谈发行人高级管理人员、生产安全负责人员，并经发行人声明与承诺，上述生产安全事故后，发行人采取了如下整改和防范措施：A. 根据公司规定对负有管理责任的相关管理人员进行处罚；B. 落实全员安全生产责任制；C. 完善安全管理机构；D. 完善并严格执行安全生产管理制度，特别是严格执行《机电设备工作制度》《安全生产奖惩制度》，加强对危险作业的管理；E. 组织开展全员安全生产学习培训，利用这次事故案例，通过学习，提高全员安全意识，杜绝违章作业行为；F. 要制定公司的应急预案，并组织学习和开展演练；G. 开展全面安全生产大检查。

同时，梅州市安全生产监督管理局分别于 2012 年 11 月 23 日、2013 年 1 月 15 日、2013 年 7 月 1 日、2014 年 1 月 6 日、2014 年 7 月 1 日和 2015 年 1 月 7 日出具《证明》，发行人自 2009 年 1 月 1 日至 2014 年 12 月 31 日期间未发生重大生产安全事故，未受到安全生产行政处罚。

经信达律师核查发行人上述生产安全事故情况及《中华人民共和国安全生产法》的相关规定，并根据梅州市安全生产监督管理局出具的证明，信达律师认为，发行人上述生产安全事故不属于重大安全事故，报告期内发行人未受到安全生产行政处罚。

(2) 发行人报告期内的内控制度

经信达律师核查，发行人已建立了《安全生产管理制度》《施工安全管理制度》《安全生产检查制度》《伤亡事故管理制度》《职业安全健康教育制度》《建设项目安全管理制度》《特种设备安全管理制度》《危险作业审批制度》《电气临时线审批制度》《危险化学品管理制度》《安全防护设备设施管理制度》等40余项生产安全制度，发行人亦建立《剧毒品安全操作作业指导书》等内部管控制度；并设置了专职安全生产管理人员岗位，上述人员按规定履行其安全生产管理职责；发行人已对其员工进行培训，其员工具备必要安全生产知识，熟悉有关安全生产规章制度和安全操作规程，掌握相应岗位的安全操作技能；发行人特种作业人员已按照国家有关规定经专门安全作业培训，取得了特种作业操作资格证书；发行人及其子公司新建、改建、扩建工程项目的安全设施，已与主体工程同时设计、同时施工、同时投入生产和使用，安全设施投资亦纳入建设项目概算。

信达律师认为，发行人的安全生产内控制度完善。

（二）发行人的环境保护情况

1. 发行人的环境保护核查过程就发行人的环境保护情况，信达律师进行了以下核查：

（1）查阅了环保部门的相关规定，查看发行人的排污许可证、募投项目环境影响的审批意见。

（2）查阅并获取了广东环境保护厅就发行人生产经营和募集资金投资项目出具的符合环境保护要求的证明文件；发行人所属环保部门就发行人环保守法方面出具的证明文件。

（3）就发行人主要污染物废水、废气、危险废物处理、排放进行核查；获取查阅了发行人主要废水、废气排放检测报告；获取查看发行人危险废物处置合同，检查发行人危险废物处置合同签约单位资质，查阅公司危险废物转移联单记录。

（4）现场查看核对公司环保设备运行情况，对废水、废气实际处理量与公司环保设备处理能力进行对比分析；并对发行人高管人员和环保负责人进行了访谈。

（5）对发行人及子公司所在地环保部门网站信息进行了查询。

2. 发行人的环境保护核查情况

经信达律师核查，报告期内，发行人及子公司配备的全部环保设施运行正常，“三废”处理能力与生产能力相匹配，污染物达标排放，能够有效满足公司生产经营的需要，达到保护环境的目的；没有污染事故发生，亦未受到当地环保部门的行政处罚。

经信达律师进一步核查：（1）梅州市环境保护局出具证明，认为发行人能遵守国家和地方相关环保法律、法规和政策，通过了建设项目环评审批和环境保护竣工验收，申领了排污许可证；2012 年 1 月 1 日至 2014 年 12 月 31 日期间博敏电子未发生过环境污染事故，未受到环保部门的行政处罚；（2）发行人募投项目的环境影响报告已经得到江苏省大丰市环境保护局批复同意，该项目符合国家有关环保政策的要求；（3）广东省环境保护厅于 2012 年 12 月 7 日出具了粤环函〔2012〕1206 号《关于博敏电子股份有限公司上市环境保护核查情况的函》，同意公司通过上市环保核查；（4）广东省环保厅于 2014 年 3 月 13 日出具了粤环函〔2014〕280 号《关于博敏电子股份有限公司上市环境保护补充核查情况的函》，同意公司通过上市环保补充核查。

3. 发行人的环境保护核查结论

经信达律师核查，信达律师认为，发行人及子公司生产经营和拟投资项目符合国家环境保护的有关规定，募投项目已通过环境影响评价；报告期内未发生环保事故，且未因环保问题受到处罚。

第三节　环境保护的查验要点和注意事项

一、取消环保核查后中介机构的查验责任

环保部取消环保核查后，中国证监会在 2014 年 11 月 6 日新闻发布会中指出：“环保合法合规性一直是证监会发行审核的要点之一，要求发行人如实披露与环保相关的信息，要求中介机构对发行人环保合规情况进行尽职调查等。环保部发布的《关于改革调整上市环保核查工作制度的通知（2014）》，明确将停止受理及开展上市环保核查工作。今后，我会将进一步强化关于环保的信息披露要求及中介机构核查责任。此外，发行申请文件不再要求提供环保部门出

具的环保核查文件及证明文件。”

综合前述，我们可以很明确地看到监管部门释放的以下两个信号：

1.《关于改革调整上市环保核查工作制度的通知》对于环保主体的环保责任并没有减轻，只是更加常态化，把过去由政府核查出具证明文件对企业进行“背书”的机制，变为企业自行信息披露、由公众监督、由政府检查抽查的机制，将更重的主体行政责任放给了环保责任主体即企业自身，而政府更加偏向于事后监督和处罚。

2. 中国证监会对于环保核查的要求没有免除或减少，只是不再要求发行人及中介机构提供环保部门的证明文件。环保部门取消环保核查后，由于不再有政府部门的权威认定作为“兜底”，实际上中介机构的核查责任加重了，风险更大了。有人认为核查的责任由原来的环保部门转移至中介机构了，其实证监会要求中介机构承担的核查责任从来也没有免除，不存在转移的问题。

实务操作时，没有政府部门环保核查后，中介机构由于缺乏相应专业知识和权威性，需面对如何进行更有效的环保核查的新问题。作为中介机构，执业要求对于企业环保义务的履行情况进行兜底性核查并发表结论性意见；但是专业所限导致其几乎不可能就涉及众多专业数据和知识的环保履行情况进行全面的、无遗漏的核查，这种悖论导致中介机构在目前没有环保主管部门作为依靠的情况下，需要正视环保核查的难度，在尽职履行调查义务的同时，就发表意见的尺度进行谨慎考虑，以免导致不必要的风险。

综合前述相关法规及对发行主体、中介机构信息披露的要求，作为律师或保荐机构，需要就企业环保合规情况进行如下两方面核查并发表意见：一、日常生产经营活动是否符合环保要求，以及是否受到严重处罚；二、投资项目是否符合相关环保政策法规，包括但不限于募集资金投资项目。①

对于日常经营的合规性核查，鉴于环保检测的即时性和不可回溯性，因此对于企业日常环保行为及污染物排放的合法合规性，作为中介机构，包括原来出具环保核查意见的环保主管部门，实际能够发表意见的范围也只是针对核查

① 《2015 新环保法下 IPO 环保部分核查方式方法》，载弘仁投资微信公众号，作者不详。

时点当时的数据和内容，并不能完全覆盖所有报告期。①

对于行政处罚，除了对企业提供的罚没支出相关凭证及内容进行复核之外，政府部门的处罚文件是唯一可参考和复核的依据。在目前及可预见的日后政府部门将不提供任何访谈和经营合规证明的情况下，作为中介机构实际上无法穷尽掌握所有的处罚事项，只能通过外围核查手段进行反向验证。②

二、查验要点和注意事项

由于环保核查的不可穷尽性，在环保问题的查验中，要注意以下几个问题：

1. 根据发行人所处行业，查询有关同行业案例，判断其是否属于重污染行业以及可能存在的污染问题；

2. 查验发行人及其关联企业的工商档案及其他有关资料底稿，收集并查验环保主管部门曾出具的环评意见等文件，了解其历史上尤其是报告期之内是否存在环保方面的问题如整改事项，如有，需关注核查发现问题的落实和整改情况；环保部门出具的文件中若有不明确事项（如“基本符合”等），或强调说明段的，则要求发行人详细说明并予以核查；

3. 实地查验发行人生产经营和募集资金项目排污情况、环保设备及污染治理情况，项目立项前要做环评，做了环评以后报批至有审批权限的环保部门，经审批后会得到环评批复文件。项目竣工后要由原审批环评文件的环保部门组织对项目进行环评文件中各项环保措施落实情况的验收，通过验收后会得到项目验收决定（即三同时验收意见）。查阅发行人及其子公司生产经营活动所涉及全部建设项目所提交的环境影响评价文件及环保三同时批准文件、环评验收文件；对于未完工、尚未取得相关主管部门的验收文件的项目，须进一步核查环评批复文件中的环保要求的执行情况，若不符合相关要求，提醒企业进行整改；

4. 查阅发行人及其子公司日常经营所需的防止环境污染许可证、保障自然资源合理开发和利用许可证等，包括但不限于排污许可证、危险废物收集、储

---

① 同上。

② 《2015新环保法下IPO环保部分核查方式方法》，载弘仁投资微信公众号，作者不详。

存、处置许可证、采矿许可证、水资源开采许可证等证书。发行人通过第三方处置污染物的，查验第三方的相应资质及证书；

5. 查阅发行人及其子公司就改善环境、减少排污等的资金设备投入的支出凭证，查阅发行人制定的环境保护相关制度、人员及支出凭证；查阅企业组织架构及内控制度文件，建议配备人力物力进行环境保护申报、检查及设施维护等，协助企业建立健全环保内控制度，尤其是新环保法要求的应急预案制度、信息披露制度及责任制度，并有效落实环保内控措施；

6. 查阅排污设施验收资料、发行人及其子公司与外包排污部门签署的书面委托协议，相关协议执行情况的书面说明；

7. 询问发行人，对其实际控制人及其高级管理人员进行访谈，了解其历史上尤其是报告期之内是否存在受到环保部门处罚的事项，并要求其出具有关说明和承诺；在环保部门官网及其他网络上查询发行人是否曾受到过有关处罚，查验发行人有关财务凭证；如存在行政处罚，查阅相关行政处罚文件（包括但不限于行政处罚决定书、行政处罚通知书、罚款缴纳通知书、没收违法所得通知书、责令改正或限期整改通知书、听证告知书等）以及实际执行情况（包括主管部门及发行人对行政处罚执行情况的书面说明、违法行为是否仍在持续、罚款缴纳通知单、实际缴纳罚款情况说明、发行人后续纠正、弥补或赔偿等情况）的说明；核查以上行政处罚过程中是否存在申辩、陈述、申请听证、行政复议、行政诉讼等情况，如存在，需查阅申辩、陈述、听证、复议、诉讼的相关文件，必要时走访相关人员，并制作访谈笔录；

8. 如有条件，对发行人周边居民进行访谈，了解其是否存在环保问题；

9. 请发行人协助，对当地主管环保部门进行访谈，了解其历史上尤其是报告期之内是否存在环保方面的问题及整改情况，尤其需要了解发行人及发行人相关人员受到的行政处罚是否属于重大违法违规行为；

10. 通过网络查询、访谈等方式关注发行人环保方面的媒体报道，如有相关报道，要及时了解实际情况并核查；鉴于目前大多数地方环保部门已经不接受访谈并拒绝提供合规证明文件，那么对于是否存在处罚的情形，除了核对公司提供的数据外，目前也只能根据各地环保部门在地方政府网站上披露的处罚文件及通报信息进行查询、比较，或至相关搜索引擎或信息披露网站查询相关信息；

11. 实地走访发行人及其子公司的环保设施建设或配备情况、污染物实际排放情况，调查发行人环保设施是否正常运行及设施的配备与污染处理能力是否匹配等情况，如核查报告期内的环保设施的运行、维修记录以及工人换班或工时记录，查验环保设施的用电量，企业污水处理所用原材料的购置成本及费用支出等资料，进行合理推测和配比比较，通过各种辅助手段判断环保设施是否真实运转，如有必要可以请专业环保机构协助；

对于涉及工业固体废物处置和危险废物的，需核查工业固体废物和危险废物是否按照相关法规要求进行登记申报，是否进行无害化处理；对于产生固体废物尤其是危险废物但不具备自行处置能力的企业，须核查接受废物的企业的相关资质文件，并收集废物处置的相关合同等，确定企业已经履行废物处置的相关义务；

12. 按证监会要求做好信息披露，在保证尽职尽责的前提下，谨慎把握发表意见的尺度，发表的每项意见力求有依有据。

【参考案例：清源科技——外协厂商环保方面是否合法合规】

《清源股份招股意向书附录二》第5－1－5－53页《清源股份补充法律意见书四》披露如下：

十二、《反馈意见》问题“一、重点问题7/（2）”：

请保荐机构及发行人律师核查并补充披露：外协厂商是否具有相应生产资质，委外生产的程序是否合法合规；委外生产的工序多涉及重污染，相应的环保方面是否合法合规。

1. 公司成立初期采取“研发＋设计＋销售”运营模式，通过委外方式充分利用外部资源

公司成立初期，发行人主要采取“研发＋设计＋销售”的营运模式，公司产品主要销往澳洲，在澳洲市场拥有丰富的销售渠道，产品生产在国内。为满足客户需求，公司通过委外加工有效地利用了外部资源，使公司在资源有限的情况下实现了经营业绩的快速增长。

2. 2011年至2014年，外协厂商生产资质、生产程序、环保合规具体情况

根据上述外协厂商提供的生产经营资质、工商登记档案、确认函及发行人

提供的相关协议，上述外协厂商主要为发行人提供铝制品冲孔、五金辊压、冲压加工及热镀锌加工等外协加工服务。

公司委外加工均通过了公司内部审批流程，与外协厂商均签订了相关的委外加工合同，履行了委外加工的手续。

根据国家环保总局《关于对申请上市的企业和申请再融资的上市企业进行环境保护核查的通知》（环法〔2003〕101号）、《关于进一步规范重污染行业生产经营公司申请上市或再融资环境保护核查工作的通知》（环发〔2007〕105号）及环境保护部办公厅《上市公司环保核查行业分类管理名录》（环办函〔2008〕373号）等相关法律法规的规定，前述外协加工服务中除热镀锌加工系属于环保总局规定之涉及重污染的行业之外，其余铝制品冲孔、五金辊压、冲压加工等外协加工服务均不属于重污染行业。

根据上述外协厂商生产经营资质、工商登记资料、出具的确认函及与发行人签署的业务合同并经本所律师于国家环保部及有关地方环保部门网站检索，上述外协厂商与为发行人提供外协服务相关的资质及环保合规情况如下：

序号	外协厂商名称	外协加工服务内容	外协厂商提供的生产资质	委外生产是否合法合规	是否涉及重污染	相应环保方面是否合法合规
1	厦门咏新五金制品有限公司	铝制品冲孔、攻牙加工	营业执照	是	否	是
2	厦门辉源达机电有限公司	铝制品冲孔、攻牙加工	营业执照	是	否	是
3	厦门威格仕工贸有限公司	铝制品冲孔、攻牙加工	营业执照	是	否	是
4	厦门宏兴隆工贸有限公司	五金辊压加工	营业执照	是	否	是
5	厦门昊恒工贸有限公司	五金辊压加工	营业执照	是	否	是
6	中信博新能源科技（苏州）有限公司	五金辊压及冲压加工	营业执照	是	否	是
7	无锡市金山北金属制品厂	五金辊压及冲压加工	营业执照	是	否	是

续表

序号	外协厂商名称	外协加工服务内容	外协厂商提供的生产资质	委外生产是否合法合规	是否涉及重污染	相应环保方面是否合法合规
8	天津中信德金属结构有限公司	五金辊压及冲压加工	营业执照	是	否	是
9	天津市乾昇金属制品有限公司	五金辊压及冲压加工	营业执照	是	否	是
10	厦门兴向阳工贸有限公司	金属表面处理（铝氧化）	营业执照	是	是	是
11	厦门新阳奔马科技有限公司	PCB 贴片加工	营业执照	是	否	是
12	天津市海格瑞热镀锌科技有限公司	热镀锌加工	营业执照 排污许可证	是	是	是
13	天津市亿华工贸有限公司	热镀锌加工	营业执照	是	是	是
14	唐山百城铁塔制造有限公司	热镀锌加工	营业执照 排污许可证	是	是	是
15	雄县万腾热浸锌有限公司	热镀锌加工	营业执照 排污许可证	是	是	是

1. 厦门咏新五金制品有限公司（以下简称“厦门咏新”）

厦门咏新现持有厦门市同安区工商局 2014 年 12 月 11 日核发的《营业执照》（注册号 350212200025509），根据上述《营业执照》记载，厦门咏新的经营范围为“金属制品修理；其他未列明制造业（不含须经许可审批的项目）；其他橡胶制品制造；其他塑料制品制造；其他电子设备制造；五金产品批发；其他机械设备及电子产品批发；其他未列明批发业（不含需经许可审批的经营项目）；五金零售；其他电子产品零售；其他未列明零售业（不含需经许可审批的项目）”。

根据发行人提供的相关协议及厦门咏新出具的《确认函》，厦门咏新主要为发行人提供经冲孔、攻牙加工等的铝制品。前述产品的生产系符合厦门咏新目前所持之《营业执照》的证载经营范围，不存在超越经营范围实施相关产品生产之情形，在生产该等产品的过程中，厦门咏新无需取得除《营业执照》以外的特殊性生产资质证书或生产许可文件。且在生产该产品过程中，厦门咏新一直遵照相关法律法规及内部生产工艺流程组织并实施相关外协产品的生产，未曾就其生产相关外协产品之事宜受到相关主管政府部门的行政调查或行政处罚。

根据上述确认函，2011 年至 2014 年内，厦门咏新在生产前述外协加工产品的过程中一直遵照相关环保法律、法规及规范性文件之规定予以实施，其自身不涉及重污染工序；公司未曾就其生产前述外协加工产品的环保合规性问题受到相关主管环保部门的行政调查或行政处罚。且，经本所律师于国家环保部（http：//www. zhb. gov. cn/）和厦门市环保局网站（http：//www. xmepb. gov. cn/sj/Pages/index. aspx）的检索，亦不存在厦门咏新在 2011 年至 2014 年内被相关环保部门公示警告或处罚的情形。

2. 厦门辉源达机电有限公司（以下简称“厦门辉源达”）

（以下内容近似，略）

第四节　产品质量、技术标准的查验与披露

一、基本审核要求

《公开发行证券公司信息披露的编报规则第 12 号——公开发行证券的法律意见书和律师工作报告》第四十条要求发行人律师查验发行人是否有因环境保护、知识产权、产品质量、劳动安全、人身权等原因产生的侵权之债，如有，应说明对本次发行上市的影响。第四十六条要求发行人律师查验“……（三）发行人的产品是否符合有关产品质量和技术监督标准。近三年是否因违反有关产品质量和技术监督方面的法律法规而受到处罚”。

二、查验与披露要点

实务中，作为发行人律师，对产品质量、技术标准的查验与披露要点如下：

（一）查阅发行人及其子公司的产品或服务质量和技术监督相关操作规范、标准，访谈发行人及其子公司质量管理部门人员，通过互联网公开信息检索，必要时可以采取实地考察、向相关管理部门或行业协会咨询等方式，核查发行人及其子公司主要产品或服务所适用的国家、行业有关质量和技术监督标准，调查发行人质量管理的组织设置、质量控制制度及实施情况，是否出现过产品缺陷及处理情况，是否进行过产品召回，是否出现过因服务质量导致重大索赔事件、与客户发生重大纠纷或诉讼，如有，要查验处理情况。

（二）取得当地质量和技术监督部门出具的证明文件，查阅发行人及其子公司最近三年的营业外支出明细，通过访谈发行人及其子公司的高级管理人员、质量管理部门人员、互联网公开信息检索，必要时可以采取走访当地质量和技术监督部门等方式，核查发行人最近三年是否违反质量和技术监督相关法律法规，是否存在被质量和技术监督部门处罚且情节严重的情况。

（三）若发行人及其子公司近三年存在因违反产品质量和技术监督方面的法律、法规和规范性文件而被处罚的情形，则须核查与验证以下事项或文件：

1. 查阅相关行政处罚文件（查阅包括但不限于政府主管部门的政府办公会会议纪要、行政处罚决定书、行政处罚通知书、罚款缴纳通知书、没收违法所得通知书、责令改正或限期整改通知书、听证告知书等），查验相关处罚的实际执行情况（包括主管部门及发行人对行政处罚执行情况的书面说明、违法行为是否仍在持续、罚款缴纳通知单、实际缴纳罚款情况说明、发行人后续纠正、弥补或赔偿等情况），必要时走访相关政府主管部门及相关负责人员；

2. 核查以上行政处罚过程中是否存在申辩、陈述、申请听证、行政复议、行政诉讼等情况，如存在，需查阅申辩、陈述、听证、复议、诉讼的相关文件，必要时走访相关人员，并制作访谈笔录；

3. 必要时需发行人配合由主管部门出具受到的行政处罚不构成重大违法违规行为的书面说明，如实披露该等处罚的有关事实、过程、整改情况等，并论证该等处罚是否对发行人本次发行上市产生实质性障碍。

第十四章
诉讼、仲裁及行政处罚

第一节　重大诉讼与仲裁

一、基本审核要求

《首次公开发行股票并上市管理办法（2018年修正）》在“第二章　发行条件”中“第三节　财务与会计”的第二十八条规定，发行人不存在重大偿债风险，不存在影响持续经营的担保、诉讼以及仲裁等重大或有事项。《创业板上市管理办法》未有相应规定，按笔者的理解，创业板拟上市公司应参照《首次公开发行股票并上市管理办法（2018年修正）》执行。

证监会对发行人重大诉讼与仲裁状况的关注并将发行人不存在重大偿债风险，不存在影响持续经营的担保、诉讼以及仲裁等重大或有事项列入发行条件，主要是基于如果发行人存在重大诉讼与仲裁且结果不利于发行人，则可能导致发行人的持续经营存在不确定性，且如果发行人如因此支付巨额赔偿或支出，则有可能导致其财务指标不符合IPO标准，甚至无法继续经营。因此，证监会将发行人不存在重大偿债风险，不存在影响持续经营的担保、诉讼以及仲裁等重大或有事项列入发行条件，且放在了“第三节　财务与会计”。其实，如果最后的判决或是裁决认定发行人违法，则发行人同时也不符合《首发管理办法》第十八条的有关规定（具体内容在第二节详述）。

根据《首发业务若干问题解答》，对于控股股东、实际控制人持有的发行人股权出现质押、冻结或诉讼仲裁的，发行人应当按照招股说明书准则要求予以充分披露；保荐机构、发行人律师应当充分核查发生上述情形的原因，相关股权比例，质权人、申请人或其他利益相关方的基本情况，约定的质权实现情形，控股股东、实际控制人的财务状况和清偿能力，以及是否存在股份被强制处分的可能性、是否存在影响发行人控制权稳定的情形等。对于被冻结或诉讼纠纷的股权达到一定比例或被质押的股权达到一定比例且控股股东、实际控制人明显不具备清偿能力，导致发行人控制权存在不确定性的，保荐机构及发行人律师应充分论证，并就是否符合发行条件审慎发表意见。

对于发行人的董事、监事及高级管理人员所持股份发生被质押、冻结或发生诉讼纠纷等情形的，发行人应当按照招股说明书准则的要求予以充分披露，并向投资者揭示风险。

【证监会公布否决案例：上海保隆汽车科技股份有限公司】

"发审委在审核中关注到，你公司存在以下情形：

你公司控股子公司美国 DILL 于 2008 年 12 月对你公司生产，并由其在美国销售的可能存在安全隐患的气门嘴实施召回。截至招股说明书签署日，共有 9 起针对你公司问题气门嘴产品的责任诉讼案件。除去和解结案的两起外，你公司仍然存在产品责任诉讼风险。2008 年 4 月，你公司实际控制人控制的加拿大威乐对其在美国销售的问题卡箍实施召回。该问题卡箍系你公司对外采购后直接与你公司产品共同包装，通过加拿大威乐对外销售。上述召回事件显示你公司产品质量控制环节、外部供应商管理环节存在不稳定性。有关产品责任诉讼可能对你公司未来持续经营构成不利影响。

发审委认为，上述情形与《首次公开发行股票并上市管理办法》（证监会令第 32 号）第三十五条的规定不符。"

二、重大诉讼与仲裁的披露标准

《公开发行证券的公司信息披露内容与格式准则第 1 号——招股说明书》第一百二十六条规定，发行人应披露对财务状况、经营成果、声誉、业务活动、未来前景等可能产生较大影响的诉讼或仲裁事项，主要包括：

1. 案件受理情况和基本案情；2. 诉讼或仲裁请求；3. 判决、裁决结果及执行情况；4. 诉讼、仲裁案件对发行人的影响。

《公开发行证券的公司信息披露内容与格式准则第 1 号——招股说明书》第一百二十七条和第一百二十八条则分别规定，发行人应披露控股股东或实际控制人、控股子公司，发行人董事、监事、高级管理人员和核心技术人员作为一方当事人的重大诉讼或仲裁事项以及涉及刑事诉讼的情况。

证监会在保荐代表人培训上对重大诉讼与仲裁的披露标准进行了阐明，主要内容如下："（一）基本披露标准：1. 发行人：较大影响；2. 控股股东、实际控制人：重大影响；3. 董监高、核心技术人员：重大影响，刑事诉讼；4. 及时如实披露、持续关注。（二）责任要求：保荐机构、律师未能就发行人报告期内的诉讼、仲裁事项在所出具的文件中进行充分说明及对是否对发行人构成重大影响提出分析意见，有可能被追责。"

证监会在保荐代表人培训上的披露标准和原则是相对比较宽泛的，里面提到的"重大影响"需要中介机构根据项目中的具体情况予以把握。总的来说，诉讼要看性质，比如涉及发行人重要的知识产权诉讼的往往会受到重大关注，中介机构要重点查验该诉讼是否涉及核心技术/人员侵权，以及情形是否严重。实践中，如果发行人名下的专利权遭遇侵权之诉，虽然对方要求的赔偿金额很小，但常常会首先要求发行人停止侵权，则可能影响发行人的持续经营能力；而对于经营中的一般诉讼，如追讨货款等，则核查后如实披露即可。中介机构应重点关注诉讼失败的影响，证监会不判断胜诉或败诉的机会，只关注诉讼失败的影响。

对涉及控股股东的诉讼，需要关注：1. 拟上市公司股权是否涉及诉讼事项，是否涉及抵押、质押等；2. 控股股东是否有足够的偿债能力，在诉讼判决对控股股东不利的情况下，是否会涉及将拟上市公司股权作为执行物的可能。

笔者认为，虽然证监会并未明确具体的披露标准，但项目执行中为有效防范风险，披露标准至少要参考深交所上市规则，即："上市公司发生的重大诉讼、仲裁事项涉及金额占公司最近一期经审计净资产绝对值 10% 以上，且绝对金额超过一千万元的，应当及时披露。未达到前款标准或者没有具体涉案金额的诉讼、仲裁事项，董事会基于案件特殊性认为可能对公司股票及其衍生品种交易价格产生较大影响，或者本所认为有必要的，以及涉及公司股东大会、董事会决议被申请撤销或者宣告无效的诉讼的，公司也应当及时披露。”

《首发业务若干问题解答》规定，发行人应当在招股说明书中披露对股权结构、生产经营、财务状况、未来发展等可能产生较大影响的诉讼或仲裁事项，包括案件受理情况和基本案情，诉讼或仲裁请求，判决、裁决结果及执行情况，诉讼或仲裁事项对发行人的影响等。如诉讼或仲裁事项可能对发行人产生重大影响，应当充分披露发行人涉及诉讼或仲裁的有关风险。

保荐机构、发行人律师应当全面核查报告期内发生或虽在报告期外发生但仍对发行人产生较大影响的诉讼或仲裁的相关情况，包括案件受理情况和基本案情，诉讼或仲裁请求，判决、裁决结果及执行情况，诉讼或仲裁事项对发行人的影响等。

提交首发申请至上市期间，保荐机构、发行人律师应当持续关注发行人诉讼或仲裁的进展情况、发行人是否新发生诉讼或仲裁事项。发行人诉讼或仲裁的重大进展情况以及新发生的对股权结构、生产经营、财务状况、未来发展等可能产生较大影响的诉讼或仲裁事项，应当及时补充披露。

发行人控股股东、实际控制人、控股子公司、董事、监事、高级管理人员和核心技术人员涉及的重大诉讼或仲裁事项比照上述标准执行。

涉及主要产品、核心商标、专利、技术等方面的诉讼或仲裁可能对发行人生产经营造成重大影响，或者诉讼或仲裁有可能导致发行人实际控制人变更，或者其他可能导致发行人不符合发行条件的情形，保荐机构和发行人律师应在提出明确依据的基础上，充分论证该等诉讼、仲裁事项是否构成首发的法律障碍并审慎发表意见。

第二节　重大违法与行政处罚

一、重大违法的定义和标准

《证券法》第十二条规定：“公司公开发行新股，应当符合下列条件……

（五）经国务院批准的国务院证券监督管理机构规定的其他条件”。关于重大违法的概念，可以参见《首发管理办法》原第二十五条，即修订后的第十八条，内容完全一致。根据该条，发行人不得有下列情形：

（1）最近36个月内未经法定机关核准，擅自公开或者变相公开发行过证券；或者有关违法行为虽然发生在36个月前，但目前仍处于持续状态；

（2）最近36个月内违反工商、税收、土地、环保、海关以及其他法律、行政法规，受到行政处罚，且情节严重；

（3）最近36个月内曾向中国证监会提出发行申请，但报送的发行申请文件有虚假记载、误导性陈述或重大遗漏；或者不符合发行条件以欺骗手段骗取发行核准；或者以不正当手段干扰中国证监会及其发行审核委员会审核工作；或者伪造、变造发行人或其董事、监事、高级管理人员的签字、盖章；

（4）本次报送的发行申请文件有虚假记载、误导性陈述或者重大遗漏；

（5）涉嫌犯罪被司法机关立案侦查，尚未有明确结论意见；

（6）严重损害投资者合法权益和社会公共利益的其他情形。

证监会在保荐代表人培训上指出了重大违法行为的界定标准：原则上，凡被处以罚款以上行政处罚的都视为重大违法行为，但行政处罚实施机关依法认定不属于重大违法行为，且能够依法作出合理说明的除外。

根据《首发业务若干问题解答》，“重大违法行为”是指发行人及其控股股东、实际控制人违反国家法律、行政法规，受到刑事处罚或情节严重行政处罚的行为。认定重大违法行为应考虑以下因素：

（1）存在贪污、贿赂、侵占财产、挪用财产或者破坏社会主义市场经济秩序等刑事犯罪，原则上应认定为重大违法行为。

（2）被处以罚款以上行政处罚的违法行为，如有以下情形之一且中介机构出具明确核查结论的，可以不认定为重大违法：①违法行为显著轻微、罚款数额较小；②相关处罚依据未认定该行为属于情节严重；③有权机关证明该行为不属于重大违法。但违法行为导致严重环境污染、重大人员伤亡、社会影响恶劣等并被处以罚款以上行政处罚的，不适用上述情形。

法律、法规和证监会有关规定之所以将发行人不存在重大违法行为列为发行条件，其根本目的还是保护广大投资者的利益。从根本上说，一个规范运行、遵纪守法且业绩良好的企业才是审核机关予以“放行”的企业。如果发行人的业绩虽然符合上市标准，但其中相当部分是违法所得，则这样的企业显然也是不符合上市条件的。另外，如果一个企业过往有重大的违法行为，该公司尤其是公司实际控制人在上市后也难免有“重蹈覆辙”的动机，这也是审核机构所担心的。

考虑到我国改革开放走向市场经济的过程中，由于政策变化以及相关法律法规不健全而民营企业经营环境相对困难的国情，发行人在历史上如果存在较大的违法行为且已经得到纠正，则问题还不算大，但是至少在报告期内，发行人不应该存在重大违法行为，也就是说，公司在纠正违法行为后，应当“改过自新”地规范运行一段时间，这也是“尊重历史，着眼未来”的辩证唯物主义处理方式。需要注意的是，报告期外重大违法行为一般不构成上市障碍并非绝对，重大违法行为虽然发生在报告期以外，但性质严重且对发行人仍存在影响，例如，公司存在重大出资问题未得到纠正或是存在重大偷漏税行为、侵占国有资产行为等，仍可能构成上市的实质性障碍，需要中介机构结合具体情形予以综合判断。

二、不同主体的重大违法行为

下面根据证监会在保荐代表人培训上的培训内容并结合笔者的实践经验，就发行人的重大违法行为、控股股东和实际控制人的重大违法行为和董事、监事和高级管理人员的重大违法行为分别予以说明。

（一）发行人的重大违法行为

1. 保荐机构、律师应当履行尽职调查义务，并在出具的文件中明确发表结论性意见。

2. 发行人在申报期内受到过环保、税务、工商等部门的重大行政处罚，通常保荐机构会建议发行人请处罚部门出具有关认定；注意根据证监会的要求，有权认定不构成重大违法行为的是“处罚机构”，因此不能简单地认为只要有关的部门出具一份证明即可，比如，A 市工商/市场监督机关下达的处罚决定，就不能拿其下属的某个分局出具的证明来认定其不构成重大违法行为。

IPO实务中，由于出具相应证明往往需要发行人去有关政府部门沟通或者申请，而处罚单位往往并非发行人主要经营地的有关机关，因此往往会出现处罚单位的证明很难取得的情形。从法律角度而言，上级机关有权改变下级机关不正确的决定或维持其正确的决定，因此，如果处罚单位的证明由于客观原因难以取得，为确保证明的效力，应取得其上级单位的证明文件。此外，实践中由于机构改革等导致原处罚机构已被裁撤、更名或者合并的，应取得更名、合并后或继续履行该等权限的机关出具的证明。

3. 中介机构应有自己的判断和分析，不能简单地依靠处罚部门出具的认定来下结论。例如，海关对发行人处罚超过1000万元，由于金额非常大，即使处罚机构出具文件认为发行人不存在重大违法行为，中介机构仍需要具体分析该等处罚对发行人的影响。

4. 若每次处罚金额不大，但经常被处罚对审核还是有不利影响。

5. 中介机构应核查发行人已注销主体是否有重大违法违规行为（过往审核中，对发行人已经注销的主体不再问及，但现在也可能要求中介机构予以核查并披露）。

6. 发行人报告期内因纳税问题受到税收征管部门处罚的，存在欠缴较大金额的所得税、增值税或者补缴较大金额的滞纳金的，应由税务部门出具发行人是否构成重大违法行为的确认文件，保荐机构、律师应对发行人是否存在重大违法行为出具意见。

7. 最近三年重大违法行为的起算点：从刑罚执行完毕或行政处罚执行完毕之日起计算。

8. 关于发行人合并报表范围内的各级子公司，若对发行人主营业务收入或净利润不具有重要影响（占比不超过5%），其违法行为可不视为发行人本身存在相关情形，但其违法行为导致严重环境污染、重大人员伤亡或社会影响恶劣的除外。

（二）控股股东和实际控制人的重大违法行为

1. 控股股东和实际控制人的重大违法违规行为主板没有明确规定，但是审核过程中掌握得比较严格，发行人及其控股股东，实际控制人的重大违法行为的核查范围参照《首发管理办法》第十八条。

2.《创业板上市管理办法（2018 修正）》第二十条规定："发行人及其控股股东、实际控制人最近三年内不存在损害投资者合法权益和社会公共利益的重大违法行为。发行人及其控股股东、实际控制人最近三年内不存在未经法定机关核准，擅自公开或者变相公开发行证券，或者有关违法行为虽然发生在三年前，但目前仍处于持续状态的情形。"

3. 控股股东、实际控制人报告期内不能有犯罪行为；控股股东、实际控制人报告期内受刑法处罚，认定重大违法，构成 IPO 的实质性障碍。

民营企业实际控制人违法犯罪的情况，具体把握时参照《公司法》关于董监高任职资格的规定；证监会对民营企业实际控制人违法犯罪的情形审核较为严格，家族企业内某人以前有过犯罪，哪怕在申报时已经没有股权了也要慎重，因为证监会认为股权安排可以有很多规避的措施，所以家族企业会当作一个整体来看待。此外，证监会对实际控制人的犯罪行为还参照董监高任职资格的要求，从个人（企业）的诚信、犯罪的性质、与发行人的紧密度、主观意识、刑期长短等予以综合评判。

4. 对于控股股东、实际控制人和发行人之间持股架构中存在的中间层次，参照上述核查范围。有的创业板公司股权架构复杂，追溯 3—4 层才到实际控制人，其中各层次均纳入审查范围，实际控制人的其他控制企业有重大违法违规的，是否影响到控股股东实际控制人本身要重点核查关注。

（三）董事、监事和高级管理人员的重大违法行为

中介机构需关注董事、监事和高级管理人员违反证券相关法规、交易所相关规定的行为以及报告期外董事、监事和高级管理人员的违法违规行为。

《创业板上市管理办法（2018 修正）》第十九条规定，发行人的董事、监事和高级管理人员应当忠实、勤勉，具备法律、行政法规和规章规定的资格，且不存在下列情形：

1. 被中国证监会采取证券市场禁入措施尚在禁入期的；

2. 最近三年内受到中国证监会行政处罚，或者最近一年内受到证券交易所公开谴责的；

3. 因涉嫌犯罪被司法机关立案侦查或者涉嫌违法违规被中国证监会立案调查，尚未有明确结论意见的。

综上，对于发行人、发行人的董事、监事、高级管理人员、实际控制人、控股股东和其他重要股东尚未了结的或者可以预见的重大诉讼、仲裁或行政处罚，中介机构尤其是发行人律师应该认真进行查验，并根据查验结果结合案件性质、金额等判断其是否对发行人本次申请发行上市构成实质性障碍，并予以如实披露。查验的方法包括访谈上述企业的负责人和董事、监事、高级管理人员、实际控制人、控股股东和其他重要股东，取得其出具的书面声明，访谈发行人及相关企业的内部法务人员及外部法律顾问等，查询最高人民法院“全国法院被执行人信息查询”平台、中国裁判文书网等。

【案例：新易盛——董事、监事及高级管理人员曾受过刑事处罚】

新易盛招股说明书披露：

“1. 董事、监事及高级管理人员和其他核心人员涉及刑事诉讼的情况

2004 年 11 月 4 日，胡学民因侵犯商业秘密被成都高新技术产业开发区人民法院判处一年三个月有期徒刑（至 2005 年 6 月 5 日止）并处罚金 10 万元；同日，黄晓雷因侵犯商业秘密被成都高新技术产业开发区人民法院判处一年六个月有期徒刑（至 2005 年 1 月 24 日止）并处罚金 10 万元。”

自成立以来，公司从未生产涉诉产品，不存在涉诉风险。

GBIC 是光模块行业多源协议定义的标准产品，同期有 Finisar 等多家国内外企业在生产，各家都有不同的电路方案。根据成都高新技术产业开发区人民法院“（2004）高新刑初字第 106 号”《刑事判决书》，光玉科技生产和销售的涉诉 GBIC 产品所采用的电路方案为双芯片 MAXIM3286MAX3268 方案。公司自成立以来未生产当时的涉诉产品。

公司现在所生产的 GBIC 产品采用的电路方案为单芯片 M02095 方案，能够兼容长、短距离传输，满足宽电源应用，而不是涉诉的双芯片 MAXIM3286-MAX3268 方案。2012 年，公司 GBIC 产品的技术方案通过了新颖性、创造性和实用性的审查，并取得专利号为“ZL201220082610. 7”的实用新型专利；同年，公司 GBIC 产品通过了四川省科学技术厅组织的科技成果鉴定，鉴定证书编号为川科鉴字【2012】第 139 号。

随着光模块产品的升级换代，GBIC产品已经逐渐被淘汰。目前公司GBIC产品仅有少量生产和销售，主要用于老客户原有设备的维护。

报告期内，公司GBIC产品收入占比情况如下：

单位：万元

项目	2014年度	2013年度	2012年度
GBIC销售收入	146.18	310.01	358.51
营业收入	52263.43	46104.90	34756.81
GBIC销售收入占公司营业收入的比重	0.28%	0.67%	1.03%

公司目前正在生产销售的GBIC光模块产品与胡学民和黄晓雷侵犯商业秘密罪所涉及的技术或产品不同，发行人的GBIC光模块产品不存在重大涉诉风险。

除上述情况外，公司其他董事、监事及高级管理人员和其他核心人员不存在涉及刑事诉讼的情况。

2. 董事、监事及高级管理人员和其他核心人员涉及的其他情况

由于受到刑事处罚，根据当时有效的《公司法》（2005年修订）第一百四十七条第一款的规定，黄晓雷在2010年1月24日之前不得担任公司的董事、监事、高级管理人员，胡学民在2010年6月5日前不得担任公司的董事、监事、高级管理人员。

2009年3月，光盛通因未按规定参加企业年检被成都市工商局吊销营业执照，时任光盛通法定代表人廖学刚对此负有个人责任。根据当时有效的《公司法》（2005年修订）第一百四十七条第一款的规定，廖学刚在2012年3月18日之前不得担任公司的董事、监事、高级管理人员。

鉴于：（1）主管工商行政管理机关在该等董事委派行为发生时未提出任何异议并准予登记；（2）上述情形已于2010年8月2日股东重新委派董事时消除，报告期内廖学刚未担任发行人董事，胡学民、黄晓雷的董事和/或高级管理人员任职资格合法有效；（3）根据当时有效的《公司法》（2005年修订）第一百四十七条第二款的规定，股东委派廖学刚、胡学民、黄晓雷为董事的法律后果为该委派无效，且当时有效的《公司法》（2005年修订）未将上述董事委

派无效的行为列为应当给予行政处罚的事项；（4）相关主管部门未就上述情形对发行人或相关个人作出任何行政处罚；（5）根据《中华人民共和国行政处罚法》第二十九条第一款的规定，违法行为在二年内未被发现的，不再给予行政处罚；（6）廖学刚、胡学民和黄晓雷已出具书面承诺，若发行人因历史上的董事委派行为受到主管部门行政处罚的，其本人愿承担一切责任，并赔偿因此给发行人造成的损失；（7）发行人生产经营状况持续稳定，上述情形未对发行人造成任何经济损失或重大不利影响。

因此，公司历史上的董事委派行为不会受到行政处罚，报告期内公司董事、监事、高级管理人员的任职资格均合法有效，该等事项不会对公司规范运作造成重大不利影响，公司内部控制不存在重大缺陷。

【案例：新天然气——实际控制人曾受过刑事处罚】

新天然气招股书第37页披露：

本公司控股股东及实际控制人明再远曾于1999年受过刑事处罚，具体情况如下：

1. 实际控制人明再远曾受刑事处罚的案由

根据四川省德阳市中级人民法院于1999年6月14日作出的《刑事判决书》[编号：（1999）德刑终字第89号]，四川省德阳市中级人民法院经审理认定如下事实，作为明再远违法发放贷款罪判决的依据：1996年12月至1997年1月初，德阳市物资局金属材料公司业务员卢某某因欠德阳旌银典当行借款，在旌银典当行向其催收借款时，便要求旌银典当行的邓某某联系用武汉的大额定期存单抵押贷款，以还借款。邓某某同农行工作人员胡某某找明再远联系贷款，明再远提出要派人到武汉核实存单真伪，便安排廖某某与胡某某到武汉核实有无存单、存款，并索取存款银行承诺书。1997年1月7日，廖某某、胡某某到武汉，后在卢某某等人安排下，查看了黄石市科技城市信用合作社的营业执照、金融许可证复印件和承诺书以及湖北腾达经济发展有限责任公司（以下简称“腾达公司”）两张各500万元的存单、企业营业执照复印件、董事会决定书，但未核对存单底单和考察腾达公司实情，于1997年1月11日返回德阳。1997年1月13日上午9时许，明再远、廖某某与信用联社营业部主任黄某某研究后，决定以腾达公司两张各500万元的存单作质押，贷款800万元给卢某某，卢某某以德阳市福利金属材料公司的名义在信用联社营业部办理了贷款手续，约定利率 16.08‰，还款时间 1997 年 12 月 20 日。贷款到期后未能收回。公安机关鉴定两张用作质押的各 500 万元存单上的印章及承诺书上的印章属伪造。1997 年 3、4 月份，德阳丝绸公司职工敬某与卢某某多次找明再远要求贷款，称到武汉存高息，吃息差。明再远要敬某组织资金存入信用联社，才能按比例放贷。敬某、卢某某便从成都、重庆等地组织 1700 余万元资金存入信用联社营业部。1997 年 5 月 12 日上午 9 时许，明再远主持召开社务会，参加人员有廖某某、李某某等人，会议决定向敬某发放贷款 1400 万元，派廖某某、李某某及信贷员袁某带汇票与敬某、卢某某到武汉，将 1400 万元解汇后，存入武汉农行营业部，存款名称：四川德阳市中区农村信用联社营业部。将存单带回作质押。联社营业部信贷员在办理贷款手续时，有意将汇票的收款人写成信用联社营业部，合同约定：贷款金额 1400 万元，用途为购货，利率 11.76‰，还款时间 1998 年 5 月 11 日。当日下午，廖某某、李某某与袁某带 1400 万元汇票同敬某、卢某某等人乘飞机到武汉。1997 年 5 月 13 日廖某某、李某某等人到银行解汇时，因汇票收款人为单位，未能解汇。14 日廖某某、李某某与敬某、卢某某返回德阳，向联社副主任米某某、李某某汇报未解到汇，后决定重办汇票，将收款人改为敬某。15 日下午，李某某、袁某同敬某先到武汉，16 日分别同敬某等人将 1400 万元解汇，存入敬某临时账户。廖某某、卢某某到武汉后，17 日，廖某某、李某某、袁某在敬某、卢某某等人安排下，在武汉办理了一张 1400 万元的大额存单，户名为敬某，存单上签章单位是武汉市洪山区和平信用社新沟桥分社。存单被带回德阳作质押。贷款到期后，信用联社营业部未能收回。公安机关鉴定 1400 万元存单上的印章属伪造。明再远、廖某某违反《贷款通则》及有关贷款管理制度，向卢某某发放贷款 800 万元未能收回，造成特别重大损失；1997 年 5 月，明再远、廖某某、李某某违反《贷款通则》及有关贷款管理制度，向敬某发放贷款 1400 万元，致 1300 余万元不能收回，造成特别重大损失。

2. 实际控制人明再远曾受刑事处罚的判决情况和执行情况

根据四川省德阳市中级人民法院于 1999 年 6 月 14 日作出的《刑事判决书》[编号：（1999）德刑终字第 89 号]、四川省成都市中级人民法院于 2001

年3月21日作出的《刑事裁定书》[编号：(2001) 成刑执字第741号] 及明再远和明再富的确认，明再远曾任德阳市旌阳区农村信用合作联社主任，在“明再远、廖某某、李某某犯违法发放贷款罪”一案中承担领导责任，因违法发放贷款2200万元，其中2100余万元未能收回，被判处违法发放贷款罪，执行有期徒刑五年并处罚金8万元。明再远于1998年6月被羁押，因记功7次奖励，于2001年3月获假释，并于2003年6月假释考验期满，刑罚执行完毕。

3. 违法发放贷款的去向

根据四川省德阳市中级人民法院于1999年6月14日作出的《刑事判决书》[编号：(1999) 德刑终字第89号]，经法院审理查明，上述违法发放贷款中的800万元贷款由卢某某还旌银典当行借款220万元，汇往武汉500万元，转入卢某某临时账户80万元。

根据四川省德阳市中级人民法院刑事判决书 [编号：(1999) 德刑初字第34号]，敬某、卢某某犯高利转贷罪，分别被判处有期徒刑三年和四年，继续追缴犯罪所得。经法院审理查明，上述违法发放贷款中的1400万元由敬某转至“武汉泰浩经济发展有限公司”账户后，敬某和卢某某收取了武汉泰浩经济发展有限公司（以下简称“泰浩公司”）高息387万元，支付联社10万元利息后，余款被二人共同挥霍，公安机关最终追回赃款、赃物约70万元。

泰浩公司（注册号：61657459－8）的类型为有限责任公司（自然人投资或控股），注册资本为1580万元，法定代表人为赵强，住所为桥口区解放大道368号2号楼。营业期限自1996年8月21日至2000年8月21日，案发时的股东为赵强、卢某某和董某。泰浩公司已于2000年11月14日被吊销营业执照。

腾达公司（注册号：4200001100679）的类型为有限责任公司（国有控股），注册资本为800万元，法定代表人为唐志勇，住所为湖北省黄石市湖滨路128号一楼，营业期限自1996年10月25日起。腾达公司已于1998年10月29日被吊销营业执照。

4. 违法发放贷款的去向与明再远的出资来源是否存在关联关系

由上述《刑事判决书》可见，法院没有认定违法发放贷款的去向与明再远有关联关系。根据《中华人民共和国刑法》第271条，如果明再远利用职务上的便利违反《贷款通则》及有关贷款管理制度，与卢某某、敬某等人共同编造贷款手续，骗取信用联社营业部贷款，并将该贷款非法占为已有，则符合职务侵占罪的构成要件，应构成职务侵占罪，而不是违法发放贷款罪。如上所述，经公安机关侦查、德阳市旌阳区人民检察院审查起诉、德阳市旌阳区人民法院一审、四川省德阳市中级人民法院二审查实认定，明再远违反《贷款通则》及有关贷款管理制度向相关当事人发放贷款，但均未认定明再远与违法发放的贷款去向有关联关系。

综上，保荐机构和发行人律师认为：根据上述《刑事判决书》及对出资来源的核查，明再远违法发放贷款的去向与其对发行人及其控股企业的出资来源无关。

第十五章
员工的劳动合同和社会保险

第一节 劳动合同和劳务派遣

一、劳动合同

根据《中华人民共和国劳动合同法》（以下简称《劳动合同法》）第七条和第十条的规定，用人单位自用工之日起即与劳动者建立劳动关系。建立劳动关系，应当订立书面劳动合同。已建立劳动关系，未同时订立书面劳动合同的，应当自用工之日起一个月内订立书面劳动合同。用人单位与劳动者在用工前订立劳动合同的，劳动关系自用工之日起建立。

近年来，国家相继出台了一系列有关劳动者和劳动关系的法律法规，劳动者的权利和权益得到了显著的加强和保护，企业也普遍更加重视与劳动者的关系，过去那种不签订劳动合同，不注重对劳动者进行保护的做法已经比较少了。从IPO的角度来说，作为中介机构尤其是发行人律师，要注意查验查阅并取得发行人及子公司员工名册，取得劳动合同样本，抽查劳动合同签署情况，还要注意核查该等劳动合同是否有不符合《劳动合同法》规定的情形，如试用期的约定是否超出了法律规定等；要取得社保及公积金缴纳凭证，取得发行人关于员工人数及其变化、专业结构、受教育程度、年龄分布的说明，收集发行人及各子公司注册地现行有效的社会保险及住房公积金管理制度，取得发行人关于执行社会保障制度、住房公积金制度情况的说明；就发行人用工、劳动合同签署、社保及公积金缴存等事宜访谈发行人人力资源负责人，必要时与员工进行座谈，了解其劳动合同签署、社保及住房公积金缴纳情况。同时，也需要公司所属的劳动和社会保障部门出具的公司最近三年未因违反相关劳动法律、法规而受到处罚的证明文件。

二、劳务派遣

劳务派遣指劳务派遣机构与被派遣劳动者订立劳动合同，由实际用工单位向被派遣劳动者给付劳务报酬，劳动合同关系存在于劳务派遣机构与被派遣劳动者之间，但劳动力给付的事实则发生于被派遣劳动者与实际用工单位之间的一种用工形式。

2012 年 12 月 28 日，全国人民代表大会常务委员会作出《关于修改〈中华人民共和国劳动合同法〉的决定》，对《劳动合同法》作出修改。此次修改事项主要针对劳务派遣作出了更加详细的规定。主要内容有：1. 设置经营劳务派遣业务行政许可；2. 进一步明确同工同酬原则；3. 明确劳动合同用工为我国企业基本用工形式（控制人数），明确临时性、辅助性、替代性的概念；4. 提高违法成本。可见，此次《劳动合同法》修改主要在原有基础上强化对劳务派遣业务的行政管理，量化标准，提高操作性，而并未对劳务派遣的法律关系作出修改。

（一）劳务派遣资质

如果发行人存在劳务派遣情形，或发行人本身即从事劳务派遣业务，则发行人律师应核查派遣单位是否具备劳务派遣资质。根据《劳动合同法》第五十七条，经营劳务派遣业务应当具备下列条件：1. 注册资本不得少于人民币二百万元；2. 有与开展业务相适应的固定的经营场所和设施；3. 有符合法律、行政法规规定的劳务派遣管理制度；4. 法律、行政法规规定的其他条件。经营劳务派遣业务，应当向劳动行政部门依法申请行政许可；经许可的，依法办理相应的公司登记。未经许可，任何单位和个人不得经营劳务派遣业务。

（二）劳务派遣单位、用工单位及劳动者的权利义务

根据《劳动合同法》第五十七条的有关规定，接受以劳务派遣形式用工的

单位（以下称用工单位）、用工单位及劳动者的权利义务主要包括以下内容：

1. 劳务派遣单位的义务

（1）劳务派遣单位是用人单位，应当履行用人单位对劳动者的义务。劳务派遣单位与被派遣劳动者订立的劳动合同，除应当载明《劳动合同法》规定的事项外，还应当载明被派遣劳动者的用工单位以及派遣期限、工作岗位等情况。劳务派遣单位应当与被派遣劳动者订立二年以上的固定期限劳动合同，按月支付劳动报酬；被派遣劳动者在无工作期间，劳务派遣单位应当按照所在地人民政府规定的最低工资标准，向其按月支付报酬。

（2）劳务派遣单位派遣劳动者应当与用工单位订立劳务派遣协议。劳务派遣协议应当约定派遣岗位和人员数量、派遣期限、劳动报酬和社会保险费的数额与支付方式以及违反协议的责任。

（3）劳务派遣单位应当将劳务派遣协议的内容告知被派遣劳动者，不得克扣用工单位按照劳务派遣协议支付给被派遣劳动者的劳动报酬。劳务派遣单位和用工单位不得向被派遣劳动者收取费用。

2. 用工单位的权利和义务

（1）执行国家劳动标准，提供相应的劳动条件和劳动保护。

（2）告知被派遣劳动者的工作要求和劳动报酬。

（3）支付加班费、绩效奖金，提供与工作岗位相关的福利待遇。

（4）对在岗被派遣劳动者进行工作岗位所必需的培训。

（5）连续用工的，实行正常的工资调整机制。

（6）用工单位不得将被派遣劳动者再派遣到其他用人单位。

（7）被派遣劳动者有如下情形的，用工单位可以将劳动者退回劳务派遣单位，劳务派遣单位依照本法有关规定，可以与劳动者解除劳动合同：①在试用期间被证明不符合录用条件的；②严重违反用人单位的规章制度的；③严重失职，营私舞弊，给用人单位造成重大损害的；④同时与其他用人单位建立劳动关系，对完成本单位的工作任务造成严重影响，或者经用工单位提出，拒不改正的；⑤以欺诈、胁迫的手段或者乘人之危，使劳务派遣单位在违背真实意思的情况下订立或者变更劳动合同致使劳动合同无效的；⑥被依法追究刑事责任的；⑦被派遣劳动者患病或者非因工负伤，在规定的医疗期满后不能从事原工作，也不能从事由用工单位另行安排的工作的；⑧劳动者不能胜任工作，经过培训或者调整工作岗位，仍不能胜任工作的。

根据第⑦和⑧项情形将劳动者退回劳务派遣单位，劳务派遣单位与劳动者解除劳动合同的，需提前三十日以书面形式通知被派遣劳动者本人或者额外支付被派遣劳动者一个月工资。

（8）用工单位应当根据工作岗位的实际需要与劳务派遣单位确定派遣期限，不得将连续用工期限分割订立数个短期劳务派遣协议。

（9）用人单位不得设立劳务派遣单位向本单位或者所属单位派遣劳动者。

3. 被派遣劳动者的权利

（1）同工同酬。被派遣劳动者享有与用工单位的劳动者同工同酬的权利。用工单位应当按照同工同酬原则，对被派遣劳动者与本单位同类岗位的劳动者实行相同的劳动报酬分配办法。用工单位无同类岗位劳动者的，参照用工单位所在地相同或者相近岗位劳动者的劳动报酬确定。劳务派遣单位与被派遣劳动者订立的劳动合同和与用工单位订立的劳务派遣协议，载明或者约定的向被派遣劳动者支付的劳动报酬应当符合前款规定。

（2）工会参与权。被派遣劳动者有权在劳务派遣单位或者用工单位依法参加或者组织工会，维护自身的合法权益。

（3）劳动合同解除权。被派遣劳动者可以依照《劳动合同法》的规定与劳务派遣单位解除劳动合同。

此外，根据《劳动合同法》第六十六条，劳动合同用工是我国的企业基本用工形式。劳务派遣用工是补充形式，只能在临时性、辅助性或者替代性的工作岗位上实施。临时性工作岗位是指存续时间不超过六个月的岗位；辅助性工作岗位是指为主营业务岗位提供服务的非主营业务岗位；替代性工作岗位是指用工单位的劳动者因脱产学习、休假等原因无法工作的一定期间内，可以由其他劳动者替代工作的岗位。用工单位应当严格控制劳务派遣用工数量，不得超过其用工总量的一定比例，具体比例由国务院劳动行政部门规定。

劳务派遣单位跨地区派遣劳动者的，被派遣劳动者享有的劳动报酬和劳动条件，按照用工单位所在地的标准执行。

劳务派遣虽然只是一种企业用工方式，但是由于我国劳务派遣制度不完善，因而在 IPO 审核中需要关注劳务派遣是否不规范及是否影响到拟上市主体的规范运行。中介机构在核查并披露劳务派遣时，一般首先要详细说明发行人的劳务派遣员工情况和采用劳务派遣的原因，劳务派遣员工的社保缴纳情况等；其次要披露发行人与劳务派遣公司签署协议情况，查验并披露劳务派遣公司的基本情况以及是否具备相关资质，是否存在违法违规行为；最后，重点的解释角度是劳务派遣不会影响公司的正常生产经营，且劳务派遣员工是非核心岗位员工，不违反《劳动合同法》等。

【案例：秀强股份——劳务派遣】

秀强股份招股书第 61 页披露：

1. 员工人数

截至 2010 年 6 月 30 日，本公司在册员工人数为 1060 人。因本公司生产的季节性突出，员工流动性较大，本公司于 2008 年开始采用劳务派遣方式用工，作为公司劳动用工的补充手段。2008 年 3 月 20 日，本公司与宿迁市恒久人力资源有限公司签订《劳务派遣协议》，从 2008 年 4 月 1 日起由宿迁市恒久人力资源有限公司招募人员，以劳务派遣的方式为本公司一些专业技术要求低、辅助性工种使用。截至 2010 年 6 月 30 日，本公司以劳务派遣方式用工 2279 人，其中 2274 人来自于宿迁市恒久人力资源有限公司，其余 5 人来自宿迁市人才服务中心。

宿迁市恒久人力资源有限公司的注册资本为人民币 50 万元，经营范围为国内劳务派遣、国内职业介绍、劳动保障事务代理等，法定代表人王刚；公司的股东为王刚，出资比例为 100%。本公司与宿迁市恒久人力资源有限公司签署的《劳务派遣协议》，有效期为 3 年，在协议期满前双方可以协商延期。本公司与宿迁市恒久人力资源有限公司按月对劳务人员具体名单、人数、工资数额予以核对确认，宿迁市恒久人力资源有限公司按月支付劳务人员工资，2008 年 5 月至今，双方不存在履约争议和纠纷。本公司劳务派遣费用支付情况如下：

单位：万元

项目	2008年5—12月	2009年	2010年1—6月
劳务派遣费	1330.22	2280.42	2126.37

本公司从事家电玻璃生产的用工具有用工数量多、流动性大、季节性突出的特点，且一些操作岗位为非核心技术环节，对操作人员的生产经验、生产技能及学历要求均不高，对生产的安全性和可靠性影响不大。基于劳务派遣方式具有劳务管理便捷、用工机动灵活的特点，当公司接到大额订单需要增加用工时，可以及时引入劳务派遣人员填补用工缺口，实现调节临时性人力需求，更有效地保障公司的生产经营和用工需求。本公司采用劳务派遣方式尚未出现因劳务派遣流动性大、临时性影响正常生产的情形。

本公司新建设的太阳能玻璃项目，具有规模化生产、设备化生产和自动化控制的特点，对于人工的需求数量不大，本公司在现有生产线的改造中，也将逐步提高机械化程度，减少对人工的大量使用。因此，随着公司新产品生产规模的扩大，并不会增加太多的生产工人，从而使公司对劳务派遣的使用方式控制在可预见的合理的范围内。

对于本公司通过劳务派遣方式用工可能导致的连带赔偿责任风险，本公司实际控制人卢秀强、陆秀珍、卢笛及控股股东新星投资已出具承诺："如因股份公司自2008年开始接受劳务派遣形式用工而发生任何损失，包括但不限于因宿迁市恒久人力资源有限公司拖欠劳务人员工资等损害被派遣劳动者利益情形导致股份公司须承担相关的赔偿以及引致的任何罚款，均由我们承担。"

2. 截至2010年6月30日员工构成

（1）专业结构

专业类别	员工人数（人）	占员工总数比例（%）
管理人员	48	4.28
财务人员	16	1.50
行政人员	160	15.09
销售人员	35	3.30

续表

专业类别	员工人数（人）	占员工总数比例（%）
运营与维护人员	59	5.57
研发人员	160	15.09
生产人员	582	55.17
合计	1060	100.00

（2）教育程度

学历类别	员工人数（人）	占员工总数比例（%）
研究生及以上	6	0.57
大学本科	96	9.06
大学专科	283	26.70
专科以下	675	63.67
合计	1060	100.00

（3）年龄分布

年龄区间	员工人数（人）	占员工总数比例（%）
30岁以下	230	21.7
31—40岁	683	64.43
41—50岁	145	13.68
51岁以上	2	0.19
合计	1060	100.00

（二）公司执行社会保障制度、住房公积金缴纳及医疗制度改革情况

本公司实行全员劳动合同制，员工的聘用与解聘均依照国家的有关规定办理。本公司依法支付员工的报酬，员工每年收入由公司效益状况决定，并依据效益的增长情况进行提高，员工按照与公司签订的劳动合同承担义务和享受权利。

截至2007年12月31日，本公司为部分员工359人缴纳养老和失业保险，本公司从2008年开始为员工补缴“五险一金”。本公司在2007年1—6月社会

保险缴费基数为605元/人，2007年7月至2008年6月期间为702元/人，2008年7月至2009年6月期间为843元/人，2009年6月以后为1108元/人。按照上述缴费基数，本公司2007年需要补缴的“五险一金”约为460万元。报告期，本公司为员工“五险一金”实际缴费情况见下表：

单位：万元

	2007年	2008年	2009年	2010年1—6月
养老保险	59.93	258.42	349.01	209.15
医疗保险	0	80.62	103.81	63.71
失业保险	6.21	26.73	36.10	21.63
工伤保险	0	8.91	12.03	7.21
生育保险	0	8.02	10.83	6.49
住房公积金	0	109.68	126.60	94.59

截至2009年12月31日，本公司共有在册员工1136人，除保险关系尚未转移至公司的员工44人外，其余已办理“五险一金”缴纳手续。截止到本招股说明书签署日，44名员工中，23名员工的保险关系当时在办理之中，目前已转移到本公司；6名员工当时即将离职而未办理，目前已经离职；14名员工因在原单位缴纳社会保险，不愿将社会保险关系转移到本公司，其中有4名目前已离职；1名员工因社会保险关系间断，需个人补齐后才可将社会保险关系转入，但因个人不愿补齐致使本公司无法为该员工缴纳社会保险。15名不愿意将保险关系转移到公司的员工已经作出声明，与本公司目前不存在、将来也不会存在因社会保险费用缴纳而产生的劳动纠纷。

宿迁市宿豫区劳动和社会保障局证明，本公司自2007年以来没有因欠缴相关社会保障费用，没有因为违反劳动和社会保障方面的法律、法规和规范性文件而受到劳动和社会保障部门的行政处罚。

为了避免本公司因未为员工缴纳“五险一金”可能出现的补缴风险及责任，本公司实际控制人卢秀强、陆秀珍、卢笛及控股股东新星投资已出具承诺：

“1. 我们将支持、督促股份公司遵守国家和地方的有关规定，履行为员工办理并缴纳医疗保险、基本养老保险、失业保险、工伤保险、生育保险及住房公积金（‘五险一金’）义务，并承担相应责任。

2. 如股份公司在发行上市前因没有为其在册员工全额缴纳‘五险一金’而产生任何损失（包括但不限于补缴义务、罚款等），我们将全额承担。”

保荐机构认为，发行人2007年仅为部分员工缴纳“二险”不符合国家法律法规，但发行人自2008年开始已陆续为员工缴纳了“五险一金”，相关行为已得到纠正，也未因此受到过行政处罚，不构成重大违法，不对发行人本次发行上市构成障碍。发行人实际控制人及新星投资就补缴“五险一金”风险以及劳务派遣用工可能产生的潜在风险和损失作出的承诺是真实的，且具有履行承诺的能力，该等安排可以有效防范发行人补缴“五险一金”风险以及劳务派遣用工可能产生的潜在风险。

发行人律师认为，发行人在2007年仅为部分员工缴纳基本养老保险和失业保险，虽然不符合相关的国家规定，但不构成重大违法；发行人在本次发行、上市前存在部分在册员工未缴纳“五险一金”的情况不影响发行人的持续经营，不会导致发行人因为“五险一金”事项而发生财产损失，不构成发行人本次发行上市的法律障碍。发行人实际控制人及控股股东就补缴“五险一金”风险以及劳务派遣用工可能产生的潜在风险和损失作出承诺，可以有效防范发行人补缴“五险一金”风险以及劳务派遣用工可能产生的潜在风险。

【案例：三全食品——劳务派遣】

三全食品招股书第61页披露：

近几年来，公司根据发展规划，一直在进行员工结构调整，并根据发展需要进行人员增补，在市场调研、市场分析、产品推广、产品调研与开发等方向设置岗位和引进人员，突出市场导向，提高公司对市场的适应能力。截至2007年6月30日，本公司在册正式员工共计1648人，劳务用工4024人。（表格略）

为了避免出现劳务派遣公司不能及时提供足够的劳务人员的情况，我公司选择了具有丰富派遣经验和劳动力招募能力的劳务派遣公司，而且还与劳务派遣公司之间就劳动力招募工作建立了事前通报机制，每年会根据生产计划向劳务派遣公司通报年度用工总体计划，然后在实际需要用工时，提前1—2个月向劳务派遣公司通报具体需求。通过这种事前通报机制，劳务派遣公司可以根据年度用工总体计划和具体需求预先开展劳务人员的准备工作。这样，就可以确保在我公司提出劳务用工需求时，及时满足我公司的生产用工需要。从我公司与劳务派遣公司合作至今，从未出现因劳务派遣公司提供劳务用工不及时而影响正常生产的情形。

尽管如此，我公司还是充分关注了劳动力供给与公司生产的关系。为了避免因劳动力供给不足给公司生产带来的不利影响，我公司在现有生产线的改造中，以及新投项目的建设中，更多地采用了全自动饺子加工机、汤圆加工机等生产设备，提高公司的机械化程度，减少对人工的大量使用。在生产效率提高后，相同产量需要的生产工人也相应减少，以此确保生产规模扩大后不增加太多的生产工人，从而使公司对劳务用工的需求控制在可预见的合理的范围内。

本公司及本公司分支机构、本公司控制的公司作为用人单位，与员工签署的劳动合同符合《劳动法》《劳动合同法》等法律、法规的规定。本公司及本公司分支机构、本公司控制的企业，均不存在作为用人单位而未与劳动者签署劳动合同的情形；因为公司产品存在季节性影响，除与本公司签订了劳动合同员工外，公司存在由河南升环劳务派遣有限公司（以下简称“河南升环”）派遣的劳务用工，该部分员工公司已经作为用工单位与河南升环签署了劳务派遣协议，约定作为被派遣劳动者的员工与河南升环签署劳动合同，并由河南升环派遣至用工单位，劳务派遣制员工的工资和社会保险由河南升环发放和办理。根据河南升环领有的郑州市工商行政管理局核发的注册号为4101012300881的《企业法人营业执照》，河南升环的营业范围为：劳务派遣（法律、法规规定应经审批而未获审批的，不得经营），河南升环并领有河南省劳动和社会保障厅核发的注册号为豫004《劳务派遣许可证书》。

本公司以及本公司控制的企业以劳务派遣形式用工，符合《劳动法》《劳动合同法》等法律、法规的规定。但根据新《劳动合同法》的有关规定，劳务派遣单位违反《劳动合同法》的规定，给被派遣劳动者造成损害的，用工单位与劳务派遣单位承担连带赔偿责任。因此，存在因劳务派遣单位违反《劳动合同法》的规定而给被派遣劳动者造成损害，导致公司与劳务派遣单位承担连带赔偿责任的风险。

第二节　社会保险和住房公积金

一、有关法律规定

（一）《社会保险法》

第二条　国家建立基本养老保险、基本医疗保险、工伤保险、失业保险、生育保险等社会保险制度，保障公民在年老、疾病、工伤、失业、生育等情况下依法从国家和社会获得物质帮助的权利。

第四条　中华人民共和国境内的用人单位和个人依法缴纳社会保险费，有权查询缴费记录、个人权益记录，要求社会保险经办机构提供社会保险咨询等相关服务。个人依法享受社会保险待遇，有权监督本单位为其缴费情况。

第十条　职工应当参加基本养老保险，由用人单位和职工共同缴纳基本养老保险费。

无雇工的个体工商户、未在用人单位参加基本养老保险的非全日制从业人员以及其他灵活就业人员可以参加基本养老保险，由个人缴纳基本养老保险费。

第十二条　用人单位应当按照国家规定的本单位职工工资总额的比例缴纳基本养老保险费，记入基本养老保险统筹基金。

职工应当按照国家规定的本人工资的比例缴纳基本养老保险费，记入个人账户。

无雇工的个体工商户、未在用人单位参加基本养老保险的非全日制从业人员以及其他灵活就业人员参加基本养老保险的，应当按照国家规定缴纳基本养老保险费，分别记入基本养老保险统筹基金和个人账户。

第二十三条　职工应当参加职工基本医疗保险，由用人单位和职工按照国家规定共同缴纳基本医疗保险费。

无雇工的个体工商户、未在用人单位参加职工基本医疗保险的非全日制从业人员以及其他灵活就业人员可以参加职工基本医疗保险，由个人按照国家规定缴纳基本医疗保险费。

第三十三条　职工应当参加工伤保险，由用人单位缴纳工伤保险费，职工不缴纳工伤保险费。

第三十五条　用人单位应当按照本单位职工工资总额，根据社会保险经办机构确定的费率缴纳工伤保险费。

第四十四条　职工应当参加失业保险，由用人单位和职工按照国家规定共同缴纳失业保险费。

第五十三条　职工应当参加生育保险，由用人单位按照国家规定缴纳生育保险费，职工不缴纳生育保险费。

第五十七条　用人单位应当自成立之日起三十日内凭营业执照、登记证书或者单位印章，向当地社会保险经办机构申请办理社会保险登记。社会保险经办机构应当自收到申请之日起十五日内予以审核，发给社会保险登记证件。

（二）《住房公积金管理条例》

第十三条　住房公积金管理中心应当在受委托银行设立住房公积金专户。

单位应当到住房公积金管理中心办理住房公积金缴存登记，并为本单位职工办理住房公积金账户设立手续。每个职工只能有一个住房公积金账户。

第十四条　新设立的单位应当自设立之日起 30 日内向住房公积金管理中心办理住房公积金缴存登记，并自登记之日起 20 日内，为本单位职工办理住房公积金账户设立手续。

单位合并、分立、撤销、解散或者破产的，应当自发生上述情况之日起 30 日内由原单位或者清算组织向住房公积金管理中心办理变更登记或者注销登记，并自办妥变更登记或者注销登记之日起 20 日内，为本单位职工办理住房公积金账户转移或者封存手续。

第十五条　单位录用职工的，应当自录用之日起 30 日内向住房公积金管理中心办理缴存登记，并办理职工住房公积金账户的设立或者转移手续。

单位与职工终止劳动关系的，单位应当自劳动关系终止之日起 30 日内向住房公积金管理中心办理变更登记，并办理职工住房公积金账户转移或者封存手续。

第十六条 职工住房公积金的月缴存额为职工本人上一年度月平均工资乘以职工住房公积金缴存比例。

单位为职工缴存的住房公积金的月缴存额为职工本人上一年度月平均工资乘以单位住房公积金缴存比例。

第二十条 单位应当按时、足额缴存住房公积金，不得逾期缴存或者少缴。

对缴存住房公积金确有困难的单位，经本单位职工代表大会或者工会讨论通过，并经住房公积金管理中心审核，报住房公积金管理委员会批准后，可以降低缴存比例或者缓缴；待单位经济效益好转后，再提高缴存比例或者补缴缓缴。

第三十七条 违反本条例的规定，单位不办理住房公积金缴存登记或者不为本单位职工办理住房公积金账户设立手续的，由住房公积金管理中心责令限期办理；逾期不办理的，处1万元以上5万元以下的罚款。

第三十八条 违反本条例的规定，单位逾期不缴或者少缴住房公积金的，由住房公积金管理中心责令限期缴存；逾期仍不缴存的，可以申请人民法院强制执行。

（三）《劳动和社会保障部 国家经贸委 财政部关于清理回收企业欠缴社会保险费有关问题的通知》（劳社部发〔1999〕36号）

劳动和社会保障部、国家经贸委、财政部于1999年11月25日联合下发《关于清理收回企业欠缴社会保险费有关问题的通知》（劳社部发〔1999〕36号），第六条规定："对经调查确认有缴费能力但不按规定缴费的企业，除按《征缴条例》的规定予以处罚外，可采取以下行政措施：劳动保障行政部门通过新闻媒体向社会公布；证券监督管理机构不予批准企业上市。"

公司应在其所属的劳动和社会保障部门办理《社会保险登记证》；应按时足额为其职工缴纳社会保险费用（包括养老保险、基本医疗保险、失业保险、工伤保险等）；应与员工签署《劳动合同》；同时，也需要公司所属的劳动和社会保障部门出具公司最近三年未因违反相关劳动法律、法规而受到处罚的证明文件。

二、发行人社保或住房公积金不规范的法律风险

《社会保险法》第五十七条规定，用人单位应当自成立之日起三十日内凭营业执照、登记证书或者单位印章，向当地社会保险经办机构申请办理社会保险登记。第八十四条规定，用人单位不办理社会保险登记的，由社会保险行政部门责令限期改正；逾期不改正的，对用人单位处应缴社会保险费数额一倍以上三倍以下的罚款，对其直接负责的主管人员和其他直接责任人员处五百元以上三千元以下的罚款。

《社会保险法》第八十六条规定，用人单位未按时足额缴纳社会保险费的，由社会保险费征收机构责令限期缴纳或者补足，并自欠缴之日起，按日加收万分之五的滞纳金；逾期仍不缴纳的，由有关行政部门处欠缴数额一倍以上三倍以下的罚款。

根据2013年7月1日施行、现行有效的《劳动合同法》第三十八条第一款第（三）项和第四十六条的规定，用人单位未依法为劳动者缴纳社会保险费的，劳动者有权解除劳动合同，且用人单位应当支付经济补偿。

三、基本审核要求

证监会在历次保荐代表人培训会上多次强调了社保及公积金问题的重要性，归纳起来有如下几点：

1. 发行人应说明并披露包括母公司和所有子公司办理社保和缴纳住房公积金的员工人数、未缴纳员工人数及原因、企业与个人缴纳比例、办理社保和住房公积金的起始日期，是否存在补缴的情形。如补缴，补缴的金额与措施，分析对发行人经营业绩的影响。保荐机构及律师应对缴纳情况进行核查，并对未依法缴纳是否构成重大违法行为及对本次发行上市的影响出具意见。

2. 社保和公积金问题只要不影响到发行条件，历史上的障碍和瑕疵不会造成实质性障碍。

3. 一般情况下，社保比公积金重要。但中国证监会在近年的审核中表现出了对住房公积金问题的逐渐关注。因此，拟上市企业除应确保完整缴纳社会保险外，还应根据国家和地方的相应规定对住房公积金缴纳中所存在的相关问题

予以完善。

总的来说，由于社保和住房公积金是国家逐步建立的社会保障制度，且由于我国幅员辽阔，各地执行标准不一，民营企业基于用工成本等原因普遍存在社保及住房公积金不规范的情形，因此证监会在社保及公积金问题上的态度是本着历史问题历史看的原则，只要不涉及太大的社会问题，不影响发行人的上市条件即可。这里所说的不影响发行条件，是指如果追缴社保、公积金，则发行人不满足三年连续盈利的条件或者财务数据不达标，或是发行人将受到行政处罚导致其产生重大违法行为等。

发行人报告期内存在应缴未缴社会保险和住房公积金情形的，应当在招股说明书中披露应缴未缴的具体情况及形成原因，如补缴对发行人的持续经营可能造成的影响，揭示相关风险，并披露应对方案。保荐机构、发行人律师应对前述事项进行核查，并对是否属于重大违法行为出具明确意见。

拟上市企业应当对欠缴的五险一金的金额进行统计，并将该金额与企业的净利润、营业额进行对比。如果通过比对分析，该需要补缴的金额与企业净利润、营业额相比所占比重极低，那么即使补缴也不会对企业的经营业绩产生实质性的影响。总的来说，不能存在“能交，但恶意不交”的情形，且大股东要承诺补救措施，对历史上存在的或仍未解决的社保或公积金问题承诺予以无条件兜底赔偿并逐步规范，承诺内容应包括当出现行政处罚、职工追讨时，由承诺人承担赔偿或补偿义务，不使发行人受到损失。上市后，上市公司的社保必须规范。

四、实务中常见的疑难问题

（一）时点问题

在实务中常常遇到企业询问：社保及公积金没有足额或全员缴纳，是否需要补缴，在什么时间点必须规范？根据笔者的实务经验，如果有条件，报告期内应规范社保及公积金的缴纳，最低要求，主板发行人在报材料前最近一期或创业板发行人在初审会前必须为符合条件的全体员工按规定办妥全部社保缴费手续。

（二）历史上欠缴的社保和公积金是否需补缴

对此前欠缴的社保和公积金，保荐机构和律师要详细披露具体情况（含形成原因和解决措施）；并就发行人社保及公积金不规范的情况是否构成重大违法违规及本次发行障碍明确发表意见；对发行人以往欠缴的社保及住房公积金，如有条件建议尽可能补缴，若补缴有困难，应取得主管部门出具的证明文件，确认不存在重大违法行为。

（三）住房公积金是否也必须缴纳

对于住房公积金，要核查当地是否要求强制缴纳，如当地主管机关不要求强制缴纳，需有明确依据，如果没有当地的明确规定作为依据，建议请其出具确认书，或由保荐机构和律师予以访谈确认。另外，实践中有些企业是通过其他方式补偿职工的，如发放住房补贴或提供职工住房、宿舍，这种情况可以予以解释说明，说明企业已经尽到相应社会责任，未损害职工利益，且职工予以认可。

（四）农民工是否也必须缴纳社保及公积金

实务中有的公司生产工人绝大部分是来自农村的农民工，流动性比较大，农民工认为领取麻烦，同时将降低个人当月的实际收入，因此常常没有缴纳社会保险的主观意愿，若强制缴纳则导致人员流失。

关于养老保险和医疗保险，《社会保险法》针对农村和城镇分别建立了独立的制度体系。养老保险为新型农村社会养老保险制度（以下简称“新农保”）和城镇居民社会养老保险制度，可以将城镇居民社会养老保险和新型农村社会养老保险合并实施。医疗保险分为新型农村合作医疗制度（以下简称“新农合”）和城镇居民基本医疗保险制度。从严格意义上说，新型农村合作医疗保险为自愿参加的，参保人员为拥有农村户籍的人员，若其参加工作，根据规定，用工单位应自员工入职之日起为其缴纳社保。但对于农民工，如其在当地参加了新农合和新农保，过往项目中一般可以得到审核机关认可，但现在有审核趋严的态势。此外中介机构可解释社保未全国统筹，公司人员流动大，若强制缴纳则导致人员流失。

(五)临时工、季节性用工是否也必须缴纳社保及公积金

实务中经常遇到所谓“临时工、季节性用工”是否也必须缴纳社保及公积金的问题。有些中介机构人员或是出于不愿意承担任何风险的考虑,或是由于经验不足,有时候会简单化、一刀切地要求发行人为临时工和季节性用工也缴纳社保及公积金。这种做法虽然中介机构承担的风险小了,但会给企业带来较为沉重的甚至是不必要的负担,并不可取。

临时工、季节性用工并非法律用语,是企业对临时性用工的通称。如果要从法律上去寻找对应的概念,临时工、季节性用工应属于《劳动合同法》中规定的“非全日制用工”。根据《劳动合同法》第六十八条、第六十九条、第七十一条和第七十二条,非全日制用工,是指以小时计酬为主,劳动者在同一用人单位一般平均每日工作时间不超过四小时,每周工作时间累计不超过二十四小时的用工形式。非全日制用工双方当事人可以订立口头协议。从事非全日制用工的劳动者可以与一个或者一个以上用人单位订立劳动合同;但是,后订立的劳动合同不得影响先订立的劳动合同的履行。用工双方当事人任何一方都可以随时通知对方终止用工。终止用工,用人单位不向劳动者支付经济补偿。非全日制用工小时计酬标准不得低于用人单位所在地人民政府规定的最低小时工资标准。非全日制用工劳动报酬结算支付周期最长不得超过十五日。

《劳动合同法》只是对非全日制用工的定义、合同的形式以及试用期、报酬支付等做了一个粗略的规定,而对于非全日制用工的社会保险问题,《劳动合同法》未作具体规定。2003 年 5 月 30 日,原劳动和社会保障部下发了《劳动和社会保障部关于非全日制用工若干问题的意见》(劳社部发〔2003〕12 号,以下简称《非全日制用工意见》),其中与《劳动合同法》不一致的地方如“非全日制用工是指以小时计酬、劳动者在同一用人单位平均每日工作时间不超过 5 小时累计每周工作时间不超过 30 小时的用工形式”应以《劳动合同法》为准,其中《劳动合同法》未规定的内容应按非全日制用工意见执行。根据非全日制用工意见,从事非全日制工作的劳动者应当参加基本养老保险,原则上参照个体工商户的参保办法执行。对于已参加过基本养老保险和建立个人账户的人员,前后缴费年限合并计算,跨统筹地区转移的,应办理基本养老保

险关系和个人账户的转移、接续手续。符合退休条件时，按国家规定计发基本养老金。从事非全日制工作的劳动者可以以个人身份参加基本医疗保险，并按照待遇水平与缴费水平相挂钩的原则，享受相应的基本医疗保险待遇。参加基本医疗保险的具体办法由各地劳动保障部门研究制定。用人单位应当按照国家有关规定为建立劳动关系的非全日制劳动者缴纳工伤保险费。从事非全日制工作的劳动者发生工伤，依法享受工伤保险待遇；被鉴定为伤残 5—10 级的，经劳动者与用人单位协商一致，可以一次性结算伤残待遇及有关费用。

对于非全日制用工的社会保险问题，《社会保险法》第十条规定，职工应当参加基本养老保险，由用人单位和职工共同缴纳基本养老保险费。无雇工的个体工商户、未在用人单位参加基本养老保险的非全日制从业人员以及其他灵活就业人员可以参加基本养老保险，由个人缴纳基本养老保险费。第二十三条规定，职工应当参加职工基本医疗保险，由用人单位和职工按照国家规定共同缴纳基本医疗保险费。无雇工的个体工商户、未在用人单位参加职工基本医疗保险的非全日制从业人员以及其他灵活就业人员可以参加职工基本医疗保险，由个人按照国家规定缴纳基本医疗保险费。第六十条规定，无雇工的个体工商户、未在用人单位参加社会保险的非全日制从业人员以及其他灵活就业人员，可以直接向社会保险费征收机构缴纳社会保险费。

从《社会保险法》的上述规定来看，并未强制要求用人单位为非全日制从业人员缴纳社会保险费。根据《劳动合同法》，从事非全日制用工的劳动者可以与一个或者一个以上用人单位订立劳动合同，所以实际上也很难强制某一个用人单位为非全日制从业人员缴纳社会保险费。但是，由于工伤保险属于用人单位的强制性义务且具有特殊性，笔者认为，用人单位必须缴纳，而且是每个用人单位都要缴纳，这样才能更好地维护劳动者的权益。此外，需要注意的是，关于非全日制用工的劳动者缴纳社会保险的问题，除了上述几个法律法规外，发行人所在地以及用工地的地方性法规如有特殊要求的，应当特别注意遵守。

【案例：煌上煌——为非全日制用工办理了有关保险】

《煌上煌招股说明书》第 1－1－68 页披露如下：

（二）社会保障与福利情况

1. 社会保障制度执行情况

目前，公司实行在册员工劳动合同制，按照《劳动法》等国家和地方有关法律法规，结合公司的实际情况，在平等自愿、协商一致的基础上与在册员工签订了劳动合同，员工根据劳动合同承担义务和享受权利。

公司社会保险由基本养老、医疗、失业、工伤、生育五个险种组成。截至2012年6月30日，公司及子公司按照国家及地方关于劳动和社会保险的法律法规，为在册的614名员工中的584名人员办理了社会保险，另外30人为原退休返聘等人员，在原单位已缴纳社会保险，不用再行缴纳。另外，公司已根据《劳动和社会保障部关于非全日制用工若干问题的意见》为非全日制用工办理了有关保险。

截至2012年6月30日，发行人社会保险的缴纳情况如下：

<table>
<tr><th colspan="2" rowspan="2">项目</th><th>南昌市</th><th>东莞市</th><th>沈阳市</th><th>福清市</th><th rowspan="2">报告期各险种缴纳金额（元）（公司缴纳部分）</th></tr>
<tr><th>煌上煌、煌大食品、永修煌上煌</th><th>东莞煌上煌</th><th>沈阳分公司、辽宁煌上煌</th><th>福建煌上煌</th></tr>
<tr><td rowspan="2">养老保险</td><td>单位</td><td>20%</td><td>13%</td><td>20%</td><td>18%</td><td rowspan="2">5614422.69</td></tr>
<tr><td>个人</td><td>8%</td><td>8%</td><td>8%</td><td>8%</td></tr>
<tr><td rowspan="2">医疗保险</td><td>单位</td><td>6%</td><td>2.3%</td><td>8%</td><td>8%</td><td rowspan="2">1895555.12</td></tr>
<tr><td>个人</td><td>2%</td><td>0.5%</td><td>2%</td><td>2%</td></tr>
<tr><td rowspan="2">失业保险</td><td>单位</td><td>2%</td><td>0.5%</td><td>2%</td><td>2%</td><td rowspan="2">607930.73</td></tr>
<tr><td>个人</td><td>1%</td><td>东莞市户口：0.5%；非东莞市户口：0</td><td>1%</td><td>1%</td></tr>
<tr><td>工伤保险</td><td>单位</td><td>0.8%</td><td>1%</td><td>1.20%</td><td>1%</td><td>329092.61</td></tr>
<tr><td>生育保险</td><td>单位</td><td>0.8%</td><td>与医疗保险捆绑</td><td>与医疗保险捆绑</td><td>0.7%</td><td>167627.68</td></tr>
</table>

注：发行人子公司永修煌上煌注册地为江西省九江市，其工作人员由煌大食品派驻，在煌大食品所在地南昌市缴纳社保、住房公积金。

南昌市人力资源与社会保障局出具证明：江西煌上煌集团食品股份有限公司、江西煌大食品有限公司报告期内严格遵守国家和地方有关社保的法律法规的规定，依法足额缴纳了相关保险费，不存在任何欠缴社会保险金或违反社会保险法律法规的情况。

东莞市社会保障局洪梅分局为广东煌上煌出具证明：经查验，广东煌上煌食品有限公司已依据有关社保的法律法规开立了相关社保账户，缴纳了相关保险费，在经营中没有因违反有关社会保险有关法律、法规、规章、地方法规等规范性文件而受到社会保险主管部门处罚的情况。

福清市人力资源与社会保障局出具证明：经查验，福建煌上煌食品有限公司已依据有关社保的法律法规开立了相关社保账户并缴纳了保险费，报告期内的经营中没有受到主管部门处罚的情况。

沈阳市和平区人力资源与社会保障局出具证明：经查验，江西煌上煌集团食品股份有限公司沈阳分公司在报告期内的经营中，严格遵守国家和地方有关社保的法律法规的规定，依法缴纳了相关保险费，不存在任何欠缴社会保险金或违反社会保险法律法规的情况。

（六）员工自愿放弃社保是否可行、退休员工、实习生是否需缴纳社保

虽然过往有一些项目中有员工出具承诺，自愿放弃社保及公积金的案例，但除非万不得已，笔者个人不是很赞同这种做法。原因在于根据法律的规定，用人单位和劳动者必须依法参加社会保险。因此，放弃参加社会保险的承诺，虽系自愿但因不符法律规定，应属无效。且这种做法还有可能为企业带来诉讼风险和不必要的麻烦。根据北京市人力资源和社会保障局于 2015 年 7 月 10 日公布的劳动人事争议典型案例之“案例二：不缴社保，劳动者虽自愿企业仍违法”，依法缴纳社会保险是法律规定的一项强制性义务，即便劳动者向用人单位书面保证自愿不缴纳社会保险，用人单位未缴纳社会保险的行为仍属于违法，劳动者有权以用人单位未依法缴纳社会保险为由要求解除劳动合同，而且用人单位需要支付经济补偿。

在 2016 年浙江省的某案例中，公司员工王某工作期间自愿签订了一份放弃社保申明书，表示不愿投保并同意公司将应支付的社保份额计入计件薪酬。2015 年 3 月，王某通过挂号信向公司邮寄一份《解除合同通知书》，称因公司没有为其缴纳社会保险费，提出被迫解除劳动关系。后王某向劳动仲裁委申请

仲裁，要求公司补缴社保，并要求支付解除合同的经济补偿金 20700 元。仲裁委员会逾期未作出裁决。王某后向法院起诉。经过一审、二审和再审，浙江省高级人民法院最终判决，根据现行法律的规定，用人单位和劳动者必须依法参加社会保险。因此，虽然原审认定了《自愿放弃社保申明书》的真实性，但因该申明书不符法律规定，应认定无效。鉴于王某自愿签署《自愿放弃社保申明书》，且事实上已经通过领取工资报酬获得了公司本应缴纳的保险费，由此，原审判令公司补缴社保的同时判令王某返还社会保险补贴，及驳回其要求支付经济补偿金的诉请，并无不当。否则有可能导致劳动者一方面要求将社会保险费用计入工资发放，另一方面又主张补缴保险费并支付经济补偿金的道德风险。①

在 IPO 实务中，如确实有少数员工由于个人原因不愿意配合缴纳社保及公积金，笔者建议中介机构和发行人按以下原则予以处理：1. 未缴纳社保及公积金的真实原因必须是该等员工本人不愿意缴纳且不配合，而非公司不予办理，且公司已履行了告知义务（建议用书面方式告知请其签字确认）；2. 该员工本人应出具放弃社保或公积金申明书，声明原因，且承诺不因此提起仲裁、诉讼且不要求公司支付经济补偿金或履行其他赔偿或补偿义务；3. 该等员工不应为公司骨干或核心员工，且数量越少越好；4. 中介机构和发行人如实披露。

关于退休员工、实习生是否需缴纳社保，一般认为，对于退休返聘的员工，发行人无需为其缴纳社会保险和住房公积金，鉴于学生的档案关系尚在学校，公司无法与其建立劳动关系，也无法为该部分人员缴纳社会保险与住房公积金，不违反法律和行政法规的规定。

有关上述员工自愿放弃社保和退休员工、实习生是否需缴纳社保具体可参考下述案例。

【参考案例：世纪天鸿——部分员工未缴纳社保和住房公积金】

问题 13. 报告期内，存在部分员工未缴纳社保和住房公积金的情况，主要原因如下：(1) 为公司助学读物更贴合中小学生使用需求，更具实用性，发行人聘请中小学退休教师作为公司业务顾问，并与其签订《劳务合同》，无需为该等人员缴纳社保及住房公积金；(2) 少数员工由于个人原因，公司将社会保险中涉及

---

① 浙江省高级人民法院（2016）浙民申 1780 号。

到应由公司承担的费用全部支付给个人，由其本人缴纳，相关员工已出具自愿放弃缴纳社保及公积金的承诺函。请说明：(1) 上述情况对应的具体人数、与退休人员签订《劳务合同》而不缴纳社保及住房公积金是否合法合规；(2) 公司将社会保险中涉及应由公司承担的费用全部支付给个人员工的原因，员工自愿不缴纳是否可以免除发行人的法定义务。请保荐机构、律师核查并发表明确意见。

北京市康达律师事务所出具的《补充法律意见四》第25页披露如下：

报告期内，公司存在未给部分员工缴纳社会保险和住房公积金的情形，原因如下：(1) 公司教辅图书等助学读物服务于中小学教学及考试，根据业务特点，发行人聘请中小学退休教师作为公司业务顾问，并与其签订《劳务合同》，无需为该等人员缴纳社保及住房公积金；(2) 少数员工由于个人原因不愿缴纳社会保险和公积金，公司根据该类员工的个人意愿，将社会保险中涉及应由公司承担的费用全部支付给个人，由其本人缴纳，相关员工已出具自愿放弃缴纳社保及公积金的承诺函；(3) 少数人员为实习生，该等人员与公司之间并非《劳动法》和《劳动合同法》规定的劳动关系，公司与之签订了《实习协议》，公司无需为其缴纳社会保险与住房公积金；(4) 少数员工为期末入职员工，尚在办理社会保险和住房公积金缴纳手续过程中。报告期各期末，公司在册员工人数与缴纳社会保险和住房公积金缴纳情况如下：

项目	2016年12月31日	2015年12月31日	2014年12月31日
在册员工人数	537	639	766
未缴纳社保人员	53	25	89
其中：退休返聘	14	15	25
自愿放弃	2	2	4
正在办理中	17	1	34
在校实习生	20	7	26
实缴社保人数	484	614	677
项目	2016年12月31日	2015年12月31日	2014年12月31日
在册员工人数	537	639	766
未缴纳公积金人员	45	26	85

续表

项目	2016 年 12 月 31 日	2015 年 12 月 31 日	2014 年 12 月 31 日
其中：退休返聘	5	6	13
自愿放弃	3	7	10
正在办理中	17	6	36
在校实习生	20	7	26
实缴公积金人数	492	613	681

一、退休返聘的情形

（一）法律法规对于退休年龄的规定

根据《国务院关于工人退休、退职的暂行办法》第一条、《国务院办公厅关于进一步做好国有企业下岗职工基本生活保障和企业离退休人员养老金发放工作有关问题的通知》第四条和《劳动和社会保障部关于制止和纠正违反国家规定办理企业职工提前退休有关问题的通知》第一条的规定，男性年满 60 周岁，女性年满 50 周岁，应该退休。

（二）已享受养老保险待遇的离退休人员再就业的，用人单位可以与退休人员约定医疗等待遇

《劳动合同法实施条例》第二十一条规定："劳动者达到法定退休年龄的，劳动合同终止。"《劳动部关于实行劳动合同制度若干问题的通知》第十三条规定："已享受养老保险待遇的离退休人员被再聘用时，用人单位应与其签订书面协议，明确聘用期内的工作内容、报酬、医疗、劳动待遇等权利和义务。"《劳动部办公厅对〈关于实行劳动合同制度若干问题的请示〉的复函》第二条规定："对被再次聘用的已享受养老保险待遇的离退休人员，根据劳动部《关于实行劳动合同制度若干问题的通知》（劳部发〔1996〕354 号）第 13 条的规定，其聘用协议可以明确工作内容、报酬、医疗、劳动保护待遇等权利、义务。"

因此，根据上述规定，离退休人员与原单位的劳动合同已经终止，已经享受养老保险待遇的离退休人员与再聘用单位可签订书面聘用协议，并在聘用协议中明确医疗等待遇。本所律师核查了发行人与退休返聘人员签订的《劳务合同书》，该等合同书中明确约定发行人发放的劳务费中包含了社会保险费用。

（三）企业无须为退休返聘人员缴纳住房公积金

根据《住房公积金管理条例》(2002年修订)第二条第二款规定："本条例所称住房公积金，是指国家机关、国有企业、城镇集体企业、外商投资企业、城镇私营企业及其他城镇企业、事业单位、民办非企业单位、社会团体(以下统称单位)及其在职职工缴存的长期住房储金。"根据劳动部印发《〈中华人民共和国企业劳动争议处理条例〉若干问题解释》(劳部发〔1993〕244号)(已失效)第六条规定："职工是指按照国家和地方法律、法规的规定，依法与企业确立劳动关系的劳动者。"因此根据上述规定可知，在职职工应为与企业确立了劳动关系且该等劳动关系处于仍然存续的状态的职工。

根据《劳动合同法》第四十四条第一款第(二)项的规定："有下列情形之一的，劳动合同终止……(二)劳动者开始依法享受基本养老保险待遇的……"根据《劳动法》第七十三条第一款第(一)项的规定："劳动者在下列情形下，依法享受社会保险待遇：(一)退休……"因此，已经退休的职工其与原工作单位之间的劳动关系已经于退休之日终结。

因此，根据上述法规的规定，用人单位只需为在职职工缴纳住房公积金，无须为已经退休人员缴纳公积金。

(四)未缴纳社保的退休返聘人员数量与未缴纳住房公积金的退休返聘人员数量差异原因

报告期各期末，公司未缴纳社保的退休返聘人数与未缴纳住房公积金的退休返聘人数具体如下：

项目	2016年12月31日	2015年12月31日	2014年12月31日
退休返聘人数	14	15	25
未缴纳社会保险的退休返聘人员数量	14	15	25
未缴纳住房公积金的退休返聘人员数量	5	6	13

如上表所示，报告期各期末，未缴纳社会保险的退休返聘人员数量与未缴纳住房公积金的退休返聘人员数量存在差异，原因是公司根据部分退休返聘人员的要求，公司为其缴纳了住房公积金。

综上，本所律师认为，对于退休返聘的员工，发行人无需为其缴纳社会保险和住房公积金，但根据部分退休返聘人员缴纳住房公积金的意愿，公司为其缴纳了住房公积金，发行人不存在违法违规的情形。

二、自愿放弃的情形

报告期各期末，公司自愿放弃缴纳社会保险的人员数量与自愿放弃缴纳住房公积金的人员数量具体如下：

项目	2016年12月31日	2015年12月31日	2014年12月31日
自愿放弃缴纳社会保险的人员数量	2	2	4
自愿放弃缴纳住房公积金的人员数量	3	7	10

如上表所示，报告期各期末自愿放弃缴纳社会保险的人员数量与自愿放弃缴纳住房公积金的人员数量存在差异，原因是员工根据自己的意愿，部分放弃缴纳社会保险，部分放弃缴纳住房公积金。

根据自愿放弃缴纳社保的员工签署的自愿放弃缴纳社保的书面文件，该等员工系因个人原因放弃缴纳社会保险，并不能免除发行人根据《社会保险法》等法律法规规定的用人单位缴纳的义务。但发行人尊重员工的意愿，将社会保险中涉及应由公司承担的费用全部支付给个人员工。

针对上述事项，公司控股股东北京志鸿教育投资有限公司、实际控制人任志鸿已作出如下承诺："若公司或北京天梯志鸿教育科技有限责任公司经有关政府部门或司法机关认定需要补缴社会保险（包括养老保险、失业保险、医疗保险、工商保险、生育保险）和住房公积金，或因社会保险和住房公积金事宜受到处罚，或被任何相关方以任何方式提出有关社会保险费和住房公积金的合法权利要求的，本公司/本人将在公司或北京天梯志鸿教育科技有限责任公司收到有权政府部门出具的生效认定文件后，全额承担需由公司或北京天梯志鸿教育科技有限责任公司补缴的全部社会保险费和住房公积金、滞纳金、罚款或赔偿款项。本公司/本人进一步承诺，在承担上述款项和费用后将不向公司及北京天梯志鸿教育科技有限责任公司追偿，保证公司或北京天梯志鸿教育科技有限责任公司不会因此遭受任何损失。"

三、在校生实习的情形

报告期各期末，公司在册人员包含部分在公司实习的在校生，公司与该等人员签订《实习协议》，鉴于学生的档案关系尚在学校，公司无法与其建立劳动关系，无法为该部分人员缴纳社会保险与住房公积金，发行人未为其缴纳社会保险和住房公积金不存在违反法律和行政法规规定的情形。

四、正在办理的情形

报告期各期末，公司存在新入职员工需办理社会保险和住房公积金缴纳转移手续的情形，正在办理缴纳社会保险手续的人员数量与正在办理缴纳住房公积金手续的人员数量具体如下：

项目	2016年12月31日	2015年12月31日	2014年12月31日
正在办理缴纳社保手续的人员数量	17	1	34
正在办理缴纳住房公积金的人员数量	17	6	36

如上表所示，报告期各期末正在办理缴纳社会保险手续的人员数量与正在办理缴纳住房公积金的人员数量存在差异，原因是办理社保和住房公积金转移手续分属于不同行政管理部门，因此社会保险与住房公积金审批进度不一致。发行人已经向社会保险以及住房公积金的行政主管部门就上述人员参加社会保险和住房公积金的事项提交了相应的申请文件，并不存在依法应当为员工缴纳社会保险和住房公积金而未缴纳的情形，因此发行人不存在违反法律和行政法规规定的情形。

五、相关主管机关出具的证明文件

根据淄博市人力资源和社会保障局、淄博住房公积金管理中心、北京市朝阳区人力资源和社会保障局分别于2016年3月、2017年1月及2017年3月出具的证明文件，报告期内发行人及其子公司天梯志鸿能遵守有关社会保险和住房公积金的相关法律法规的规定，不存在因违反相关法律、法规及规范性文件而受到行政处罚的情形。

六、核查意见

综上所述，本所律师认为，发行人未为退休返聘人员、在校实习生及尚未完成社会保险和住房公积金缴纳手续的人员缴纳社会保险和住房公积金不存在违反法律和行政法规规定的情形；员工自愿放弃缴纳社会保险和住房公积金虽不能免除发行人的法定缴纳义务，但是存在上述情形的员工人数较少，且发行人控股股东及实际控制人已作出承诺，上述情形不会对发行人上市造成实质性障碍。

（七）缴费基数如何确定

实务中常常遇到发行人为员工缴纳社保的基数不符合要求，法律要求按照职工工资水平缴纳社保，而企业以当地平均工资水平甚至是最低工资水平缴纳。近年证监会在IPO审核时，常常要求发行人说明并披露包括母公司和所有子公司办理社保和缴纳住房公积金的员工人数、未缴纳员工人数及原因、企业与个人缴纳比例等。

《宝钢包装补充法律意见书三》第5－1－3－38页披露如下：

反馈意见3：关于社保缴纳情况。请保荐机构、发行人律师核查并在招股说明书中披露列示报告期内公司员工人数、社保及公积金缴纳基数和缴纳金额，并就是否合法合规发表明确意见。

答复：

1. 经核查，报告期内发行人（包括发行人境内子公司）缴纳社会保险/综合保险情况如下：

项目	2012年度	2013年度	2014年度	2015年截至2月
员工总人数	986	1214	1315	1313
实际缴纳社会保险人数	981	1209	1312	1310
外籍员工人数	2	2	2	2
新员工人数	3	3	1	1
缴纳社会保险基数	员工个人上一年度工资总额月平均数（基数计算不超过社会平均工资的三倍）			
发行人缴纳的社会保险金总额（元）	15311536	20621683	23211965	4712932

2015年1月30日，发行人调取了《单位参加城镇社会保险基本情况表》，载明截至2014年12月底，发行人及其员工的社会保险缴费状态为正常。

2. 经核查，报告期内发行人（包括发行人境内子公司）缴纳住房公积金情况如下：

项目	2012 年度	2013 年度	2014 年度	2015 年截至 2 月
员工总人数	986	1214	1315	1313
实际缴纳社会保险人数	973	1201	1308	1304
外籍员工人数	2	2	2	2
新员工人数	–	3	–	2
自愿不缴纳人数	11	8	5	5
缴纳社会保险基数	员工个人上一年度工资总额月平均数（基数计算不超过社会平均工资的三倍）			
发行人缴纳的社会保险金总额（元）	7626866	7868172	10889700.8	1947980.5

根据上海市公积金管理中心 2015 年 2 月 19 日出具的《住房公积金缴存情况证明》，确认发行人自 2011 年 2 月建立住房公积金账号以来，未受到过上海市公积金管理中心的处罚。

3. 发行人境外子公司社会保险/住房公积金缴纳情况（如涉及）

（1）根据发行人说明及 Baker&Mckenzie 律师事务所香港分所出具的法律意见书，发行人子公司宝钢包装香港为控股公司，不涉及具体业务经营，不存在涉及缴纳社会保险/住房公积金的专职员工；同时，根据 Baker&Mckenzie 律师事务所香港分所律师检索，未发现涉及宝钢包装香港的任何诉讼请求。

（2）根据发行人说明及 Baker&Mckenzie 律师事务所越南分所出具的法律意见书及尽职调查报告，越南平阳省社会保险部出具了越南制罐强制保险（包括社会保险、失业险及健康险）缴费记录，且根据平阳省社会保险部出具的通告，未披露越南制罐存在任何因欠缴或迟缴强制保险引发的处罚。

（3）根据 R&P Legal 意大利律师事务所出具的法律意见书，意大利印铁所有劳动用工均符合意大利法律法规的规定，未发生因劳动纠纷引起的诉讼。

综上，本所律师认为，发行人的社会保险及住房公积金缴纳符合我国法律法规的相关规定，不会对发行人本次发行造成不利影响。

（八）委托人力资源服务机构代缴社保是否合法

实务中常常有发行人委托人力资源服务机构以该服务机构的名义代发行人为发行人员工缴纳社保，此种情形是否合法合规？

根据2011年7月1日起开始实施、现行有效的《社会保险法》第六十条的规定，用人单位应当自行申报、按时足额缴纳社会保险费；职工应当缴纳的社会保险费由用人单位代扣代缴。① 因此，代员工缴纳社会保险的行为主体应是用人单位。

2014年5月7日北京市高级人民法院、北京市劳动争议仲裁委员会发布并施行、现行有效的《北京市高级人民法院、北京市劳动争议仲裁委员会关于劳动争议案件法律适用问题研讨会会议纪要（二）》规定："劳动者通过其他渠道缴纳保险费包括劳动者自行缴纳和在其他用人单位缴纳两种形式，这两种形式均与劳动关系的真实状态不符，违反社会保险法的规定，对社会保险的登记、核定、缴纳、支付等正常秩序造成影响，因此仲裁委、法院不予支持。"

笔者认为，发行人可以委托人力资源服务机构代办缴纳社保的一些事务性工作，但缴纳社保的主体应是发行人，发行人委托人力资源服务机构以该服务机构的名义代发行人为发行人员工缴纳社保是不符合法律规定也是不规范的。

【案例：暴风集团（300431）——委托中介机构代为缴纳社保和公积金】

发行人子公司天津鑫影科技有限公司（"天津鑫影"）未按照法律法规的规定及时办理社会保险登记和住房公积金缴存登记，而是委托中介机构为员工代为缴纳社会保险和住房公积金。

《发行保荐工作报告》第3-1-2-50页披露如下：

发行人全资子公司天津鑫影科技有限公司已为其全部9名员工缴纳了社会保险和住房公积金，但报告期内存在未能及时办理社会保险和住房公积金登记的情况。根据发行人的说明、天津市社会保险资金管理中心河西分公司出具的《天津市社会保险参保证明》，天津鑫影全部9名员工的社会保险已缴纳，缴费时间为2013年10月至2013年12月。根据天津鑫影实际委托办理员工社会保险费用、住房公积金费用缴纳的受托人天津智联易才人力资源顾问有限公司出具的证明，天津鑫影全部9名员工的社会保险已缴纳，缴费时间为2013年10月至2014年6月。根据天津智联易才人力资源顾问有限公司出具的缴存记录及证明，天津鑫影8名员工2013年10月至2013年12月的住房公积金已缴纳，1

---

① 对应《中华人民共和国社会保险法》（2018修正）第六十条。

名员工正在办理公积金转移手续、该名员工2013年10月至2013年12月的公积金费用已经扣除。根据发行人确认，截至2015年1月31日，该名员工已办理完成公积金转移手续。就上述情况，天津鑫影承诺将依照《社会保险法》和《住房公积金管理条例》等的规定及时办理社会保险登记和住房公积金缴存登记，办理完成后将依法为员工（包括已聘用及未来将聘用的员工）及时、足额缴纳社会保险费用及住房公积金费用。根据天津智联易才人力资源顾问有限公司出具的证明，天津鑫影9名员工2013年10月至2014年6月的住房公积金已缴纳。根据天津市住房公积金管理中心出具的《单位公积金缴存证明》及发行人确认，天津鑫影已办理住房公积金开户，缴存人数为9人，单位及个人的缴存比例均为11%。

发行人律师认为：天津鑫影共雇用员工9人，不足发行人雇用员工人数的2%，且发行人实际控制人冯鑫已出具承诺，如天津鑫影存在未按规定为员工缴纳社会保险金及住房公积金的情况，并因此而被有关主管部门要求补缴和/或处罚或遭受有关员工的权利主张和追索，将全额承担发行人（包括发行人下属控股子公司）因该等应补缴及/或被追偿或追索而遭受的损失。综上，天津鑫影存在的未及时办理社会保险登记和住房公积金缴存登记的情形，不会构成发行人本次发行上市的实质性障碍。

因此，报告期内发行人在“五险一金”方面缴费基数的瑕疵不会对发行人的本次发行上市构成实质障碍。

（九）员工派驻外地，发行人委托人力资源服务机构在派驻地缴社保是否合法

实务中还有发行人委托人力资源服务机构代发行人为员工在公司住所地之外缴纳社会保险事项的情形，根据笔者对有关主管机关进行的电话咨询，社会保险的缴纳采用属地原则，即用人单位应当在住所地所属的行政区域内为员工代扣代缴社会保险，发行人的上述行为属于《社会保险法》第八十六条规定的未按时足额缴纳社会保险费的情形，若有关员工向发行人住所地有管辖权的人力资源和社会保障部门进行投诉，发行人应当补缴社会保险并支付滞纳金，且存在被行政处罚的风险。

第三部分

新三板企业申报 IPO 的特殊法律问题

第一章
已转板成功案例反馈问题汇总分析

第一节　已经转板并上市成功的企业名称汇总

据统计，截至2020年2月13日，已经转板并上市成功的企业如下：

转板前				转板后		
代码	名称	挂牌日期	摘牌日期	代码	名称	上市日期
430018. OC	合纵科技	2007/09/19	2015/06/01	300477. SZ	合纵科技	2015/06/10
430040. OC	康斯特	2008/12/26	2015/04/22	300445. SZ	康斯特	2015/04/24
430049. OC	双杰电气	2009/02/18	2012/08/29	300444. SZ	双杰电气	2015/04/23
430030. OC	安控科技	2008/08/20	2014/01/09	300370. SZ	安控科技	2014/01/23
430045. OC	东土科技	2009/02/18	2012/08/29	300353. SZ	东土科技	2012/09/27
430008. OC	紫光华宇	2006/08/30	2011/09/28	300271. SZ	华宇软件	2011/10/26
430012. OC	博晖创新	2007/02/16	2012/05/10	300318. SZ	博晖创新	2012/05/23
430023. OC	佳讯飞鸿	2007/10/26	2011/04/20	300213. SZ	佳讯飞鸿	2011/05/05
430001. OC	世纪瑞尔	2006/01/23	2010/12/16	300150. SZ	世纪瑞尔	2010/12/22
430006. OC	北陆药业	2006/08/28	2009/08/04	300016. SZ	北陆药业	2009/10/30
430007. OC	久其软件	2006/09/07	2008/01/28	002279. SZ	久其软件	2009/08/11
400003. OC	粤传媒	2001/08/08	2007/08/15	002182. SZ	粤传媒	2007/11/16

续表

转板前				转板后		
代码	名称	挂牌日期	摘牌日期	代码	名称	上市日期
832362. OC	佩蒂股份	2015/04/23	2017/06/06	300673. SZ	佩蒂股份	2017/07/11
430599. OC	艾艾精工	2014/01/24	2017/05/24	603580. SH	艾艾精工	2017/05/25
831215. OC	新天药业	2014/10/23	2017/05/09	002873. SZ	新天药业	2017/05/19
430568. OC	光莆电子	2014/01/24	2017/03/21	300632. SZ	光莆股份	2017/04/06
831645. OC	三星新材	2015/01/07	2017/02/24	693578. SH	三星新材	2017/03/06
831535. OC	拓斯达	2014/12/24	2017/01/26	300607. SZ	拓斯达	2017/02/09
831223. OC	江苏中旗	2014/10/28	2016/11/14	300575. SZ	中旗股份	2016/12/20
832933. OC	九典制药	2015/07/24	2017/09/15	300705. SZ	九典制药	2017/10/10
834864. OC	万马科技	2015/12/09	2017/08/16	300698. SZ	万马科技	2017/08/31
833456. OC	世纪天鸿	2015/09/15	2017/08/29	300654. SZ	世纪天鸿	2017/09/26
430605. OC	阿科力	2014/01/24	2017/08/22	603722. SH	阿科力	2017/10/25
834108. OC	万隆股份	2015/10/27	2017/03/07	300710. SZ	万隆光电	2017/10/17
832374. OC	丽岛新材	2015/04/20	2017/10/21	603937. SH	丽岛新材	2017/10/25
837311. OC	药石科技	2014/01/24	2017/10/21	300725. SZ	药石科技	2017/11/10
831103. OC	怡达化学	2014/07/31	2017/10/30	300721. SZ	怡达股份	2017/11/15
834393. OC	爱柯迪	2015/12/14	2017/11/01	600933. SH	爱柯迪	2017/11/17
835470. OC	伯特利	2016/01/21	2017/01/26	603596. SH	伯特利	2018/04/27
832154. OC	文灿股份	2015/03/18	2018/04/09	603348. SH	文灿股份	2018/04/26
832766. OC	沃格光电	2015/07/20	2017/08/31	603773. SH	沃格光电	2018/04/17
834337. OC	宏川智慧	2015/11/19	2018/03/08	002930. SZ	宏川智慧	2018/03/28
834571. OC	润建通信	2015/12/14	2017/05/22	002929. SZ	润建通信	2018/03/01
834801. OC	淳中科技	2016/01/05	2018/01/18	603516. SH	淳中科技	2018/02/02
300737. OC	科顺防水	2015/10/15	2018/01/04	300737. SZ	科顺股份	2018/01/25
832745. OC	奥飞数据	2015/07/15	2017/12/8	300738. SZ	奥飞数据	2018/01/19
831008. OC	百华悦邦	2014/08/29	2017/12/25	300736. SZ	百华悦邦	2018/01/09

续表

转板前				转板后		
代码	名称	挂牌日期	摘牌日期	代码	名称	上市日期
831263. OC	科华控股	2014/11/03	2017/12/25	603161. SH	科华控股	2018/01/05
832099. OC	新疆火炬	2015/03/11/	2017/12/15	603080. SH	新疆火炬	2018/01/03
832675. OC	福达合金	2015/07/01	2017/08/23	603045. SH	福达合金	2018/05/17
833868. OC	南京证券	2015/10/28	2018/05/16	601990. SH	南京证券	2018/06/13
833368. OC	江苏新能	2015/08/11	2018/05/23	603693. SH	江苏新能	2018/07/03
833677. OC	芯能科技	2015/09/17	2018/05/21	603105. SH	芯能科技	2018/07/09
430591. OC	明德生物	2014/01/24	2017/07/13	002932. SZ	明德生物	2018/07/10
833708. OC	捷佳伟创	2015/09/23	2018/06/05	300724. SZ	捷佳伟创	2018/08/10
835009. OC	金力永磁	2015/12/07	2018/01/24	300748. SZ	金力永磁	2018/09/21
830948. OC	捷昌驱动	2014/08/07	2018/03/15	603583. SH	捷昌驱动	2018/09/21
833958. OC	顶固集创	2015/10/13	2018/07/31	300749. SZ	顶固集创	2018/09/25
834124. OC	宇晶机器	2015/10/28	2017/09/07	002943. SZ	宇晶股份	2018/11/29
830822. OC	海容冷链	2014/07/01	2018/03/02	603187. SH	海容冷链	2018/11/29
831868. OC	新农股份	2015/01/16	2018/09/03	002942. SZ	新农股份	2018/12/05
400061. OC	长油 5	2014/08/06	2018/11/21	601975. SH	招商南油	2019/01/08
834980. OC	宁波水表	2016/01/15	2018/12/04	603700. SH	宁波水表	2019/01/22
838276. OC	七彩化学	2016/08/09	2018/12/04	300758. SZ	七彩化学	2019/02/22
837354. OC	威派格	2016/04/27	2017/09/27	603956. SH	威派格	2019/02/22
836762. OC	华阳国际	2016/04/18	2017/07/25	002949. SZ	华阳国际	2019/02/26
835481. OC	锦浪科技	2016/01/08	2017/08/17	300763. SZ	锦浪科技	2019/03/29
831135. OC	永冠股份	2014/09/15	2019/01/18	603681. SH	永冠新材	2019/03/26
832840. OC	亚世光电	2015/07/21	2019/03/06	002952. SZ	亚世光电	2019/03/28
831377. OC	有友食品	2014/11/20	2018/08/21	603697. SH	有友食品	2019/05/08
835053. OC	帝尔激光	2015/12/15	2019/04/26	300776. SZ	帝尔激光	2019/05/17
836582. OC	三角防务	2016/03/15	2019/04/30	300775. SZ	三角防务	2019/05/21

续表

转板前				转板后		
代码	名称	挂牌日期	摘牌日期	代码	名称	上市日期
871452. OC	朗进科技	2017/06/27	2019/06/03	300594. SZ	朗进科技	2019/06/21
831543. OC	松炀资源	2014/12/22	2019/05/08	603863. SH	松炀资源	2019/06/21
839128. OC	新化股份	2016/09/05	2019/06/03	603867. SH	新化股份	2019/06/27
834291. OC	中信出版	2015/11/26	2019/06/19	300788. SZ	中信出版	2019/07/05
836430. OC	移远通信	2016/02/26	2017/03/03	603236. SH	移远通信	2019/07/16
833790. OC	嘉元科技	2015/10/22	2019/07/09	688388. SH	嘉元科技	2019/07/22
831628. OC	西部超导	2014/12/31	2019/07/02	688122. SH	西部超导	2019/07/22
833231. OC	天准科技	2015/08/11	2018/01/30	688003. SH	天准科技	2019/07/22
834229. OC	南京微创	2015/11/09	2016/06/13	688029. SH	南微医学	2019/07/22
832938. OC	国林环保	2015/07/28	2019/07/10	300786. SZ	国林科技	2019/07/23
832899. OC	景津环保	2015/07/17	2019/07/09	603279. SH	景津环保	2019/07/29
832340. OC	国联股份	2015/04/23	2019/07/08	603613. SH	国联股份	2019/07/30
430002. OC	中科软	2006/01/23	2019/08/01	603927. SH	中科软	2019/09/09
838942. OC	网创科技	2016/07/29	2017/06/13	300792. SZ	壹网壹创	2019/9/27
831822. OC	米奥会展	2015/01/06	2019/09/30	300795. SZ	米奥兰特	2019/10/22
870105. OC	杰普特	2016/11/30	2017/03/21	688025. SH	杰普特	2019/10/31
430141. OC	久日新材	2012/09/07	2019/10/15	688199. SH	久日新材	2019/11/05
832462. OC	广电计量	2015/05/13	2019/09/23	002967. SZ	广电计量	2019/11/08
837938. OC	贝斯美	2016/07/12	2019/10/08	300796. SZ	贝斯美	2019/11/15
831647. OC	联瑞新材	2015/01/15	2019/10/17	688300. SH	联瑞新材	2019/11/15
430011. OC	指南针	2007/01/23	2019/09/30	300803. SZ	指南针	2019/11/18
870399. OC	通达电气	2016/12/30	2019/11/01	603390. SH	通达电气	2019/11/25
870776. OC	新大正	2017/01/20	2017/08/17	002968. SZ	新大正	2019/12/03
833990. OC	迈得医疗	2015/10/30	2019/06/26	688310. SH	迈得医疗	2019/12/03
833540. OC	建龙微纳	2015/08/28	2018/10/31	688357. SH	建龙微纳	2019/12/04

续表

转板前				转板后		
代码	名称	挂牌日期	摘牌日期	代码	名称	上市日期
836084. OC	江苏北人	2016/03/08	2019/11/11	688218. SH	江苏北人	2019/12/11
831392. OC	天迈科技	2014/12/02	2019/11/19	300807. SZ	天迈科技	2019/12/19
870865. OC	华特气体	2017/01/26	2018/04/13	688268. SH	华特气体	2019/12/26
832188. OC	科安达	2015/03/20	2019/11/11	002972. SZ	科安达	2019/12/27
834391. OC	龙软科技	2015/12/02	2018/10/10	688078. SH	龙软科技	2019/12/30
833327. OC	泰林生物	2015/08/17	2018/02/02	300813. SZ	泰林生物	2020/01/14
430642. OC	映翰通	2014/02/18	2020/01/15	688080. SH	映翰通	2020/02/12

第二节　已经转板并上市成功的企业反馈意见整理

笔者对上述案例的证监会反馈意见进行了整理，经分析，证监会对新三板挂牌企业申请 IPO 的反馈问题集中在信息披露差异、股东人数是否超过 200 人、国有股转持、挂牌期间的交易情况及合法合规性、三类股东等几个方面，具体情况请见下表：

序号	名称（股票代码）	申报时间	目前状态	新三板企业特殊反馈问题		备注
				类别	证监会反馈意见原文	
1	安控科技 三板代码：430030 上市代码：300370	2012年4月12日	2012年5月18日过会	挂牌期间的交易情况及交易的合法合规性	2008年8月20日，发行人在代办股权转让系统挂牌。截至招股说明书签署之日，发行人股份在代办股份转让系统共成交139笔，合计12724878股，成交均价3.11元。其中，新增股东刘胜利持有发行人50万股，均在2010年7月20日—28日购买，交易均价为6.1元。请发行人补充披露在代办股份转让系统停牌的时间，履行的手续是否合法，此次申报文件披露内容与在代办转让系统公开披露文件内容是否存在差异，若存在，差异的原因，刘胜利在2010年大量购入发行人股份的原因，是否存在内幕交易情形，刘胜利最近五年的履职经历，最近一年内新增股东是否存在从控股股东、实际控制人处取得股份的情形，是否存在股权代持及其他利益安排，是否与发行人、发行人主要客户和供应商，以及本次发行上市其他相关利益方存在关联关系。保荐机构、律师进行核查并发表明确意见。	
2	北陆药业 三板代码：430006 上市代码：300016	2009年9月15日	2009年9月21日过会	国有股转持	请保荐机构、律师核查发行人股东是否负有向社会保障基金转持部分国有股权的义务，如有，请补充披露并提供国有资产管理部门出具的国有股权转持的批复文件。	

续表

序号	名称（股票代码）	申报时间	目前状态	新三板企业特殊反馈问题		备注
				类别	证监会反馈意见原文	
3	光莆股份 三板代码：430568 上市代码：300632	2017 年 2 月 20 日	2017 年 2 月 27 日过会	200 人问题、挂牌期间交易情况，信息披露差异	招股说明书披露发行人曾在股转系统挂牌并进行交易。请发行人说明：（1）发行人是否存在或曾经存在股东超过 200 人的情形，现有股东是否存在委托持股、信托持股或一致行动关系等情形；（2）发行人股份在股转系统挂牌期间的交易情况，披露本次申报后的股权结构变动情况；（3）实际控制人之一林瑞梅通过股转系统向实际控制人之一林文坤协议转让 3 万股的原因、定价依据、出资来源、与前次股份转让定价之间的差异及原因；说明此次股权转让行为对发行人实际控制人认定及公司治理有效性的影响；（4）请保荐机构核查发行人在挂牌期间的所有公开披露信息、停复牌等事项，对以上信息与本次申请文件和财务报告所披露内容存在差异的部分，请列示对照表予以说明。请保荐机构、发行人律师对上述问题进行核查，说明核查过程并发表意见。	
4	合纵科技 三板代码：430018 上市代码：300477	2014 年 4 月 16 日	2015 月 4 月 24 日过会	200 人问题、挂牌期间交易情况，信息披露差异	反馈意见重点问题第 2 条：发行人在代办股份转让系统挂牌并进行交易。（1）请发行人补充说明并披露：发行人是否存在或曾经存在股东超过 200 人的情形，现有股东是否存在委托持股或信托持股。（2）请说明发行人股份在代办股份转让系统挂牌期间的交易情况，披露本次申报后的股权结构变动情况。请保荐机构、律师核查上述问题并发表意见。（3）请保荐机构核查发行人在挂牌期间的所有公开披露信息、停复牌等事项，对以上信息与本次申请文件和财务报告所披露内容存在差异的部分，请列示对照表予以说明。	

续表

序号	名称（股票代码）	申报时间	目前状态	新三板企业特殊反馈问题		备注
				类别	证监会反馈意见原文	
5	佩蒂股份 三板代码：832362 上市代码：300673	2015 年 5 月 9 日	2017 年 5 月 10 日过会	信息披露差异、三类股东	一、反馈问题 1“发行人是新三板挂牌企业，但申请文件中未披露相关情况。请发行人：（1）补充披露在新三板的挂牌时间及履行的程序，挂牌后在运营、股份转让、信息披露等方面的合法合规性，是否存在违法违规情形，是否存在影响本次发行上市的实质性障碍；（2）说明在挂牌期间的所有公开披露信息与本次创业板上市申请文件及招股说明书披露内容的差异；（3）补充披露直接或间接股东中是否存在资管计划、契约型基金或信托产品，说明相关产品作为发行人股东的适当性。请保荐机构、律师核查并发表意见。”	
				同业竞争	五、反馈问题 5“2015 年 11 月 27 日，北京泓石股权投资管理中心（有限合伙）完成与发行人股份的协议转让。请发行人区分内、外部股东说明历史中自然人股东的基本情况，入股发行人资金来源及合法合规性，是否与发行人及其关联方、发行人的主要客户、供应商存在关联关系；说明发行人法人股东穿透到自然人或国有股东的股权结构，入股发行人资金的合法合规性，法人股东及其股东是否与发行人及其关联方，发行人的主要客户、供应商存在关联关系，是否持股、经营或控制与发行人从事相同业务或业务往来的公司，是否与发行人的主要客户、供应商存在关联关系。请保荐机构、律师核查并发表意见。”	

续表

序号	名称（股票代码）	申报时间	目前状态	新三板企业特殊反馈问题		备注
				类别	证监会反馈意见原文	
6	世纪瑞尔 三板代码：430001 上市代码：300150	2010年10月23日	2010年11月8日过会	200人问题	三、关于股份公司是否曾存在工会持股、职工持股会持股、信托持股、委托持股或股东超过200人的情形。	
7	双杰电气 三板代码：430049 上市代码：300444	2014年5月7日	2015年3月20日过会	挂牌期间规范运作	五、说明上述关联交易在代办系统的信息披露情况、是否符合相关信息披露法律法规或规则的规定、是否存在遭受处罚或处分的风险。	
				200人问题	说明股东的股东或合伙人情况直至自然人或国资主体，各直接或间接股东之间的关联关系，是否存在故意规避股东合计不得超过200人的有关规定的情形。	截至2012年11月19日，双杰电气股东数量为37个，其中包括15个自然人股东和22个法人股东。在法人股东中，众杰公司自然人股东数量为45人，其他法人终极股东合计数量超过200人（如果不包括德同长通，其他法人终极股东合计数量为49人）。发行人为代办股份转让系统挂牌公

续表

序号	名称（股票代码）	申报时间	目前状态	新三板企业特殊反馈问题		备注
				类别	证监会反馈意见原文	
						司。除众杰公司外，其他法人股东均为通过代办股份转让系统受让或增资而持有发行人股份，其定价均为市场定价，各最终股东间除上述关联关系外，本所律师未发现其他关联关系，发行人不存在故意规避股东合计不得超过 200 人的有关规定的情形。
				信息披露差异	第 50 题发行人于 2009 年 2 月在代办股份转让系统挂牌。请发行人说明在挂牌期间的所有公开披露信息与本次创业板上市申请文件及招股说明书披露内容的差异。请保荐机构和律师进行核查并发表意见。（《反馈意见》二、一般问题 50）	

续表

序号	名称（股票代码）	申报时间	目前状态	新三板企业特殊反馈问题		备注
				类别	证监会反馈意见原文	
8	拓斯达 三板代码：831535 上市代码：300607	2016年11月22日	2016年12月23日过会	股权纠纷	2013年11月，兴证创投对发行人增资；2014年12月，达晨创丰、九江通汇（已更名为“九江华融天泽恒力投资中心（有限合伙）”）、三正金融和高富信创投对发行人增资。请发行人：（1）说明兴证创投、达晨创丰、华融恒力、三正金融和高富信创投的历史沿革和基本情况，包括成立时间、注册资本、股权结构、普通合伙人及实际控制人，是否为持有发行人股份而成立，最近三年经营情况；说明兴证创投、达晨创丰、华融恒力、三正金融和高富信创投直接或间接投资的企业，包括企业名称、注册资本、成立时间、股权结构、主营业务、控股股东及实际控制人、经营业绩情况、与发行人业务之间的关系，报告期是否存在资金往来；说明上述股东及其直接或间接投资的企业、股东的股东或合伙人及其直接或间接投资的企业与发行人、控股股东、实际控制人、董事、监事、高级管理人员之间是否存在关联关系和业务往来，报告期是否与发行人主要客户和主要供应商存在关联关系或业务往来；说明达晨创丰与达晨投资是否具有关联关系，商号相同的原因及合理性；（2）说明上述股东对发行人增资的背景或原因、定价依据及合理性、出资来源，是否存在纠纷或潜在纠纷；说明上述股东与发行人之间有无特殊协议或安排，例如，对赌协议；说明兴证创投、达晨创丰、华融恒力和高富信创	2015年6月1日，为配合拓斯达向中国证监会申请首次公开发行股票并上市的工作，兴证创投同意中止《增资补充协议》中约定的与股东三人之间的对赌条款，并与股东三人签署《〈增资扩股之补充协议〉中止合同》，约定自拓斯达向中国证监会申报公开发行股票并上市材料并受理之日起，《增资补充协议》约定的业绩补偿条款及股份回购条款中止执行；自拓斯达公开发行股票并上市之日起，业绩

续表

序号	名称（股票代码）	申报时间	目前状态	新三板企业特殊反馈问题		备注
				类别	证监会反馈意见原文	
					投与吴丰礼、杨双保、黄代波三位股东之间签有对赌协议的原因及合理性，说明对发行人股权结构的影响，是否符合《首次公开发行股票并在创业板上市管理办法》第十五条的规定；说明中介机构及相关人员是否存在直接或间接持有发行人股份的情况；（3）结合证监会《上市公司国有股东标识管理暂行规定》（国资发产权〔2007〕108号）以及国务院国有资产监督管理委员会国资厅产权〔2008〕80号《关于施行〈上市公司国有股东标识管理暂行规定〉有关问题的函》的规定，说明上述股东是否属于国有股东、是否应进行国有股标识。请保荐机构、发行人律师对上述问题进行核查，说明核查过程并发表意见。	补偿条款和股份回购条款终止执行；若拓斯达上市申请被有权部门不予核准/注册，或拓斯达自行撤回本次申请的，自不予核准/注册或撤回申请之日起，上述条款恢复效力。
				信息披露差异	请发行人：（1）结合报告期内，尤其是在新三板挂牌之后本次公开发行申请材料申报之前，发行人主营业务收入的具体变化情况，量化分析发行人在招股说明书和新三板公开转让说明书中关于发行人所从事行业披露不一致的原因及合理性；说明在招股说明书和公开转让说明书中，按产品类别披露主营业务收入的分类方法存在较大差异的原因及合理性；	

续表

序号	名称（股票代码）	申报时间	目前状态	新三板企业特殊反馈问题		备注
				类别	证监会反馈意见原文	
				200人问题	招股说明书披露发行人曾在新三板挂牌。请发行人说明是否存在或曾经存在股东超过200人的情形；发行人股份在新三板挂牌期间的交易情况，披露本次申报后的股权结构变动情况。请保荐机构核查发行人在挂牌期间的所有公开披露信息、停复牌等事项，对以上信息与本次申请文件和财务报告所披露内容存在差异的部分，请列示对照表予以解释说明。请保荐机构、发行人律师对上述问题进行核查，说明核查过程并发表意见。	
				信息披露差异	请发行人结合新三板公告的《广东拓斯达科技股份有限公司公开转让说明书》关于行业分类、产品结构等内容，对本次招股说明书第六节“业务与技术”进行修改，避免产生对投资者的误导。请保荐机构、发行人律师对上述问题进行核查，说明核查过程并发表意见。	
9	万马科技 三板代码：834864 上市代码：300698	2017年6月30日	2017年7月12日过会	信息披露差异、挂牌期间规范运作、200人问题、三类股东	2015年12月在发行人全国股转系统挂牌。请发行人： （1）说明本次首发申请文件与在全国股转系统公开披露文件之间是否存在差异，若存在，请说明差异。（2）说明在全国股转系统的信息披露是否合规合法，挂牌转让期间是否受到相关行政处罚、监管措施等，发行人提交首发文件是否按照要求履行相关程序，是否合法合规，是否存在内幕交易情形，是否存在利益输送情形。 （3）补充披露在全国股转系统挂牌转让期间历次融资的具体情况，是否针对股东超过200人的情形履行备案	

续表

序号	名称（股票代码）	申报时间	目前状态	新三板企业特殊反馈问题		备注
				类别	证监会反馈意见原文	
					程序并纳入监管。 （4）标明属于资管计划、信托计划、契约型基金的发行人股东情况，说明发行人股东适当性，法人或机构股东的股权结构情况（直至自然人或国资主体）。保荐机构、发行人律师发表核查意见，并说明核查过程。	
10	新天药业 三板代码：831215 上市代码：002873	2017 年 3 月 30 日	2017 年 4 月 12 日过会	股权纠纷	问题 5：一、请保荐机构、发行人律师核查并在招股说明书中披露发行人引入机构投资者甲秀创投、惠人生物及 139 名员工的原因；增资及股权转让价格确定的依据；增资及股权转让过程是否履行了相应的股东会程序；资金具体来源及其合法性；各新股东与发行人之间是否存在对赌协议等特殊协议或安排；上述新股东是否具有国资背景，是否应当转持股份。	
				200 人问题	问题 5：二、请保荐机构、发行人律师核查：（1）甲秀创投、惠人生物的合伙人的股权结构；（2）上述机构投资者的直接和间接自然人股东五年内的从业经历、现任职单位和职务；（3）间接持有发行人股权的自然人在发行人担任的职务；（4）139 名员工当时在发行人的任职情况；（5）间接持有发行人股份的自然人与发行人实际控制人、董监高、核心技术人员、本次申请发行中介机构及其负责人、工作人员是否存在亲属关系或其他关联关系；（6）发行人的直接和间接股东是否存在以委托持股或信托持股等形式代他人间接持有发行人股	

续表

序号	名称（股票代码）	申报时间	目前状态	新三板企业特殊反馈问题		备注
				类别	证监会反馈意见原文	
					份的行为，保荐机构、其他中介机构及负责人、工作人员是否直接或间接持股；（7）请保荐机构和发行人律师结合发行人机构投资者股东的设立时间和目的、股权结构变化、间接股东与发行人相关各方的关系等情况核查并判断发行人是否存在规避《证券法》第十条的规定，未经核准向特定对象发行证券累计超过二百人。	
				挂牌期间的交易情况及交易的合法合规性	请保荐机构和发行人律师对发行人在新三板挂牌以来新增股东的情况进行核查，并就是否存在关联关系、利益输送行为等事项发表意见。	
11	中旗股份 三板代码：831223 上市代码：300575	2016年8月3日	2016年8月19日过会	200人问题	二、请保荐机构说明：（1）Jiuding Mercury Limited（九鼎水星有限公司）的股东及最终控制人的投资关系，其设立是否符合中国法律法规。（2）苏州周原九鼎合伙人中的法人、有限合伙人的结构，发行人股权是否存在直接或间接委托持股或其他利益安排情况。（3）将苏州周原九鼎出资、昆吾九鼎、Jiuding Mercury Limited追溯到自然人或国有股东或新三板挂牌主体，是否存在信托持股或委托持股，是否存在故意规避股东200人的情形，各层股东是否适格。请保荐机构、发行人律师核查并发表明确意见。（《第三次反馈意见》“问题5”）	

续表

序号	名称（股票代码）	申报时间	目前状态	新三板企业特殊反馈问题		备注
				类别	证监会反馈意见原文	
12	世纪天鸿 三板代码：833456 上市代码：300654	2017 年 7 月 14 日	2017 年 7 月 26 日过会	挂牌期间规范运作、信息披露差异、挂牌期间的交易情况及交易的合法合规性、股权纠纷	问题 5. 2015 年 9 月发行人在全国中小企业股份转让系统挂牌并公开转让，2016 年 6 月兴富先锋通过交易系统买入 330 万股发行人股份。请说明发行人在全国中小企业股份转让系统挂牌期间的合法合规情况、股权转让情况、有无潜在纠纷、本次申报是否已依法履行相关程序、信息披露与本次申报的信息披露是否存在重大差异，兴富先锋的股权结构、实际控制人、入股原因、是否存在代持、对赌或其他利益安排。请保荐机构、律师核查并发表明确意见。	
13	九典制药 三板代码：832933 上市代码：300705	2017 年 7 月 21 日	2017 年 8 月 23 日过会	200 人问题、挂牌期间的交易情况及交易的合法合规性、三类股东、信息披露差异、挂牌期间规范运作	据招股说明书披露，发行人于 2015 年 7 月 24 日起在新三板挂牌公开转让。请发行人说明：（1）是否存在或曾经存在股东超过 200 人的情形；（2）发行人股份在新三板挂牌期间的交易情况，股东中是否存在契约型私募基金、资产管理计划或信托计划；（3）新三板申报材料及挂牌期间的信息披露内容与本次发行上市申请信息披露内容是否存在差异；（4）新三板挂牌期间是否受到行政处罚或行政监管措施、自律监管措施；（5）申报首次公开发行上市，在新三板所履行的程序，是否合法合规。请保荐机构、发行人律师对上述问题进行核查，说明核查过程并发表意见。	

续表

序号	名称（股票代码）	申报时间	目前状态	新三板企业特殊反馈问题		备注
				类别	证监会反馈意见原文	
				股权纠纷	请发行人说明历次增资的背景和原因、定价依据、前后增资价格差异的原因、所履行的法律程序；增资引入股东与发行人、控股股东及实际控制人、董监高、其他核心人员、本次发行中介机构及签字人员是否存在关联关系或其他利益关系，与发行人之间是否存在对赌协议等特殊安排；是否存在委托持股、信托持股，与发行人、发行人客户及供应商是否存在业务、资金往来；PE股东是否备案。对股东的核查请追溯至最终自然人（包括但不限于身份背景、从业经历、任职情况、对外投资等）、集体组织或国资部门。请保荐机构、发行人律师核查并发表意见。	
14	阿科力 三板代码：430605 上市代码：603722	2017年5月18日	2017年7月4日过会	三类股东、股权纠纷	请保荐机构和律师补充核查并披露：（1）发行人机构投资者是否存在三类股东情形，如存在，请披露具体情况，机构投资者是否存在代持、对赌情形；（2）无锡诚鼎2015年5月退出原因，其转让股份受让方与无锡诚鼎是否存在关联关系；发行人自然人股东不是员工的，披露近五年简历，并核查是否存在代持。	

续表

序号	名称（股票代码）	申报时间	目前状态	新三板企业特殊反馈问题		备注
				类别	证监会反馈意见原文	
15	怡达股份 三板代码：831103 上市代码：300721	2017 年 9 月 8 日	2017 年 9 月 20 日过会	200 人问题、三类股东、挂牌期间规范运作、股权纠纷、挂牌期间的交易情况及交易的合法合规性、信息披露差异、国有股转持	（3）说明发行人自然人股东是否都曾在公司任职及职务，如不在公司任职，请详细说明其入股背景及原因，补充披露发行人非自然人股东的实际控制人。（4）股东的股东或合伙人情况直至自然人或国资主体，各直接或间接股东之间的关联关系，间接自然人股东的背景及是否具备法律法规规定的股东资格，是否存在故意规避股东合计不超过 200 人的有关规定的情形，列表说明各非自然人股东的成立时间及入股时间，是否取得有权机关的确认文件。	
					（10）发行人股东、股东的股东或合伙人的认购资金来源，是否存在契约型基金、理财产品、信托计划、资管计划等金融产品，是否存在结构化融资，相关资金来源是否合法合规。（11）本次发行申请申报后，发行人股东人数及持股比例是否存在变动及原因，相关股东名称、发行人是否符合《证券法》第十条的规定，是否须取得有权机关的确认意见。（12）在股转公司挂牌期间发行人信息披露的合法合规性，挂牌期间信息披露与本次申请文件的差异，本次申请履行的相关审批程序是否符合新三板自律规则的有关规定。（13）2011 年 10 月发行人第四次股权转让的定价依据、转让价格不一致的原因、结合相关股东背景或身份说明转让价格的合理性。（14）发行人历次签订的业绩对赌协议或涉及股权	

续表

序号	名称（股票代码）	申报时间	目前状态	新三板企业特殊反馈问题		备注
				类别	证监会反馈意见原文	
					转让或有事项协议的名称、签订时间、涉及主体、涉及股权转让或赎回以及现金补偿等的主要约定内容、实际执行情况、目前是否仍然有效、是暂停执行还是终止执行、是否仍然存在影响发行人股权稳定性的约定，是否仍然存在关于保证机构投资者投资收益率的约定以及其他影响股东权利平等性的约定。（15）结合上述事项，说明发行人股权是否存在纠纷或者潜在纠纷。	
					发行人非自然人股东所持发行人股份是否应界定为国有股，是否须按相关规定履行国有股转持义务。	
16	药石科技 三板代码：837311 上市代码：300725	2017 年 9 月 15 日	2017 年 9 月 27 日过会	股权纠纷	发行人历次签订的业绩对赌协议曾发生业绩不达标而补偿现金和股份的情况，请发行人说明业绩对赌协议涉及股权转让或有事项的协议目前是否仍然有效、是暂停执行还是终止执行，是否仍然存在影响发行人股权稳定性的约定，是否仍然存在关于保证机构投资者投资收益率的约定以及其他影响股东权利平等性的约定，请保荐机构和发行人律师发表审核意见。	

续表

序号	名称（股票代码）	申报时间	目前状态	新三板企业特殊反馈问题		备注
				类别	证监会反馈意见原文	
				三类股东、200 人问题	请发行人补充披露机构股东出资人情况（直至自然人或国资主体），是否为发行人员工，若是，请补充披露入职发行人时间、所任职务及任职年限、出资人出资来源是否合法，是否存在股份代持、委托持股或其他利益安排，是否存在资管计划、信托计划或契约性基金等情形，是否对发行人股权结构稳定性产生影响，是否存在潜在纠纷，上述机构股东出资人报告期内是否发生变动，若是，请说明具体情况。（2）请说明上述机构股东对外投资企业的情况，报告期内是否与发行人存在交易和资金往来。请保荐机构、发行人律师发表核查意见，并说明发行人股东是否存在超过 200 人的情形。	
				信息披露差异、挂牌期间的交易情况及交易的合法合规性、挂牌期间规范运作	2016 年 4 月，发行人在新三板挂牌转让。2016 年 8 月，进行一次定向增发以及股东之间协议转让。（1）请发行人说明本次首发申请文件和财务报告所含内容与发行人在全国股转系统公开披露文件是否存在差异，若存在，请具体或以列表方式说明差异原因。（2）请发行人补充披露在新三板挂牌的基本情况和股权转让情况等，挂牌转让方式，说明在新三板信息披露是否合法合规，挂牌转让期间是否受到相关行政处罚、监管措施等，本次首发申请的保荐机构是否为发行人主办券商或做市商，发行人提交首发文件是否按照要求履行相关程序，是否合法合规，是否存在内幕交易情形，是否存在	

续表

序号	名称（股票代码）	申报时间	目前状态	新三板企业特殊反馈问题		备注
				类别	证监会反馈意见原文	
					利益输送情形。（3）请发行人补充披露2016年8月定向增发和股权转让的原因和背景，交易价格确定依据，股东出资来源是否合法，股东参与定增出具的相关承诺，王瑞琦在同一个月参与定增马上对外转让股权的原因，是否存在委托持股、股份代持或其他利益安排的情形。	
				挂牌期间的交易情况及交易的合法合规性	2016年1月，发行人收购山东谛爱70%股权。请发行人补充披露收购山东谛爱股权的交易定价依据，是否公允合理，山东谛爱成立以来股权和主营业务变动情况，收购前以及报告期内的资产状况和经营状况，发行人股东、实际控制人、董监高是否与山东谛爱股东存在关联关系、股份代持或其他利益安排，说明山东谛爱股东的相关情况，主要产品、主要装置的情况，发行人与山东谛爱合作的主要内容和形式，交易金额及作价，收购后山东谛爱其他股东是否仍然担任山东谛爱的相关职务，发行人未收购全部股权的原因。请保荐机构、发行人律师发表核查意见，并说明核查过程。	
				国有股转持	请发行人说明机构或法人股东是否存在国有出资超过50%的情形，是否存在须履行国有股转持的情形，是否与发行人股东、实际控制人、董监高存在关联关系或其他利益安排。请保荐机构、发行人律师发表核查意见。	

续表

序号	名称（股票代码）	申报时间	目前状态	新三板企业特殊反馈问题		备注
				类别	证监会反馈意见原文	
17	丽岛新材 三板代码：832374 上市代码：603937	2017 年 9 月 1 日	2017 年 9 月 12 日过会	股权纠纷	补充说明合伙人或股东与发行人之间有无对赌协议等特殊协议或安排，与发行人是否存在关联关系，是否存在关联交易或其他业务往来，其所投资的企业是否为发行人主要供应商、客户，是否存在采购销售交易或其他往来。	
				挂牌期间的交易情况及交易的合法合规性	请保荐机构、发行人律师核查并补充披露发行人挂牌新三板后的股权变更及融资情况，是否合法合规。	
				挂牌期间规范运作	请保荐机构、发行人律师核查并披露发行人在新三板市场的规范运作情况。	
				信息披露差异	请保荐机构、发行人律师对比发行人新三板申请文件及上市后信息披露文件，梳理与发行人首次发行 A 股信息披露的差异情况，请发行人、保荐机构在招股说明书中补充披露发行人已在新三板市场披露的信息。	
				国有股转持	补充发行人股东深创投持有发行人的股权是否为国有股或国有法人股，是否存在需根据《境内证券市场转持部分国有股充实全国社会保障基金实施办法》（财企〔2009〕94 号）办理国有股转持的情况。	

续表

序号	名称（股票代码）	申报时间	目前状态	新三板企业特殊反馈问题		备注
				类别	证监会反馈意见原文	
18	康斯特 三板代码：430040 上市代码：300445	2014 年 12 月 24 日	2015 年 10 月 6 日过会	挂牌期间的交易情况及交易的合法合规性、股权纠纷	三、2009 年 8 月、9 月和 2010 年 1 月，徐晖通过代股份办转让系统将其所持有康斯特股份的 2845800 股股份以 1.01 元/股全部转让给何欣、姜维利和赵士春三人，最后四人通过协商此次股份转让仅需支付 100 万元的对价。请补充说明上述转让是否应当按照《股份进入证券公司代办股份转让系统报价转让的中关村科技园区非上市股份有限公司信息披露规则》履行信息披露义务，如需披露，发行人对上述股权转让的披露是否符合相关规定，信息披露的内容是否是真实交易情况的反映，是否构成虚假信息披露，请补充说明上述股权转让 1.01 元/股对价的确定依据，四人以 100 万元成交的原因及合理性，是否存在委托持股或者信托持股的情况，是否存在纠纷或潜在纠纷。请保荐机构、律师核查并发表意见。（《反馈意见》一、重点问题 3）	
				挂牌期间的交易情况及交易的合法合规性、股权纠纷	八、2009 年 4 月、7 月，发行人股东刘宝琦和赵士春二人之间进行了 3 万股股份的转让复受让交易，两次交易后发行人的股本结构实质上未发生变动。请补充说明上述股份转让复受让是否支付相应对价，如有，请补充说明价格及其确定依据，结合代办股份转让系统的相关规定，补充说明发行人的上述股份转让是否符合相关规定，是否存在纠纷或潜在纠纷，是否对本次发行上市构	

续表

序号	名称（股票代码）	申报时间	目前状态	新三板企业特殊反馈问题		备注
				类别	证监会反馈意见原文	
					成重大影响。请保荐结构、律师核查并发表意见。（《反馈意见》二、一般性说明、核查、披露的问题18）	
				挂牌期间的交易情况及交易的合法合规性、股权纠纷	四、请补充说明2009年发行人股东刘宝琦、赵士春二人之间的股份转让前后两次的转让对价及其准确依据，二人之间的股权交易与姜维利、何欣及赵士春与徐晖之间的股份转让存在何种关系，是否存在纠纷或潜在纠纷。请保荐机构、律师核查并发表意见。（补充反馈意见第六题）	

通过上表我们可以看出，证监会对新三板挂牌企业 IPO 审核时，主要关注的是三大类的问题。第一类问题是信息披露，主要关注：（1）发行人本次发行上市申请信息披露内容与新三板挂牌申报材料是否存在差异；（2）发行人在挂牌期间的所有公开披露信息、停复牌等事项与本次发行上市申请文件和财务报告所披露内容是否存在差异。如存在（1）和（2）所述的差异，需列示对照表予以说明，并予以解释。

第二类问题是新三板挂牌前及挂牌后的新增股东情况，主要关注：（1）新增股东是否存在从控股股东、实际控制人处取得股份的情形，是否存在股权代持及其他利益安排，是否与发行人、发行人主要客户和供应商，以及本次发行上市其他相关利益方存在关联关系，是否存在利益输送行为；（2）发行人是否存在或曾经存在股东超过 200 人的情形，现有股东是否存在委托持股或信托持股；（3）发行人股份在新三板或代办股份转让系统挂牌期间的交易情况；（4）直接或间接股东中是否存在资管计划、契约型基金或信托产品，说明相关产品作为发行人股东的适当性；（5）新增股东对发行人增资的背景或原因、定价依据及合理性、出资来源，是否存在纠纷或潜在纠纷；新增股东与发行人之间有无特殊协议或安排，例如，对赌协议；如有，签有对赌协议的原因及合理性，说明对发行人股权结构的影响，是否符合《首发管理办法》的规定；（6）新增股东是否属于国有股东、是否应进行国有股标识及国有股转持①。

第三类问题是新三板挂牌前及挂牌后的规范运行，主要关注：（1）在新三板的挂牌时间及履行的程序，挂牌后在运营、股份转让、信息披露等方面的合法合规性，是否存在违法违规情形，是否存在影响本次发行上市的实质性障碍；（2）在全国股转系统的信息披露是否合规合法，挂牌转让期间是否受到相关行政处罚、监管措施等，发行人提交首发文件是否按照要求履行相关程序，是否合法合规，是否存在内幕交易情形，是否存在利益输送情形。

---

① 2017 年 11 月 9 日，国务院发布《国务院关于印发划转部分国有资本充实社保基金实施方案的通知》（国发〔2017〕49 号），探索建立国有股划转制度，自发布之日起实施。《国务院关于印发减持国有股筹集社会保障资金管理暂行办法的通知》（国发〔2001〕22 号）和《财政部 国资委 证监会 社保基金会关于印发〈境内证券市场转持部分国有股充实全国社会保障基金实施办法〉的通知》（财企〔2009〕94 号）等同时废止，自 2009 年起实施的国有股转持政策已正式废止，因此本书也删去了有关国有股转持的部分章节，如对此问题有兴趣，可联系本书作者。

此外，如发行人在挂牌后进行了重大资产重组或并购其他企业，即使该重组或并购未完成，证监会也会关注有关交易定价的依据是否公允合理，标的公司的主营业务及变动情况，收购前及报告期内的资产状况和经营状况，发行人股东、实际控制人、董监高与标的公司是否存在关联关系等。

根据《首发业务若干问题解答》，发行人曾为或现为新三板挂牌公司的，应说明并简要披露其在挂牌过程中，以及挂牌期间在信息披露、股权交易、董事会或股东大会决策等方面的合法合规性，披露摘牌程序的合法合规性（如有），是否存在受到处罚的情形。保荐机构及发行人律师应对上述事项进行核查并发表意见。

此外，对于新三板挂牌、摘牌公司因二级市场交易产生的新增股东，原则上应对持股 5% 以上的股东进行披露和核查。如新三板挂牌公司的股东中包含被认定为不适格股东的，发行人应合并披露相关持股比例，合计持股比例较高的，应披露原因及其对发行人生产经营的影响。

综合上述案例中的审核重点，下面就新三板企业申报 IPO 的重点法律问题予以概述。

第二章
信息披露差异

第一节 信息披露差异综述及有关案例

一、信息披露差异常见反馈问题

在成功转板的企业案例中，证监会在多家企业 IPO 的反馈问题中问及发行人本次发行上市申请信息披露内容与新三板挂牌申报材料及挂牌期间的信息披露内容是否存在差异的问题。例如：

1. 九典制药（股票代码 300705）反馈意见重点问题第 1 条第（4）项，“4. 据招股说明书披露，发行人于 2015 年 7 月 24 日起在新三板挂牌公开转让。请发行人说明……（3）新三板挂牌申报材料及挂牌期间的信息披露内容与本次发行上市申请信息披露内容是否存在差异……”

2. 合纵科技（股票代码 300477）反馈意见重点问题第 2 条第（3）项，“请保荐机构核查发行人在挂牌期间的所有公开披露信息、停复牌事项，对以上信息与本次申请文件和财务报告所披露内容存在差异的部分，请列示对照表予以说明。”

3. 安控科技（股票代码 300370）第一次反馈意见重点问题“四、请发行人补充披露在代办股份转让系统停牌的时间，履行的手续是否合法，此次申报文件披露内容与在代办转让系统公开披露文件内容是否存在差异，若存在，差异的原因”。

4. 世纪天鸿（股票代码 300654）第一次反馈意见重点问题“5. 2015 年 9 月发行人在全国中小企业股份转让系统挂牌并公开转让……信息披露与本次申报的信息披露是否存在重大差异……请保荐机构、律师核查并发表明确意见。”

二、信息披露差异的原因

导致发行人发行上市申请信息披露内容与新三板挂牌申报材料及挂牌期间的信息披露内容差异的因素很多，常见的有如下原因：

1. 新三板挂牌申报前，企业要采取一些整改和规范措施，由于新三板挂牌与 IPO 条件和标准不同，新三板过程中的整改或规范措施可能与 IPO 的要求或标准不一致，从而导致企业在后来 IPO 过程中的披露内容与挂牌时披露不一致，常见的有财务数据调整问题、业务模式描述问题、关联方及关联交易及解决是否彻底问题等；

2. 有关披露标准导致的信息披露不一致。如关联方认定，新三板目前根据《公司法》和《企业会计准则》的相关规定披露关联方、关联关系和关联交易，而 IPO 还需要根据上市规则、《上市公司信息披露管理办法》《公开发行证券公司信息披露的编报规则》等规定进行披露；

3. 在新三板挂牌过程中，由于企业的规范意识不强以及当时中介机构缺乏 IPO 项目经验，可能存在一些问题在挂牌时未能够及时披露，导致在 IPO 申报时发行人的信息披露疏漏。

因此，本章所述的信息披露差异，主要包括以下两方面的信息披露问题：（1）IPO 申报时信息披露口径与内容与新三板挂牌申报时存在差异；（2）新三板挂牌阶段信息披露存在疏漏情形。

【案例：拓斯达——信息披露差异】

反馈问题：招股说明书披露发行人曾在新三板挂牌。请发行人说明“……请保荐机构核查发行人在挂牌期间的所有公开披露信息、停复牌等事项，对以上信息与本次申请文件和财务报告所披露内容存在差异的部分，请列示对照表予以解释说明。请保荐机构、发行人律师对上述问题进行核查，说明核查过程并发表意见”。

北京君泽君律师事务所关于广东拓斯达科技股份有限公司首次公开发行股票并在创业板上市补充法律意见（三）第5－1－4－17页披露如下：

（三）发行人在挂牌期间的所有公开披露信息、停复牌等事项的核查及说明

发行人在挂牌期间均已按照《全国中小企业股份转让系统挂牌公司信息披露细则（试行)》的规定，履行了必要的信息披露义务，公开披露信息、停复牌、关联交易、管理层变动等重大事项与本次申请文件和财务报告所披露内容差异如下：

内容	新三板公开披露信息	IPO 信息披露：招股说明书	差异原因
风险因素	1. 应收账款较大的风险；2. 税收政策的风险；3. 办公场地租赁使用风险；4. 业务规模扩大而带来的管理风险；5. 公司的快速发展面临人才不足的风险；6. 实际控制人不当控制的风险；7. 公司治理和内部控制不能有效发挥作用的风险	1. 应收账款较大的风险；2. 办公场地租赁使用风险；3. 宏观经济波动和下游行业周期变化风险；4. 产品替代及技术失密的风险；5. 业务规模扩大而带来的管理风险；6. 所得税优惠政策风险；7. 公司的快速发展面临人才不足的风险；8. 实际控制人不当控制的风险；9. 募集资金投资项目风险；10. 摊薄即期回报的风险	招股说明书增加了宏观经济波动和下游行业周期变化风险、产品替代及技术失密的风险、整体募集资金投资项目风险和摊薄即期回报的风险，减少了公司治理和内部控制不能有效发挥作用的风险。公司业务侧重为整体自动化方案解决，随着规模的增大，更加依赖于下游制造业的景气程度；募集资金投资项目风险和摊薄即期回报的风险为招股说明书特别要求
应收账款较大的风险	截至 2012 年末、2013 年末及 2014 年 6 月 30 日，公司应收账款分别 3358. 38 万元、6063. 37 万元和 372. 31 万元，占当期资产总额的比例分别为 39. 18%、33. 79% 和 32. 60%。目前，客户信用和回款情况整体良好，报告期内各期末，公司一年以内应收账款账面价值占比分别为 99. 18%、98. 34% 及 92. 88%	截至 2013 年末、2014 年末及 2015 年末，公司应收账款分别为 6063. 37 万元、10769. 76 万元和 13554. 67 万元，占当期资产总额的比例分别为 33. 79%、34. 31% 和 31. 63%。目前，客户信用和回款情况整体良好，报告期内各期末，公司一年以内按账龄分析法计提坏账准备的应收账款占比分别为 98. 19%、88. 15% 和 88. 72%	2013 年一年以内应收账款占比由 98. 34% 变更为 98. 19%。公开转让说明书中应收账款账龄占比按账面净额计算，招股说明书中计提坏账准备的应收账款占比按账面余额计算

续表

内容	新三板公开披露信息	IPO 信息披露：招股说明书	差异原因
组织结构	公司职能部门包括营销中心、财务中心、人力资源中心、研发中心和制造中心。其中营销中心包括市场部、直销部、外贸部和客服部，研发中心包括自动化设备研发部、机械手研发部、自动化技术应用部和 3D 打印研发部，制造中心包括计划物控部、采购部、加工部、品质管理部、总装部和生产技术部	未披露	信息披露要求不同。招股说明书并无公司组织结构的强制披露要求；公开转让说明书要求挂牌公司应结合内部组织结构（包括部门、生产车间、子公司、分公司等），披露主要生产或服务流程及方式（包括服务外包、外协生产等）
行业分类	“C35 专用设备制造业”	“C34 通用设备制造业”	本次上市申请文件中的公司行业分类更符合公司在报告期内业务演变情况，具体差异原因详见本补充法律意见答复第 10 题
主要产品分类	1. 注塑辅助设备智能应用系统 2. 机械手及自动化应用系统	1. 机械手及配套方案 2. 多关节机器人应用方案 3. 注塑机辅机设备系统 4. 注塑自动化供料及水电气系统	本次上市申请文件中的公司产品分类，更符合公司在报告期内产品及业务的变更原因详见补充法律意见回复第 10 题
机械手系列产品分类	机械手系列产品主要包括旋臂式机械手、横走式单轴伺服机械手、横走式三轴/五轴伺服机械手等大类	公司的机械手产品主要包括旋臂式机械手、横走式单轴机械手、大型牛头式机械手、横走式多轴机械手四大系列	公司新增大型牛头式机械手，适用于大型汽车零部件及家电外壳等制造工艺
主要产品的生产、设计工艺流程图	披露了公司总体生产服务流程。分别描述了采购模式及其流程、生产模式及其流程和销售模式及其流程	分别披露了各系列产品的设计、生产流程图，包括机械手及配套方案、多关节机器人应用方案、注塑机辅机设备系统、注塑自动化供料及水电气系统	更加准确地披露发行人生产工艺流程图

续表

内容	新三板公开披露信息	IPO 信息披露：招股说明书	差异原因
行业描述	披露了公司总体生产服务流程。分别描述了采购模式及其流程、生产模式及其流程和销售模式及其流程	1. 工业自动化行业 1.1 工业机器人行业 1.2 塑料机械自动化行业	公司根据报告期内业务及产品的发展趋势，在招股说明书对行业情况做了更为准确的描述。先介绍工业自动化行业的发展现状、市场容量、竞争格局，再介绍公司所涉足的工业自动化细分行业——工业机器人行业和塑料机械自动化行业
行业主管部门及监管体系	行业监管政府部门包括工信部和国家发改委，行业自律组织为中国塑料机械工业协会	行业的宏观管理和产业政策指导主要由工信部、发改委、科技部共同承担。三部委侧重于对行业的宏观管理和产业方向指引，监督产业政策的落实情况、指导行业技术法规和标准的拟定。行业自律组织为中国自动化学会、中国机械工业联合会、中国机械工程学会机械工业自动化分会、中国塑料机械工业协会等	随着公司行业描述的变化，相应增加了工业机器人领域的行业主管部门及监管体系
行业主要法律法规及产业政策	《当前优先发展的高技术产业化》《中华人民共和国国民经济和社会发展第十二个五年规划纲要》《国务院关于加快培育和发展战略新兴产业的决定》《装备制造业调整和振兴规划》《国务院关于加快振兴装备制造业的若干意见》《塑料机械行业“十二五”发展规划》	《机器人“十三五”规划》《中国制造2025》《2015 年原材料工业转型发展工作要点》《2013 年中国工业通信业运行报告》《关于推进工业机器人产业发展的指导意见》《产业结构调整指导目录（2013 年修正本）》《高端装备制造业“十二五”发展规划》《智能制造科技发展“十二五”专项规划》《国家“十二五”科学和技术发展规划》《当前优	同上

续表

内容	新三板公开披露信息	IPO 信息披露：招股说明书	差异原因
		先发展的高技术产业化重点领域指南(2011 年度)》《国民经济和社会发展第十二个五年（2011—2015 年）规划纲要》《国务院关于加快培育和发展战略性新兴产业的决定》（国发〔2010〕32 号）《装备制造业调整和振兴规划》	
行业内主要竞争企业	1. 台湾信易电热机械有限公司；2. 台湾天行自动化机械股份有限公司；3. 日本有信精机株式会社；4. 日本松井机械集团	1. 东莞艾尔发自动化机械有限公司；2. 日本 STAR SEIKI 公司；3. 广东伯朗特智能装备股份有限公司；4. 日本有信精机株式会社；5. 宁波伟立机器人科技有限公司；6. 日本 KAWATA 株式会社；7. 日本松井株式会社；8. 广州市文穗塑料机械有限公司	随着公司业务领域的拓展，行业内主要竞争对手相应增加
公司的竞争优势	(1) 技术和研发优势；(2) 整体解决方案提供优势；(3) 行业应用的先发优势；(4) 广泛的优质客户群体优势；(5) 管理优势	(1) 掌握自主的机械手控制技术优势；(2) 技术和研发优势；(3) 自动化整体解决方案定制优势；(4) 行业应用的先发优势；(5) 优质的客户资源优势；(6) 管理优势	随着公司机器人业务的增长，机械手控制技术优势逐渐凸显

续表

内容	新三板公开披露信息	IPO 信息披露：招股说明书	差异原因
销售模式	公司的营销策略采用直销为主，适量经销的模式，主要根据客户需求量身定制解决方案	公司销售以直销为主、经销为辅。营销中心负责公司销售，其下设国内销售部、外贸部、电商部和客服部，其中国内销售部、外贸部分别负责国内、外市场的销售，电商部负责网络及品牌推广，客服部负责销售设备安装调试和售后服务。同时，借助金融配套支持，与融资租赁公司合作销售	细化了相关描述
业务发展目标	未披露	未来三年，公司在保持现有产品开发能力和市场拓展能力的基础上，将建成“工业机器人及智能装备生产基地建设项目”、“工业机器人及自动化应用技术研发中心建设项目”和“营销及服务网络建设项目”，进一步提高自身技术研究和产品开发水平，提升制造水平和生产能力，完善营销布局	根据招股说明书的披露要求增加了相关表述
关联交易	未披露	2012 年 1—8 月无偿使用实际控制人拥有的生产经营场所	补充披露
董事和监事的亲属关系	董事、副总经理杨双保和监事杨晒汝为堂兄弟关系	未披露	经再次核实，杨双保和杨晒汝二人非直系亲属，而是三代以外的远亲，因此公司本着尊重事实的原则，未在本次招股说明书中将二人认定为亲属关系

续表

内容	新三板公开披露信息	IPO 信息披露：招股说明书	差异原因
董事、监事、高级管理人员	未披露吴丰礼与罗小敏亲属关系	罗小敏为吴丰礼表弟，在达晨投资出资金额为87700.00元，出资比例为0.94%，间接在拓斯达占有权益为0.06%	信息修正
研发项目情况	公司正在研究开发的项目有14项，包括：机械手项目5项，辅机9项	公司正在研究开发的项目包括：基于智能型五轴伺服机械手的全自动注塑示范生产线项目、基于伺服控制系统的五轴机械手的研发及产业化项目、一种模温机高性能控制技术、一种智能节能控制干燥机技术、一种无输送料杯的循环除湿干燥机设计方法	研发项目情况有所更新
存货的分类	存货分类为：原材料、周转材料、库存商品、在产品、发出商品等。	存货分类为：原材料、周转材料、库存商品、在产品、发出商品、委托加工物资等	为详细核算，在存货中单独列示委托加工物资
原材料	伺服马达、伺服驱动器、减速机、泵、线缆、板材	定制件、钢材、泵浦、多关节机器人裸机、伺服驱动器、线缆、伺服马达、减速机、风机、导轨	公司因为业务需要，采购内容增加定制件等原材料
对赌协议签订及履行情况	未披露	披露了兴证创投、高富信创投、华融恒力、达晨创丰曾与发行人及吴丰礼、杨双保、黄代波签订对赌协议情况及后续安排	补充披露

如果差异较大，证监会可能对有关差异要求中介机构进一步查验并说明原因。还是以拓斯达为例，如下面的这个反馈问题：

"结合报告期内，尤其是在新三板挂牌之后本次公开发行申请材料申报之前，发行人主营业务收入的具体变化情况，量化分析发行人在招股说明书和新三板公开转让说明书中关于发行人所从事行业披露不一致的原因及合理性；说明在招股说明书和公开转让说明书中，按产品类别披露主营业务收入的分类方法存在较大差异的原因及合理性。"

《安信证券股份有限公司关于广东拓斯达科技股份有限公司首次公开发行股票并在创业板上市之发行保荐书》第 3－1－1－10 页披露如下：

（三）本次证券发行符合《创业板上市管理办法》第十三条的规定

发行人 2014 年在新三板公开转让说明书中披露从事的行业为"C35 专用设备制造业"，在 2015 年的招股说明书中披露从事的行业为"C34 通用设备制造业"。针对发行人在报告期内所属行业有所调整的问题，本保荐机构对发行人是否主要经营一种业务进行了补充核查，具体如下：

本保荐机构核查了发行人自 2012 年以来各类收入的构成情况、业务发展变化情况、行业归属分类标准及同行业上市公司公开资料等。

经核查，本保荐机构认为，发行人将行业归属由"C35 专用设备制造业"变更为"C34 通用设备制造业"符合公司 2014 年以来的业务发展变化状况，符合《上市公司行业分类指引》的规定，发行人自成立以来主营业务始终是为下游制造业客户提供工业自动化整体解决方案及相关设备，在报告期内只经营一种业务，符合《创业板上市管理办法》第十三条规定。

（四）本次证券发行符合《创业板上市管理办法》第十四条的规定

1. 发行人在 2014 年的公开转让说明书和 2015 年的招股说明书中，按产品类别披露主营业务收入分类存在差异，具体如下表所示：

公开转让说明书	招股说明书
业务 1：注塑辅助设备智能应用系统	业务 1：注塑机辅机设备
	业务 2：注塑自动化供料及水电气系统
业务 2：机械手及自动化应用系统	业务 3：机械手及配套方案
	业务 4：多关节机器人应用方案

针对发行人在报告期内主营产品分类有所调整的问题，本保荐机构对发行人最近两年内主营业务是否发生重大变化进行了补充核查，具体如下：

本保荐机构核查了发行人2012年以来各类收入的构成情况、业务发展变化情况及同行业上市公司公开资料等。经核查，本保荐机构认为，发行人在主营业务及主营业务产品不变的情况下，将业务分类由“注塑辅助设备智能应用系统”和“机械手及自动化应用系统”两类调整为“机械手及配套方案”“多关节机器人应用方案”“注塑机辅机设备”和“注塑自动化供料及水电气系统”四类，符合发行人2014年下半年以来的业务发展演变情况及未来发展方向。

报告期内，发行人仅对产品名称分类进行调整，主营业务及主营业务产品并未发生重大变化，符合《创业板上市管理办法》第十四条规定。

2. 根据发行人提供的相关股东大会和董事会文件，发行人最近两年内董事、高级管理人员的变动，符合《公司法》及《公司章程》的规定，履行了必要的法律程序。发行人董事和高级管理人员最近两年内没有发生重大变化，符合《创业板上市管理办法》第十四条规定。

3. 最近两年内，发行人的实际控制人始终为吴丰礼先生，没有发生变化，符合《创业板上市管理办法》第十四条规定。

【案例：九典制药——信息披露差异】

九典制药（股票代码300705）反馈意见重点问题第1条第（4）项，“4. 据招股说明书披露，发行人于2015年7月24日起在新三板挂牌公开转让。请发行人说明……（3）新三板挂牌申报材料及挂牌期间的信息披露内容与本次发行上市申请信息披露内容是否存在差异……”

湖南启元律师事务所出具的《补充法律意见书二》第2－3－1－39页披露如下：

1. 核查程序

针对本反馈问题，本所律师的核查程序如下：

（1）查阅了发行人新三板挂牌申报材料及挂牌期间的信息披露文件《公开转让说明书》、《公开转让说明书》（更正后）、《财务报表及审计报告》、《财务报表及审计报告》（更正后）等，并与本次发行上市申请材料《公开招股说明书》（申报稿）、《发行保荐书》《发行保荐工作报告》等文件的披露内容进行了详细比对、复核；

（2）对存在差异的情况及原因，访谈了发行人高管、财务人员及负责的业务人员；

（3）实地走访了差异情况涉及的相关公司的主要负责人等；

（4）取得了差异情况相关科目的明细表、合同会计凭证及收付款凭证等，并进行了审慎核查；

（5）查阅了全国中小企业股份转让系统信息披露平台上公开披露信息，并与本次 IPO 申请文件和财务报告所披露内容进行比对；

（6）查阅了全国中小企业股份转让系统有限责任公司于 2016 年 12 月 21 日出具的《关于湖南九典制药股份有限公司监管核查的专项反馈意见》（以下简称“反馈意见”）以及西部证券、中审众环、本所分别出具的关于湖南九典制药股份有限公司监管核查的专项反馈意见的说明。

2. 发行人新三板信息披露与本次上市申请信息披露的主要差异情况

差异项目	公开转让说明书、2015 年年度报告差错情况	上市申请文件差错情况
董事、高管简历	郑霞辉、朱志云、李敏简历有误	
2013 年、2014 年前五大供应商采购数据	部分客户数据统计错误	
2013 年—2015 年合并现金流量表及母公司现金流量表	应收账款的汇兑损益计入科目有误；向银行筹资的现金流按净额反映；收购子公司支付的现金流计入科目有误	
2013 年、2014 年外销客户前五名销售数据	个别客户数据统计错误	
2013 年、2014 年前十名经销商销售数据	个别经销商客户数据统计错误	

续表

差异项目	公开转让说明书、2015 年年度报告差错情况	上市申请文件差错情况
2013 年—2015 年非经常性损益情况	误将政府补助土地出让金补贴收入计入“各项奖励收入”（应计入“政府补助”项目）	不存在差错
2013 年、2014 年营业外收入、递延收益	同上，附注表述有误	
2013 年—2015 年关联交易	未披露无偿受让关联方商标、专利；关联租赁金额统计口径调整	
其他差异	研发支出会计政策变更导致部分会计报表科目变化（已在股转系统披露会计政策变更公告，公告编号：2016－037）	
	新三板未将同一控制下客户、供应商合并计算	
	上市申请文件根据公司实际情况对公司产品收入结构、地区收入划分、销售模式划分等进行了重分类及详细披露，以更准确地反映公司相关信息	

关于发行人对新三板挂牌申报材料及挂牌期间的信息披露内容与本次发行上市申请信息披露内容所存在差异情况的具体核查过程、更正情况的详细内容见本补充法律意见书之附件一《发行人对新三板挂牌申报材料及挂牌期间的信息披露内容与本次发行上市申请信息披露内容所存在差异情况说明》。

3. 发行人对新三板挂牌申报材料及挂牌期间的信息披露内容与本次发行上市申请信息披露内容存在的差异及更正所履行的程序

本所律师已就发行人已披露的挂牌申请文件《公开转让说明书》、《财务报表及审计报告》（2015 年 7 月 17 日在全国中小企业股份转让系统指定的信息披露平台披露）及挂牌期间所披露事项部分内容的更正情况以及与发行人本次首次公开发行上市申请的预披露文件（2016 年 10 月 14 日在中国证券监督管理委员会网站披露）的差异情况，会同发行人、保荐机构和会计师，根据实际核查情况和事实依据对挂牌公司首次信息披露文件与 IPO 预披露文件是否在同一事项披露内容矛盾的情况、更正原因逐项进行了认真核查、对比并作出说明。

发行人就本次披露文件的差异情况及所需更正事项主动向全国中小企业股份转让系统有限责任公司（以下简称“股转公司”）汇报并进行沟通，股转公司根据汇报情况于2016 年 12 月 21 日出具了《关于湖南九典制药股份有限公司的专项反馈意见》，保荐机构、律师及会计师就反馈意见所提问题逐项进行了认真核查，并分别出具《西部证券股份有限公司关于湖南九典制药股份有限公司监管核查的专项反馈意见回复说明》《湖南启元律师事务所关于湖南九典制药股份有限公司监管核查的专项反馈意见的说明》和《中审亚太会计师事务所关于湖南九典制药股份有限公司监管核查的反馈意见的说明》报送至股转公司。

发行人于2016年12月29日分别召开第一届监事会第八次会议（公告编号：2016－054）和第一届董事会第十五次会议（公告编号：2016－053），审议通过了《关于更正〈湖南九典制药股份有限公司公开转让说明书〉的议案》《关于更正〈湖南九典制药股份有限公司2013—2014年财务报表及审计报告〉的议案》和《关于更正〈湖南九典制药股份有限公司2015年年度报告〉的议案》。经股转公司审核并确认后，发行人于2017年1月4日、5日在指定信息披露平台分别披露了《九典制药：公开转让说明书（更正公告)》（公告编号：2016－055)、《九典制药：公开转让说明书（更正后)》《九典制药：财务报表及审计报告（更正公告)》（公告编号：2016－056)、《九典制药：财务报表及审计报告（更正后)》和《九典制药：关于〈2015年年度报告〉的更正公告》（公告编号：2017－001)、《九典制药：2015年年度报告（更正后)》。本次更正情况所履行的信息披露程序符合相关规定。

4. 关于发行人新三板申报及挂牌期间《公开转让说明书》《财务报表及审计报告》等信息披露差错的影响

（1）对2013年、2014年、2015年财务报告及审计报告的影响

发行人在新三板申报及挂牌期间的信息披露差错，主要为客户、供应商相关统计数据的差错，以及部分现金流量表及附注存在差错，涉及的金额、性质并不具有重要性，公司的财务核算均符合会计准则的相关规定，更正前的财务报表在所有重大方面仍然公允反映了公司2013年12月31日、2014年12月31日、2015年12月31日的合并及母公司财务状况以及2013年度、2014年度、2015年度的合并及母公司经营成果和现金流量，会计师对更正前的财务报表发表的标准无保留意见无需更正。

（2）对满足挂牌条件和投资者的影响

发行人于2015年4月17日向全国中小企业股份转让系统提交了挂牌申请文件，2015年7月7日公司取得全国中小企业股份转让系统同意公司股票挂牌的函并在2015年7月24完成挂牌。发行人本次挂牌过程中未违反《公司法》《证券法》等相关法律法规的规定，但由于发行人、主办券商及相关中介机构工作疏忽导致申请挂牌文件所披露信息准确性及完整性存在一定瑕疵，申请挂牌文件中部分内容出现披露错误或遗漏的情形，违反了《全国中小企业股份转让系统业务规则（试行)》《全国中小企业股份转让系统公开转让说明书内容与格式指引（试行)》《全国中小企业股份转让系统挂牌公司信息披露细则(试行)》等规则中有关于信息披露内容的真实性、准确性、完整性要求，但是发行人申请挂牌文件并未存在虚假记载、误导性陈述或重大遗漏。

发行人对《公开转让说明书》《财务报表及审计报告》和《2015年年度报告》的更正符合公司实际情况，保证了发行人公开披露信息的真实性、准确性和完整性，提高了发行人信息披露质量，不会导致发行人不符合全国股份转让系统规定的挂牌条件，未损害公司和中小股东的合法权益。发行人挂牌后所发生的股票交易及融资事项均未涉及原股东之外的社会公众投资者，本次对《公开转让说明书》及《财务报表及审计报告》的更正行为对投资者的影响较小。

综上所述，本所认为，发行人新三板挂牌申报材料及挂牌期间的信息披露内容与本次发行上市申请信息披露内容存在差异及更正情况，发行人及相关中介机构通过自查发现并主动向股转公司报告，积极配合股转公司的核查措施，且并未对市场及投资者造成严重影响，对所披露文件进行的更正事项提高了发行人信息披露质量。

第二节　全国股转公司的有关要求及处理建议

一、全国股转公司对信息披露差异的有关要求

2017年3月27日，全国股转公司发布了《挂牌公司信息披露及会计业务问答（三)》，对挂牌公司申请首次公开发行股票并上市的申报文件与在全国股

份转让系统指定信息披露平台披露的内容不一致的问题作出了明确规定。

根据《挂牌公司信息披露及会计业务问答（三）》，若挂牌公司申请首次公开发行股票并上市的申报文件与在全国股份转让系统指定信息披露平台披露的内容不一致，申请挂牌公司、挂牌公司及其他信息披露义务人、主办券商依法披露的信息，应当第一时间在全国股份转让系统指定信息披露平台（www. neeq. com. cn 或 www. neeq. cc）公布，具体披露原则为：

（一）若挂牌公司申请首次公开发行股票并上市的申报文件与在全国股份转让系统指定信息披露平台披露的定期报告内容不一致，应当及时进行更正，披露内容包括：

1. 更正公告。更正公告中应明确具体更正内容，且更正时间不得晚于招股说明书的披露时间。若定期报告中存在重要的前期差错，更正公告内容还应包括以下方面：

（1）前期差错更正事项的性质及原因；（2）各个列报前期财务报表中受影响的项目名称和更正金额；（3）前期差错更正事项对公司财务状况和经营成果的影响及更正后的财务指标；（4）若存在无法追溯重述的情况，应当说明该事实和原因以及对前期差错开始进行更正的时点、具体更正情况；（5）公司董事会和管理层对更正事项的性质及原因的说明。

2. 更正后的定期报告。挂牌公司应当对受更正事项影响的最近两个会计年度定期报告以及最近一期定期报告进行更正。

3. 会计师事务所说明。定期报告涉及重要前期差错更正的，挂牌公司应当披露会计师事务所出具的专项说明。

（二）更正文件涉及挂牌首次信息披露内容的，需参照（一）进行更正，并提供主办券商出具的专项说明，如涉及会计师事务所或律师事务所披露文件更正，应由会计师事务所或律师事务所出具专项说明。

因此，如果拟 IPO 的新三板挂牌企业发现存在信息披露差错的，建议企业及时进行差错更正并进行信息披露，即使已决定摘牌，在摘牌前也要进行更正，以免后续被股转系统处罚。

【案例：海容冷链（830822）——挂牌时遗漏披露处罚事项】

海容冷链 2014 年挂牌新三板时的《公开转让说明书》遗漏披露被湖北省

仙桃市质监局给予罚款的处罚事项和逾期未申报纳税行为。

2015年9月，海容冷链发布关于《公开转让说明书》的更正公告，律师出具补充反馈意见：出具了补充法律意见书（一）的更正公告并出具了补充法律意见书（二），对股转系统的反馈意见“请主办券商核查公司营业外支出是否存在罚款支出。如存在，请主办券商、律师核查罚款支出的内容，并就公司是否符合合法规范经营的挂牌条件发表意见，请公司补充披露罚款情况”。进行了更正和补充披露。2018年5月15日，海容冷链IPO通过审核。

【案例：世纪天鸿——挂牌时客户披露信息有误】

北京市康达律师事务所出具的《补充法律意见书三》第28页披露如下：

一、挂牌期间的合法合规情况

……

（二）根据股转系统2016年8月17日《关于落实“两个加强、两个遏制”回头看自查工作的通知》（股转系统函〔2016〕6453号），并结合公司于2016年6月向证监会报送的首次公开发行并在创业板上市的相关资料，对申请挂牌时的信息披露情况进行自查。经自查发现，公司挂牌时公开转让说明书中前五名客户金额、关联方交易部分数据等因统计口径不一等原因造成披露有误。为保证信息披露的准确性，发行人主动向全国中小企业股份转让系统有限责任公司报送《关于山东世纪天鸿文教科技股份有限公司公开转让说明书更正说明》，拟对公开转让说明书进行修订，股转系统于2016年12月28日下发了《关于山东世纪天鸿文教科技股份有限公司监管核查的专项反馈意见》，发行人和各中介机构于2017年1月11日向股转系统报送了反馈意见回复，经股转系统审核通过，更正后的挂牌文件于2017年3月在股转系统公告。

二、信息披露差异的避免及处理建议

企业如果挂牌时就考虑未来上市，则建议在新三板挂牌时就聘请有IPO实操经验的中介团队，同时考虑参照IPO的标准制定整改和规范方案；另外，准备IPO的新三板挂牌公司一定不要忽视挂牌期间的信息披露问题，一定要严格按照股转系统的有关规定做好信息披露事宜。

在现实实践中，在新三板申请挂牌时，部分中介机构基于成本等因素考虑，曾经存在非投行专业人员承做或者外包，导致部分新三板挂牌企业承做质量差、历史问题未解决、企业未实际规范，甚至在财务、税务等关键问题上没有正确处理等情况。这样的企业如果需要申报 IPO 可能就面临严重障碍，不一定能够通过信息披露更正解决，而可能需要重新运行更长的时间才能具备 IPO 申报条件①。

对信息披露不一致问题的核查，主要核查要点如下：（1）查阅发行人当时的新三板挂牌申报材料，如《公开转让说明书》《法律意见书》《审计报告》等，并与本次发行上市申请材料中的《公开招股说明书》《法律意见书》《律师工作报告》《审计报告》等文件的披露内容进行详细比对，重点关注财务数据、业务模式、关联方及关联交易等方面首发申报材料和挂牌申请材料内容是否一致，财务数据是否存在调整；（2）在招股说明书等 IPO 申报文件中披露的主要内容与新三板披露的公开转让说明书等文件之间存在差异的，建议列示对照表予以解释说明差异原因，是信息披露要求不同，还是 IPO 申报文件中做了更为准确或细化的描述，还是原行业发生了变化，等等。如果存在重大差异的，需详细说明差异的内容及原因；（3）就差异原因，访谈发行人控股股东及实际控制人、董监高、财务人员及负责的业务人员；（4）对出现差异的供应商、客户、关联方等公司的主要负责人进行走访，取得有关资料如工商资料、合同、发票等并进行查验；（5）查阅发行人在新三板挂牌期间的所有公开披露信息，即全国中小企业股份转让系统信息披露平台上公开披露的信息，并与本次发行上市申请材料所披露内容进行逐一比对，看是否存在重大差异。如有，需详细说明差异的内容及其原因并相应履行上述核查程序。

① 沈春晖：《A 股 IPO 漫谈：新三板企业转板 IPO 的路径与关注事项》，载微信公众号“春晖投行在线”。

第三章
股东人数超过 200 人

第一节　IPO 审核中的一般处理方法

一、200 人问题的缘起

《证券法》第九条规定，有下列情形之一的，为公开发行：（一）向不特定对象发行证券的；（二）向特定对象发行证券累计超过二百人，但依法实施员工持股计划的员工人数不计算在内；（三）法律、行政法规规定的其他发行行为。

《国务院办公厅关于严厉打击非法发行股票和非法经营证券业务有关问题的通知》（国办发〔2006〕99 号）对《证券法》禁止公开发行做了进一步的规定，规定严禁变相公开发行股票。向特定对象发行股票后股东累计不超过 200 人的，为非公开发行。非公开发行股票及其股权转让，不得采用广告、公告、广播、电话、传真、信函、推介会、说明会、网络、短信、公开劝诱等公开方式或变相公开方式向社会公众发行。严禁任何公司股东自行或委托他人以公开方式向社会公众转让股票。向特定对象转让股票，未依法报经证监会核准的，转让后，公司股东累计不得超过 200 人。

在 IPO 进程中，对发行人历史上是否存在股东人数超过 200 人，即是否涉嫌构成违法公开发行的问题也是发行人律师的核查重点。从实际情况来看，

"200 人公司"主要限于以下几种特殊背景下形成的股份有限公司：（1）1994年7月《公司法》生效前根据《股份制企业试点办法》（1992年5月15日国家体改委等体改生〔1992〕30号发布）成立的定向募集公司，内部职工直接持股；（2）经各地人民银行审批，向社会公众公开发行股票的股份公司（1994年《公司法》生效后社会募集公司不再存在）；（3）由于《股份公司规范意见》、1994年《公司法》均未对发起人人数进行限制，发起设立时即超过200人的公司；（4）通过发行新股引入新股东导致股东累计超过200人的公司，1994年《公司法》规定，股份公司发行新股，应当经国务院授权的部门或者省级人民政府批准；（5）设立后因股东定向转让股份导致股东人数累计超过200人的公司；（6）通过场外柜台交易导致股东超过200人的公司，主要是1998年国家清理非法场外交易时形成的；（7）工会、职工持股会直接或代为持股，信托持股；（8）城市合作银行、城市商业银行和农村商业银行等股份制商业银行；（9）2006年后因公开或变相公开发行股票形成的股东累计超过200人的公司；（10）原 STAQ，NET 系统挂牌公司及退市公司。

二、200 人问题的审核关注要点

除城市商业银行和2006年新《公司法》前设立的定向募集公司以外，曾经发生股东超200人情形的企业必须要对股东超200人的问题进行清理。如果存在刻意规避200人限制的持股平台（指单纯以持股为目的的合伙企业、公司等持股主体）持股，持股平台的股东要穿透合并计算股东人数，即员工持股合伙、公司所涉及的具体职工股东数量应合并计算。根据证监会在保荐代表人培训会上的有关内容和实务经验及有关案例，对200人问题要关注以下几点：

1. 对股东人数要合并进行计算，即不论直接股东还是间接股东都不能超过200人，或者二者合计计算不能超过200人；曾经有过公开登报发行股票等行为的，也将被认为违反规定；

2. 关于1994年—2006年之间出现的股东人数超200人的情况，建议谨慎处理；

3. 中介机构应结合超过200人的发生时间、持股平台的设立目的、发行人（含持股平台）具体股权结构、超出200人的发行人股东持股原因等来判断是

否实质上属于非法公开发行或故意规避《证券法》;

4. 发行人对超限股东的清理工作应该慎重，清理过快会导致矛盾。保荐代表人要对清理的真实性、合法性等问题予以特别关注，尤其要小心“假清理”，“假清理”肯定会引起举报。证监会要求保荐代表人对被清理出去的股东进行一一面谈，或者至少达到人数的 90% 以上；中介机构应对清理过程、清理的真实性和合法性、超限股东转让是否属于自愿、有无纠纷或争议等问题出具意见；

5. 2019 年新修订的《证券法》第九条规定：“有下列情形之一的，为公开发行……（二）向特定对象发行证券累计超过二百人，但依法实施员工持股计划的员工人数不计算在内”。因此，员工持股计划属于受豁免的情形。此前，根据《上海证券交易所科创板股票发行上市审核问答》，遵循“闭环原则”和由公司员工持有，依法设立、规范运行，且已经在基金业协会依法依规备案的员工持股计划在计算公司股东人数时，均按一名股东计算。

第二节　新三板公司股东超过 200 人申请 IPO

一、《4 号指引》对 200 人公司申请 IPO 的合规性要求

《国务院关于全国中小企业股份转让系统有关问题的决定》明确规定，“挂牌公司依法纳入非上市公众公司监管，股东人数可以超过 200 人”。《非上市公众公司监督管理办法》第二条规定，“本办法所称非上市公众公司（以下简称“非上市公众公司”）是指有下列情形之一且其股票未在证券交易所上市交易的股份有限公司：（一）股票向特定对象发行或者转让导致股东累计超过 200 人；（二）股票公开转让”；即，作为股票在新三板挂牌并公开转让的股份公司，股东人数可以超过 200 人。根据《非上市公众公司监督管理办法》的上述规定，新三板公司在进行定向增发、协议转让或者公开转让的过程中，会导致股东超过 200 人，但此种超过 200 人情形的出现，是在证券监管机构的许可之下的，不违反《证券法》的有关规定。

为了规范股东人数超过 200 人的未上市股份有限公司申请公开发行并在证

券交易所上市、在全国股转系统挂牌公开转让等行政许可事项，2013 年 12 月 26 日，中国证监会公布了《非上市公众公司监管指引第 4 号——股东人数超过 200 人的未上市股份有限公司申请行政许可有关问题的审核指引》（以下简称“《4 号指引》”），自公布之日起施行。根据《4 号指引》，“向特定对象发行证券累计超过二百人的”属于公开发行，需依法报经中国证监会核准。对于股东人数已经超过 200 人的未上市股份有限公司（以下简称“200 人公司”），符合《4 号指引》规定的，可申请公开发行并在证券交易所上市、在全国中小企业股份转让系统（以下简称全国股份转让系统）挂牌公开转让等行政许可。对 200 人公司合规性的审核纳入行政许可过程中一并审核，不再单独审核。也就是说，《4 号指引》只解决合规性问题，并对 200 人公司 IPO 给出了明确的法规依据。

《4 号指引》规定，200 人公司申请行政许可的合规性应当符合以下四个要求：

（一）公司依法设立且合法存续

200 人公司的设立、增资等行为不违反当时法律明确的禁止性规定，目前处于合法存续状态。城市商业银行、农村商业银行等银行业股份公司应当符合《关于规范金融企业内部职工持股的通知》（财金〔2010〕97 号）。

200 人公司的设立、历次增资依法需要批准的，应当经过有权部门的批准。存在不规范情形的，应当经过规范整改，并经当地省级人民政府确认。

200 人公司在股份形成及转让过程中不存在虚假陈述、出资不实、股权管理混乱等情形，不存在重大诉讼、纠纷以及重大风险隐患。

（二）股权清晰

200 人公司的股权清晰，是指股权形成真实、有效，权属清晰及股权结构清晰。具体要求包括：

1. 股权权属明确。200 人公司应当设置股东名册并进行有序管理，股东、公司及相关方对股份归属、股份数量及持股比例无异议。股权结构中存在工会或职工持股会代持、委托持股、信托持股以及通过“持股平台”（“持股平台”是指单纯以持股为目的的合伙企业、公司等持股主体）间接持股等情形的，应当将间接持股转为直接持股，并依法履行相应的法律程序。以私募股权基金、资产管理计划以及其他金融计划进行持股的，如果该金融计划是依据相关法律法规设立并规范运作，且已经接受证券监督管理机构监管的，可不转为直接持股。

2. 股东与公司之间、股东之间、股东与第三方之间不存在重大股份权属争议、纠纷或潜在纠纷。

3. 股东出资行为真实，不存在重大法律瑕疵，或者相关行为已经得到有效规范，不存在风险隐患。

申请行政许可的200人公司应当对股份进行确权，通过公证、律师见证等方式明确股份的权属。申请公开发行并在证券交易所上市的，经过确权的股份数量应当达到股份总数的90%以上（含90%）；申请在全国股份转让系统挂牌公开转让的，经过确权的股份数量应当达到股份总数的80%以上（含80%）。未确权的部分应当设立股份托管账户，专户管理，并明确披露有关责任的承担主体。

（三）经营规范

200人公司持续规范经营，不存在资不抵债或者明显缺乏清偿能力等破产风险的情形。

（四）公司治理与信息披露制度健全

200人公司按照中国证监会的相关规定，已经建立健全了公司治理机制和履行信息披露义务的各项制度。

二、200人公司按照《4号指引》申请IPO需注意的问题

《4号指引》对200人公司申请行政许可应提交的材料作出了规定，需要特别注意的是：

（一）关于确认函

存在下列情形之一的，应当报送省级人民政府出具的确认函：

1. 1994年7月1日《公司法》实施前，经过体改部门批准设立，但存在内部职工股超范围或超比例发行、法人股向社会个人发行等不规范情形的定向募集公司。

2. 1994年7月1日《公司法》实施前，依法批准向社会公开发行股票的公司。

3. 按照《国务院办公厅转发证监会关于清理整顿场外非法股票交易方案的通知》（国办发〔1998〕10 号），清理整顿证券交易场所后“下柜”形成的股东超过 200 人的公司。

4. 中国证监会认为需要省级人民政府出具确认函的其他情形。

省级人民政府出具的确认函应当说明公司股份形成、规范的过程以及存在的问题，并明确承担相应责任。

（二）股份已经委托股份托管机构进行集中托管的，应当由股份托管机构出具股份托管情况的证明。股份未进行集中托管的，应当按照前款规定提供省级人民政府的确认函。

（三）属于 200 人公司的城市商业银行、农村商业银行等银行业股份公司应当提供中国银行业监督管理机构出具的监管意见。

（四）申请行政许可的 200 人公司的控股股东、实际控制人或者重要控股子公司也属于 200 人公司的，也应当依照《4 号指引》的要求进行规范。

《4 号指引》的适用对象是未在全国股转系统挂牌公开转让，股东人数已经超过 200 人的未上市股份有限公司。2017 年 3 月 16 日，账号主体为上交所的微信公众号“上交所企业上市服务”发文称，股东人数超过 200 人的新三板公司在挂牌后，如通过公开转让导致股东人数超过 200 人的，并不违反相关禁止性规定，可以直接申请 IPO；如通过非公开发行导致股东人数超过 200 人，根据《非上市公众公司监督管理办法》，在进行非公开发行时应先获得证监会核准，其合规性已在非公开发行时经过审核，可以直接申请 IPO。

根据《非上市公众公司监管问答——定向发行（二）》《非上市公众公司监督管理办法》相关规定，为保障股权清晰、防范融资风险，单纯以认购股份为目的而设立的公司法人、合伙企业等持股平台，不具有实际经营业务的，不符合投资者适当性管理要求，不得参与非上市公众公司的股份发行。全国股转系统挂牌公司设立的员工持股计划，认购私募股权基金、资产管理计划等接受证监会监管的金融产品，已经完成核准、备案程序并充分披露信息的，可以参与非上市公众公司定向发行。其中金融企业还应当符合《关于规范金融企业内部职工持股的通知》（财金〔2010〕97 号）有关员工持股监管的规定。

根据《4 号指引》规定，200 人公司申请公开发行并在证券交易所上市、在全国股转系统挂牌，应按照上述规定标准申请行政许可。同时规定，200人公司申请公开转让上市行政许可的合规性应当符合“公司依法设立且合法存续”“股权清晰”“经营规范”“公司治理与信息披露制度健全”的标准。

如企业在IPO过程中或曾经新三板挂牌过程中股东人数超过200人，需要按照上述规定申请行政许可。

【案例：九典制药——对是否存在股东超过200人的情形进行核查】

九典制药反馈意见重点问题第1条第（4）项，“4. 据招股说明书披露，发行人于2015年7月24日起在新三板挂牌公开转让。请发行人说明：（1）是否存在或曾经存在股东超过200人的情形……请保荐机构、发行人律师对上述问题进行核查，说明核查过程并发表意见。”

湖南启元律师事务所出具的《补充法律意见书二》第2-3-1-30页披露如下：

一、请发行人说明是否存在或曾经存在股东超过200人的情形

（一）核查程序

针对本反馈问题，本所的核查程序如下：

1. 核查了发行人的工商档案资料、原始出资的相关凭证；

2. 核查了发行人股东旺典投资的工商档案资料及合伙人名册、原始出资凭证，对旺典投资的合伙人均作了访谈，对其持股的真实性、出资情况等进行了确认；

3. 本所律师查阅了发行人6家机构股东的工商档案、私募投资基金备案证明、私募投资基金管理人登记证明、上述机构股东出具的说明等资料，并登陆中国证券投资基金业协会网站查询了相关公示信息；

4. 查阅了发行人历次由中国登记结算公司北京分公司出具的证券持有人名册等；查阅了发行人历次增资的股东（大）会会议材料及历次股权/股份转让协议等材料；查阅了合伙企业股东的工商资料及合伙人协议。

（二）发行人目前不存在股东超过200人的情形

根据中国登记结算公司北京分公司出具的证券持有人名册，截至本补充法律意见书出具之日，发行人共有18名股东，其中包括11名自然人股东、1个持股平台股东和6家PE股东。发行人的具体股权结构如下表所列示：

序号	股东名称	持股数量（股）	持股比例（%）
1	朱志宏	43605000	49.55
2	段立新	20568216	23.37
3	旺典投资	8143000	9.25
4	苏州宝寿	2244644	2.55
5	苏州盛世	2037120	2.31
6	苏州卓兴	1833831	2.08
7	苏州智仕	1821127	2.07
8	谢艳萍	1700000	1.93
9	郑霞辉	1548214	1.76
10	朱志云	1092857	1.24
11	朱志纯	637500	0.72
12	卜振军	574357	0.65
13	苏州兴贤	563278	0.64
14	李敏	409214	0.47
15	范朋云	375214	0.43
16	苏州惠康	300000	0.34
17	谭军华	273214	0.31
18	熊英	273214	0.31
合计		88000000	100.00

根据《非上市公众公司监管指引第4号——股东人数超过200人的未上市股份有限公司申请行政许可有关问题的审核指引》的规定，“存在通过‘持股平台’间接持股的安排以致实际股东超过200人的，在依据本指引申请行政许可时，应当已经将代持股份还原至实际股东、将间接持股转为直接持股；以私募股权基金、资产管理计划以及其他金融计划进行持股的，如果该金融计划是依据相关法律法规设立并规范运作，且已经接受证券监督管理机构监管的，可不进行股份还原或转为直接持股。”

(1) 发行人6名PE股东

截至本补充法律意见书出具之日，发行人6名PE股东苏州宝寿、苏州盛世、苏州卓兴、苏州智仕、苏州兴贤、苏州惠康，均为依据相关法律法规设立并规范运作且已经接受证券监督管理机构监管的专业投资机构，均已依法办理基金备案及管理人登记手续，并已投资多家拟上市公司，非为仅以持有发行人股份为目的或故意规避股东200人而设立的，因此以6名股东来计算股东数量。

发行人6名PE股东合规运作的基本情况如下：

基金名称	持有发行人股份数量（万股）	持股比例	基金编号	基金类型	基金管理人	成立时间	备案时间
苏州宝寿	224.46	2.55%	SD1654	股权投资基金	昆吾九鼎投资管理有限公司	2011-08-18	2014-03-25
苏州盛世	203.71	2.31%	SD1498	股权投资基金	昆吾九鼎投资管理有限公司	2011-07-05	2014-03-25
苏州卓兴	183.38	2.08%	SD6205	股权投资基金	昆吾九鼎投资管理有限公司	2011-07-15	2014-03-25
苏州智仕	182.11	2.07%	SD1530	股权投资基金	昆吾九鼎投资管理有限公司	2011-07-29	2014-03-25
苏州兴贤	56.33	0.64%	SD1529	股权投资基金	昆吾九鼎投资管理有限公司	2011-08-18	2014-03-25
苏州惠康	30.00	0.34%	S60791	股权投资基金	西藏昆吾九鼎投资管理有限公司	2015-04-03	2015-07-09
合计	880.00	10.00%	-	-	-	-	-

（2）发行人员工持股平台

截至本补充法律意见书出具之日，发行人员工持股平台旺典投资的合伙人及出资情况如下：

序号	姓名	出资方式	认缴权益比例（%）	实缴出资额（万元）
1	张人杰	货币	0.73	11.55
2	刘鹰	货币	21.82	353.55
3	朱志云	货币	6.16	97.35
4	段斌	货币	5.22	82.50
5	程丑夫	货币	5.22	87.50
6	吴凤兰	货币	5.22	87.50
7	杨洋	货币	5.22	82.50
8	何智勇	货币	4.18	66.00
9	熊云仙	货币	4.18	70.00
10	吴群	货币	3.13	52.50
11	肖力	货币	3.13	49.50
12	王果	货币	2.71	42.90
13	刘微	货币	2.71	42.90
14	刘文英	货币	2.61	41.25
15	雷文枚	货币	2.40	37.95
16	梁胜华	货币	2.40	37.95
17	徐霞	货币	2.19	34.65
18	朱志纯	货币	2.09	33.00
19	陈沙	货币	1.98	31.35
20	龚纲要	货币	1.77	28.05
21	李艳	货币	1.67	28.00
22	阳海	货币	1.67	26.40
23	王谦志	货币	1.25	19.80
24	卢尚	货币	1.25	19.80
25	向波	货币	1.04	16.50
26	雷伟	货币	1.04	16.50
27	刘珊	货币	0.94	14.85
28	何志明	货币	0.84	13.20

续表

序号	姓名	出资方式	认缴权益比例（%）	实缴出资额（万元）
29	丛青	货币	0.84	13.20
30	唐香华	货币	0.73	11.55
31	张黎	货币	0.73	11.55
32	熊永忠	货币	0.73	11.55
33	曾庆英	货币	0.73	11.55
34	冯行宇	货币	0.73	11.55
35	王舫	货币	0.73	11.55
合计			100.00	1608.00

旺典投资为发行人的员工持股平台，合伙人人数为 35 名，应当穿透并将其合伙人纳入发行人股东人数为 33 名（合伙人朱志云、朱志纯已作为发行人直接股东计算人数）。

综上所述，发行人穿透后合并计算股东总数共计 50 人：其中发行人自然人股东 11 名，员工持股平台股东 33 名，已进行私募基金备案的 PE 股东（无需穿透计算）6 名，总计 50 名。发行人目前不存在股东超过 200 人的情形。

二、发行人历史上不存在股东超过 200 人的情形

（一）发行人历史上存在的其他非自然人股东

除前述介绍的非自然人股东外，发行人历史上曾存在的其他非自然人股东情况如下：

1. 维神医药

经查询相关工商资料，维神医药的股东为 2 位自然人。

2. 九鼎新三板 1 号私募基金

发行人新三板挂牌期间（2016.6.30—2016.7.15）契约型私募基金“九鼎新三板 1 号私募基金”曾持有发行人股份（发行人申报 IPO 材料前由 PE 股东苏州惠康最终受让了九鼎新三板 1 号私募基金持有的发行人全部股权）。九鼎新三板 1 号私募基金合规运作的基本情况如下：

基金名称	原持有发行人股份数量（万股）	基金编号	基金类型	基金管理人	成立时间	备案时间
九鼎新三板1号私募基金	30.00	S33018	证券投资基金	西藏昆吾九鼎投资管理有限公司	2015－04－24	2015－04－29

根据《非上市公众公司监管指引第4号——股东人数超过200人的未上市股份有限公司申请行政许可有关问题的审核指引》的规定所述，由于九鼎新三板1号私募基金系取得中国证券投资基金业协会私募基金备案或私募基金管理人登记的专业投资机构，应视为一个股东。

（二）发行人历史上股东统计情况演变

经核查发行人工商档案资料以及历次股权、股东的变化情况，发行人历史上不曾出现股东人数超过200人的情形，股东具体人数统计演变情况如下：

序号	变更时间	发行人变更事项	发行人登记股东数	自然人股东数	PE股东数	员工持股平台穿透后股东数	穿透计算总股东数
1	2001年1月	设立	3	2	——	——	3
2	2002年9月	第一次增资及第一次股权转让	2	2	——	——	2
3	2006年8月	第二次增资	2	2	——	——	2
4	2008年12月	第三次增资	2	2	——	——	2
5	2010年3月	第四次增资	2	2	——	——	2
6	2011年4月	第二次股权转让	2	2	——	——	2
7	2011年5月	第五次增资	2	2	——	——	2

续表

序号	变更时间	发行人变更事项	发行人登记股东数	自然人股东数	PE股东数	员工持股平台穿透后股东数	穿透计算总股东数
8	2011 年 5 月	第三次股权转让	7	7	——	——	7
9	2011 年 9 月	第六次增资	10	10	——	——	10
10	2012 年 2 月	第七次增资及股权转让	11	10	——	38	46（注）
11	2012 年 12 月	第八次增资	12	11	——	38	47（注）
12	2013 年 10 月	第九次增资	17	11	5	38	52（注）
13	2015 年 1 月	股份制改造	17	11	5	35	49（注）
14	2016 年 1 月	第一次定向增发	17	11	5	35	49（注）
15	2016 年 6 月	股改后第一次股权转让	18	11	6	35	50（注）
16	2016 年 7 月	股改后第二次股权转让	18	11	6	35	50（注）

注：发行人员工持股平台的合伙人与发行人自然人股东中有 2 位重合，故穿透后股东合计人数不重复计算。

综上，本所认为，发行人目前及历史上不存在股东超过 200 人的情形。

【案例：拓斯达——对是否存在股东超过 200 人的情形进行核查】

反馈意见：“一、关于‘一、规范性问题’之‘第 1 题’：招股说明书披露发行人曾在新三板挂牌。请发行人说明是否存在或曾经存在股东超过 200 人的情形……请保荐机构、发行人律师对上述问题进行核查，说明核查过程并发表意见。”

《北京君泽君律师事务所关于广东拓斯达科技股份有限公司首次公开发行股票并在创业板上市补充法律意见（三）》第5-1-4-4页披露如下：

（一）核查过程的说明

1. 本所律师以书面审查方式查验了发行人的工商底档资料、发行人机构股东达晨投资及机构股东三正金融的工商底档资料及其出具的说明等资料。

2. 本所律师以书面审查方式查验了发行人出具的说明文件、发行人及达晨投资现有及历史持股自然人的入职登记表、离职登记表、劳动合同及身份证信息、出资协议及资金支付凭证，退股协议及资金支付凭证，并与发行人现有及历史持股自然人、达晨投资现有及历史持股自然人就持股、退股及发行人处任职情况进行了访谈。

3. 本所律师登录全国中小企业股份转让系统查询发行人公开披露的信息，并取得了中国证券登记结算有限公司北京分公司出具的《证券持有人名册》。

4. 本所律师查阅了全国中小企业股份转让系统信息披露平台上公开披露信息，并与本次IPO申请文件和财务报告所披露内容进行比对。

5. 本所律师查阅了发行人机构股东兴证创投、达晨创丰、华融恒力、高富信创投的工商档案、私募投资基金备案证明、私募投资基金管理人登记证明、上述机构股东出具的说明等资料，并登陆中国证券投资基金业协会网站查询了相关公示信息。

（二）关于“发行人是否存在或曾经存在股东超过200人的情形”的答复

1. 发行人历史沿革

如《律师工作报告》所述，2007年6月，吴丰礼与杨双保共同出资设立拓斯达有限；2008年1月，吴丰礼与杨双保向黄代波转让股权并代黄代波持有并管理；2011年1月，吴丰礼、杨双保及黄代波三人同比例向拓斯达有限增加注册资本；2011年12月，三人解除代持关系，吴丰礼、杨双保将股权转让给黄代波并办理工商变更登记；2012年6月，吴丰义等25名自然人向拓斯达有限增资入股；2012年8月及2013年6月，吴甫成及李慧玲向吴丰礼转让股权而退出；2013年11月，22名股东将股权转让给拓斯达有限设立的持股平台达晨投资，同时达晨投资增资入股；2013年11月，兴证创投增资入股；2014年3

月，拓斯达有限整体变更为股份有限公司；2014年12月，发行人定向发行并在全国中小企业股份转让系统挂牌，达晨创丰等4名机构股东参与本次定向发行。本次定向发行完成后，发行人的股东变更为十人。截至本补充法律意见出具之日，发行人股权结构未发生变更。上述十名股东均为自然人/机构股东，根据股东出具的说明及提供的相关资料，经本所律师查验，发行人股东持有的股权不存在委托持股及信托持股的情形。

2. 发行人机构股东情况

根据《非上市公众公司监管指引第4号——股东人数超过200人的未上市股份有限公司申请行政许可有关问题的审核指引》的规定，"存在通过'持股平台'间接持股的安排以致实际股东超过200人的，在依据本指引申请行政许可时，应当已经将代持股份还原至实际股东、将间接持股转为直接持股；以私募股权基金、资产管理计划以及其他金融计划进行持股的，如果该金融计划是依据相关法律法规设立并规范运作，且已经接受证券监督管理机构监管的，可不进行股份还原或转为直接持股。"

截至本补充法律意见出具之日，发行人机构股东为三正金融、兴证创投、达晨创丰、华融恒力、高富信创投及达晨投资。达晨投资作为发行人员工持股平台其出资人应当计入发行人实际股东人数中。另外，发行人历史上股权代持的情况也应该还原到实际股东来计算股东人数。

经本所律师查验，发行人机构股东三正金融的股东广东三正集团有限公司及东莞市三正实业有限公司均为自然人莫浩棠及莫浩松出资设立，三正金融不存在对外募集资金的情形，亦不存在专业的机构管理人设置。本所律师认为，三正金融不属于《私募投资基金监督管理暂行办法》及《私募投资基金管理人登记和基金备案办法（试行）》规定的投资基金或私募基金管理人，无需进行相关登记及备案程序。

经本所律师查验，发行人其他四名机构股东兴证创投、达晨创丰、华融恒力、高富信创投及其基金管理人均已依据《私募投资基金监督管理暂行办法》及《私募投资基金管理人登记和基金备案办法（试行）》的规定履行了私募基金登记备案程序（详见本补充法律意见"二、关于'四、其他问题'之'第37题'"部分）。

3. 达晨投资历史沿革

（1）2013年10月，达晨投资设立登记

2013年9月21日，达晨投资全体合伙人签署《东莞达晨股权投资合伙企业（有限合伙）合伙协议》及《认缴出资确认书》，约定22名合伙人以所持拓斯达有限的股权作价出资的方式设立达晨投资，确认全体合伙人的认缴出资和实缴期限，确认吴丰礼为普通合伙人及执行事务合伙人，其他合伙人均为有限合伙人。

2013年10月17日，经东莞市工商行政管理局核准，达晨投资领取了注册号为“441900001742011”的《营业执照》，达晨投资设立时的基本情况为：

事项	内容
名称	东莞达晨股权投资合伙企业（有限合伙）
住所	东莞市长安镇新安社区上新路1号金果商务中心第511室
执行事务合伙人	吴丰礼
成立日期	2013年10月17日
类型	有限合伙企业
合伙期限	长期
经营范围	一般经营项目：股权投资。 许可经营项目：无

达晨投资设立时的出资情况及出资人任职情况如下：

序号	出资人姓名	出资额（元）	出资比例	任职情况	入职时间
1	吴丰礼	20000.00	0.63%	执行董事/总经理	2007.06
2	尹建桥	1200000.00	37.50%	销售部副总监	2010.05
3	吴丰义	500000.00	15.63%	销售部经理	2007.06
4	周永冲	200000.00	6.25%	财务经理	2011.11
5	杨晒汝	200000.00	6.25%	销售部副经理	2008.04
6	张朋	200000.00	6.25%	销售部副经理	2008.07
7	郑伟	160000.00	5.00%	客服部主管	2007.06

续表

序号	出资人姓名	出资额（元）	出资比例	任职情况	入职时间
8	唐波	150000.00	4.69%	销售部副经理	2007.06
9	杨振斌	120000.00	3.75%	销售部经理	2012.01
10	兰海涛	60000.00	1.88%	研发部经理	2011.05
11	付秀江	60000.00	1.88%	客服部副经理	2007.06
12	罗彬	40000.00	1.25%	研发部副经理	2011.02
13	夏清山	30000.00	0.94%	销售部组长	2009.09
14	汪建华	30000.00	0.94%	销售部组长	2010.91
15	王艳飞	30000.00	0.94%	销售部组长	2009.08
16	吴云风	30000.00	0.94%	销售部组长	2010.07
17	罗小敏	30000.00	0.94%	生产部主管	2007.11
18	吴盛丰	30000.00	0.94%	生产部主管	2007.08
19	刘志华	30000.00	0.94%	研发部主管	2010.062
20	吴秋丰	30000.00	0.94%	生产部主管	2010.2
21	吴芳芳	30000.00	0.94%	采购部副主管	2009.06
22	吴雪峰	20000.00	0.63%	资材部主管	2007.06
合计		3200000.00	100.00%	–	–

（2）2013年12月，重新确认合伙企业资产价值、增加4名有限合伙人

2013年10月17日，达晨投资召开全体合伙人会议，全体合伙人一致决议通过：1. 同意对合伙企业目前全部资产重新确认价值，由320万元变更为615.392万元，原有22名合伙人对合伙企业出资额同比进行调整；2. 同意张延虎、陈天红、武光红、张晨入伙，出资方式均为货币出资；同意原合伙人吴丰礼、吴丰义、杨晒汝、张朋、唐波、罗小敏、吴盛丰、吴芳芳对合伙企业增加出资，其他合伙人放弃增资的优先认购权。重新确认合伙企业资产价值及现金增资具体情况如下：

序号	出资人姓名	调整及增资前出资额（元）	调整后出资额（元）	现金增资（元）	增资后出资额（元）
1	吴丰礼	20000.00	38460.00	2000000.00	2038460.00
2	尹建桥	1200000.00	2307700.00	–	2307700.00
3	吴丰义	500000.00	961540.00	500000.00	1461540.00
4	周永冲	200000.00	384620.00	–	384620.00
5	杨晒汝	200000.00	384620.00	100000.00	484620.00
6	张朋	200000.00	384620.00	100000.00	484620.00
7	郑伟	160000.00	307700.00	–	307700.00
8	唐波	150000.00	288460.00	100000.00	388460.00
9	杨振斌	120000.00	230760.00	–	230760.00
10	兰海涛	60000.00	115380.00	–	115380.00
11	付秀江	60000.00	115380.00	–	115380.00
12	罗彬	40000.00	76920.00	–	76920.00
13	夏清山	30000.00	57700.00	–	57700.00
14	汪建华	30000.00	57700.00	–	57700.00
15	王艳飞	30000.00	57700.00	–	57700.00
16	吴云风	30000.00	57700.00	–	57700.00
17	罗小敏	30000.00	57700.00	30000.00	87700.00
18	吴盛丰	30000.00	57700.00	30000.00	87700.00
19	刘志华	30000.00	57700.00	–	57700.00
20	吴秋丰	30000.00	57700.00	–	57700.00
21	吴芳芳	30000.00	57700.00	20000.00	77700.00
22	吴雪峰	20000.00	38460.00	–	38460.00
23	张延虎	–	–	50000.00	50000.00
24	陈天红	–	–	100000.00	100000.00
25	武光红	–	–	100000.00	100000.00
26	张晨	–	–	30000.00	30000.00
合计		3200000.00	6153920.00	3160000.00	9313920.00

同日，张延虎等4名新合伙人与原全体合伙人签署《东莞达晨股权投资合伙企业（有限合伙）入伙协议》，全体合伙人就上述变更事项重新订立《东莞达晨股权投资合伙企业（有限合伙）合伙协议》并签署《认缴出资确认书》，明确各合伙人的出资份额。

2013年12月19日，上述增加出资额及新增合伙人事宜经东莞市工商行政管理局准予登记，达晨投资出资情况变更如下：

序号	出资人姓名	出资额（元）	出资比例	入职时间
1	吴丰礼	2038460.00	21.89%	2007.06
2	尹建桥	2307700.00	24.78%	2010.05
3	吴丰义	1461540.00	15.69%	2007.06
4	周永冲	384620.00	4.13%	2011.11
5	杨晒汝	484620.00	5.20%	2008.04
6	张朋	484620.00	5.20%	2008.07
7	郑伟	307700.00	3.30%	2007.06
8	唐波	388460.00	4.17%	2007.06
9	杨振斌	230760.00	2.48%	2012.01
10	兰海涛	115380.00	1.24%	2011.05
11	付秀江	115380.00	1.24%	2007.06
12	罗彬	76920.00	0.83%	2011.02
13	夏清山	57700.00	0.62%	2009.09
14	汪建华	57700.00	0.62%	2010.09
15	王艳飞	57700.00	0.62%	2009.08
16	吴云风	57700.00	0.62%	2010.07
17	罗小敏	87700.00	0.94%	2007.11
18	吴盛丰	87700.00	0.94%	2007.08
19	刘志华	57700.00	0.62%	2010.06
20	吴秋丰	57700.00	0.62%	2010.2
21	吴芳芳	77700.00	0.83%	2009.06
22	吴雪峰	38460.00	0.41%	2007.06

续表

序号	出资人姓名	出资额（元）	出资比例	入职时间
23	张延虎	50000.00	0.54%	2012.02
24	陈天红	100000.00	1.07%	2012.02
25	武光红	100000.00	1.07%	2013.03
26	张晨	30000.00	0.32%	2010.06
合计		9313920.00	100.00%	-

（3）2014年4月，有限合伙人汪建华退出，新增有限合伙人丘乐乐

2014年4月16日，达晨投资召开全体合伙人会议，全体合伙人一致决议通过：1. 同意合伙人汪建华将其在合伙企业5.77万元出资额全部转让给发行人员工丘乐乐；2. 同意普通合伙人吴丰礼将其在合伙企业的19.23万元出资额转让给发行人员工丘乐乐。

2014年4月，汪建华与吴丰礼分别与丘乐乐签署《出资份额转让协议》，约定汪建华将其在达晨投资的5.77万元出资额转让给丘乐乐，吴丰礼将其在达晨投资的19.23万元出资额转让给丘乐乐。

2014年4月16日，新增合伙人丘乐乐与原全体合伙人签署《入伙协议》，约定丘乐乐成为达晨投资的有限合伙人，全体合伙人就上述变更事项重新订立《东莞达晨股权投资合伙企业（有限合伙）合伙协议》并签署《认缴出资确认书》，明确各合伙人的出资份额。

2014年4月30日，上述增加合伙人事宜经东莞市工商行政管理局准予登记，达晨投资的出资情况变更为：

序号	出资人姓名	出资额（元）	出资比例	入职时间
1	吴丰礼	1846160.00	19.82%	2007.06
2	尹建桥	2307700.00	24.78%	2010.05
3	吴丰义	1461540.00	15.69%	2007.06
4	周永冲	384620.00	4.13%	2011.11
5	杨晒汝	484620.00	5.20%	2008.04
6	张朋	484620.00	5.20%	2008.07

续表

序号	出资人姓名	出资额（元）	出资比例	入职时间
7	郑伟	307700.00	3.30%	2007.06
8	唐波	388460.00	4.17%	2007.06
9	杨振斌	230760.00	2.48%	2012.01
10	兰海涛	115380.00	1.24%	2011.05
11	付秀江	115380.00	1.24%	2007.06
12	罗彬	76920.00	0.83%	2011.02
13	夏清山	57700.00	0.62%	2009.09
14	王艳飞	57700.00	0.62%	2009.08
15	吴云风	57700.00	0.62%	2010.07
16	罗小敏	87700.00	0.94%	2007.11
17	吴盛丰	87700.00	0.94%	2007.08
18	刘志华	57700.00	0.62%	2010.06
19	吴秋丰	57700.00	0.62%	2010.2
20	吴芳芳	77700.00	0.83%	2009.06
21	吴雪峰	38460.00	0.41%	2007.06
22	张延虎	50000.00	0.54%	2012.02
23	陈天红	100000.00	1.07%	2012.02
24	武光红	100000.00	1.07%	2013.03
25	张晨	30000.00	0.32%	2010.06
26	丘乐乐	250000.00	2.68%	2013.06
合计		9313920.00	100.00%	-

（4）2014 年 9 月，有限合伙人刘志华退出

2014 年 9 月 13 日，达晨投资召开全体合伙人会议，全体合伙人一致决议通过，同意合伙人刘志华将其在合伙企业 5.77 万元出资额全部转让给普通合伙人吴丰礼。

2014 年 9 月 15 日，刘志华和吴丰礼签署《出资份额转让协议》，约定刘志华将其在达晨投资的 5.77 万元出资额转让给吴丰礼。

2014年9月16日，全体合伙人就上述变更事项重新订立《东莞达晨股权投资合伙企业（有限合伙）合伙协议》并签署《认缴出资确认书》，明确各合伙人的出资份额。

2014年9月25日，上述合伙人退出事宜经东莞市工商行政管理局准予登记。

（5）2015年1月，新增12名合伙人

2014年12月26日，吴丰礼与王冰岩等12名新增合伙人分别签署《出资份额转让协议》，根据上述《出资份额转让协议》，本次出资额的具体转让情况如下：

序号	转让方	转让出资额（元）	转让价格（元）	受让人
1	吴丰礼	64192.00	120000.00	王冰岩
2		16048.00	30000.00	宋海让
3		42795.00	80000.00	余天文
4		16048.00	30000.00	陈裕
5		16048.00	30000.00	刘佳林
6		16048.00	30000.00	赵军
7		26747.00	50000.00	赵丹雄
8		16048.00	30000.00	郑益根
9		26747.00	50000.00	毛勇军
10		16048.00	30000.00	刘强
11		16048.00	30000.00	赵彬
12		10699.00	20000.00	吴文杰
合计		283516.00	530000.00	-

2014年12月29日，达晨投资召开全体合伙人会议，全体合伙人一致决议通过，同意合伙人吴丰礼将其在合伙企业的出资额转让给发行人员工王冰岩等12人。

同日，新增12名合伙人与原全体合伙人签署《入伙协议》，并就上述变更事项重新订立《东莞达晨股权投资合伙企业（有限合伙）合伙协议》并签署《认缴出资确认书》，明确各合伙人的出资份额。

2015年1月13日，上述增加合伙人事宜经东莞市工商行政管理局准予登记，达晨投资的出资情况变更为：

序号	出资人姓名	出资额（元）	出资比例	入职时间
1	吴丰礼	1620344.00	17.40%	2007.06
2	尹建桥	2307700.00	24.78%	2010.05
3	吴丰义	1461540.00	15.69%	2007.06
4	周永冲	384620.00	4.13%	2011.11
5	杨晒汝	484620.00	5.20%	2008.04
6	张朋	484620.00	5.20%	2008.07
7	郑伟	307700.00	3.30%	2007.06
8	唐波	388460.00	4.17%	2007.06
9	杨振斌	230760.00	2.48%	2012.01
10	兰海涛	115380.00	1.24%	2011.05
11	付秀江	115380.00	1.24%	2007.06
12	罗彬	76920.00	0.83%	2011.02
13	夏清山	57700.00	0.62%	2009.09
14	王艳飞	57700.00	0.62%	2009.08
15	吴云风	57700.00	0.62%	2010.07
16	罗小敏	87700.00	0.94%	2007.11
17	吴盛丰	87700.00	0.94%	2007.08
18	吴秋丰	57700.00	0.62%	2010.02
19	吴芳芳	77700.00	0.83%	2009.06
20	吴雪峰	38460.00	0.41%	2007.06
21	张延虎	50000.00	0.54%	2012.02
22	陈天红	100000.00	1.07%	2012.02
23	武光红	100000.00	1.07%	2013.03
24	张晨	30000.00	0.32%	2010.06
25	丘乐乐	250000.00	2.68%	2013.06
26	王冰岩	64192.00	0.69%	2013.12
27	宋海让	16048.00	0.17%	2014.03

续表

序号	出资人姓名	出资额（元）	出资比例	入职时间
28	余天文	42795.00	0.46%	2010.12
29	陈裕	16048.00	0.17%	2010.08
30	刘佳林	16048.00	0.17%	2011.03
31	赵军	16048.00	0.17%	2012.01
32	赵丹雄	26747.00	0.29%	2011.02
33	郑益根	16048.00	0.17%	2011.09
34	毛勇军	26747.00	0.29%	2014.12
35	刘强	16048.00	0.17%	2012.04
36	赵彬	16048.00	0.17%	2012.07
37	吴文杰	10699.00	0.11%	2011.10
合计		9313920.00	100.00%	-

（6）2015 年 6 月，有限合伙人张晨退出

2015 年 5 月 26 日，达晨投资召开全体合伙人会议，全体合伙人一致决议通过，同意合伙人张晨将其在合伙企业的 3 万元出资额全部转让给普通合伙人吴丰礼。同日，全体合伙人就上述变更事项重新订立《东莞达晨股权投资合伙企业（有限合伙）合伙协议》并签署《认缴出资确认书》，明确各合伙人的出资份额。2015 年 6 月 9 日，上述减少合伙人事宜经东莞市工商行政管理局准予登记。

（7）2015 年 8 月 21 日，有限合伙人武光红退出

2015 年 7 月 13 日，达晨投资召开全体合伙人会议，全体合伙人一致决议通过，同意合伙人武光红将其在合伙企业的 10 万元出资额全部转让给普通合伙人吴丰礼。同日，武光红与吴丰礼签署《出资份额转让协议》，约定武光红将其在达晨投资的 10 万元出资额转让给吴丰礼。同日，全体合伙人就上述变更事项重新订立《东莞达晨股权投资合伙企业（有限合伙）合伙协议》并签署《认缴出资确认书》，明确各合伙人的出资份额。

2015 年 8 月 21 日，上述合伙人退出事宜经东莞市工商行政管理局准予登记。

（8）2016年4月11日，有限合伙人吴文杰退出

2016年3月18日，吴文杰与吴丰礼签署《出资份额转让协议》，吴文杰同意将10699元出资额转让给吴丰礼。2016年4月1日，达晨投资召开全体合伙人会议，全体合伙人一致决议通过同意合伙人吴文杰将其在合伙企业的10699元出资额全部转让给普通合伙人吴丰礼。

同日，全体合伙人就上述变更事项重新订立《东莞达晨股权投资合伙企业（有限合伙）合伙协议》并签署《认缴出资确认书》，明确各合伙人的出资份额。

2016年4月11日，上述合伙人退出事宜经东莞市工商行政管理局准予登记。

（9）截至本补充法律意见出具之日，达晨投资合伙人的具体情况如下：

序号	股东姓名	年龄	入职时间	所任职务	出资额（元）	出资比例
1	吴丰礼	36	2007.06	董事长/总经理	1761043.00	18.91%
2	尹建桥	39	2010.05	董事/销售总监	2307700.00	24.78%
3	吴丰义	34	2007.06	销售部总监	1461540.00	15.69%
4	周永冲	40	2011.11	财务总监	384620.00	4.13%
5	杨晒汝	32	2008.04	监事/销售部总监	484620.00	5.20%
6	张朋	32	2008.07	销售部总监	484620.00	5.20%
7	郑伟	28	2007.06	销售部主管	307700.00	3.30%
8	唐波	32	2007.06	技术总监	388460.00	4.17%
9	杨振斌	37	2012.01	销售部经理	230760.00	2.48%
10	兰海涛	36	2011.05	研发部副总监	115380.00	1.24%
11	付秀江	34	2007.06	中央供料项目经理	115380.00	1.24%
12	罗彬	35	2011.02	研发副经理	76920.00	0.83%
13	夏清山	33	2009.09	销售部主管	57700.00	0.62%
14	王艳飞	34	2009.08	销售部主管	57700.00	0.62%
15	吴云风	31	2010.07	销售部经理	57700.00	0.62%
16	罗小敏	32	2007.11	生产部工程师	87700.00	0.94%
17	吴盛丰	28	2007.08	监事/品质部副经理	87700.00	0.94%
18	吴秋丰	43	2010.02	计划物控部主管	57700.00	0.62%

续表

序号	股东姓名	年龄	入职时间	所任职务	出资额（元）	出资比例
19	吴芳芳	27	2009.06	采购部主管	77700.00	0.83%
20	吴雪峰	45	2007.06	计划物控部副经理	38460.00	0.41%
21	张延虎	41	2012.02	销售部总监	50000.00	0.54%
22	陈天红	37	2012.02	销售部经理	100000.00	1.07%
23	丘乐乐	35	2013.06	董事会秘书	250000.00	2.68%
24	王冰岩	34	2013.12	制造中心总监	64192.00	0.69%
25	宋海让	33	2014.03	生产部经理	16048.00	0.17%
26	余天文	32	2010.12	销售部副经理	42795.00	0.46%
27	陈裕	30	2010.08	计划物控部副经理	16048.00	0.17%
28	刘佳林	36	2011.03	研发工程师	16048.00	0.17%
29	赵军	32	2012.01	研发工程师	16048.00	0.17%
30	赵丹雄	32	2011.02	研发工程师	26747.00	0.29%
31	郑益根	30	2011.09	研发工程师	16048.00	0.17%
32	毛勇军	36	2014.12	制造中心总监	26747.00	0.29%
33	刘强	27	2012.04	计划物控部副经理	16048.00	0.17%
34	赵彬	41	2012.07	生产部副经理	16048.00	0.17%
合计	–	–	–	–	9313920.00	100.00%

4. 发行人实际股东人数

如前所述发行人及达晨投资的历史沿革情况，经本所律师查验，发行人及/或达晨投资历次出资人变更后发行人实际股东人数情况如下：

序号	变更时间	发行人变更事项	达晨投资变更事项	发行人登记股东人数	达晨投资合伙人人数	穿透计算股东合计人数	是否超过200人
1	2007年6月	发行人设立	–	2	–	2	否
2	2008年1月	黄代波受让股权并委托代持	–	2	–	3	否
3	2011年1月	原股东增资	–	2	–	3	否
4	2011年12月	解除代持	–	3	–	3	否

续表

序号	变更时间	发行人变更事项	达晨投资变更事项	发行人登记股东人数	达晨投资合伙人人数	穿透计算股东合计人数	是否超过 200 人
5	2012 年 6 月	25 名自然人增资入股	–	27	–	27	否
6	2012 年 8 月	吴甫成退股	–	26	–	26	否
7	2013 年 6 月	李慧玲退股	–	25	–	25	否
8	2013 年 11 月	达晨投资受让 22 名自然人股东股权并增资入股	达晨投资设立	5	22	25	否
9	2013 年 11 月	兴证创投增资入股	–	6	22	26	否
10	2013 年 12 月	–	新增 4 名有限合伙人	6	26	30	否
11	2014 年 3 月	整体变更为股份有限公司	–	6	26	30	否
12	2014 年 4 月	–	合伙人汪建华退出，丘乐乐入伙	6	26	30	否
13	2014 年 9 月	–	合伙人刘志华退出	6	25	29	否
14	2014 年 12 月	新三板挂牌并定向发行	–	10	25	33	否
15	2015 年 1 月	–	增加 12 名合伙人	10	37	45	否
16	2015 年 6 月	–	合伙人张晨退出	10	36	44	否
17	2015 年 8 月	–	合伙人武光红退出	10	35	43	否
18	2016 年 4 月	–	合伙人吴文杰退出	10	34	42	否

综上，本所律师认为，发行人不存在或曾经存在股东超过 200 人的情形。

第四章
同业竞争

新三板及 IPO 对同业竞争的认定、范围、判断标准以及审核尺度存在明显差异，因此新三板挂牌企业对该问题应予以充分关注。

（1）新三板同业竞争问题审核机构的内部判断标准

全国股转公司在苏州、上海等地举办的培训会上指出，同业竞争不搞一刀切，分具体情况，尽量整改或提出整改措施，如实在难以解决的就如实披露，并在后续持续督导过程中关注。

（2）IPO 对同业竞争的审核理念和政策把握

①消除同业竞争，减少持续性关联交易；②控股股东、实际控制人同业竞争一定要解除；③不能以细分行业、细分产品、细分客户、细分区域等界定同业竞争，生产、技术、研发、设备、渠道、客户、供应商等因素都要进行综合考虑，界定同业竞争的标准从严，竞争的、类似的、同业的品牌、渠道、客户、供应商等都应纳入上市主体；④实质性判断仍然构成同业竞争，虽然实际控制人承诺不进行同业竞争，仍然构成发行障碍。解决不了实质问题，只是锦上添花；⑤不仅是实际控制人，同样需要关注重要股东同业竞争的问题；⑥除了关注控股股东、实际控制人，发行人与其他股东之间同业竞争，主要是前三股东比例较为接近的情况下，也会重点关注，看其影响，实质性判断，不一刀切；⑦消除同业竞争后，应有一段相对长的运行时间，让投资者判断。

从上述针对同业竞争问题的审核标准可以明显看出，IPO 审核中对同业竞争的审核更加细致，标准要求更高，要求更加严格，而新三板则相对宽松。因此，在IPO尽职调查及申报过程中，中介机构要根据IPO的审核标准重新梳理和查验有关同业竞争的问题，虽然企业在新三板申报时有关中介机构已经查验并发表了不存在同业竞争的结论意见，由于IPO的审核标准不同，考量对象更加宽泛（如5%以上的主要股东也要纳入尽调范围），因此需要中介机构按照IPO的标准重新进行查验，对于企业在新三板申报时已经做出的承诺或承诺未来进行的整改措施，要注意查验是否已经落实，有关同业竞争的情形是否已经得到消除。

【案例：阿科力——同业竞争问题涉及新三板挂牌时的披露与承诺】

阿科力《招股意向书附录》第314页之《补充法律意见书五》第11-2-19页披露如下：

（1）发行人实际控制人及其近亲属实际控制的公司的具体情况，包括经核准登记的经营业务、从事的实际业务、基本财务状况等，是否存在与发行人相同、相似业务，该等情形是否构成同业竞争或潜在同业竞争；是否与发行人存在上下游业务，是否影响发行人的独立性和资产完整性。

除阿科力外，发行人实际控制人朱学军、崔小丽无其他实际控制的公司。

发行人实际控制人近亲属朱为民实际控制的公司为无锡万博涂料化工有限公司（以下简称“万博涂料”）、丽博投资发展有限公司（香港）（以下简称“丽博投资”）、无锡市雅丽投资发展有限公司（以下简称“雅丽投资”）、江苏省奥谷生物科技有限公司（以下简称“奥谷生物”）、江苏研得电子科技有限公司（以下简称“研得电子”）、万博新材料科技（南通）有限公司（以下简称“万博新材料”）、无锡市魅佳餐饮娱乐有限公司（以下简称“魅佳餐饮”）、无锡市九秋新型建材有限公司（以下简称“九秋建材”）、无锡市安图电子科技有限公司（以下简称“安图电子”），发行人实际控制人近亲属朱东岩实际控制的公司为无锡聚信财富投资管理有限公司（以下简称“聚信财富”）、无锡市恒星体育文化传播有限公司（以下简称“恒星体育”）、无锡市郊区振达物资贸易商行（以下简称“振达物资”）、无锡市郊区振达物资贸易商行永丰路分行（以下简称“振达物资永丰路分行”）、无锡市郊区振达物资易商行锡沪分行（以下简称“振达物资锡沪分行”）。

万博涂料的基本情况如下：

公司名称	无锡万博涂料化工有限公司
核准登记的经营业务	生产丙烯酸烘漆、丙烯酸漆稀释剂、聚酯漆稀释剂。生产水性涂料、光固化涂料、聚酯卷材涂料（以上产品不含国家禁止、限制类项目，如需许可证的凭有效许可证明经营）（依法须经批准的项目，经相关部门批准后方可开展经营活动）
从事的实际业务	水性涂料、光固化涂料、聚酯卷材涂料的生产
基本财务状况	2016 年资产总额为 22270.35 万元，所有者权益为 13419.29 万元，营业收入 25249.29 万元，净利润为 1932.50 万元

丽博投资的基本情况如下：

公司名称	丽博投资发展有限公司（香港）
核准登记的经营业务	投资
从事的实际业务	除持有万博涂料等企业股权外，无实际经营业务

雅丽投资的基本情况如下：

公司名称	无锡市雅丽投资发展有限公司
核准登记的经营业务	利用自有资金对外投资（依法须经批准的项目，经相关部门批准后方可开展经营活动）
从事的实际业务	除持有万博涂料等企业股权外，无实际经营业务
基本财务状况	2016 年资产总额为 13133.72 万元，所有者权益为 6284.37 万元，营业收入 2.90 万元，净利润为 -146.99 万元

奥谷生物的基本情况如下：

公司名称	江苏省奥谷生物科技有限公司
核准登记的经营业务	生物技术的研发与技术服务，淀粉糖（按全国工业产品生产许可证核定的范围为准）、食品添加剂（按全国工业产品生产许可证核定的范围为准）生产、销售，自营和代理各类商品及技术的进出口业务（依法须经批准的项目，经相关部门批准后方可开展经营活动）

续表

公司名称	江苏省奥谷生物科技有限公司
从事的实际业务	生产系列α－淀粉酶、系列糖化酶等
基本财务状况	2016年资产总额为17354.12万元、所有者权益为－1031.63万元、营业收入2234.38万元、净利润为－655.63万元

研得电子的基本情况如下：

公司名称	江苏研得电子科技有限公司
核准登记的经营业务	许可经营范围：无；一般经营范围：电子产品、电器的生产、加工、销售；环境能源技术咨询；软件开发与咨询；利用互联网经营电子产品；自营和代理各类商品和技术的进出口（国家限定公司经营或禁止进出口的商品和技术除外）（上述经营范围中涉及行政许可的，经许可后方可经营；涉及专项审批的，经批准后方可经营）
从事的实际业务	无实际经营业务

万博新材料的基本情况如下：

公司名称	万博新材料科技（南通）有限公司
核准登记的经营业务	高性能膜材料研发咨询；涂料研发咨询（依法须经批准的项目，经相关部门批准后方可开展经营活动）
从事的实际业务	暂未开展业务活动

魅佳餐饮的基本情况如下：

公司名称	无锡市魅佳餐饮娱乐有限公司
核准登记的经营业务	饮品店（不含凉菜、不含裱花蛋糕、不含生食海产品）；卡拉OK演唱（KTV）（依法须经批准的项目，经相关部门批准后方可开展经营活动）
从事的实际业务	无实际经营业务

九秋建材的基本情况如下：

公司名称	无锡市九秋新型建材有限公司
核准登记的经营业务	五金建材的生产（依法须经批准的项目，经相关部门批准后方可开展经营活动）
从事的实际业务	无实际经营业务

安图电子的基本情况如下：

公司名称	无锡市安图电子科技有限公司
核准登记的经营业务	电子产品的研发；自营和代理各类商品及技术的进出口业务（国家限定企业经营或禁止进出口的商品和技术除外）；电子产品、化工产品及原料（不含危险品）、五金产品、通用机械及配件、电气机械及器材、计算机及辅助设备、建筑材料、金属材料、针纺织品、家庭用品、文具用品、工艺美术品的销售；企业形象策划；贸易咨询服务；会议及展览服务；电脑加工图片服务；设计、制作、代理和发布国内广告业务（依法须经批准的项目，经相关部门批准后方可开展经营活动）
从事的实际业务	无实际经营业务

聚信财富的基本情况如下：

公司名称	无锡聚信财富投资管理有限公司
核准登记的经营业务	投资管理；提供非融资性担保服务；利用自有资金对外投资；投资咨询（不含证券期货类）；企业管理咨询（依法须经批准的项目，经相关部门批准后方可开展经营活动）
从事的实际业务	无实际经营业务

恒星体育的基本情况如下：

公司名称	无锡市恒星体育文化传播有限公司
核准登记的经营业务	体育、文化活动的策划服务；培训服务（不含发证、不含国家统一认可的职业证书类培训）；会务服务；展示展览服务；体育用品、服装、鞋帽、针纺织品、文具用品的销售。（依法须经批准的项目，经相关部门批准后方可开展经营活动）
从事的实际业务	足球培训服务

续表

公司名称	无锡市恒星体育文化传播有限公司
基本财务状况	2016 年资产总额为 103.30 万元，所有者权益为 91.79 万元，营业收入 141.07 万元，净利润为 9.31 万元

振达物资的基本情况如下：

公司名称	无锡市郊区振达物资贸易商行
核准登记的经营业务	金属材料（除贵金属）、化工原料、化工产品、纺织原料（除棉花蚕茧）、装潢材料、普通机械及配件、电器机械及器材、五金交电（除家电）、文化用品、日用杂品、油漆涂料的批发、零售
从事的实际业务	无实际经营业务

振达物资永丰路分行的基本情况如下：

公司名称	无锡市郊区振达物资贸易商行永丰路分行
核准登记的经营业务	油漆、涂料、装潢材料的销售
从事的实际业务	无实际经营业务

振达物资锡沪分行的基本情况如下：

公司名称	无锡市郊区振达物资贸易商行锡沪分行
核准登记的经营业务	化工原料（除危险品）、化工产品、纺织原料（除棉花蚕茧）、装潢材料的批发、零售/兼营；五金交电（除家电）、文化用品、日用杂品的零售，油漆、涂料的零售
从事的实际业务	无实际经营业务

由上可知，阿科力实际控制人近亲属实际控制的公司中，仅有万博涂料、奥谷生物、恒星体育等公司存在实际经营。阿科力主要从事聚醚胺、光学材料与改性环氧树脂的生产、经营，主要应用于复合材料、胶黏剂、汽车罩光涂料等领域。上述公司与发行人的主营业务均不相同，不存在同业竞争或潜在同业竞争的情形。

2015 年年底前，发行人曾生产聚酯树脂、丙烯酸树脂，万博涂料主要生产水性涂料、光固化涂料及卷材涂料，其生产涂料产品过程中的中间产品包括聚酯树脂和丙烯酸树脂。由于客户群体需求不同，发行人曾生产的聚酯树脂、丙烯酸树脂与万博涂料的相关中间产品虽属于同一领域，但由于客户群体需求不同，在性能、技术指标、用途方面均不相同。阿科力于2015年年底已停止了丙烯酸树脂和聚酯树脂等传统产品的生产销售，彻底避免了同业竞争可能性。

截至本补充法律意见出具之日，发行人实际控制人及其近亲属实际控制的公司不存在与发行人相同、相似业务，不构成同业竞争或潜在同业竞争；与发行人也不存在上下游业务，也不影响发行人的独立性和资产完整性。

5-(2) 发行人2015年年底停止了丙烯酸树脂和聚酯树脂等传统产品的生产销售的原因及其合理性。报告期公司产品结构是否发生重大变化，是否会对发行人的持续盈利能力产生重大不利影响。

一、发行人2015年底停止了丙烯酸树脂和聚酯树脂等传统产品的生产销售的原因及其合理性

（一）停止丙烯酸树脂、聚酯树脂等传统产品的生产销售是顺应涂料行业发展趋势，实现公司产品转型升级而作出的战略选择

公司成立十八年以来一直以树脂类及其相关的高分子复合材料的产品为主业，以进口替代为创新发展目标，以对老产品的不断升级换代和相关新产品的研发创新为发展主线。

公司于2008年开始研发主要作为环氧树脂固化剂的聚醚胺产品，2010年开始对光学树脂进行升级换代，2015年进一步研发高透光材料及其单体。2016年开始对聚醚胺小品种进行研发拓展，2017年年初开始对特种环氧树脂进行升级换代。这些持续的产品升级换代和创新是保持公司产品竞争力和盈利能力持续性的保证。

公司的传统产品聚酯树脂和丙烯酸树脂属于溶剂型树脂，主要用于传统涂料行业，但随着下游市场朝着水性涂料等环保涂料转型，且聚酯树脂及丙烯酸树脂客户主要为中小涂料企业，随着国家对VOC（挥发性有机化合物）排放标准提高，公司下游中小型涂料企业的发展空间受限，因此，原有溶剂型树脂及丙烯酸树脂市场规模将逐步萎缩，传统产品进一步发展遇到瓶颈。根据当时的市场环境，聚酯树脂和丙烯酸树脂的规模将逐步减少，且因应收账款回款速度较慢而占用公司资金，因此逐步退出聚酯树脂、丙烯酸树脂的经营是公司的既

定战略。

公司2008年即开始将核心研发人员集中到聚醚胺及光学材料等新产品的研发，2011年年底聚醚胺研制及投产成功，在风电叶片制造、油气开采、涂料等领域应用前景广泛，需求旺盛，公司打破跨国公司垄断，市场份额逐渐增加。2010年后，公司已基本不在聚酯树脂、丙烯酸树脂等传统产品上投入研发资源。

考虑到聚醚胺市场旺盛的需求及广阔的发展前景，公司决定将有限资源投入到发展前景更好的聚醚胺和光学材料等产品上，公司认为聚醚胺和光学材料带来的增长可以超过停产聚酯树脂、丙烯酸树脂等产品对收入和利润的影响，而且公司市场竞争能力将得到持续增强。公司停止了聚酯树脂、丙烯酸树脂等产品的销售，是公司顺应涂料行业发展趋势，实现产品转型升级而作出的战略选择。

（二）停止丙烯酸树脂、聚酯树脂等传统产品的生产销售是为了履行避免未来同业竞争的可能性

实际控制人兄弟朱为民控制的万博涂料主要生产水性涂料、光固化涂料、聚酯卷材涂料。万博涂料生产相关产品过程中的中间产品也包括聚酯树脂和丙烯酸树脂。但由于针对的是不同的客户群体，其需求不一样，其与发行人曾生产的聚酯树脂、丙烯酸树脂在性能、技术指标、用途上均不相同，在各自的产品中配方及工艺存在差异。

2013年年底公司递交新三板挂牌申请材料前，中介机构认为公司聚酯树脂和丙烯酸树脂虽然不与万博涂料直接产生竞争，但与其半产品聚酯树脂和丙烯酸产品属于同一领域，存在同业竞争可能性。同时，聚醚胺等新产品具备良好的市场前景。2013年，公司聚醚胺产品已经稳定并规模化生产，聚醚胺产能逐步扩大，公司把相关业务技术和销售人员、资金都集中到发展新产品聚醚胺的规模化上，并缩减和淘汰部分毛利率低聚酯树脂和丙烯酸树脂的生产销售。且计划第四条生产线投产运营后，进一步缩减和淘汰部分聚酯树脂和丙烯酸树脂等传统产品。

公司根据未来集中精力发展壮大聚醚胺和光学材料的产品发展的战略规划，经过审慎决策和过渡期考虑，于2013年11月出具《避免同业竞争的承诺

函》，规划于2015年年底退出聚酯树脂、丙烯酸树脂等相关领域的经营。2015年公司聚醚胺市场地位进一步确立，为履行新三板挂牌时的承诺，公司于2015年年底停止聚酯树脂和丙烯酸树脂等传统产品的生产经营。

经核查，本所律师认为，退出丙烯酸树脂和聚酯树脂等传统产品的生产经营是发行人适应涂料行业发展趋势、为了产品转型升级而作出的战略选择。为集中有限资源保障市场前景更好的聚醚胺的生产销售，并为避免同业竞争的可能性，履行新三板挂牌时的承诺，发行人停止了聚酯树脂、丙烯酸树脂等传统产品的生产经营，是根据市场情况和公司发展做出的决策，具有合理性。

二、报告期公司产品结构是否发生重大变化，是否会对发行人的持续盈利能力产生重大不利影响

（一）公司产品结构未发生重大变化2014－2016年，公司产品收入构成如下表所示：

项目	2016年度		2015年度		2014年度	
	金额	比例	金额	比例	金额	比例
聚醚胺	17517.33	77.70%	24290.02	77.26%	13533.49	56.43%
光学材料	4705.60	20.87%	4909.48	15.62%	3705.82	15.45%
改性环氧树脂	322.63	1.43%	366.56	1.17%	528.35	2.20%
聚酯树脂	–	–	1057.60	3.36%	3948.95	16.47%
丙烯酸树脂	–	–	814.62	2.59%	2264.80	9.44%
合计	22545.56	100.00%	31438.29	100.00%	23981.41	100.00%

报告期内，公司产品一直以聚醚胺和光学材料为主，两种产品收入占主营业务收入比重分别为71.88%、92.88%和98.57%，占比一直较高，是公司主要的收入和利润来源；改性环氧树脂产品保持少量经营（该产品于2017年上半年开始升级研发，已部分用于航空航天高性能复合材料）；而聚酯树脂和丙烯酸树脂则根据市场需求及产品转型升级情况逐渐减少并停止。公司产品结构并未发生重大变化。

（二）公司盈利能力未发生重大变化

报告期内，公司主营产品占公司整体毛利比例如下表所示：

产品类型	2016 年		2015 年		2014 年	
	金额	比例	金额	比例	金额	比例
聚醚胺	6747.65	81.71%	9930.65	84.31%	4559.17	68.93%
光学材料	1397.61	16.92%	1260.01	10.70%	496.71	7.51%
改性环氧树脂	113.04	1.37%	95.82	0.81%	126.22	1.91%
聚酯树脂	–	–	248.44	2.11%	901.56	13.63%
丙烯酸树脂	–	–	244.35	2.07%	530.20	8.02%
合计	8258.30	100.00%	11779.28	100.00%	6613.85	100.00%

公司淘汰部分传统产品是经过慎重决策并作了充分的准备。虽然停止了传统产品聚酯树脂和丙烯酸树脂的生产，但公司将科研和生产技术人员集中精力在高透光材料的中试、聚醚胺特殊小品种研发、募集资金投资项目聚醚胺一期的建设准备上，其中，2016 年聚醚胺特殊小品种开始生产、募集资金投资项目聚醚胺一期开始建设施工，2017 年上半年高透光材料中试成功并计划小批量生产、特种环氧树脂的升级研发等。

报告期内，聚酯树脂和丙烯酸树脂的收入占比分别为 25.91%、5.95% 和 0%，毛利占比分别为 21.65%、4.18% 和 0%，对收入和利润的贡献逐年降低。报告期内，聚醚胺、光学材料及改性环氧树脂产品实现的毛利之和分别为 5182.10 万元、11286.48 万元和 8258.30 万元，占公司毛利总额分别为 78.35%、95.82% 和 100.00%。而且未来，随着聚醚胺特殊小品种的生产销售、高透光材料的小批量生产、募投项目一期年产 10000 吨聚醚胺的投产，公司盈利能力将得到增强。因此，淘汰聚酯树脂和丙烯酸树脂这两类产品不会对公司持续盈利能力产生重大不利影响。

报告期内，公司产品结构未发生重大变化，不会对发行人的持续盈利能力产生重大不利影响。

5 –（3）结合无锡万博涂料化工有限公司的基本情况及其报告期内产品的性能、技术、用途、客户、供应商与发行人的相同或相似产品对比情况，对其与发行人是否存在同业竞争及关联交易并对发行人选择退出丙烯酸树脂和聚酯树脂等产品的生产与销售，而未采取将公司或相关业务纳入发行人主体的原因做进一步的说明。

（一）万博涂料与发行人不存在同业竞争

发行人实际控制人之一朱学军与万博涂料实际控制人朱为民为兄弟关系，鉴于阿科力与万博涂料在设立之初即自主经营，历史沿革独立，不存在交叉持股或交叉任职的情形，在业务、资产、技术、人员、财务、经营场地等方面均相互独立，万博涂料与阿科力之间不存在调节利润及利益输送的情形，因此，阿科力与万博涂料不存在同业竞争。

1. 无锡万博涂料化工有限公司（以下简称“万博涂料”）的基本情况如下：

公司名称	无锡万博涂料化工有限公司
成立日期	2003年11月10日
注册资本	750万美元
注册及经营地	无锡市新吴区梅村锡泰路219号
股权结构	无锡市雅丽投资发展有限公司出资187.5万美元（无锡市雅丽投资发展有限公司注册资本为5000万元，由朱为民、陈丽华、陈思聪、朱岑共同出资设立），丽博投资发展有限公司出资562.5万美元（丽博投资发展有限公司注册资本为10000港元，由朱为民、陈丽华共同出资设立，现股东为陈思聪、朱岑）。朱为民先生与陈丽华女士为夫妻关系，陈思聪、朱岑为朱为民先生与陈丽华女士的子女。
经营范围	生产丙烯酸烘漆、丙稀酸漆稀释剂、聚酯漆稀释剂。生产水性涂料、光固化涂料、聚酯卷材涂料。（以上产品不含国家禁止、限制类项目，如需许可证的凭有效许可证明经营）（依法须经批准的项目，经相关部门批准后方可开展经营活动）
主营业务	水性涂料、光固化涂料、聚酯卷材涂料的生产

万博涂料的财务状况及经营成果如下表所示：

项目	2016年12月31日	2015年12月31日	2014年12月31日
资产总额	22270.35	20418.25	18239.44
所有者权益	13419.29	11687.32	10802.49
项目	2016年度	2015年度	2014年度

续表

项目	2016年12月31日	2015年12月31日	2014年12月31日
营业收入	25249.29	24343.02	30893.63
净利润	1932.50	1106.97	1049.65

2. 万博涂料产品的性能、技术、用途、客户、供应商与发行人的相同或相似产品对比情况

从行业细分方面，发行人和万博涂料从行业分类大类上均属于C26：化学原料和化学制品制造业。但是，阿科力自设立以来，一直以树脂及相关高分子材料为主营业务，行业分类为其他专用化学产品制造（C2669），目前主营聚醚胺、光学材料等产品，并于2015年底停止了丙烯酸树脂及聚酯树脂的经营。万博涂料以水性涂料等产品为主要业务，行业分类为涂料制造（C2641），与发行人的产品及下游行业存在显著差别。但是，万博涂料生产涂料所需的中间产品与发行人放弃的丙烯酸树脂及聚酯树脂属于同一领域。

（1）万博涂料产品与发行人聚醚胺及光学材料等主营产品完全不同，不具有可替代性

万博涂料以涂料为主要业务，主要生产水性涂料、丙烯酸烘漆、聚酯卷材涂料、光固化涂料等涂料产品。发行人主要从事聚醚胺、光学材料与改性环氧树脂的生产、经营，报告期内该三种产品收入占比一直在70%以上。发行人的产品主要应用于风力发电叶片等复合材料、页岩油气开采抑制剂、胶黏剂、汽车罩光涂料等领域，主要原材料为环氧丙烷、丙二醇等。发行人的主要产品与万博涂料的产品在性能、技术、用途、客户、原材料供应商均不同。

因此，万博涂料的产品与发行人的聚醚胺、光学材料等主营产品在产品性能、技术、用途、客户、原材料供应商方面不存在相同或相似情况。

（2）发行人2015年底前生产的聚酯树脂与丙烯酸树脂与万博涂料相似产品的对比情况

发行人曾生产的丙烯酸树脂、聚酯树脂，主要销售给涂料生产企业。万博涂料的经营范围是“生产丙烯酸烘漆、丙稀酸漆稀释剂、聚酯漆稀释剂。生产水性涂料、光固化涂料、聚酯卷材涂料”，其主要生产涂料，发行人和万博涂

料不存在相同产品，但与万博涂料生产涂料过程中的部分中间产品属于同一领域的化工产品。

发行人曾生产的聚酯树脂和丙烯酸树脂与万博涂料的相应涂料产品（相似产品）对比情况如下：

项目	发行人	万博涂料
相似产品	丙烯酸树脂、聚酯树脂（曾经）	丙烯酸烘漆、丙稀酸漆稀释剂、聚酯漆稀释剂、聚酯卷材涂料
用途	用于汽车修补漆、工程机械漆、塑料制品涂料、彩钢板涂料制造的原材料	铝扣板、铝塑板及印铁制罐、家电板所需涂料
性能及技术指标	作为涂料原材料，关注粘度、酸值、羟基含量、含水率等指标	作为涂料产品，关注T弯、冲击强度、光泽度、涂膜厚度、硬度、附着力、耐老化等指标
生产工艺技术	釜式、间歇式反应，在常压、中高温条件下反应	在丙烯酸树脂和聚酯树脂基础上，配色、研磨、分散、兑稀、根据客户要求调节性能
产品原材料	丙烯酸树脂原料包括甲基丙烯酸甲酯、苯乙烯、丙烯酸、丙烯酸丁酯、丙烯酸羟乙酯等；聚酯树脂原材料包括对苯二甲酸、甲基丙二醇、己二酸、新戊二醇、间苯二甲酸、精对苯二甲酸等化工原料	丙烯酸树脂及聚酯树脂原材料、钛白粉、立德粉、填料、颜料、防腐剂、助剂、稀释剂、消光粉、石蜡等
客户类型	涂料生产厂家（包括工程机械及彩钢板涂料厂家）	铝扣板、铝塑板及印铁制罐、家电板生产厂家

万博涂料生产涂料的中间产品包括聚酯树脂和丙烯酸树脂。万博涂料生产涂料过程中使用的丙烯酸树脂和聚酯树脂与阿科力的产品由于客户群体需求及应用领域不一样，性能和技术指标不同，在各自的产品中配方及工艺存在差异。万博涂料自行生产的聚酯树脂和丙烯酸树脂是生产涂料的中间产品。由于产品性能、技术指标不同，发行人聚酯树脂和丙烯酸树脂无法被万博涂料使用，也从未销售给万博涂料，不可相互替代。报告期内，发行人与万博涂料不存在任何采购或销售交易。

3. 各自历史沿革独立

万博涂料自2003年成立以来，最终股东一直为朱为民夫妇及其子女，发行人设立时股东为朱学军及其父亲，2010年发行人引进外部投资者。发行人控股股东及实际控制人未曾直接或间接持有万博涂料股权，朱为民夫妇及其子女也未曾直接或间接持有发行人股权/股份，双方不存在交叉持股情况。朱学军、朱为民都已建立各自的家庭和事业，在经济利益上均是独立的主体，个人及其各自所控制的企业之间不存在控制、被控制或共同为其他方所控制的情形。发行人与万博涂料的创立与历史沿革各自独立。

4. 各自业务独立

发行人与万博涂料自设立起就各自独立经营，独立开展业务。万博涂料一直专注于涂料产品的生产，发行人设立后主要专注于树脂及相关高分子材料产品的生产，下游客户为涂料企业，两者主营业务不同。为了避免未来形成竞争的可能性，发行人已于2015年底停止了聚酯树脂和丙烯酸树脂产品的经营。

（1）不存在共用销售渠道的情形

公司与万博涂料具有独立的销售渠道及销售人员，各自独立与客户接洽业务，独立签订订单或合同，均采用市场定价方式。公司的销售渠道与万博涂料相互独立，不存在混同情形。2016年，在公司停止聚酯树脂、丙烯酸树脂的生产后，公司与万博涂料的客户已不存在重合情况。

2015年底前，发行人曾生产聚酯树脂和丙烯酸树脂，与万博涂料生产的涂料所需的中间产品属于同一领域。万博涂料也应客户需求少量出售其中间产品，但由于最终应用领域及客户需求不同，性能和技术指标不同，在各自产品中配方及工艺存在差异，双方客户重叠度很低。

发行人及万博涂料虽具有少量共同客户，但不影响双方独立进行产品销售，双方不存在主要客户重叠的情况，共同客户数量及占各自客户总数的比例均较低。在重叠的客户中，万博涂料向少量客户出售的主要是其中间产品氟碳树脂（生产耐候性好的水性涂料的一种原材料，与发行人的溶剂型树脂在原材料、工艺、用途均完全不同）。发行人与万博涂料虽有少量共同客户，但占双方销售收入的比例均很低，因此，发行人的销售渠道与万博涂料相互独立，不存在混同情形。2016年，发行人停止聚酯树脂、丙烯酸树脂的生产后，发行人与万博涂料已不存在共同客户。

（2）不存在共用采购渠道的情形

公司与万博涂料各自拥有独立的采购渠道，单独议价，不存在捆绑采购或共同议价情形，双方的采购渠道彼此独立。双方各自独立与其开展业务往来，不存在双方混同采购的情况。

在公司2015年末停止聚酯树脂、丙烯酸树脂的生产后，除1个包装桶供应商外，公司与万博涂料的原材料供应商已不存在重合情况。

2015年底前，发行人曾因生产聚酯树脂及丙烯酸树脂等传统树脂类产品需要，与万博涂料存在采购相同原材料或向相同化工贸易商采购不同原材料的情况。为配送及联络方便，公司及万博涂料供应商集中于无锡当地及周边地区。公司曾向江苏华伦星聚河化工销售有限公司、江苏百诚化学科技有限公司等贸易类供应商采购化工原材料，上述供应商也同时向万博涂料供货。

双方虽然具有部分相同化工产品贸易类供应商，但均是独立与供应商洽谈业务，在采购时均独立采购、单独议价，互不影响和干扰，不存在捆绑采购或共同议价情形，双方的采购渠道彼此独立，不存在混同情形。

5. 资产及技术独立

发行人的土地使用权、房产、设备、商标、专利均为发行人独立取得，各自具备独立的专利技术，各自使用不同的商号、商标开展业务，不存在共用资产、互相占用资产、来源相同或相互依赖的情况。

6. 管理及人员独立

公司与万博涂料具有独立的人员配置和组织结构，管理上互不干预，不存在交叉任职、人员混用或合署办公的情形。

7. 财务及资金独立

公司与万博涂料各自独立开设银行账户，独立进行财务核算。发行人不存在与万博涂料资金往来的情形，与万博涂料不存在资金混同情形。

鉴于发行人及万博涂料自设立之日起即独立经营，不存在交叉持股或交叉任职情况，资产、业务、人员、机构、财务独立，不存在混用采购渠道或销售渠道的情形；发行人曾生产的聚酯树脂和丙烯酸树脂与万博涂料的产品不同，只是与其部分半产品存在相似性，但客户群体需求及应用领域不同，性能和技术指标不同，在各自的产品中配方及工艺存在差异，且发行人已于2015年底停止经营该两类产品；发行人现有产品与万博涂料完全不同。因此，万博涂料与发行人不存在同业竞争。

（二）万博涂料与发行人的关联交易情况

根据致同出具的发行人2014年至2016年的审计报告，除万博涂料为发行人在2014年7月21日至2014年8月21日期间签署的银行借款提供最高额保证外，报告期内，万博涂料与发行人不存在其他关联交易。

（三）发行人选择退出丙烯酸树脂和聚酯树脂等产品的生产与销售，而未采取将公司或相关业务纳入发行人主体的原因

1. 万博涂料与发行人自设立之初即自主经营。实际控制人之兄朱为民于2003年成立万博涂料，并一直专注于涂料产品的生产。发行人设立后主要专注于树脂及相关高分子材料产品的生产。双方在资产、人员、机构、财务等方面均完全独立，具有独立的采购和销售系统，各自拥有相关业务的核心技术，发行人实际控制人无法控制万博涂料或对其实施重大影响，不存在整合基础。

2. 公司聚酯树脂及丙烯酸树脂等老产品主要用于生产溶剂型涂料，随着下游市场朝环保涂料转型，溶剂型树脂的市场将逐步萎缩。2008年以来，发行人即开始了转型之路，发行人的核心研发人员均从事聚醚胺、光学单体等市场前景好的关键化工原材料的研制工作，并决定逐步退出丙烯酸树脂、聚酯树脂生产经营等溶剂型树脂老产品的经营。溶剂型树脂产品的生产已不符合公司的发展方向。

万博涂料主要生产经营涂料产品。公司与万博涂料的产品不同，产品战略也存在差异，不适宜将万博涂料或相关业务纳入发行人主体。

3. 万博涂料的产品主要为涂料，其聚酯树脂和丙烯酸树脂是生产其涂料过程中的中间产品。收购其聚酯树脂和丙烯酸树脂业务体系将导致发行人与万博涂料形成大量关联交易，不利于保持发行人与万博涂料的独立性。而收购万博涂料将导致发行人进入涂料等靠近终端应用领域，与发行人目前的客户群体完全不同，并与其成为关键化工原材料供应商的目标不符。

4. 在经营理念上，朱为民与朱学军兄弟也存在较大差异。朱为民侧重于选择需求量稳定的涂料领域进行生产，经营理念较为传统、稳定。而朱学军则希

望选择从事市场前景好的进口替代产品的经营，希望成为跨国公司的关键原材料供应商，因此其致力于持续推动公司产品的转型升级。双方不具有合作或共同经营意向。

5. 由于发行人与万博涂料在下游客户、产品、经营理念方面存在显著差异，双方也积累了完全不同类型的技术人才，发行人侧重高分子材料方面，而万博涂料侧重于产品配方，各自企业文化也不同，整合将很难融合到一起。

综上，发行人与万博涂料自设立起就各自独立经营，双方不存在交叉持股或交叉任职，发行人实际控制人无法控制万博涂料或对其实施重大影响。由于万博涂料在主营业务、产品、下游市场、客户、工艺技术、经营理念等方面与发行人存在较大差异，双方不具有合作或共同经营意向，因此未将万博涂料或其相关业务纳入发行人主体。

核查程序和依据及核查意见：

1. 核查程序和依据

（1）取得发行人实际控制人近亲属所控制企业的营业执照、公司章程、审计报告/财务报表；查阅国家企业信用信息公示系统（网址 http：//www. gsxt. gov. cn/index. html）；

（2）取得发行人实际控制人近亲属出具的声明；

（3）取得发行人声明、发行人实际控制人承诺、对发行人实际控制人的访谈；

（4）万博涂料出具的关于其产品的性能、技术、用途、客户、供应商及人员、资产、财务独立情况的说明；

（5）查阅发行人审计报告。

2. 核查意见

（1）截至本补充法律意见出具之日，发行人实际控制人及其近亲属实际控制的公司不存在与发行人相同、相似业务，不构成同业竞争或潜在同业竞争；与发行人也不存在上下游业务，也不影响发行人的独立性和资产完整性。

（2）发行人2015年底停止了丙烯酸树脂和聚酯树脂等传统产品的生产销售，是公司实现产品转型升级而作出的战略选择，同时也是为了履行避免未来同业竞争的可能性，具有合理性。报告期内，公司产品结构未发生重大变化，不会对发行人的持续盈利能力产生重大不利影响。

(3) 万博涂料与发行人不存在同业竞争，报告期内，除万博涂料曾为发行人提供担保外，不存在其他关联交易。由于万博涂料在主营业务、产品、下游市场、工艺技术、经营理念等方面与发行人存在较大差异，因此未将公司或相关业务纳入发行人主体。

【案例：佩蒂股份——是否存在同业竞争】

反馈问题5："……说明发行人法人股东穿透到自然人或国有股东的股权结构，入股发行人资金的合法合规性，法人股东及其股东是否与发行人及其关联方，发行人的主要客户、供应商存在关联关系，是否持股、经营或控制与发行人从事相同业务或业务往来的公司，是否与发行人的主要客户、供应商存在关联关系。请保荐机构、律师核查并发表意见。"

北京盈科（上海）律师事务所出具的《补充法律意见书三》第3－3－1－4－26页披露如下：

发行人的法人股东（机构股东）包括中山联动、平阳荣诚和北京泓石。

(1) 中山联动

截至本补充法律意见书出具日，中山联动合伙人出资及比例等情况如下：

序号	合伙人姓名/名称	出资金额（万元）	出资比例（%）	合伙人股东基本情况
1	李苗颜	4500	12.16	
2	中山市联成投资有限公司	3000	8.11	中山市联成投资有限公司穿透到自然人或国有股东的股权结构详见本表附注1
3	苏惠娟	3000	8.11	
4	中山市联动资产管理有限公司	2000	5.40	甘源出资64.16万元，杨杰强出资46.66万元，刘薇出资16.30万元，何伟坚出资72.88万元
5	中山市联动技术发展有限公司	2000	5.40	中山市联动技术发展有限公司穿透到自然人或国有股东的股权结构详见本表附注2

续表

序号	合伙人姓名/名称	出资金额（万元）	出资比例（%）	合伙人股东基本情况
6	中山市小榄镇工业资产经营有限公司	2000	5.40	中山市小榄镇工业资产经营有限公司穿透到自然人或国有股东的股权结构详见本表附注 1
7	甘毅	2000	5.40	
8	陈华亮	2000	5.40	
9	麦惠权	2000	5.40	
10	中山市小榄镇旅游物业管理有限公司	1000	2.70	中山市小榄镇旅游物业管理有限公司穿透到自然人或国有股东的股权结构详见本表附注 1
11	吴智柔	1000	2.70	
12	朱惠杰	1000	2.70	
13	胡玉贞	1000	2.70	
14	广东德乾投资管理有限公司	500	1.35	广东德乾投资管理有限公司为华帝股份有限公司全资子公司，华帝股份有限公司为在深圳证券交易所上市的上市公司，股票代码为 002035
15	何洪标	500	1.35	
16	黄旺萍	500	1.35	
17	杜启明	500	1.35	
18	何伟坚	500	1.35	
19	甘源	500	1.35	
20	何权标	500	1.35	
21	李影霞	500	1.35	
22	区江枫	500	1.35	
23	麦淑媚	500	1.35	
24	潘志锐	500	1.35	
25	蔡志林	500	1.35	
26	伍财欢	500	1.35	
27	谢荣均	500	1.35	

续表

序号	合伙人 姓名/名称	出资金额 （万元）	出资比例 （%）	合伙人股东基本情况
28	梁丽珍	500	1.35	
29	邓文伟	500	1.35	
30	梁颜珍	500	1.35	
31	罗立婷	500	1.35	
32	邓丽贤	500	1.35	
33	何锦标	500	1.35	
34	陈健敏	500	1.35	
35	中山市联动建业投资管理有限公司	10	0.03	中山市联动建业投资管理有限公司穿透到自然人或国有股东的股权结构详见本表附注1及附注3
合计		37010	100	

附注1：中山市联成投资有限公司、中山市小榄镇工业资产经营有限公司、中山市小榄镇旅游物业管理有限公司和中山市联动建业投资管理有限公司穿透到自然人或国有股东的股权结构如下：

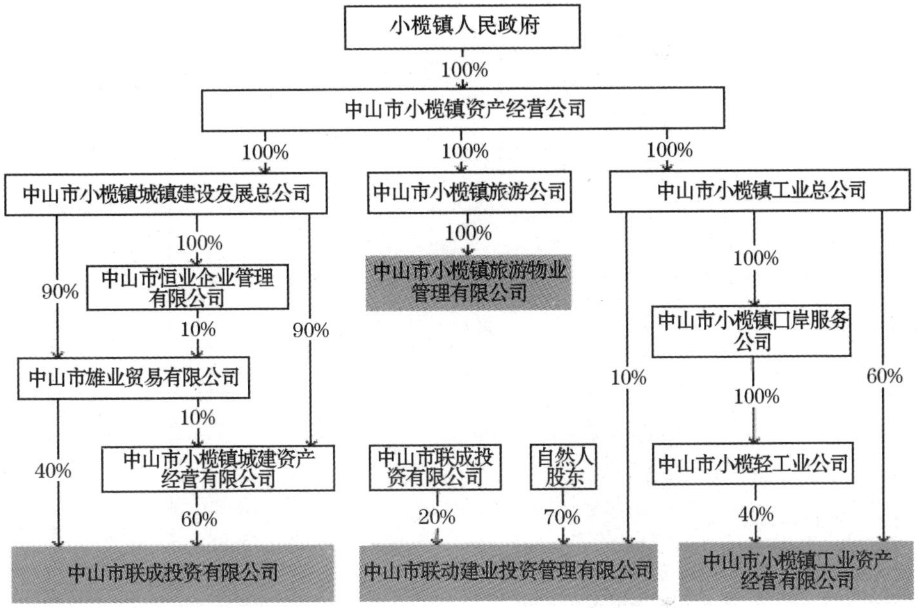

附注2：截至本补充法律意见书出具日，中山市联动技术发展有限公司的股权结构为：

序号	股东名称	出资方式	出资额（万元）	持股比例（%）
1	李悦意	货币	132.62	33.16
2	刘薇	货币	76.348	19.09
3	邓彩云	货币	72.204	18.05
4	杜丹红	货币	24.584	6.15
5	何经伦	货币	24.584	6.15
6	黎笑芳	货币	19.912	4.98
7	李锡洪	货币	15.732	3.93
8	甘源	货币	8.464	2.12
9	巍瑞钻	货币	6.636	1.66
10	胡美凤	货币	6.636	1.66
11	李二妹	货币	4.912	1.23
12	李悦卿	货币	4.912	1.23
13	李月华	货币	2.456	0.61
合计			400	100

附注3：截至本补充法律意见书出具日，中山市联动建业投资管理有限公司的股权结构为：

序号	股东名称	出资方式	出资额（万元）	持股比例（%）	基本情况
1	中山市联成投资有限公司	货币	10	20.00	详见本表附注1
2	张绍旭	货币	7.5	15.00	
3	何伟坚	货币	7.5	15.00	
4	黄健伟	货币	7.5	15.00	
5	甘源	货币	7.5	15.00	
6	陈华亮	货币	5	10.00	
7	中山市小榄镇工业总公司	货币	5	10.00	详见本表附注1
合计			50	100	

(2) 平阳荣诚

截至本补充法律意见书出具日，平阳荣诚的股权结构如下：

序号	股东姓名	出资额（万元）	出资比例（%）	任职情况
1	陈振标	281	46.83	发行人董事长、总经理
2	朱峰	50	8.33	发行人财务总监
3	安琦	20	3.33	发行人市场销售部外销经理
4	潘春斌	17	2.83	越南好嚼副总经理
5	林海	13	2.17	南雁分公司生产部经理
6	邓昭纯	12	2.00	发行人监事、采购部经理
7	陈小敏	12	2.00	发行人监事、业务计划部经理
8	陈长清	10	1.67	江苏康贝副总经理
9	付长军	10	1.67	发行人副总经理
10	何建军	10	1.67	发行人品质管理部经理
11	徐宪道	9	1.50	越南好嚼采购主管
12	杜迎香	8	1.33	江苏康贝生产部经理
13	王占奇	6	1.00	发行人仓储部经理
14	周青东	6	1.00	发行人财务部经理
15	王冬	6	1.00	发行人副总经理、人力资源总监
16	丁保清	6	1.00	发行人市场部销售员
17	吕杰	6	1.00	发行人董事长秘书
18	黄水芸	6	1.00	温州顺通业务经理
19	王建国	5	0.83	江苏康贝研发部经理
20	芮道文	5	0.83	发行人企业技术中心研发专员
21	陈海彬	4	0.67	发行人行政部经理
22	林凤全	4	0.67	发行人生产制造部维修组长
23	蔡黄生	4	0.67	发行人包装车间主任
24	潘丽容	4	0.67	发行人制作车间主任
25	周云彩	4	0.67	发行人前处理车间主任

续表

序号	股东姓名	出资额（万元）	出资比例（%）	任职情况
26	曾巧元	4	0.67	发行人行政部专员
27	沈德全	4	0.67	发行人市场销售部销售员
28	严秀军	4	0.67	上海禾仕嘉财务经理
29	叶正青	4	0.67	原南雁分公司生产部经理
30	秦婷	4	0.67	江苏康贝业务计划部经理
31	戴军	4	0.67	江苏康贝车间主任
32	周隆	4	0.67	江苏康贝品管部经理
33	叶维沅	4	0.67	发行人行政部主管
34	庄林萍	4	0.67	发行人财务部出纳
35	徐美娟	4	0.67	发行人财务部会计
36	王孝亮	4	0.67	发行人采购部采购员
37	陈建秋	3	0.50	原发行人业务计划部业务员
38	温小雷	3	0.50	发行人采购部采购员
39	曹立	3	0.50	发行人研发部专员
40	董静	3	0.50	江苏康贝人力行政部人事主管
41	陈海霞	3	0.50	江苏康贝财务部会计
42	司长春	3	0.50	江苏康贝采购员
43	张荣	3	0.50	江苏康贝车间主任
44	高友均	3	0.50	江苏康贝机修组长
45	戴亚	3	0.50	江苏康贝品管部专员
46	乔娟	3	0.50	江苏康贝财务部会计
47	夏巧云	3	0.50	江苏康贝车间主任
48	陈丽琴	3	0.50	江苏康贝报检员
49	刘培容	2	0.33	发行人车间主任
合计		600	100	

(3) 北京泓石

截至本补充法律意见书出具日，北京泓石合伙人出资及比例情况如下：

序号	合伙人姓名/名称	出资金额（万元）	出资比例（%）
1	张云弟	3200	10.67
2	宋德清	2800	9.33
3	陆建英	2500	8.33
4	王军	2200	7.33
5	王安邦	2000	6.67
6	章程	2000	6.67
7	张高帆	2000	6.67
8	王来春	1000	3.33
9	丁云林	1000	3.33
10	刘燕平	1000	3.33
11	牟金香	1000	3.33
12	王雅君	900	3.00
13	刘晓健	700	2.33
14	田成立	700	2.33
15	北京泓石资本管理股份有限公司	600	2.00
16	王连嵘	600	2.00
17	何宁	600	2.00
18	葛详明	600	2.00
19	范博扬	500	1.67
20	袁晓勐	500	1.67
21	周隆斌	500	1.67
22	孙岩	500	1.67
23	梁永林	500	1.67
24	周瑞	300	1.00
25	李真如	300	1.00
26	李志刚	300	1.00
27	田天	300	1.00
28	陈宇	300	1.00

续表

序号	合伙人姓名/名称	出资金额（万元）	出资比例（%）
29	徐彬	300	1.00
30	孙晓峰	300	1.00
合计		30000	100

北京泓石资本管理股份有限公司为北京泓石的基金管理人，已于 2015 年 3 月 19 日在中国证券投资基金业协会完成基金管理人登记，登记编号为 P1009511。其股东出资及比例情况如下：

序号	股东姓名/名称	出资金额（万元）	出资比例（%）
1	宋德清	1800	36.00
2	章程	675	13.50
3	张高帆	675	13.50
4	高山	500	10.00
5	范金球	250	5.00
6	朱立忠	250	5.00
7	袁晓勐	250	5.00
8	牟金香	175	3.50
9	周隆斌	175	3.50
10	田天成	150	3.00
11	田天	100	2.00
合计		5000	100

根据中山联动、平阳荣诚和北京泓石及其各自的股东或合伙人出具的说明和验资报告及本所律师核查，上述股东入股发行人的资金均为上述股东的股东或合伙人自有或自筹资金，合法、合规；平阳荣诚部分股东为发行人董事、监事、高级管理人员和员工，除该等关联关系外，法人股东及其股东与发行人及其关联方、发行人的主要客户和供应商不存在关联关系，未持股、经营或控制与发行人从事相同业务或业务往来的公司，与发行人的主要客户和供应商不存在关联关系。

综上所述，本所律师认为，发行人自然人股东入股发行人资金主要来源于自有资金，入股资金来源合法合规，与发行人的主要客户、供应商不存在关联关系。发行人非自然人股东的各级出资人入股发行人资金主要来源于自有及自筹资金，资金来源合法合规。除荣诚投资股东多数系发行人董事、监事、高级管理人员和员工外，发行人非自然人股东及其各级出资人与发行人及其关联方，发行人的主要客户、供应商不存在关联关系，未持股、经营或控制与发行人从事相同业务或业务往来的公司，与发行人的主要客户、供应商亦不存在关联关系。

第五章
挂牌期间的交易情况、合法合规性及股权纠纷

第一节　挂牌期间的交易情况、合法合规性

在新三板挂牌过程中，可能会存在频繁或零星的股份交易，有些交易可能会存在价格不合理、交易方不符合适当性规定的情形，也是审核机构关注的重点问题。此外，证监会还关注发行人在新三板挂牌至 IPO 申报期间新增股东的情况，关注其是否存在应当披露而未披露的关联关系、是否存在利益输送行为。在转板成功的多个企业案例中，证监会在反馈问题中多次提到新三板挂牌过程中的股份转让的合法、合规性问题。

【案例：拓斯达——挂牌期间的交易情况】

反馈意见重点问题："……发行人股份在新三板挂牌期间的交易情况，披露本次申报后的股权结构变动情况……请保荐机构、发行人律师对上述问题进行核查，说明核查过程并发表意见"。

《北京君泽君律师事务所关于广东拓斯达科技股份有限公司首次公开发行股票并在创业板上市补充法律意见（三）》第 5－1－4－16 页披露如下：

（二）发行人股份在新三板挂牌期间的交易情况，本次申报后的股权结构变动情况

根据全国中小企业股份转让系统的业务规则，发行人向证监会提交首次公开发行股票并在创业板上市的申请并取得《中国证监会行政许可申请受理通知

书》后，即向全国中小企业股份转让系统申请股票暂停转让，发行人股票自2015年7月2日起开始暂停转让。

根据全国中小企业股份转让系统公开披露的信息及中国证券登记结算有限公司北京分公司提供的《证券持有人名册》，发行人自2014年12月24日于全国中小企业股份转让系统挂牌公开转让并定向发行起至2015年7月2日暂停转让期间，除于挂牌日向四名定向发行对象定向增发4347827股股份外，发行人的股票不存在其他的交易情形。

IPO申报完成后，截至本补充法律意见书出具之日，发行人的股本结构未发生变化，具体股本结构如下：

序号	股东姓名	持股数量（股）	出资方式	持股比例
1	吴丰礼	29019700.00	净资产折股	53.40%
2	杨双保	5966900.00	净资产折股	10.98%
3	兴证创投	5000000.00	净资产折股	9.20%
4	黄代波	4622700.00	净资产折股	8.51%
5	达晨投资	3639500.00	净资产折股	6.70%
6	朱海	1751200.00	净资产折股	3.22%
7	达晨创丰	1630435.00	货币	3.00%
8	华融恒力	1086957.00	货币	2.00%
9	三正金融	1086957.00	货币	2.00%
10	高富信创投	543478.00	货币	1.00%
合并		54347827.00	——	100%

【案例：安控股份——是否存在内幕交易情形】

第一次反馈重点问题："四、刘胜利在2010年大量购入发行人股份的原因，是否存在内幕交易情形，刘胜利最近五年的履职经历，最近一年内新增股东是否存在从控股股东、实际控制人处取得股份的情形，是否存在股权代持及其他利益安排，是否与发行人、发行人主要客户和供应商，以及本次发行上市其他相关利益方存在关联关系。"

《北京时代九和律师事务所关于北京安控科技股份有限公司首次公开发行人

民币普通股（A股）股票并在创业板上市之补充法律意见书（一）》中披露如下：

（1）截至本补充法律意见书签署日，发行人最近一年新增股东均为通过代办股份转让系统取得公司股份，具体持股情况如下：

编号	最近一年新增股东名称	持股数量（股）	持股比例（%）
1	刘胜利	500000	1.1452
2	深圳市银桦成长投资企业（有限合伙）	60000	0.1374
3	北京久华信信息技术有限公司	40000	0.0916
4	长沙市湘全化工贸易有限公司	30000	0.0687
5	烟台鑫杉工贸有限公司	30000	0.0687
6	三明市华德商贸有限公司	30000	0.0687
7	杭州金日染料有限公司	30000	0.0687
8	上海百英钢材贸易有限公司	30000	0.0687
9	北京杰思汉能资产管理公司	1000	0.0023

（2）经核查，发行人最近一年新增股东的基本情况如下：

①刘胜利，中国国籍，无永久境外居留权，身份证号码65010319680116-××××。2002年8月至2007年12月任新疆徕远玫德文化发展有限公司销售部经理，2007年12月至2008年12月任上海淳大万丽酒店玉器销售部经理，2008年12月至今为自由职业者。

2009年11月刘胜利由于资金周转问题，向刘英出售其持有的发行人50万股股份，每股价格6.2元。2010年7月由于资金周转问题已经解决，刘胜利重新购入发行人合计50万股股份，其中40万股系从刘英处购入，平均每股购买价格为6.13元，10万股从赵立春处购入，每股购买价格为6元。

经核查，自2009年11月至2010年7月期间，发行人股份在代办股份转让系统交易的价格区间为6.00—7.00元，交易均价为6.14元。刘胜利2009年11月出售股份的价格为6.20元，2010年7月购买股份的价格区间为6.00—7.00元，交易均价为6.10元。刘胜利出售及购买股份的价格均符合当时发行人股份在代办股份转让系统的市场价格，是市场行为，不存在内幕交易。

②深圳市银桦成长投资企业（有限合伙），营业执照号码：440305602216840，住所：深圳南山区高新北区新西路2号综合楼3楼304B，执行合伙人：陈海勇。

③北京久华信信息技术有限公司，营业执照号码：110108005163107，住所：北京市海淀区上地信息路18号3005室，主要股东：刘于昕，实际控制人：刘于昕。

④长沙市湘全化工贸易有限公司，营业执照号码：430102000043724，住所：长沙市芙蓉区五一大道235号湘域中央3栋3108房，主要股东：欧阳辉，实际控制人：欧阳辉。

⑤烟台鑫杉工贸有限公司，营业执照号码：370600228066894，住所：芝罘区只楚街道办事处福花居委会，主要股东：刘云福，实际控制人：刘云福。

⑥三明市华德商贸有限公司，营业执照号码：350402100011722，住所：三明市工业北路109号6幢16层1605室，主要股东：陈礼春，实际控制人：陈礼春。

⑦杭州金日染料有限公司，营业执照号码：330104000002710，住所：江干区景芳五区31幢底10号，主要股东：张国民、金兆清，实际控制人：张国民。

⑧上海百英钢材贸易有限公司，营业执照号码：3101132035673，住所：宝山区杨泰路386号A－91，主要股东：张兵，实际控制人：张兵。

⑨北京杰思汉能资产管理公司，营业执照号码：110105010034819，住所：北京市西城区锦石坊街26号楼二层207室，主要股东：王伟东，实际控制人：王伟东。

（3）上述新增股东在近一年内通过代办股份转让系统交易的持股变动情况如下：

股东名称	交易日期	交易方向	交易数量（股）	交易价格（元/股）	定价依据
刘胜利	2010－7－20	买入	250000	6.00	市场价格
	2010－7－23	买入	100000	6.00	市场价格
	2010－7－27	买入	100000	6.00	市场价格
	2010－7－28	买入	50000	7.00	市场价格

续表

股东名称	交易日期	交易方向	交易数量（股）	交易价格（元/股）	定价依据
深圳市银桦成长投资企业（有限合伙）	2010－12－16	买入	10000	15.00	市场价格
	2010－12－17	买入	40000	15.20	市场价格
深圳市银桦成长投资企业（有限合伙）	2011－1－12	买入	10000	12.00	市场价格
北京久华信信息技术有限公司	2010－10－14	买入	30000	12.00	市场价格
	2010－10－27	买入	10000	12.00	市场价格
长沙市湘全化工贸易有限公司	2010－12－3	买入	30000	15.00	市场价格
烟台鑫杉工贸有限公司	2010－12－17	买入	30000	17.00	市场价格
三明市华德商贸有限公司	2010－11－30	买入	30000	11.00	市场价格
杭州金日染料有限公司	2010－12－22	买入	30000	19.50	市场价格
上海百英钢材贸易有限公司	2011－1－11	买入	30000	22.00	市场价格
北京杰思汉能资产管理公司	2010－12－24	买入	1000	23.00	市场价格

经核查上述新增股东与买入股份情况和交易对方以及发行人控股股东的身份信息与对外投资情况，本所律师认为，发行人最近一年新增股东不存在从控股股东、实际控制人处取得股份的情形，不存在股份代持及其他利益安排。

经核查发行人主要客户和供应商的工商登记材料、本次发行上市的中介机构安信证券、时代九和律师事务所、华普天健的股东、合伙人、董事、监事、高级管理人及项目承办人员的基本信息，以及新增股东的个人身份或股东与管理层信息，本所律师认为，发行人最近一年新增股东与发行人、发行人主要客户和供应商、本次发行上市的中介机构安信证券、时代九和律师事务所、华普天健之间均不存在关联关系，且未签署存在影响发行人股权稳定性的其他协议、安排。

【案例：康斯特（300445）——挂牌期间股权转让是否存在纠纷】

第一次反馈重点问题："八、2009 年 4 月、7 月，发行人股东刘宝琦和赵士春二人之间进行了 3 万股股份的转让复受让交易，两次交易后发行人的股本结构实质上未发生变动。请补充说明上述股权转让复受让是否支付相应对价，如有，请补充说明价格及其确定依据，结合代办股份转让系统的相关规定，补充说明发行人的上述股权转让是否符合相关规定，是否存在纠纷或潜在纠纷，是否对本次发行上市构成重大影响。请保荐结构、律师核查并发表意见”。

《北京海润律师事务所关于公司首次公开发行股票并在创业板上市的补充法律意见书（一)》中披露如下：

（一）有关上述股权转让复受让是否支付相应对价、股权转让价格及其确定依据的说明

根据发行人提供资料、说明及本所律师核查西部证券股份有限公司代办转让系统交易明细，发行人股东刘宝琦和赵士春二人之间于2009年4月及7月进行了3万股股份的转让复转回交易，交易明细如下：

序号	转让方	受让方	交易数量（股）	交易价格（元/股）	交易时间
1	刘宝琦	赵士春	30000.00	2.00	2009年4月3日
2	赵士春	刘宝琦	30000.00	1.42	2009年7月22日

根据发行人和相关股东提供说明及本所律师与发行人主办报价券商西部证券股份有限公司相关负责人访谈核查，上述股份转让双方就股份转让事项并非真正想要实现转让股份之目的，而是根据中国证券业协会内部要求，康斯特股份在股份有限公司设立一年期满后，应尽快有一笔活跃股份转让报价所致。根据《证券公司代办股份转让系统中关村科技园区非上市股份有限公司股份报价转让试点办法（暂行)》第三十条要求，发行人于主办券商代办股份转让系统中报价转让所委托的股份数量，每笔委托股份数量应为3万股以上，据此赵士春与刘宝琦确定了交易股数为3万股。在前述交易背景下，股份转让价格的确定依据并不具有实质意义，经参考发行人当时净资产状况，刘宝琦与赵士春确定了第一次交易价格为2元/股。双方确定第二次交易价格有所降低的原因在于，姜维利、何欣及赵士春当时已经和徐晖商谈好就2845800股股份转让事项，在主办券商代办股份转让系统中报价为1.01元/股，但主办券商相关负责人员告知发行人相近两次股份转让报价之降幅以不超过30%为宜，故刘宝琦与赵士春确定了第二次交易价格为1.42元/股。

刘宝琦与赵士春依据西部证券股份有限公司代办转让系统交易规定，通过资金账户进行了相应股份转让价款支付。

（二）有关发行人的上述股权转让是否符合相关规定，是否存在纠纷或潜在纠纷，是否对本次发行上市构成重大影响的说明

根据发行人提供的说明和本所律师核查，发行人股东进行的上述股份转让符合《证券公司代办股份转让系统中关村科技园区非上市股份有限公司股份报价转让试点办法（暂行)》的相关规定。根据上述股份转让涉及的股东刘宝琦和赵士春二人出具的说明确认，上述股份转让完成后登记在其各自名下持有的股份数额真实，该两次股份转让背景原因清晰真实，股份转让行为不存在未了事项，不存在任何纠纷或潜在纠纷。

综上所述，本所律师认为，发行人此两次股份转让符合代办股份转让系统的相关规定，但由于其不同于通常股东欲真正实现股份数额增加或减少的股份转让行为，相关股东也对股份转让不存在未了事项作出了说明确认，该等股份转让不存在纠纷或潜在纠纷，对本次发行上市不构成重大影响。

通过上述案例，可以看出监管机关在审核时关注企业的股权交易的合法合规性问题，主要体现在股权转让过程中是否存在内幕交易、股权转让的定价依据、股权转让是否存在纠纷或潜在的纠纷等审核要点上。对此问题，建议的思路及核查要点如下：

1. 根据全国股转系统公开披露的信息及中国证券登记结算有限公司的《证券持有人名册》，对挂牌期间的股份交易进行逐笔披露，对比其转让价格和当时发行人股份在新三板或代办股份转让系统的市场价格，以分析判断其交易是否是市场行为；

2. 对新增股东的转让方进行查验，结合访谈等方式，查验是否存在从控股股东、实际控制人处取得股份的情形，是否存在股份代持及其他利益安排；

3. 根据全国股转系统交易平台信息，并结合访谈等方式，查验股份转让款是否实际支付，是否存在纠纷或潜在纠纷；

4. 对股东尤其是新增股东的身份进行核查，对个人股东，查验其身份信息，对法人股东，查验其工商登记资料及其股东信息，并将上述信息与发行

人、发行人主要客户和供应商、本次发行上市的中介机构及有关人员的信息进行比对，结合访谈等方式，查验是否存在关联关系；

5. 在中国证监会、全国股转系统公司官方网站进行网上查询，并结合访谈等方式，查验发行人是否根据中国证监会、全国股转系统公司对于挂牌公司监管的相关要求，规范公司运作，重要事项符合相关监管机构的监管要求，并及时进行了披露和公告。查验发行人在挂牌期间是否曾受到中国证监会、全国股转系统公司的处罚或谴责。

第二节　股权纠纷

股权清晰是企业上市的一个必备的条件，也是历来监管机关关注的重点。根据《首发管理办法》和《创业板上市管理办法》规定，在主板、中小板或创业板上市均要求发行人股权清晰，控股股东和受控股股东、实际控制人支配的股东所持发行人股份不存在重大权属纠纷。引起股权纠纷的原因主要包括股权转让过程中是否存在股权纠纷、是否存在股权代持、股权代持的解除是否会存在纠纷或者潜在纠纷。上面提到的第 2 个问题即股权转让的合法合规性问题，也是导致股权纠纷的一个重要的方面。针对新三板挂牌企业来说，新三板挂牌企业在挂牌前往往会引进机构投资者，大多数机构投资者会与企业签署对赌协议，新三板企业在 IPO 过程中对于对赌协议中的相关条款是否会导致股权纠纷问题，往往也会引起监管部门的重视。

另外，新三板挂牌企业股权质押次数大量增长，如若公司的经营出现问题，公司无力偿还贷款，股权纠纷将有很大可能发生，如此，势必会给企业 IPO 带来障碍。

因此，对于存在对赌协议、曾经或者现存在股权代持的挂牌公司、存在股权质押的公司需要对上述问题进行清理或者通过协商等方式将上述问题解决，确保股权清晰，避免为企业 IPO 带来障碍。

【案例：拓斯达——是否存在股权纠纷】

反馈意见："2013 年 11 月，兴证创投对发行人增资；2014 年 12 月，达晨创丰、九江通汇［已更名为'九江华融天泽恒力投资中心（有限合伙）'］、三正金融和高富信创投对发行人增资。请发行人…… (2) 说明上述股东对发行人增资的背景或原因、定价依据及合理性、出资来源，是否存在纠纷或潜在纠纷；说明上述股东与发行人之间有无特殊协议或安排，例如对赌协议；说明兴证创投、达晨创丰、华融恒力和高富信创投与吴丰礼、杨双保、黄代波三位股东之间签有对赌协议的原因及合理性，说明对发行人股权结构的影响，是否符合《首次公开发行股票并在创业板上市管理办法》第十五条的规定；说明中介机构及相关人员是否存在直接或间接持有发行人股份的情况……”

北京君泽君律师事务所出具的《补充法律意见书三》第5-1-4-96页披露如下：

（二）关于第（2）项的回复

1. 核查过程说明

（1）本所律师以书面审查的方式查验了发行人与其机构股东签署的增资协议及补充协议、发行人报告期内《审计报告》、机构股东出资人提供的向机构股东出资的缴款凭证等资料。

（2）本所律师以书面审查的方式查验了发行人、发行人机构股东及本次发行的中介机构出具的相关说明、承诺等文件资料。

2. 说明兴证创投、达晨创丰、华融恒力、三正金融和高富信创投对发行人增资的背景或原因、定价依据及合理性、出资来源，是否存在纠纷或潜在纠纷。

（1）2013年11月，兴证创投增资入股

2013年10月18日，兴证创投与发行人签署《增资扩股协议》，约定兴证创投向发行人增资5250万元，其中63.9778万元计入注册资本，剩余5186.0222万元计入资本公积金。本次增资完成后，兴证创投持有发行人10%出资额。

本次增资原因系发行人业务发展壮大，需要引入专业投资机构资本，以改善公司治理结构，提高公司经营管理水平；兴证创投增资入股系看好发行人的市场前景及上市的可能性。根据《增资扩股协议》及发行人说明，本次定价以2013年8月底发行人每股净资产为参考，结合发行人历史业绩情况、发行人市场份额及对发行人盈利预测来估值，经充分协商后，确定增资价格为82.06元

/股注册资本，本所律师认为，本次定价合理，不违反法律法规的强制性规定。

根据兴证创投提供的说明及其出资人向兴证创投缴纳出资的凭证，经本所律师查验，兴证创投对发行人的投资款来自于自有资金。

（2）2014 年 12 月，拓斯达挂牌并向达晨创丰、华融恒力、三正金融和高富信创投定向发行股票

2014 年 11 月，发行人与达晨创丰、九江通汇、三正金融、高富信创投共同签署《增资扩股协议》，约定上述四名机构投资者以 17.48 元/股的价格分别向拓斯达增资 2850 万元、1900 万元、1900 万元、950 万元，分别对应 163.0435 万元、108.6957 万元、108.6957 万元、54.3478 万元注册资本。本次增资原因系达晨创丰等机构股东认可发行人的公司治理及发展前景且发行人需要引入机构股东获得资金用于扩大生产经营。根据《增资扩股协议》及发行人说明，本次发行价格为 17.48 元/股，定价以截至 2014 年 9 月 30 日发行人每股净资产为基础，结合发行人历史经营业绩情况及市场份额、发行人成长性、动态市盈率等多种因素来估值，经充分协商后确定，本所律师认为，本次定价合理，不违反法律法规的强制性规定。

根据各机构股东提供的说明及其出资人缴纳出资的凭证，经本所律师查验，上述机构股东对发行人的投资款来自于自有资金。

3. 说明兴证创投、达晨创丰、华融恒力、三正金融和高富信创投与发行人之间有无特殊协议或安排，例如对赌协议；说明兴证创投、达晨创丰、华融恒力和高富信创投与吴丰礼、杨双保、黄代波三位股东之间签有对赌协议的原因及合理性，说明对发行人股权结构的影响，是否符合《首次公开发行股票并在创业板上市管理办法》第十五条的规定

根据兴证创投、达晨创丰、华融恒力、三正金融和高富信创投与发行人签署的《增资扩股协议》及补充协议，根据上述机构股东出具的说明及发行人说明，经本所律师查验，除三正金融外，其他四家机构股东增资入股时均与发行人及/或主要股东约定了相关对赌条款：

（1）兴证创投增资入股涉及对赌条款或其他投资安排的说明

2013 年 11 月，兴证创投增资入股，拓斯达有限及吴丰礼、杨双保、黄代波三人（以下简称“股东三人”）与兴证创投签署了《东莞市拓斯达机械科技

有限公司增资扩股协议之补充协议》（以下简称《增资补充协议》，该协议存在对赌条款，主要内容包括如下：

A. 业绩补偿：公司就 2013 年、2014 年、2015 年经审计的税后净利润分别进行承诺，若不能完成以上任一业绩指标，由股东三人对兴证创投根据相关约定作出现金补偿，公司对股东三人的现金补偿义务承担无限连带担保责任。

B. 股份回购安排：兴证创投有权选择在约定情形出现后要求股东三人以约定价款回购兴证创投在本次增资中购得的全部或部分公司股权，公司承担连带保证责任。

C. 优先清算权：无论何种原因对公司进行清算，向兴证创投优先支付清算款。

D. 一票否决权：公司经营过程中涉及重大事项，应取得兴证创投委派董事同意。

经本所律师核查，公司 2013 年、2014 年及 2015 年业绩均达到了《增资补充协议》所约定的金额指标，未触发业绩补偿事项。

2014 年 8 月，为配合拓斯达申请在全国中小企业股份转让系统挂牌并公开转让的工作，兴证创投就《增资补充协议》中存在的对赌条款签署《声明函》，主要内容包括：

A. 在业绩补偿条款或股份回购条款被触发的情况下，兴证创投放弃要求拓斯达履行连带保证责任义务的权利，仅保留要求创始股东履行义务的权利；

B.《增资补充协议》中赋予兴证创投的“优先清算权”“一票否决权”及其他或有的影响公司平等治理的特殊安排不再对公司发生效力；

C. 解除对赌协议下拓斯达所有的限制性要求及权利义务设置，兴证创投将自始视为拓斯达并未签署对赌协议。

2015 年 6 月 1 日，为配合拓斯达向中国证监会申请首次公开发行股票并上市的工作，兴证创投同意中止《增资补充协议》中约定的与股东三人之间的对赌条款，并与股东三人签署《〈增资扩股之补充协议〉中止合同》，约定自拓斯达向中国证监会申报公开发行股票并上市材料并受理之日起，《增资补充协议》约定的业绩补偿条款及股份回购条款中止执行；自拓斯达公开发行股票并上市之日起，业绩补偿条款和股份回购条款终止执行；若拓斯达上市申请被有权部门不予核准/注册，或拓斯达自行撤回本次申请的，自不予核准/注册或撤回申请之日起，上述条款恢复效力。

（2）达晨创丰增资入股涉及对赌条款或其他投资安排的说明

2014年11月，达晨创丰增资入股，吴丰礼、杨双保、黄代波三人（以下简称“股东三人”）与达晨创丰签署了《广东拓斯达科技股份有限公司之股份认购及增资协议之补充协议》（以下简称《增资补充协议》），该协议存在对赌条款，主要内容包括如下：

A. 股份回购安排：达晨创丰有权选择在约定情形出现后要求股东三人以约定价款回购达晨创丰在本次增资中购得的全部或部分公司股权。

B. 优先清算权：拓斯达未上市情况下，若进行清算，向达晨创丰优先支付清算款。

2015年6月1日，为配合拓斯达向中国证监会申请首次公开发行股票并上市的工作，达晨创丰同意中止《增资补充协议》中约定的与股东三人之间的对赌条款，并与股东三人签署《〈增资扩股之补充协议〉中止合同》，约定自拓斯达向中国证监会申报公开发行股票并上市材料并受理之日起，《增资补充协议》约定的业绩补偿条款及股份回购条款中止执行；自拓斯达公开发行股票并上市之日起，业绩补偿条款和股份回购条款终止执行；若拓斯达上市申请被有权部门不予核准/注册，或拓斯达自行撤回本次申请的，自不予核准/注册或撤回申请之日起，上述条款恢复效力。

（3）华融恒力及高富信创投增资入股涉及对赌条款或其他投资安排的说明

2014年11月，华融恒力及高富信创投增资入股，两家机构股东分别与吴丰礼、杨双保、黄代波（以下简称“股东三人”）签署了《广东拓斯达科技股份有限公司增资扩股协议之补充协议》（以下简称《增资补充协议》），上述协议存在对赌条款，主要内容包括如下：

A. 业绩补偿：公司就2014年、2015年经审计的税后净利润分别进行了承诺，若不能完成以上任一业绩指标，由股东三人对两家机构股东根据相关约定作出现金补偿。

B. 股份回购安排：两家机构股东有权选择在约定情形出现后要求股东三人以约定价款回购两家机构股东在本次增资中购得的全部或部分公司股权。

经本所律师核查，公司2014年及2015年业绩均达到了《增资补充协议》所约定的金额指标，未触发业绩补偿事项。

2015年6月1日，为配合拓斯达向中国证监会申请首次公开发行股票并上市的工作，华融恒力与高富信创投同意中止《增资补充协议》中约定的与股东三人之间的对赌条款，并与股东三人签署《〈增资扩股之补充协议〉中止合同》，约定自拓斯达向中国证监会申报公开发行股票并上市材料之日起，《增资补充协议》中止；自拓斯达公开发行股票并上市之日起，《增资补充协议》自始失效；若拓斯达上市申请被有权部门不予核准，或拓斯达撤回本次申请的，自不予核准或撤回申请之日起，《增资补充协议》恢复效力。

（4）签有对赌协议的原因、合理性、对发行人股权结构的影响，是否符合《首次公开发行股票并在创业板上市管理办法》第十五条的规定

签署对赌协议系投资方出于降低投资风险的考虑，与拓斯达及相关股东充分协商而达成的交易安排，是三方基于商业判断达成的协议，符合商业逻辑，具有合理性。

截至本补充法律意见出具之日，发行人与上述机构股东之间的对赌协议已全部解除。发行人创始股东吴丰礼、杨双保、黄代波三人与上述机构股东之间的对赌协议尚未解除，因发行人向中国证监会申报公开发行股票并上市，各方已约定中止对赌协议的履行，若发行人上市申请被不予核准，则对赌协议恢复效力。

根据对赌协议中约定的股份回购条款，若触发回购条件，创始股东需依约回购机构股东持有的发行人股份，发行人股权结构会因此发生变化。但鉴于对赌协议已中止，本次申报过程并不会触发回购条件，故该等回购条款的约定并不影响发行人本次申报所需具备的实质条件。前述对赌协议的存在及现有状态，不影响发行人本次申报，发行人符合《首次公开发行股票并在创业板上市管理办法》第十五条的规定。

4. 说明中介机构及相关人员是否存在直接或间接持有发行人股份的情况

根据发行人出具的说明及提供的资料，发行人本次发行聘请的各中介机构安信证券股份有限公司、北京市君泽君律师事务所、立信会计师事务所、深圳德正国际资产评估有限公司及参与项目相关人员分别出具的书面承诺函，经本

所律师查验，截至本补充法律意见出具之日，发行人本次发行的保荐机构及其保荐代表人、项目协办人、项目组成员，律师事务所及其经办律师，会计师事务所及其经办注册会计师，资产评估机构及其经办资产评估师不存在直接或间接持有发行人股份的情况。

【案例：世纪天鸿——是否存在股权纠纷】

反馈意见：“5. 2015 年 9 月发行人在全国中小企业股份转让系统挂牌并公开转让，2016 年 6 月兴富先锋通过交易系统买入 330 万股发行人股份。请说明发行人在全国中小企业股份转让系统挂牌期间的合法合规情况、股权转让情况、有无潜在纠纷、本次申报是否已依法履行相关程序、信息披露与本次申报的信息披露是否存在重大差异，兴富先锋的股权结构、实际控制人、入股原因、是否存在代持、对赌或其他利益安排。请保荐机构、律师核查并发表明确意见。”

北京市康达律师事务所出具的《补充法律意见书三》第 28 页披露如下：

一、挂牌期间的合法合规情况

（略，请参见第八章）

二、股权转让情况

根据 2015 年 9 月 14 日发行人在股转系统指定信息披露平台（www.neeq.com.cn）披露的《山东世纪天鸿文教科技股份有限公司关于股票挂牌并采用协议转让方式的提示性公告》，发行人的股票在股转系统的转让方式为协议转让。

发行人的股票自挂牌以来发生过两次股权转让，具体情况如下：

1. 2015 年 12 月 8 日，发行人的股东张立杰通过证券交易系统以每股 12 元的价格向吴渤转让发行人 1 万股股份。根据中国证券登记结算有限责任公司北京分公司于 2015 年 12 月 31 日出具的《证券持有人名册》，发行人的股本结构如下：

序号	股东名称	持股数额（万股）	持股比例（%）
1	志鸿教育	4360.00	62.29
2	巴学芳	570.00	8.14

续表

序号	股东名称	持股数额（万股）	持股比例（%）
3	浙江伟星	500.00	7.14
4	常州金陵	400.00	5.71
5	任伦	390.00	5.57
6	北京金成	250.00	3.57
7	张学军	70.00	1.00
8	张观娥	70.00	1.00
9	于宝增	70.00	1.00
10	张立杰	69.00	0.99
11	赵宪涛	25.00	0.36
12	亓嘉国	25.00	0.36
13	善静宜	25.00	0.36
14	赵金喆	25.00	0.36
15	杨凯	25.00	0.36
16	任志成	25.00	0.36
17	翟维全	25.00	0.36
18	余云华	25.00	0.36
19	黄伟	25.00	0.36
20	王子荣	25.00	0.36
21	吴渤	1.00	0.01
合计		7000.00	100.00

2. 2016年6月8日，常州金陵通过证券交易系统以每股7.4元的价格分别向兴富先锋转让发行人330万股股份，向姚炜华转让发行人70万股股份。

根据中国证券登记结算有限责任公司北京分公司于2016年6月13日出具的《证券持有人名册》，发行人的股本结构如下：

序号	股东名称	持股数额（万股）	持股比例（%）
1	志鸿教育	4360.00	62.29
2	巴学芳	570.00	8.14

续表

序号	股东名称	持股数额（万股）	持股比例（%）
3	浙江伟星	500.00	7.14
4	任伦	390.00	5.57
5	兴富先锋	330.00	4.71
6	北京金成	250.00	3.57
7	张学军	70.00	1.00
8	张观娥	70.00	1.00
9	于宝增	70.00	1.00
10	姚炜华	70.00	1.00
11	张立杰	69.00	0.99
12	赵宪涛	25.00	0.36
13	亓嘉国	25.00	0.36
14	善静宜	25.00	0.36
15	赵金喆	25.00	0.36
16	杨凯	25.00	0.36
17	任志成	25.00	0.36
18	翟维全	25.00	0.36
19	余云华	25.00	0.36
20	黄伟	25.00	0.36
21	王子荣	25.00	0.36
22	吴渤	1.00	0.01
合计		7000.00	100.00

三、有无潜在纠纷

上述两次股权转让系在发行人挂牌期间通过证券交易系统完成的，由转让方与受让方自主申报卖出与买入，已完成交割，不存在潜在纠纷。

四、本次申报已依法履行相关程序

（略）

五、信息披露与本次申报的信息披露是否存在重大差异

（略）

六、兴富先锋的股权结构、实际控制人、入股原因、是否存在代持、对赌或其他利益安排

（一）股权结构

兴富先锋现持有宁波市市场监督管理局于2016年5月26日核发的《营业执照》（统一社会信用代码：91330201MA281YR32Q）。根据该执照记载，兴富先锋的主要经营场所为宁波象保合作区开发办公1号楼211室，执行事务合伙人为兴富投资管理有限公司（委派代表：王廷富），成立日期为2016年5月12日，合伙期限自2016年5月12日至2022年5月11日止，经营范围为“实业投资；创业投资；企业管理咨询［未经金融等监管部门批准不得从事吸收存款、融资担保、代客理财、向社会公众集（融）资等金融业务］（依法须经批准的项目，经相关部门批准后方可开展经营活动）”。

截至本补充法律意见书出具之日，兴富先锋合伙人及出资比例如下：

序号	合伙人名称	合伙人性质	出资额（万元）	出资比例（%）
1	兴富投资管理有限公司	普通合伙人	100.00	0.20
2	宁波韵升股份有限公司	有限合伙人	10000.00	20.00
3	西藏晟阳投资管理中心（有限合伙）	有限合伙人	6500.00	13.00
4	上海荷花股权投资基金有限公司	有限合伙人	6000.00	12.00
5	宁波君安控股有限公司	有限合伙人	5000.00	10.00
6	上海晨光创业投资中心（有限合伙）	有限合伙人	2000.00	4.00
7	福建凤竹纺织科技股份有限公司	有限合伙人	2000.00	4.00
8	殷晓东	有限合伙人	2000.00	4.00
9	詹任宁	有限合伙人	2000.00	4.00
10	兴证投资管理有限公司	有限合伙人	1000.00	2.00
11	陈敬洁	有限合伙人	800.00	1.60
12	郈立群	有限合伙人	800.00	1.60
13	徐晓瑄	有限合伙人	800.00	1.60
14	阮宇雄	有限合伙人	800.00	1.60

续表

序号	合伙人名称	合伙人性质	出资额（万元）	出资比例（%）
15	吴晶	有限合伙人	600.00	1.20
16	王毅	有限合伙人	600.00	1.20
17	吴建利	有限合伙人	500.00	1.00
18	袁成伟	有限合伙人	500.00	1.00
19	迟睿峰	有限合伙人	500.00	1.00
20	熊博	有限合伙人	500.00	1.00
21	谢梓熙	有限合伙人	500.00	1.00
22	陈奕霖	有限合伙人	500.00	1.00
23	吴端雅	有限合伙人	500.00	1.00
24	江志坚	有限合伙人	500.00	1.00
25	陈志阳	有限合伙人	500.00	1.00
26	向云鹏	有限合伙人	500.00	1.00
27	丁清岈	有限合伙人	500.00	1.00
28	蒋剑松	有限合伙人	500.00	1.00
29	陈跃玉	有限合伙人	500.00	1.00
30	骆妮娜	有限合伙人	500.00	1.00
31	王丽芬	有限合伙人	500.00	1.00
32	郭毓鸿	有限合伙人	500.00	1.00
33	郑捷	有限合伙人	500.00	1.00
34	李正炎	有限合伙人	500.00	1.00
合计			50000.00	100.00

兴富先锋现持有发行人330万股股份，占发行人总股本的4.71%。

（二）实际控制人

根据兴富先锋回复的调查问卷、提供的合伙协议等资料并经本所律师查询国家企业信用信息公示系统，兴富先锋的执行事务合伙人系兴富投资管理有限公司，持有兴富先锋100万元出资额；王廷富持有兴富投资管理有限公司70%的股权并担任董事长、总经理。因此，兴富先锋的实际控制人为王廷富。

（三）入股原因、是否存在代持、对赌或其他利益安排

根据兴富先锋回复的调查问卷并经本所律师访谈兴富先锋接洽人员，兴富先锋本次受让发行人股份系经市场调研，看好发行人发展前景。根据兴富先锋回复的调查问卷及书面说明文件并经本所律师访谈兴富先锋接洽人员，兴富先锋所持有的发行人的股份不存在代持情形，也未与发行人签署对赌协议或其他利益安排。

七、核查意见

综上所述：

（1）除因股转系统挂牌文件部分信息披露与首次公开发行申请文件不一致被采取提供承诺函的自律监管措施外，发行人在股转系统挂牌合法合规；发行人受到的自律监管措施不属于行政处罚，其信息披露差异不属于重大违法违规行为，对本次发行不构成实质性障碍；

（2）在发行人挂牌期间有两次股权转让通过证券交易系统完成，系转让方与受让方自主申报卖出与买入，已完成交割，不存在潜在纠纷；

（3）发行人本次申报已依法履行相关程序；

（4）发行人在股转系统的信息披露与本次申报的信息披露存在差异，但不构成重大差异，已作更正并予以公告；

（5）兴富先锋持有的发行人股份不存在代持、对赌或其他利益安排。

【案例：新天药业——增资原因、价格、资金来源及是否存在对赌】

反馈意见："问题 5：一、请保荐机构、发行人律师核查并在招股说明书中披露发行人引入机构投资者甲秀创投、惠人生物及 139 名员工的原因；增资及股权转让价格确定的依据；增资及股权转让过程是否履行了相应的股东会程序；资金具体来源及其合法性；各新股东与发行人之间是否存在对赌协议等特殊协议或安排。"

《补充法律意见书四》第 2－1－15 页披露如下：

（一）发行人引入甲秀创投、139 名自然人和惠人生物的原因

1. 发行人引入甲秀创投、139 名自然人和惠人生物的原因

2011 年 4 月 7 日，发行人召开 2011 年第一次临时股东大会，会议决定向一名投资者增发股份。根据本次股东大会决议，发行人引入甲秀创投的原因是

为了“补充营运资金、扩大公司业务规模，提升公司的持续盈利能力和市场竞争能力。”

2011 年 8 月 10 日，发行人召开 2011 年第五次临时股东大会，决议向 139 名员工增发股份。根据本次股东大会决议，发行人向员工增发股份的原因是“为扩大经营规模和效益，加强公司团队建设，公司拟针对部分员工增资扩股，以凝聚专业人才并增强员工对公司的凝聚力和归属感。”

2013 年 12 月 20 日，新天生物与惠人生物签订《股权转让协议》，新天生物将其持有的新天药业 150 万股股份转让给惠人生物。根据对新天生物控股股东董大伦的访谈，及新天生物出具的书面文件，新天生物转让给惠人生物股权时，新天生物缺少流动资金，故转让了少量新天药业股权。

2. 核查方式方法、核查过程、核查范围和所取得的证据

本所律师取得了发行人引入甲秀创投及 139 名自然人股东时的股东大会决议，核查了当时引入甲秀创投和 139 名自然人股东的原因。

本所律师对新天生物实际控制人进行了访谈，了解了当时将部分新天药业股权转让给惠人生物的原因。

（二）增资及股权转让价格确定的依据

1. 增资及股权转让价格确定的依据

根据贵州中道资产评估有限公司于 2011 年 1 月 25 日出具的黔中道评报字［2011］004 号《净资产价值评估报告》，截至评估基准日 2010 年 10 月 31 日，发行人净资产评估价值为 25717.16 万元，合股 6.34 元。甲秀创投入股价格是在综合考虑发行人 2009 年和 2010 年度盈利能力以及评估结果的基础上确定为每股 6 元。甲秀创投入股时的价格为双方真实意思表示，定价公允，不存在损害发行人和相关股东合法权益的情况。

139 名自然人与甲秀创投入资的价格相同，原因在于上述股东入股发行人时两者相差时间很短，发行人充分考虑到短时间内公司的经营状况变化不大的实际情况以及甲秀创投入股定价的公允性，确定艾莉等 139 名自然人股东入股的价格亦为每股 6 元。

惠人生物受让新天生物持有新天药业股权的价格，由双方在结合新天药业股净资产值和发展趋势基础上协商确定，为每股 11 元。新天生物向惠人生物

转让发行人股权的价格为双方真实意思的表示，定价公允，不存在损害发行人和相关股东合法权益的情况。

2. 核查方式方法、核查过程、核查范围和所取得的证据

本所律师取得了贵州中道资产评估有限公司于2011年1月25日出具的黔中道评报字［2011］004号《净资产价值评估报告》，并就定价事宜分别取得了甲秀创投普通合伙人贵阳成创合力创业投资管理企业（有限合伙）、发行人出具的书面说明。

本所律师就139名员工入股定价事宜取得了发行人出具的书面说明文件，并对发行人实际控制人、部分董事、部分入股员工进行了访谈，了解了当时入股定价的过程以及入股员工对定价公允性的看法。

本所律师就新天生物向惠人生物转让发行人股权的定价事宜，取得了惠人生物普通合伙人武汉光谷创投基金管理有限公司出具的书面说明，并对新天生物实际控制人进行了访谈，了解股权转让时的定价情况。另外，本所律师结合当时发行人的财务状况，业务状况对定价公允性进行了分析，认为新天生物向惠人生物转让发行人股权的定价是公允的。

（三）增资及股权转让过程是否履行了相应的股东会程序

1. 增资及股权转让过程是否履行了相应的股东会程序

2011年4月7日，新天药业2011年第一次临时股东大会审议通过《关于定向增发股份的议案》，同意向一名特定投资者定向增发750万股，定向增发价格为每股6元，并授权董事会确定本次定向增发的发行对象、办理其他相关事宜。

2011年4月13日，公司、甲秀创投、新天生物等公司股东共同签订了《增资协议书》。

2011年8月10日，新天药业2011年第五次临时股东大会决议审议通过《关于贵阳新天药业股份有限公司增资扩股的议案》，同意向139名员工共发行359万股，发行价格为每股6元，并授权董事会根据股东大会决定的发行方案确定本次增资扩股的对象，办理其他相关事宜。2011年8月10日后，公司陆续与139名员工签订了《贵阳新天药业股份有限公司增资扩股协议》。

发行人引入甲秀创投、139名自然人股东，履行了相应的股东会程序。发

行人为股份公司，其股东新天生物转让持有的发行人的股权无需股东大会审议批准。

2. 核查方式方法、核查过程、核查范围和所取得的证据

本所律师取得了发行人引入甲秀创投及139名自然人股东时的股东大会决议，并对当时股东大会会议召开的程序、合规性进行了核查，本所律师核查后认为，当时股东大会召开程序合法、合规，决议有效。

（四）资金具体来源及其合法性

1. 甲秀创投、惠人生物资金来源及合法性

本所律师核查了甲秀创投、139名自然人增资发行人的出资凭证，调查了甲秀创投和惠人生物的合伙人出资到该两个合伙企业的出资凭证以及甲秀创投和惠人生物出具的书面说明文件。甲秀创投和惠人生物的资金来源于其合伙人的出资，资金来源合法。

2. 139名自然人股东资金来源及合法性

经核查，艾莉等139名自然人股东增资发行人的具体情况如下：

序号	股东姓名	持股数量（万股）	增资金额（万元）	2011年入股时在公司任职情况
1	董大朝	30.00	180.00	A区销售总监
2	吴毅	20.70	124.20	B区销售总监
3	刘力	16.00	96.00	财务总监
4	彭素敏	14.00	84.00	董事
5	朱建	13.60	81.60	C区销售总监
6	董晔	13.20	79.20	D区销售总监
7	潘光明	12.00	72.00	副总经理/董事会秘书
8	王文意	12.00	72.00	公共事务总监
9	周辉	10.00	60.00	F区销售总监
10	朱桂红	8.80	52.80	苏州销售经理
11	邱林	8.10	48.60	武汉销售经理
12	姚蓉蓉	7.95	47.70	工会主席
13	陈珏蓉	7.50	45.00	副总经理

续表

序号	股东姓名	持股数量（万股）	增资金额（万元）	2011 年入股时在公司任职情况
14	袁健生	6.50	39.00	新厂建设项目经理
15	黄远泽	5.80	34.80	E 区销售总监
16	肖阳英	5.50	33.00	审计经理
17	袁军	5.00	30.00	湘南销售经理
18	李素红	4.70	28.20	南京销售经理
19	饶元安	4.50	27.00	董事
20	黄嘉骏	4.00	24.00	上海片区经理
21	陆德华	3.90	23.40	北京销售经理
22	睢兰英	3.90	23.40	陕西销售经理
23	边洪旗	3.70	22.20	辽黑销售经理
24	干继斌	3.50	21.00	河南销售经理
25	吴兴美	3.50	21.00	审计部经理
26	陈萍	3.40	20.40	山东商务经理
27	朱楚雄	3.40	20.40	长沙销售经理
28	安万学	3.30	19.80	质量总监
29	赵波	3.30	19.80	生产总监
30	靳如珍	3.00	18.00	总会计师
31	袁野	3.00	18.00	原工程部工程科长
32	张文莉	3.00	18.00	资金部经理
33	胡珊	2.90	17.40	江苏商务经理
34	曹晓燕	2.80	16.80	南通销售经理
35	徐正安	2.80	16.80	江西销售经理
36	张贯平	2.80	16.80	青岛销售经理
37	陈芳	2.40	14.40	常州销售经理
38	罗忠圣	2.30	13.80	药物研究所所长
39	王江	2.30	13.80	江苏商务经理
40	张文仲	2.30	13.80	浙江商务经理

续表

序号	股东姓名	持股数量（万股）	增资金额（万元）	2011 年入股时在公司任职情况
41	陈玉友	2.15	12.90	证券部经理
42	梁建英	2.10	12.60	海天研发经理
43	王伟珍	2.10	12.60	台州销售经理
44	郑凌	2.10	12.60	襄樊销售经理
45	季维嘉	2.00	12.00	总经办主任
46	刘必敏	1.90	11.40	淄博销售经理
47	潘明香	1.90	11.40	无锡销售经理
48	居里嘉	1.80	10.80	人力资源部经理
49	郑义权	1.70	10.20	绍兴销售经理
50	周莲	1.70	10.20	温州销售经理
51	祝干伟	1.70	10.20	湖南商务经理
52	周平	1.60	9.60	河北销售经理
53	范春燕	1.50	9.00	海天项目经理
54	黄晓昱	1.50	9.00	市场总监
55	潘玫	1.50	9.00	物资采购中心采购经理
56	王正明	1.50	9.00	江苏商务经理
57	夏先宁	1.50	9.00	信息部经理
58	方群	1.40	8.40	安徽商务经理
59	郑晗	1.40	8.40	重庆销售经理
60	邓维建	1.30	7.80	广西商务经理
61	孙淑芬	1.30	7.80	吉林销售经理
62	杨志强	1.30	7.80	湖北商务经理
63	高剑华	1.20	7.20	产品经理
64	孙广富	1.20	7.20	济宁销售经理
65	张相荣	1.20	7.20	江苏商务经理
66	何忠磊	1.10	6.60	生产部经理
67	杨静	1.10	6.60	东莞销售经理

续表

序号	股东姓名	持股数量（万股）	增资金额（万元）	2011 年入股时在公司任职情况
68	曹荣	1.00	6.00	南京销售专员
69	陈爱武	1.00	6.00	G 区销售总监
70	董钰莹	1.00	6.00	广西销售经理
71	高会	1.00	6.00	北京商务经理
72	郭清霞	1.00	6.00	河南销售专员
73	郭志龙	1.00	6.00	辽宁销售专员
74	贺财正	1.00	6.00	海天总务主管
75	金立亮	1.00	6.00	温州销售专员
76	李昌国	1.00	6.00	南京销售专员
77	刘永梅	1.00	6.00	金华销售专员
78	卢敏	1.00	6.00	长沙销售专员
79	罗富嘉	1.00	6.00	杭州销售经理
80	潘海兵	1.00	6.00	台州销售专员
81	汤永邦	1.00	6.00	苏州销售专员
82	王昌东	1.00	6.00	浙江商务经理
83	王钰华	1.00	6.00	台州销售专员
84	杨青松	1.00	6.00	湘南销售专员
85	郑茂恩	1.00	6.00	云南销售经理
86	周勇	1.00	6.00	长沙销售专员
87	朱楚玲	1.00	6.00	湘南销售专员
88	庄建妹	1.00	6.00	无锡销售专员
89	王健伟	0.80	4.80	济南销售经理
90	张家俊	0.80	4.80	安徽商务经理
91	蔡文	0.70	4.20	新厂建设项目经理
92	韩小伍	0.70	4.20	质量管理部经理
93	李凯	0.70	4.20	工程部经理
94	刘林娜	0.70	4.20	法务部经理

续表

序号	股东姓名	持股数量（万股）	增资金额（万元）	2011 年入股时在公司任职情况
95	施雪雁	0.70	4.20	市场服务部经理
96	王海涛	0.70	4.20	人力资源经理
97	王勇	0.70	4.20	物资采购中心仓储经理
98	杨志鹏	0.70	4.20	聊城销售经理
99	游何宇	0.70	4.20	工艺研发部经理
100	袁万书	0.70	4.20	物资采购中心员工
101	张荣	0.70	4.20	河北商务经理
102	朱亚君	0.70	4.20	盐城销售经理
103	刘长寿	0.60	3.60	金华销售经理
104	但远旭	0.50	3.00	车间管理员
105	龚益军	0.50	3.00	粤西销售经理
106	江辉	0.50	3.00	福建商务经理
107	娄浩	0.50	3.00	广州销售经理
108	沈光明	0.50	3.00	车间工人
109	石明刚	0.50	3.00	贵州销售经理
110	王文琴	0.50	3.00	产品供应部员工
111	王耀武	0.50	3.00	陕西商务经理
112	王玉珍	0.50	3.00	资金部员工
113	魏茂陈	0.50	3.00	质量总监助理
114	吴梅梅	0.50	3.00	陕西销售专员
115	夏阳	0.50	3.00	湘南销售专员
116	谢永	0.50	3.00	河南商务经理
117	姚倩	0.50	3.00	湖北商务助理
118	董奇	0.40	2.40	江西商务经理
119	陆晓敏	0.40	2.40	产品供应部经理
120	马坤	0.40	2.40	产品经理
121	闫淑芳	0.40	2.40	黑龙江销售经理

续表

序号	股东姓名	持股数量（万股）	增资金额（万元）	2011 年入股时在公司任职情况
122	杨刚	0.40	2.40	福建销售经理
123	艾莉	0.30	1.80	车间工人
124	柴晓兵	0.30	1.80	广东商务经理
125	何贵云	0.30	1.80	总务主管
126	何治美	0.30	1.80	车间工人
127	康燕	0.30	1.80	车间工人
128	宋兆芬	0.30	1.80	资金部员工
129	孙昊	0.30	1.80	海天财务主管
130	席秀芝	0.30	1.80	车间工人
131	向虹	0.30	1.80	车间工人
132	徐家学	0.30	1.80	物资采购中心员工
133	邹庆鹏	0.30	1.80	车间工人
134	边秀容	0.20	1.20	东北商务经理
135	刘超	0.20	1.20	云南商务经理
136	马兰芳	0.20	1.20	产品经理
137	肖玉	0.20	1.20	皖南销售经理
138	李润江	0.10	0.60	上海商务经理
139	刘晋	0.10	0.60	皖北销售经理
合计		359.00	2154.00	-

经核查 139 名员工签署的声明，其增资资金来源均为自有资金，来源合法。公司 139 名员工增资时，出资 100 万元以上的两名员工均为大区销售总监；出资 60 万以上的人员均为公司总监级以上的员工，且担任该职务均时间较长，具有一定的经济实力；出资 20 万元至 60 万元的均为公司经理级以上的员工。综上，公司 139 名员工股东的出资金额与其工作履历是相符的，具有出资实力。

3. 核查方式方法、核查过程、核查范围和所取得的证据

针对甲秀创投与惠人生物的资金来源，本所律师分别取得了两个合伙企业

的合伙人出资到两个合伙企业的出资凭证及两个合伙企业关于增资发行人或受让股权所用资金合法的书面说明。

针对139名员工的资金来源，本所律师取得了139名员工分别签署的资金来源的声明。同时，本所律师对139名员工具有出资实力的合理性进行了分析性复核。

（五）各新股东与发行人之间是否存在对赌协议等特殊协议或安排

1. 各新股东与发行人之间是否存在对赌协议等特殊协议或安排

2011年甲秀创投、139名自然人向发行人增资时，不存在对赌协议等特殊协议或安排。

根据2013年12月20日惠人生物与新天生物、董大伦签署的《股权转让协议书》之第二条回购条款的约定，惠人生物与新天生物、董大伦之间存在股权回购约定。

根据2015年3月31日惠人生物、新天生物、新天药业三方签署的《关于解除股权转让协议部分条款的备忘录》，在发行人首次公开发行股票并上市材料由中国证监会受理后，《股权转让协议》中的“二、回购条款及四、股份出售限制”两项条款解除，各方于上述条款项下的权利义务终止。

根据公司出具的说明、甲秀创投、惠人生物出具的声明并核查各新股东与发行人签署的股份认购协议、股份转让协议及补充协议，截至发行人首次公开发行股票并上市申报获得受理日，即2015年6月17日，各新股东与发行人之间不存在对赌协议或者特殊安排。之后，亦未签订新的对赌协议或其他特殊利益安排的协议。

2. 律师的核查方式方法、核查过程、核查范围和所取得的证据

本所律师取得了各新股东入股时的股份认购协议、股份转让协议及备忘录；同时，本所律师取得了甲秀创投、惠人生物、实际控制人及发行人出具的承诺，承诺除已提供的协议及备忘录之外，无其他对赌协议或者特殊安排。

第六章
三类股东

第一节 “三类股东”的概念、对 IPO 的影响和审核关注要点

一、“三类股东”的概念和对 IPO 的影响

“三类股东”指契约型基金、资产管理计划和信托计划（以下简称“三类股东”）等“非公开募集”的金融产品。新三板挂牌企业的大部分“三类股东”都是通过新三板股票交易系统购买或经股票定向发行而取得挂牌企业股份的。根据《全国中小企业股份转让系统投资者适当性管理细则》第四条的规定，“《办法》第八条第二款、第三款规定的证券公司资产管理产品、基金管理公司及其子公司产品、期货公司资产管理产品、银行理财产品、保险产品、信托产品、经行业协会备案的私募基金等理财产品，社会保障基金、企业年金等养老金，慈善基金等社会公益基金，合格境外机构投资者（QFII）、人民币合格境外机构投资者（RQFII）等机构投资者，可以申请参与挂牌公司股票公开转让”，因此，三类股东属于新三板的合格投资者。然而，存在“三类股东”的新三板挂牌企业在申报 IPO 时，其“三类股东”反而成了 IPO 过程中的障碍，主要原因在于：1. 不利于满足“股权清晰”的要求；2. 影响“股权稳定”的判断；3. 缺乏公开的核查渠道。

二、证监会对“三类股东”的审核关注要点及态度

（一）反馈意见中的共性问题

证监会对“三类股东”的反馈意见中的共性问题为：1. “三类股东”中设立、成立、备案以及审批程序是否完备；管理人是否已纳入监管，如已取得私募基金管理人登记；2. 是否已进行穿透核查；3. 是否存在杠杆、分级、嵌套，是否已经整改或有整改方案；4. “三类股东”存续期多久，和锁定期是否相冲突。证监会对“三类股东”的审核重点在于：1. 要求披露“三类股东”的法人或机构股东的股权结构情况（直至自然人或国资主体）；2. “三类股东”是否有资格作为发行人股东；3. “三类股东”作为发行人股东是否符合《首发管理办法》中股权清晰要求；4. 是否构成发行上市的障碍；5. 与发行人及其控股股东、实际控制人、董监高及其他核心人员之间是否存在关联关系、关联交易、利益输送。

例 1：2017 年 8 月 23 日过会的九典制药反馈意见重点问题第 1 条第（4）项，“4. 据招股说明书披露，发行人于 2015 年 7 月 24 日起在新三板挂牌公开转让。请发行人说明……（2）发行人股份在新三板挂牌期间的交易情况，股东中是否存在契约型私募基金、资产管理计划或信托计划……”

例 2：2017 年 5 月 10 日过会的佩蒂股份反馈意见重点问题第 1 条第（3）项“（3）补充披露直接或间接股东中是否存在资管计划、契约型基金或信托产品，说明相关产品作为发行人股东的适当性。请保荐机构、律师核查并发表意见。”

（二）监管机构对“三类股东”问题的表态

1. 2017 年 7 月 3 日，证监会在《对十二届全国人大五次会议第 2432 号建议的答复》中回复了首发企业存在“三类股东”的问题，具体内容如下：

“一、关于尽快明确‘三类股东’作为拟首发上市（IPO）企业股东的合法资格的建议

针对部分新三板挂牌公司存在“三类股东”（即契约型私募基金、资产管理计划和信托计划）的问题，证监会并未在 IPO 申请及受理阶段设置差别性政

策，已有多家存在‘三类股东’的拟上市企业提交 IPO 申请并获受理。同时，鉴于‘三类股东’作为拟上市企业股东涉及发行人股权清晰等发行条件及相关信息披露要求，目前，证监会正积极研究‘三类股东’作为拟上市企业股东的适格性问题。”

证监会简短的表态中，一是很艺术地提到了已有多家存在“三类股东”的拟上市企业提交 IPO 申请并获受理，但并未说“通过审核”；二是再次强调了“三类股东”作为拟上市企业股东涉及发行人股权清晰等发行条件及相关信息披露要求。因此，其后，很多新三板挂牌企业会选择在申报 IPO 前对“三类股东”进行清理，即需要在申请上市之前通过实际控制人或控股股东回购、“三类股东”向其他投资机构进行转让等方式将“三类股东”清除。如奥飞数据在申报前即对其契约型基金股东进行清理。

但是我们也注意到出现了一些间接存在契约型基金、资产管理计划的非新三板挂牌企业成功上市的情况，例如：股东中间接包括四个资管计划的海辰药业，股东中间接包括两个资管计划的碳元科技等。上述企业获得证监会的认可可能是因为最终委托人权属清晰，核查难度不大；“三类股东”持股比例低于5%，不属于主要股东；契约型基金、资产管理计划设立合法合规，已完成备案手续，投资范围符合基金合同、资管合同的规定。所以不能因为有此类案例过会就认为“三类股东”有了“免死金牌”。

2. 2017 年 3 月 16 日，账号主体为上交所的微信公众号“上交所企业上市服务”对新三板“三类股东”问题发文表态，称对于信托计划、契约型基金和资产管理计划等持股平台为拟上市公司股东的，在 IPO 审核过程中，可能会因存续期到期而造成股权变动，影响股权稳定性。

但是对于拟 IPO 的新三板挂牌企业来说，清理“三类股东”是有难度且成本较高的。

（三）“三类股东”不应成为 IPO 的障碍

笔者认为，“三类股东”无论从法理还是法律规定上，都不应成为企业 IPO 的障碍，原因在于：

1. 有观点认为“三类股东”不具备法人资格，不能成为拟上市企业的股东。笔者认为这种说法是错误的。首先，《中华人民共和国公司法》《中华人民共和国证券法》《中华人民共和国证券投资基金法》等有关法律、《公司登记管理条例》等行政法规以及最高人民法院《关于适用〈中华人民共和国公司法〉若干问题的规定》等司法解释均未禁止“三类股东”登记为公司（包括上市公司和非上市公司，有限责任公司和股份有限公司）股东，根据民法“法无禁止即可为”的立法原则，“三类股东”理应合法成为公司股东；其次，所谓“三类股东”不具备法人资格，不能成为拟上市企业的股东更是站不住脚，曾经有一些地方的工商/市场监督机关在进行工商登记时，要求企业的非自然人股东必须持有法人资格证书，如企业法人营业执照、事业单位法人证书等，然而合伙企业也并非法人，很多上市公司和拟上市公司均有合伙企业作为公司股东又如何解释呢？最后，有关规则已经明确表示了“三类股东”可以成为公司股东。全国股转系统《机构业务问答（一）——关于资产管理计划、契约型私募基金投资拟新三板挂牌公司股权有关问题》中规定：“资产管理计划或契约型私募基金所投资的公司申请挂牌时，主办券商在《公开转让说明书》中将资产管理计划或契约型私募基金列示为股东，并在《公开转让说明书》充分披露资产管理计划或契约型私募基金与其管理人和管理人名下其他产品的关系。”中国结算发行人业务部核对股份登记信息与披露信息的一致性后，将股份直接登记在资产管理计划或契约型私募基金名下。

2. “三类股东”在进行工商登记时，由于契约型基金、资产管理计划和信托计划不具备法人资格，“三类股东”投资于拟 IPO 企业通常有两种方式：一是资产管理人代三类股东对拟 IPO 企业出资，在工商/市场监督机关登记的股东名称为管理人名称；二是嵌套有限合伙制基金，由资产管理人代三类股东认购基金份额，有限合伙制基金对拟 IPO 企业进行投资。不论采用上述哪种方式，均存在名义出资人与实际出资人不一致，即存在“代持”的问题。“三类股东”的最大特征是：管理人、产品、投资人相分离，投资人或权益持有人可以较为自由地转让及变动，监管机构拒绝“三类股东”很大程度上也是在于它潜在的自由度所带来的不确定性及潜在风险。有观点认为，“三类股东”这种投资架构容易引起股权纠纷，导致拟上市企业股权结构不稳定，部分“三类股东”背后的出资人众多，难以满足“股权清晰”之要求。

其实，这种担心有点过犹不及的味道。根据《中华人民共和国合同法》《中华人民共和国证券投资基金法》《中华人民共和国信托法》《中华人民共和国银行业监督管理法》《信托公司集合资金信托计划管理办法》等法律、法规、规范性文件的规定，在三类股东与资产管理人之间存在委托或信托持股关系，根据《证券期货经营机构私募资产管理业务管理办法》第六条，资产管理计划财产独立于证券期货经营机构和托管人的固有财产，并独立于证券期货经营机构管理的和托管人托管的其他财产。证券期货经营机构、托管人不得将资产管理计划财产归入其固有财产。“三类股东”的委托财产为资产委托人所有，资产管理人以自己的名义，为委托人的利益或者特定目的，按资产管理合同、信托合同或基金合同的约定进行管理或者处分。

从上可知，虽然相关股票登记在“三类股东”名下，这种委托持股、信托持股及间接持股关系的存在增加了中介机构及审核机关判断最终出资人及其变动情况、关联方及关联交易情况、是否涉及利益输送等问题的核查和信披难度，但依据资产管理合同、信托合同或基金合同，仍然可以认定最终权益所有人。

3. “三类股东”已经纳入银保监会或证监会的监管范围，受到监管机构监管。全国股转系统《机构业务问答（一）——关于资产管理计划、契约型私募基金投资拟新三板挂牌公司股权有关问题》中规定：“根据《基金管理公司特定客户资产管理业务试点办法》第九条，基金子公司资产管理计划资产应当用于下列投资：‘……（二）未通过证券交易所转让的股权、债权及其他财产权利；（三）中国证监会认可的其他资产。投资于前款第（二）项和第（三）项规定资产的特定资产管理计划称为专项资产管理计划。’故基金子公司可通过设立专项资产管理计划投资拟挂牌全国股转系统的公司股权。”

根据《私募投资基金监督管理暂行办法》第二条，私募基金财产的投资包括买卖股票、股权、债券、期货、期权、基金份额及投资合同约定的其他投资标的。故私募基金（包括契约型私募基金）的投资范围包括拟挂牌全国股转系统的公司股权。

因此，“三类股东”的有关当事人须签署资产管理合同、信托合同或基金合同，资产管理人应当按照有关合同的约定管理委托财产并受限于合同约定的投资范围或投资标的。同时，“三类股东”亦应按照有关规定办理登记备案手续，接受监管。在上一章“200人问题”时已经提到，根据《4号指引》的规定：“（一）一般规定 股份公司股权结构中存在工会代持、职工持股会代持、委托持股或信托持股等股份代持关系，或者存在通过‘持股平台’间接持股的安排以致实际股东超过200人的，在依据本指引申请行政许可时，应当已经将代持股份还原至实际股东、将间接持股转为直接持股，并依法履行了相应的法律程序。（二）特别规定 以私募股权基金、资产管理计划以及其他金融计划进行持股的，如果该金融计划是依据相关法律法规设立并规范运作，且已经接受证券监督管理机构监管的，可不进行股份还原或转为直接持股。”因此，鉴于三类股东目前均已纳入证券监督管理机构的监管范围，其投资IPO企业并通过IPO实现获利退出合法合理，应该得到保护。

【案例：海辰药业——二级股东有资管计划（工商登记为其管理人招商财富）】

反馈意见：“十一、请说明南京红土创投、江苏高投创新价值、江苏高投创新科技三家机构的企业性质，是否属于国有股权。请保荐机构、律师发表核查意见。[①]”江苏世纪同仁律师事务所补充法律意见书（四）第166页披露如下：

3. 江苏高投创新科技的股权结构如下：

① 反馈意见之前多次要求“说明南京红土、江苏高投创新价值、江苏高投创新科技三家机构增资的原因和定价依据；说明上述投资者追溯到自然人股东或国有股东的股权结构”，但披露其资管计划具体情况则是在本次问及国有股权问题时予以披露的。

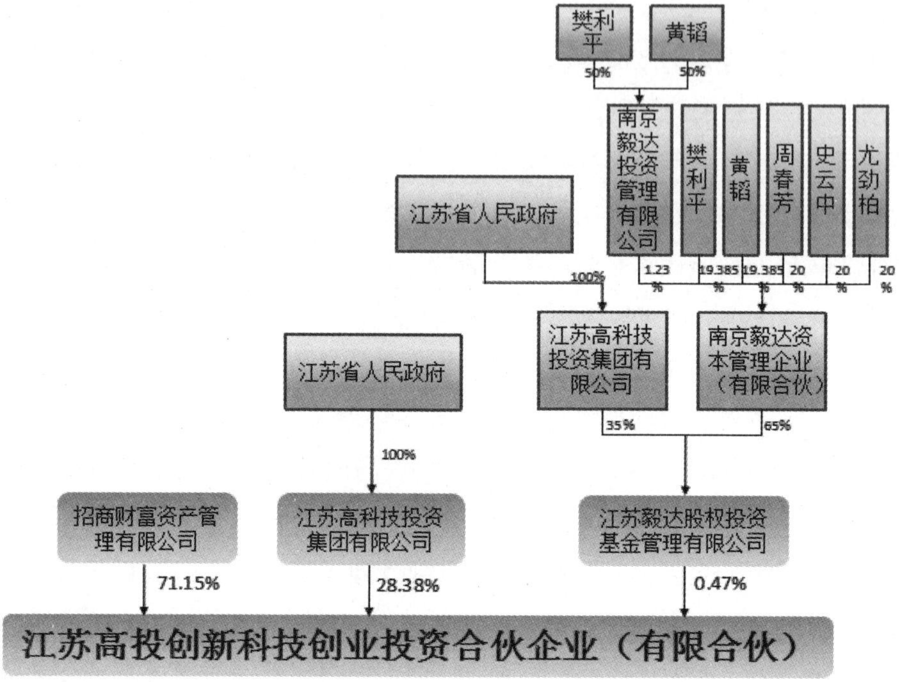

江苏高投创新科技的有限合伙人之一为招商财富资产管理有限公司，招商财富资产管理有限公司是招商基金管理有限公司全资子公司。招商财富资产管理有限公司通过设立专项资产管理计划“招商财富－毅达创赢1号专项资产管理计划”“招商财富－毅达创赢2号专项资产管理计划”“招商财富－毅达创赢3号专项资产管理计划”“招商财富－毅达创赢4号专项资产管理计划”认购江苏高投创新科技的有限合伙份额。4个专项资产管理计划的委托人共计4个自然人。

上述资产管理计划产品均已按《中华人民共和国证券投资基金法》《基金管理公司特定客户资产管理业务试点办法》等相关规定在中国证券投资基金业协会办理备案程序。江苏高投创新科技属于《证券投资基金法》《私募投资基金监督管理暂行办法》规范的私募投资基金，已按规定履行了备案程序。因此，江苏高投创新科技不属于国有股东。

发行人律师核查过程：

（1）取得南京红土创投、江苏高投创新价值、江苏高投创新科技三家机构出具的关于股权结构、是否属于国有股东的说明；

（2）取得“招商财富－毅达创赢1号专项资产管理计划”“招商财富－毅达创赢2号专项资产管理计划”“招商财富－毅达创赢3号专项资产管理计划”“招商财富－毅达创赢4号专项资产管理计划”产品备案证书。

【案例：碳元科技603133——三级股东有资管计划（工商登记为其管理人招商财富）】

反馈意见：“发行人股东上是否存在资产管理计划与信托计划，并对于发行人股权是否清晰稳定发表明确意见（补充反馈问题二）。”《招股意向书附录》第521页，上海市锦天城律师事务所《补充法律意见书（五）》披露如下：

（一）发行人的股东之一君睿祺投资

经查询全国企业信用信息公示系统及君睿祺投资提供的资料，君睿祺投资成立于2011年3月16日，系有限合伙企业。君睿祺投资的合伙人结构如下：

序号	合伙人类型	合伙人姓名/名称
1	普通合伙人	北京博道投资顾问中心（有限合伙）
2	有限合伙人	全国社保基金理事会
3	有限合伙人	联想控股（天津）有限公司
4	有限合伙人	中国科学院国有资产经营有限责任公司
5	有限合伙人	惠州市百利宏创业投资有限公司
6	有限合伙人	西安陕鼓动力股份有限公司
7	有限合伙人	天津道合金泽组合股权投资合伙企业（有限合伙）
8	有限合伙人	严伟
9	有限合伙人	天津格普股权投资合伙企业（有限合伙）
10	有限合伙人	天津君翔股权投资合伙企业（有限合伙）
11	有限合伙人	天津裕邦股权投资合伙企业（有限合伙）
12	有限合伙人	北京连方同祺投资中心（有限合伙）
13	有限合伙人	北京诺信利投资中心（有限合伙）
14	有限合伙人	金石投资有限公司
15	有限合伙人	深圳金石泽汇股权投资基金合伙企业（有限合伙）（以下称“金石泽汇”）
16	有限合伙人	国创开元股权投资基金（有限合伙）（以下称“国创开元”）

经查询中国证券投资基金业协会（以下称“基金业协会”）系统，君睿祺投资属于《中华人民共和国证券投资基金法》《私募投资基金监督管理暂行办法》规范的私募投资基金，并已按规定履行了备案程序。

(1) 金石泽汇

君睿祺投资的有限合伙人之一金石泽汇系有限合伙企业，其合伙人结构如下：

序号	合伙人类型	合伙人姓名/名称	出资额（万元）	出资比例
1	普通合伙人	金尚（天津）投资管理有限公司	230	0.8042%
2	有限合伙人	招商财富资产管理有限公司（以下称“招商财富”）	28370	99.1958%
	合计		28600	100%

经查询全国企业信用信息公示系统，招商财富的唯一股东系招商基金管理有限公司。招商财富通过设立“招商财富—金石母基金专项资产管理计划”和“招商财富—金石母基金2号专项资产管理计划”认购金石泽汇的财产份额从而间接持有发行人股份。根据《资产管理计划财产备案登记表》显示，“招商财富—金石母基金专项资产管理计划”和“招商财富—金石母基金2号专项资产管理计划”的委托人分别为29人和53人。“招商财富—金石母基金专项资产管理计划”和“招商财富—金石母基金2号专项资产管理计划”均已按相关规定在基金业协会办理备案登记程序。

经查询基金业协会系统，金石泽汇属于私募投资基金，并已按规定履行了备案程序。

据此，本所律师认为，招商财富系合法设立并有效存续的有限责任公司，具备独立法人资格，招商财富通过设立“招商财富—金石母基金专项资产管理计划”和“招商财富—金石母基金2号专项资产管理计划”间接持有发行人股份，“招商财富—金石母基金专项资产管理计划”和“招商财富—金石母基金2号专项资产管理计划”权属清晰，不会对发行人股权结构清晰稳定产生不利影响。

第二节　“三类股东”的审核标准及应对建议

一、“三类股东”的最新审核标准

根据《首发业务若干问题解答》，发行人在新三板挂牌期间形成契约型基金、信托计划、资产管理计划等“三类股东”的，中介机构和发行人应从以下方面核查披露相关信息：

1. 中介机构应核查确认公司控股股东、实际控制人、第一大股东不属于“三类股东”。

2. 中介机构应核查确认发行人的“三类股东”依法设立并有效存续，已纳入国家金融监管部门有效监管，并已按照规定履行审批、备案或报告程序，其管理人也已依法注册登记。

3. 发行人应根据《关于规范金融机构资产管理业务的指导意见》（银发〔2018〕106号）披露“三类股东”相关过渡期安排，以及相关事项对发行人持续经营的影响。中介机构应当对前述事项核查并发表明确意见。

4. 发行人应当按照首发信息披露准则的要求对“三类股东”进行信息披露。中介机构应对控股股东、实际控制人，董事、监事、高级管理人员及其近亲属，本次发行的中介机构及其签字人员是否直接或间接在“三类股东”中持有权益进行核查并发表明确意见。

5. 中介机构应核查确认“三类股东”已作出合理安排，可确保符合现行锁定期和减持规则要求。

二、“三类股东”企业申报IPO的建议

根据上述规定、资料和分析，笔者对存在“三类股东”的IPO企业的建议为：

1. 核查确认拟上市企业控股股东、实际控制人、第一大股东不属于“三类股东”。在核查及梳理“三类股东”过程中，关注“三类股东”投资人的真实情况，并重点关注投资人中是否存在拟上市企业控股股东、实际控制人或董

事、监事、高级管理人员及其近亲属，本次发行的中介机构及其签字人员或其他关联方的情况，确认委托人真实、适格，防止不适格主体通过“三类股东”进行规避，权益变动是否真实、完整、合法；

2. 对“三类股东”予以穿透核查至自然人或国资主体，如无法实现穿透核查，则予以清理。2017 年 7 月 12 日，万马科技股份有限公司过会，反馈意见原文为“（4）标明属于资管计划、信托计划、契约型基金的发行人股东情况，说明发行人股东适当性，法人或机构股东的股权结构情况（直至自然人或国资主体）”，明确了穿透的标准——“直至自然人或国资主体”。

关于穿透标准还可以参考《公开发行证券的公司信息披露内容与格式准则第 26 号——上市公司重大资产重组（2014 年修订）》① （证监会公告〔2014〕53 号）中对合伙企业的穿透要求。

2017 年 9 月，为提高并购重组效率，打击限制“忽悠式”“跟风式”重组，增加交易的确定性和透明度，规范重组上市，证监会对《公开发行证券的公司信息披露内容与格式准则第 26 号——上市公司重大资产重组（2014 年修订）》（证监会公告〔2014〕53 号）进行了相应修订，明确了“穿透”披露标准，提高交易透明度。

为防范“杠杆融资”可能引发的相关风险，本次修订对合伙企业等作为交易对方时的信息披露要求作了进一步细化，交易对方为合伙企业的，应当穿透披露至最终出资人，同时还应披露合伙人、最终出资人与参与本次交易的其他有关主体的关联关系；交易完成后合伙企业成为上市公司第一大股东或持股 5% 以上股东的，还应当披露最终出资人的资金来源，合伙企业利润分配、亏损负担及合伙事务执行的有关协议安排，本次交易停牌前六个月内及停牌期间合伙人入伙、退伙等变动情况；交易对方为契约型私募基金、券商资产管理计划、基金专户及基金子公司产品、信托计划、理财产品、保险资管计划、专为本次交易设立的公司等，比照对合伙企业的上述要求进行披露；

3. 在核查及梳理“三类股东”过程中，关注“三类股东”是否依法设立、

① 对应《公开发行证券的公司信息披露内容与格式准则第 26 号——上市公司重大资产重组（2018 年修订）》。

并已履行相关备案或者批准手续，是否存在未履行或迟延履行法律法规规定程序或手续的情况；“三类股东”是依据合同建立，相关合同的有效性是赋予资产管理人代表资产委托人处分委托资产并行使股东权利的前提，“三类股东”的有关合同是否为当事人真实意思表示，约定是否明确，是否存在导致合同无效的情形，是否会导致纠纷需予以重点核查；

4. 关注“三类股东”是否规范运作，是否存在越权交易、日常运作及信息披露是否规范；

5. 尽量减少“三类股东”的投资人/受益人数量，投资人和交易结构越简单越好；

6. 在核查及梳理“三类股东”过程中，关注“三类股东”投资人的资金来源，是否涉及通过委托、信托或相关安排代他人持有相关权益，资金来源是否合法合规，是否存在权属纠纷或潜在纠纷，是否可能对拟上市公司的股权结构或股东权属状态产生不利影响；

7. 中介机构应核查确认“三类股东”已作出合理安排，可确保符合现行锁定期和减持规则要求；

8. 注意资产管理合同、信托合同或基金合同中是否对“三类股东”的终止及清算事项作出明确约定，如因存续期满等原因终止并进行清算，其所持股票如何处置，会否导致发行人股权结构发生重大变化。发行人应根据《关于规范金融机构资产管理业务的指导意见》（银发〔2018〕106 号）披露“三类股东”相关过渡期安排，以及相关事项对发行人持续经营的影响。中介机构应当对前述事项核查并发表明确意见；

9. 核查资产管理人管理的其他产品，关于“三类股东”与其管理人和管理人名下的其他产品的关系，核查是否存在利益输送或利益冲突。

第七章
挂牌期间规范运作

在成功转板的企业案例中，证监会在多家企业在 IPO 的反馈问题中问及发行人挂牌期间规范运作的问题。例如：

1. 万马科技（股票代码 300698）反馈意见重点问题第 1 条第（2）项，“2015 年 12 月发行人在全国股转系统挂牌。请发行人……（2）说明在全国股转系统的信息披露是否合规合法，挂牌转让期间是否受到相关行政处罚、监管措施等，发行人提交首发文件是否按照要求履行相关程序，是否合法合规，是否存在内幕交易情形，是否存在利益输送情形……”

2. 世纪天鸿（股票代码 300654）第一次反馈意见重点问题第 5 项，请说明发行人在全国中小企业股份转让系统挂牌期间的合法合规情况。

3. 九典制药（股票代码 300705）反馈意见重点问题“（4）新三板挂牌期间是否受到行政处罚或行政监管措施、自律监管措施”。

关于挂牌期间规范运作，与一般的 IPO 申报企业相比，考虑到新三板挂牌企业的特性，需要关注的重点问题主要是发行人被全国股转系统采取的自律监管措施是否属于行政处罚的问题，对此，我们通过下面的案例予以说明。

【案例：世纪天鸿——自律监管措施是否属于行政处罚】

反馈意见：“5. 2015 年 9 月发行人在全国中小企业股份转让系统挂牌并公开转让，2016 年 6 月兴富先锋通过交易系统买入 330 万股发行人股份。请说明发行人在全国中小企业股份转让系统挂牌期间的合法合规情况……请保荐机构、律师核查并发表明确意见。”

北京市康达律师事务所出具的《补充法律意见书（三）》第28页披露如下：

一、挂牌期间的合法合规情况

（一）2015年8月11日，全国中小企业股份转让系统有限责任公司向发行人出具《关于同意山东世纪天鸿文教科技股份有限公司股票在全国中小企业股份转让系统挂牌的函》（股转系统函〔2015〕5305号）。

2015年8月24日，发行人在股转系统指定信息披露平台（www.neeq.com.cn）披露公开转让说明书及其他挂牌文件。

2015年9月14日，发行人在股转系统指定信息披露平台（www.neeq.com.cn）披露《山东世纪天鸿文教科技股份有限公司关于股票挂牌并采用协议转让方式的提示性公告》。根据该公告，发行人的股票将于2015年9月15日起在股转系统挂牌公开转让。

（二）根据股转系统2016年8月17日《关于落实“两个加强、两个遏制”回头看自查工作的通知》（股转系统函〔2016〕6453号），并结合公司于2016年6月向证监会报送的首次公开发行并在创业板上市的相关资料，对申请挂牌时的信息披露情况进行自查。经自查发现，公司挂牌时公开转让说明书中前五名客户金额、关联方交易部分数据等因统计口径不一等原因造成披露有误。为保证信息披露的准确性，发行人主动向全国中小企业股份转让系统有限责任公司报送《关于山东世纪天鸿文教科技股份有限公司公开转让说明书更正说明》，拟对公开转让说明书进行修订，股转系统于2016年12月28日下发了《关于山东世纪天鸿文教科技股份有限公司监管核查的专项反馈意见》，发行人和各中介机构于2017年1月11日向股转系统报送了反馈意见回复，经股转系统审核通过，更正后的挂牌文件于2017年3月在股转系统公告。

2017年3月14日，针对发行人2015年9月挂牌文件部分信息披露与首次公开发行申请文件不一致问题，全国中小企业股份转让系统有限责任公司下发《关于对山东世纪天鸿文教科技股份有限公司及董事长任志鸿、董事会秘书张立杰采取自律监管措施的决定》（股转系统发〔2017〕101号），要求发行人等就信息披露问题提交书面承诺。

2017年3月15日，发行人于股转系统指定信息披露平台（www.neeq.

com. cn）披露了《山东世纪天鸿文教科技股份有限公司关于收到全国中小企业股份转让系统自律监管措施决定书的公告》（公告编号：2017－007）。

截至本补充法律意见书出具之日，发行人、任志鸿及张立杰均已向全国中小企业股份转让系统有限责任公司递交了书面承诺。根据《中华人民共和国行政处罚法》第八条的规定，行政处罚的种类包括警告、罚款、没收违法所得、没收非法财物等，发行人被采取的自律监管措施不属于行政处罚的范畴。根据《全国中小企业股份转让系统业务规则（试行）》及《全国中小企业股份转让系统自律监管措施和纪律处分实施办法（试行）》关于自律监管措施的规定，发行人信息披露差异不属于重大违法违规行为，对本次发行不构成实质性障碍。

（三）经本所律师通过股转系统指定信息披露平台（www. neeq. com. cn）查询并经发行人出具书面文件确认，自发行人在股转系统挂牌以来，除被采取上述自律监管措施外，发行人不存在其他违法违规情形。

新三板企业申报 IPO 时，除了上述七个章节提到的需要重点关注的法律问题外，还需要注意挂牌时承诺的履行。在新三板挂牌的时候，在某些问题的解决上可能由企业或者实际控制人出具了承诺并且存在期限，如果到期承诺没有履行那么也是一个不小的问题。如保荐机构要关注发行人以往对解决同业竞争所作的承诺是否兑现，或者关注本次发行中对同业竞争承诺的可靠性。

附 录

附录一：新三板的法律体系表

效力	时间	名称
法律法规	2005－10－27	《中华人民共和国公司法》（2018 修正）
	2019－12－28	《中华人民共和国证券法》（2019 修订）
	2014－10－27	《国务院关于全国中小企业股份转让系统有关问题的决定》
	2014－10－27	《国务院关于开展优先股试点的指导意见》
部门规章	2013－01－31	《全国中小企业股份转让系统有限责任公司管理暂行办法》（2017 修正）
	2013－01－04	《非上市公众公司监管指引第 1 号——信息披露》
	2013－01－04	《非上市公众公司监管指引第 2 号——申请文件》
	2013－01－04	《非上市公众公司监管指引第 3 号——章程必备条款》
	2013－12－26	《非上市公众公司监管指引第 4 号——股东人数超过 200 人的未上市股份有限公司申请行政许可有关问题的审核指引》
	2013－12－26	《非上市公众公司信息披露内容与格式准则第 4 号——定向发行申请文件》
	2013－12－26	《中国证券监督管理委员会公告〔2013〕49 号》——股东人数超过 200 人的股份公司申请股票在全国中小企业股份转让系统挂牌公开转让核准、股份公司向特定对象发行证券导致证券持有人累计超过 200 人或者股东人数超过 200 人的非上市公众公司向特定对象发行证券核准等非上市公众公司行政许可事项的有关事宜
	2013－12－26	《非上市公众公司信息披露内容与格式准则第 3 号——定向发行说明书和发行情况报告书》
	2013－12－26	《非上市公众公司信息披露内容与格式准则第 2 号——公开转让股票申请文件》
	2013－12－26	《非上市公众公司信息披露内容与格式准则第 1 号——公开转让说明书》

续表

效力	时间	名称
	2013－12－26	《非上市公众公司监督管理办法》
	2014－03－21	《优先股试点管理办法》
	2014－05－27	《关于在全国中小企业股份转让系统转让股票有关证券（股票）交易印花税政策的通知》
	2014－06－23	《非上市公众公司信息披露内容与格式准则第 6 号——重大资产重组报告书》
	2014－06－23	《非上市公众公司信息披露内容与格式准则第 5 号——权益变动报告书、收购报告书、要约收购报告书》
	2014－06－23	《非上市公众公司收购管理办法》
	2014－06－23	《非上市公众公司重大资产重组管理办法》
	2014－06－27	《关于实施全国中小企业股份转让系统挂牌公司股息红利差别化个人所得税政策有关问题的通知》
	2014－09－19	《非上市公众公司信息披露内容与格式准则第 8 号——定向发行优先股申请文件》
	2014－09－19	《非上市公众公司信息披露内容与格式准则第 7 号——定向发行优先股说明书和发行情况报告书》
	2014－10－15	《关于改革完善并严格实施上市公司退市制度的若干意见》
	2014－12－25	《关于证券经营机构参与全国股转系统相关业务有关问题的通知》
	2015－01－15	《公司债券发行与交易管理办法》
	2015－03－27	《非上市公众公司监管问答——申报材料公开的相关要求》
	2015－05－15	《关于加强非上市公众公司监管工作的指导意见》
	2015－07－02	《非上市公众公司监管问答——定向发行（一）》
	2015－09－08	《关于上市公司股息红利差别化个人所得税政策有关问题的通知》

续表

效力	时间	名称
	2015-11-16	《中国证监会关于进一步推进全国中小企业股份转让系统发展的若干意见》
	2015-11-24	《非上市公众公司监管问答——定向发行（二）》
	2017-07-04	《中国证监会关于开展创新创业公司债券试点的指导意见》
	2017-12-07	《全国中小企业股份转让系统有限责任公司管理暂行办法》
	2018-10-31	《〈非上市公众公司重大资产重组管理办法〉第十八条、第十九条有关规定的适用意见——证券期货法律适用意见第14号》
	2018-12-13	《关于个人转让全国中小企业股份转让系统挂牌公司股票有关个人所得税政策的通知》财税〔2018〕137号
	2019-07-19	《关于继续实施全国中小企业股份转让系统挂牌公司股息红利差别化个人所得税政策的公告》财政部 税务总局 证监会公告2019年第78号
	2019-12-20	《非上市公众公司信息披露管理办法》
	2019-12-20	《非上市公众公司监督管理办法》
	2020-01-13	《非上市公众公司信息披露内容与格式准则第3号——定向发行说明书和发行情况报告书（2020年修订）》
	2020-01-13	《非上市公众公司信息披露内容与格式准则第4号——定向发行申请文件（2020年修订）》
	2020-01-13	《非上市公众公司信息披露内容与格式准则第9号——创新层挂牌公司年度报告》
	2020-01-13	《非上市公众公司信息披露内容与格式准则第10号——基础层挂牌公司年度报告》
	2020-01-17	《非上市公众公司信息披露内容与格式准则第11号——向不特定合格投资者公开发行股票说明书》
	2020-01-17	《非上市公众公司信息披露内容与格式准则第12号——向不特定合格投资者公开发行股票申请文件》

续表

效力		时间	名称
股转公司业务规则	综合类	2017-12-22	《全国中小企业股份转让系统挂牌公司分层管理办法》
		2017-03-28	《关于暂免征收贫困地区挂牌公司挂牌初费的公告》
		2016-12-30	《关于对失信主体实施联合惩戒措施的监管问答》
		2016-05-27	《关于发布《全国中小企业股份转让系统挂牌公司分层管理办法（试行）》的公告》
		2016-04-28	《全国中小企业股份转让系统自律监管措施和纪律处分实施办法（试行）》
		2015-04-08	《关于暂免征收民族自治地区挂牌公司挂牌费用的公告》
		2014-02-28	《关于境内企业挂牌全国中小企业股份转让系统有关事项的公告》
		2013-12-30	《全国中小企业股份转让系统业务规则（试行）》
		2013-02-08	《关于全国中小企业股份转让系统有限责任公司有关收费事宜的通知》
		2019-06-14	《全国中小企业股份转让系统复核实施细则》
		2019-06-14	《全国中小企业股份转让系统自律监管措施和纪律处分实施细则》
		2019-12-27	《全国中小企业股份转让系统分层管理办法》
	挂牌业务类	2020-01-03	《全国中小企业股份转让系统挂牌申请文件内容与格式指引》
		2020-01-03	《全国中小企业股份转让系统股票挂牌审查工作指引》
		2019-10-18	《全国中小企业股份转让系统公开转让说明书信息披露指引—化工公司》
		2019-10-18	《全国中小企业股份转让系统公开转让说明书信息披露指引—农林牧渔公司》
		2019-10-18	《全国中小企业股份转让系统公开转让说明书信息披露指引—影视公司》
		2019-10-18	《全国中小企业股份转让系统公开转让说明书信息披露指引—教育公司》

续表

效力		时间	名称
		2019 - 03 - 08	《全国中小企业股份转让系统股票挂牌审查工作指引（试行）》
		2019 - 01 - 07	《全国中小企业股份转让系统公开转让说明书信息披露指引—计算机、通信和其他电子设备制造公司》
		2019 - 01 - 07	《全国中小企业股份转让系统公开转让说明书信息披露指引—互联网和相关服务公司》
		2019 - 01 - 07	《全国中小企业股份转让系统公开转让说明书信息披露指引—零售公司》
		2019 - 01 - 07	《全国中小企业股份转让系统公开转让说明书信息披露指引—专业技术服务公司》
		2018 - 10 - 29	《全国中小企业股份转让系统挂牌申请文件内容与格式指引》
		2018 - 10 - 29	《全国中小企业股份转让系统主办券商挂牌推荐业务规定》
		2018 - 10 - 16	《全国中小企业股份转让系统公开转让说明书信息披露指引——环境治理公司》
		2018 - 05 - 03	《全国中小企业股份转让系统公开转让说明书信息披露指引—医药制造公司》
		2017 - 10 - 13	《全国中小企业股份转让系统股票挂牌条件适用基本标准指引》
		2017 - 08 - 09	《全国中小企业股份转让系统公开转让说明书信息披露指引第 7 号—软件和信息技术服务公司》
		2017 - 06 - 19	《全国中小企业股份转让系统股票挂牌业务操作指南（试行）》
		2016 - 09 - 05	《全国中小企业股份转让系统公开转让说明书信息披露指引第 1 号——证券公司（试行）》
		2016 - 09 - 05	《全国中小企业股份转让系统公开转让说明书信息披露指引第 2 号——私募基金管理机构（试行）》
		2016 - 09 - 05	《全国中小企业股份转让系统公开转让说明书信息披露指引第 3 号——期货公司（试行）》
		2016 - 09 - 05	《全国中小企业股份转让系统公开转让说明书信息披露指引第 4 号——保险公司及保险中介（试行）》

续表

效力		时间	名称
	挂牌业务类	2016－09－05	《全国中小企业股份转让系统公开转让说明书信息披露指引 5 号——商业银行（试行）》
		2016－09－05	《全国中小企业股份转让系统公开转让说明书信息披露指引第 6 号——非银行支付机构（试行）》
		2016－06－08	《全国中小企业股份转让系统主办券商内核工作指引（指引）》
		2016－05－27	《关于金融类企业挂牌融资有关事项的通知》
		2013－12－30	《全国中小企业股份转让系统公开转让说明书内容与格式指引（试行）》
		2013－12－30	《全国中小企业股份转让系统挂牌申请文件内容与格式指引（试行）》
		2013－06－20	《全国中小企业股份转让系统股票挂牌条件适用基本标准指引（试行）》
		2013－02－08	《全国中小企业股份转让系统主办券商推荐业务规定（试行）》
		2013－02－08	《全国中小企业股份转让系统主办券商尽职调查工作指引（试行）》
	公司业务－信息披露类	2020－01－03	《全国中小企业股份转让系统挂牌公司信息披露规则》
		2019－09－02	《全国中小企业股份转让系统挂牌公司持续信息披露公告分类指南》
		2018－05－24	《挂牌公司信息披露及会计业务问答（五）——股权质押、冻结信息披露》
		2018－01－18	《挂牌公司信息披露及会计业务问答（四）——业绩预告、业绩快报与签字注册会计师定期轮换》
		2017－12－25	《全国中小企业股份转让系统基础层公司年度报告内容与格式指引》
		2017－12－22	《全国中小企业股份转让系统创新层公司年度报告内容与格式指引》
		2017－12－22	《全国中小企业股份转让系统挂牌公司信息披露细则》
		2017－03－28	《挂牌公司信息披露及会计业务问答（三）》
		2016－01－26	《挂牌公司信息披露及会计业务问答（二）——发行费用的核算》

续表

效力		时间	名称
		2016-01-26	《挂牌公司信息披露及会计业务问答（一）——利润分配与公积金转增股本》
		2014-12-31	《全国中小企业股份转让系统挂牌公司持续信息披露业务指南（试行）》
		2013-07-11	《全国中小企业股份转让系统挂牌公司半年度报告内容与格式指引（试行）》
	公司业务-融资类	2020-01-21	《全国中小企业股份转让系统精选层挂牌审查问答（一）》
		2020-01-19	《全国中小企业股份转让系统股票向不特定合格投资者公开发行并在精选层挂牌规则（试行）》
		2020-01-03	《全国中小企业股份转让系统股票定向发行指南》
		2020-01-03	《全国中小企业股份转让系统股票定向发行规则》
		2019-08-30	《非上市公司非公开发行可转换公司债券业务实施办法》（深证上〔2019〕524号）
		2019-08-30	《非上市公司非公开发行可转换公司债券业务实施办法》（上证发〔2019〕89号）
		2019-04-19	《挂牌公司股票发行常见问题解答（四）——特殊投资条款》
		2018-11-12	《全国中小企业股份转让系统股票发行业务指南》
		2018-11-12	《全国中小企业股份转让系统股票发行业务指引第4号——法律意见书的内容与格式》
		2018-11-12	《全国中小企业股份转让系统股票发行业务指引第3号——主办券商关于股票发行合法合规性意见的内容》
		2018-11-12	《全国中小企业股份转让系统股票发行业务指引第2号——股票发行方案及发行情况报告书的内容与格式》
		2018-11-12	《全国中小企业股份转让系统股票发行业务指引第1号——信息披露文件、备案文件的内容与格式》
		2018-11-12	《关于挂牌公司股票发行有关事项的规定》

续表

效力		时间	名称
		2017－09－22	《创新创业公司非公开发行可转换公司债权业务实施细则（试行）》（深证会〔2017〕306 号）
		2017－09－22	《创新创业公司非公开发行可转换公司债权业务实施细则（试行）》（上证发〔2017〕58 号）
		2016－08－08	《挂牌公司股票发行常见问题解答（三）——募集资金管理、认购协议中特殊条款、特殊类型挂牌公司融资》
		2016－03－17	《关于向全国中小企业股份转让系统申请撤回股票发行备案文件有关事项的通知》
		2015－12－17	关于《非上市公众公司监管问答——定向发行（二）》适用有关问题的通知
		2015－10－30	《挂牌公司股票发行常见问题解答（二）——连续发行》
		2015－10－29	《挂牌公司股票发行常见问题解答——股份支付》
		2015－09－24	《全国中小企业股份转让系统优先股业务指南第 1 号——发行备案和申请办理挂牌的文件和程序》
		2015－09－24	《全国中小企业股份转让系统优先股业务指南第 2 号——主办券商推荐工作报告的内容与格式》
		2015－09－22	《全国中小企业股份转让系统优先股业务指南第 3 号——法律意见书的内容与格式》
		2015－02－13	《全国中小企业转让系统优先股业务指引（试行）》
		2013－12－30	《关于发布证券指数及挂牌公司非公开发行优先股证券编码规则的公告》
		2013－12－30	《全国中小企业股份转让系统股票发行业务细则（试行）》
		2013－12－30	《全国中小企业股份转让系统发行业务指引第 1 号——备案文件的内容与格式》
		2013－12－30	《全国中小企业股份转让系统发行业务指引第 2 号——股票发行方案及发行情况报告书内容与格式》
		2013－12－30	《全国中小企业股份转让系统发行业务指引第 3 号——主办券商关于股票发行合法合规性意见的内容》

续表

效力		时间	名称
		2013－12－30	《全国中小企业股份转让系统发行业务指引第 4 号——法律意见书的内容与格式（试行）》
		2013－12－30	《全国中小企业股份转让系统股票发行业务指南》
	公司业务－并购重组类	2019－06－14	《全国中小企业股份转让系统挂牌公司要约收购业务指引》
		2019－04－12	《挂牌公司权益变动与收购业务问答（二）》
		2018－11－12	《挂牌公司重大资产重组业务问答》
		2018－11－12	关于发布《全国中小企业股份转让系统非上市公众公司重大资产重组业务指引》的公告
		2018－10－26	《挂牌公司权益变动与收购业务问答》
		2017－07－14	关于发布《挂牌公司并购重组业务问答（三）》的通知
		2016－06－16	关于发布《挂牌公司并购重组业务问答（二）》的通知
		2016－03－15	关于发布《挂牌公司并购重组业务问答（一）》的通知
		2014－07－25	《全国中小企业股份转让系统非上市公众公司重大资产重组业务指引（试行）》
		2014－07－25	《全国中小企业股份转让系统重大资产重组业务指南第 1 号：非上市公众公司重大资产重组内幕信息知情人报备指南》
		2014－07－25	《全国中小企业股份转让系统重大资产重组业务指南第 2 号：非上市公众公司发行股份购买资产构成重大资产重组》
	公司业务－公司治理类	2020－01－03	《全国中小企业股份转让系统挂牌公司治理规则》
		2016－09－08	关于发布《全国中小企业股份转让系统挂牌公司董事会秘书任职及资格管理办法（试行）》的公告

续表

效力		时间	名称
	公司业务－其他类	2019－06－17	《关于实施要约回购制度的公告》
		2019－03－11	《全国中小企业股份转让系统挂牌公司申请股票终止挂牌及撤回终止挂牌业务指南》
		2019－01－02	《全国中小企业股份转让系统挂牌公司回购股份实施办法》
		2018－11－30	《全国中小企业股份转让系统挂牌公司股票限售及解除限售业务指南》
		2018－10－29	《全国中小企业股份转让系统挂牌公司权益分派业务指南》
		2018－08－29	《全国中小企业股份转让系统挂牌公司证券简称或公司全称变更业务指南》
		2015－11－27	《全国中小企业股份转让系统挂牌公司暂停与恢复转让业务指南（试行）》
		2014－05－06	《全国中小企业股份转让系统挂牌公司证券简称或公司全称变更业务指南（试行）》
		2014－05－06	《全国中小企业股份转让系统挂牌公司权益分派业务指南（试行）》
	交易监察类	2019－12－27	全国中小企业股份转让系统股票交易规则
		2019－12－27	全国中小企业股份转让系统股票异常交易监控细则（试行）
		2019－12－27	全国中小企业股份转让系统挂牌公司股份特定事项协议转让细则
		2019－12－27	全国中小企业股份转让系统挂牌公司股份特定事项协议转让业务办理指南
		2018－11－07	《全国中小企业股份转让系统做市商评价办法（试行）》
		2018－06－01	《全国中小企业股份转让系统挂牌公司股份特定事项协议转让业务暂行办法》
		2018－06－01	《全国中小企业股份转让系统挂牌公司股份特定事项协议转让业务办理指南（试行）》
		2017－12－22	《全国中小企业股份转让系统股票转让方式确定及变更指引》
		2016－03－17	《全国中小企业股份转让系统转让意向平台管理规定（试行）》

续表

效力		时间	名称
		2015-01-07	《全国中小企业股份转让系统转让异常情况处理办法（试行）》
		2014-06-09	《全国中小企业股份转让系统股票异常转让实时监控指引》
		2014-04-28	《全国中小企业股份转让系统交易单元管理办法（试行）》
		2014-04-28	《全国中小企业股份转让系统交易单元业务办理指南（试行）》
		2013-12-30	《全国中小企业股份转让系统证券代码、证券简称编制管理暂行办法》
	机构业务类	2020-01-19	全国中小企业股份转让系统股票向不特定合格投资者公开发行与承销管理细则（试行）
		2020-01-19	全国中小企业股份转让系统股票向不特定合格投资者公开发行保荐业务管理细则（试行）
		2019-12-31	全国中小企业股份转让系统主办券商执业质量评价细则
		2019-12-31	《全国中小企业股份转让系统主办券商执业质量负面行为清单》
		2019-04-01	《全国中小企业股份转让系统做市业务备案申请文件内容与格式指南》
		2019-04-01	《全国中小企业股份转让系统主办券商相关业务备案申请文件内容与格式指南》
		2019-01-25	《全国中小企业股份转让系统做市商做市业务管理细则（试行）》
		2018-01-09	《全国中小企业股份转让系统主办券商执业质量评价办法》
		2016-09-02	《全国中小企业股份转让协同机构业务问答（二）——关于私募投资基金登记备案有关问题的解答》
		2015-10-21	《全国中小企业股份转让系统主办券商和挂牌公司协商一致解除持续督导协议操作指南》
		2015-10-20	《机构业务问答（一）——关于资产管理计划、契约型私募基金投资拟挂牌公司股权有关问题》
		2014-10-09	《全国中小企业股份转让系统主办券商持续督导工作指引（试行）》
		2014-06-05	《全国中小企业股份转让系统做市商做市业务管理规定（试行）》

续表

效力		时间	名称
		2014 - 06 - 05	《全国中小企业股份转让系统做市业务备案申请文件内容与格式指南》
		2014 - 04 - 30	《全国中小企业股份转让系统投资者适当性管理证券账户信息报送业务指南》
		2013 - 06 - 19	《全国中小企业股份转让系统主办券商相关业务备案申请文件内容与格式指南》
		2013 - 02 - 08	《全国中小企业股份转让系统主办券商管理细则（试行）》
	投资服务类	2019 - 12 - 27	《全国中小企业股份转让系统投资者适当性管理办法》
		2019 - 12 - 27	《全国中小企业股份转让系统投资者适当性管理业务指南》
		2017 - 10 - 13	《全国中小企业股份转让系统投资者适当性管理细则》
	信息管理类	2018 - 01 - 05	《全国中小企业股份转让系统成分指数编制细则》
		2018 - 01 - 05	《全国中小企业股份转让系统做市成分指数编制细则》
		2017 - 10 - 13	《挂牌公司投资型行业分类指引》
		2017 - 10 - 13	《挂牌公司管理型行业分类指引》
		2017 - 09 - 18	《全国中小企业股份转让系统挂牌公司行业分类结果异议处理业务指南》
	两网及退市公司类	2019 - 09 - 11	全国中小企业股份转让系统两网公司及退市公司股票转让暂行办法
		2017 - 12 - 20	《关于在全国中小企业股份转让系统挂牌的沪深交易所退市公司重大资产重组监管问答》
		2015 - 04 - 14	《全国中小企业股份转让系统两网公司及退市公司股票转让暂行办法》
		2014 - 06 - 17	《全国中小企业股份转让系统退市公司股票挂牌业务指南（试行）》
		2014 - 05 - 06	《全国中小企业股份转让系统两网公司及退市公司股票分类转让变更业务指南（试行）》
		2013 - 02 - 08	关于原代办股份转让系统挂牌的两网公司及交易所市场退市公司相关制度过渡安排有关事项的通知

续表

效力		时间	名称
		2013-02-08	《全国中小企业股份转让系统两网公司及退市公司股票转让暂行办法》
		2013-02-08	《全国中小企业股份转让系统两网公司及退市公司信息披露暂行办法》
	登记结算类	2014-07-31	详见中国证券登记结算有限公司官网

注：以上法规整理截至日为2020年2月13日，读者可前往全国股转公司官方网站“http://www.neeq.com.cn/”下载最新的法律法规。

附录二：IPO 的法律体系表

IPO 的主要法规监管体系

国家法律	中华人民共和国公司法	主席令第 15 号，2018 年 10 月 26 日发布并实施
	中华人民共和国证券法（2019 修订）	中华人民共和国主席令第 37 号 ，2019 年 12 月 28 日发布、2020 年 3 月 1 日实施
	全国人民代表大会常务委员会关于授权国务院在实施股票发行注册制改革中调整适用《中华人民共和国证券法》有关规定的决定	2016 年 3 月 1 日实施
政府规章、规范性文件	上市公司分拆所属子公司境内上市试点若干规定	中国证券监督管理委员会公告〔2019〕27 号，2019 年 12 月 12 日实施
	首发业务若干问题解答	中国证监会发行监管部 2019 年 3 月 25 日发布
	上市公司章程指引（2019 修订）	中国证券监督管理委员会公告〔2019〕10 号，2019 年 4 月 17 日实施
	关于修改〈中国证券监督管理委员会发行审核委员会办法〉的决定	中国证券监督管理委员会令第 134 号
	关于修改〈证券发行与承销管理办法〉的决定	中国证券监督管理委员会令第 133 号
	关于修改〈首次公开发行股票并在创业板上市管理办法〉的决定	中国证券监督管理委员会令第 123 号
	关于修改〈首次公开发行股票并上市管理办法〉的决定	中国证券监督管理委员会令第 122 号
	上市公司证券发行管理办法	中国证券监督管理委员会令第 30 号
	律师事务所从事证券法律业务管理办法	中国证券监督管理委员会、司法部令第 41 号
	公开发行证券公司信息披露的编报规则第 12 号—公开发行证券的法律意见书和律师工作报告	证监发〔2001〕37 号

续表

	关于《公开发行证券的公司信息披露编报规则第 15 号——财务报告的一般规定（2014 年修订）》的公告	中国证券监督管理委员会公告 2014 年第 54 号
	公开发行证券的公司信息披露编报规则第 13 号——季度报告的内容与格式（2016 年修订）	中国证券监督管理委员会公告〔2016〕33 号
	公开发行证券的公司信息披露编报规则第 14 号——非标准无保留审计意见及其涉及事项的处理	证监发〔2001〕157 号
	公开发行证券的公司信息披露编报规则第 17 号——外商投资股份有限公司招股说明书内容与格式特别规定	证监发〔2002〕17 号
	公开发行证券的公司信息披露编报规则第 20 号——创业板上市公司季度报告的内容与格式（2013 年修订）	中国证券监督管理委员会公告〔2013〕21 号
	公开发行证券的公司信息披露编报规则第 21 号——年度内部控制评价报告的一般规定	中国证券监督管理委员会公告〔2014〕1 号
	公开发行证券的公司信息披露编报规则第 26 号——商业银行信息披露特别规定（2014 年修订）	中国证券监督管理委员会公告〔2014〕3 号
	公开发行证券的公司信息披露编报规则第 3 号——保险公司招股说明书内容与格式特别规定	证监发行字〔2006〕151 号
	公开发行证券的公司信息披露编报规则第 4 号—保险公司信息披露特别规定	证监公司字〔2007〕139 号
	关于进一步改革和完善新股发行体制的指导意见	证监会公告〔2009〕13 号
	公开发行证券的公司信息披露编报规则第 9 号——净资产收益率和每股收益的计算及披露（2010 年修订）	中国证券监督管理委员会公告〔2010〕2 号

续表

	关于进一步提高首次公开发行股票公司财务信息披露质量有关问题的意见	证监会公告〔2012〕14 号
	公开发行证券的公司信息披露规范问答第 3 号——弥补累计亏损的来源、程序及信息披露	证监会计字〔2006〕8 号
	公开发行证券的公司信息披露规范问答第 7 号——新旧会计准则过渡期间比较财务会计信息的编制和披露	证监会计字〔2007〕10 号
	公开发行证券的公司信息披露解释性公告第 1 号——非经常性损益（2008 修订）	中国证券监督管理委员会公告〔2008〕43 号
	公开发行证券的公司信息披露解释性公告第 2 号——财务报表附注中政府补助相关信息的披露	中国证券监督管理委员会公告（2013）38 号
	公开发行证券的公司信息披露解释性公告第 4 号——财务报表附注中分步实现企业合并相关信息的披露	中国证券监督管理委员会公告（2013）48 号
	公开发行证券的公司信息披露解释性公告第 5 号——财务报表附注中分步处置对子公司投资至丧失控制权相关信息的披露	中国证券监督管理委员会公告（2013）48 号
	《首次公开发行股票并上市管理办法》第十二条“实际控制人没有发生变更”的理解和适用——证券期货法律适用意见第 1 号	证监法律字〔2007〕15 号
	《律师事务所从事证券法律业务管理办法》第十一条有关规定的适用意见——证券期货法律适用意见〔2007〕第 2 号	证监法律字〔2007〕14 号
	《首次公开发行股票并上市管理办法》第十二条发行人最近 3 年内主营业务没有发生重大变化的适用意见——证券期货法律适用意见第 3 号	中国证券监督管理委员会公告〔2008〕22 号

续表

	公开发行证券的公司信息披露内容与格式准则第31号——创业板上市公司半年度报告的内容与格式	中国证券监督管理委员会公告（2013）29号
	公开发行证券的公司信息披露内容与格式准则第30号——创业板上市公司年度报告的内容与格式（2012年修订）	中国证券监督管理委员会公告（2012）43号
	公开发行证券的公司信息披露内容与格式准则第1号——招股说明书（2015年修订）	中国证券监督管理委员会公告（2015）32号
	公开发行证券的公司信息披露内容与格式准则第28号——创业板公司招股说明书（2015年修订）	中国证券监督管理委员会公告（2015）33号
	公开发行证券的公司信息披露内容与格式准则第29号——首次公开发行股票并在创业板上市申请文件（2014年修订）	中国证券监督管理委员会公告〔2014〕29号
	公开发行证券的公司信息披露内容与格式准则第2号——年度报告的内容与格式（2016年修订）①	中国证券监督管理委员会公告〔2016〕31号
	公开发行证券的公司信息披露内容与格式准则第3号——半年度报告的内容与格式（2016年修订）②	中国证券监督管理委员会公告〔2016〕32号
	公开发行证券的公司信息披露内容与格式准则第9号——首次公开发行股票并上市申请文件	证监发行字〔2006〕6号
	关于首次公开发行股票公司招股说明书网上披露有关事宜的通知	证监发行字〔2001〕13号
	公开发行证券的公司信息披露编报规则第19号—财务信息的更正及相关披露	证监会计字〔2003〕16号

① 2017年12月26日再次修订。
② 2017年12月26日再次修订。

续表

	关于推动国有股东与所控股上市公司解决同业竞争规范关联交易的指导意见	国资委证监会 2013 年 8 月 20 日发布，国资发产权〔2013〕202 号
	中国证券监督管理委员会发行审核委员会办法	中国证券监督管理委员会令第 62 号
	证券发行上市保荐业务管理办法	中国证券监督管理委员会令第 63 号
	优先股试点管理办法	中国证券监督管理委员会令第 97 号
	证券发行与承销管理办法	中国证券监督管理委员会令第 121 号
	首次公开发行股票并上市管理办法	中国证券监督管理委员会令第 122 号
	首次公开发行股票并在创业板上市管理办法	中国证券监督管理委员会令第 123 号
	中国证券监督管理委员会发行审核委员会工作细则	证监发〔2006〕51 号
	证券发行上市保荐业务工作底稿指引	证监会公告〔2009〕5 号
	创业板市场投资者适当性管理暂行规定	证监会公告〔2009〕14 号
	关于进一步做好创业板推荐工作的指引	证监会公告〔2010〕8 号
	关于深化新股发行体制改革的指导意见	中国证券监督管理委员会公告〔2010〕26 号
	创业板专家咨询委员会工作规则（试行）	证监会公告〔2011〕25 号
	关于进一步加强保荐业务监管有关问题的意见	证监会公告〔2012〕4 号
	关于进一步深化新股发行体制改革的指导意见	证监会公告〔2012〕10 号
	公开发行证券的公司信息披露解释性公告第 1 号——非经常性损益（2008 修订）	中国证券监督管理委员会公告〔2008〕43 号
	关于支持科技成果出资入股确认股权的指导意见	中国证监会、科技部 2012 年 11 月 15 日发布

续表

	公开发行证券的公司信息披露解释性公告第 2 号——财务报表附注中政府补助相关信息的披露	自 2013 年 9 月 12 日起施行，中国证券监督管理委员会公告〔2013〕38 号
	《公开发行证券的公司信息披露解释性公告第 3 号——财务报表附注中可供出售金融资产减值的披露》	中国证券监督管理委员会公告〔2013〕38 号
	中国证监会关于进一步推进新股发行体制改革的意见	中国证券监督管理委员会公告〔2013〕42 号
	公开发行证券的公司信息披露解释性公告第 4 号——财务报表附注中分步实现企业合并相关信息的披露	中国证券监督管理委员会公告〔2013〕48 号
	公开发行证券的公司信息披露解释性公告第 5 号——财务报表附注中分步处置对子公司投资至丧失控制权相关信息的披露	中国证券监督管理委员会 2015 年 10 月 12 日发布，中国证券监督管理委员会公告〔2013〕48 号
	首次公开发行股票时公司股东公开发售股份暂行规定	证监会公告〔2013〕44 号
	关于首次公开发行股票并上市公司招股说明书财务报告审计截止日后主要财务信息及经营状况信息披露指引	证监会公告〔2013〕45 号
	关于首次公开发行股票并上市公司招股说明书中与盈利能力相关的信息披露指引	证监会公告〔2013〕46 号
	关于加强发行审核工作人员履职回避管理的规定（2017 年修订）、关于加强发审委委员履职回避管理的规定（2017 年修订）	证监会公告〔2017〕1 号
	关于加强新股发行监管的措施	中国证监会 2015 年 10 月 12 日发布
	中国证监会发行审核工作预约接待办法	证监会公告〔2017〕2 号
	关于加强对通过发审会的拟发行证券的公司会后事项监管的通知	证监发行字〔2002〕15 号

续表

			关于已通过发审会拟发行证券的公司会后事项监管及封卷工作的操作规程	中国证监会发行监管部（2002）第5号
			保荐人尽职调查工作准则	证监发行字〔2006〕15号
证监会和交易所的业务规则	审核标准备忘录		股票发行审核标准备忘录第5号——关于已通过发审会拟发行证券的公司会后事项监管及封卷工作的操作规程	中国证监会发行监管部2002年5月10日
			股票发行审核标准备忘录第8号——关于发行人报送申请文件后变更中介机构的处理办法	中国证监会发行监管部2002年4月16日
			股票发行审核备忘录第16号——首次公开发行股票的公司专项复核的审核要求	中国证监会发行监管部2003年12月16日修订
			股票发行审核备忘录第18号——对首次公开发行股票询价对象条件和行为的监管要求	中国证监会发行监管部2004年12月7日
	证券交易所股票上市规则		上海证券交易所股票上市规则（2019）	上证发〔2019〕52号
			深圳证券交易所股票上市规则（2019）	深证上〔2019〕245号
			深圳证券交易所创业板股票上市规则（2019）	深证上〔2019〕245号
	证券交易所、证券登记公司的业务规则	上市审核类	上海证券交易所上市审核实施细则	上证发〔2013〕28号
			深圳证券交易所上市委员会工作细则	深证上〔2016〕432号
		信息披露类	股票上市公告书内容与格式指引	上证发〔2013〕29号
			深圳交易所股票上市公告书内容与格式指引	深证上〔2013〕475号

续表

	证券交易所、证券登记公司的业务规则	申购操作、证券登记类	首次公开发行股票配售细则	中证协发〔2016〕7号
			深圳市场首次公开发行股票网下发行实施细则	深证上〔2016〕3号
			中国证券登记结算有限责任公司证券登记规则	2006年7月25日
		综合类	上海证券交易所发行上市业务指引	上证发〔2013〕27号
			深圳证券交易所首次公开发行股票发行与上市指南	深证上〔2016〕3号
			深圳证券交易所创业板上市公司规范运作指引（2015年修订）	深证上〔2015〕65号
			深圳证券交易所上市公司规范运作指引（2020年修订）	深证上〔2020〕125号
	其他规范	关于保荐代表人资格管理有关问题的通知		中国证券业协会2012年10月15日
		关于进一步完善保荐代表人管理的通知		中证协发〔2014〕177号
		深圳证券交易所上市公司保荐工作指引（2014年修订）		深证上〔2014〕387号
		深圳证券交易所首次公开发行股票发行与上市指南（2016年1月修订）		深证上〔2016〕3号
		首次公开发行股票网下投资者管理细则		中证协发〔2016〕7号
		首次公开发行股票承销业务规范		中证协发〔2016〕7号

注：以上法规整理截至日为2020年2月13日，读者可前往中国证监会官方网站“http：//www. csrc. gov. cn/pub/newsite/”下载最新的法律法规。

附录三：2006 版与 2015 版《首发管理办法》① 对比表②

2006 版管理办法	2015 版管理办法	说明
第一章总则	第一章总则	
第一条　为了规范首次公开发行股票并上市的行为，保护投资者的合法权益和社会公共利益，根据《证券法》《公司法》，制定本办法。	第一条　为了规范首次公开发行股票并上市的行为，保护投资者的合法权益和社会公共利益，根据《证券法》《公司法》，制定本办法。	无变化
第二条　在中华人民共和国境内首次公开发行股票并上市，适用本办法。 境内公司股票以外币认购和交易的，不适用本办法。	第二条　在中华人民共和国境内首次公开发行股票并上市，适用本办法。 境内公司股票以外币认购和交易的，不适用本办法。	无变化
第三条　首次公开发行股票并上市，应当符合《证券法》《公司法》和本办法规定的发行条件。	第三条　首次公开发行股票并上市，应当符合《证券法》《公司法》和本办法规定的发行条件。	无变化
第四条　发行人依法披露的信息，必须真实、准确、完整，不得有虚假记载、误导性陈述或者重大遗漏。	第四条　发行人依法披露的信息，必须真实、准确、完整，不得有虚假记载、误导性陈述或者重大遗漏。	无变化
第五条　保荐人及其保荐代表人应当遵循勤勉尽责、诚实守信的原则，认真履行审慎核查和辅导义务，并对其所出具的发行保荐书的真实性、准确性、完整性负责。	第五条　保荐人及其保荐代表人应当遵循勤勉尽责、诚实守信的原则，认真履行审慎核查和辅导义务，并对其所出具的发行保荐书的真实性、准确性、完整性负责。	无变化
第六条　为证券发行出具有关文件的证券服务机构和人员，应当按照本行业公认的业务标准和道德规范，严格履行法定职责，并对其所出具文件的真实性、准确性和完整性负责。	第六条　为证券发行出具有关文件的证券服务机构和人员，应当按照本行业公认的业务标准和道德规范，严格履行法定职责，并对其所出具文件的真实性、准确性和完整性负责。	无变化

① 证监会在 2018 年 6 月 6 日再次修订了《首次公开发行股票并上市管理办法》，但只修订了三处，一是增加了证监会根据《关于开展创新企业境内发行股票或存托凭证试点的若干意见》等规定认定的试点企业，可不适用“最近两年连续盈利，最近两年净利润累计不少于一千万元；或者最近一年盈利，最近一年营业收入不少于五千万元。净利润以扣除非经常性损益前后孰低者为计算依据”、和“最近一期末不存在未弥补亏损”的规定，二是对招股说明书摘要刊登处作了简要修改，三是增加了“发行人公开发行证券上市当年即亏损的，中国证监会自确认之日起暂停保荐机构的保荐机构资格 3 个月，撤销相关人员的保荐代表人资格，尚未盈利的试点企业除外。”考虑到对主要上市条件的修订仍是 2015 年作出，因此，本书仍引用 2015 年修订对比表。

② 参见微信公众号“许和杂谈”，许良辉整理。

续表

2006 版管理办法	2015 版管理办法	说明
第七条　中国证券监督管理委员会（以下简称“中国证监会”）对发行人首次公开发行股票的核准，不表明其对该股票的投资价值或者投资者的收益作出实质性判断或者保证。股票依法发行后，因发行人经营与收益的变化引致的投资风险，由投资者自行负责。	第七条　中国证券监督管理委员会（以下简称“中国证监会”）对发行人首次公开发行股票的核准，不表明其对该股票的投资价值或者投资者的收益作出实质性判断或者保证。股票依法发行后，因发行人经营与收益的变化引致的投资风险，由投资者自行负责。	无变化
第二章发行条件	第二章发行条件	
第一节主体资格	第一节主体资格	
第八条　发行人应当是依法设立且合法存续的股份有限公司。 经国务院批准，有限责任公司在依法变更为股份有限公司时，可以采取募集设立方式公开发行股票。	第八条　发行人应当是依法设立且合法存续的股份有限公司。 经国务院批准，有限责任公司在依法变更为股份有限公司时，可以采取募集设立方式公开发行股票。	无变化
第九条　发行人自股份有限公司成立后，持续经营时间应当在 3 年以上，但经国务院批准的除外。 有限责任公司按原账面净资产值折股整体变更为股份有限公司的，持续经营时间可以从有限责任公司成立之日起计算。	第九条　发行人自股份有限公司成立后，持续经营时间应当在 3 年以上，但经国务院批准的除外。 有限责任公司按原账面净资产值折股整体变更为股份有限公司的，持续经营时间可以从有限责任公司成立之日起计算。	无变化
第十条　发行人的注册资本已足额缴纳，发起人或者股东用作出资的资产的财产权转移手续已办理完毕，发行人的主要资产不存在重大权属纠纷。	第十条　发行人的注册资本已足额缴纳，发起人或者股东用作出资的资产的财产权转移手续已办理完毕，发行人的主要资产不存在重大权属纠纷。	无变化
第十一条　发行人的生产经营符合法律、行政法规和公司章程的规定，符合国家产业政策。	第十一条　发行人的生产经营符合法律、行政法规和公司章程的规定，符合国家产业政策。	无变化
第十二条　发行人最近 3 年内主营业务和董事、高级管理人员没有发生重大变化，实际控制人没有发生变更。	第十二条　发行人最近 3 年内主营业务和董事、高级管理人员没有发生重大变无变化，实际控制人没有发生变更。	无变化
第十三条　发行人的股权清晰，控股股东和受控股股东、实际控制人支配的股东持有的发行人股份不存在重大权属纠纷。	第十三条　发行人的股权清晰，控股股东和受控股股东、实际控制人支配的股东持有的发行人股份不存在重大权属纠纷。	
第二节独立性	第二节规范运行	

续表

2006 版管理办法	2015 版管理办法	说明
第十四条　发行人应当具有完整的业务体系和直接面向市场独立经营的能力。	—	全条文删除
第十五条　发行人的资产完整。生产型企业应当具备与生产经营有关的生产系统、辅助生产系统和配套设施，合法拥有与生产经营有关的土地、厂房、机器设备以及商标、专利、非专利技术的所有权或者使用权，具有独立的原料采购和产品销售系统；非生产型企业应当具备与经营有关的业务体系及相关资产。	—	全条文删除
第十六条　发行人的人员独立。发行人的总经理、副总经理、财务负责人和董事会秘书等高级管理人员不得在控股股东、实际控制人及其控制的其他企业中担任除董事、监事以外的其他职务，不得在控股股东、实际控制人及其控制的其他企业领薪；发行人的财务人员不得在控股股东、实际控制人及其控制的其他企业中兼职。	—	全条文删除
第十七条　发行人的财务独立。发行人应当建立独立的财务核算体系，能够独立作出财务决策，具有规范的财务会计制度和对分公司、子公司的财务管理制度；发行人不得与控股股东、实际控制人及其控制的其他企业共用银行账户。	—	全条文删除
第十八条　发行人的机构独立。发行人应当建立健全内部经营管理机构，独立行使经营管理职权，与控股股东、实际控制人及其控制的其他企业间不得有机构混同的情形。	—	全条文删除
第十九条　发行人的业务独立。发行人的业务应当独立于控股股东、实际控制人及其控制的其他企业，与控股股东、实际控制人及其控制的其他企业间不得有同业竞争或者显失公平的关联交易。	—	全条文删除

续表

2006 版管理办法	2015 版管理办法	说明
第二十条　发行人在独立性方面不得有其他严重缺陷。	—	全条文删除
第三节规范运行		
第二十一条发行人已经依法建立健全股东大会、董事会、监事会、独立董事、董事会秘书制度，相关机构和人员能够依法履行职责。	第十四条发行人已经依法建立健全股东大会、董事会、监事会、独立董事、董事会秘书制度，相关机构和人员能够依法履行职责。	无变化
第二十二条　发行人的董事、监事和高级管理人员已经了解与股票发行上市有关的法律法规，知悉上市公司及其董事、监事和高级管理人员的法定义务和责任。	第十五条　发行人的董事、监事和高级管理人员已经了解与股票发行上市有关的法律法规，知悉上市公司及其董事、监事和高级管理人员的法定义务和责任。	无变化
第二十三条　发行人的董事、监事和高级管理人员符合法律、行政法规和规章规定的任职资格，且不得有下列情形： （一）被中国证监会采取证券市场禁入措施尚在禁入期的； （二）最近 36 个月内受到中国证监会行政处罚，或者最近 12 个月内受到证券交易所公开谴责； （三）因涉嫌犯罪被司法机关立案侦查或者涉嫌违法违规被中国证监会立案调查，尚未有明确结论意见。	第十六条　发行人的董事、监事和高级管理人员符合法律、行政法规和规章规定的任职资格，且不得有下列情形： （一）被中国证监会采取证券市场禁入措施尚在禁入期的； （二）最近 36 个月内受到中国证监会行政处罚，或者最近 12 个月内受到证券交易所公开谴责； （三）因涉嫌犯罪被司法机关立案侦查或者涉嫌违法违规被中国证监会立案调查，尚未有明确结论意见。	无变化
第二十四条　发行人的内部控制制度健全且被有效执行，能够合理保证财务报告的可靠性、生产经营的合法性、营运的效率与效果。	第十七条　发行人的内部控制制度健全且被有效执行，能够合理保证财务报告的可靠性、生产经营的合法性、营运的效率与效果。	无变化
第二十五条　发行人不得有下列情形： （一）最近 36 个月内未经法定机关核准，擅自公开或者变相公开发行过证券；或者有关违法行为虽然发生在 36 个月前，但目前仍处于持续状态； （二）最近 36 个月内违反工商、税收、土地、环保、海关以及其他法律、行政法规，受到行政处罚，且情节严重； （三）最近 36 个月内曾向中国证监会提	第十八条　发行人不得有下列情形： （一）最近 36 个月内未经法定机关核准，擅自公开或者变相公开发行过证券；或者有关违法行为虽然发生在 36 个月前，但目前仍处于持续状态； （二）最近 36 个月内违反工商、税收、土地、环保、海关以及其他法律、行政法规，受到行政处罚，且情节严重； （三）最近 36 个月内曾向中国证监会提	无变化

续表

2006 版管理办法	2015 版管理办法	说明
出发行申请，但报送的发行申请文件有虚假记载、误导性陈述或重大遗漏；或者不符合发行条件以欺骗手段骗取发行核准；或者以不正当手段干扰中国证监会及其发行审核委员会审核工作；或者伪造、变造发行人或其董事、监事、高级管理人员的签字、盖章； （四）本次报送的发行申请文件有虚假记载、误导性陈述或者重大遗漏； （五）涉嫌犯罪被司法机关立案侦查，尚未有明确结论意见； （六）严重损害投资者 合法权益和社会公共利益的其他情形。	出发行申请，但报送的发行申请文件有虚假记载、误导性陈述或重大遗漏；或者不符合发行条件以欺骗手段骗取发行核准；或者以不正当手段干扰中国证监会及其发行审核委员会审核工作；或者伪造、变造发行人或其董事、监事、高级管理人员的签字、盖章； （四）本次报送的发行申请文件有虚假记载、误导性陈述或者重大遗漏； （五）涉嫌犯罪被司法机关立案侦查，尚未有明确结论意见； （六）严重损害投资者 合法权益和社会公共利益的其他情形。	
第二十六条　发行人的公司章程中已明确对外担保的审批权限和审议程序，不存在为控股股东、实际控制人及其控制的其他企业进行违规担保的情形。	第十九条发行人的公司章程中已明确对外担保的审批权限和审议程序，不存在为控股股东、实际控制人及其控制的其他企业进行违规担保的情形。	无变化
第二十七条　发行人有严格的资金管理制度，不得有资金被控股股东、实际控制人及其控制的其他企业以借款、代偿债务、代垫款项或者其他方式占用的情形。	第二十条发行人有严格的资金管理制度，不得有资金被控股股东、实际控制人及其控制的其他企业以借款、代偿债务、代垫款项或者其他方式占用的情形。	无变化
第四节财务与会计	第三节财务与会计	
第二十八条　发行人资产质量良好，资产负债结构合理，盈利能力较强，现金流量正常。	第二十一条　发行人资产质量良好，资产负债结构合理，盈利能力较强，现金流量正常。	无变化
第二十九条　发行人的内部控制在所有重大方面是有效的，并由注册会计师出具了无保留结论的内部控制鉴证报告。	第二十二条　发行人的内部控制在所有重大方面是有效的，并由注册会计师出具了无保留结论的内部控制鉴证报告。	无变化
第三十条　发行人会计基础工作规范，财务报表的编制符合企业会计准则和相关会计制度的规定，在所有重大方面公允地反映了发行人的财务状况、经营成果和现金流量，并由注册会计师出具了无保留意见的审计报告。	第二十三条　发行人会计基础工作规范，财务报表的编制符合企业会计准则和相关会计制度的规定，在所有重大方面公允地反映了发行人的财务状况、经营成果和现金流量，并由注册会计师出具了无保留意见的审计报告。	无变化

续表

2006 版管理办法	2015 版管理办法	说明
第三十一条　发行人编制财务报表应以实际发生的交易或者事项为依据；在进行会计确认、计量和报告时应当保持应有的谨慎；对相同或者相似的经济业务，应选用一致的会计政策，不得随意变更。	第二十四条　发行人编制财务报表应以实际发生的交易或者事项为依据；在进行会计确认、计量和报告时应当保持应有的谨慎；对相同或者相似的经济业务，应选用一致的会计政策，不得随意变更。	无变化
第三十二条　发行人应完整披露关联方关系并按重要性原则恰当披露关联交易。关联交易价格公允，不存在通过关联交易操纵利润的情形。	第二十五条　发行人应完整披露关联方关系并按重要性原则恰当披露关联交易。关联交易价格公允，不存在通过关联交易操纵利润的情形。	无变化
第三十三条　发行人应当符合下列条件： （一）最近 3 个会计年度净利润均为正数且累计超过人民币 3000 万元，净利润以扣除非经常性损益前后较低者为计算依据； （二）最近 3 个会计年度经营活动产生的现金流量净额累计超过人民币 5000 万元；或者最近 3 个会计年度营业收入累计超过人民币 3 亿元； （三）发行前股本总额不少于人民币 3000 万元； （四）最近一期末无形资产（扣除土地使用权、水面养殖权和采矿权等后）占净资产的比例不高于 20%； （五）最近一期末不存在未弥补亏损。	第二十六条　发行人应当符合下列条件： （一）最近 3 个会计年度净利润均为正数且累计超过人民币 3000 万元，净利润以扣除非经常性损益前后较低者为计算依据； （二）最近 3 个会计年度经营活动产生的现金流量净额累计超过人民币 5000 万元；或者最近 3 个会计年度营业收入累计超过人民币 3 亿元； （三）发行前股本总额不少于人民币 3000 万元； （四）最近一期末无形资产（扣除土地使用权、水面养殖权和采矿权等后）占净资产的比例不高于 20%； （五）最近一期末不存在未弥补亏损。	无变化
第三十四条　发行人依法纳税，各项税收优惠符合相关法律法规的规定。发行人的经营成果对税收优惠不存在严重依赖。	第二十七条　发行人依法纳税，各项税收优惠符合相关法律法规的规定。发行人的经营成果对税收优惠不存在严重依赖。	无变化
第三十五条　发行人不存在重大偿债风险，不存在影响持续经营的担保、诉讼以及仲裁等重大或有事项。	第二十八条　发行人不存在重大偿债风险，不存在影响持续经营的担保、诉讼以及仲裁等重大或有事项。	无变化

续表

2006版管理办法	2015版管理办法	说明
第三十六条　发行人申报文件中不得有下列情形： （一）故意遗漏或虚构交易、事项或者其他重要信息； （二）滥用会计政策或者会计估计； （三）操纵、伪造或篡改编制财务报表所依据的会计记录或者相关凭证。	第二十九条　发行人申报文件中不得有下列情形： （一）故意遗漏或虚构交易、事项或者其他重要信息； （二）滥用会计政策或者会计估计； （三）操纵、伪造或篡改编制财务报表所依据的会计记录或者相关凭证。	无变化
第三十七条　发行人不得有下列影响持续盈利能力的情形： （一）发行人的经营模式、产品或服务的品种结构已经或者将发生重大变化，并对发行人的持续盈利能力构成重大不利影响； （二）发行人的行业地位或发行人所处行业的经营环境已经或者将发生重大变化，并对发行人的持续盈利能力构成重大不利影响； （三）发行人最近1个会计年度的营业收入或净利润对关联方或者存在重大不确定性的客户存在重大依赖； （四）发行人最近1个会计年度的净利润主要来自合并财务报表范围以外的投资收益； （五）发行人在用的商标、专利、专有技术以及特许经营权等重要资产或技术的取得或者使用存在重大不利变化的风险； （六）其他可能对发行人持续盈利能力构成重大不利影响的情形。	第三十条　发行人不得有下列影响持续盈利能力的情形： （一）发行人的经营模式、产品或服务的品种结构已经或者将发生重大变化，并对发行人的持续盈利能力构成重大不利影响； （二）发行人的行业地位或发行人所处行业的经营环境已经或者将发生重大变化，并对发行人的持续盈利能力构成重大不利影响； （三）发行人最近1个会计年度的营业收入或净利润对关联方或者存在重大不确定性的客户存在重大依赖； （四）发行人最近1个会计年度的净利润主要来自合并财务报表范围以外的投资收益； （五）发行人在用的商标、专利、专有技术以及特许经营权等重要资产或技术的取得或者使用存在重大不利变化的风险； （六）其他可能对发行人持续盈利能力构成重大不利影响的情形。	无变化
第五节募集资金运用		
第三十八条　募集资金应当有明确的使用方向，原则上应当用于主营业务。 除金融类企业外，募集资金使用项目不得为持有交易性金融资产和可供出售的金融资产、借予他人、委托理财等财务性投资，不得直接或者间接投资于以买卖有价证券为主要业务的公司。	—	全条文删除

续表

2006 版管理办法	2015 版管理办法	说明
第三十九条　募集资金数额和投资项目应当与发行人现有生产经营规模、财务状况、技术水平和管理能力等相适应。	—	全条文删除
第四十条　募集资金投资项目应当符合国家产业政策、投资管理、环境保护、土地管理以及其他法律、法规和规章的规定。	—	全条文删除
第四十一条　发行人董事会应当对募集资金投资项目的可行性进行认真分析，确信投资项目具有较好的市场前景和盈利能力，有效防范投资风险，提高募集资金使用效益。	—	全条文删除
第四十二条　募集资金投资项目实施后，不会产生同业竞争或者对发行人的独立性产生不利影响。	—	全条文删除
第四十三条　发行人应当建立募集资金专项存储制度，募集资金应当存放于董事会决定的专项账户。	—	全条文删除
第三章发行程序	第三章发行程序	
第四十四条　发行人董事会应当依法就本次股票发行的具体方案、本次募集资金使用的可行性及其他必须明确的事项作出决议，并提请股东大会批准。	第三十一条　发行人董事会应当依法就本次股票发行的具体方案、本次募集资金使用的可行性及其他必须明确的事项作出决议，并提请股东大会批准。	无变化
第四十五条　发行人股东大会就本次发行股票作出的决议，至少应当包括下列事项： （一）本次发行股票的种类和数量； （二）发行对象； （三）价格区间或者定价方式； （四）募集资金用途； （五）发行前滚存利润的分配方案； （六）决议的有效期； （七）对董事会办理本次发行具体事宜的授权； （八）其他必须明确的事项。	第三十二条　发行人股东大会就本次发行股票作出的决议，至少应当包括下列事项： （一）本次发行股票的种类和数量； （二）发行对象； （三）价格区间或者定价方式； （四）募集资金用途； （五）发行前滚存利润的分配方案； （六）决议的有效期； （七）对董事会办理本次发行具体事宜的授权； （八）其他必须明确的事项。	无变化

续表

2006 版管理办法	2015 版管理办法	说明
第四十六条　发行人应当按照中国证监会的有关规定制作申请文件，由保荐人保荐并向中国证监会申报。 特定行业的发行人应当提供管理部门的相关意见。	第三十三条　发行人应当按照中国证监会的有关规定制作申请文件，由保荐人保荐并向中国证监会申报。 特定行业的发行人应当提供管理部门的相关意见。	无变化
第四十七条　中国证监会收到申请文件后，在5个工作日内作出是否受理的决定。	第三十四条　中国证监会收到申请文件后，在5个工作日内作出是否受理的决定。	无变化
第四十八条　中国证监会受理申请文件后，由相关职能部门对发行人的申请文件进行初审，并由发行审核委员会审核。	第三十五条　中国证监会受理申请文件后，由相关职能部门对发行人的申请文件进行初审，并由发行审核委员会审核。	无变化
第四十九条　中国证监会在初审过程中，将征求发行人注册地省级人民政府是否同意发行人发行股票的意见，并就发行人的募集资金投资项目是否符合国家产业政策和投资管理的规定征求国家发展和改革委员会的意见。	第三十六条　中国证监会在初审过程中，将征求发行人注册地省级人民政府是否同意发行人发行股票的意见。	删掉募投项目的内容以及征求发改委意见的内容。
第五十条　中国证监会依照法定条件对发行人的发行申请作出予以核准或者不予核准的决定，并出具相关文件。 自中国证监会核准发行之日起，发行人应在6个月内发行股票；超过6个月未发行的，核准文件失效，须重新经中国证监会核准后方可发行。	第三十七条　中国证监会依照法定条件对发行人的发行申请作出予以核准或者不予核准的决定，并出具相关文件。 自中国证监会核准发行之日起，发行人应在6个月内发行股票；超过6个月未发行的，核准文件失效，须重新经中国证监会核准后方可发行。	无变化
第五十一条　发行申请核准后、股票发行结束前，发行人发生重大事项的，应当暂缓或者暂停发行，并及时报告中国证监会，同时履行信息披露义务。影响发行条件的，应当重新履行核准程序。	第三十八条　发行申请核准后、股票发行结束前，发行人发生重大事项的，应当暂缓或者暂停发行，并及时报告中国证监会，同时履行信息披露义务。影响发行条件的，应当重新履行核准程序。	无变化
第五十二条　股票发行申请未获核准的，自中国证监会作出不予核准决定之日起6个月后，发行人可再次提出股票发行申请。	第三十九条　股票发行申请未获核准的，自中国证监会作出不予核准决定之日起6个月后，发行人可再次提出股票发行申请。	无变化

续表

2006 版管理办法	2015 版管理办法	说明
第四章信息披露	第四章信息披露	
第五十三条 发行人应当按照中国证监会的有关规定编制和披露招股说明书。	第四十条 发行人应当按照中国证监会的有关规定编制和披露招股说明书。	无变化
第五十四条 招股说明书内容与格式准则是信息披露的最低要求。不论准则是否有明确规定，凡是对投资者作出投资决策有重大影响的信息，均应当予以披露。	第四十一条 招股说明书内容与格式准则是信息披露的最低要求。不论准则是否有明确规定，凡是对投资者作出投资决策有重大影响的信息，均应当予以披露。	无变化
—	第四十二条 发行人应当在招股说明书中披露已达到发行监管对公司独立性的基本要求。	旧办法有一章对独立性的要求
第五十五条 发行人及其全体董事、监事和高级管理人员应当在招股说明书上签字、盖章，保证招股说明书的内容真实、准确、完整。保荐人及其保荐代表人应当对招股说明书的真实性、准确性、完整性进行核查，并在核查意见上签字、盖章。	第四十三条 发行人及其全体董事、监事和高级管理人员应当在招股说明书上签字、盖章，保证招股说明书的内容真实、准确、完整。保荐人及其保荐代表人应当对招股说明书的真实性、准确性、完整性进行核查，并在核查意见上签字、盖章。	无变化
第五十六条 招股说明书中引用的财务报表在其最近一期截止日后6个月内有效。特别情况下发行人可申请适当延长，但至多不超过1个月。财务报表应当以年度末、半年度末或者季度末为截止日。	第四十四条 招股说明书中引用的财务报表在其最近一期截止日后6个月内有效。特别情况下发行人可申请适当延长，但至多不超过1个月。财务报表应当以年度末、半年度末或者季度末为截止日。	无变化
第五十七条 招股说明书的有效期为6个月，自中国证监会核准发行申请前招股说明书最后一次签署之日起计算。	第四十五条 招股说明书的有效期为6个月，自中国证监会核准发行申请前招股说明书最后一次签署之日起计算。	无变化
第五十八条 申请文件受理后、发行审核委员会审核前，发行人应当将招股说明书（申报稿）在中国证监会网站（www.csrc.gov.cn）预先披露。发行人可以将招股说明书（申报稿）刊登于其企业网站，但披露内容应当完全一致，且不得早于在中国证监会网站的披露时间。	第四十六条 申请文件受理后、发行审核委员会审核前，发行人应当将招股说明书（申报稿）在中国证监会网站（www.csrc.gov.cn）预先披露。发行人可以将招股说明书（申报稿）刊登于其企业网站，但披露内容应当完全一致，且不得早于在中国证监会网站的披露时间。	无变化

续表

2006 版管理办法	2015 版管理办法	说明
第五十九条　发行人及其全体董事、监事和高级管理人员应当保证预先披露的招股说明书（申报稿）的内容真实、准确、完整。	第四十七条　发行人及其全体董事、监事和高级管理人员应当保证预先披露的招股说明书（申报稿）的内容真实、准确、完整。	无变化
第六十条　预先披露的招股说明书（申报稿）不是发行人发行股票的正式文件，不能含有价格信息，发行人不得据此发行股票。 发行人应当在预先披露的招股说明书（申报稿）的显要位置声明："本公司的发行申请尚未得到中国证监会核准。本招股说明书（申报稿）不具有据以发行股票的法律效力，仅供预先披露之用。投资者应当以正式公告的招股说明书全文作为作出投资决定的依据。"	第四十八条　预先披露的招股说明书（申报稿）不是发行人发行股票的正式文件，不能含有价格信息，发行人不得据此发行股票。 发行人应当在预先披露的招股说明书（申报稿）的显要位置声明："本公司的发行申请尚未得到中国证监会核准。本招股说明书（申报稿）不具有据以发行股票的法律效力，仅供预先披露之用。投资者应当以正式公告的招股说明书全文作为作出投资决定的依据。"	无变化
第六十一条　发行人应当在发行前将招股说明书摘要刊登于至少一种中国证监会指定的报刊，同时将招股说明书全文刊登于中国证监会指定的网站，并将招股说明书全文置备于发行人住所、拟上市证券交易所、保荐人、主承销商和其他承销机构的住所，以备公众查阅。	第四十九条　发行人应当在发行前将招股说明书摘要刊登于至少一种中国证监会指定的报刊，同时将招股说明书全文刊登于中国证监会指定的网站，并将招股说明书全文置备于发行人住所、拟上市证券交易所、保荐人、主承销商和其他承销机构的住所，以备公众查阅。	无变化
第六十二条　保荐人出具的发行保荐书、证券服务机构出具的有关文件应当作为招股说明书的备查文件，在中国证监会指定的网站上披露，并置备于发行人住所、拟上市证券交易所、保荐人、主承销商和其他承销机构的住所，以备公众查阅。	第五十条　保荐人出具的发行保荐书、证券服务机构出具的有关文件应当作为招股说明书的备查文件，在中国证监会指定的网站上披露，并置备于发行人住所、拟上市证券交易所、保荐人、主承销商和其他承销机构的住所，以备公众查阅。	无变化
第六十三条　发行人可以将招股说明书摘要、招股说明书全文、有关备查文件刊登于其他报刊和网站，但披露内容应当完全一致，且不得早于在中国证监会指定报刊和网站的披露时间。	第五十一条　发行人可以将招股说明书摘要、招股说明书全文、有关备查文件刊登于其他报刊和网站，但披露内容应当完全一致，且不得早于在中国证监会指定报刊和网站的披露时间。	无变化

续表

2006 版管理办法	2015 版管理办法	说明
第五章监管和处罚	第五章监管和处罚	
第六十四条　发行人向中国证监会报送的发行申请文件有虚假记载、误导性陈述或者重大遗漏的，发行人不符合发行条件以欺骗手段骗取发行核准的，发行人以不正当手段干扰中国证监会及其发行审核委员会审核工作的，发行人或其董事、监事、高级管理人员的签字、盖章系伪造或者变造的，除依照《证券法》的有关规定处罚外，中国证监会将采取终止审核并在 36 个月内不受理发行人的股票发行申请的监管措施。	第五十二条　发行人向中国证监会报送的发行申请文件有虚假记载、误导性陈述或者重大遗漏的，发行人不符合发行条件以欺骗手段骗取发行核准的，发行人以不正当手段干扰中国证监会及其发行审核委员会审核工作的，发行人或其董事、监事、高级管理人员的签字、盖章系伪造或者变造的，除依照《证券法》的有关规定处罚外，中国证监会将采取终止审核并在 36 个月内不受理发行人的股票发行申请的监管措施。	无变化
第六十五条　保荐人出具有虚假记载、误导性陈述或者重大遗漏的发行保荐书，保荐人以不正当手段干扰中国证监会及其发行审核委员会审核工作的，保荐人或其相关签字人员的签字、盖章系伪造或变造的，或者不履行其他法定职责的，依照《证券法》和保荐制度的有关规定处理。	第五十三条　保荐人出具有虚假记载、误导性陈述或者重大遗漏的发行保荐书，保荐人以不正当手段干扰中国证监会及其发行审核委员会审核工作的，保荐人或其相关签字人员的签字、盖章系伪造或变造的，或者不履行其他法定职责的，依照《证券法》和保荐制度的有关规定处理。	无变化
第六十六条　证券服务机构未勤勉尽责，所制作、出具的文件有虚假记载、误导性陈述或者重大遗漏的，除依照《证券法》及其他相关法律、行政法规和规章的规定处罚外，中国证监会将采取 12 个月内不接受相关机构出具的证券发行专项文件，36 个月内不接受相关签字人员出具的证券发行专项文件的监管措施。	第五十四条　证券服务机构未勤勉尽责，所制作、出具的文件有虚假记载、误导性陈述或者重大遗漏的，除依照《证券法》及其他相关法律、行政法规和规章的规定处罚外，中国证监会将采取 12 个月内不接受相关机构出具的证券发行专项文件，36 个月内不接受相关签字人员出具的证券发行专项文件的监管措施。	无变化
第六十七条　发行人、保荐人或证券服务机构制作或者出具的文件不符合要求，擅自改动已提交的文件，或者拒绝答复中国证监会审核中提出的相关问题的，中国证监会将视情节轻重，对相关机构和责任人员采取监管谈话、责令改正等监管措施，记入诚信档案并公布；情节特别严重的，给予警告。	第五十五条　发行人、保荐人或证券服务机构制作或者出具的文件不符合要求，擅自改动已提交的文件，或者拒绝答复中国证监会审核中提出的相关问题的，中国证监会将视情节轻重，对相关机构和责任人员采取监管谈话、责令改正等监管措施，记入诚信档案并公布；情节特别严重的，给予警告。	无变化

续表

2006 版管理办法	2015 版管理办法	说明
第六十八条　发行人披露盈利预测的，利润实现数如未达到盈利预测的 80%，除因不可抗力外，其法定代表人、盈利预测审核报告签字注册会计师应当在股东大会及中国证监会指定报刊上公开作出解释并道歉；中国证监会可以对法定代表人处以警告。 利润实现数未达到盈利预测的 50% 的，除因不可抗力外，中国证监会在 36 个月内不受理该公司的公开发行证券申请。	第五十六条　发行人披露盈利预测的，利润实现数如未达到盈利预测的 80%，除因不可抗力外，其法定代表人、盈利预测审核报告签字注册会计师应当在股东大会及中国证监会指定报刊上公开作出解释并道歉；中国证监会可以对法定代表人处以警告。 利润实现数未达到盈利预测的 50% 的，除因不可抗力外，中国证监会在 36 个月内不受理该公司的公开发行证券申请。	无变化
第六章附则	第六章附则	
第六十九条　在中华人民共和国境内，首次公开发行股票且不上市的管理办法，由中国证监会另行规定。	第五十七条　在中华人民共和国境内，首次公开发行股票且不上市的管理办法，由中国证监会另行规定。	
第七十条　本办法自 2006 年 5 月 18 日起施行。《关于股票发行工作若干规定的通知》（证监［1996］12 号）、《关于做好 1997 年股票发行工作的通知》（证监［1997］13 号）、《关于股票发行工作若干问题的补充通知》（证监［1998］8 号）、《关于对拟发行上市企业改制情况进行调查的通知》（证监发字［1998］259 号）、《关于对拟公开发行股票公司改制运行情况进行调查的通知》（证监发［1999］4 号）、《关于拟发行股票公司聘请审计机构等问题的通知》（证监发行字［2000］131 号）和《关于进一步规范股票首次发行上市有关工作的通知》（证监发行字［2003］116 号）同时废止。	第五十八条　本办法自 2006 年 5 月 18 日起施行。《关于股票发行工作若干规定的通知》（证监［1996］12 号）、《关于做好 1997 年股票发行工作的通知》（证监［1997］13 号）、《关于股票发行工作若干问题的补充通知》（证监［1998］8 号）、《关于对拟发行上市企业改制情况进行调查的通知》（证监发字［1998］259 号）、《关于对拟公开发行股票公司改制运行情况进行调查的通知》（证监发［1999］4 号）、《关于拟发行股票公司聘请审计机构等问题的通知》（证监发行字［2000］131 号）和《关于进一步规范股票首次发行上市有关工作的通知》（证监发行字［2003］116 号）同时废止。	

附录四：2006 版与 2015 版《创业板上市管理办法》① 对比表②：

2006 版管理办法	2015 版管理办法	说明
第一章总则	第一章总则	
第一条　为了规范首次公开发行股票并在创业板上市的行为，促进自主创新企业及其他成长型创业企业的发展，保护投资者的合法权益，维护社会公共利益，根据《证券法》《公司法》，制定本办法。	第一条　为了规范首次公开发行股票并在创业板上市的行为，促进自主创新企业及其他成长型创业企业的发展，保护投资者的合法权益，维护社会公共利益，根据《证券法》《公司法》，制定本办法。	无变化
第二条　在中华人民共和国境内首次公开发行股票并在创业板上市，适用本办法。	第二条　在中华人民共和国境内首次公开发行股票并在创业板上市，适用本办法。	无变化
第三条　发行人申请首次公开发行股票并在创业板上市，应当符合《证券法》《公司法》和本办法规定的发行条件。	第三条　发行人申请首次公开发行股票并在创业板上市，应当符合《证券法》《公司法》和本办法规定的发行条件。	无变化
第四条　发行人依法披露的信息，必须真实、准确、完整，不得有虚假记载、误导性陈述或者重大遗漏。	第四条　发行人依法披露的信息，必须真实、准确、完整、及时，不得有虚假记载、误导性陈述或者重大遗漏。发行人作为信息披露第一责任人，应当及时向保荐人、证券服务机构提供真实、准确、完整的财务会计资料和其他资料，全面配合保荐人、证券服务机构开展尽职调查。	第一款增加披露信息【及时】的要求增加第二款，明确要求发行人的责任以及在首发过程中的义务。

① 证监会在 2018 年 6 月 6 日再次修订了《首次公开发行股票并在创业板上市管理办法》，但只修订了两处，一是增加了证监会根据《关于开展创新企业境内发行股票或存托凭证试点的若干意见》等规定认定的试点企业，可不适用“ 最近两年连续盈利，最近两年净利润累计不少于一千万元；或者最近一年盈利，最近一年营业收入不少于五千万元。净利润以扣除非经常性损益前后孰低者为计算依据”、和“最近一期末不存在未弥补亏损”的规定，二增加了“发行人公开发行证券上市当年即亏损的，中国证监会自确认之日起暂停保荐机构的保荐机构资格 3 个月，撤销相关人员的保荐代表人资格，尚未盈利的试点企业除外。”考虑到对主要上市条件的修订仍是 2015 年作出，因此，本书仍引用 2015 年修订对比表。

② 参见微信公众号“许和杂谈”，许良辉整理。

续表

2006 版管理办法	2015 版管理办法	说明
第五条　保荐人及其保荐代表人应当勤勉尽责，诚实守信，认真履行审慎核查和辅导义务，并对其所出具文件的真实性、准确性和完整性负责。	—	新的管理办法修改成:【督导发行人规范运行】,不是用的【辅导义务】。新办法中,保荐人及其保荐代表人的职责增加了【及时】
第六条　为证券发行出具文件的证券服务机构和人员，应当按照本行业公认的业务标准和道德规范，严格履行法定职责，并对其所出具文件的真实性、准确性和完整性负责。	—	
—	第五条　发行人的控股股东、实际控制人、董事、监事、高级管理人员等责任主体应当诚实守信，全面履行公开承诺事项，不得在发行上市中损害投资者的合法权益。	

续表

2006版管理办法	2015版管理办法	说明
—	第六条　保荐人及其保荐代表人应当严格履行法定职责，遵守业务规则和行业规范，对发行人的申请文件和信息披露资料进行审慎核查，督导发行人规范运行，对证券服务机构出具的专业意见进行核查，对发行人是否具备持续盈利能力、是否符合法定发行条件作出专业判断，并确保发行人的申请文件和招股说明书等信息披露资料真实、准确、完整、及时。	增加了保荐人及其保荐代表人对证券服务机构出具专业意见的核查义务；保荐人及其保荐代表人需要对发行人的【持续经营能力】、【符合法定发行条件】做出专业判断
—	第七条　为股票发行出具文件的证券服务机构和人员，应当严格履行法定职责，遵守本行业的业务标准和执业规范，对发行人的相关业务资料进行核查验证，确保所出具的相关专业文件真实、准确、完整、及时。	

续表

2006 版管理办法	2015 版管理办法	说明
—	第八条　中国证券监督管理委员会（以下简称中国证监会）依法对发行人申请文件的合法合规性进行审核，依法核准发行人的首次公开发行股票申请，并对发行人股票发行进行监督管理。 证券交易所依法制定业务规则，创造公开、公平、公正的市场环境，保障创业板市场的正常运行。	明确证监会的审核内容为【合法合规性】 证券交易所的职责表述没有变化。
—	第九条　中国证监会依据发行人提供的申请文件核准发行人首次公开发行股票申请，不对发行人的盈利能力、投资价值或者投资者的收益作出实质性判断或者保证。 投资者自主判断发行人的投资价值，自主作出投资决策，自行承担股票依法发行后因发行人经营与收益变化或者股票价格变动引致的投资风险。	第二款为旧内容表述的变体，实质没有变化
第七条　创业板市场应当建立与投资者风险承受能力相适应的投资者准入制度，向投资者充分提示投资风险。	第十条　创业板市场应当建立健全与投资者风险承受能力相适应的投资者准入制度，向投资者充分提示投资风险，注重投资者需求，切实保护投资者特别是中小投资者的合法权益。	增加保护投资者合法权益的内容
第八条　中国证券监督管理委员会（以下简称“中国证监会”）依法核准发行人的首次公开发行股票申请，对发行人股票发行进行监督管理。 证券交易所依法制定业务规则，创造公开、公平、公正的市场环境，保障创业板市场的正常运行。	—	参见新规则第八条

续表

2006 版管理办法	2015 版管理办法	说明
第九条　中国证监会依据发行人提供的申请文件对发行人首次公开发行股票的核准，不表明其对该股票的投资价值或者对投资者的收益作出实质性判断或者保证。股票依法发行后，因发行人经营与收益的变化引致的投资风险，由投资者自行负责。	—	
第二章发行条件	第二章发行条件	
第十条　发行人申请首次公开发行股票应当符合下列条件： （一）发行人是依法设立且持续经营三年以上的股份有限公司。有限责任公司按原账面净资产值折股整体变更为股份有限公司的，持续经营时间可以从有限责任公司成立之日起计算。 （二）最近两年连续盈利，最近两年净利润累计不少于一千万元，且持续增长；或者最近一年盈利，且净利润不少于五百万元，最近一年营业收入不少于五千万元，最近两年营业收入增长率均不低于百分之三十。净利润以扣除非经常性损益前后孰低者为计算依据。 （三）最近一期末净资产不少于两千万元，且不存在未弥补亏损。 （四）发行后股本总额不少于三千万元。	第十一条　发行人申请首次公开发行股票应当符合下列条件： （一）发行人是依法设立且持续经营三年以上的股份有限公司。有限责任公司按原账面净资产值折股整体变更为股份有限公司的，持续经营时间可以从有限责任公司成立之日起计算； （二）最近两年连续盈利，最近两年净利润累计不少于一千万元；或者最近一年盈利，最近一年营业收入不少于五千万元。净利润以扣除非经常性损益前后孰低者为计算依据； （三）最近一期末净资产不少于二千万元，且不存在未弥补亏损； （四）发行后股本总额不少于三千万元。	(一)没有变化 (二)对两年持续盈利，不要求是持续增长。对只有一年盈利的，删除了最近一年的盈利金额要求，也删除了收入增长率 30%的要求，最近一年收入金额保留。
第十一条　发行人的注册资本已足额缴纳，发起人或者股东用作出资的资产的财产权转移手续已办理完毕。发行人的主要资产不存在重大权属纠纷。	第十二条　发行人的注册资本已足额缴纳，发起人或者股东用作出资的资产的财产权转移手续已办理完毕。发行人的主要资产不存在重大权属纠纷。	无变化

续表

2006 版管理办法	2015 版管理办法	说明
第十二条　发行人应当主要经营一种业务，其生产经营活动符合法律、行政法规和公司章程的规定，符合国家产业政策及环境保护政策。 第十三条　发行人最近两年内主营业务和董事、高级管理人员均没有发生重大变化，实际控制人没有发生变更。	第十三条　发行人应当主要经营一种业务，其生产经营活动符合法律、行政法规和公司章程的规定，符合国家产业政策及环境保护政策。 第十四条　发行人最近两年内主营业务和董事、高级管理人员均没有发生重大变化，实际控制人没有发生变更。	无变化
第十四条　发行人应当具有持续盈利能力，不存在下列情形：（一）发行人的经营模式、产品或服务的品种结构已经或者将发生重大变化，并对发行人的持续盈利能力构成重大不利影响；（二）发行人的行业地位或发行人所处行业的经营环境已经或者将发生重大变化，并对发行人的持续盈利能力构成重大不利影响；（三）发行人在用的商标、专利、专有技术、特许经营权等重要资产或者技术的取得或者使用存在重大不利变化的风险；（四）发行人最近一年的营业收入或净利润对关联方或者有重大不确定性的客户存在重大依赖；（五）发行人最近一年的净利润主要来自合并财务报表范围以外的投资收益；（六）其他可能对发行人持续盈利能力构成重大不利影响的情形。	—	整条删除
第十五条　发行人依法纳税，享受的各项税收优惠符合相关法律法规的规定。发行人的经营成果对税收优惠不存在严重依赖。	—	整条删除
第十六条　发行人不存在重大偿债风险，不存在影响持续经营的担保、诉讼以及仲裁等重大或有事项。	—	整条删除
第十七条　发行人的股权清晰，控股股东和受控股股东、实际控制人支配的股东所持发行人的股份不存在重大权属纠纷。	第十五条　发行人的股权清晰，控股股东和受控股股东、实际控制人支配的股东所持发行人的股份不存在重大权属纠纷。	无变化

续表

2006 版管理办法	2015 版管理办法	说明
第十八条　发行人资产完整，业务及人员、财务、机构独立，具有完整的业务体系和直接面向市场独立经营的能力。与控股股东、实际控制人及其控制的其他企业间不存在同业竞争，以及严重影响公司独立性或者显失公允的关联交易。	—	整条删除
第十九条　发行人具有完善的公司治理结构，依法建立健全股东大会、董事会、监事会以及独立董事、董事会秘书、审计委员会制度，相关机构和人员能够依法履行职责。	第十六条　发行人具有完善的公司治理结构，依法建立健全股东大会、董事会、监事会以及独立董事、董事会秘书、审计委员会制度，相关机构和人员能够依法履行职责。 发行人应当建立健全股东投票计票制度，建立发行人与股东之间的多元化纠纷解决机制，切实保障投资者依法行使收益权、知情权、参与权、监督权、求偿权等股东权利。	增加第二款投票制度、纠纷解决机制
第二十条　发行人会计基础工作规范，财务报表的编制符合企业会计准则和相关会计制度的规定，在所有重大方面公允地反映了发行人的财务状况、经营成果和现金流量，并由注册会计师出具无保留意见的审计报告。	第十七条　发行人会计基础工作规范，财务报表的编制和披露符合企业会计准则和相关信息披露规则的规定，在所有重大方面公允地反映了发行人的财务状况、经营成果和现金流量，并由注册会计师出具无保留意见的审计报告。	增加相关信息披露规则的表述
第二十一条　发行人内部控制制度健全且被有效执行，能够合理保证公司财务报告的可靠性、生产经营的合法性、营运的效率与效果，并由注册会计师出具无保留结论的内部控制鉴证报告。 第二十二条　发行人具有严格的资金管理制度，不存在资金被控股股东、实际控制人及其控制的其他企业以借款、代偿债务、代垫款项或者其他方式占用的情形。	第十八条　发行人内部控制制度健全且被有效执行，能够合理保证公司运行效率、合法合规和财务报告的可靠性，并由注册会计师出具无保留结论的内部控制鉴证报告。—	删除生产经营的表述；增加合规的表述 删除该条

续表

2006 版管理办法	2015 版管理办法	说明
第二十三条　发行人的公司章程已明确对外担保的审批权限和审议程序，不存在为控股股东、实际控制人及其控制的其他企业进行违规担保的情形。	—	删除该条
第二十四条　发行人的董事、监事和高级管理人员了解股票发行上市相关法律法规，知悉上市公司及其董事、监事和高级管理人员的法定义务和责任。	—	删除该条
第二十五条　发行人的董事、监事和高级管理人员应当忠实、勤勉，具备法律、行政法规和规章规定的资格，且不存在下列情形： （一）被中国证监会采取证券市场禁入措施尚在禁入期的； （二）最近三年内受到中国证监会行政处罚，或者最近一年内受到证券交易所公开谴责的； （三）因涉嫌犯罪被司法机关立案侦查或者涉嫌违法违规被中国证监会立案调查，尚未有明确结论意见的。	第十九条　发行人的董事、监事和高级管理人员应当忠实、勤勉，具备法律、行政法规和规章规定的资格，且不存在下列情形： （一）被中国证监会采取证券市场禁入措施尚在禁入期的； （二）最近三年内受到中国证监会行政处罚，或者最近一年内受到证券交易所公开谴责的； （三）因涉嫌犯罪被司法机关立案侦查或者涉嫌违法违规被中国证监会立案调查，尚未有明确结论意见的。	无变化
第二十六条　发行人及其控股股东、实际控制人最近三年内不存在损害投资者合法权益和社会公共利益的重大违法行为。 发行人及其控股股东、实际控制人最近三年内不存在未经法定机关核准，擅自公开或者变相公开发行证券，或者有关违法行为虽然发生在三年前，但目前仍处于持续状态的情形。	第二十条　发行人及其控股股东、实际控制人最近三年内不存在损害投资者合法权益和社会公共利益的重大违法行为。 发行人及其控股股东、实际控制人最近三年内不存在未经法定机关核准，擅自公开或者变相公开发行证券，或者有关违法行为虽然发生在三年前，但目前仍处于持续状态的情形。	无变化
第二十七条　发行人募集资金应当用于主营业务，并有明确的用途。募集资金数额和投资项目应当与发行人现有生产经营规模、财务状况、技术水平和管理能力等相适应。	—	删除该条

续表

2006 版管理办法	2015 版管理办法	说明
第二十八条　发行人应当建立募集资金专项存储制度，募集资金应当存放于董事会决定的专项账户。	—	删除该条
第三章发行程序	第三章发行程序	
第二十九条　发行人董事会应当依法就本次股票发行的具体方案、本次募集资金使用的可行性及其他必须明确的事项作出决议，并提请股东大会批准。	第二十一条　发行人董事会应当依法就本次发行股票的具体方案、本次募集资金使用的可行性及其他必须明确的事项作出决议，并提请股东大会批准。 本次发行股票时发行人股东公开发售股份的，发行人董事会还应当依法合理制定股东公开发售股份的具体方案并提请股东大会批准。	增加第二款，老股发售
第三十条　发行人股东大会应当就本次发行股票作出决议，决议至少应当包括下列事项： （一）股票的种类和数量； （二）发行对象； （三）价格区间或者定价方式； （四）募集资金用途； （五）发行前滚存利润的分配方案； （六）决议的有效期； （七）对董事会办理本次发行具体事宜的授权； （八）其他必须明确的事项。	第二十二条　发行人股东大会应当就本次发行股票作出决议，决议至少应当包括下列事项： （一）股票的种类和数量； （二）发行对象； （三）发行方式； （四）价格区间或者定价方式； （五）募集资金用途； （六）发行前滚存利润的分配方案； （七）决议的有效期； （八）对董事会办理本次发行具体事宜的授权； （九）其他必须明确的事项。	增加(三)发行方式
第三十一条　发行人应当按照中国证监会有关规定制作申请文件，由保荐人保荐并向中国证监会申报。	第二十三条　发行人应当按照中国证监会有关规定制作申请文件，由保荐人保荐并向中国证监会申报。	没有变化,还是保荐制
第三十二条　保荐人保荐发行人发行股票并在创业板上市，应当对发行人的成长性进行尽职调查和审慎判断并出具专项意见。发行人为自主创新企业的，还应当在专项意见中说明发行人的自主创新能力。	第二十四条　保荐人保荐发行人发行股票并在创业板上市，应当对发行人的成长性进行尽职调查和审慎判断并出具专项意见。发行人为自主创新企业的，还应当在专项意见中说明发行人的自主创新能力，并分析其对成长性的影响。	增加分析发行人自主创新能力对成长性的影响要求。

续表

2006 版管理办法	2015 版管理办法	说明
第三十三条　中国证监会收到申请文件后，在五个工作日内作出是否受理的决定。	第二十五条　中国证监会收到申请文件后，在五个工作日内作出是否受理的决定。	
第三十四条　中国证监会受理申请文件后，由相关职能部门对发行人的申请文件进行初审，并由创业板发行审核委员会审核。	第二十六条　中国证监会受理申请文件后，由相关职能部门对发行人的申请文件进行初审，由创业板发行审核委员会审核，并建立健全对保荐人、证券服务机构工作底稿的检查制度。	增加证监会的工作底稿检查制度
第三十五条　中国证监会依法对发行人的发行申请作出予以核准或者不予核准的决定，并出具相关文件。 发行人应当自中国证监会核准之日起六个月内发行股票；超过六个月未发行的，核准文件失效，须重新经中国证监会核准后方可发行。	第二十七条　中国证监会自申请文件受理之日起三个月内，依法对发行人的发行申请作出予以核准、中止审核、终止审核、不予核准的决定，并出具相关文件。发行人根据要求补充、修改发行申请文件的时间不计算在内。 发行人应当自中国证监会核准之日起十二个月内发行股票，发行时点由发行人自主选择；超过十二个月未发行的，核准文件失效，须重新经中国证监会核准后方可发行。	明确证监会做出决定的时间为三个月；将核准之后发行人自主发行股票的时间由六个月改为十二个月
第三十六条　发行申请核准后至股票发行结束前发生重大事项的，发行人应当暂缓或者暂停发行，并及时报告中国证监会，同时履行信息披露义务。出现不符合发行条件事项的，中国证监会撤回核准决定。	第二十八条　发行申请核准后至股票发行结束前，发行人应当及时更新信息披露文件内容，财务报表过期的，发行人还应当补充财务会计报告等文件；保荐人及证券服务机构应当持续履行尽职调查职责；其间发生重大事项的，发行人应当暂缓或者暂停发行，并及时报告中国证监会，同时履行信息披露义务；出现不符合发行条件事项的，中国证监会撤回核准决定。	增加对及时性的具体要求

续表

2006 版管理办法	2015 版管理办法	说明
第三十七条　股票发行申请未获核准的，发行人可自中国证监会作出不予核准决定之日起六个月后再次提出股票发行申请。	第二十九条　股票发行申请未获核准的，发行人可自中国证监会作出不予核准决定之日起六个月后再次提出股票发行申请。	
第四章信息披露	第四章信息披露	
第三十八条　发行人应当按照中国证监会的有关规定编制和披露招股说明书	第三十条　发行人应当以投资者的决策需要为导向，按照中国证监会的有关规定编制和披露招股说明书，内容简明易懂，语言浅白平实，便于中小投资者阅读。	以投资者为导向,内容有要求
第三十九条　中国证监会制定的创业板招股说明书内容与格式准则是信息披露的最低要求。不论准则是否有明确规定，凡是对投资者作出投资决策有重大影响的信息，均应当予以披露。	第三十一条　中国证监会制定的创业板招股说明书内容与格式准则是信息披露的最低要求。不论准则是否有明确规定，凡是对投资者作出投资决策有重大影响的信息，均应当予以披露。	无变化
第四十条　发行人应当在招股说明书显要位置作如下提示：“本次股票发行后拟在创业板市场上市，该市场具有较高的投资风险。创业板公司具有业绩不稳定、经营风险高、退市风险大等特点，投资者面临较大的市场风险。投资者应充分了解创业板市场的投资风险及本公司所披露的风险因素，审慎作出投资决定。”	第三十二条　发行人应当在招股说明书显要位置作如下提示：“本次股票发行后拟在创业板市场上市，该市场具有较高的投资风险。创业板公司具有业绩不稳定、经营风险高、退市风险大等特点，投资者面临较大的市场风险。投资者应充分了解创业板市场的投资风险及本公司所披露的风险因素，审慎作出投资决定。”	无变化

续表

2006 版管理办法	2015 版管理办法	说明
—	第三十三条　发行人应当在招股说明书中分析并完整披露对其持续盈利能力产生重大不利影响的所有因素，充分揭示相关风险，并披露保荐人对发行人是否具备持续盈利能力的核查结论意见。	尽管删除了旧文中第十四条的明确要求发行人【具有持续盈利能力】，但是,也保留了发行人披露对持续经营能力产生重大影响的因素的要求
—	第三十四条　发行人应当在招股说明书中披露已达到发行监管对公司独立性的基本要求。	独立性依然是要求的
—	第三十五条　发行人应当在招股说明书中披露相关责任主体以及保荐人、证券服务机构及相关人员作出的承诺事项、承诺履行情况以及对未能履行承诺采取的约束措施，包括但不限于： （一）本次发行前股东所持股份的限售安排、自愿锁定股份、延长锁定期限或者相关股东减持意向的承诺； （二）稳定股价预案； （三）依法承担赔偿或者补偿责任的承诺； （四）填补被摊薄即期回报的措施及承诺； （五）利润分配政策（包括现金分红政策）的安排及承诺。	承诺事项

续表

2006 版管理办法	2015 版管理办法	说明
第四十一条　发行人及其全体董事、监事和高级管理人员应当在招股说明书上签名、盖章，保证招股说明书内容真实、准确、完整。保荐人及其保荐代表人应当对招股说明书的真实性、准确性、完整性进行核查，并在核查意见上签名、盖章。 发行人的控股股东、实际控制人应当对招股说明书出具确认意见，并签名、盖章。	第三十六条　发行人及其全体董事、监事和高级管理人员应当在招股说明书上签名、盖章，保证招股说明书内容真实、准确、完整、及时。保荐人及其保荐代表人应当对招股说明书的真实性、准确性、完整性、及时性进行核查，并在核查意见上签名、盖章。 发行人的控股股东、实际控制人应当对招股说明书出具确认意见，并签名、盖章。	
第四十二条　招股说明书引用的财务报表在其最近一期截止日后六个月内有效。特别情况下发行人可申请适当延长，但至多不超过一个月。财务报表应当以年度末、半年度末或者季度末为截止日。	第三十七条　招股说明书引用的财务报表在其最近一期截止日后六个月内有效。特别情况下发行人可申请适当延长，但至多不超过一个月。财务报表应当以年度末、半年度末或者季度末为截止日。	
第四十三条　招股说明书的有效期为六个月，自中国证监会核准前招股说明书最后一次签署之日起计算。	第三十八条　招股说明书的有效期为六个月，自公开发行前招股说明书最后一次签署之日起计算。	说法有调整,旧的为证监会核准前,新的为公开发行前
第四十四条　申请文件受理后、发行审核委员会审核前，发行人应当在中国证监会网站预先披露招股说明书（申报稿）。发行人可在公司网站刊登招股说明书（申报稿），所披露的内容应当一致，且不得早于在中国证监会网站披露的时间。	第三十九条　发行人申请文件受理后，应当及时在中国证监会网站预先披露招股说明书（申报稿）。发行人可在公司网站刊登招股说明书（申报稿），所披露的内容应当一致，且不得早于在中国证监会网站披露的时间。	删掉了披露时间上的【发行审核委员会审核前】的要求
—	第四十条　发行人及保荐人应当对预先披露的招股说明书（申报稿）负责，一经申报及预披露，不得随意更改，并确保不存在故意隐瞒及重大差错。	新增

续表

2006 版管理办法	2015 版管理办法	说明
第四十五条　预先披露的招股说明书（申报稿）不能含有股票发行价格信息。 发行人应当在预先披露的招股说明书（申报稿）的显要位置声明："本公司的发行申请尚未得到中国证监会核准。本招股说明书（申报稿）不具有据以发行股票的法律效力，仅供预先披露之用。投资者应当以正式公告的招股说明书作为投资决定的依据。"	第四十一条　预先披露的招股说明书（申报稿）不能含有股票发行价格信息。 发行人应当在预先披露的招股说明书（申报稿）的显要位置作如下声明："本公司的发行申请尚未得到中国证监会核准。本招股说明书（申报稿）不具有据以发行股票的法律效力，仅供预先披露之用。投资者应当以正式公告的招股说明书作为投资决定的依据。"	无变化
第四十六条　发行人及其全体董事、监事和高级管理人员应当保证预先披露的招股说明书（申报稿）的内容真实、准确、完整。	第四十二条　发行人及其全体董事、监事和高级管理人员应当保证预先披露的招股说明书（申报稿）的内容真实、准确、完整、及时。	增加【及时】的要求
第四十七条　发行人股票发行前应当在中国证监会指定网站全文刊登招股说明书，同时在中国证监会指定报刊刊登提示性公告，告知投资者网上刊登的地址及获取文件的途径。 发行人应当将招股说明书披露于公司网站，时间不得早于前款规定的刊登时间。	第四十三条　发行人股票发行前应当在中国证监会指定网站全文刊登招股说明书，同时在中国证监会指定报刊刊登提示性公告，告知投资者网上刊登的地址及获取文件的途径。 发行人应当将招股说明书披露于公司网站，时间不得早于前款规定的刊登时间。	无变化
第四十八条　保荐人出具的发行保荐书、证券服务机构出具的文件及其他与发行有关的重要文件应当作为招股说明书备查文件，在中国证监会指定网站和公司网站披露。	第四十四条　保荐人出具的发行保荐书、证券服务机构出具的文件及其他与发行有关的重要文件应当作为招股说明书备查文件，在中国证监会指定网站和公司网站披露。	无变化
第四十九条　发行人应当将招股说明书及备查文件置备于发行人、拟上市证券交易所、保荐人、主承销商和其他承销机构的住所，以备公众查阅。	第四十五条　发行人应当将招股说明书及备查文件置备于发行人、拟上市证券交易所、保荐人、主承销商和其他承销机构的住所，以备公众查阅。	无变化
第五十条　申请文件受理后至发行人发行申请经中国证监会核准、依法刊登招股说明书前，发行人及与本次发行有关的当事人不得以广告、说明会等方式为公开发行股票进行宣传。	第四十六条　申请文件受理后至发行人发行申请经中国证监会核准、依法刊登招股说明书前，发行人及与本次发行有关的当事人不得以广告、说明会等方式为公开发行股票进行宣传。	无变化

续表

2006 版管理办法	2015 版管理办法	说明
第五章监督管理和法律责任	第五章监督管理和法律责任	
第五十一条　证券交易所应当建立适合创业板特点的上市、交易、退市等制度，督促保荐人履行持续督导义务，对违反有关法律、法规以及交易所业务规则的行为，采取相应的监管措施。	第四十七条　证券交易所应当建立适合创业板特点的上市、交易、退市等制度，加强对相关当事人履行公开承诺行为的监督和约束，督促保荐人履行持续督导义务，对违反有关法律、法规、交易所业务规则以及不履行承诺的行为，及时采取相应的监管措施。	增加对承诺的要求，且交易所必须【及时】采取监管措施
第五十二条　证券交易所应当建立适合创业板特点的市场风险警示及投资者持续教育的制度，督促发行人建立健全维护投资者权益的制度以及防范和纠正违法违规行为的内部控制体系。	第四十八条　证券交易所应当建立适合创业板特点的市场风险警示及投资者持续教育的制度，督促发行人建立健全保护投资者合法权益的制度以及防范和纠正违法违规行为的内部控制体系。	维护改保护,增加合法两字
	第四十九条　自申请文件受理之日起，发行人及其控股股东、实际控制人、董事、监事、高级管理人员以及保荐人、证券服务机构及相关人员即对发行申请文件的真实性、准确性、完整性、及时性承担相应的法律责任。 发行人的发行申请文件和信息披露文件存在自相矛盾或者同一事实表述不一致且有实质性差异的，中国证监会将中止审核并自确认之日起十二个月内不受理相关保荐代表人推荐的发行申请。	
第五十三条　发行人向中国证监会报送的发行申请文件有虚假记载、误导性陈述或者重大遗漏的，发行人不符合发行条件以欺骗手段骗取发行核准的，发行人以不正当手段干扰中国证监会及其发行审核委员会审核工作的，发行人或其董事、监事、高级管理人员、控股股东、实际控制人的签名、盖章系伪造或者变造的，发行人及与本次发行有关的当事人违反本办法规定为公开发行股票进行宣传的，中国证监会将采取终止审核并在三十六个月内不受理发行人的股票发行申请的监管措施，并依照《证券法》的有关规定进行处罚。	第五十条　发行人向中国证监会报送的发行申请文件有虚假记载、误导性陈述或者重大遗漏的，中国证监会将终止审核并自确认之日起三十六个月内不受理发行人的发行申请，并依照《证券法》的有关规定进行处罚；致使投资者在证券交易中遭受损失的，发行人及其控股股东、实际控制人、董事、监事、高级管理人员以及保荐人、证券服务机构应当依法承担赔偿责任。	旧条文的五十三条拆分成新条文的五十条和五十一条；新增了对投资者保护。

续表

2006 版管理办法	2015 版管理办法	说明
—	第五十一条　发行人不符合发行条件以欺骗手段骗取发行核准的，发行人以不正当手段干扰中国证监会及其发行审核委员会审核工作的，发行人或其董事、监事、高级管理人员、控股股东、实际控制人的签名、盖章系伪造或者变造的，发行人及与本次发行有关的当事人违反本办法规定为公开发行股票进行宣传的，中国证监会将终止审核并自确认之日起三十六个月内不受理发行人的发行申请，并依照《证券法》的有关规定进行处罚。	由原条文拆分出来
第五十四条　保荐人出具有虚假记载、误导性陈述或者重大遗漏的发行保荐书的，保荐人以不正当手段干扰中国证监会及其发行审核委员会审核工作的，保荐人或其相关签名人员的签名、盖章系伪造或变造的，或者不履行其他法定职责的，依照《证券法》和保荐制度的有关规定处理。	第五十二条　保荐人出具有虚假记载、误导性陈述或者重大遗漏的发行保荐书的，保荐人以不正当手段干扰中国证监会及其发行审核委员会审核工作的，保荐人或其相关签名人员的签名、盖章系伪造或变造的，或者不履行其他法定职责的，依照《证券法》和保荐制度的有关规定处理。	无变化
第五十五条　证券服务机构未勤勉尽责，所制作、出具的文件有虚假记载、误导性陈述或者重大遗漏的，中国证监会将采取十二个月内不接受相关机构出具的证券发行专项文件，三十六个月内不接受相关签名人员出具的证券发行专项文件的监管措施，并依照《证券法》及其他相关法律、行政法规和规章的规定进行处罚。	第五十三条　证券服务机构未勤勉尽责，所制作、出具的文件有虚假记载、误导性陈述或者重大遗漏的，中国证监会将自确认之日起十二个月内不接受相关机构出具的证券发行专项文件，三十六个月内不接受相关签名人员出具的证券发行专项文件，并依照《证券法》及其他相关法律、行政法规和规章的规定进行处罚；给他人造成损失的，应当依法承担赔偿责任。	增加了处罚时间的起算时间从【自确认之日】；规定对他造成损失的应当依法承担赔偿责任。

续表

2006 版管理办法	2015 版管理办法	说明
第五十六条　发行人、保荐人或证券服务机构制作或者出具文件不符合要求，擅自改动已提交文件的，或者拒绝答复中国证监会审核提出的相关问题的，中国证监会将视情节轻重，对相关机构和责任人员采取监管谈话、责令改正等监管措施，记入诚信档案并公布；情节特别严重的，给予警告。	第五十四条　发行人、保荐人或证券服务机构制作或者出具文件不符合要求，擅自改动招股说明书或者其他已提交文件的，或者拒绝答复中国证监会审核提出的相关问题的，中国证监会将视情节轻重，对相关机构和责任人员采取监管谈话、责令改正等监管措施，记入诚信档案并公布；情节严重的，给予警告等行政处罚。	原条文是情节【特别】严重的，才给予警告,但是没有别的处罚。新条文规定,只要达到情节严重,就能给予警告处罚，且一个【等】字，说明还可以有其他行政处罚。
第五十七条　发行人披露盈利预测的，利润实现数如未达到盈利预测的百分之八十，除因不可抗力外，其法定代表人、盈利预测审核报告签名注册会计师应当在股东大会及中国证监会指定网站、报刊上公开作出解释并道歉；中国证监会可以对法定代表人处以警告。 利润实现数未达到盈利预测的百分之五十的，除因不可抗力外，中国证监会在三十六个月内不受理该公司的公开发行证券申请。	第五十五条　发行人披露盈利预测，利润实现数如未达到盈利预测的百分之八十的，除因不可抗力外，其法定代表人、财务负责人应当在股东大会及中国证监会指定网站、报刊上公开作出解释并道歉；情节严重的，中国证监会给予警告等行政处罚。 利润实现数未达到盈利预测的百分之五十的，除因不可抗力外，中国证监会还可以自确认之日起三十六个月内不受理该公司的公开发行证券申请。 注册会计师为上述盈利预测出具审核报告的过程中未勤勉尽责的，中国证监会将视情节轻重，对相关机构和责任人员采取监管谈话等监管措施，记入诚信档案并公布；情节严重的，给予警告等行政处罚。	删掉了盈利预测不到80%时对盈利预测注册会计师的处罚要求；只考虑注册会计师是否未勤勉尽责。原来不区分情节严重与否,证监会有

续表

2006 版管理办法	2015 版管理办法	说明
		自由裁量权，【可以】对法定代表人警告。新的条文规定，情节严重，中国证监会【给予】警告灯行政处罚，即没有限定仅对法定代表人，也能给予其他类型的行政处罚。时间起算是确认之日
第六章附则	第六章附则	
第五十八条　本办法自 2009 年 5 月 1 日起施行。	第五十六条本办法自公布之日起施行。《首次公开发行股票并在创业板上市管理暂行办法》（证监会令第 61 号）、《关于进一步做好创业板推荐工作的指引》（证监会公告〔2010〕8 号）同时废止。	

附录五：本书引用的案例索引表

第二部分　新三板企业申报 IPO 的重点法律问题

序号	章	节	主要问题	案例名称及申报文件出处
1	第二章　股东出资	第一节　出资的要求和形式	发明专利作价增资	丹邦科技招股说明书 17 页
2	第二章　股东出资	第二节　出资不实	在职职工（部分为股东）向发行人提供借款	通裕重工招股说明书第 223 页
3	第二章　股东出资	第三节　出资问题的规范	补足的资产记入资本公积	帝龙新材招股书第 121 页
4	第二章　股东出资	第三节　出资问题的规范	借款出资	信质电机补充法律意见第 51 页
5	第二章　股东出资	第三节　出资问题的规范	出资未评估	梅花伞招股说明书第 42 页
6	第二章　股东出资	第三节　出资问题的规范	审计机构不具有证券从业资格	恒星科技招股说明书第 34 页
7	第三章　股份公司的设立	第三节　整体变更中需要注意的问题	整体变更未进行资产评估	华凯创意律师工作报告第 24 页
8	第三章　股份公司的设立	第三节　整体变更中需要注意的问题	股改期间股权转让	亿纬锂能律师工作报告第 25 页
9	第三章　股份公司的设立	第三节　整体变更中需要注意的问题	未经审计的整体变更，股份公司改回有限公司	新华龙招股说明书第 41 页
10	第四章　独立性	第二节　独立性的审核要求	向关联方租赁经营性资产	星星科技招股说明书第 140 页
11	第五章　股东和实际控制人	第一节　股东的适格要求	工会持股	翔鹭钨业招股说明书第 85 页
12	第五章　股东和实际控制人	第二节　股权代持	由于持股人数限制导致的代持	新联电子律师工作报告第 18 页 雪人股份补充法律意见书一第 11 页
13	第五章　股东和实际控制人	第三节　控股股东和实际控制人的认定	持股比例较低被认定为实际控制人	和而泰招股说明书第 4 页

续表

序号	章	节	主要问题	案例名称及申报文件出处
14	第五章　股东和实际控制人	第三节　控股股东和实际控制人的认定	通过委托持股方式加强实际控制人控制权	多氟多招股说明书第83页
15	第五章　股东和实际控制人	第三节　控股股东和实际控制人的认定	多人控制、包括家庭成员和管理层	银河电子招股说明书第88页
16	第五章　股东和实际控制人	第三节　控股股东和实际控制人的认定	无实际控制人	三聚环保补充法律意见书（一）第35页
17	第五章　股东和实际控制人	第三节　控股股东和实际控制人的认定	无实际控制人	天源迪科补充律师工作报告二第3页
18	第五章　股东和实际控制人	第三节　控股股东和实际控制人的认定	共同控制的多人中少数人发生变化	科泰电源补充法律意见书一第49页
19	第九章　同业竞争	第二节　存在同业竞争的实质性判断标准	考察产品或者服务的销售区域或销售对象	中粮地产配股说明书第106页
20	第九章　同业竞争	第二节　存在同业竞争的实质性判断标准	通过经营地域、市场区域划分论证不构成同业竞争	八一钢铁收购报告书第20页
21	第九章　同业竞争	第二节　存在同业竞争的实质性判断标准	考察发行人所在行业的行业特点和业务运作方式	银座股份配股说明书第57页
22	第九章　同业竞争	第二节　存在同业竞争的实质性判断标准	有时候在细分产品时，还可能考察产品生产环节是否存在重大差异	晋亿实业招股说明书第115页
23	第九章　同业竞争	第二节　存在同业竞争的实质性判断标准	有时候在细分产品时，还可能考察产品生产环节是否存在重大差异	汉钟精机招股说明书第109页

续表

序号	章	节	主要问题	案例名称及申报文件出处
24	第九章　同业竞争	第三节　解决同业竞争的主要方法	收购销售公司	爱康科技招股说明书第 160 页
25	第九章　同业竞争	第三节　解决同业竞争的主要方法	发行人吸收合并关联企业	百润股份招股说明书第 33、43 页
26	第九章　同业竞争	第三节　解决同业竞争的主要方法	清算注销经营不善的关联企业	星星科技招股说明书第 138 页
27	第九章　同业竞争	第四节　有关同业竞争的几个特殊问题	持有发行人 5% 以上股权股东的同业竞争	万科招股意向书第 95 页
28	第九章　同业竞争	第四节　有关同业竞争的几个特殊问题	PE 同业投资被否	亿邦制药招股说明书第 147、152、293 页
29	第九章　同业竞争	第四节　有关同业竞争的几个特殊问题	直投业务的同业不竞争案例	中原证券补充法律意见书三第 18 页
30	第九章　同业竞争	第四节　有关同业竞争的几个特殊问题	直系亲属拥有相竞争业务	锐奇股份补充法律意见书二第 19 页
31	第九章　同业竞争	第四节　有关同业竞争的几个特殊问题	公司与实际控制人关系密切的家庭成员控制的企业不存在同业竞争	欣天科技招股书第 135 页
32	第九章　同业竞争	第四节　有关同业竞争的几个特殊问题	非实际控制人直系亲属控制的同业竞争公司不需清理	江苏新美星包装机械招股说明书第 1－1－141 页
33	第九章　同业竞争	第四节　有关同业竞争的几个特殊问题	旁系亲属不认定同业竞争	江山欧派门业股份有限公司招股意向书附录第 5－6－2 页
34	第九章　同业竞争	第四节　有关同业竞争的几个特殊问题	省国资委控制的其他企业不属于同业竞争	郑煤机招股说明书第 188 页

续表

序号	章	节	主要问题	案例名称及申报文件出处
35	第九章　同业竞争	第四节　有关同业竞争的几个特殊问题	市国资委控制的其他企业不属于同业竞争	天桥起重招股说明书第 176 页
36	第九章　同业竞争	第四节　有关同业竞争的几个特殊问题	一致行动人的同业竞争	深圳财富招股说明书第 126 页
37	第十章　公司的主要财产	第二节　无形资产	划拨转出让补缴出让金	永贵电器补充法律意见书一第 18 页
38	第十一章　公司的董事、监事与高级管理人员	第一节　董事、监事与高级管理人员任职资格	公务员因工作需要在机关外兼职	湘邮科技
39	第十一章　公司的董事、监事与高级管理人员	第一节　董事、监事与高级管理人员任职资格	高校教授任上市公司董事长、法人，实际控制人	以岭药业
40	第十一章　公司的董事、监事与高级管理人员	第一节　董事、监事与高级管理人员任职资格	高校党政领导班子成员在上市公司兼职，涉嫌违规	现代投资、南纺股份
41	第十一章　公司的董事、监事与高级管理人员	第一节　董事、监事与高级管理人员任职资格	未取得中国注册会计师资格是否属于会计专业人士	《高能科技招股意向书附录二》第 5－3－1－29 页
42	第十一章　公司的董事、监事与高级管理人员	第二节　竞业禁止和竞业限制	竞业限制未支付经济补偿	麦捷科技补充法律意见书四第 4 页
43	第十一章　公司的董事、监事与高级管理人员	第二节　竞业禁止和竞业限制	依据身份认定是否违反竞业禁止规定	美亚光电补充法律意见书五第 2 页
44	第十一章　公司的董事、监事与高级管理人员	第二节　竞业禁止和竞业限制	有竞业禁止协议但未支付补偿	利亚德补充法律意见书一第 9 页
45	第十二章　公司的税务与补贴	第一节　公司的税务	地方政府给予的与国家税收管理管理不一致的税收优惠	海普瑞招股意向书第 27 页

续表

序号	章	节	主要问题	案例名称及申报文件出处
46	第十三章 环境保护和产品质量	第二节 过往环保核查的内容和程序	发行人的生产安全和环境保护情况	博敏电子补充法律意见书五第11－4－23页
47	第十三章 环境保护和产品质量	第三节 环境保护的查验要点和注意事项	外协厂商环保方面是否合法合规	清源股份招股意向书附录二第5－1－5－53页清源股份补充法律意见书四
48	第十四章 诉讼、仲裁及行政处罚	第二节 重大违法与行政处罚	董事、监事及高级管理人员曾受过刑事处罚	新易盛招股说明书第258页
49	第十四章 诉讼、仲裁及行政处罚	第二节 重大违法与行政处罚	实际控制人曾受过刑事处罚	新天然气招股说明书第37页
50	第十五章 员工的劳动合同和社会保险	第一节 劳动合同和劳务派遣	劳务派遣	秀强股份招股说明书第61页
51	第十五章 员工的劳动合同和社会保险	第一节 劳动合同和劳务派遣	劳务派遣	三全食品招股说明书第61页
52	第十五章 员工的劳动合同和社会保险	第二节 社会保险和住房公积金	为非全日制用工办理了有关保险	煌上煌招股说明书第1－1－68页
53	第十五章 员工的劳动合同和社会保险	第二节 社会保险和住房公积金	员工自愿放弃社保是否可行、退休员工、实习生是否需缴纳社保	世纪天鸿补充法律意见书四第25页
54	第十五章 员工的劳动合同和社会保险	第二节 社会保险和住房公积金	缴费基数如何确定	宝钢包装补充法律意见书二第5－1－3－38页
55	第十五章 员工的劳动合同和社会保险	第二节 社会保险和住房公积金	委托中介机构代为缴纳社保和公积金	暴风集团保荐工作报告第3－1－2－50页

第三部分 新三板企业申报IPO的特殊法律问题

序号	章	节	主要问题	案例名称及申报文件出处
1	第二章 信息披露差异	第一节 信息披露差异综述及有关案例	信息披露差异	拓斯达补充法律补充法律意见书三第4页
2	第二章 信息披露差异	第一节 信息披露差异综述及有关案例	信息披露差异	安信证券拓斯达保荐书第3-1-1-10页
3	第二章 信息披露差异	第一节 信息披露差异综述及有关案例	信息披露差异	九典制药补充法律意见书第2-3-1-39页
4	第二章 信息披露差异	第二节 全国股转公司的有关要求及处理建议	挂牌时遗漏披露处罚事项	海容冷链公开转让说明书的更正公告
5	第二章 信息披露差异	第二节 全国股转公司的有关要求及处理建议	挂牌时客户披露信息有误	世纪天鸿补充法律意见书三第28页
6	第三章 股东人数超过200人	第二节 新三板公司股东超过200人申请IPO	对是否存在股东超过200人的情形进行核查	九典制药补充法律意见书二第30页
7	第三章 股东人数超过200人	第二节 新三板公司股东超过200人申请IPO	对是否存在股东超过200人的情形进行核查	拓斯达补充法律意见（三）第5-1-4-4页
8	第四章 同业竞争	——	同业竞争问题涉及新三板挂牌时的披露与承诺	阿科力补充法律意见书五第19页
	第四章 同业竞争	——	是否存在同业竞争	佩蒂股份补充法律意见书三第26页
9	第五章 挂牌期间的交易情况、合法合规性及股权纠纷	——	挂牌期间的交易	君泽君补充法律意见书三第4页
10	第五章 挂牌期间的交易情况、合法合规性及股权纠纷	——	是否存在内幕交易情形	安控股份补充法律意见书一第15页

续表

序号	章	节	主要问题	案例名称及申报文件出处
11	第五章　挂牌期间的交易情况、合法合规性及股权纠纷	——	挂牌期间股权转让是否存在纠纷	康斯特补充法律意见书一第 24 页
12	第五章　挂牌期间的交易情况、合法合规性及股权纠纷	第二节　股权纠纷	是否存在股权纠纷	拓斯达补充法律意见书三第 96 页
13	第五章　挂牌期间的交易情况、合法合规性及股权纠纷	第二节　股权纠纷	是否存在股权纠纷	世纪天鸿补充法律意见书三第 28 页
14	第五章　挂牌期间的交易情况、合法合规性及股权纠纷	第二节　股权纠纷	增资原因、价格、资金来源及是否存在对赌	新天药业补充法律意见书四第 15 页
15	第六章　三类股东	第一节　“三类股东”的概念、对 IPO 的影响和审核关注要点	二级股东有资管计划（工商登记为其管理人招商财富）	海辰药业补充法律意见书（四）第 166 页
16	第七章　挂牌期间规范运作	——	自律监管措施是否属于行政处罚	世纪天鸿补充法律意见书三第 28 页

附录六：《首次公开发行股票并上市管理办法》（2018 修正）、《首次公开发行股票并在创业板上市管理办法》（2018 修正）、《律师事务所从事证券法律业务管理办法》、《律师事务所证券法律业务执业规则（试行）》

首次公开发行股票并上市管理办法

（2006 年 5 月 17 日中国证券监督管理委员会第 180 次主席办公会议审议通过　根据2015 年 12 月 30 日中国证券监督管理委员会《关于修改〈首次公开发行股票并上市管理办法〉的决定》第一次修正　根据 2018 年 6 月 6 日中国证券监督管理委员会《关于修改〈首次公开发行股票并上市管理办法〉的决定》第二次修正）

第一章　总　　则

第一条　为了规范首次公开发行股票并上市的行为，保护投资者的合法权益和社会公共利益，根据《证券法》《公司法》，制定本办法。

第二条　在中华人民共和国境内首次公开发行股票并上市，适用本办法。

境内公司股票以外币认购和交易的，不适用本办法。

第三条　首次公开发行股票并上市，应当符合《证券法》《公司法》和本办法规定的发行条件。

第四条　发行人依法披露的信息，必须真实、准确、完整，不得有虚假记载、误导性陈述或者重大遗漏。

第五条　保荐人及其保荐代表人应当遵循勤勉尽责、诚实守信的原则，认真履行审慎核查和辅导义务，并对其所出具的发行保荐书的真实性、准确性、完整性负责。

第六条　为证券发行出具有关文件的证券服务机构和人员，应当按照本行业公认的业务标准和道德规范，严格履行法定职责，并对其所出具文件的真实性、准确性和完整性负责。

第七条 中国证券监督管理委员会（以下简称中国证监会）对发行人首次公开发行股票的核准，不表明其对该股票的投资价值或者投资者的收益作出实质性判断或者保证。股票依法发行后，因发行人经营与收益的变化引致的投资风险，由投资者自行负责。

第二章 发行条件

第一节 主体资格

第八条 发行人应当是依法设立且合法存续的股份有限公司。

经国务院批准，有限责任公司在依法变更为股份有限公司时，可以采取募集设立方式公开发行股票。

第九条 发行人自股份有限公司成立后，持续经营时间应当在3年以上，但经国务院批准的除外。

有限责任公司按原账面净资产值折股整体变更为股份有限公司的，持续经营时间可以从有限责任公司成立之日起计算。

第十条 发行人的注册资本已足额缴纳，发起人或者股东用作出资的资产的财产权转移手续已办理完毕，发行人的主要资产不存在重大权属纠纷。

第十一条 发行人的生产经营符合法律、行政法规和公司章程的规定，符合国家产业政策。

第十二条 发行人最近3年内主营业务和董事、高级管理人员没有发生重大变化，实际控制人没有发生变更。

第十三条 发行人的股权清晰，控股股东和受控股股东、实际控制人支配的股东持有的发行人股份不存在重大权属纠纷。

第二节 规范运行

第十四条 发行人已经依法建立健全股东大会、董事会、监事会、独立董事、董事会秘书制度，相关机构和人员能够依法履行职责。

第十五条 发行人的董事、监事和高级管理人员已经了解与股票发行上市有关的法律法规，知悉上市公司及其董事、监事和高级管理人员的法定义务和责任。

第十六条 发行人的董事、监事和高级管理人员符合法律、行政法规和规章规定的任职资格，且不得有下列情形：

（一）被中国证监会采取证券市场禁入措施尚在禁入期的；

（二）最近 36 个月内受到中国证监会行政处罚，或者最近 12 个月内受到证券交易所公开谴责；

（三）因涉嫌犯罪被司法机关立案侦查或者涉嫌违法违规被中国证监会立案调查，尚未有明确结论意见。

第十七条 发行人的内部控制制度健全且被有效执行，能够合理保证财务报告的可靠性、生产经营的合法性、营运的效率与效果。

第十八条 发行人不得有下列情形：

（一）最近 36 个月内未经法定机关核准，擅自公开或者变相公开发行过证券；或者有关违法行为虽然发生在 36 个月前，但目前仍处于持续状态；

（二）最近 36 个月内违反工商、税收、土地、环保、海关以及其他法律、行政法规，受到行政处罚，且情节严重；

（三）最近 36 个月内曾向中国证监会提出发行申请，但报送的发行申请文件有虚假记载、误导性陈述或重大遗漏；或者不符合发行条件以欺骗手段骗取发行核准；或者以不正当手段干扰中国证监会及其发行审核委员会审核工作；或者伪造、变造发行人或其董事、监事、高级管理人员的签字、盖章；

（四）本次报送的发行申请文件有虚假记载、误导性陈述或者重大遗漏；

（五）涉嫌犯罪被司法机关立案侦查，尚未有明确结论意见；

（六）严重损害投资者合法权益和社会公共利益的其他情形。

第十九条 发行人的公司章程中已明确对外担保的审批权限和审议程序，不存在为控股股东、实际控制人及其控制的其他企业进行违规担保的情形。

第二十条 发行人有严格的资金管理制度，不得有资金被控股股东、实际控制人及其控制的其他企业以借款、代偿债务、代垫款项或者其他方式占用的情形。

第三节 财务与会计

第二十一条 发行人资产质量良好，资产负债结构合理，盈利能力较强，现金流量正常。

第二十二条　发行人的内部控制在所有重大方面是有效的，并由注册会计师出具了无保留结论的内部控制鉴证报告。

第二十三条　发行人会计基础工作规范，财务报表的编制符合企业会计准则和相关会计制度的规定，在所有重大方面公允地反映了发行人的财务状况、经营成果和现金流量，并由注册会计师出具了无保留意见的审计报告。

第二十四条　发行人编制财务报表应以实际发生的交易或者事项为依据；在进行会计确认、计量和报告时应当保持应有的谨慎；对相同或者相似的经济业务，应选用一致的会计政策，不得随意变更。

第二十五条　发行人应完整披露关联方关系并按重要性原则恰当披露关联交易。关联交易价格公允，不存在通过关联交易操纵利润的情形。

第二十六条　发行人应当符合下列条件：

（一）最近 3 个会计年度净利润均为正数且累计超过人民币 3000 万元，净利润以扣除非经常性损益前后较低者为计算依据；

（二）最近 3 个会计年度经营活动产生的现金流量净额累计超过人民币 5000 万元；或者最近 3 个会计年度营业收入累计超过人民币 3 亿元；

（三）发行前股本总额不少于人民币 3000 万元；

（四）最近一期末无形资产（扣除土地使用权、水面养殖权和采矿权等后）占净资产的比例不高于 20%；

（五）最近一期末不存在未弥补亏损。

中国证监会根据《关于开展创新企业境内发行股票或存托凭证试点的若干意见》等规定认定的试点企业（以下简称试点企业），可不适用前款第（一）项、第（五）项规定。

第二十七条　发行人依法纳税，各项税收优惠符合相关法律法规的规定。发行人的经营成果对税收优惠不存在严重依赖。

第二十八条　发行人不存在重大偿债风险，不存在影响持续经营的担保、诉讼以及仲裁等重大或有关事项。

第二十九条　发行人申报文件中不得有下列情形：

（一）故意遗漏或虚构交易、事项或者其他重要信息；

（二）滥用会计政策或者会计估计；

（三）操纵、伪造或篡改编制财务报表所依据的会计记录或者相关凭证。

第三十条 发行人不得有下列影响持续盈利能力的情形：

（一）发行人的经营模式、产品或服务的品种结构已经或者将发生重大变化，并对发行人的持续盈利能力构成重大不利影响；

（二）发行人的行业地位或发行人所处行业的经营环境已经或者将发生重大变化，并对发行人的持续盈利能力构成重大不利影响；

（三）发行人最近1个会计年度的营业收入或净利润对关联方或者存在重大不确定性的客户存在重大依赖；

（四）发行人最近1个会计年度的净利润主要来自合并财务报表范围以外的投资收益；

（五）发行人在用的商标、专利、专有技术以及特许经营权等重要资产或技术的取得或者使用存在重大不利变化的风险；

（六）其他可能对发行人持续盈利能力构成重大不利影响的情形。

第三章 发行程序

第三十一条 发行人董事会应当依法就本次股票发行的具体方案、本次募集资金使用的可行性及其他必须明确的事项作出决议，并提请股东大会批准。

第三十二条 发行人股东大会就本次发行股票作出的决议，至少应当包括下列事项：

（一）本次发行股票的种类和数量；

（二）发行对象；

（三）价格区间或者定价方式；

（四）募集资金用途；

（五）发行前滚存利润的分配方案；

（六）决议的有效期；

（七）对董事会办理本次发行具体事宜的授权；

（八）其他必须明确的事项。

第三十三条 发行人应当按照中国证监会的有关规定制作申请文件，由保荐人保荐并向中国证监会申报。

特定行业的发行人应当提供管理部门的相关意见。

第三十四条　中国证监会收到申请文件后，在5个工作日内作出是否受理的决定。

第三十五条　中国证监会受理申请文件后，由相关职能部门对发行人的申请文件进行初审，并由发行审核委员会审核。

第三十六条　中国证监会在初审过程中，将征求发行人注册地省级人民政府是否同意发行人发行股票的意见。

第三十七条　中国证监会依照法定条件对发行人的发行申请作出予以核准或者不予核准的决定，并出具相关文件。

自中国证监会核准发行之日起，发行人应在6个月内发行股票；超过6个月未发行的，核准文件失效，须重新经中国证监会核准后方可发行。

第三十八条　发行申请核准后、股票发行结束前，发行人发生重大事项的，应当暂缓或者暂停发行，并及时报告中国证监会，同时履行信息披露义务。影响发行条件的，应当重新履行核准程序。

第三十九条　股票发行申请未获核准的，自中国证监会作出不予核准决定之日起6个月后，发行人可再次提出股票发行申请。

第四章　信息披露

第四十条　发行人应当按照中国证监会的有关规定编制和披露招股说明书。

第四十一条　招股说明书内容与格式准则是信息披露的最低要求。不论准则是否有明确规定，凡是对投资者作出投资决策有重大影响的信息，均应当予以披露。

第四十二条　发行人应当在招股说明书中披露已达到发行监管对公司独立性的基本要求。

第四十三条　发行人及其全体董事、监事和高级管理人员应当在招股说明书上签字、盖章，保证招股说明书的内容真实、准确、完整。保荐人及其保荐代表人应当对招股说明书的真实性、准确性、完整性进行核查，并在核查意见上签字、盖章。

第四十四条 招股说明书中引用的财务报表在其最近一期截止日后 6 个月内有效。特别情况下发行人可申请适当延长，但至多不超过 1 个月。财务报表应当以年度末、半年度末或者季度末为截止日。

第四十五条 招股说明书的有效期为 6 个月，自中国证监会核准发行申请前招股说明书最后一次签署之日起计算。

第四十六条 申请文件受理后、发行审核委员会审核前，发行人应当将招股说明书（申报稿）在中国证监会网站（www. csrc. gov. cn）预先披露。发行人可以将招股说明书（申报稿）刊登于其企业网站，但披露内容应当完全一致，且不得早于在中国证监会网站的披露时间。

第四十七条 发行人及其全体董事、监事和高级管理人员应当保证预先披露的招股说明书（申报稿）的内容真实、准确、完整。

第四十八条 预先披露的招股说明书（申报稿）不是发行人发行股票的正式文件，不能含有价格信息，发行人不得据此发行股票。

发行人应当在预先披露的招股说明书（申报稿）的显要位置声明："本公司的发行申请尚未得到中国证监会核准。本招股说明书（申报稿）不具有据以发行股票的法律效力，仅供预先披露之用。投资者应当以正式公告的招股说明书全文作为作出投资决定的依据。"

第四十九条 发行人股票发行前只需在一种中国证监会指定报刊刊登提示性公告，告知投资者网上刊登的地址。同时将招股说明书全文和摘要刊登于中国证监会指定的网站并将招股说明书全文置于发行人住所、拟上市证券交易所、保荐人、主承销商和其他承销机构的住所，以备公众查阅。

第五十条 保荐人出具的发行保荐书、证券服务机构出具的有关文件应当作为招股说明书的备查文件，在中国证监会指定的网站上披露，并置备于发行人住所、拟上市证券交易所、保荐人、主承销商和其他承销机构的住所，以备公众查阅。

第五十一条 发行人可以将招股说明书摘要、招股说明书全文、有关备查文件刊登于其他报刊和网站，但披露内容应当完全一致，且不得早于在中国证监会指定报刊和网站的披露时间。

第五章 监管和处罚

第五十二条 发行人向中国证监会报送的发行申请文件有虚假记载、误导性陈述或者重大遗漏的，发行人不符合发行条件以欺骗手段骗取发行核准的，发行人以不正当手段干扰中国证监会及其发行审核委员会审核工作的，发行人或其董事、监事、高级管理人员的签字、盖章系伪造或者变造的，除依照《证券法》的有关规定处罚外，中国证监会将采取终止审核并在36个月内不受理发行人的股票发行申请的监管措施。

第五十三条 保荐人出具有虚假记载、误导性陈述或者重大遗漏的发行保荐书，保荐人以不正当手段干扰中国证监会及其发行审核委员会审核工作的，保荐人或其相关签字人员的签字、盖章系伪造或变造的，或者不履行其他法定职责的，依照《证券法》和保荐制度的有关规定处理。

第五十四条 证券服务机构未勤勉尽责，所制作、出具的文件有虚假记载、误导性陈述或者重大遗漏的，除依照《证券法》及其他相关法律、行政法规和规章的规定处罚外，中国证监会将采取12个月内不接受相关机构出具的证券发行专项文件，36个月内不接受相关签字人员出具的证券发行专项文件的监管措施。

第五十五条 发行人、保荐人或证券服务机构制作或者出具的文件不符合要求，擅自改动已提交的文件，或者拒绝答复中国证监会审核中提出的相关问题的，中国证监会将视情节轻重，对相关机构和责任人员采取监管谈话、责令改正等监管措施，记入诚信档案并公布；情节特别严重的，给予警告。

第五十六条 发行人公开发行证券上市当年即亏损的，中国证监会自确认之日起暂停保荐机构的保荐机构资格3个月，撤销相关人员的保荐代表人资格，尚未盈利的试点企业除外。

第五十七条 发行人披露盈利预测的，利润实现数如未达到盈利预测的80%，除因不可抗力外，其法定代表人、盈利预测审核报告签字注册会计师应当在股东大会及中国证监会指定报刊上公开作出解释并道歉；中国证监会可以对法定代表人处以警告。

利润实现数未达到盈利预测的50%的，除因不可抗力外，中国证监会在36个月内不受理该公司的公开发行证券申请。

第六章　附　　则

第五十八条　在中华人民共和国境内，首次公开发行股票且不上市的管理办法，由中国证监会另行规定。

第五十九条　本办法自 2006 年 5 月 18 日起施行。《关于股票发行工作若干规定的通知》（证监〔1996〕12 号）、《关于做好 1997 年股票发行工作的通知》（证监〔1997〕13 号）、《关于股票发行工作若干问题的补充通知》（证监〔1998〕8 号）、《关于对拟发行上市企业改制情况进行调查的通知》（证监发字〔1998〕259 号）、《关于对拟公开发行股票公司改制运行情况进行调查的通知》（证监发〔1999〕4 号）、《关于拟发行股票公司聘请审计机构等问题的通知》（证监发行字〔2000〕131 号）和《关于进一步规范股票首次发行上市有关工作的通知》（证监发行字〔2003〕116 号）同时废止。

首次公开发行股票并在创业板上市管理办法

（2014 年 2 月 11 日中国证券监督管理委员会第 26 次主席办公会议审议通过　根据 2015 年 12 月 30 日中国证券监督管理委员会《关于修改〈首次公开发行股票并在创业板上市管理办法〉的决定》第一次修正　根据 2018 年 6 月 6 日中国证券监督管理委员会《关于修改〈首次公开发行股票并在创业板上市管理办法〉的决定》第二次修正）

第一章　总　　则

第一条　为了规范首次公开发行股票并在创业板上市的行为，促进自主创新企业及其他成长型创业企业的发展，保护投资者的合法权益，维护社会公共利益，根据《证券法》《公司法》，制定本办法。

第二条　在中华人民共和国境内首次公开发行股票并在创业板上市，适用本办法。

第三条　发行人申请首次公开发行股票并在创业板上市，应当符合《证券法》《公司法》和本办法规定的发行条件。

第四条　发行人依法披露的信息，必须真实、准确、完整、及时，不得有虚假记载、误导性陈述或者重大遗漏。

发行人作为信息披露第一责任人，应当及时向保荐人、证券服务机构提供真实、准确、完整的财务会计资料和其他资料，全面配合保荐人、证券服务机构开展尽职调查。

第五条　发行人的控股股东、实际控制人、董事、监事、高级管理人员等责任主体应当诚实守信，全面履行公开承诺事项，不得在发行上市中损害投资者的合法权益。

第六条　保荐人及其保荐代表人应当严格履行法定职责，遵守业务规则和行业规范，对发行人的申请文件和信息披露资料进行审慎核查，督导发行人规范运行，对证券服务机构出具的专业意见进行核查，对发行人是否具备持续盈利能力、是否符合法定发行条件作出专业判断，并确保发行人的申请文件和招股说明书等信息披露资料真实、准确、完整、及时。

第七条　为股票发行出具文件的证券服务机构和人员，应当严格履行法定职责，遵守本行业的业务标准和执业规范，对发行人的相关业务资料进行核查验证，确保所出具的相关专业文件真实、准确、完整、及时。

第八条　中国证券监督管理委员会（以下简称中国证监会）依法对发行人申请文件的合法合规性进行审核，依法核准发行人的首次公开发行股票申请，并对发行人股票发行进行监督管理。

证券交易所依法制定业务规则，创造公开、公平、公正的市场环境，保障创业板市场的正常运行。

第九条　中国证监会依据发行人提供的申请文件核准发行人

首次公开发行股票申请，不对发行人的盈利能力、投资价值或者投资者的收益作出实质性判断或者保证。

投资者自主判断发行人的投资价值，自主作出投资决策，自行承担股票依法发行后因发行人经营与收益变化或者股票价格变动引致的投资风险。

第十条 创业板市场应当建立健全与投资者风险承受能力相适应的投资者准入制度，向投资者充分提示投资风险，注重投资者需求，切实保护投资者特别是中小投资者的合法权益。

第二章 发行条件

第十一条 发行人申请首次公开发行股票应当符合下列条件：

（一）发行人是依法设立且持续经营三年以上的股份有限公司。有限责任公司按原账面净资产值折股整体变更为股份有限公司的，持续经营时间可以从有限责任公司成立之日起计算；

（二）最近两年连续盈利，最近两年净利润累计不少于一千万元；或者最近一年盈利，最近一年营业收入不少于五千万元。净利润以扣除非经常性损益前后孰低者为计算依据；

（三）最近一期末净资产不少于二千万元，且不存在未弥补亏损；

（四）发行后股本总额不少于三千万元。

中国证监会根据《关于开展创新企业境内发行股票或存托凭证试点的若干意见》等规定认定的试点企业（以下简称试点企业），可不适用前款第（二）项规定和第（三）项“不存在未弥补亏损”的规定。

第十二条 发行人的注册资本已足额缴纳，发起人或者股东用作出资的资产的财产权转移手续已办理完毕。发行人的主要资产不存在重大权属纠纷。

第十三条 发行人应当主要经营一种业务，其生产经营活动符合法律、行政法规和公司章程的规定，符合国家产业政策及环境保护政策。

第十四条 发行人最近两年内主营业务和董事、高级管理人员均没有发生重大变化，实际控制人没有发生变更。

第十五条 发行人的股权清晰，控股股东和受控股股东、实际控制人支配的股东所持发行人的股份不存在重大权属纠纷。

第十六条 发行人具有完善的公司治理结构，依法建立健全股东大会、董事会、监事会以及独立董事、董事会秘书、审计委员会制度，相关机构和人员能够依法履行职责。

发行人应当建立健全股东投票计票制度，建立发行人与股东之间的多元化纠纷解决机制，切实保障投资者依法行使收益权、知情权、参与权、监督权、求偿权等股东权利。

第十七条 发行人会计基础工作规范，财务报表的编制和披露符合企业会计准则和相关信息披露规则的规定，在所有重大方面公允地反映了发行人的财务状况、经营成果和现金流量，并由注册会计师出具无保留意见的审计报告。

第十八条 发行人内部控制制度健全且被有效执行，能够合理保证公司运行效率、合法合规和财务报告的可靠性，并由注册会计师出具无保留结论的内部控制鉴证报告。

第十九条 发行人的董事、监事和高级管理人员应当忠实、勤勉，具备法律、行政法规和规章规定的资格，且不存在下列情形：

（一）被中国证监会采取证券市场禁入措施尚在禁入期的；

（二）最近三年内受到中国证监会行政处罚，或者最近一年内受到证券交易所公开谴责的；

（三）因涉嫌犯罪被司法机关立案侦查或者涉嫌违法违规被中国证监会立案调查，尚未有明确结论意见的。

第二十条 发行人及其控股股东、实际控制人最近三年内不存在损害投资者合法权益和社会公共利益的重大违法行为。

发行人及其控股股东、实际控制人最近三年内不存在未经法定机关核准，擅自公开或者变相公开发行证券，或者有关违法行为虽然发生在三年前，但目前仍处于持续状态的情形。

第三章 发行程序

第二十一条 发行人董事会应当依法就本次发行股票的具体方案、本次募集资金使用的可行性及其他必须明确的事项作出决议，并提请股东大会批准。

本次发行股票时发行人股东公开发售股份的，发行人董事会还应当依法合理制定股东公开发售股份的具体方案并提请股东大会批准。

第二十二条 发行人股东大会应当就本次发行股票作出决议，决议至少应当包括下列事项：

（一）股票的种类和数量；

（二）发行对象；

（三）发行方式；

（四）价格区间或者定价方式；

（五）募集资金用途；

（六）发行前滚存利润的分配方案；

（七）决议的有效期；

（八）对董事会办理本次发行具体事宜的授权；

（九）其他必须明确的事项。

第二十三条 发行人应当按照中国证监会有关规定制作申请文件，由保荐人保荐并向中国证监会申报。

第二十四条 保荐人保荐发行人发行股票并在创业板上市，应当对发行人的成长性进行尽职调查和审慎判断并出具专项意见。发行人为自主创新企业的，还应当在专项意见中说明发行人的自主创新能力，并分析其对成长性的影响。

第二十五条 中国证监会收到申请文件后，在五个工作日内作出是否受理的决定。

第二十六条 中国证监会受理申请文件后，由相关职能部门对发行人的申请文件进行初审，由创业板发行审核委员会审核，并建立健全对保荐人、证券服务机构工作底稿的检查制度。

第二十七条 中国证监会自申请文件受理之日起三个月内，依法对发行人的发行申请作出予以核准、中止审核、终止审核、不予核准的决定，并出具相关文件。发行人根据要求补充、修改发行申请文件的时间不计算在内。

发行人应当自中国证监会核准之日起十二个月内发行股票，发行时点由发行人自主选择；超过十二个月未发行的，核准文件失效，须重新经中国证监会核准后方可发行。

第二十八条 发行申请核准后至股票发行结束前，发行人应当及时更新信息披露文件内容，财务报表过期的，发行人还应当补充财务会计报告等文件；保荐人及证券服务机构应当持续履行尽职调查职责；其间发生重大事项的，发行人应当暂缓或者暂停发行，并及时报告中国证监会，同时履行信息披露义务；出现不符合发行条件事项的，中国证监会撤回核准决定。

第二十九条 股票发行申请未获核准的，发行人可自中国证监会作出不予核准决定之日起六个月后再次提出股票发行申请。

第四章 信息披露

第三十条 发行人应当以投资者的决策需要为导向，按照中国证监会的有关规定编制和披露招股说明书，内容简明易懂，语言浅白平实，便于中小投资者阅读。

第三十一条 中国证监会制定的创业板招股说明书内容与格式准则是信息披露的最低要求。不论准则是否有明确规定，凡是对投资者作出投资决策有重大影响的信息，均应当予以披露。

第三十二条 发行人应当在招股说明书显要位置作如下提示：“本次股票发行后拟在创业板市场上市，该市场具有较高的投资风险。创业板公司具有业绩不稳定、经营风险高、退市风险大等特点，投资者面临较大的市场风险。投资者应充分了解创业板市场的投资风险及本公司所披露的风险因素，审慎作出投资决定。”

第三十三条 发行人应当在招股说明书中分析并完整披露对其持续盈利能力产生重大不利影响的所有因素，充分揭示相关风险，并披露保荐人对发行人是否具备持续盈利能力的核查结论意见。

第三十四条 发行人应当在招股说明书中披露已达到发行监管对公司独立性的基本要求。

第三十五条 发行人应当在招股说明书中披露相关责任主体以及保荐人、证券服务机构及相关人员作出的承诺事项、承诺履行情况以及对未能履行承诺采取的约束措施，包括但不限于：

（一）本次发行前股东所持股份的限售安排、自愿锁定股份、延长锁定期限或者相关股东减持意向的承诺；

（二）稳定股价预案；

（三）依法承担赔偿或者补偿责任的承诺；

（四）填补被摊薄即期回报的措施及承诺；

（五）利润分配政策（包括现金分红政策）的安排及承诺。

第三十六条 发行人及其全体董事、监事和高级管理人员应当在招股说明书上签名、盖章，保证招股说明书内容真实、准确、完整、及时。保荐人及其保荐代表人应当对招股说明书的真实性、准确性、完整性、及时性进行核查，并在核查意见上签名、盖章。

发行人的控股股东、实际控制人应当对招股说明书出具确认意见，并签名、盖章。

第三十七条 招股说明书引用的财务报表在其最近一期截止日后六个月内有效。特别情况下发行人可申请适当延长，但至多不超过一个月。财务报表应当以年度末、半年度末或者季度末为截止日。

第三十八条 招股说明书的有效期为六个月，自公开发行前招股说明书最后一次签署之日起计算。

第三十九条 发行人申请文件受理后，应当及时在中国证监会网站预先披露招股说明书（申报稿）。发行人可在公司网站刊登招股说明书（申报稿），所披露的内容应当一致，且不得早于在中国证监会网站披露的时间。

第四十条 发行人及保荐人应当对预先披露的招股说明书（申报稿）负责，一经申报及预披露，不得随意更改，并确保不存在故意隐瞒及重大差错。

第四十一条 预先披露的招股说明书（申报稿）不能含有股票发行价格信息。

发行人应当在预先披露的招股说明书（申报稿）的显要位置作如下声明："本公司的发行申请尚未得到中国证监会核准。本招股说明书（申报稿）不具有据以发行股票的法律效力，仅供预先披露之用。投资者应当以正式公告的招股说明书作为投资决定的依据。"

第四十二条 发行人及其全体董事、监事和高级管理人员应当保证预先披露的招股说明书（申报稿）的内容真实、准确、完整、及时。

第四十三条 发行人股票发行前应当在中国证监会指定网站全文刊登招股说明书，同时在中国证监会指定报刊刊登提示性公告，告知投资者网上刊登的地址及获取文件的途径。

发行人应当将招股说明书披露于公司网站，时间不得早于前款规定的刊登时间。

第四十四条 保荐人出具的发行保荐书、证券服务机构出具的文件及其他与发行有关的重要文件应当作为招股说明书备查文件，在中国证监会指定网站和公司网站披露。

第四十五条 发行人应当将招股说明书及备查文件置备于发行人、拟上市证券交易所、保荐人、主承销商和其他承销机构的住所，以备公众查阅。

第四十六条 申请文件受理后至发行人发行申请经中国证监会核准、依法刊登招股说明书前，发行人及与本次发行有关的当事人不得以广告、说明会等方式为公开发行股票进行宣传。

第五章 监督管理和法律责任

第四十七条 证券交易所应当建立适合创业板特点的上市、交易、退市等制度，加强对相关当事人履行公开承诺行为的监督和约束，督促保荐人履行持续督导义务，对违反有关法律、法规、交易所业务规则以及不履行承诺的行为，及时采取相应的监管措施。

第四十八条 证券交易所应当建立适合创业板特点的市场风险警示及投资者持续教育的制度，督促发行人建立健全保护投资者合法权益的制度以及防范和纠正违法违规行为的内部控制体系。

第四十九条 自申请文件受理之日起，发行人及其控股股东、实际控制人、董事、监事、高级管理人员以及保荐人、证券服务机构及相关人员即对发行申请文件的真实性、准确性、完整性、及时性承担相应的法律责任。

发行人的发行申请文件和信息披露文件存在自相矛盾或者同一事实表述不

一致且有实质性差异的，中国证监会将中止审核并自确认之日起十二个月内不受理相关保荐代表人推荐的发行申请。

第五十条 发行人向中国证监会报送的发行申请文件有虚假记载、误导性陈述或者重大遗漏的，中国证监会将终止审核并自确认之日起三十六个月内不受理发行人的发行申请，并依照《证券法》的有关规定进行处罚；致使投资者在证券交易中遭受损失的，发行人及其控股股东、实际控制人、董事、监事、高级管理人员以及保荐人、证券服务机构应当依法承担赔偿责任。

第五十一条 发行人不符合发行条件以欺骗手段骗取发行核准的，发行人以不正当手段干扰中国证监会及其发行审核委员会审核工作的，发行人或其董事、监事、高级管理人员、控股股东、实际控制人的签名、盖章系伪造或者变造的，发行人及与本次发行有关的当事人违反本办法规定为公开发行股票进行宣传的，中国证监会将终止审核并自确认之日起三十六个月内不受理发行人的发行申请，并依照《证券法》的有关规定进行处罚。

第五十二条 保荐人出具有虚假记载、误导性陈述或者重大遗漏的发行保荐书的，保荐人以不正当手段干扰中国证监会及其发行审核委员会审核工作的，保荐人或其相关签名人员的签名、盖章系伪造或变造的，或者不履行其他法定职责的，依照《证券法》和保荐制度的有关规定处理。

第五十三条 证券服务机构未勤勉尽责，所制作、出具的文件有虚假记载、误导性陈述或者重大遗漏的，中国证监会将自确认之日起十二个月内不接受相关机构出具的证券发行专项文件，三十六个月内不接受相关签名人员出具的证券发行专项文件，并依照《证券法》及其他相关法律、行政法规和规章的规定进行处罚；给他人造成损失的，应当依法承担赔偿责任。

第五十四条 发行人、保荐人或证券服务机构制作或者出具文件不符合要求，擅自改动招股说明书或者其他已提交文件的，或者拒绝答复中国证监会审核提出的相关问题的，中国证监会将视情节轻重，对相关机构和责任人员采取监管谈话、责令改正等监管措施，记入诚信档案并公布；情节严重的，给予警告等行政处罚。

第五十五条 发行人公开发行证券上市当年即亏损的，中国证监会自确认之日起暂停保荐机构的保荐机构资格 3 个月，撤销相关人员的保荐代表人资格，尚未盈利的试点企业除外。

第五十六条　发行人披露盈利预测，利润实现数如未达到盈利预测的百分之八十的，除因不可抗力外，其法定代表人、财务负责人应当在股东大会及中国证监会指定网站、报刊上公开作出解释并道歉；情节严重的，中国证监会给予警告等行政处罚。

利润实现数未达到盈利预测的百分之五十的，除因不可抗力外，中国证监会还可以自确认之日起三十六个月内不受理该公司的公开发行证券申请。

注册会计师为上述盈利预测出具审核报告的过程中未勤勉尽责的，中国证监会将视情节轻重，对相关机构和责任人员采取监管谈话等监管措施，记入诚信档案并公布；情节严重的，给予警告等行政处罚。

第六章　附　　则

第五十七条　本办法自 2014 年 5 月 14 日起施行。《首次公开发行股票并在创业板上市管理暂行办法》（证监会令第 61 号）、《关于进一步做好创业板推荐工作的指引》（证监会公告〔2010〕8 号）同时废止。

律师事务所从事证券法律业务管理办法

（2007 年 3 月 9 日中国证券监督管理委员会、司法部令第 41 号公布　自 2007 年 5 月 1 日起施行）

第一章　总　　则

第一条　为了加强对律师事务所从事证券法律业务活动的监督管理，规范律师在证券发行、上市和交易等活动中的执业行为，完善法律风险防范机制，维护证券市场秩序，保护投资者的合法权益，根据《证券法》和《律师法》，制定本办法。

第二条 律师事务所及其指派的律师从事证券法律业务，适用本办法。

前款所称证券法律业务，是指律师事务所接受当事人委托，为其证券发行、上市和交易等证券业务活动，提供的制作、出具法律意见书等文件的法律服务。

第三条 律师事务所及其指派的律师从事证券法律业务，应当遵守法律、行政法规及相关规定，遵循诚实、守信、独立、勤勉、尽责的原则，恪守律师职业道德和执业纪律，严格履行法定职责，保证其所出具文件的真实性、准确性、完整性。

第四条 律师事务所应当建立健全风险控制制度，加强对律师从事证券法律业务的管理，提高律师证券法律业务水平。

第五条 中国证券监督管理委员会（以下简称中国证监会）及其派出机构、司法部及地方司法行政机关依法对律师事务所从事证券法律业务进行监督管理。

律师协会依照章程和律师行业规范对律师事务所从事证券法律业务进行自律管理。

第二章 业务范围

第六条 律师事务所从事证券法律业务，可以为下列事项出具法律意见：

（一）首次公开发行股票及上市；

（二）上市公司发行证券及上市；

（三）上市公司的收购、重大资产重组及股份回购；

（四）上市公司实行股权激励计划；

（五）上市公司召开股东大会；

（六）境内企业直接或者间接到境外发行证券、将其证券在境外上市交易；

（七）证券公司、证券投资基金管理公司及其分支机构的设立、变更、解散、终止；

（八）证券投资基金的募集、证券公司集合资产管理计划的设立；

（九）证券衍生品种的发行及上市；

（十）中国证监会规定的其他事项。

第七条 律师事务所可以接受当事人的委托，组织制作与证券业务活动相关的法律文件。

第八条 鼓励具备下列条件的律师事务所从事证券法律业务：

（一）内部管理规范，风险控制制度健全，执业水准高，社会信誉良好；

（二）有20名以上执业律师，其中5名以上曾从事过证券法律业务；

（三）已经办理有效的执业责任保险；

（四）最近2年未因违法执业行为受到行政处罚。

第九条 鼓励具备下列条件之一，并且最近2年未因违法执业行为受到行政处罚的律师从事证券法律业务：

（一）最近3年从事过证券法律业务；

（二）最近3年连续执业，且拟与其共同承办业务的律师最近3年从事过证券法律业务；

（三）最近3年连续从事证券法律领域的教学、研究工作，或者接受过证券法律业务的行业培训。

第十条 律师被吊销执业证书的，不得再从事证券法律业务。

律师被中国证监会采取证券市场禁入措施或者被司法行政机关给予停止执业处罚的，在规定禁入或者停止执业的期间不得从事证券法律业务。

第十一条 同一律师事务所不得同时为同一证券发行的发行人和保荐人、承销的证券公司出具法律意见，不得同时为同一收购行为的收购人和被收购的上市公司出具法律意见，不得在其他同一证券业务活动中为具有利害关系的不同当事人出具法律意见。

律师担任公司及其关联方董事、监事、高级管理人员，或者存在其他影响律师独立性的情形的，该律师所在律师事务所不得接受所任职公司的委托，为该公司提供证券法律服务。

第三章 业务规则

第十二条 律师事务所及其指派的律师从事证券法律业务，应当按照依法制定的业务规则，勤勉尽责，审慎履行核查和验证义务。

律师进行核查和验证，可以采用面谈、书面审查、实地调查、查询和函证、计算、复核等方法。

第十三条 律师事务所及其指派的律师从事证券法律业务，应当依法对所依据的文件资料内容的真实性、准确性、完整性进行核查和验证；在进行核查和验证前，应当编制核查和验证计划，明确需要核查和验证的事项，并根据业务的进展情况，对其予以适当调整。

第十四条 律师在出具法律意见时，对与法律相关的业务事项应当履行法律专业人士特别的注意义务，对其他业务事项履行普通人一般的注意义务，其制作、出具的文件不得有虚假记载、误导性陈述或者重大遗漏。

第十五条 律师从国家机关、具有管理公共事务职能的组织、会计师事务所、资产评估机构、资信评级机构、公证机构（以下统称公共机构）直接取得的文书，可以作为出具法律意见的依据，但律师应当履行本办法第十四条规定的注意义务并加以说明；对于不是从公共机构直接取得的文书，经核查和验证后方可作为出具法律意见的依据。

律师从公共机构抄录、复制的材料，经该机构确认后，可以作为出具法律意见的依据，但律师应当履行本办法第十四条规定的注意义务并加以说明；未取得公共机构确认的，对相关内容进行核查和验证后方可作为出具法律意见的依据。

第十六条 律师进行核查和验证，需要会计师事务所、资产评估机构等证券服务机构作出判断的，应当直接委托或者要求委托人委托会计师事务所、资产评估机构等证券服务机构出具意见。

第十七条 律师在从事证券法律业务时，委托人应当向其提供真实、完整的有关材料，不得拒绝、隐匿、谎报。

律师发现委托人提供的材料有虚假记载、误导性陈述、重大遗漏，或者委托人有重大违法行为的，应当要求委托人纠正、补充；委托人拒不纠正、补充的，律师可以拒绝继续接受委托，同时应当按照规定向有关方面履行报告义务。

第十八条 律师应当归类整理核查和验证中形成的工作记录和获取的材料，并对法律意见书等文件中各具体意见所依据的事实、国家相关规定以及律师的分析判断作出说明，形成记录清晰的工作底稿。

第十九条 工作底稿由出具法律意见的律师事务所保存，保存期限不得少于 7 年；中国证监会对保存期限另有规定的，从其规定。

第四章 法律意见

第二十条 法律意见是律师事务所及其指派的律师针对委托人委托事项的合法性，出具的明确结论性意见，是委托人、投资者和中国证监会及其派出机构确认相关事项是否合法的重要依据。法律意见应当由律师在核查和验证所依据的文件资料内容的真实性、准确性、完整性的基础上，依据法律、行政法规及相关规定作出。

第二十一条 法律意见书应当列明相关材料、事实、具体核查和验证结果、国家有关规定和结论性意见。

法律意见不得使用“基本符合”“未发现”等含糊措辞。

第二十二条 有下列情形之一的，律师应当在法律意见中予以说明，并充分揭示其对相关事项的影响程度及其风险：

（一）委托人的全部或者部分事项不符合中国证监会规定；

（二）事实不清楚，材料不充分，不能全面反映委托人情况；

（三）核查和验证范围受到客观条件的限制，无法取得应有证据；

（四）律师已要求委托人纠正、补充而委托人未予纠正、补充；

（五）律师已依法履行勤勉尽责义务，仍不能对全部或者部分事项作出准确判断；

（六）律师认为应当予以说明的其他情形。

第二十三条 律师从事本办法第六条规定的证券法律业务，其所出具的法律意见应当经所在律师事务所讨论复核，并制作相关记录作为工作底稿留存。

第二十四条 律师从事本办法第六条规定的证券法律业务，其所出具的法律意见应当由2名执业律师和所在律师事务所负责人签名，加盖该律师事务所印章，并签署日期。

第二十五条 法律意见书的具体内容和格式，应当符合中国证监会的相关规定。

第二十六条 法律意见书等文件在报送中国证监会及其派出机构后，发生重大事项或者律师发现需要补充意见的，应当及时提出补充意见。

第五章　监督管理

第二十七条　律师从事证券法律业务期间，律师或者其所在律师事务所因涉嫌违法被有关机关立案调查的，该律师、律师事务所应当及时如实告知委托人，并明确提示可能的法律后果。

第二十八条　律师、律师事务所在向委托人出具法律意见时，应当按照规定同时提交其已从事证券法律业务的有关情况；委托人向中国证监会及其派出机构报送含有法律意见的文件时，应当按照规定同时提交律师、律师事务所已从事证券法律业务的有关情况。

第二十九条　中国证监会及其派出机构、司法行政机关及律师协会建立律师从事证券法律业务的资料库和诚信档案，记载律师、律师事务所从事证券法律业务所受处理处罚等情况，并按照规定予以公开。

第三十条　中国证监会及其派出机构在审核律师出具的法律意见时，对其真实性、准确性、完整性有疑义的，可以要求律师作出解释、补充，或者调阅其工作底稿。律师和律师事务所应当配合。

第三十一条　律师、律师事务所从事证券法律业务有下列情形之一的，中国证监会及其派出机构可以采取责令改正、监管谈话、出具警示函等措施：

（一）未按照本办法第十二条的规定勤勉尽责，对所依据的文件资料内容的真实性、准确性、完整性进行核查和验证；

（二）未按照本办法第十三条的规定编制核查和验证计划；

（三）未按照本办法第十七条的规定要求委托人予以纠正、补充，或者履行报告义务；

（四）未按照本办法第二十二条的规定在法律意见中作出说明；

（五）未按照本办法第二十三条的规定讨论复核法律意见；

（六）未按照本办法第二十七条的规定履行告知义务；

（七）法律意见的依据不适当或者不充分，法律分析有明显失误；

（八）法律意见的结论不明确或者与核查和验证的结果不对应；

（九）未按照本办法第十八条的规定制作工作底稿；

（十）未按照本办法第十九条的规定保存工作底稿；

（十一）法律意见书不符合规定内容或者格式；

（十二）法律意见书等文件存在严重文字错误等文书质量问题；

（十三）违反业务规则的其他情形。

第三十二条 中国证监会及其派出机构作出监管谈话决定的，应当将监管谈话的对象、原因、时间、地点等以书面形式通知律师或者律师事务所负责人。律师或者律师事务所负责人应当按照通知要求，接受监管谈话。

中国证监会及其派出机构对律师或者律师事务所负责人监管谈话，可以会同或者委托司法行政机关进行。

进行监管谈话，应当有2名以上工作人员在场，并对监管谈话的内容作出书面记录。

第三十三条 中国证监会及其派出机构或者司法行政机关对律师、律师事务所采取责令改正、监管谈话、出具警示函等措施的，律师、律师事务所应当按照要求改正所存在的问题，提高证券法律业务水平。

第三十四条 律师、律师事务所负责人未按照规定接受监管谈话，或者未按照要求改正所存在问题的，中国证监会及其派出机构或者司法行政机关可以责令其限期整改。

第三十五条 律师、律师事务所被中国证监会及其派出机构、司法行政机关立案调查或者责令整改的，在调查、整改期间，中国证监会及其派出机构暂不受理和审核该律师、律师事务所出具的法律意见书等文件。

第六章 法律责任

第三十六条 律师事务所及其指派的律师从事证券法律业务，违反《证券法》和有关证券管理的行政法规，应当给予行政处罚的，由中国证监会依据《证券法》和有关证券管理的行政法规实施处罚；需要对律师事务所给予停业整顿处罚、对律师给予停止执业或者吊销律师执业证书处罚的，由司法行政机关依法实施处罚。

第三十七条 律师事务所从事证券法律业务，未勤勉尽责，所制作、出具的文件有虚假记载、误导性陈述或者重大遗漏的，由中国证监会依照《证券法》第二百二十三条的规定实施处罚。

第三十八条 律师事务所从事证券法律业务，未按照本办法第十九条的规定保存工作底稿的，由中国证监会依照《证券法》第二百二十五条的规定实施处罚。

第三十九条 律师事务所从事证券法律业务，有本办法第三十一条第（一）项至第（八）项规定情形之一的，由中国证监会依照《证券法》第二百二十六条第三款的规定实施处罚。

第四十条 律师从事证券法律业务，违反《证券法》、有关行政法规和本办法规定，情节严重的，中国证监会可以依照《证券法》第二百三十三条的规定，对其采取证券市场禁入的措施。

第四十一条 律师事务所及其指派的律师从事证券法律业务，违反《律师法》和有关律师执业管理规定的，由司法行政机关给予相应的行政处罚。

律师事务所及其指派的律师从事证券法律业务，违反律师行业规范的，由律师协会给予相应的行业惩戒。

第四十二条 律师事务所及其指派的律师违反规定从事证券法律业务，涉嫌犯罪的，依法移送司法机关处理。

第四十三条 中国证监会及其派出机构、司法行政机关在查处律师事务所、律师从事证券法律业务的违法行为的工作中，应当相互配合，互通情况，建立协调协商机制。对于依法应当由对方实施处罚的，及时移送对方处理；一方实施处罚后，应当将处罚结果书面告知另一方，并抄送律师协会。

第七章 附 则

第四十四条 律师事务所及其指派的律师从事期货法律业务，参照本办法执行。

第四十五条 本办法自2007年5月1日起施行。《中国证券监督管理委员会关于加强律师从事证券法律业务管理的通知》（证监法字〔1998〕1号）同时废止。

律师事务所证券法律业务执业规则（试行）

（2010 年 10 月 20 日　中国证券监督管理委员会、司法部公告〔2010〕33 号）

第一章　总　　则

第一条　为了规范律师事务所及其指派的律师从事证券法律业务，保障执业质量，维护投资者的合法权益，根据《律师事务所从事证券法律业务管理办法》（证监会令第 41 号），制定本规则。

第二条　律师事务所及其指派的律师从事证券法律业务开展核查和验证（以下简称查验）、制作和出具法律意见书等执业活动，适用本规则。

第三条　律师事务所及其指派的律师，应当按照《律师事务所从事证券法律业务管理办法》（以下简称《管理办法》）和本规则的规定，进行尽职调查和审慎查验，对受托事项的合法性出具法律意见，并留存工作底稿。

第四条　律师事务所及其指派的律师从事证券法律业务，应当运用自己的专业知识和能力，依据自己的查验行为，独立作出查验结论，出具法律意见。对于收集证据材料等事项，应当亲自办理，不得交由委托人代为办理；使用委托人提供材料的，应当对其内容、性质和效力等进行必要的查验、分析和判断。

第五条　律师事务所及其指派的律师对有关事实、法律问题作出认定和判断，应当有适当的证据和理由。

第六条　律师从事证券法律业务，应当就业务事项是否与法律相关、是否应当履行法律专业人士特别注意义务作出分析、判断。需要履行法律专业人士特别注意义务的，应当拟订履行特别注意义务的具体方式、手段、措施，并予以落实。

第七条　律师事务所从事证券法律业务，应当建立、健全内部业务质量和执业风险控制机制，确保出具的法律意见书内容真实、准确、完整，逻辑严密、论证充分。

第二章 查验规则

第八条 律师事务所及其指派的律师对受托事项进行查验时，应当独立、客观、公正，遵循审慎性及重要性原则。

第九条 律师事务所及其指派的律师应当按照《管理办法》编制查验计划。查验计划应当列明需要查验的具体事项、查验工作程序、查验方法等。

查验工作结束后，律师事务所及其指派的律师应当对查验计划的落实情况进行评估和总结；查验计划未完全落实的，应当说明原因或者采取的其他查验措施。

第十条 律师应当合理、充分地运用查验方法，除按本规则和有关细则规定必须采取的查验方法外，还应当根据实际情况予以补充。在有关查验方法不能实现验证目的时，应当对相关情况进行评判，以确定是否采取替代的查验方法。

第十一条 待查验事项只需书面凭证便可证明的，在无法获得凭证原件加以对照查验的情况下，律师应当采用查询、复核等方式予以确认；待查验事项没有书面凭证或者仅有书面凭证不足以证明的，律师应当采用实地调查、面谈等方式进行查验。

第十二条 律师进行查验，向有关国家机关、具有管理公共事务职能的组织、会计师事务所、资信评级机构、公证机构等查证、确认有关事实的，应当将查证、确认工作情况做成书面记录，并由经办律师签名。

第十三条 律师采用面谈方式进行查验的，应当制作面谈笔录。谈话对象和律师应当在笔录上签名。谈话对象拒绝签名的，应当在笔录中注明。

第十四条 律师采用书面审查方式进行查验的，应当分析相关书面信息的可靠性，对文件记载的事实内容进行审查，并对其法律性质、后果进行分析判断。

第十五条 律师采用实地调查方式进行查验的，应当将实地调查情况作成笔录，由调查律师、被调查事项相关的自然人或者单位负责人签名。该自然人或者单位负责人拒绝签名的，应当在笔录中注明。

第十六条 律师采用查询方式进行查验的，应当核查公告、网页或者其他载体相关信息，并就查询的信息内容、时间、地点、载体等有关事项制作查询笔录。

第十七条 律师采用函证方式进行查验的，应当以挂号信函或者特快专递的形式寄出，邮件回执、查询信函底稿和对方回函应当由经办律师签名。函证对方未签署回执、未予签收或者在函证规定的最后期限届满时未回复的，由经办律师对相关情况作出书面说明。

第十八条 除本规则规定的查验方法之外，律师可以按照《管理办法》的规定，根据需要采用其他合理手段，以获取适当的证据材料，对被查验事项作出认定和判断。

第十九条 律师查验法人或者其分支机构有关主体资格以及业务经营资格的，应当就相关主管机关颁发的批准文件、营业执照、业务经营许可证及其他证照的原件进行查验。对上述原件的真实性、合法性存在疑问的，应当依法向该法人的设立登记机关、其他有关许可证颁发机关及相关登记机关进行查证、确认。

第二十条 对自然人有关资格或者一定期限内职业经历的查验，律师应当向其在相关期间工作过的单位人事等部门进行查询、函证。

第二十一条 对不动产、知识产权等依法需要登记的财产的查验，律师应当取得登记机关制作的财产权利证书原件，必要时应当采取适当方式，就该财产权利证书的真实性以及是否存在权利纠纷等，向该财产的登记机关进行查证、确认。

第二十二条 对生产经营设备、大宗产品或者重要原材料的查验，律师应当查验其购买合同和发票原件。购买合同和发票原件已经遗失的，应当由财产权利人或者其代表签字确认，并在工作底稿中注明；相关供应商尚存在的，应当向供应商进行查询和函证。必要时，应当进行现场查验，制作现场查验笔录，并由财产权利人或者其代表签字；财产权利人或者其代表拒绝签字的，应当在查验笔录中注明。

第二十三条 对依法需要评估才能确定财产价值的财产的查验，律师应当取得有证券、期货相关业务评估资格的资产评估机构（以下简称有资格的评估机构）出具的有效评估文书；未进行有效评估的，应当要求委托人委托有资格的评估机构出具有效评估文书予以确认。

第二十四条 对银行存款的查验，律师应当查验银行出具的存款证明原件；不能提供委托查验期银行存款证明的，应当会同委托人（存款人）向委托人的开户银行进行书面查询、函证。

第二十五条 对财产的查验，难以确定其是否存在被设定担保等权利负担的，律师应当以适当方式向有关财产抵押、质押登记部门进行查证、确认。

第二十六条 对委托人是否存在对外重大担保事项的查验，律师应当与委托人的财务负责人等相关人员及委托人聘请的会计师事务所的会计师面谈，并根据需要向该委托人的开户银行、公司登记机关、证券登记机构和委托人不动产、知识产权的登记部门等进行查证、确认。

向银行进行查证、确认，采取查询、函证等方式；向财产登记部门进行查证、确认，采取查询、函证或者查阅登记机关公告、网站等方式。

第二十七条 对有关自然人或者法人是否存在重大违法行为、是否受到有关部门调查、是否受到行政处罚或者刑事处罚、是否存在重大诉讼或者仲裁等事实的查验，律师应当与有关自然人、法人的主要负责人及有关法人的合规管理等部门负责人进行面谈，并根据情况选取可能涉及的有关行政机关、司法机关、仲裁机构等公共机构进行查证、确认。

向有关公共机构查证、确认，可以采取查询、函证或者查阅其公告、网站等方式。

第二十八条 从不同来源获取的证据材料或者通过不同查验方式获取的证据材料，对同一事项所证明的结论不一致的，律师应当追加必要的程序，作进一步查证。

第三章　法律意见书

第二十九条 律师应当依据法律、行政法规和中国证监会的规定，在查验相关材料和事实的基础上，以书面形式对受托事项的合法性发表明确、审慎的结论性意见。

第三十条 法律意见书应当列明以下基本内容：

（一）标题；

（二）收件人；

（三）法律依据；

（四）声明事项；

（五）法律意见书正文；

（六）承办律师、律师事务所负责人签名及律师事务所盖章；

（七）律师事务所地址；

（八）法律意见书签署日期。

第三十一条 法律意见书的标题为《××律师事务所关于××的法律意见》。

第三十二条 法律意见书收件人为法律意见书的委托人。法律意见书应当载明收件人的全称。

第三十三条 法律意见书的法律依据是指出具此项法律意见书所依据的法律、行政法规、规章和相关规定。

第三十四条 法律意见书声明事项段应当载明以下内容：“本所及经办律师依据《证券法》《律师事务所从事证券法律业务管理办法》和《律师事务所证券法律业务执业规则》等规定及本法律意见书出具日以前已经发生或者存在的事实，严格履行了法定职责，遵循了勤勉尽责和诚实信用原则，进行了充分的核查验证，保证本法律意见所认定的事实真实、准确、完整，所发表的结论性意见合法、准确，不存在虚假记载、误导性陈述或者重大遗漏，并承担相应法律责任。”

第三十五条 法律意见书正文应当载明相关事实材料、查验原则、查验方式、查验内容、查验过程、查验结果、国家有关规定、结论性意见以及所涉及的必要文件资料等。

第三十六条 法律意见书发表的所有结论性意见，都应当对所查验事项是否合法合规、是否真实有效给予明确说明，并应当对结论性意见进行充分论证、分析。

第三十七条 律师事务所对法律意见书进行讨论复核时，应当制作相关记录存入工作底稿，参与讨论复核的律师应当签名确认。

第三十八条 法律意见书随相关申请文件报送中国证监会及其派出机构后，律师事务所不得对法律意见书进行修改，但应当关注申请文件的修改和中国证监会及其派出机构的反馈意见。申请文件的修改和反馈意见对法律意见书有影响的，律师事务所应当按规定出具补充法律意见书。

第四章 工作底稿

第三十九条 律师事务所应当完整保存在出具法律意见书过程中形成的工作记录，以及在工作中获取的所有文件、资料，及时制作工作底稿。

工作底稿是判断律师是否勤勉尽责的重要证据。中国证监会及其派出机构可根据监管工作需要调阅、检查工作底稿。

第四十条 工作底稿应当包括以下内容：

（一）律师接受委托事项的基本情况，包括委托人名称、事项的名称；

（二）与委托人签订的委托协议；

（三）查验计划及其操作程序的记录；

（四）与查验相关的文件，如设立批准证书、营业执照、合同、章程等文件、变更文件或者上述文件的复印件；

（五）与查验相关的重大合同、协议及其他重要文件和会议记录的摘要或者副本；

（六）与政府有关部门、司法机关、中介机构、委托人等单位及相关人员相互沟通情况的记录，对委托人提供资料进行调查的访问记录、往来函件、现场查验记录、查阅文件清单等相关的资料及详细说明；

（七）委托人及相关人员的书面保证或者声明书的复印件；

（八）法律意见书草稿；

（九）内部讨论、复核的记录；

（十）其他与出具法律意见书相关的重要资料。

上述资料应当注明来源，按照本规则的规定签名、盖章，或者对未签名、盖章的情形予以注明。

第四十一条　工作底稿内容应当真实、完整，记录清晰，标明目录索引和页码，由律师事务所指派的律师签名，并加盖律师事务所公章。

第五章　附　　则

第四十二条　律师事务所及其指派的律师从事期货法律业务，参照适用本规则。

第四十三条　本规则自 2011 年 1 月 1 日起施行。

图书在版编目（CIP）数据

新三板企业申报 IPO 实务精解：法律规则、审核重点与案例解析 / 史雪飞著. —北京：中国法制出版社，2020. 4

ISBN 978 -7 -5216 -0810 -6

Ⅰ. ①新…　Ⅱ. ①史…　Ⅲ. ①中小企业 - 上市公司 - 公司法 - 研究 - 中国　Ⅳ. ①D922. 291. 914

中国版本图书馆 CIP 数据核字（2020）第 010179 号

责任编辑　谢　雯　白天园　　　　封面设计　周黎明

新三板企业申报 IPO 实务精解：法律规则、审核重点与案例解析

XINSANBAN QIYE SHENBAO IPO SHIWU JINGJIE：FALÜ GUIZE、SHENHE ZHONGDIAN YU ANLI JIEXI

著/史雪飞

经销/新华书店

印刷/三河市国英印务有限公司

开本/710 毫米×1000 毫米　16 开　　　　印张/42　字数/ 500 千

版次/2020 年 4 月第 1 版　　　　2020 年 4 月第 1 次印刷

中国法制出版社出版

书号 ISBN 978 -7 -5216 -0810 -6　　　　定价：138. 00 元

北京西单横二条 2 号

邮政编码 100031　　　　传真：010 -66031119

网址：http：//www. zgfzs. com　　　　**编辑部电话：010 -66071862**

市场营销部电话：010 -66033393　　　　**邮购部电话：010 -66033288**

（如有印装质量问题，请与本社印务部联系调换。电话：010 -66032926）